•1846
영국으로부터 오리곤 지역을 양도받음.
미국이 멕시코 전쟁(1846년~1847년)에 몰두하고, 영국 또한 아일랜드 분쟁에 휘말리면서 오리건 조약이 자연스럽게 체결됨.

•1803
프랑스로부터 루이지애나를 매입. 미국 역사상 이곳을 구입함으로써 미국의 크기는 2배가 되었 서부 확장에 강력한 추진력을 확보함.

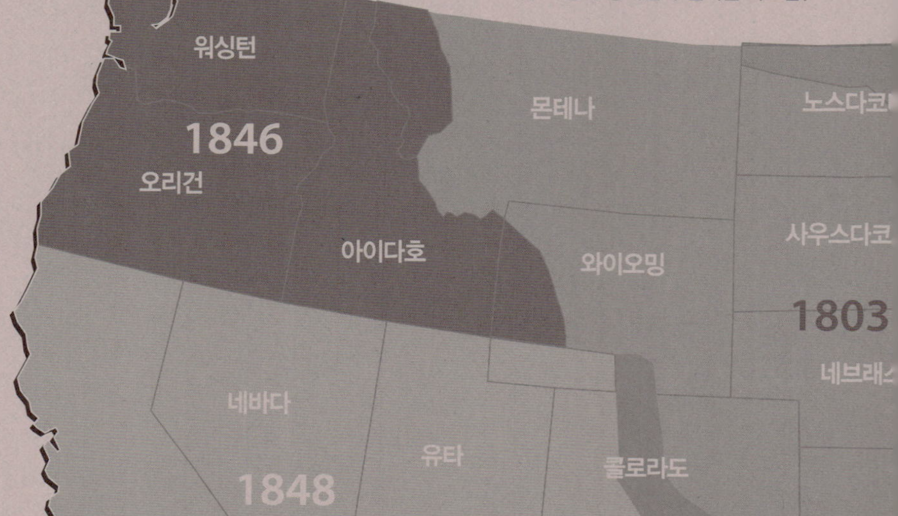

•1848
멕시코 전쟁의 종전 조약
(과달루페 이달고 협정Treaty of Guadalupe Hidalgo)에 따라 애리조나, 캘리포니아, 네바다, 뉴멕시코, 텍사스, 유타, 서부 콜로라도 지역이 미국에 편입.

•1853
1848년, 멕시코 전쟁이 끝난 후 이 지역은 미국에 양도되어 뉴멕시코의 일부가 됐고 1853년, 애리조나 남부, 뉴멕시코 남부 지역을 천만 달러에 거래한 개즈던 매입에 의해 병합.

•1845
멕시코의 통치에 불만을 가진 주민들이 1836년, 자체적인 결의 텍사스 공화국의 독립을 선포, 이를 멕시코가 무력을 동원해 저 자립 국가로 성장하기 위해 분투했으나 1845년 미국령이 되어 ㅁ

•1867
러시아로부터 알래스카 매입.
북아메리카 대륙 북서 첨단에 있는 땅을 에이커당 약 2센트인 720만 달러로 매입.

미국의 영토 확장

로,
적으로 상당히 강화되어

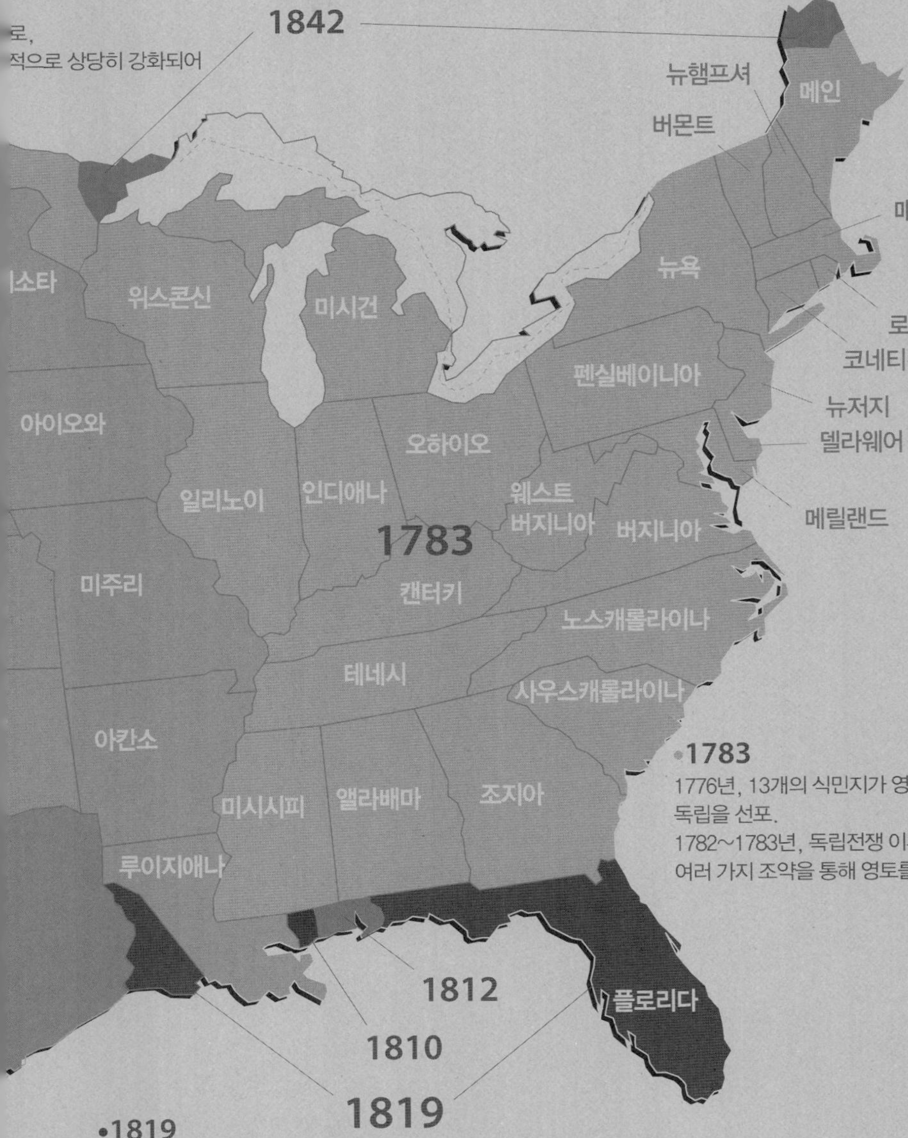

1842

뉴햄프셔
메인
버몬트
매사추세츠
뉴욕
로드아일랜드
코네티컷
펜실베이니아
뉴저지
델라웨어
메릴랜드
소타
위스콘신
미시건
아이오와
오하이오
일리노이
인디애나
웨스트 버지니아
버지니아
1783
미주리
캔터키
노스캐롤라이나
테네시
사우스캐롤라이나
아칸소
미시시피
앨라배마
조지아
루이지애나
플로리다
1812
1810
1819

•1783
1776년, 13개의 식민지가 영국 통치로부터 독립을 선포.
1782~1783년, 독립전쟁 이후 영국과의 여러 가지 조약을 통해 영토를 확정.

•1819
스페인으로부터 플로리다 매입. 스페인은 텍사스에 대한 주권을 인정받는 대가로 플로리다를 양도했고 오리건 지역에 대한 권리를 포기함.

실패함.
주가 됨.

•1898
미국인 설탕산업 관계자들의 선동으로 쿠데타가 일어나 군주제를 전복하고 하와이 공화국을 건설.
1898년 미국은 이 공화국과 합병에 동의했고 이듬해 미국의 영토가 됨.

미국민중사

A People's History of the United States

옮긴이 • 유강은 libromio@jinbo.net

국제문제 전문번역가. 국제연대정책정보센터(PICIS)에서 활동했으며 현재 번역에 전념하고 있다. 하워드 진의 다른 책으로는 『달리는 기차 위에 중립은 없다』(2002 이후)와 『전쟁에 반대한다』(2003 이후)를 옮긴 바 있다.

미국민중사2

지은이 | 하워드 진
옮긴이 | 유강은
펴낸이 | 이명회
펴낸곳 | 도서출판 이후
편　집 | 김은주 · 신원제 · 유정언
마케팅 | 김우정
표지 디자인 | Studio Bemine

초　판 제1쇄 찍은 날 | 2006년 8월 31일
보급판 제4쇄 찍은 날 | 2013년 2월 20일

등　록 | 1998. 2. 18(제13-828호)
주　소 | 121-883 서울시 마포구 동교동 165-8 엘지팰리스 1229호
전　화 | 대표 02-3141-9640 편집 02-3141-9643 팩스 02-3141-9641

ISBN 978-89-6157-020-6 04940 / ISBN 978-89-6157-018-3(전 2권)

미국민중사

A People's History of the United States

2

하워드 진 | 유강은 옮김

이후

차례

A People's History of the United States

1권 차례

일러두기

1. 인명이나 지명, 그리고 작품명은 될 수 있는 한 '외래어 표기법'(1986년 1월 문교부 고시)과 이에 근거한 『편수자료』(1987년 국어연구소 편)를 참조해 표기했으나, 주로 원어에 가깝게 표기하는 것을 원칙으로 삼았다.

2. 원문에서 이탤릭체나 진한 글씨로 강조된 부분은 고딕체로 표기했다. 단, 원문에서 이탤릭체로 인용된 시나 노래 가사는 명조체로 표기했다.

3. 단행본, 전집, 정기간행물 겹낫쇠(『 』)를, 논문이나 논설, 기고문, 단편 등에는 홑낫쇠(「 」)를, 그리고 영상, 음반, 공연물에는 단꺾쇠(< >)를 사용했다.

4. 17세기 영어 표현, 흑인 영어, 인디언 영어, 맞춤법이 틀린 표현 등은 뉘앙스를 살려 옮겼다. 참고문헌에 없는 본문의 국역본은 각주로 처리(각주는 모두 옮긴이 주이다)했고, 인명 중 성姓만 나오는 것은 이름까지 원어로 밝혔다.

5. 본문에 들어 있는 '〔 〕' 안의 내용은 옮긴이가 독자들의 이해를 돕기 위해서 덧붙인 것이다. 단, 지은이가 덧붙였을 경우에는 '지은이'라고 명기했다.

감사의 글

이루 헤아릴 수 없는 도움을 준 두 명의 편집자, 하퍼앤드로 출판사의 신시아 머먼과 로즐린 진에게 감사한다.

이 책이 나온 이래 모든 역사를 함께 하며 경탄할 만한 도움과 지원을 해준 하퍼컬린즈 출판사의 휴 밴 두센에게 감사한다.

결코 지치지 않는 세심한 대리인이자 친구인 릭 발킨에게 감사한다.

이 특별판을 만들어 준 샐리 킴에게 감사한다.

일라 애버나시의 시 일부를 인용하게 해준 모호크족 자치구의 『애퀘새스니 노트』에 감사한다.

『폴 로렌스 던바 시전집』에서 「우리는 가면을 쓴다」의 일부를 인용하게 해준 도드・미드앤드컴퍼니에 감사한다.

카운티 컬린의 「사건」(Copyright 1925 by Harper & Row Publishers, Inc.; renewed 1953 by Ida M. Cullen.)을 인용하게 해준 하퍼앤드로 출판사에 감사한다.

『랭스턴 휴즈 시선집』에서 「나, 또한」의 일부를 인용하게 해준 앨프리드 A. 노프 출판사에 감사한다.

시 「그렇지 않다!」를 인용하게 해준 애리조나 주 피닉스의 피닉스 인디언학교 1953년 연감 『새로운 길』에 감사한다.

『표범과 채찍: 랭스턴 휴즈의 우리 시대의 시편』에서 「레녹스 로의 벽화」 구절을 인용하게 해준 랜덤하우스 출판사에 감사한다.

이디스 블릭실버가 켄달/헌트 출판사에서 1987년에 펴낸 『미국 소수인종 여성』에 처음 실린 자신의 시 「그녀의 인생」을 인용하게 해준 에스타 시튼에게 감사한다.

제이 고미 작사, E. Y. 하버그 작곡 「이보게, 10센트짜리 하나 줄 수 있나?」(ⓒ1932 Warner Bros. Inc. Copyright Renewed. All Rights Reserved. Used By Permission.)를 인용하게 해준 워너브라더스 사에 감사한다.

A People's History of the United States

14

전쟁은 국가의 건강한 상태이다

1914	• 제1차 세계대전 발발
1915	• 루시테이니아 호 격침
1917	• 미국, 제1차 세계대전 참전 • 방첩법 의회 통과 • 법무부 수사관들이 전국 각지의 세계산업노동자연맹 회관 48곳을 동시에 급습
1918	• 11월, 제1차 세계대전 종전. 미군 5만여 명 사망
1927	• 니콜라 사코Nicola Sacco와 바톨로미오 반제티Bartolomeo Vanzetti 사형

제1차 세계대전이 한창인 가운데 급진주의 작가 랜돌프 본Randolph Bourne은 "전쟁은 국가의 건강한 상태이다"라고 말했다. 실제로 유럽 국가들이 1914년에 전쟁을 시작함에 따라, 각국 정부는 번창하고 애국심이 꽃을 피웠으며 계급투쟁은 잠잠해졌다. 하지만 엄청난 수의 젊은이들이 종종 100미터의 땅이나 한 줄의 진지를 지키기 위해 전쟁터에서 죽어갔다.

아직 전쟁에 참가하지 않고 있던 미국에서는 국가의 건강에 관해 우려하기 시작했다. 사회주의가 성장하고 있었다. 세계산업노동자연맹은 어디에나 있는 듯 보였다. 계급갈등은 격렬했다. 1916년 여름, 샌프란시스코에서 전시태세의 날 행진[Preparedness Day parade. 미국의 참전을 주장하는 기업 지도자들이 참전 여론을 불러일으키기 위해 전국 도시에서 후원한 행사]이 벌어지던 와중에 폭탄이 터져 9명이 목숨을 잃었다. 두 명의 급진주의자 탐 무니Tom Mooney와 워런 빌링즈Warren Billings가 체포되어 20년형을 선고받았다. 이 사건이 발생한 직후 뉴욕 출신 상원의원 제임스 와즈워스James Wadsworth는 "우리나라 국민들이 계급에 따라 분열되는" 위험을 피하기 위해 모든 성인 남성을 대상으로 하는 의무적인 군사훈련을 제안했다. "우리는 우리나라 젊은이들에게 그들이 이 나라에 대해 일정한 책임이 있음을 알게 해야만 한다."

이런 책임을 최고로 완수하는 일이 유럽에서 벌어지고 있었다. 1,000만 명이 전장에서 목숨을 잃고 2,000만 명이 전쟁으로 인한 굶주림이나 질병으로 죽어갈 상황이었다. 그리고 그 날 이후로는 어느 누구도 전쟁이 인류에게 한 인간의 생명만한 가치를 가진 어떤 성과라도 가져다줬다고 말할 수 없었다. 이 전쟁이 "제국주의 전쟁"이라는 당시 사회주의자들의 수사修辭는 이제 온건한 표현일 뿐더러 거의 논쟁의 여지도 없어 보인다. 유럽의 선진 자본주의 국가들은 국경과 식민지, 영향권을 둘러싸고 싸우고 있었다. 알자스-로렌, 발칸 반도, 아프리카, 중동 등을 놓고 경쟁했던 것이다.

전쟁은 진보와 현대화를 둘러싼 환희(단지 서구세계의 엘리트 사이에서만)가 한창이던 20세기의 개막 직후에 벌어졌다. 영국이 전쟁을 선포한 다음

마른 전투

마른 전투까지 계속된 서부전선의 국경전투는 제1차 세계대전에서 가장 규모가 컸을 뿐만 아니라, 역사상으로도 유례를 찾아볼 수 없는 최대의 전투였다. 이 전투에는 200만 명이 넘는 병력이 참가했고 많은 인명이 희생됐다.

날, 헨리 제임스는 친구에게 편지를 보냈다. "문명이 이처럼 피와 어둠의 나락으로 떨어짐으로써 …… 우리가 가정한 …… 세계가 점차 개선되고 있다고 생각했던 그 기나긴 시대의 정체가 밝혀지는군." 첫 번째 전투인 마른 전투Battle of the Marne에서 영국과 프랑스는 독일의 파리 진군을 저지하는 데 성공했다. 양측에서 각각 50만 명의 사상자가 발생했다.

살육은 매우 빠르게, 그리고 대규모로 시작됐다. 1914년 8월 당시 영국군 지원병이 되려면 키가 173센티미터 이상이어야 했다. 10월에 이르면 자격요건이 165센티미터로 낮춰졌다. 그 달에 3만 명의 사상자가 발생하자 이번에는 160센티미터만 돼도 지원할 수 있었다. 전쟁이 시작되고 첫 석 달 만에 원래의 영국군은 거의 사망했다.

3년 동안 전선은 프랑스에서 사실상 정체상태였다. 양측은 진격했다가는 후퇴하고 다시 진격했다. 몇 미터, 몇 킬로미터를 얻으려고 진격과 후퇴를 거듭하는 동안 시체는 쌓여만 갔다. 1916년에 독일이 베르됭Verdun에서 돌파를 시도했다. 영국과 프랑스는 센 강을 따라 반격을 가해 몇 킬로미터를 전진했지만 이 과정에서 60만 명을 잃었다. 어느 날인가는 국왕 직속 요크셔 경輕보병단 제9대대가 800명의 병력으로 공격을 개시했다. 24시간 뒤 84명만이 살아남았다.

국내의 영국인들은 살육에 관해 아무 말도 듣지 못했다. 한 영국인 작가는 이렇게 회상했다. "영국 역사상 가장 피비린내 나는 패배였지만 …… 우리 언론은 썩 좋은 날이 아니었다는 식으로 — 사실상의 승리라고 — 지도까지 동원해가며 차분하고 자세하게 설명했다……." 독일 측에서도 똑같은 일이 벌어지고 있었다. 에리히 마리아 레마르크Erich Maria Remarque가 위대한 소설에서 쓴 것처럼, 기관총과 포탄 세례에 병사들이 수천 명씩 갈가리 찢겨지는 상황에서도 공식적인 급보는 "서부전선 이상 없다"고 발표했던 것이다.

1916년 7월, 영국의 더글러스 헤이그Douglas Haig 장군은 영국군 11개 사단에게 참호를 박차고 나와 독일군 방어선으로 진격하라고 명령했다. 독일군 6개 사단이 기관총을 발포했다. 공격에 나선 11만 명 가운데 2만 명이 사망하고 4만여 명이 부상당했다. 이 모든 시체가 군인들이 대치하고 있는 참호 사이의 유령 같은 땅을 뒤덮었다. 1917년 1월 1일, 헤이그는 육군 원수로 진급됐다. 윌리엄 랭어William Langer의 『세계사 백과사전*An Encyclopedia of World History*』에서는 그해 여름에 벌어진 상황을 간결하게 묘사하고 있다.

> 로이드 조지〔Lloyd George. 당시 영국 군수軍需장관〕의 반대와 그의 몇몇 부하들의 회의론에도 불구하고, 헤이그는 대공세를 낙관적으로 추진했다. 이프르Ypres에서 벌어진 세 번째 전투에서는 여덟 차례의 공세가 이어졌는데 병사들은 맹렬한 비로 흠뻑 젖어 진흙탕이 된 땅에서 싸웠다. 적진 돌파는 전혀 성공을 거두지 못했고 얻은 것이라곤 약 8킬로미터의 영토뿐이었는데, 이로 인해 이프르 돌출부가 전보다 더 작전에 불리한 지역이 됐으며 영국군은 그 대가로 약 40만 명이 희생됐다.

프랑스와 영국 국민들은 사상자의 규모에 관해 전혀 듣지 못했다. 폴 푸셀Paul Fussell의 『대전쟁과 현대의 기억*The Great War and Modern Memory*』〔당대의 사람들은 제1차 세계대전을 '대전쟁'이라고 이름 붙였다〕에 따르면, 전쟁 마지막 해에 독일이 솜므Somme를 맹렬하게 공격, 30만 명의 영국군을 사상시켰을 때, 런던의 신문들은 이런 내용을 실었다고 한다.

> 나는 무엇을 할 수 있을까?
> 민간인이 이 위기에서 도움을 줄 수 있는 방법.

마음을 밝게 가져라…….

전선의 친구들에게 격려하는 편지를 보내라…….

어리석은 뒷공론을 되풀이하지 말라.

쓸데없는 소문에 귀를 기울이지 말라.

헤이그보다 더 잘 안다고 생각하지 말라.

1917년 봄, 미국이 이 죽음과 기만의 구덩이에 발을 들여놓았다. 프랑스 군대에서 폭동이 일어나기 시작하고 있었다. 곧 112개 사단 가운데 68개 사단에서 폭동이 일어났다. 629명의 병사가 재판에 회부되어 유죄판결을 받았으며 50명이 총살형에 처해졌다. 미국 군대가 시급하게 필요했던 것이다.

우드로 윌슨 대통령은 미국이 전쟁에서 중립을 지킬 것이라고 약속한 바 있었다. “한 나라가 명예를 소중히 여겨 전쟁을 벌이지 않는 경우가 있습니다.” 그러나 1917년 4월, 독일 측은 이미 적국에 물자를 공급하는 선박을 잠수함으로 침몰시키겠다고 발표한 바 있었고 실제로 많은 상선을 이미 침몰시킨 상황이었다. 이제 윌슨은 미국인들이 상선을 타고 교전지역을 여행할 수 있는 권리를 수호해야 한다고 말했다. “저는 어떤 경우에도 미국 시민의 권리를 축소하는 데 동의할 수 없습니다…….”

리처드 호프스태터(『미국의 정치적 전통*The American Political Tradition*』)가 지적하듯이, “이것은 속이 뻔히 들여다보이는 합리화였다…….” 영국 역시 공해상에서 미국 시민의 권리를 침해하고 있었지만, 윌슨은 영국과 전쟁을 벌이려고 하지는 않았다. 호프스태터는 윌슨이 “법이 아니라 힘의 균형과 경제적 필요에 근거한 정책을 추구하기 위해 합법적인 이유를 찾아야 했다”고 말한다.

미국이 독일의 적국들에게 어마어마한 양의 전쟁 물자를 실어 나르고 있는 상황에서 독일이 미국을 중립국으로 간주해 주기를 기대하는 것은 비현실적이었다. 1915년 초, 영국 정기선 루시테이니아Lusitania 호가 독일 잠수함의 어뢰를 맞고 침몰했다. 배는 18분 만에 가라앉았고, 미국인 124명을 포함해 1,198명이 사망했다. 미국은 루시테이니아 호가 전쟁과는 무관한 화물을 적재하고 있었으며 따라서 어뢰공격은 극악무도한 독일의 잔학행위라고 주장했다. 사실 이 배는 중무장한 배였다. 3인치 포탄 1,248상자, (상자당 1,000개의 탄창이 들어 있는) 탄창 4,927상자, 소형화기 탄약 2,000여 상자가 실려 있었던 것이다. 화물 적재목록은 이 사실을 숨기기 위해 위조되어 있었고 영국과 미국 정부는 화물에 관해 거짓말을 했다.

호프스태터는 윌슨의 전쟁 정책 이면에 숨어 있던 "경제적 필요"에 관해 서술했다. 1914년 미국에서는 심각한 경제불황이 시작된 상태였다. J. P. 모건은 훗날 이렇게 증언했다. "전쟁은 어려운 시대에 개시됐습니다……. 전국적으로 사업이 침체되고 농작물 가격이 위축됐고, 실업이 심각하고 중공업은 생산능력에 훨씬 못 미치는 수준으로 가동됐으며, 은행의 어음 결제는 중단됐습니다." 그러나 1915년에 이르면 연합국(대부분 영국)의 군수품 주문이 경제를 자극하면서 1917년 4월까지 20억 달러 이상의 상품이 연합국에 팔려 나갔다. 호프스태터의 말처럼, "미국은 전쟁과 번영의 숙명적인 결합 속에서 연합국들과 이해를 같이하게 됐다."

번영은 해외시장에 크게 의존해 있었고 이 나라 지도자들 역시 그렇게 믿었다. 1897년 미국의 민간 해외투자는 7억 달러였다. 1914년에 이르면 그 액수는 35억 달러에 달했다. 윌슨 행정부의 국무장관 윌리엄 제닝스 브라이언은 한편으로는 전쟁에서 중립을 지켜야 한다고 믿었지만, 다른 한편으로는 미국이 해외시장을 필요로 한다고 믿고 있었다. 1914년 5월, 브라이언은 "미국 자본과 미국 기업의 침투를 위해 모든 약소국의 문호를 개방"한 인물이라고 대통령을 치켜세웠다.

일찍이 1907년에 우드로 윌슨은 컬럼비아 대학에서 열린 한 강연에서 이렇게 말한 바 있었다. "국가의 장관들은 자본가들이 획득한 이권을 보호해야 하며, 설령 그 과정에서 반항하는 나라들의 주권이 유린된다 하더라도 그렇게 해야만 합니다……. 닫혀 있는 나라들의 문호는 두드려 부숴서라도 열어야 합니다." 1912년 선거운동 기간에는 "우리의 국내시장으로는 이제 충분치 않으며 해외시장이 필요합니다"라고 말했다. 브라이언에게 보낸 메모에서 윌슨은 자신의 목표가 "세계를 향해 문호를 개방하는 것"이라고 설명했고, 1914년에는 "해외시장에 대한 정당한 정복"을 지지한다고 말했다.

제1차 세계대전과 더불어 영국은 점점 더 미국 상품과 차관의 시장이 되어 갔다. J.P.모건앤드컴퍼니는 연합국의 대리인 역할을 수행했으며, 윌슨이 연합국에 대한 민간은행의 차관공여 금지를 해제한 1915년에 모건은 엄청난 이윤을 확보함과 동시에 독일과의 전쟁에서 영국의 승리에 따르는 이익을 미국의 국가재정과 밀착시킬 수 있을 만큼 어마어마한 액수의 차관을 제공하는 데 착수할 수 있었다.

기업가와 정치인들은 마치 번영이 계급과는 무관한 양, 누구나가 모건의 차관에서 이익을 볼 수 있는 것인 양, 번영에 관해 이야기했다. 전쟁이 더 많은 생산과 더 많은 고용을 의미한 것은 사실이었지만, 과연 철강공장 노동자들이 1916년에만 3억 4,800만 달러의 이윤을 벌어들인 유에스철강회사만큼 벌었을까? 미국이 전쟁에 뛰어들었을 때 경제를 훨씬 더 직접적으로 떠맡게 된 사람은 다름 아닌 부자들이었다. 전시 정부기관 중 가장 강력한 기구였던 전시산업위원회War Industries Board는 금융가인 버나드 바루크Bernard Baruch가 이끌었다. 은행가, 철도업자, 산업자본가들이 이들 기관을 지배했다.

1915년 5월, 제1차 세계대전의 성격에 관한 아주 예리한 논문이 『애틀랜틱 먼슬리*Atlantic Monthly*』에 등장했다. 두보이스가 쓴 이 글의 제목은 「아프리카에 뿌리를 둔 전쟁*The African Roots of War*」이었다. 이 전쟁은 제국을 위한 전쟁으로, 아프리카를 둘러싼 독일과 연합국 사이의 투쟁은 상징인 동시에 현실이었다. "…… 극히 현실적인 의미에서 아프리카야말로 우리가 살아오면서 목격한, 문명의 이 끔찍한 붕괴를 가져온 주된 원인이다." 두보이스에 따르면 남아프리카의 금과 다이아몬드, 앙골라와 나이지리아의 코코아, 콩고의 고무와 상아, 아프리카 서안West Coast의 야자유로 인해 아프리카야말로 "20세기의 땅"이었다.

두보이스는 그 이상의 것도 간파했다. 두보이스의 글은 제국주의 국가가 자국 노동계급에게 전리품의 일부를 줄 수 있다는 새로운 가능성을 지적한 레닌의 『제국주의론*Imperialism*』이 나오기 몇 해 전에 작성된 것이었다. 두보이스는 미국의 "민주주의" 확대와 "검은 인종darker races에 대한 귀족의식과 증오심의 증가"가 나란히 이루어지는 역설을 지적했다. 그는 이 역설을 "백인 노동자가 '중국 놈들과 깜둥이들'을 착취한 노획품을 나누어 가지도록 요구당했다"는 사실로 설명했다. 그렇다. 영국, 프랑스, 독일, 미국의 평균적 시민들은 과거보다 높아진 생활수준을 누렸다. 그러나 "이 새로운 부는 어디로부터 온 것인가? …… 그 부는 무엇보다도 세계의 더 검은 국가들darker nations — 아시아와 아프리카, 남미와 중미, 서인도 제도, 남양 제도 — 로부터 온 것이다."

두보이스는 착취자와 피착취자들을 통합하는 — 그리하여 폭발적인 계급 갈등에 대한 안전판을 만들어 내는 — 자본주의의 독창성을 간파했다. "세계를 착취하는 자들은 이제 더 이상 호상豪商이나 귀족의 독점, 아니 심지어 고용주계급이 아니다. 이제 그것은 국가, 즉 단합된 자본과 노동으로 이루어진 새로운 민주주의 국가이다."

미국은 두보이스의 생각에 꼭 들어맞는 나라였다. 미국의 자본주의는 간헐적인 운동을 통해 모습을 드러내는 가난한 사람들의 진정한 이익공동체를 대체하는, 부자와 빈자 사이의 인위적인 이익공동체를 만들어 내기 위해 국제적 경쟁 — 그리고 주기적인 전쟁 — 을 필요로 했다. 개별 기업가와 정치인들은 어떻게 이를 의식했을까? 그것을 알기는 쉽지 않다. 하지만 그들의 행동은, 설령 그것이 반쯤 의식적이고 반쯤 본능적인 생존 추구였다 하더라도, 그런 계획에 딱 들어맞았다. 그리고 1917년에 이르러 이 계획은 전쟁에 대한 전국민적인 합의를 요구했다.

전통적인 역사서술에 따르면, 정부는 그런 합의를 창출하는 데 신속하게 성공을 거뒀다. 우드로 윌슨의 전기작가 아서 링크Arthur Link는 이렇게 쓴 바 있다. "결국 미국의 정책은 대통령과 여론에 의해 결정됐다." 사실 당시의 여론을 정확하게 측정할 방법은 전혀 없으며 여론이 전쟁을 원했다는 설득력 있는 증거 역시 전무하다. 정부는 합의를 이끌어내기 위해 열심히 노력해야 했다. 자발적으로 싸우려는 충동이 전혀 없었다는 사실은 강력한 조치 — 젊은 남성에 대한 징병, 전국적으로 이루어진 정교한 선전 캠페인, 정부 정책에 따르기를 거부한 사람들이 받은 가혹한 처벌 — 가 취해진 데서도 알 수 있다.

"모든 전쟁을 끝내고 민주주의를 위해 세계를 더 안전하게 만들기 위한" 전쟁에 대해서 윌슨이 열정적으로 발언했음에도 미국인들은 앞 다퉈 입대하지 않았다. 100만 명의 병사가 필요했지만 선전포고 뒤 첫 6주 동안 군대에 지원한 수는 7만 3,000명에 불과했다. 의회는 압도적인 표차로 징병을 결의했다.

노련한 신문기자인 조지 크릴George Creel이 정부의 공식 전쟁 선전가가 됐다. 크릴은 전쟁이 정당하다는 점을 미국인들에게 설득하기 위해 공보위원회Committee on Public Information를 설립했다. 공보위원회는 7만 5,000명의 연사를 조직해 미국의 5,000여 도시와 읍에서 4분짜리 연설 7만 회를 수행했다. 미적지근한 대중을 흥분시키기 위한 대규모적인 노력이었다. 1917년 초,

전국시민연맹의 한 회원은 "노동자나 농민은 안보를 위한 노력이나 방위동맹, 국가적 전시태세를 위한 다른 운동에 참여하지 않으며 관심도 기울이지 않고 있다"고 불평한 바 있었다.

의회에서 전쟁을 선포한 다음날, 사회당은 세인트루이스에서 긴급총회를 열고 선전포고를 "미국 국민에 대한 범죄"라고 규정했다. 1917년 여름에 미네소타에서 수차례 열린 사회당의 반전집회에는 엄청난 인파—5,000명 또는 1만에서 2만 명의 농민들—가 참석해 전쟁과 징병, 전쟁을 틈탄 폭리취득에 항의했다. 위스콘신 주의 지방신문 플리머스 『리뷰*Review*』는 "오늘날의 사회당만큼 단시간 내에 힘을 얻은 당은 아마 유례가 없을 것"이라고 지적했다. 신문은 "보통 때라면 몇 백 명만 모여도 엄청난 인파라고 했을 지역에서 수천 명의 사람들이 사회당 연사들의 말을 들으려고 모여들었다"고 보도했다. 오하이오의 보수적 신문인 애크런Akron 『비컨저널*Beacon-Journal*』은 "정당의 관찰자는 거의 찾아볼 수 없지만 …… 지금 선거가 치러진다면 사회주의의 거센 물결이 중서부를 휩쓸 것이라는 점은 누구나 인정할 것"이라고 지적했다. 신문은 이 나라가 "일찍이 이보다 더 인기 없는 전쟁을 벌인 적은 없었다"고 말했다.

1917년 지방선거에서 사회당은 선전과 애국심의 물결에 맞서 놀랄 만한 성과를 거뒀다. 사회당의 뉴욕 시장 후보였던 모리스 힐퀴트Morris Hillquit는 앞선 선거에서의 사회당 평균 득표율의 다섯 배에 달하는 22퍼센트를 얻었다. 10명의 사회당원이 뉴욕 주의회에 당선됐다. 시카고에서는 사회당 득표율이 1915년의 3.6퍼센트에서 34.7퍼센트로 증가했다. 버팔로에서는 2.6퍼센트에서 30.2퍼센트로 올랐다.

새뮤얼 곰퍼스가 의장을 맡았던 조직으로, 전쟁에 찬성하고 "국민적인 정서를 단합"시키는 것을 목표로 삼은 노동자와 민주주의를 위한 미국동맹American Alliance for Labor and Democracy의 결성 뒤에는 조지 크릴과 정부가 있었다. 동맹은 164개 도시에 지부를 뒀고 많은 노동지도자들이 가세했다. 그러나 제임스 와인스타인에 따르면 동맹은 제대로 활동을 벌이지 못했다고 한다. "전쟁에 대한 기층 노동계급의 지지는 여전히 미온적이었다……." 또한 일부 저명한 사회당원들—잭 런던, 업튼 싱클레어, 클래런스 대로Clarence Darrow—이 미국의 참전 이후 전쟁 찬성론자가 됐지만, 대다수 사회당원은 계속해서 전쟁에 반대했다.

1917년 6월, 방첩법Espionage Act이 의회에서 통과되고 대통령의 비준을 받았다. 법의 이름을 보면 간첩행위에 대한 법으로 생각하기 쉽다. 그러나 이 법에는 "미국이 전쟁을 수행하는 와중에 의도적인 불복종이나 불충不忠, 항명, 미국 육군이나 해군에서 복무 거부를 야기 또는 시도하거나 미국의 신병모집이나 입대를 의도적으로 방해하는 자는 누구든지" 최고 20년 징역형에 처하도록 규정하는 조항이 있었다. 정부의 본성에 관한 이론을 갖추고 있지 않은 사람은 방첩법이 어떻게 이용될 것인지 분명히 알 수 없었다. 이 법에는 심지어 "이 절의 어떤 내용도 정부의 행위나 정책에 대한 논의, 논평, 비판을 …… 제한하거나 한정하는 것으로 해석되어서는 안 된다"는 조항까지 있었다. 그러나 이처럼 앞뒤가 안 맞는 내용은 목적의 단순성을 감추는 것이었다. 방첩법은 전쟁에 반대하는 발언을 하거나 글을 쓰는 미국인들을 투옥하는 데 이용됐다.

이 법이 통과되고 두 달 뒤, 필라델피아에서 찰스 솅크Charles Schenck라는 사회주의자가 징병법과 전쟁을 비난하는 전단 1만 5,000장을 인쇄해 배포한 혐의로 체포됐다. 전단은 "강제 노역제도"를 금지하는 헌법 수정조항 13조를 인용하며 선발징병법Conscription Act이 이에 위배된다고 주장했다. 전단에 따르면, 징병은 "월스트리트 자본가들의 이익을 위해 인류를 상대로 저지르는 잔인무도한 행위"였다. 그러므로 "협박에 굴하지 말자."

셴크는 기소되어 재판을 받았으며 방첩법 위반으로 유죄를 평결받고 6개월 징역형을 선고받았다. (결국 이 사건은 방첩법 위반사건 가운데 가장 가벼운 형량을 선고받은 것으로 판명됐다.) 셴크는 방첩법이 발언과 저술을 기소함으로써 "연방의회는 …… 언론이나 출판의 자유를 제한하는 …… 어떤 법률도 제정할 수 없다"는 헌법 수정조항 1조를 위반했다고 주장하며 항소했다.

대법원은 만장일치로 판결을 내렸는데, 가장 유명한 자유주의자 올리버 웬델 홈즈Oliver Wendell Holmes가 판결문을 작성했다. 홈즈는 전단의 내용을 요약하면서 이것은 의심의 여지없이 징병법 시행을 "방해"하려는 의도를 품은 것이라고 지적했다. 셴크는 헌법 수정조항 1조의 보호를 받았을까? 홈즈의 말을 들어보자.

> 언론자유에 대한 가장 엄격한 보호조치일지라도 극장에서 거짓으로 불이 났다고 외쳐 공황상태를 야기한 사람을 보호해 주지는 않는다……. 모든 사건에서 문제로 삼는 것은 사용된 언어가 명백하고도 현존하는 위험clear and present danger, 즉 의회가 막을 권리를 갖고 있는 실질적인 해악을 가져올 수 있는 상황에서, 그런 성질로 사용됐는가 아닌가 하는 점이다.

현명하고도 사람의 마음을 끄는 비유였다. 극장에서 불이 났다고 외쳐 공황상태를 일으킨 사람에게까지 언론의 자유를 부여해야 한다고 생각하는 사람은 드물 것이다. 하지만 이 예가 전쟁에 대한 비판에 들어맞는 것이었을까? 훗날 하버드 법대 교수 제커라이어 체이피Zechariah Chafee(『미국의 언론자유*Free Speech in the United States*』)는 누군가 극장에서 연극 막간에 일어나 화재 시 비상구가 충분하지 않다고 외친 경우가 셴크에게 더 적절한 비유라고 지적했다. 이 예를 좀더 자세히 살펴보자. 셴크의 행동은 표를 끊고 막 극장에 들어가려는 사람들에게 극장 안에 큰 화재가 났다고 거짓이 아니라 진짜로 외치는 사람과 같지 않을까?

만약 언론의 자유가 생명과 자유에 "명백하고도 현존하는 위험"을 제기한다면 합리적인 사람들은 누구라도 그 자유를 용인할 수 없을 것이다. 결국 언론의 자유는 다른 극히 중요한 권리와 경쟁을 해야만 한다. 하지만 전쟁 그 자체가 "명백하고도 현존하는 위험", 즉 전쟁에 반대하는 어떤 주장보다도 더 명백하고 현존하며 더 생명에 위험한 것이 아닐까? 시민들에게는 전쟁에 반대할 권리, 위험한 정책에 대한 위험물이 될 권리가 없는 것일까?

(이런 식으로 대법원의 승인을 받은 방첩법은 제1차 세계대전 이래 수십 년 동안 계속 유지됐으며, 전시에만 적용하기로 되어 있었음에도 1950년 이래 끊임없이 효력을 발휘했다. 미국이 한국 전쟁 이후 법적으로 "비상사태"였기 때문이었다. 1963년 케네디 행정부는 〔성공을 거두진 못했지만(지은이)〕 해외 미국인들의 발언에도 방첩법을 적용하는 법안을 추진했다. 국무장관 러스크 Dean Rusk가 베트남 주재 미국대사 로지〔Henry Cabot Lodge(1902~1985). 이 책의 8장, 12장, 13장에 나오는 헨리 캐버트 로지(1850~1924)와 동명이인이다〕에게 전신으로 보낸 내용을 보면, 그것은 "전쟁 노력에 방해가 되는 …… 디엠Ngo Dinh Diem과 그의 정부에 관한 …… 비판적인 기사"를 쓰는 베트남 주재 언론인들을 우려해서였다.)

유진 뎁스 사건 역시 곧 대법원으로 올라갔다. 1918년 6월, 뎁스는 징병에 반대했다는 죄로 감옥에 갇혀 있던 세 명의 사회당원을 면회하고 감옥 바로 맞은편에서 두 시간 동안 연설을 해 청중을 사로잡았다. 뎁스는 미국의 위대한 연설가 가운데 하나였고 청중들이 폭소와 박수를 터뜨리는 바람에 거듭 말을 중단해야 했다. "자, 지난번에 저들은 5 대 4로 — 일종의 크랩스 게임이죠. 7 나와라, 11 나와라[1)]— 아동노동규제법이 헌법에 위배된다고 선언했습니다.” 뎁스는 감옥에 있는 동지들에 관해 말했다. 사회당원이 친독일파라는 비난에 대해서도 언급했다. “저는 융커[Junker. 19세기 프로이센 절대주의 국가의 지배계급으로 여기서는 비유적인 의미로 쓰였다]들과 그들의 지배를 혐오하고 질색하며 경멸합니다. 저는 독일의 융커들은 도대체 전혀 쓸모가 없으며 미국의 융커들 역시 눈곱만큼도 쓸모없는 놈들이라고 생각합니다.” (우레 같은 박수와 환호 소리.)

> 저들은 우리가 위대한 자유 공화국에 살고 있다고, 우리의 제도가 민주적이라고, 우리가 자유와 자치를 누리는 국민이라고 말합니다. 설령 농담이라고 해도 너무 심한 말이지요…….
>
> 역사를 통틀어 전쟁은 정복과 약탈을 위해 일어났습니다. 그리고 이것이야말로 전쟁의 간단명료한 본질입니다. 언제나 전쟁을 선포한 것은 지배계급이었고, 그 전쟁에 나가 싸운 것은 피지배계급이었습니다…….

뎁스는 방첩법을 위반한 죄로 체포됐다. 청중 가운데 징병 연령의 젊은 남자들이 있었고, 뎁스의 발언이 “신병모집이나 입대를 방해”했다는 것이었다.

사실 뎁스의 말은 그 이상의 것을 의도했다.

> 그렇습니다. 우리는 곧 이 나라에서, 아니 전 세계에서 권력을 휩쓸 것입니다. 우리는 인간을 노예로 만들고 타락시키는 모든 자본주의 제도를 파괴하고 자유롭고 인간적인 제도를 다시 만들 것입니다. 세계가 우리 눈앞에서 늘 변화

---

1) 카지노 게임의 일종인 크랩스craps game에서는 주사위 두 개를 던져 나온 숫자의 합이 7이나 11이면 주사위를 던진 사람이 아니라 배팅한 사람이 돈을 딴다.

하고 있습니다. 자본주의의 태양은 저물어가고 사회주의의 태양이 떠오르고 있습니다……. 머지않아 시계가 울릴 것이고 승리를 거둔 이 위대한 대의는 …… 노동계급의 해방과 모든 인류의 형제애를 선포할 것입니다. (우레와 같은 박수갈채가 계속 이어짐.)

재판에서 뎁스는 자신을 변호하기 위해 직접 증인대에 서거나 증인 소환을 거부했다. 뎁스는 자신이 발언한 내용을 전혀 부인하지 않았다. 그러나 배심원들이 심의에 들어가기에 앞서, 뎁스는 그들에게 이렇게 말했다.

저는 전쟁을 방해했다는 이유로 기소됐습니다. 그건 인정합니다. 신사 여러분, 저는 전쟁을 혐오합니다. 저는 설사 저 혼자 남는다 해도 전쟁에 반대할 것입니다……. 저는 고통받고 투쟁하는 모든 곳의 민중들에게 공감하고 있습니다. 어떤 깃발 아래 그들이 태어났든, 그들이 어디에 살고 있든, 그것은 문제가 되지 않습니다…….

배심원단은 방첩법 위반에 대해 유죄를 평결했다. 뎁스는 선고에 앞서 판사에게 이렇게 진술했다.

존경하는 재판장님, 저는 오래 전에 제가 모든 생명체와 혈족관계를 맺고 있음을 인식했으며 제 자신이 지구상의 가장 미천한 존재보다 조금도 나을 게 없는 존재라는 사실을 마음속 깊이 새겼습니다. 그때 말한 것처럼 만약 하층계급이 있다면 저는 그 중 하나이고, 범죄계층이 있다면 저도 그 가운데 하나이며, 한 명의 영혼이라도 감옥에 있다면 저 역시 자유롭지 않다고 지금도 말하겠습니다.

판사는 "이 나라가 해외의 야만적인 세력에 맞서 나라를 지키려 하고 있을 때, 그 손에서 칼을 빼으려는" 자들을 비난했다. 뎁스는 10년형을 선고받았다.

뎁스의 상고는 1919년까지 대법원에 받아들여지지 않았다. 전쟁은 끝났다. 올리버 웬덜 홈즈는 대법원의 전원합의를 대표해 뎁스의 유죄를 확정했다. 홈즈는 뎁스의 연설에 관해 언급했다. "뎁스는 자연스레 미국의 행동방식을 떠올리게 만드는 방식으로 프로이센의 군국주의에 대한 반대를 표명했다." 홈즈는 뎁스가 "자본가와 노동자라는 통상적인 대비를 사용해 …… 연설 내내 노동하는 사람은 전쟁에 이해관계가 없다는 암시를 했다"고 말했다. 따라서 홈즈에 따르면, 뎁스가 한 연설의 "자연스럽고 의도된 효과"는 신병모집을 방해하는 것이었다.

뎁스는 웨스트버지니아 주립교도소에 수감됐고 곧이어 애틀랜타 연방교도소로 이송되어 66세가 되는 1921년에 하딩 대통령에 의해 사면될 때까지 그곳에서 32개월 동안 복역했다.

약 900명이 방첩법 위반으로 투옥됐다. 이처럼 상당한 숫자의 반대는 시야에서 감춰진 반면, 군악대와 성조기의 물결, 전쟁채권 대량구입, 징병과 전쟁에 대한 다수 국민의 묵인 등으로 대표되는 국민적 분위기는 가시적이었다. 이런 묵인은 빈틈없는 홍보활동과 협박 — 연방정부의 권한과 그 이면에 있는 대기업의 자금을 총동원한 노력이었다 — 을 통해 이루어진 것이었다. 전쟁 반대를 가로막으려는 캠페인의 규모는 전쟁에 대한 국민의 자생적인 감정에 관해 무언가를 말해 준다.

신문들은 혹시 있을지도 모르는 전쟁 반대자들에 대한 공포분위기를 조성하는 데 일조했다. 1917년 4월, 『뉴욕타임스』는 엘러휴 루트(전前 전쟁장관이자 기업 고문변호사)의 말을 인용했다. "우리는 지금 어떤 비판도 해서는 안 된다." 몇 달 뒤 신문은 다시 그의 말을 인용했다. "오늘밤 이 도시를 배회하는 자들이 있는데, 내일 해가 뜨자마자 끌고 나가 반역죄로 총살시켜야 할 자들이다." 비슷한 무렵에 시어도어 루즈벨트는 하버드 클럽Harvard Club에서 강연을 하면서 사회당원과 세계산업노동자연맹 조합원 등 평화를 원하는 사람들을 일컬어 "암수 구별도 없는 떼거리들"이라고 언급했다.

1917년 여름, 미국수호연맹American Protective League이 결성됐다. 뉴욕『헤럴드』는 이렇게 보도했다. "어제 미국수호연맹의 사무소들에서 100여 명이 미국자경순찰대American Vigilante Patrol 대원으로 등록했다……. 순찰대는 선동적인 거리연설을 종식시키기 위해 결성된 것이다."

법무부의 후원을 받은 미국수호연맹은 1917년 6월에 이르러 600개 도시와 읍에 지부를 뒀으며 회원수는 10만 명에 육박했다. 언론에서는 연맹 회원이 "지역사회 지도급 인사들, 은행가, 철도업자, …… 호텔업자" 등이라고 보도했다. 미국수호연맹에 관한 한 연구서는 그들의 방식에 관해 이렇게 묘사하고 있다.

> 우편물은 신성불가침한 것으로 간주된다……. 그러나 미국수호연맹이 때로는 요주의 인물들이 쓴 편지에 관해 거의 투시력을 갖고 있었음을 상기해 보자……. 영장이 없이 개인의 가정이나 사무실에 난입하는 행위는 강도질로 간주된다. 그렇다. 하지만 미국수호연맹은 수천 번이나 그런 짓을 했음에도 한 번도 체포되지 않았다!

연맹은 300만 건의 불충행위를 발각했다고 주장했다. 설사 이 수치가 과장된 것이라 하더라도, 연맹의 규모와 활동범위 그 자체만으로도 '불충'의 규모에 관한 단서를 제공한다.

각 주는 자경단을 조직했다. 주법에 의거해 설립된 미네소타공안위원회

Minnesota Commission of Public Safety는 술집과 영화관을 폐쇄하고 외국인 소유의 토지를 문제 삼았으며, 자유국채〔Liberty bond. 전시채권의 명칭〕를 선전하고 주민의 충성심을 심사했다. 미니애폴리스의 『저널』은 "모든 애국자들은 징병반대 및 선동 행위와 감정을 억제하는 데 참여하자"는 위원회의 호소문을 실었다.

전국 언론들은 정부에 협력했다. 1917년 여름, 『뉴욕타임스』는 "선동의 증거를 우연히 알게 됐을 경우에 적절한 관계 당국에 신고하는 것은 모든 선량한 시민의 의무이다"라는 사설을 실었다. 그리고 『리터러리 다이제스트 *Literary Digest*』는 "선동적이거나 반역적이라고 생각되는 사설을 발견하는 즉시 오려서 보내줄 것"을 독자들에게 요청했다. 크릴의 공보위원회는 "비관적인 이야기를 퍼뜨리는 사람을 신고"해야 한다는 광고를 내보냈다. "그런 사람은 법무부에 신고하기 바랍니다." 1918년에 법무장관은 이렇게 말했다. "이 나라 역사상 이토록 철저하게 치안이 유지된 적이 없었다고 말해도 과언이 아니다."

왜 이토록 엄청난 노력을 기울였을까? 1917년 8월 1일자 뉴욕 『헤럴드』는 뉴욕 시에서 처음으로 징병된 100명 가운데 90명이 면제 판정을 요구했다고 보도했다. 미네소타의 경우, 8월 6일자와 7일자 미니애폴리스 『저널』의 머리기사는 각각 「징병 반대 움직임 주에 급속히 확산」과 「징집대상자들, 거짓 주소 써넣어」였다. 플로리다에서는 흑인 농장 일꾼 두 명이 산탄총을 들고 숲속으로 들어가 징병을 피하려고 자해 행위를 했다. 한 명은 손가락 네 개를 절단했고 다른 한 명은 팔꿈치 아래쪽을 통째로 날려 버렸다. 조지아 출신 상원의원 토머스 하드윅Thomas Hardwick은 이렇게 말했다. "징병법 시행에 대해 …… 많은 사람들 사이에서 전반적인 반대가 있었음은 의심의 여지가 없다. 주 전역에서 수많은 사람들이 참여하는 대중집회가 열려 징병법에 항의했다……" 결국 33만 명이 넘는 수가 징병 기피자로 분류됐다.

오클라호마에서는 '노동계급연맹Working Class Union'을 결성한 소작농과 정률소작농[2] 사이에서 사회당과 세계산업노동자연맹이 적극적인 활동을 벌이고 있었다. 노동계급연맹에서 개최한 어느 대중집회에서는 군입대를 저지하기 위해 철도 교량과 전신선을 파괴하려는 계획이 세워졌다. 전국 곳곳의 징병거부자들을 위한 워싱턴 행진도 계획됐다. (이 행진은 풋옥수수 반란Green Corn Rebellion이라 불렸는데, 행진 중에 풋옥수수를 먹기로 계획했기 때문이었다.) 연맹에서 계획을 실행하기도 전에 회원들이 일제히 검거됐고 곧 반란죄로 기소된 450명이 주립교도소에 수감됐다. 지도자들은 3~10년형을, 다른 사람들은 60일~2년형을 선고받았다.

1917년 7월 1일, 급진주의자들은 보스턴에서 전쟁에 반대하는 행진을 조직하면서 이런 깃발을 내걸었다.

> 인기 있는 전쟁이라면서 징병은 왜 하는가?
> 파나마를 훔친 자 누구인가? 아이티를 짓뭉갠 자 누구인가?
> 우리는 평화를 요구한다.

뉴욕 『콜』에 따르면 8,000명이 행진을 벌였는데, 그들은 "중앙노동조합

---

2) '소작농tenant farmer'이 자신의 농기구와 가축을 가지고 지대를 현금으로 지불하는 상층 소작인이라고 한다면, 남북전쟁 뒤 노예해방으로 등장한 '정률定率소작농sharecropper'은 하층 소작인이라고 할 수 있다. 대부분이 흑인으로 농기구와 역축役畜이 없는 정률소작농들은 추수 때까지 가족이 먹고살 양식도 없었으며 가진 것이라고는 일할 수 있는 몸뿐이었다. 정률소작농은 보통 수확량의 2분의 1을 현물지대로 납부했다. 농기구와 가축을 보유하고 수확량의 3분의 1에서 4분의 1을 납부하는 경우는 분익分益소작농share tenant이라고 한다.

조합원 4,000명과 라트비아계 사회당 조직Lettish Socialist Organizations의 회원 2,000명, 리투아니아인 1,500명, 외투 제조업의 유대인 조합원, 그리고 당의 다른 여러 부문에 소속된 사람들"이었다. 장교들의 명령을 받은 육군 병사와 수병들이 행진을 습격했다.

체신부는 반전 기사를 실은 신문과 잡지에 대해 우편상의 특권을 취소하기 시작했다. 정치, 문학, 예술 등을 다루는 사회주의계 잡지인 『대중*The Masses*』은 우송이 금지됐다. 이 잡지는 1917년 여름에 맥스 이스트먼Max Eastman의 사설을 게재한 바 있었다. "우리의 시체와 우리 아들들의 시체를 유럽으로 실어 나르는 구체적인 목적은 무엇인가? 나로서는 내가 신봉하지 않는 전쟁을 위해 정부가 나를 징집할 권리가 있다고 인정할 수 없다."

로스앤젤레스에서는 미국혁명을 다루면서 식민지인들에 대한 영국의 잔학행위를 묘사한 영화가 한 편 상영됐다. 영화의 제목은 <1776년의 정신*The Spirit of '76*>이었다. 영화 제작자는 방첩법으로 기소됐는데, 판사의 말에 따르면, 이 영화가 "우리의 동맹국인 대영제국의 선의에 의문을 제기"하려 했기 때문이었다. 이 사건의 공식 명칭은 '미국 대 1776년의 정신U.S. v. Spirit of '76'이었다.

사우스다코타의 한 소읍에서는 농민이자 사회주의자인 프레드 페어차일드Fred Fairchild라는 사람이 전쟁에 관해 말다툼을 하는 와중에 이런 말을 했다는 이유로 고발당했다. "내가 만약 징집 연령에 해당되고 부양가족도 없어서 끌려간다면, 난 복무를 거부할 거야. 날 총으로 쏠 수는 있어도 싸우게 만들 수는 없을 걸."

약 6만 5,000명이 스스로 양심에 따른 병역거부자라고 선언하고 비전투 복무를 요구했다. 그들은 육군기지에서 일하는 동안 종종 새디스트적인 잔혹한 대우를 받았다. 전투원, 비전투원을 막론하고 군복무 자체를 거부했다는

이유로 캔자스 주 라일리 기지Fort Riley에 수감된 남자 세 명은 한 명씩 복도로 끌려 나갔는데,

> …… 위층 난간에 묶은 삼줄에 목이 걸려 기절하기 일보 직전까지 대롱대롱 매달려 있었다. 그 와중에 장교들은 발목과 정강이에 사정없이 주먹질을 했다. 그런 다음 끌어내려 팔을 묶어 다시 끌어올렸다. 이번에는 정원용 호스를 15센티미터 앞에 대고 완전히 까무러칠 때까지 얼굴에 물을 뿜어댔다…….

중고등학교와 대학들은 반전활동을 가로막았다. 컬럼비아 대학에서는 대학에 대한 이사회의 통제를 오랫동안 비판해 왔으며 반전주의자였던 심리학자 J. 맥킨 캐텔J. McKeen Cattell이 해고됐다. 일주일 뒤, 저명한 역사학자 찰스 비어드는 이에 대한 항의 표시로 교수직에서 사임하면서 이사회가 "정치적으로는 반동적이고 통찰력이 없으며 종교적으로는 편협하고 중세적"이라고 비판했다.

하원에서도 몇 사람이 전쟁에 반대했다. 최초의 여성 하원의원 저넷 랜킨Jeannette Rankin은 선전포고에 관한 호명표결에서 자신의 이름이 불렸지만 대답하지 않았다. 전쟁 찬성론자인 하원의 노련한 정치인 한 명이 랜킨에게 다가가 귓속말을 했다. "여보little woman, 당신은 투표를 안 할 수가 없어. 당신은 이 나라 여성을 대표하는 거라구……." 다시 호명되자 랜킨은 자리를 박차고 일어섰다. "저는 제 조국을 지지하지만 전쟁에 표를 던질 수는 없습니다. 저는 반대표를 던집니다." 당시에 인기가 있었던 노래는 「내 아들을 병사로 키우진 않았다네*I Didn't Raise My Boy to Be a Soldier*」였다. 그러나 「유럽에서는*Over There*」이라든가 「위대한 우리의 깃발이여*It's a Grand Old Flag*」, 「자니야 총을 들어라*Johnny Get Your Gun*」 같은 노래에 압도당했다.

사회당원 케이트 리처즈 오헤어는 1917년 7월에 노스다코타에서 연설을 했는데 보도에 따르면 이렇게 말했다고 한다. "미국의 여성들은, 자식을 키워 군대에 보내고 그 자신은 비료가 되어 버리는 씨받이 돼지 이상도 이하도 아닙니다." 오헤어는 체포되어 재판에서 유죄를 평결받고 미주리 주립교도소에서 5년형을 선고받았다. 감옥에서도 오헤어는 싸움을 계속했다. 감방 꼭대기에 있는 창문이 항상 닫혀 있어 동료 죄수들과 함께 환기를 시켜 달라고 항의했을 때, 간수들은 벌을 주려고 오헤어를 복도로 끌어냈다. 오헤어는 손에 시집 한 권을 들고 있었는데 끌려 나오는 순간 시집을 창문에 던져 유리창을 깨뜨렸고, 신선한 공기가 불어오자 동료 죄수들은 환호성을 질렀다.

에마 골드먼과 동료 무정부주의자 알렉산더 버크먼(그는 이미 펜실베이니아에서 14년 동안 수감된 적이 있었고 골드먼은 블랙웰즈아일랜드 교도소에서 1년을 복역했었다)은 징병에 반대했다는 이유로 징역형을 선고받았다. 골드먼은 배심원들에게 말했다.

> 사실 우리의 민주주의가 이토록 빈곤한 상태에서 어떻게 세계에 민주주의를 보급할 수 있단 말입니까? …… 대중의 군사적 예속과 경제적 노예화 속에서 배태되고 대중의 눈물과 피로 양육된 민주주의는 결코 민주주의라 할 수 없습니다. 그것은 전제정입니다. 이것은 일련의 악폐가 축적된 산물로서 저 위험한 문서, 독립선언서에 따르면 인민들에게는 이런 정부를 폐지할 권리가 있습니다…….

전쟁으로 인해 정부는 세계산업노동자연맹을 파괴할 기회를 맞이했다. 세계산업노동자연맹의 기관지 『산업 노동자*Industrial Worker*』는 선전포고 직후에 이렇게 주장했다. "미국의 자본가들이여, 우리는 당신들을 위해서가 아니라 당신들에 맞서 싸울 것이다! 징병이라니! 노동계급이 거부하는데도 싸우게 만들 수 있는 권력은 세상 어디에도 없다." 필립 포너는 세계산업노동자연맹의 역사를 다룬 책에서 워블리들이 사회당원들만큼 적극적인 반전활동을 벌이지는 않았다면서, 그 이유가 워블리들이 숙명론적이어서 전쟁을 불가피한 것으로 보고 오직 계급투쟁에서의 승리, 혁명적 변혁만이 전쟁을 끝장낼 수 있다고 생각했기 때문이라고 보았다.

1917년 9월, 법무부 수사관들이 전국 각지의 세계산업노동자연맹 회관 48곳을 동시에 급습, 뒤에 법정에서 증거가 될 통신문과 책자를 압수했다. 같은 달에 연맹의 지도자 165명이 징병 방해 음모를 꾸미고 탈영을 선동하고 노동분쟁과 관련해 다른 사람들을 협박한 혐의로 체포됐다. 1918년 4월에 101명이 재판에 회부됐는데, 다섯 달 동안 이어진 이 재판은 당시까지 미국 역사상 가장 오래 끈 형사재판이었다. 러시아 볼셰비키 혁명을 취재(『세계를 뒤흔든 10일*Ten Days That Shook the World*』)하고 막 돌아온 사회주의자 언론인 존 리드John Reed는 『대중』에 세계산업노동자연맹 재판에 관한 기사를 쓰면서 피고인들을 이렇게 묘사했다.

> 역사에서 그들과 똑같은 광경이 있었는지 의문스럽다. 101명의 벌목꾼, 추수일꾼, 광부, 편집자들은 …… 세계의 부가 그것을 만들어 내는 사람의 것이라고 믿었으며……. 세계에서 가장 힘든 일을 하는 청년들인 공사장 노동자, 바위 발파공, 벌목공, 밀 짚단 묶는 일꾼, 부두 노동자 등이 그들이었다.

세계산업노동자연맹 사람들은 재판정을 자신들의 활동과 이념을 밝히는 장소로 활용했다. 거인 빌 헤이우드를 비롯한 61명이 증언대에 서서 3일 동안 증언을 했다. 한 조합원은 법정에서 이렇게 말했다.

여러분은 세계산업노동자연맹이 왜 미국에 애국하지 않느냐고 묻고 있습니다. 여러분이 담요 한 장 없는 부랑자라면, 아내와 아이들을 남겨두고 서부로 일자리를 찾아 떠난 뒤로 가족이 어디 사는지 소식조차 듣지 못했다면, 하는 일이 일정치 못해 투표할 자격을 가질 만큼 한 곳에 오래 머무르지 못한다면, 이가 들끓는 으스스한 막노동자 합숙소에서 잠을 자면서 저들이 주는 최대한 큰 탈이 나지 않을 정도로만 썩어 버린 음식을 먹는다면, 보안관보들이 구멍이 숭숭 뚫린 조리용 깡통에 총을 쏴 그나마 입에 풀칠할 음식이 땅에 쏟아진다면, 고용주들이 당신을 굴복시키려고 생각해서 임금을 깎아 버린다면, 포드와 서와 무니에게 적용되는 법이 해리 소에게 적용되는 법과 다르다면[3], 법과 질서와 국가를 대표하는 모든 사람들이 당신을 기습해서 누명을 씌워 감옥에 처넣고 선한 기독교인들이 환호하며 세차게 공격하라고 말한다면, 도대체 여러분은 어떻게 애국심을 가질 수 있겠습니까? 이 전쟁은 사업가들의 전쟁이며, 우리는 왜 지금 우리가 즐기고 있는 이 감미로운 현실을 지키기 위해 전쟁터에

---

3) 캘리포니아 주 휘틀랜드Wheatland의 더스트Durst 홉hop 농장에서 벌어진 세계산업노동자연맹 파업 당시 군郡의 관리들이 노동조합 집회에 총격을 가하면서 발생한 총격전에서 지방검사와 보안관을 비롯해 4명이 사망했다. 리처드 '깜씨' 포드Richard 'Blackie' Ford와 허먼 서Herman Suhr를 포함한 4명의 노조 간부가 폭동 및 살인죄로 체포됐고 2명은 종신형을 선고받았다. 허먼 서는 사건 당시 현장에 있지도 않았으나, 당시의 법률논리로는 노동자를 조직하려는 목적은 궁극적으로 경찰 및 관리를 살해하기 위함이었으므로 유죄가 선고됐다. 이 장 앞부분에 나오는 탐 무니의 재판 역시 뒤에 증인들이 위증한 것이 밝혀졌다. 해리 소Harry Thaw는 피츠버그의 철도 및 코크스 대부호의 아들로 부인인 이블린 네스빗Evelyn Nesbit은 최고의 인기를 구가하는 코러스걸이었다. 해리 소는 저명한 건축가로 부인의 정부情夫였던 스탠퍼드 화이트Stanford White를 상류층 인사들이 운집한 매디슨스퀘어가든Madison Square Garden에서 권총으로 살해했고 9년 동안 이어진 재판에서 정신착란 판정을 받고 풀려났다. 연예인과 갑부와 상류사회 명사의 애정관계 등이 뒤얽힌 '세기의 재판(Trial of the Century, 당시 언론의 표현)'이었던 이 사건은 미국 법정에서 정신착란을 인정받은 최초의 형사재판이기도 하다.

나가 총을 맞아야 하는지 도무지 모르겠습니다.

배심원단은 그들 모두에게 유죄를 평결했다. 판사는 헤이우드와 다른 14명에게 20년형, 33명에게 10년형, 나머지에게는 그 미만의 형을 선고했다. 또한 그들에게 총 250만 달러의 벌금을 부과했다. 세계산업노동자연맹은 산산조각이 났다. 헤이우드는 보석 중에 도망쳐 혁명 러시아로 갔고 10년 뒤 죽을 때까지 그곳에서 살았다.

전쟁은 1918년 11월에 끝났다. 미군 병사 5만 명이 죽었고, 애국자들의 경우조차도 쓰라린 환멸이 전국적으로 확산되는 데는 오랜 시간이 걸리지 않았다. 이런 환멸감은 전후戰後 10년간의 문학에 반영됐다. 존 도스 패서스 John Dos Passos는 소설 『1919년*1919*』에서 존 도〔John Doe. '존 도'는 우리말의 '철수'처럼 보통 남자를 가리키는 말이기도 하다〕의 죽음에 관해 쓰고 있다.

> 샬롱쉬르마른Chalons-sur-Marne 시에 있는 슬레이트로 된 시체공시소의 염소와 석회, 시체 냄새가 뒤섞인 악취 속에서, 그들은 …… 존 도의 잔해가 담긴 소나무 상자를 끄집어내어…….
>
> …… 카키색 군복으로 둘둘 만 바싹 마른 창자와 피부 부스러기를
> 샬롱쉬르마른으로 가져와
> 소나무 관에 깔끔하게 입관入棺할 준비를 했고
> 전함에 싣고 하나님의 나라〔God's Country. 미국을 가리킨다〕로 가져와
> 알링턴국립묘지의 원형기념관Memorial Amphitheatre에 석관石棺을 묻고
> 성조기Old Glory로 덮었으니
> 나팔수는 음악을 연주했고
> 하딩 씨〔당시 대통령 워런 하딩Warren Harding〕가 하나님께 기도 드리고, 『워싱

턴포스트』의 사교란에서 튀어나온 외교관과 장성과 제독과 재계 거물과 정치
인들과 말쑥하게 차려입은 숙녀들이 엄숙하게 기립한 채로
나팔수가 연주하는 「성조기로 지킨 미국Old Glory God's Country」이 얼마나
심금을 자아내는지 생각하는 동안 세 차례의 조포弔砲가 그들의 귓전을 울렸다.
존 도의 가슴이 있어야 할 자리에 그들은 명예훈장을 달아 줬고…….

어니스트 헤밍웨이는 『무기여 잘 있거라*A Farewell to Arms*』를 집필할 것이었다. 몇 년 뒤에 어윈 쇼Irwin Shaw라는 대학생이 『죽은 자들을 묻어라*Bury the Dead*』라는 희곡을 쓰게 될 터였다. 할리우드의 극작가 돌턴 트럼보Dalton Trumbo는 제1차 세계대전의 전장에서 몸통과 머리만을 가진 채 살아남은 한 병사에 관한 강렬하고 오싹한 반전 소설 『자니 총을 들다*Johnny Got His Gun*』를 쓰게 된다. 포드 매덕스 포드Ford Madox Ford는 『열병閱兵은 이제 그만*No More Parades*』을 썼다.

전시에 있었던 투옥과 위협, 국민적 단합을 위한 대공세에도 불구하고, 전쟁이 끝났을 때 기존체제는 여전히 사회주의를 두려워했다. 혁명적인 도전에 직면해 통제를 위한 쌍둥이 전술 — 개혁과 억압 — 이 다시 한 번 필요한 것처럼 보였다.

윌슨의 친구인 조지 L. 레코드George L. Record가 첫 번째 전술을 제안했다. 그는 1919년 초에 윌슨에게 편지를 보내 "당면한 사회주의의 위협에 맞서려면" 경제적 민주주의를 향한 모종의 행동을 해야 한다고 지적했다. "자네가 미국 급진세력의 실질적인 지도자가 되어, 사회주의자와 볼셰비키들이 제시하는 강령에 대한 대안이 될 근본적인 개혁을 향한 건설적인 프로그램을 국민들에게 제시해야 하네……."

1919년 여름, 윌슨의 보좌관 조지프 터멀티Joseph Tumulty는 공화당과 민

주당 사이의 갈등은 두 당 모두를 위협하는 갈등에 비하면 하나도 중요하지 않다는 점을 윌슨에게 상기시켰다.

> 법무장관의 목숨을 노렸던, 지난밤 워싱턴에서 벌어진 사건은 이 나라에 퍼지고 있는 끔찍한 소요의 징후에 불과합니다……. 민주당원인 저는 공화당이 다시 집권하게 되면 실망할 것입니다. 하지만 만약 지금 저지하지 않는다면, 우리가 소중히 여기는 모든 것을 공격함으로써 나날이 모습을 드러내게 될 운동이 바로 우리 눈앞에서 꾸준히 성장하는 것을 보는 일만큼 실망스럽지는 않을 것입니다. 지금처럼 산업과 사회가 소요에 휩싸인 시대에 두 당 모두 보통사람들에게 평판이 좋지 못합니다…….

"지난밤 워싱턴에서 벌어진 사건"이란 윌슨의 법무장관인 A. 미첼 파머A. Mitchell Palmer의 집 앞에서 폭탄이 터진 사건이었다. 폭탄 폭발 사건 6개월 뒤, 파머는 외국인—미국 시민이 아닌 이민—에 대한 첫 번째 대규모 공세를 수행했다. 전쟁 막바지에 의회에서 통과된 한 법률은 정부조직에 반대하거나 재산 파괴를 주장하는 외국인을 추방하도록 규정했다. 1919년 12월 21일, 파머의 부하들은 (에마 골드먼과 알렉산더 버크먼을 비롯한) 러시아 태생의 외국인 249명을 체포해 수송선에 실어서 이제 소비에트 러시아로 바뀐 나라로 추방했다. 헌법에 의하면 의회에서 외국인을 추방할 수 있는 권리는 없었지만, 일찍이 1892년에 대법원이 자기보존 차원에서 정부의 자연권이라는 이유로 의회가 중국인을 추방할 권리가 있음을 확인한 바 있었다.

1920년 1월, 전국 각지에서 4,000명이 일제히 검거되어 오랜 기간 격리된 뒤 비밀 청문회에 회부되어 추방을 명령받았다. 보스턴에서는 법무부 수사관들이 현지 경찰의 지원 아래 집회당을 급습하거나 이른 아침에 가정집에 쳐들어가 600명을 체포했다. 이 문제로 골머리를 앓던 연방 판사는 그 과정을 이렇게 묘사했다.

> 일제단속을 눈부신 구경거리로 선전하고, 엄청나고 절박한 공공의 위험이 도사리고 있는 것처럼 보이기 위한 많은 노력이 있었다……. 대부분 아주 조용하고 착한 노동자들이고 또 얼마 전까지만 해도 농부였던 체포된 외국인들은 두 명씩 수갑이 채워져 보스턴 시가지를 지나 기차로 수송하기 위해 쇠사슬에 묶였다…….

1920년 봄, 앤드리아 살세도Andrea Salsedo라는 무정부주의자 식자공이 뉴욕에서 연방수사국 요원들에게 체포되어 파크로Park Row 빌딩 14층의 연방수사국 사무실에 8주 동안 구금된 채, 가족이나 친구, 변호사와 접촉하는 것도 금지됐다. 얼마 뒤 살세도는 빌딩 바로 아래 인도에서 산산이 부서진 시체로 발견됐고, 연방수사국은 그가 14층 창문에서 뛰어내려 자살했다고 말했다.

보스턴 지역의 무정부주의자 노동자였던 살세도의 두 친구가 그의 부고를 듣고부터 총을 가지고 다니기 시작했다. 매사추세츠 주 브록턴Brockton에서 전차를 타고 가다 체포된 두 명은 2주 전에 한 구두공장에서 벌어진 노상강도와 살인 혐의로 기소됐다. 이들이 바로 니콜라 사코Nicola Sacco와 바톨로미오 반제티Bartolomeo Vanzetti였다. 사코와 반제티가 재판에서 유죄를 평결받고 감옥에서 7년 동안 항소를 계속하는 동안, 미국 전역과 세계 각지의 사람들이 그들의 사건에 휘말리게 됐다. 재판기록과 주변상황을 살펴보면 사코와 반제티가 사형을 선고받은 이유는 그들이 무정부주의자이자 외국인이었기 때문임을 알 수 있다. 1927년 8월, 경찰이 시위행렬과 파업대오를 체포와 구타로 해산시키고 군대가 감옥을 에워싼 가운데 두 사람은 전기의자에서 사형을 당했다.

어렵게 배운 영어로 아들 단테Dante에게 보낸 사코의 마지막 편지는 다가올 시대의 수백만 민중들에게 보내는 메시지였다.

> 그러니 아들아, 눈물을 흘리는 대신 마음을 굳세게 먹고 엄마를 위로해 드려라……. 엄마와 함께 조용한 시골로 산책을 나가서 사방에 핀 꽃을 따거라……

사코와 반제티

많은 사람들은 이들에게 선고된 심판이 공정성이 결여되었고, 피고인들은 살인범으로서가 아니라 급진주의자이고 무정부주의자로서 유죄판결을 받은 것이라고 생각했다.

> 하지만 행복하게 노는 와중에도 너 자신만을 위해 모든 걸 써서는 안 되고…… 네 좋은 친구들인 박해받는 사람들과 희생당하는 사람들을 도와야 한다는 걸 항상 잊지 말아라……. 이런 인생의 투쟁 가운데서 너는 더 많은 것을 알게 되고 사랑하고 또 사랑받게 될 거란다.

개혁이 있었다. 전쟁을 둘러싼 애국적 열정도 고취됐다. 어떤 이념, 어떤 종류의 저항은 용인될 수 없다는 사고를 강화하기 위해 법원과 감옥이 활용됐다. 하지만 심지어 사형수 감옥에서도 어떤 메시지가 흘러나오고 있었다. 이른바 무계급사회인 미국에서도 계급전쟁은 여전히 계속되고 있다는 메시지가. 1920년대와 1930년대 내내 계급전쟁은 계속 이어졌다.

15

어려운 시절의 자조

LAUNDRY
IS ON
STRIKE
LAUNDRY WORKERS
INTERNATIONAL UNION LOCAL 135
THIS LAUNDRY
IS ON
STRIKE
LAUNDRY WORKERS
INTERNATIONAL UNION LOCAL 135

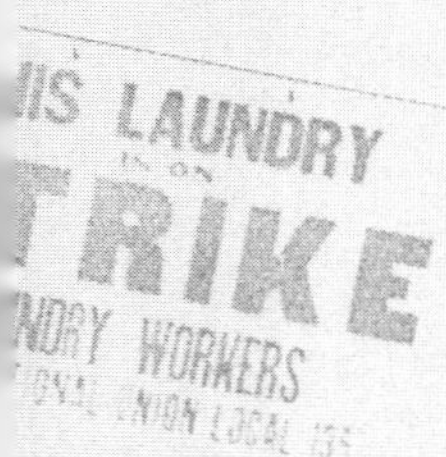

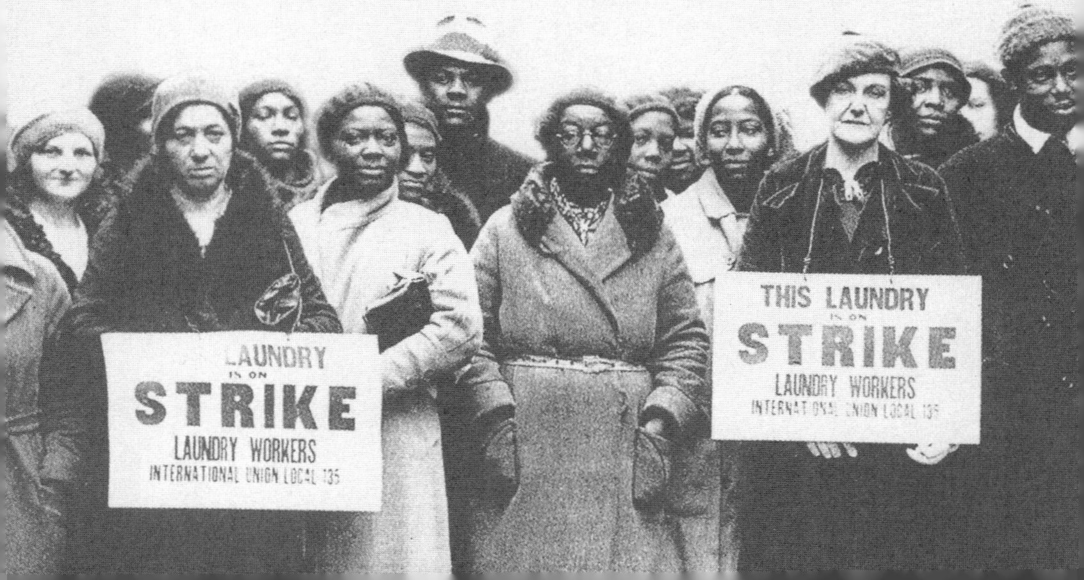

1919 • 2월, 시애틀에서 10만여 명이 참여한 동맹파업 발생
• 9월, 25만여 명의 철강 노동자들이 참여한 파업 발생

1920 • 헌법 수정조항 제19조(여성 참정권 부여) 제정
• 파머 습격과 적색 공포. 반공주의 전사로 맹활약한 미첼 파머 법무장관의 집이 폭탄테러를 당하자 사회주의자 지부모임을 덮쳐 6,000여 명을 체포한 사건

1929 • 주식시장 붕괴, 대공황 시작

1932 • 프랭클린 루스벨트, 대통령 당선

1933 • 1차 뉴딜 실시

1935 • 2차 뉴딜 실시

전쟁이 아직 끝나지 않은 1919년 2월에 세계산업노동자연맹 지도자들은 감옥에 있었지만, 10만 명의 노동자가 동맹파업을 벌여 5일 동안 도시를 완전히 마비시킨 워싱턴 주 시애틀에서 총파업이라는 연맹의 이념은 현실이 됐다.

총파업은 3만 5,000명의 조선소 노동자들이 임금인상을 요구하며 파업을 벌이면서 시작됐다. 조선소 노동자들의 지원 요청을 받은 시애틀중앙노동협의회Seattle Central Labor Council는 도시 전역의 파업을 권고했고 2주 만에 110개 지부 — 대부분 미국노동연맹 지부였고 세계산업노동자연맹 지부는 소수에 불과했다 — 가 파업을 결의했다. 파업에 참여한 각 지부는 기층 조합원들을 3명씩 선출, 총파업위원회General Strike Committee를 구성했고, 1919년 2월 6일 오전 10시에 파업을 시작했다.

단결을 이루기는 쉽지 않았다. 세계산업노동자연맹 지부들은 미국노동연맹 지부들과 긴장관계에 있었다. 일본인 지부들은 총파업위원회에 참여할 수는 있었지만 의결권은 받지 못했다. 그럼에도 6만 명의 조합원이 파업을 벌였고 4만 명이 동조했다.

시애틀 노동자들은 급진적인 전통을 갖고 있었다. 전쟁 기간에는 사회주의자였던 시애틀 미국노동연맹 의장이 징병에 반대했다는 이유로 투옥되어 고문을 받자 이에 항의해 도심에서 대규모 노동자집회가 열리기도 했다.

도시는 이제 파업 노동자들이 필수 업무를 제공하기 위해 조직한 활동을 제외하고는 완전히 기능이 정지됐다. 소방수들은 계속 일을 하는 데 동의했다. 세탁 노동자들은 병원 세탁물만을 취급했다. 운행 승인을 받은 차량들은 '총파업위원회에서 인가함'이라는 표시를 붙이고 다녔다. 구역마다 35개의 우유 배급소가 세워졌다. 매일 3만 명분의 식사가 대규모 취사장에서 조리되어 시 전역의 회관으로 배달됐고, 파업 노동자는 한 끼당 25센트, 일반인은 35센트를 내고 카페테리아식으로 식사를 했다. 비프스튜, 스파게티, 빵, 커피 등을 먹고 싶은 만큼 먹을 수 있었다.

질서를 유지하기 위해 참전용사노동자경비대Labor War Veteran's Guard가 조직됐다. 경비대 본부 한 곳의 칠판에는 이렇게 쓰여 있었다. "본 조직의 목적은 무력을 사용하지 않고 법과 질서를 유지하는 것이다. 어떤 자원자도 경찰력을 사용하거나 일체의 무기를 소지하지 못하며 오직 설득만을 할 수 있다." 파업 기간 동안 도시에서는 범죄가 줄어들었다. 이 지역에 파견된 미 육군 분견대 사령관은 파업 노동자들의 위원회 측에 자신이 40년 동안 군생활을 했지만 이렇게 조용하고 질서정연한 도시는 본 적이 없다고 말했다. 시애틀 『노동조합 기록*Union Record*』(노동자들이 펴내던 일간신문)에는 애니스Anise라는 사람이 쓴 시가 한 편 실렸다.

> 저들이 가장 겁먹는 사실은
> 아무 일도 일어나지 않는다는 것이다!
> 저들은 소란에 대처할
> 준비가 되어 있다.
> 저들에게는 기관총과

병사가 있지만,
이 미소짓는 침묵은
  으스스할 따름이니.
사업가들은
그런 종류의 무기를
이해하지 못한다…….
대포에
의존하고 있는
저들을 당혹스럽게 만드는 것은
  다름 아닌 당신의 웃음이다, 형제여!
'파업위원회에서 인가함'이라는
표지를 달고
거리를 지나가는 차는
쓰레기차.
우유배급소는
나날이 좋아지고,
300명의
전쟁용사 노동자들은
총도 들지 않고
군중을 통제하니,
이런 상황은
저들의 집에서는
느낄 수 없는
새로운 권력과

새로운 세계를

말해 준다.

시장은 대부분 워싱턴 대학 학생인 2,400명의 특별위원을 선서취임시켰다. 연방정부는 거의 1,000명에 이르는 수병과 해병대를 도시로 진입시켰다. 총파업은 5일 만에 끝났는데, 총파업위원회에 따르면 폐쇄된 도시에서 생활하기가 어려웠을 뿐만 아니라 여러 노동조합의 전국임원international officer들로부터 압력이 있었기 때문이었다.

파업은 평화적이었다. 그러나 파업이 끝나자 사회당 본부와 인쇄소에 대한 습격과 체포가 진행됐다. 세계산업노동자연맹 조합원 39명이 '무정부상태를 야기한 주모자'로 투옥됐다.

세계산업노동자연맹이 제재 노동자들을 조직하고 있던 워싱턴 주 센트레일리아Centralia에서는 제제업계가 연맹을 제거하기 위한 계획을 세웠다. 휴전기념일Armistice Day인 1919년 11월 11일, 재향군인회Legion에서 고무호스와 가스관을 들고 도심에서 행진을 벌였고, 연맹은 습격에 대비했다. 행진 대열이 연맹 회관을 지나는 와중에 총성이 울렸다—누가 먼저 발포했는지는 분명치 않다. 재향군인들이 회관으로 돌격하자 총격전은 더 심해졌고 재향군인 3명이 사망했다.

연맹 전국 지도자들이 전쟁 수행을 방해했다는 죄로 재판을 받는 동안 본부 안에는 프랑스에서 병사로 복무했던 연맹 조합원인 프랭크 에버레트Frank Everett라는 제재 노동자가 있었다. 에버레트는 군복 차림에 라이플총을 갖고 있었다. 군중을 향해 있는 대로 총알을 다 쏜 에버레트가 총을 버리고 숲으로 도망치자 폭도들이 뒤를 쫓았다. 에버레트는 강물로 뛰어들었으나 물살이 너무 센 걸 깨닫고는 뒤로 돌아 맨 앞에서 쫓아오는 남자를 사살한 뒤 총을 강물에 던지고 주먹으로 폭도들과 맞섰다. 폭도들은 에버레트를 자동차 뒤에 매단 채 마을로 질질 끌고 와서 전봇대에 매단 뒤 끌어내려 감옥에 가뒀다. 그날 밤, 누군가 에버레트가 갇혀 있던 감옥문을 부수고 그를 밖으로 끌어내 자동차 바닥에 싣고는 성기를 자르고 다리로 데리고 가 목을 매단 뒤 온몸에 총알구멍을 냈다.

에버레트의 살인자로 체포된 사람은 아무도 없었지만, 행진 중에 재향군인회 지도자를 살해한 죄로 워블리 11명이 재판에 회부되어 그 중 6명이 15년을 감옥에서 보냈다.

총파업에 대해, 워블리들의 조직화에 대해 왜 그런 반응을 보였을까? 시애틀 시장이 발표했던 한 성명서를 보면 기존체제가 파업 자체만이 아니라 파업으로 상징되는 모든 것을 우려하고 있었다는 사실을 알 수 있다. 시장은 이렇게 말했다.

> 이른바 시애틀 동조파업은 혁명기도였습니다. 폭력사태가 없었다고 해서 이런 사실이 바뀌지는 않습니다……. 공공연하게 또는 은밀하게 표명된 목적은 산업체제를 전복하기 위함이었습니다. 우선 이곳에서 그리고 다음에는 모든 곳에서 말입니다……. 그렇습니다. 총포의 섬광이나 폭탄, 살인은 전혀 없었습니다. 거듭 말하건대 혁명에는 폭력이 필요하지 않습니다. 시애틀에서 있었던 것처럼, 총파업 그 자체가 혁명의 무기이며 조용하기 때문에 훨씬 더 위험한 무기입니다. 총파업은 성공을 거두기 위해 모든 것을 정지시켜야 합니다. 공동체적인 삶의 흐름 전체를 중단시켜야 하는 것입니다……. 다시 말해 총파업은 정부의 기능을 마비시킵니다. 그리고 반란의 목표 역시 그런 것입니다—어떻게 성공하든 말입니다.

더구나 시애틀 총파업은 전 세계에서 벌어지던 전후戰後 반란의 물결이 한창인 가운데 일어난 것이었다. 『더 네이션*The Nation*』의 한 기자는 그해를 이렇게 논평했다.

> 오늘날의 가장 독특한 현상은 …… 기층의 반란이 유례없이 벌어지고 있다는 점에 있다…….
>
> 러시아에서는 차르를 폐위시켰고……. 조선과 인도, 이집트, 아일랜드에서는 폭정에 맞서 단호한 저항을 계속하고 있다. 영국에서는 기층 노동자들이 노동조합 간부들의 결정에 불복해 철도파업을 일으켰다. 시애틀과 샌프란시스코에서는 최근 항만 노동자들이 소비에트 정부를 전복하려는 목적으로 수송되는 무기와 군수품의 적재를 거부하는 사태가 벌어졌다. 일리노이의 한 지방에서는 파업광부들의 결의안을 통해 주 집행부를 향해 "지옥에나 가라"라고 만장일치로 선포함으로써 기층 노동자들이 모습을 드러냈다. 곰퍼스 씨에 따르면, 피츠버그에서는 기층 노동자들이 파업을 꺼리는 미국노동연맹American Federation 간부들로 하여금 세계산업노동자연맹이나 다른 '급진파'의 수중에 통제권이 넘어가지 않도록 철강파업을 선포하도록 강요했다. 뉴욕에서는 기층 조합원들이 부두 노동자 파업을 일으키고 노조 간부들을 무시한 채 파업을 계속했으며, 인쇄업종에서도 고용주들과 매우 친한 사이인 전국임원들조차 전혀 통제할 수 없는 소요가 일어났다.
>
> 낡은 지도부에 대한 신뢰를 잃어버린 …… 일반 노동자는 이제 새로운 자신감, 아니 적어도 새로운 대담성, 즉 스스로 기회를 잡을 수 있다는 각오를 경험하게 됐으며 …… 이제 위로부터 권위를 부과할 수 없게 됐다. 아래로부터 자동적으로 권위가 만들어진 것이다.

1919년 서부 펜실베이니아의 철강공장들에서는 일주일에 6일, 하루에 12시간 동안 엄청난 열기 속에서 고된 노동을 하는 10만 명의 노동자가 미국노동연맹의 각기 다른 20개 직능별 조합craft union에 가입하고 있었다. 조직화 사업을 거쳐 이 노동자들을 한데 묶으려고 노력하던 전국위원회National Committee는 1919년 여름에 "그들은 만약 우리가 그들을 위해 무언가를 하지 않는다면 그들 스스로 문제를 해결할 것이라고 알리고 다닌다"는 사실을 알게 됐다.

전국협의회National Council에는 존스타운철강노동자협의회Johnstown Steel Workers Council로부터 날아온 것과 같은 전보가 속속 들어오고 있었다. "전국위원회에서 이번 주 안으로 전국파업 표결안을 승인하지 않는다면, 우리는 이곳에서 독자적으로 파업을 진행할 수밖에 없습니다." 윌리엄 Z. 포스터William Z. Foster(뒤에 공산당 지도자가 된 인물로 당시에는 전국위원회에서 조직화를 담당하는 회계간사였다)는 영스타운Youngstown 지역의 조직가들로부터 전보 한 장을 받았다. "파업을 연기할 경우 우리를 배신자로 간주할 분노한 노동자들을 만족시킬 수 없을 것입니다."

우드로 윌슨 대통령과 미국노동연맹 의장 새뮤얼 곰퍼스로부터 파업을 연기하라는 압력이 있었다. 그러나 철강 노동자들은 끈질겼고, 1919년 9월에 10만 명의 조합원뿐만 아니라 25만 명의 비조합원까지 파업에 들어갔다.

앨러게이니 군의 보안관은 파업에 가담하지 않은 유에스철강회사의 직원 5,000명을 보안관보로 임명하고 옥외집회를 금지한다고 발표했다. 당시 작성된 범교파세계운동Interchurch World Movement의 한 보고서는 이렇게 말한다.

> 머네슨Monessen에서 …… 주 경찰당국의 방침은 거리에 모인 사람들에게 곤봉 세례를 가해 집으로 몰아넣는다는 것뿐이었다……. 브래덕Braddock에서는 …… 파업 노동자 한 명이 거리에서 곤봉에 구타당한 뒤 감방에 갇혀 그날 밤을

보냈다……. 뉴캐슬에서 체포된 사람들 대부분은 …… 파업이 끝날 때까지 석방 되지 못했다.

법무부가 개입, 외국인 노동자들을 급습해 추방하기 위해 구금했다. 인디애나 주 게리Gary에는 연방군이 투입됐다.

다른 요인들도 파업 노동자들에게 불리하게 작용했다. 파업 노동자들은 대부분 최근 이민 온 사람들로 다양한 국적에 언어도 서로 달랐다. 철강회사들이 파업을 분쇄하기 위해 고용한 셔먼용역회사Sherman Service, Inc.는 사우스시카고South Chicago에서 직원들을 훈련시켰다. "세르비아인과 이탈리아인 간에 가능한 최선을 다해 악감정을 불러일으키기 바란다. 이탈리아인들이 일터로 복귀하려 한다는 정보를 세르비아인들에게 퍼뜨려라……당장 복귀하지 않으면 이탈리아인들이 그들의 일자리를 빼앗을 것이라고 자극하라." 3,000여 명의 흑인이 파업파괴자로 지역에 유입됐다 — 흑인 노동자들은 미국노동연맹의 조합에서 배제당하고 있었으므로 노동조합에 아무런 충성심도 느끼지 않았다.

파업이 아무런 성과도 없이 계속됨에 따라 패배감이 확산됐고 노동자들이 하나둘씩 일터로 복귀하기 시작했다. 10주가 지나면서 파업 노동자의 수는 11만으로 줄어들었고 전국위원회는 파업중단을 선언했다.

전쟁이 끝난 이듬해, 뉴잉글랜드와 뉴저지에서 섬유 노동자 12만 명이 파업을 벌였고 뉴저지 주 패터슨에서는 실크 노동자 3만 명이 파업에 돌입했다. 보스턴에서는 경찰이 파업을 벌였고 뉴욕 시에서는 담배공, 셔츠 제조공, 목수, 제빵공, 트럭 운전사, 이발사 등이 파업에 들어갔다. 시카고의 언론은 "일찍이 보지 못한 파업과 직장폐쇄가 한꺼번에 일어나 한여름의 열기를 더욱 뜨겁게 만들고 있다"고 보도했다. 인터내셔널 수확기회사의 노동자 5,000명과

시 노동자 5,000명이 거리로 몰려나왔다.

그러나 1920년대가 시작되면서 상황은 진정된 것처럼 보였다. 세계산업노동자연맹은 파괴됐고 사회당은 분열됐다. 파업은 무력으로 분쇄됐고 경제는 대중의 반란을 방지하기에 충분한 딱 그만큼의 사람들에게만 호전되고 있었다.

1920년대에 연방의회는 이민 할당수를 설정하는 법안을 통과시킴으로써 위험하고 불온한 이민자의 물결(1900~1920년 사이에 1,400만)에 종지부를 찍었다. 이민 할당제는 앵글로색슨족에 유리하고 흑인과 황인종을 배제했으며 라틴계, 슬라브족, 유대인의 이민을 엄격하게 제한했다. 아프리카 국가는 100명 이상을 보낼 수 없었고 중국, 불가리아, 팔레스타인은 100명이 상한선이었으며, 영국이나 북아일랜드에서는 3만 4,007명이 이민 올 수 있었던 데 반해 이탈리아는 3,845명밖에 올 수 없었고, 독일이 5만 1,227명인 데 반해 리투아니아는 124명뿐이었으며, 아일랜드자유국〔Irish Free State. 지금의 아일랜드공화국의 1922~1937년의 명칭〕에는 2만 8,567명이 할당됐지만 러시아는 2,248명밖에 할당받지 못했다.

KKK단이 1920년대에 부활되어 북부로 확산됐다. 1924년에 이르러 KKK단은 450만 명의 회원을 거느리게 됐다. 어디서나 벌어지는 폭도의 폭력과 인종적 증오 앞에서 전국유색인지위향상협회는 무기력해 보였다. 백인이 지배하는 미국에서 흑인이 동등한 존재로 간주될 수 없다는 사실이야말로 1920년대에 마커스 가비Marcus Garvey가 이끈 〔흑인〕 민족주의 운동의 주제였다. 가비는 흑인의 자부심과 인종분리, 그리고 자신이 보기에 흑인의 단결과 생존을 위한 유일한 희망인 아프리카로의 복귀를 설파했다. 그러나 가비의 운동은, 비록 일부 흑인에게 영감을 주기는 했지만, 전후 10년간의 강력한 백인 우월주의 흐름에 맞서 많은 진척을 이룰 수는 없었다.

1920년대를 번영과 흥겨움의 시대 — 재즈의 시대Jazz Age, 광란의 20년대 Roaring Twenties — 로 묘사한 주류의 서술에는 모종의 진실이 있었다. 실업자는 1921년의 427만 명에서 1927년에 200만 명을 약간 상회하는 수로 감소됐다. 노동자들의 전반적인 임금수준도 올라갔다. 일부 농민은 많은 돈을 벌기도 했다. 연간 2,000달러 이상의 소득을 올리는 전체 가구의 40퍼센트는 자동차, 라디오, 냉장고 등 새로운 도구를 살 수 있었다. 수백만 명이 궁색하지 않은 삶을 살고 있었고, 그들은 다른 사람들 — 흑인 및 백인 소작농, 일자리가 없거나 있다 해도 생필품을 구할 만한 돈조차 벌지 못하는 대도시의 이민자 가족 — 의 모습에 눈을 감을 수 있었다.

그러나 번영은 상층부에 집중됐다. 1922~1929년 사이에 제조업 실질임금이 연간 1인당 1.4퍼센트 상승한 데 반해, 보통주普通株 소유자들은 매년 16.4퍼센트의 이익을 얻었다. 600만 가구(전체 가구의 42퍼센트)가 연간 1,000달러 이하의 소득을 벌었다. 브루킹즈연구소Brookings Institution의 한 보고서에 따르면, 최상층 0.1퍼센트의 가구가 최하층 42퍼센트의 총합과 맞먹는 소득을 올렸다. 1920년대에는 매년 약 2만 5,000명의 노동자가 작업 중에 사망하고 10만 명이 평생 장애인이 됐다. 뉴욕 시의 경우 200만 명이 화재 시 비상구가 없는 건물로 신고된 셋집에 살았다.

전국이 인디애나 주 먼시Muncie 같은 작은 공장촌으로 가득 차 있었는데, 로버트 린드와 헬런 린드 부부Robert and Helen Lynd(『미들타운*Middletown*』)에 따르면, 이곳에서는 사람들이 아침에 일어나는 시간에서 계급체제가 드러났다. 먼시 시 가구의 3분의 2에서 "아버지는 한겨울 어둠 속에서 일어나 어스름한 시각에 부엌에서 서둘러 아침을 먹고 아이들이 학교에 갈 시간이면 이미 1시간에서 2시간 15분 동안 일을 하고 있었다."

다른 사람들을 눈에 띄지 않는 곳으로 밀어낼 만큼 충분히 부유한 사람들이 있었다. 게다가 부자들이 정보전달 수단을 장악하고 있는 상황에서 누가 진실을 말할 수 있었겠는가? 역사학자 멀 커티Merle Curti는 1920년대를 이렇게 관찰했다.

> 사실 실질소득의 두드러진 증가를 누린 것은 전체 인구의 상층 10퍼센트에 불과했다. 그러나 그런 사실이 통상 야기한 항의는 광범위하거나 효과적으로 감지되지 않았다. 이것은 부분적으로는 주요 정당들이 펼친 원대한 전략의 결과였다. 또 부분적으로는 이제 여론 형성의 주요 통로가 거의 모두 대규모 출판산업에 장악된 결과였다.

싱클레어 루이스Sinclair Lewis, 루이스 멈퍼드Lewis Mumford, 시어도어 드라이저 등 몇몇 작가들은 장애물을 돌파하려고 애썼다. F. 스코트 피츠제럴드F. Scott Fitzgerald는 「재즈 시대의 메아리*Echoes of the Jaz Age*」라는 글에서 이렇게 말했다. "어쨌든 당시는 빌려온 시대였다 — 상층 10퍼센트는 대공大公처럼 무사태평하고 코러스 걸처럼 아무렇게나 살았다." 피츠제럴드는 번영의 한가운데서 만취, 불행, 폭력 등의 불길한 징조를 보았다.

> 롱아일랜드에서는 한 동급생이 아내를 죽이고 자살했으며, 다른 친구는 필라델피아의 고층빌딩에서 '실수로' 추락했고 다른 한 명은 뉴욕의 고층빌딩에서 고의로 뛰어내렸다. 시카고의 주류 밀매점에서 한 명이 살해당했고 뉴욕의 주류 밀매점에서는 또 다른 사람이 죽도록 얻어맞은 뒤 집으로 기어가다가 프린스턴 클럽Princeton Club 앞에서 죽었다. 또 정신병자 수용소에 감금되어 있던 한 환자는 미치광이가 휘두른 도끼에 맞아 두개골이 박살났다.

싱클레어 루이스는 소설 『배빗*Babbitt*』에서 번영의 허위의식, 즉 새로운 상품이 중간계급에게 주는 천박한 쾌락을 포착했다.

> 그것은 대성당의 종소리, 단속적으로 울리는 알람소리, 야광 지침반 등 현대적인 장치를 모두 갖췄으며, 전국적으로 선전하고 대량으로 생산하는 최고의 자명종 시계였다. 배빗은 그런 호사스런 물건에 의해 잠에서 깨어난다는 사실을 자랑스러워했다. 사회적으로 볼 때 그것은 거의 값비싼 발코드 타이어[4]를 사는 것만큼이나 명예로운 일이었다.
>
> 배빗은 이제 탈출구가 없다는 사실을 언짢은 기분으로 받아들였지만, 지루하기 짝이 없는 부동산업이 혐오스러웠고 자기 가족도 싫어졌으며 가족을 싫어하는 자기 자신도 싫어졌다.

오랜 선전활동의 결과 1920년에 마침내 헌법 수정조항 19조가 통과됨으로써 여성들은 투표권을 획득했지만 투표행위는 여전히 중간계급과 상층계급의 일이었다. 엘리너 플렉스너는 참정권 운동의 역사를 자세히 설명하면서 여성 선거권 획득의 결과 "여성들 역시 남성 유권자들처럼 정통적인 정당의 구분선을 따라 분할되는 경향을 보여줬다"고 말한다.

1920년대에 가난한 사람들에 관해 목소리를 높인 정치인은 거의 없었다. 그 중 한 명이 이스트할렘East Harlem의 가난한 이민지구 출신의 하원의원 피오렐로 라과디어Fiorello La Guardia였다(기묘하게도 그는 사회당 공천후보로

---

4) cord tire. 초기의 자동차용 타이어는 골조carcass 재료로 직포canvas를 사용했는데 주행 중에 타이어의 굴곡에 따라 코드지끼리 마찰로 쉽게 닳아 버리기 때문에 이를 방지하기 위해 1915년경부터 발코드(염직)가 사용되게 되어 타이어의 내구성이 비약적으로 높아졌다.

도, 공화당 공천후보로도 출마했다). 1920년대 중반 라과디어는 선거구 주민들에게 육류가 너무 비싸다는 말을 들었다. 라과디어가 농무장관 윌리엄 자딘William Jardine에게 높은 육류가격을 조사해 달라고 요청하자, 장관은 고기를 경제적으로 활용하는 방법에 관한 소책자를 한 권 보내왔다. 라과디어는 답장을 보냈다.

> 나는 장관께 도움을 청했는데 장관은 공보公報 하나만 보내왔습니다. 뉴욕시 주민들이 농무부의 공보로 아이들을 먹일 수는 없는 노릇입니다……. 장관의 공보물은 …… 이 거대한 도시의 빈민가 주민들에게는 아무 소용이 없습니다. 뉴욕의 가정주부들은 어려운 경험을 통해 고기를 요령 있게 활용하는 방법을 이미 익혔습니다. 우리가 원하는 것은 이 도시의 근로대중이 적절한 영양을 섭취하지 못하도록 가로막고 있는 육류업계의 부당이득자들에 관해 조치를 취할 수 있도록 귀 부서에서 도와달라는 것입니다.

1920년대의 하딩과 쿨리지Calvin Coolidge의 재임기간 동안 재무장관을 역임한 사람은 미국에서 가장 부유한 사람 중 한 명인 앤드루 멜런Andrew Mellon이었다. 1923년 최하위 소득 집단의 세율이 4퍼센트에서 3퍼센트로 인하되는데 반해 최상위 소득 계층은 50퍼센트에서 25퍼센트로 인하된다는 것을 제외하고는 전반적인 소득세 인하안처럼 보이는 '멜런 계획Mellon Plan'이 의회에 제출됐다. 매사추세츠 출신 하원의원 윌리엄 P. 코너리William P. Connery 같은 노동계급 선거구 출신 하원의원 몇몇은 법안에 반대했다.

> 저는 일주일에 3일밖에 일하지 않는다는 이른바 공화당 번영의 시대에 린의 구두공장, 로렌스의 방직공장, 피바디Peabody의 가죽공장 등에서 일하는 우리

> 선거구민들이 제가 이 법안의 조항에 동의한다고 생각하게 만들고 싶지 않습니다……. 이 멜런 조세법안의 한 조항으로 멜런 씨 자신은 소득세 80만 달러를, 그의 동생〔리처드 B. 멜런Richard B. Mellon〕은 소득세 60만 달러를 경감받게 되는데, 저로서는 그런 법안에 지지를 보낼 수 없습니다.

멜런 계획은 통과됐다. 1928년에 라과디어는 뉴욕의 빈민가를 돌아보고 이렇게 말했다. "내 눈으로 실제로 본 모습을 미처 예상하지 못했음을 고백해야겠습니다. 그런 빈곤상태가 현실로 존재할 수 있다는 사실을 거의 믿을 수가 없습니다."

때때로 벌어진 격렬한 노동자투쟁에 관한 이야기들은 1920년대의 번영에 관한 전반적인 뉴스에 묻혀 버렸다. 석탄광부와 철도 노동자들이 파업을 벌인 1922년, 노동자들의 표로 당선된 혁신당원인 몬태나 출신 상원의원 버튼 휠러Burton Wheeler는 파업지역을 방문한 뒤 이렇게 보고했다.

> 저는 탄광회사에 의해 집에서 쫓겨난 여자들의 비통한 이야기를 하루 종일 들었습니다. 빵을 달라고 부르짖는 어린아이들의 가엾은 호소도 들었습니다. 청원 경찰에게 야만적으로 구타당한 남자들의 놀랍기 그지없는 이야기를 들을 때는 그저 대경실색해서 서 있었습니다. 그것은 충격적이고 괴로운 경험이었습니다.

1922년에 이탈리아인과 포르투갈인들이 벌인 로드아일랜드 섬유파업은 실패로 돌아갔지만, 계급적 정서가 일깨워졌고 파업 노동자 가운데 일부는 급진운동에 합류했다. 루이지 나델라Luigi Nardella는 이렇게 회고했다.

…… 큰형인 귀도Guido가 파업을 시작했습니다. 형은 로열제작소Royal Mills에서 직기의 핸들을 떼어낸 뒤 한 구역씩 차례로 돌아다니면서 "파업합시다! 파업합시다!"라고 외쳤어요. …… 파업이 시작됐을 때 우리한테는 조합 조직가가 한 명도 없었습니다……. 우리는 여자애들을 한데 모아 이 공장 저 공장을 다녔고 그날 아침에만 다섯 개 공장에서 파업을 조직했습니다. 공장의 여직공들에게 "파업을 벌입시다! 파업을 벌입시다!"라고 제안을 했지요. 그러고는 다음 공장을 향해 이동했습니다…….

청년노동자동맹Young Workers League에서 누군가 수표를 가져와서는 나한테 집회에 참석하라고 해서 집회에 갔습니다. 그 뒤 저도 프로비던스의 리소르지멘토 클럽Risorgimento Club에 가입해서 몇 년 동안 활동했습니다. 우리는 반파시스트였습니다. 저는 거리 모퉁이에서 연설을 하곤 했는데, 연단을 만들고 벌떡 일어나 많은 군중들에게 말을 걸었지요. 그리고 우리는 사코와 반제티에 대한 지지운동을 이끌었습니다…….

전쟁이 끝나고 사회당이 약화되면서 공산당이 조직됐는데, 공산당은 미국노동연맹 내에서 전투적 정신을 고취시키려고 노력한 노동조합교육연맹Trade Union Education League의 조직에 관여했다. 노동조합교육연맹 모피 노동자 지부의 벤 골드Ben Gold라는 공산당원은 한 집회에서 미국노동연맹 소속 조합 지도부에 도전했다가 칼에 찔리고 구타당했다. 그러나 1926년에 골드를 비롯한 공산당원들은 모피 노동자 파업을 조직해 대규모 파업보호선을 형성하고 이를 지키기 위해 경찰과 전투를 벌였으며, 이 과정에서 체포되고 구타당했지만 파업을 계속해 결국 주 40시간 노동과 임금인상을 쟁취했다.

1929년 봄 노스캐롤라이나와 사우스캐롤라이나, 테네시 전역에 확산된 섬유대파업에서도 공산당은 지도적인 역할을 담당했다. 이곳 공장주들은 백인 빈민들 사이에서 더 순종적인 노동자들을 찾으려고 노동조합을 피해 남부로 옮겨온 이들이었다. 그러나 노동자들은 긴 노동시간과 낮은 임금에 맞서 반란을 일으켰다. 노동자들은 특히 '잡아늘리기stretch-out' — 노동강화 — 에 분노했다. 가령 24대의 직기를 돌리면서 주당 18.91달러를 받던 직조공의 경우 23달러로 임금은 인상되지만 100대의 직기로 '잡아늘리기'를 당하고 매우 고된 속도로 작업을 해야 했다.

첫 번째 섬유파업은 테네시에서 시작됐는데, 한 공장에서 일하던 500명의 여성이 주당 9달러에서 10달러의 임금에 항의하며 조업을 중단했다. 뒤이어 노스캐롤라이나 주 개스토니아Gastonia의 노동자들이 공산당이 주도하며 흑인과 백인 모두를 조합원으로 인정하는 새로운 노동조합인 전국섬유노동조합 National Textile Workers Union에 가입했다. 이들 가운데 일부가 해고되자 전체 2,000명 중 절반이 파업에 들어갔다. 반공주의와 인종주의의 분위기가 고조되고 폭력사태가 발발했다. 섬유파업은 사우스캐롤라이나 전역으로 확산되기 시작했다.

여러 공장의 파업이 하나둘씩 일정한 성과를 얻으며 타결됐지만 개스토니아의 경우는 달랐다. 노동자들이 천막촌에 살면서 지도부에서 공산당원을 제명시키라는 요구를 거부하던 그곳에서는 파업이 계속됐다. 그러나 파업파괴자들이 유입되어 공장들은 조업을 계속했다. 절망감이 점점 확산됐고 경찰과의 폭력적 충돌이 벌어졌다. 어느 어두운 밤에 벌어진 총격전에서 경찰서장이 사망했고, 공산당 조직가 프레드 빌Fred Beal을 비롯한 16명의 파업 노동자와 동조자들이 살인죄로 기소됐다. 결국 7명이 재판을 받고 5~20년형을 선고받았다. 보석으로 풀려난 그들은 주를 떠났다. 공산당원들은 소비에트 러시아로 도망쳤다. 그러나 이 모든 패배와 구타, 살인에도 불구하고 그것은 남부의 방직공장 노동조합운동의 출발점이었다.

미국 대공황의 시작을 알린 1929년의 주식시장 붕괴는 주식 시장과 더불어 경제 전체를 붕괴로 몰고 간 광적인 투기에서 직접 연유한 것이었다. 그러나 이 사태에 관한 연구(『대폭락*The Great Crash*』)에서 존 갤브레이스John Galbraith가 지적한 것처럼, 투기의 이면에는 "경제가 근본적으로 불건전하다"는 사실이 자리잡고 있었다. 갤브레이스는 극히 허약한 대기업 및 은행의 구조, 불확실한 해외무역, 잘못된 경제정보의 확산, "소득분배의 불평등"(최상위 5퍼센트가 전체 개인소득의 3분의 1을 차지하고 있었다) 등을 지적한다.

사회주의자라면 한 걸음 나아가 자본주의 체제가 그 본성상 불건전하다고, 기업 이윤이라는 단 하나의 최우선적인 동기만을 추구하기 때문에 불안정하고 예측불가능하며 인간의 필요를 외면하는 체제라고 말할 것이다. 이 모든 것의 결과는 국민 대다수에게 항상적인 불황이 야기되고 거의 모든 사람에게 주기적인 위기가 찾아오게 만든다. 자본주의는 자기개혁을 위해 노력하고 더 나은 통제를 위해 조직화했지만 1929년에도 여전히 신뢰할 수 없는 병든 체제였다.

주식시장이 붕괴되기 시작하자 경제는 마비되어 거의 작동조차 되지 않았다. 5,000여 개의 은행이 문을 닫았고 돈을 조달하지 못한 엄청난 수의 사업체 역시 폐업했다. 유지되는 기업들도 거듭해서 종업원을 정리해고하고 남아 있는 사람들의 임금을 삭감했다. 산업생산은 50퍼센트 하락했고, 1933년에 이르면 약 1,500만(정확한 숫자는 아무도 모른다)—전체 노동력의 4분의 1에서 3분의 1—이 실직상태가 됐다. 1929년 봄 당시 12만 8,000명의 노동자를 고용하고 있던 포드 자동차회사는 1931년 8월에 이르면 3만 7,000명만을 고용하게 됐다. 1930년 말에 이르러 뉴잉글랜드 섬유공장의 28만 노동자 가운데 거의 절반이 일자리를 잃었다. 캘빈 쿨리지 전 대통령은 관습적인 지식을 토대로 이렇게 논평했다. "점점 더 많은 사람들이 일자리에서 밀려나면 실업이 초래된다." 쿨리지는 1931년 초에 다시 "이 나라의 상태가 좋지 않다"고 말했다.

확실히 경제를 조직하는 책임이 있는 사람들은 무슨 일이 벌어졌는지 알지 못한 채 당황했고 현실을 인정하지 않았으며 체제의 실패가 아닌 다른 이유를 찾으려 했다. 허버트 후버Herbert Hoover는 주식시장 붕괴를 얼마 앞두지 않은 시점에서 이렇게 말한 바 있었다. "인류 역사상 빈곤에 대한 최후의 승리에 지금과 같이 가까이 이르렀던 적은 없습니다." 1931년 3월, 헨리 포드Henry Ford는 위기가 도래한 이유가 "보통 사람들이 어쩔 수 없이 말려들어 빠져나올 수 없는 경우가 아니면 하루에 해야 할 일을 하려 들지 않기 때문"이라고 말했다. "하려고 마음만 먹으면 일은 얼마든지 있습니다." 몇 주일 뒤 포드는 7만 5,000명의 노동자를 정리해고했다.

수백만 톤의 식량이 있었지만 수송해서 팔아 보았자 이윤이 남지 않았다. 창고에는 옷이 넘쳐났지만 사람들은 사 입을 돈이 없었다. 주택이 많이 있었지만 집세를 내지 못해 쫓겨난 사람들이 이제 쓰레기더미 위에 급조된 '후버촌〔Hoovervilles. 대통령 후버의 이름을 딴 것이다〕'의 판잣집에서 살고 있었기 때문에 집들은 텅 비워져 있었다.

신문에서 간략하게 다룬 내용에 수백만 배를 곱해 보면 현실이 포착될지도 모른다. 다음은 1932년 초의 『뉴욕타임스』에 실린 기사이다.

> 지붕을 올리는 도급일을 하다 실직하고 무일푼이 된 금년 48세의 피터 J. 코넬Peter J. Cornell 씨는 브루클린 핸콕Hancock 가 46번지에 있는 아파트에 대해 1월 15일까지 거주권을 얻으려고 헛되이 애쓰다가 부인의 품안에서 숨을 거뒀다.
>
> 의사는 사망원인을 심장질환이라고 진단했지만, 경찰에서는 자신과 가족이

거리로 쫓겨나는 사태를 막으려고 오랫동안 노력하다 쓰라린 좌절감을 맛본 게 적어도 부분적인 이유일 것이라고 말했다……
코넬 씨는 집세 5달러가 밀린데다가 집주인이 선불로 요구한 한 달치 집세 39달러도 내지 못한 상태였다. 돈을 내지 못한 결과, 어제 가족에게 송달된 퇴거명령서는 이번 주말에 집행될 행정조치를 예고하고 있었다.
다른 곳에서 도움을 구하다가 실패한 뒤인 어제 낮, 코넬 씨는 가정구호국 Home Relief Bureau으로부터 1월 15일까지는 그를 도와줄 기금이 전혀 없다는 말을 들었다.

다음은 1932년 말 위스콘신에서 『더 네이션』으로 날아온 급보이다.

세금과 담보물 경매처분으로 인해 …… 중서부 전역에서 농민과 당국 사이의 긴장이 커져 가고 있다. 많은 경우에는 농민들이 집단행동을 벌임으로써만 퇴거를 막을 수 있었다. 그러나 위스콘신 주 엘크혼Elkhorn 인근에 있는 사이컨 Cichon 농장에서 기관총과 라이플총, 엽총, 최루탄 등으로 무장한 보안관보들이 농장을 포위한 12월 6일까지는 어떤 폭력사태도 없었다. 맥스 사이컨Max Cichon 씨의 자산은 지난 8월의 경매처분으로 매각됐지만 그는 매입자나 당국이 자신의 집에 접근하는 것을 막았다. 사이컨 씨는 반갑지 않은 손님들을 엽총으로 저지했다. 보안관은 사이컨 씨에게 평화적으로 항복하라고 요구했다. 사이컨 씨가 이를 거부하자 보안관은 보안관보들에게 기관총과 라이플총을 퍼부을 것을 명령했다. …… 사이컨 씨는 현재 엘크혼의 감옥에 있으며 그와 함께 집에 있던 부인과 두 아이는 군郡 병원에서 치료받고 있다. 사이컨 씨는 문제를 일으키는 사람이 아니다. 최근에만 해도 슈거크리크Sugar Creek 읍의 치안판사로 선출될 만큼 이웃들의 신임을 받아온 인물이다. 그런 지위와 성격을 가진 사람이 당국에 그 정도로까지 도전했다는 사실은, 농민들을 시급히 돕지 않을 경우 농촌지역에서 더 많은 문제가 야기될 것이라는 분명한 경고이다.

이스트할렘 113번가의 한 셋집 거주자는 워싱턴의 피오렐로 라과디어 하원의원에게 이런 편지를 보냈다.

의원님은 제 사정이 좋지 않다는 것을 알고 계십니다. 저는 정부에서 받은 연금으로 살아왔는데 갑자기 연금이 끊겼습니다. 이제 실업자 상태가 7개월이 다 돼 갑니다. 의원님께서 저를 위해 뭔가 해주시기를 기대합니다……. 옷과 음식을 입히고 먹여야 하는 아이가 넷입니다……. 여덟 살 된 딸아이는 큰 병에 걸려 일어나질 못하고 있습니다. 두 달치 집세가 밀려 쫓겨날까 걱정입니다.

오클라호마에서는 농민들이 자신의 농장이 경매에 넘어가 팔리고 농장이 황무지로 변하고 트랙터들이 들어와 인계하는 모습을 보았다. 존 스타인벡John Steinbeck은 대공황을 다룬 소설 『분노의 포도*The Grapes of Wrath*』에서 당시 벌어진 광경을 묘사하고 있다.

그리고 쫓겨난 사람들과 이주자들 25만 명, 30만 명이 캘리포니아를 향해 줄지어 갔다. 그들 뒤에서는 새로운 트랙터들이 농토 위를 움직이고 소작인들은 쫓겨나고 있었다. 그리하여 새로운 물결이 길에 오르고 있었으니, 쫓겨난 사람들과 집 없는 사람들, 건장한 체격에 어딘가를 응시하는 위험한 사람들의 물결이었다…….

그리고 옆자리에 아내를, 뒷자리에는 여윈 아이들을 차에 태운 집 없고 굶주린 남자는 먹을거리는 충분히 생산해 내겠지만 이윤을 내지 못해 갈지도 않은 밭을 볼 수 있었고, 이 남자는 땅을 경작하지 않는 게 죄악임을, 묵혀둔 땅은 야윈 아이들에 대한 범죄임을 알 수 있었다…….

그리고 남부에서 그는 황금빛 오렌지가 나무에 달려 있는 모습을, 작은 황금색 오렌지가 진녹색 나무에 달려 있는 모습을, 가격이 떨어지면 쓰레기처럼 내다 버릴 오렌지를 야윈 아이에게 주려고 하나라도 따는 사람이 있는지 지키기 위해 엽총을 든 채 이랑 사이를 순찰하는 경비원을 보았다.

스타인벡의 말처럼, 민중들이 '위험'하게 변해가고 있었다. 반란의 정신이 성장하고 있었다. 모리츠 홀그런Mauritz Hallgren은 1933년의 저서 『반란의 씨앗 *Seeds of Revolt*』에 전국 각지에서 벌어진 사태에 관한 신문보도를 수집해 놓았다.

1931년 1월 3일, 아칸소 주 잉글랜드England. 지난여름 아칸소의 농장 수백 곳을 망쳐놓은 오랜 가뭄은 오늘 오후 대부분 백인인데다가 무장을 갖춘 500명의 농민이 마을 상점가에서 행진을 벌이는 극적인 사태로 이어졌다……. 이 침략자들은 자기 자신과 가족이 먹을 식량이 필요하다고 외치면서 만약 어떤 다른 통로로 식량을 무상지급하지 않을 경우 상점에서 그냥 가져갈 수도 있다고 선언했다.

1931년 7월 9일, 디트로이트. 재정 부족으로 시립수용소에서 쫓겨난 실업자 500명이 일으킨 폭동이 오늘밤 캐딜락 광장Cadillac Square에서 경찰 지원대에 의해 진압됐다…….

1931년 8월 5일, 인디애나 주 인디애나하버Indiana Harbor. 실업자 1,500명이 굶어죽지 않도록 일자리를 달라고 요구하며 이곳 청과운송회사Fruit Growers Express Company의 공장을 습격했다. 회사 측의 답변은 시 경찰을 부르는 것이었고, 경찰은 곤봉으로 위협하며 실업자들을 몰아냈다.

1931년 11월 10일, 보스턴. 찰스타운과 이스트보스턴을 잇는 해안지역을 따라 부두 노동자들과 흑인 파업파괴자들 간에 충돌이 일어나 병과 납 파이프, 돌멩이에 맞아 20명이 부상으로 치료받았는데 그 중 3명은 중상으로 사경을 헤매고 있으며, 다른 수십 명은 부상자들을 간호하고 있다.

1931년 11월 28일, 디트로이트. 오늘 아침 2,000명의 남녀가 경찰의 명령에도 굴하지 않고 집회를 가진 그랜드서커스 공원Grand Circus Park에서 소동이 벌어져 기병 순찰대원 한 명이 머리에 돌을 맞고 말에서 떨어졌으며 시위대 한 명이 체포됐다.

1932년 4월 1일, 시카고. 대부분 수척한 얼굴에 해진 옷을 걸친 초등학생 500명이 시카고 도심지역을 행진해 교육위원회 사무실로 몰려가서 학교에서 먹을 것을 달라고 요구했다.

1932년 6월 3일, 보스턴. 25명의 굶주린 아이들이 보스턴 행진 중에 스페인 전쟁 참전용사들을 위해 차려진 뷔페식당을 습격했다. 아이들을 몰아내기 위해 경찰차 두 대가 동원됐다.

1933년 1월 21일, 뉴욕. 오늘 실업자 수백 명이 공화국 광장에 접한 한 식당을 에워싸고 무료로 음식을 달라고 요구했다…….

1933년 2월 16일, 시애틀. 약 5,000명의 실업자 무리가 점거한 카운티시티 빌딩에 대한 이틀간의 포위공격이 오늘밤 일찍 끝났는데, 근 2시간에 걸친 노력 끝에 보안관보와 경찰관들은 시위대를 쫓아냈다.

작사가 입 하버그Yip Harburg는 1932년에 관해 스터즈 터클Studs Terkel에게 이렇게 말했다. "당시 거리를 걷다가 빵 배식줄을 보았습니다. 뉴욕 시에서 가장 큰 배급소는 윌리엄 랜돌프 허스트의 소유였지요. 허스트는 커다란 트럭에 사람들 몇 명과 뜨거운 수프와 빵이 든 큰 냄비를 싣고 있었습니다. 발을 삼베부대로 둘둘 만 친구들이 콜럼버스 광장Columbus Circle 주변을 빙 둘러 공원 주변 몇 블록까지 이어진 채 배식을 기다리고 있었지요." 하버그는 <아메리카나*Americana*>라는 쇼를 위해 노래를 하나 써야 했다. 「이보게, 10센트짜리 하나 줄 수 있나?*Brother, Can You Spare a Dime?*」가 그것이었다.

한때 카키색 군복을 입고,
젠장, 우린 멋졌지,
두둥둥둥 양키의 북소리를 가슴 가득 안고서.
50만 신병이 지옥에 갈 각오로 싸웠지,
내가 북치는 꼬마였어.
이봐, 기억나지 않나, 날 앨이라고들 불렀잖나—
그땐 줄곧 앨이었지.
이봐, 기억나지 않나, 내가 자네 단짝이었다구—
이보게, 10센트짜리 하나 줄 수 있나?

이 노래는 단지 절망의 노래만은 아니었다. 입 하버그가 터클에게 말한 것처럼,

> 이 노래에서 남자는 사실 이렇게 말하고 있습니다. 나는 이 나라에 투자를 했다. 내 배당금은 도대체 어디에 있는가? …… 순간적인 비애 이상인 거지요. 이 노래에서 그 남자는 거지에 불과한 존재가 아닙니다. 질문을 던지는 존엄한 인간 — 그리고 마땅히 그래야 하듯이 얼마간의 분노를 느끼는 인간인 것입니다.

이제 일자리도 잃고 가족은 굶주리게 된 제1차 세계대전 참전군인들의 분노는 1932년 봄과 여름의 워싱턴 보너스군대Bonus Army 행진으로 귀결됐다.

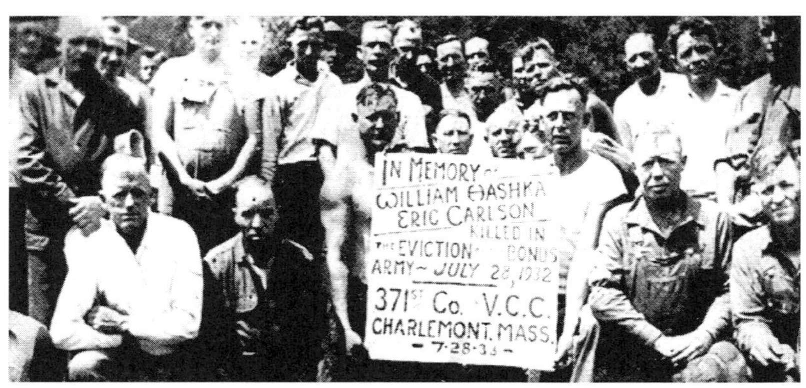

보너스군대

이 사진은 1932년에 미국의 수도를 뒤흔들었던 보너스군대 순교자들의 이름을 보여준다. 1890년대의 "산업 역군"에 대한 기억이 되살아나면서 각지에서 많은 사람들이 자발적으로 행진에 나섰다. 사회당과 공산당 당원들은 자기 도시를 지나는 보너스군대 행진에 음식과 잠자리를 제공하는 등의 지원을 위해 정력적으로 활동했다.

면 미래[1945년 초부터 단계적으로 지급되도록 되어 있었다]에 지급될 예정인 정부 보너스 증서를 소지한 참전군인들은 돈이 절대적으로 필요하니 지금 당장 보너스를 달라고 의회에 요구했다. 그리하여 참전군인들은 아내와 아이들을 대동하거나 홀몸으로 전국 각지에서 워싱턴으로 이동하기 시작했다. 고물차를 몰고 오는 이도 있었고 화물열차를 훔쳐 타거나 자동차에 편승해서 오는 이도 있었다. 웨스트버지니아의 광부가 있었는가 하면 조지아 주 콜럼버스Columbus의 판금 노동자, 시카고의 폴란드계 실직 참전군인들도 있었다. 한 가족—남편과 아내, 세 살짜리 사내아이—은 캘리포니아를 출발해 화물열차를 갈아타며 3개월 동안 달려왔다. 뉴멕시코 주의 메스칼레로족Mescalero 인디언 실업자인 달리는늑대Running Wolf 추장은 활과 화살까지 갖춘 완전한 인디언 복장으로 나타났다.

2만 명 이상의 사람들이 모였다. 대부분의 사람들은 애너코스티아 평지Anacostia Flats에 자리잡고 있는 국회의사당을 마주보는 포토맥 강 강변에 천막을 차렸는데, 존 도스 패서스가 묘사한 것처럼 "사람들은 날짜가 지난 신문과 마분지상자, 나무상자, 양철판이나 슬레이트 조각 등 시 쓰레기 하치장에서 긁어모은 갖가지 재료로 서로 기대어 세운 작고 기우뚱한 임시 거처에서 비를 피해 잠을 자고 있"었다. 하원에서 통과된 보너스 지급 법안이 상원에서 거부되자 낙담한 일부 참전군인들은 집으로 돌아갔다. 그러나 대부분은 그대로 남아 있었다—일부는 국회의사당 인근의 정부 건물에서 야영을 하고 나머지는 애나코스티아 평지에 진을 차리자, 후버 대통령은 군대에게 그들을 철수시키라고 명령했다.

기병 4개 중대와 보병 4개 중대, 기관총 대대, 탱크 6대가 백악관 근처에 집결했다. 작전 책임자는 더글러스 맥아더 장군이었고 드와이트 아이젠하워Dwight Eisenhower 소령이 그의 부관이었다. 지휘관 가운데는 조지 S. 패튼

George S. Patton도 있었다. 맥아더는 펜실베이니아 대로를 따라 군대를 진격시키면서 낡은 건물에서 참전군인들을 몰아내기 위해 최루탄을 발사했고 건물에 불을 질렀다. 뒤이어 군대는 애나스코티아를 향해 다리를 건너 이동했다. 최루가스가 퍼지자 수천 명의 참전군인과 그들의 부인, 아이들이 달리기 시작했다. 병사들은 오두막 몇 채에 총을 쏘았고 곧 천막촌 전체가 불길에 휩싸였다. 사태가 끝났을 때, 참전군인 2명이 총탄에 맞아 사망했고 생후 11주 된 아기가 목숨을 잃었으며, 8살짜리 소년은 최루탄으로 한쪽 눈을 실명했고 경찰관 2명이 두개골 골절상을 입고 참전군인 1,000명이 최루탄에 의해 부상을 입었다.

어렵고도 어려운 시절, 도움의 손길을 놓아버린 정부의 태도, 참전군인들을 해산시킨 정부의 행동 — 이 모든 것이 1932년 11월의 선거에서 효력을 발휘했다. 허버트 후버를 압도적으로 물리친 민주당 후보 프랭클린 D. 루즈벨트Franklin D. Roosevelt가 1933년 봄에 대통령직에 올라 '뉴딜〔New Deal. 새로운 정책. 원래는 포커 게임에서 새 게임을 시작하기 위해 카드를 다시 친다는 뜻의 표현이다〕'이라는 유명한 이름을 얻게 된 개혁입법 계획에 착수했다. 집권 초기에 워싱턴에서 참전군인들의 소규모 행진이 벌어지자, 루즈벨트는 그들을 환영하고 커피를 대접했다. 참전군인들은 루즈벨트의 보좌관 한 명과 만남을 갖고 집으로 돌아갔다. 루즈벨트의 접근법을 보여주는 하나의 징표였다.

루즈벨트의 개혁은 앞선 입법을 훨씬 넘어서는 것이었다. 이 개혁은 위기를 극복하고 체제를 안정화시키는 방식으로 자본주의를 재조직하는 동시에 루즈벨트 행정부 초기에 성장한 심상치 않은 자생적인 반란 — 소작농과 실업자들의 조직화, 자조self-help 운동, 몇몇 도시에서 벌어진 총파업 — 을 저지한다는 두 가지 절박한 필요를 충족시켜야 했다.

첫 번째 목표 — 체제 자체를 보호하기 위해 체제를 안정화시키는 것 — 는 루즈벨트 집권 첫 몇 달 동안에 제정된 중요한 법인 전국부흥법National Recovery Act(NRA)에서 가장 명백하게 드러났다. 이 법은 경영자와 노동자, 정부가 동의한 일련의 규약에 의해 물가와 임금을 고정시키고 경쟁을 제한함으로써 경제를 통제하기 위한 것이었다. 전국부흥법은 처음부터 거대기업에 의해 지배되었고 그들의 이익에 이바지했다. 버나드 벨루시Bernard Bellush(『전국부흥법의 실패*The Failure of the N.R.A.*』)가 말한 것처럼 전국부흥법의 Ⅰ편은 "국가권력의 상당 부분을 고도로 조직되고 자금이 풍부한 동업협회trade association와 산업결합체industrial combine에게 넘겨줬다. 미조직 대중, 다른 말로는 소비자라 알려진 사람들은 이제 막 날개를 펴고 있던 노동조합운동의 조합원들과 마찬가지로 전국부흥청National Recovery Administration의 초기 조직이나 기본 정책의 형성에 아무런 발언권이 없었다."

노동조합organized labor이 강한 경우에는 루즈벨트는 노동자들에게 일정한 양보를 취하는 쪽으로 나아갔다. 그러나 "노동조합이 약한 경우에는 전국부흥법 규약을 …… 통제하려는 산업 대변인들의 압력에 저항할 준비가 되어 있지 않았다." 바튼 번스타인Barton Bernstein(『새로운 과거를 향해*Towards a New Past*』)의 언급은 이를 확증해 준다. "7조 a항〔노동자들이 조합을 구성하고 단체교섭을 하도록 허용한 전국부흥법의 조항으로 강제력은 갖고 있지 않았다〕은 일부 거대기업가들에게 골칫거리가 되긴 했지만, 전국부흥법은 그들의 권력을 재확인하고 강화시켰다……." 벨루시는 전국부흥법에 관한 자신의 견해를 이렇게 요약했다.

> 백악관은 전국제조업자협회National Association of Manufacturers와 상공회의소, 산업결연체 및 동업협회들이 최우선적인 권한을 갖도록 허용했다……. 실제로

민간당국이 공공당국이 됐으며 민간정부가 공공정부가 되어 자본주의와 국가 통제주의statism의 결합을 보증했다.

1935년 대법원은 전국부흥법이 헌법에 위배된다고 판결하면서 이 법이 대통령에게 너무 많은 권한을 줬다고 주장했지만, 벨루시에 따르면, "…… FDR[프랭클린 D. 루즈벨트의 머리말을 딴 별칭]은 전국부흥법을 통해 전국의 산업 대변인들에게 정부권력의 너무 많은 몫을 넘겨줬다."

신임 행정부가 초기 몇 달 사이에 설치했던 또 다른 기구인 농업조정청 Agricultural Adjustment Administration(AAA)은 농업을 조직하려는 시도였다. 전국부흥법이 거대기업을 선호한 것처럼 농업조정청은 대농들에게 유리했다. 테네시강유역개발공사Tenessee Valley Authority(TVA)는 이례적으로 정부가 산업에 손댄—홍수를 조절하고 테네시 강 유역에서 전력을 생산하기 위해 정부 소유의 댐과 수력발전소 망을 구축했다— 것이었다. 테네시 강 유역 개발공사는 실업자들에게 일자리를 주고 소비자들에게 값싼 전력을 공급했으며, 어떤 측면에서는 '사회주의적'이라는 비난을 받을 만도 했다. 그러나 뉴딜의 경제 조직화의 주된 목표는 경제를 안정화하는 것이었고, 두 번째 목표는 반란이 현실적인 혁명으로 전화되지 않기에 충분할 만큼 하층계급들을 돕는 것이었다.

루즈벨트가 집권할 당시 이런 반란은 현실적인 것이었다. 절망적인 민중들은 정부의 도움을 기다리지 않았다. 그들은 스스로 도우면서 직접 행동을 벌이고 있었다. 훗날 애팔래치아 산맥지역의 노동자투쟁에서 활약하게 되는 아줌마 몰리 잭슨Aunt Molly Jackson은 지방 상점에 들어가 10킬로그램짜리 밀가루 한 부대를 달라고 해서 어린 아들한테 가지고 나가라고 한 뒤 설탕 한 부대를 채우고는 가게주인에게 "그럼 석 달 뒤에 봅시다. 아이들을 먹여야

해요. …… 나중에 갚을 테니 걱정 말아요"라고 말한 일을 회고했다. 주인이 거절하자 잭슨은 권총(혼자 산악지역을 돌아다니는 산파였기 때문에 권총 소지가 허용됐다)을 꺼내 들고는 말했다. "마틴, 만일 이 부대를 뺏으려고 한다면, 하나님께 맹세코, 설령 내일 전기의자에서 처형당하는 한이 있더라도 1분에 여섯 발을 쏠 거예요." 잭슨의 회상에 의하면, 그리고 "나는 걸어 나와 집으로 갔고 일곱 명의 아이들은 너무도 배가 고픈 나머지 아직 굽지도 않은 밀가루 반죽을 에미 손에서 낚아채서는 입 속에 처넣고 통째로 삼켜 버렸다."

전국 곳곳에서 사람들이 퇴거를 막기 위해 자생적으로 조직됐다. 뉴욕과 시카고를 비롯한 도시에서는 누군가 퇴거당하고 있다는 말이 퍼지자마자 군중이 모여들었다. 경찰이 집에서 가구를 들어내 거리에 내놓으면 사람들이 다시 들여놓곤 했다. 공산당은 여러 도시에서 노동자동맹Workers Alliance을 조직하는 데 적극적이었다. 흑인인 윌리 제프리즈Willye Jeffries 부인은 스터즈 터클에게 퇴거에 관해 이렇게 말했다.

> 많은 가재도구가 집밖으로 나와 있었습니다. 그 사람들이 집행관을 불러와서 물건을 끌어냈고, 그들이 떠나는 즉시 우리는 다시 원래 있던 자리로 가재도구를 들여놓았지요. 우리가 해야 했던 일이라고는 힐튼 형제를 부르는 것뿐이었어요……. 자, 이러이런 곳에 한 가족이 나앉아 있다고 칩시다. 동네를 지나는 사람들은 전부 노동자동맹 회원이거나 부를 만한 사람이 한 사람쯤은 있었죠. 그 한 사람이 오면 한 50명 정도 데리고 오는 거예요……. 저 물건들을 다시 그 자리에 갖다 놓자구. 사람들이 전등을 다시 연결하고 철물점에 가서 가스관을 사오고 난로도 다시 연결시켰지요. 가구를 원래 있던 자리에 다시 갖다놓으면 집에서 쫓겨났던 티도 안 나지요.

전국 각지에서 실업자협의회Unemployed Council가 결성됐다. 찰스 R. 워커Charles R. Walker는 1932년에 『포럼*The Forum*』에 실린 글에서 실업자협의회에 관해 이렇게 말했다.

> 나는 대부분의 도시에서 공산당원들이 실업자협의회를 조직하고 보통은 그들에 의해 주도되고 있지만 협의회는 민주적으로 조직되고 다수결로 운영된다는 사실이 전혀 비밀이 아님을 알게 됐다. 미시건 주 링컨파크Lincoln Park에서 내가 방문한 한 협의회의 경우 300명의 회원 중에 공산당원은 11명이었다……. 협의회에는 우익, 좌익, 중도파가 두루 있었다. 협의회 의장은 …… 재향군인회 지부장이기도 했다. 시카고에는 실업자협의회 지부가 45곳에 있으며 총 회원 수는 2만 2,000명이다.
>
> 협의회의 무기는 민주적인 다수의 힘이며, 그 활동은 빈민들의 퇴거를 막거나 이미 퇴거당한 경우에는 새로운 집을 다시 마련할 수 있도록 구호위원회Relief Commission에 압력을 가하는 일, 실업자가 요금을 내지 못해 가스나 수도가 끊길 경우 적절한 관계당국에 찾아가는 일, 신발이나 의복이 없는 실업자들에게 둘 다 구해 주는 일, 홍보활동과 압력을 통해 구호 문제에 있어서 흑인과 백인, 토박이와 외국 태생 간에 차별이 없도록 하는 일, …… 사람들과 함께 구호본부로 행진해 먹을 것과 입을 것을 요구하는 일 등이다. 그리고 마지막으로 행진, 기아행진hunger march, 노동조합 집회 등에 참가했다는 이유로 체포된 실업자들을 위해 법률 구조를 제공하는 일이다.

1931년과 1932년, 기업과 정부에서 아무 도움도 주지 않았으므로 민중들은 자조를 위해 조직했다. 시애틀에서는 어부노동조합이 물고기를 잡아 과일과 채소를 따온 사람들과 교환했고 나무하는 사람들은 나무를 교환했다. 총

22개의 지부가 있었는데 지부 각각에는 식료품과 땔감을 다른 물품 및 용역과 교환하는 물자배급소가 있었다. 이발사, 재봉사, 의사 등은 다른 물품을 받는 대가로 자신이 가진 기술을 제공했다. 1932년 말에 이르면 37개 주 330개 자조조직에 30만 명이 넘는 회원이 있었다. 그러나 1933년 초에는 대부분 붕괴한 듯 보였다. 점점 더 비틀거리기만 하는 경제에서 너무 큰일을 시도하고 있었던 것이다.

아마 가장 주목할 만한 자조운동의 사례는 실직한 광부들이 팀을 이루어 회사 소유의 소규모 광산에서 석탄을 캐내 도시로 실어 나르고 시세보다 싼값에 판매한 펜실베이니아의 탄광지역일 것이다. 1934년까지 2만 명의 사람이 4,000대의 차량을 이용해 '밀매' 석탄 500만 톤을 생산했다. 이런 시도가 법원에 기소됐을 때, 현지 배심원단은 유죄를 평결하려 하지 않았고 간수들도 그들을 투옥하지 않았다.

이런 행위는 현실적인 필요에서 나온 단순한 행동이었지만 혁명적인 가능성을 담고 있었다. 맑스주의 언론인 폴 매틱Paul Mattick은 이렇게 논평했다.

> 노동자들이 자신들의 빈곤을 종식시키기 위해 실제로 해야 할 일이라고는 기존의 소유 원리나 사회철학과는 무관하게 지금 있는 그대로를 취하고 자기 자신을 위해 생산 활동을 시작하는 것과 같은, 단순한 일을 수행하는 것뿐이다. 이런 행동은 광범위한 사회적 규모로 수행될 경우 지속적인 효과를 가져 올 것이지만 국지적이고 고립된 차원에서 이루어지면 …… 패배할 것이다……. 밀매 광부들은, 노동자 측에 사회주의 이데올로기가 애석할 만큼 부재하다는 사실조차도 노동자들이 그들 자신의 필요에 의거해 매우 반자본주의적으로 행동하는 데 실제로 아무 장애가 되지 않는다는 점을 분명하고도 인상적인 방식으로 보여줬다. 자신들의 필요에 따라 살기 위해 사유재산의 한계를 돌파

한 광부들의 행동은 동시에 계급의식—즉 노동자의 문제는 노동자 자신에 의해서만 해결될 수 있다는, 의식의 가장 중요한 부분을 표명하는 것이다.

뉴딜주의자들—루즈벨트와 그의 보좌관들, 그리고 그를 지지한 기업가들— 역시 계급의식을 갖고 있었을까? 1933년과 34년에 뉴딜주의자들은 "노동자의 문제는 노동자 자신에 의해서만 해결될 수 있다"는 사고를 제거하려면 일자리와 식료품 꾸러미와 구호를 제공하는 조치를 신속하게 취해야 한다는 사실을 이해한 것이었을까? 노동자들의 계급의식과 마찬가지로, 아마 그것은 머릿속에 품고 있는 이론이 아니라 본능적이고 현실적인 필요에서 나온 일련의 행동이었을 것이다.

노동분쟁을 조정하기 위해 1934년 초에 의회에 제출된 와그너-코너리 법안Wagner-Connery Bill을 낳은 것은 아마 그런 의식이었을 것이다. 이 법안은 노동조합 대표자의 선출과, 문제를 해결하고 고충사항을 다루기 위한 위원회의 설립을 규정했다. 이것이야말로 "노동자의 문제는 노동자 자신에 의해서만 해결될 수 있다"는 사고를 없애 버리려는 입법이 아니었을까? 대기업들은 이 법안이 노동자 측에 너무 유리하다고 생각하고 반대했다. 루즈벨트 역시 법안에 냉담한 반응을 보였다. 그러나 1934년에 폭발한 일련의 노동자투쟁은 입법의 필요성을 일깨워 줬다.

1934년 여러 산업에서 150만 명의 노동자가 파업에 들어갔다. 그해 봄과 여름, 서부해안지대의 부두 노동자들은 해운 회사들뿐만 아니라 자신들의 조합 지도부에도 반기를 들면서 총회를 개최해, 줄서기shape-up(당일 작업을 할 무리를 뽑는 일종의 새벽 노예시장)를 폐지하라고 요구하면서 파업에 돌입했다.

태평양 연안의 3,200킬로미터가 급속하게 마비됐다. 트럭 운전사들도 합세해 선창으로 향하는 트럭 운송을 거부했고 해운 노동자들도 파업에 참여했다. 경찰이 선창을 개방하려고 진입하자 파업 노동자들은 한데 뭉쳐 저항했고 경찰의 총격으로 2명이 살해됐다. 파업 노동자들의 대규모 장례행렬에는 수만 명의 지지자가 결집했다. 뒤이어 샌프란시스코에서 총파업이 소집되어 13만 명의 노동자가 일손을 놓음으로써 시 전체가 완전히 마비됐다.

500명의 특별경찰이 소집됐고 보병, 기관총부대, 탱크 및 포병부대 등 4,500명의 주방위군이 집결했다. 로스앤젤레스 『타임스』의 보도를 들어보자.

> 샌프란시스코의 상황은 '총파업'이라는 표현으로는 정확하게 설명할 수 없다. 지금 그곳에서 실제로 벌어지는 사태는 정부기관을 상대로 공산당이 일으키고 주도하는 폭동이자 반란이다. 해야 할 일은 단 하나 — 필요한 모든 무력을 사용해서 폭동을 진압하는 것이다.

압력은 너무나도 강했다. 군대가 모습을 드러냈다. 미국노동연맹은 파업을 끝내라고 압력을 가했다. 부두 노동자들은 타협안을 받아들였다. 그러나 그들은 이미 총파업의 잠재력을 보여줬다.

같은 해 여름, 미니애폴리스의 트럭 운전사 파업은 다른 노동자들의 지지를 받았고, 얼마 지나지 않아 파업 노동자들이 인가한 우유와 얼음, 석탄 수송 트럭을 제외하고는 어떤 차량도 도시로 들어가지 못했다. 농민들은 자신의 생산물을 차에 싣고 와서 도시 주민들에게 직접 판매했다. 경찰이 공격을 가해 파업 노동자 2명이 살해됐다. 5만 명이 참석한 가운데 대규모 장례식이 개최됐다. 시청 앞에서는 엄청난 규모의 항의집회와 행진이 있었다. 한 달 뒤, 고용주들은 트럭 운전사들의 요구에 굴복했다.

같은 해 가을에는 가장 대규모의 파업이 벌어졌다 — 남부의 섬유 노동자

32만 5,000명이 일어선 것이었다. 노동자들은 공장을 나와 파업 지역을 관통하기 위해 트럭과 자동차에 탄 유격대를 조직했고 파업보호선을 조직하고 경비원들과 전투를 치르고 공장에 진입, 기계의 동력벨트를 풀었다. 다른 경우와 마찬가지로 이곳에서도 파업의 추진력은 노동조합 상층 지도부의 우유부단함에 맞선 기층 조합원들이었다. 『뉴욕타임스』는 “현 상황이 보여주는 중대한 위험은 사태가 지도자들의 손에서 완전히 벗어날 것이라는 점에 있다”고 언급했다.

이번에도 역시 국가기구가 움직이기 시작했다. 사우스캐롤라이나의 보안관보와 무장한 파업파괴자들이 파업보호선에 총격을 가해 7명을 살해하고 20명에게 부상을 입혔다. 그러나 파업은 뉴잉글랜드로 확산되고 있었다. 매사추세츠 주 로웰에서는 2,500명의 섬유 노동자들이 폭동을 일으켰고, 로드아일랜드 주 세일즈빌Saylesville에서는 5,000명의 군중이 기관총으로 무장한 주 경찰에 맞서 섬유공장을 폐쇄시켰다. 로드아일랜드 주 운사커트Woonsocket에서는 어떤 사람이 주방위군의 총에 맞아 사망한 데 격분한 2,000명이 도심으로 밀려들어 공장을 닫아 버렸다.

9월 18일에 이르자 전국 각지에서 섬유 노동자 1,842만 1,000명이 파업을 벌이고 있었다. 대규모로 체포가 이루어졌고, 조직가들이 구타당했으며, 사망자 수는 13명으로 늘어났다. 이제 루즈벨트가 개입해 중재위원회를 설립했고 노동조합은 파업을 철회했다.

남부 농촌지역에서도 조직화가 이루어졌다. 이것은 대부분 공산당원들이 자극한 결과였지만, 늘 경제적으로 어려우면서도 대공황으로 훨씬 더 타격을 입은 소작농이나 농장 막노동자인 가난한 백인과 흑인들의 불만에 의해 자라난 것이었다. 아칸소의 흑인 및 백인 정률소작농들을 중심으로 출발한 남부소작농연합Southern Tenant Farmers Union이 다른 지역으로 퍼져갔다. 루즈벨트의 농업조정청은 극빈층 농민들을 돕지 않았다. 사실 농업조정청은 농민들에게 경작량을 줄이도록 장려함으로써 소작농과 정률소작농들이 농토를 떠나지 않을 수 없게 만들었다. 1935년에 이르면, 680만 농민 가운데 280만이 소작농이었다. 정률소작농의 평균 소득은 연간 312달러였다. 땅이라곤 한 뙈기도 없이 이 농장 저 농장, 이 지역 저 지역을 떠돌아다니는 농장 막노동자들은 1933년 당시 연간 약 300달러를 벌었다.

흑인 농민들의 상황은 최악이었으며, 일부는 대공황 시기에 지역에 나타나 조직할 것을 제안하기 시작한 이방인들에게 이끌렸다. 네이트 쇼는 시어도어 로전가튼Theodore Rosengarten과 나눈 비범한 대담(『하나님의 위험*All God's Dangers*』)에서 이렇게 회상하고 있다.

> 그리고 고된 시절에 이 지역에서 조합 하나가 활동을 시작해요, 정률소작농조합Sharecroppers Union이라고 — 내 보기엔 거 이름 좋더구먼. …… 그때 벌어지는 일이 백인이든 흑인이든 남부 사람이 변하는 거라고 내 알았지. 뭔지 몰라도 좀처럼 볼 수 없는 일이었지. 그러고는 그게 가난한 계급 사람들을 위한 조직이라는 말이 들려오더라고 — 바로 내가 끼고 싶은 거였지. 그 조직의 비밀을 알아내서 조직에 관해 샅샅이 알고 싶었지…….
>
> 맥 슬론Mac Sloane이라는 백인이 말하더군. "자네는 빠져 있게. 검둥이들이 무슨 집회를 연다고 돌아다니고 있어 — 자네는 끼지 않는 게 좋아."
>
> 내 속으로 말했지. "나를 막을 수 있다고 생각하는 당신이야말로 바보야."
>
> 다음 집회가 열리자마자 바로 가서 가입을 했소……. 맥이 나를 가입시킨 셈이지 — 가입하지 말라고 명령을 했거든.
>
> 이 조직의 선생들이 지역 곳곳을 돌아다니기 시작하지 — 선생들은 자기들이 하는 일을 널리 알리진 못했어. 그 중 하나가 흑인 친구였지. 이름은 기억이

안 나는데 우리하고 모임을 가지면서 온통 시간을 보냈지 — 모임이 큰 일 중에 하나였어…….
우리들 집이나 뭐 그런 데서 모임을 하는데 아무도 가까이 오지 못하게 계속 살피고 망을 봤지. 이따금 작은 모임이 열리면 열댓 명 정도가 왔지. …… 검둥이들은 겁을 먹었어, 겁을 먹었다, 이 말이 진실을 말해 주지.

네이트 쇼는 빚을 갚지 못해 땅에서 쫓겨날 처지였던 한 흑인 농부에 관해 말해 줬다.

보안관보가 말했지. "오늘 아침부로 버질 존스Virgil Jones 영감의 물건을 모두 가지고 가겠소"
내가 그러지 말라고 계속 사정을 했지. "그러면 그 사람은 가족을 먹여 살릴 수가 없습니다요."

그러고 나서 네이트 쇼는 그렇게 하도록 내버려두지 않겠다고 보안관보에게 말했다. 보안관보는 더 많은 사람들을 데리고 돌아왔고 그 중 한 명이 쇼에게 총을 쏘아 상처를 입히자 쇼도 맞받아 총을 쏘았다. 1932년 말, 쇼는 체포되어 앨라배마 감옥에서 12년을 살았다. 쇼의 이야기는 정률소작농조합 시절에 있었던 남부 빈민들의 기록되지 않은 위대한 드라마의 작은 단편에 불과하다. 감옥에서 석방되고 몇 년 뒤, 네이트 쇼는 인종과 계급에 관한 자신의 생각을 밝혔다.

오, 그건 손바닥 보듯 분명한 일이지. 오늘날 가난한 백인과 가난한 흑인은 같은 말안장 위에 올라타 있는 거야 — 점잔빼는 도회지 사람들이 그 길로

> 내몬 거지. 인간에 대한 지배, 지배 권력은 부자들 손에 있어……. 부자 계급이 한쪽에 있고 가난한 백인은 흑인들 줄에 서 있는 거란 말이오 — 난 알았지. 실제로 움직이고 행동하는 게 말보다도 수천 배나 효과가 있다는 걸 말야…….

조지아 주 농촌 출신의 흑인으로 열 살 때부터 농부로 일하고 나중에는 버밍엄에서 제철 노동자가 된 호지아 허드슨Hosea Hudson은 1931년의 스카츠버로의 소년들Scottsboro Boys 사건(흑인 청년 9명이 백인 소녀 2명을 강간한 죄로 기소되어 전부 백인으로 구성된 배심원단에 의해 취약한 증거를 근거로

스카츠버로의 소년들 수상쩍기 짝이 없는 증거로 흑인 청년 9명이 강간죄 유죄판결을 받은 스카츠버로의 소년들 사건은 당대의 가장 논쟁적인 사건이었다. 1932년에 할렘에서 열린 유죄판결 항의 집회의 모습이다.

유죄를 선고받았다)에 분노했다. 그해 허드슨은 공산당에 가입했다. 1932년과 1933년, 허드슨은 버밍엄의 흑인 실업자들을 조직했다. 그의 회상을 들어보자.

> 1932년 한겨울 우리 당원들은 노스버밍엄 3번 대로에 있는 옛 군청 청사 계단에서 대규모 실업자 집회를 개최하기로 했습니다……. 7,000명이 넘는 수가 모였지요. …… 흑인과 백인들이 말이에요…….
> 1932년과 33년에 우리는 버밍엄의 여러 지역에 이들 실업자 구역위원회를 조직하기 시작했습니다……. 누군가 먹을 양식이 떨어지면……. 우리는 잠깐 들러서 "참 안됐군요"라고 말만 하지는 않아요. 이 사람을 만나는 게 우리 일이지요……. 그리고 만약 그 사람이 기꺼이 같이 할 의향이 있으면 …… 함께 일했습니다…….
> 구역 위원회들은 매주 모임을 갖고 또 정기적인 집회도 가졌습니다. 우리는 복지 문제에 관해, 무슨 일이 벌어지고 있는지에 관해 이야기를 나누었으며, 실업자 구호가 어떻게 진행되고 있는지, 클리블랜드에서 사람들이 무엇을 하고 있는지 …… 시카고의 투쟁은 어떤지 등을 알려고 『데일리 워커Daily Worker』〔공산당 기관지〕와 『남부 노동자Southern Worker』를 읽거나 …… 스카츠버로 사건이 최근 어떻게 진행되고 있는지에 관해 이야기를 나누었습니다. 우리는 모임을 계속 이어나갔고 우리가 지도적인 위치에 있었으며 사람들은 매번 우리가 색다른 무언가를 이야기해 줄 것이라는 기대감을 가졌기 때문에 항상 오고 싶어했습니다.

1934년과 1935년에 수십만 명의 노동자들이 엄격하게 통제되고 배타적인 미국노동연맹 산하 노동조합들에서 뛰쳐나와 새로운 대량생산 산업 — 자동차, 고무, 정육 — 에서 조직되기 시작했다. 미국노동연맹은 그들을 무시할 수 없었다. 연맹은 직능별 구분 외부에 있는 이들 노동자를 산업별로, 즉 한 공장의 전체 노동자를 하나의 노동조합으로 조직하기 위해 산업별조직위원회Committee for Industrial Organization를 꾸렸다. 그 뒤 존 루이스John Lewis가 이끄는 이 위원회는 미국노동연맹에서 떨어져 나와 산업별조직회의Congress of Industrial Organizations(CIO)가 됐다.

그러나 미국노동연맹과 산업별조직회의라는 노동조합 지도부를 행동으로 밀어붙인 것은 다름 아닌 기층 조합원들의 파업과 반란이었다. 제러미 브레처Jeremy Brecher는 저서 『파업!*Strike!*』에서 그 이야기를 들려준다. 1930년대 초반 오하이오 주 애크런의 고무 노동자들은 새로운 종류의 전술 — 연좌파업sit-down strike — 을 사용하기 시작했다. 노동자들은 작업장을 이탈하는 대신 공장 안에 그대로 머물렀는데 여기에는 뚜렷한 이점이 있었다. 노동자들은 파업파괴자의 활용을 직접 봉쇄했고, 노조 간부들을 통해서가 아니라 그들 스스로 상황을 직접 통제했으며, 추위 속에 비를 맞으며 바깥을 배회할 필요가 없었고, 작업장이나 파업보호선에서 고립되지 않았으며, 한 지붕 아래 수천 명이 모여 서로 자유롭게 이야기를 나누면서 투쟁의 공동체를 만들었던 것이다. 노동 언론인 루이스 애더믹Louis Adamic은 초기 연좌파업 가운데 한 곳의 상황을 이렇게 묘사했다.

> 노동자들은 기계나 가마, 보일러, 작업대 등의 옆에 앉아서 이야기를 나누었다. 어떤 이들은 자신이 고무생산 공정에서 얼마나 중요한 역할을 맡고 있는지를 처음으로 깨달았다. 12명이 실제로 작업을 중단시킨 것이었다! …… 감독과 십장, 감독 조수들은 이리저리 뛰어다니고 있었다……. 한 시간도 채 되지 않아 분쟁이 타결됐으니, 노동자들의 전면적인 승리였다.

연좌파업

비폭력 운동의 전술 가운데 하나로 시위자들이 사업장이나 공공장소에 들어가 문제가 해결될 때까지 계속 앉아 있는 전술이다. 이를 진압하려는 시도는 야만적으로 보이는 경우가 많기 때문에, 시위자들에 대한 동정을 불러일으키게 된다.

1936년 초, 애크런의 파이어스톤Firestone 사 고무공장에서 트럭용 타이어를 생산하는 노동자들은 이미 식료품과 집세를 내기에도 턱없이 부족한 임금이 또 다시 삭감됐음을 알게 됐다. 조합원이 몇 명 해고되자 다른 노동자들이 조업을 중단하고 작업장에 그대로 눌러앉기 시작했다. 첫날에는 제1공장 전체에서 연좌파업을 벌였다. 이틀째에는 제2공장에서도 연좌파업이 벌어졌고 경영자 측은 굴복했다. 그 뒤 열흘 동안 굿이어Goodyear 사에서 연좌파업이 벌어졌다. 법원은 대규모 파업보호선에 대해 금지명령을 발부했다. 노동자들은 금지명령을 무시했고 보안관보 150명이 투입됐다. 그러나 그들은 곧 애크런 전역에서 몰려온 1만 명의 노동자와 맞닥뜨리게 됐다. 한 달 뒤 파업은 승리를 거뒀다.

연좌파업이라는 사고는 1936년 내내 확산됐다. 그해 12월에는 미시건 주 플린트Flint의 피셔바디Fisher Body 사 제1공장에서 가장 오래 지속된 연좌파업이 시작됐다. 형제 두 명이 해고되면서 시작된 연좌파업은 1937년 2월까지 이어졌다. 그 40일 동안 2,000명의 파업 노동자들은 공동체를 이루었다. "그건 전쟁과도 같았습니다"라고 한 노동자는 말했다. "나와 함께 한 친구들은 다 단짝이 됐지요." 시드니 파인Sidney Fine은 『연좌파업*Sit-Down*』에서 당시 벌어진 일을 묘사하고 있다. 각종 위원회가 만들어져 오락과 정보제공, 강의, 우편 업무, 청소 등을 담당했다. 설거지 순번을 지키지 않거나 쓰레기를 버리거나 금연구역에서 담배를 피우거나 술을 반입하는 사람들을 처리하기 위한 법정이 구성됐다. '벌칙'은 추가로 일을 맡기는 것이었다. 공장에서 추방하는 게 가장 큰 벌칙이었다. 길 건너 한 식당 주인은 2,000명의 노동자들을 위해 하루 세 끼를 마련해 줬다. 의회운영 절차, 대중연설, 노동운동사 등에 관한 강의가 개설됐다. 미시건 대학의 대학원생들은 신문잡지 편집 및 창의적 글쓰기에 관한 수업을 열었다.

법원의 금지명령이 내려졌지만 무기를 든 노동자 5,000명이 공장을 빙 둘러싸고 있었으며 금지명령을 집행하려는 시도는 전혀 없었다. 경찰은 최루탄으로 공격했고 노동자들은 소방호스로 맞서 싸웠다. 총격전이 벌어져 노동자 13명이 부상을 입었지만 경찰을 몰아내는 데 성공했다. 주지사는 주방위군을 소집했다. 이 무렵이면 이미 다른 제너럴모터스〔General Motors. 피셔바디 사는 1919년에 제너럴모터스에 의해 합병된 자회사였다〕 공장들로 파업이 확산된 상태였다. 마침내 파업이 타결되어 6개월 기한의 협약이 체결됐는데, 비록 많은 문제가 해결되지 않은 채 그대로 남았지만 회사는 이제 개인이 아니라 노동조합과 상대해야 한다는 것을 인정했다.

1936년에 48건의 연좌파업이 있었다. 1937년에는 477건이었다. 세인트루이스의 전력 노동자, 테네시 주 펄래스키Pulaski의 셔츠 노동자, 콜로라도 주 푸에블로Pueblo의 빗자루 노동자, 코네티컷 주 브리지포트Bridgeport의 청소부, 뉴저지의 무덤 파는 일꾼, 뉴욕 유대인 시각장애인조합New York Guild for the Jewish Blind의 17명의 시각장애인 노동자, 일리노이 교도소의 죄수, 그리고 심지어 피셔바디 사 연좌파업에서 복무했던 주방위군 중대의 일원으로 급료를 받지 못해 연좌파업을 벌이게 된 30명의 사람들까지.

연좌파업은 체제에 특히 위험스러운 것이었는데, 노동조합의 정규 지도부에서 통제할 수 없었기 때문이었다. 미국노동연맹 산하 호텔·식당노동조합Hotel and Restaurant Employees의 한 사업 관리자business agent는 이렇게 말했다.

> 1937년 3월에는 어느 날이든 사무실에 앉아 있으면 전화벨이 울리고 상대방으로부터 이런 말을 듣곤 했습니다. "전 메리 존스Mary Jones입니다. 리게츠Liggett's 백화점의 소다수 판매원이고요. 우리는 방금 주인을 내쫓고 열쇠를 뺏었습니다. 이제 어떻게 해야 하지요?" 협상을 위해 회사로 급히 달려가면 그들은 이렇게 말했지요. "협약을 요구하지도 않고서 파업을 벌이는 건 무책임함의 극치라고 생각합니다." 그러면 "지당한 말씀이지요"라는 말 말고는 할 말이 없지요.

전국노동관계위원회National Labor Relations Board를 설립하도록 한 1935년의 와그너법안Wagner Act이 통과된 것은 노동자 소요에 직면해 체제를 안정화시키기 위함이었다. 1936년부터 1938년까지의 파업 물결은 그런 필요성을 더욱 가중시켰다. 1937년 전몰장병기념일, 시카고의 리퍼블릭 철강회사

Republic Steel에서 벌어진 파업에 경찰이 출동, 파업 노동자들의 대규모 파업 보호선에 총격을 가해 10명을 살해했다. 부검 결과 노동자들이 달아나다가 등 뒤에서 총을 맞은 것으로 밝혀졌다. 이것이 전몰장병 기념일 학살Memorial Day Massacre이었다. 그러나 리퍼블릭 철강회사에서 노동조합이 조직됐고, 포드 자동차회사를 비롯해 철강, 자동차, 고무, 정육, 전력산업의 대규모 공장들에서도 노동조합이 속속 조직됐다.

한 철강 대기업이 와그너법에 대해 법원에 이의를 제기했지만 대법원은 합헌이라는 판결을 내렸다 — 정부는 주간 통상을 규제할 수 있으며 파업은 주간 통상에 해가 된다는 것이었다. 노동조합의 관점에서 보면, 이 새로운 법률은 노동조합 조직화에 도움이 되는 것이었다. 정부의 관점에서는 통상의 안정성에 도움이 되는 것이었다.

고용주들은 노동조합을 원치 않았지만 그래도 더 통제 가능한 것이었다 — 기층 조합원들의 살쾡이파업〔wildcat strike. 노동조합 본부의 승인 없이 기층 조합원들이 벌이는 파업〕이나 공장점거보다는 체제에 더 안정적이었던 것이다. 1937년 봄, 『뉴욕타임스』에 「산업별조직회의 노동조합, 승인받지 않은 연좌파업 벌여」라는 제호의 기사가 실렸다. 기사 내용은 다음과 같다. "전국임원들의 동의 없이 조업중단을 승인할 경우 모든 조직가와 대의원을 해고할 것이라는 엄격한 명령이 발부됐다." 『뉴욕타임스』는 계속해서 산업별조직회의의 원기왕성한 지도자 존 L. 루이스의 말을 인용하고 있다. "산업별조직회의의 규약은 연좌파업이나 드러눕기파업lie-down, 또는 다른 어떤 종류의 파업에 대해서도 적절히 방지하고 있습니다."

일부 당원들이 산업별조직회의 소속 노동조합들을 조직하는 데 핵심적인 역할을 했던 공산당 역시 동일한 입장을 취하는 듯 보였다. 애크런의 한 공산당 지도자는 연좌파업이 벌어진 뒤 열린 당 전략회의에서 이렇게 말했다고 한다. "이제 노동조합과 고용주 사이에 정상적인 관계를 위해 — 그리고 노동자 측에서 노동조합의 절차를 엄격하게 준수하도록 활동해야 합니다."

그리하여 1930년대 중반에 노동자의 직접행동을 통제하기 위한 두 가지 정교한 방식이 개발됐다. 첫째는 전국노동관계위원회를 통해 노동조합에 법적 지위를 부여하고 그들의 말에 귀를 기울이며 고충사항의 일부를 해결해줬다. 이를 통해 전국노동관계위원회는 노동자 반란의 에너지를 〔조합〕투표로 전환시킴으로써 완화시킬 수 있었다 — 입헌체제가 문제를 일으킬 소지가 있는 에너지를 선거로 돌린 것과 마찬가지다. 선거가 정치적 갈등에 한계를 설정한 것처럼 전국노동관계위원회는 경제적 갈등에 한계를 설정했다. 그리고 두 번째로 노동자들의 조직 자체, 즉 노동조합은, 심지어 산업별조직회의처럼 전투적이고 공격적인 노동조합조차도, 노동자들의 반란 에너지를 협약과 협상, 노동조합 회의 등으로 전환시키면서 거대하고 영향력 있으며 심지어 존경받는 조직을 구축하기 위해 파업을 최소화시키려고 노력했다.

이 시기의 역사는 노동자들이 노동조합으로 인정받거나 잘 조직되기 이전인 자생적인 봉기 기간에 가장 많은 것을 쟁취했다는, 리처드 클라워드Richard Cloward와 프랜시스 피번Frances Piven이 쓴 『가난한 사람들의 운동*Poor People's Movements*』의 주장을 뒷받침하는 것처럼 보인다. "공장노동자들은 노동조합으로 조직되기 이전인 대공황기에 가장 커다란 영향력을 행사했고 정부로부터 가장 많은 양보를 이끌어낼 수 있었다. 대공황 당시의 그들의 힘은 조직이 아니라 분열에 뿌리를 둔 것이었다."

피번과 클라워드는 제2차 세계대전 중인 1940년대에 노동조합 조합원 수가 급격하게 증가했지만(1945년에 이르러 산업별조직회의와 미국노동연맹은 각각 600만이 넘는 조합원을 보유했다) 노동조합의 힘은 전보다 더 약해졌다고 — 그리고 파업으로 쟁취한 성과도 계속 줄어들었다고 — 지적했다. 전국노동관계위원회에 임명된 위원들은 노동자 측에 동조적이지 않았고, 대법원은 연좌파업을 불법으로 규정했으며, 주정부들은 파업과 파업보호선, 보이콧〔풀먼 파업의 경우처럼, 노동자들이 파업 사업장의 물품을 가지고 조업하는 것을 거부함으로써 사실상 부분적이거나 전면적인 동조파업을 벌이는 일을 말한다〕을 제한하는 법률을 통과시키고 있었다.

제2차 세계대전의 도래는 과거 1930년대의 노동자 전투성을 약화시켰는데, 전시경제를 통해 고임금의 새로운 일자리가 수백만 개 이상 창출됐기 때문이었다. 뉴딜은 실업자 수를 1,300만에서 900만으로 줄이는 데만 성공을 거뒀다. 거의 모든 사람에게 일자리를 준 것은 다름 아닌 전쟁이었으며, 전쟁은 그 밖에도 모종의 성과를 낳았다. 애국심을 고취시키고 해외의 적에 맞서 모든 계급의 단결을 조장함으로써 대기업에 대한 분노를 조직화하기가 더욱 어려워진 것이다. 전쟁 기간 동안 산업별조직회의와 미국노동연맹은 파업을 벌이지 않겠다고 서약했다.

그럼에도 노동자들의 불만은 너무나도 컸으며 — 전시 '통제'는 물가보다도 노동자의 임금을 더 통제함을 뜻했다 —, 따라서 노동자들은 수많은 살쾡이파업을 벌이지 않을 수 없었다. 제러미 브레처는 1944년에 미국 역사상 과거의 그 어느 때보다도 더 많은 파업이 벌어졌다고 말했다.

1930년대와 1940년대는 과거 어느 때보다도 미국 노동계급이 처한 딜레마를 분명하게 보여줬다. 체제는 노동자 반란에 대해 새로운 통제방식 — 법과 무력에 의한 외부의 통제만이 아니라 노동자들 자신의 조직에 의한 내부적 통제까지 — 을 찾는 것으로 대응했다. 그러나 새로운 통제와 더불어 새로운 양보도 나타났다. 이런 양보는 근본적인 문제를 해결하지 않았다. 사실 많은 사람들에게 있어 아무것도 해결해 주지 않았다. 그러나 이런 양보는 체제에 대한 일정한 믿음을 복구하기에 충분할 만큼 많은 사람들에게 혁신과 개선의 분위기를 창출하는 데 일조했다.

주 40시간 노동을 확립하고 아동노동을 불법화한 1938년의 최저임금제는 많은 사람들을 배제하고 매우 낮은 최저임금을 설정했다(첫해에 시간당 25센트). 그러나 분노의 날을 무디게 만들기에는 충분했다. 주택을 필요로 하는 사람은 많았지만 극히 소수에게 제공됐다. 폴 콘킨Paul Conkin(『F.D.R.과 복지국가의 기원*F.D.R. and the Origins of the Welfare State*』)은 "별로 크지 않고 심지어 극도로 인색한 출발이었다"고 말하고 있지만 연방정부의 보조금을 통한 주택단지와 운동장, 쥐나 해충이 없는 아파트가 허물어지기 일보직전인 빈민가 셋집 대신 들어서는 광경은 신선한 것이었다. 테네시 강 유역 개발공사는 국가적인 통제가 아닌 지방 차원의 계획을 통해 일자리를 창출하고 지역을 개발하고 값싼 전력을 제공할 수 있다는 흥미로운 가능성을 보여줬다. 사회보장법Social Security Act은 퇴직연금과 실업보험을 제공하고 어머니와 피부양 아동에게 주정부 기금을 줬다 — 그러나 농민과 가내 노동자, 노인 등은 배제했으며 의료보험은 전혀 제공하지 않았다. 콘킨의 말처럼 "기존 대기업들에 대한 보장과 비교해 볼 때 사회복지법의 불충분한 혜택은 무의미할 정도였다."

뉴딜은 수천 명의 작가, 화가, 배우, 음악가들이 일할 수 있도록 연방자금을 지원했다 — 연방극장계획Federal Theatre Project, 연방문필가계획, 연방미술계획Federal Art Project. 공공건물에 벽화가 그려지고, 연극을 한번도 본 적이 없는 노동계급 청중을 대상으로 연극이 상연됐으며, 수백 종의 책자와 소책자가 집필, 출판됐다. 민중들은 생애 처음으로 교향곡을 감상했다. 미국 역사상 유례가 없는, 그리고 그 이후에도 다시 나타나지 않은 민중을 위한 예술의 놀라운 개화開花였다. 그러나 1939년에 국가가 안정되고 뉴딜 개혁의 추진력이 약화되면서 예술을 지원하는 프로그램들은 종식됐다.

뉴딜이 끝났을 때, 자본주의는 본래 그대로의 모습으로 남아 있었다. 부자들은 여전히 국가의 부를 지배하고 있었고 법률과 법원, 경찰, 신문, 교회, 대학들 역시 수중에 장악하고 있었다. 수백만 사람들에게 루즈벨트를 영웅으로 만들기에 충분할 만큼의 도움이 있긴 했지만, 공황과 위기를 야기한 바로 그 체제 — 낭비와 불평등의 체제이자 인간의 필요보다 이윤을 우선시하는 체제 — 는 여전히 굳건했다.

흑인들에게 있어 뉴딜은 심리적으로 용기를 북돋워 주는 것이긴 했지만(루즈벨트 여사는 흑인에 동조적이었고 몇몇 흑인이 행정부의 직위에 올랐다), 대다수 흑인들은 뉴딜의 프로그램에서 무시됐다. 소작농과 농장 막노동자, 이민자, 가내 노동자들과 마찬가지로 흑인들은 실업보험과 최저임금, 사회보장, 농장 보조금 등을 받을 자격이 없었다. 루즈벨트는 남부 백인 정치인들의 정치적 지지를 필요로 했기 때문에 그들의 감정을 상하지 않게 하려고 조심했고, 따라서 린치를 금지하는 법안도 추진하지 않았다. 군대에서도 흑인과 백인은 분리됐다. 그리고 흑인 노동자들은 일자리를 얻는 데서도 차별을 받았다. 흑인들은 마지막에 고용되고 제일 먼저 해고됐다. 침대차짐꾼노동조합Sleeping-Car Porters Union 위원장 A. 필립 랜돌프A. Philip Randolph가 1941년에 워싱턴에서 대규모 행진을 벌이겠다고 위협하고 나서야 루즈벨트는 공정고용실행위원회Fair Employment Practices Committee를 설립하는 대통령령에 서명하는 데 마지못해 동의했다. 그러나 공정고용실행위원회는 강제력이 전혀 없었고 거의 아무것도 바꾸지 못했다.

그 모든 뉴딜 개혁에도 흑인들의 할렘지역은 전과 하나도 달라지지 않았다. 할렘 거주민은 총 35만 명으로 에이커당 233명이 살았는데 맨해튼의 다른 지역의 경우 에이커당 인구수가 133명이었다. 25년 사이에 할렘의 주민 수는 6배로 증가했다. 1만 가구가 쥐가 들끓는 지하실에서 살았다. 결핵은 흔한 질병이었다. 기혼 여성의 절반가량이 하녀로 일했다. 하녀들은 브롱크스의 거리 모퉁이 — '노예시장'이라고 불렸다 — 에 모여 일자리를 얻기를 기다렸다. 매매춘도 은밀하게 확산됐다. 흑인 여성인 엘라 베이커Ella Baker와 마블 쿡Marvel Cooke은 1935년, 『위기*The Crisis*』에 이에 관해 기고했다.

> 인간의 노동력이 노예임금에 매매, 교환될 뿐만 아니라 인간의 사랑도 시장에서 사고파는 상품이 됐다. 팔 것이 노동력이든 사랑이든, 여성들은 아침 8시에 도착해 오후 1시, 아니 고용될 때까지 그 자리에서 기다린다. 비가 오는 날이나 화창한 날이나, 더우나 추우나, 여성들은 시간당 10센트나 15센트, 20센트에 일하려고 기다린다.

1932년 당시 할렘 병원에서는 도심 백인지역에 자리한 벨러부 병원에 비해 두 배나 많은 사람이 죽어갔다. 할렘은 범죄가 자라나는 장소였다 — 루아 오틀리Roi Ottley와 윌리엄 웨더비William Weatherby가 논문 「뉴욕의 흑인*The Negro in New York*」에서 말한 대로 하자면 "가난의 쓰라린 꽃"이었던 것이다.

뉴딜 개혁이 속속 통과되고 있던 1935년 3월 19일, 할렘은 폭발했다. 1만 명의 흑인이 거리를 휩쓸면서 백인 상인들의 재산을 파괴했다. 경찰 700명이 투입되어 질서를 바로잡았다. 흑인 2명이 살해됐다.

1930년대 중반, 랭스턴 휴즈Langston Hughes라는 이름의 젊은 흑인 시인은 「미국이 다시 미국이 되게 하라*Let America Be America Again*」라는 시를 썼다.

> …… 나는 우롱당하고 뿔뿔이 밀려난 가난한 백인,
> 나는 노예제의 흉터를 간직한 흑인.

나는 땅에서 쫓겨난 인디언,

나는 내가 찾는 희망을 부여잡고 있는 이민자—

옛날과 똑같은 어리석은 계획만을 보게 되는.

이 냉혹한 세상에서, 힘센 자가 약자를 짓밟는 세상에서……

오 미국이 다시 미국이 되게 하라—

아직 한번도 오지 않은 땅이—

반드시 와야 할 땅이—모두가 자유로운 땅이 되게 하라.

나의 것인 땅—가난한 사람들의, 인디언의, 흑인의,

나의 땅—

미국을 만든 사람들,

땀과 피, 신념과 고뇌를 쏟은 사람들,

주물공장에서 일하는 손, 빗속에 밭을 가는 쟁기가

우리의 거대한 꿈을 다시 돌려주어야 하리라.

그래, 당신 마음대로 내게 어떤 추악한 이름이든 붙여라—

자유의 강철은 녹이 슬지 않는 법.

민중의 삶에 들러붙어 피를 빨아먹는 거머리들로부터

우리 우리의 땅을 다시 되찾아야 하리라,

미국을!

그러나 북부든 남부든 미국의 백인들에게 있어 흑인들은 보이지 않는 존재였다. 오직 급진주의자들만이 인종의 장벽을 부수려고 노력했으며, 다른 누구보다도 사회당원, 트로츠키주의자, 공산당원들이 앞장섰다. 산업별조직회의는 공산당의 영향을 받아 대량생산 산업에서 흑인들을 조직화했다. 흑인들은 여전히 파업파괴자로 활용되고 있었지만, 이제 공동의 적에 맞서 흑인과 백인을 한데 결합시키려는 시도도 있었다. 몰리 루이스Mollie Lewis라는 여성은 1938년에 『위기』에 기고한 글에서 인디애나 주 게리의 한 철강공장에서 벌어진 파업의 경험에 관해 말했다.

> 게리 시정부가 흑백 분리 학교체제를 통해 아이들을 계속 떼어놓고 있지만, 부모들은 노동조합과 조합 부속기관을 통해 한데 뭉치고 있다……. 게리에서 두 인종이 허물없이 식사를 할 수 있는 식당은 노동조합과 부속기관 회원들의 후원에 의존하는 협동조합 식당뿐이다…….
> 흑백 노동자들과 그 가족들이 자신들의 기본적인 경제적 이해가 동일하다는 점을 확신하게 되면, 그들은 이런 이해를 증진시킨다는 공동의 대의를 형성하게 될지도 모른다…….

1930년대에는 거대한 여성운동이 전혀 없었다. 그러나 이 시기에 많은 여성들이 노동자 조직화에 참여하게 됐다. 미네소타의 시인 메리델 러수어Meridel LeSeuer[LeSueur의 오기]는 트럭 운전사 대파업으로 미니애폴리스가 마비된 1934년에 34세였다. 러수어는 파업에 적극적으로 참여하게 됐고 훗날 자신의 경험에 관해 이렇게 묘사했다.

> 그전에는 한번도 파업에 참여한 적이 없었습니다……. 사실 저는 두려웠지요……. "도움이 필요하지 않나요?"라고 열심히 물어보고 다녔습니다……. 수천 명의 남자들에게 커피를 계속 따라줬지요……. 트럭들이 돌아오고 있었습니다. 아나운서는 "이건 살인행위입니다"라고 외쳤죠. …… 트럭에서 사람들을

끌어내 병원 간이침대와 바닥에 눕히는 걸 보았습니다. 파업보호선 순시차량들이 계속 들어왔습니다. 어떤 사람들은 피가 흐르는 곳을 꾹 눌러 막은 채 시장에서 걸어 돌아왔습니다……. 남자와 여자, 아이들이 바깥에 집결해 있었는데 서로를 보호하려고 똘똘 뭉쳐 살아있는 하나의 원을 만들었습니다……. 우리가 입은 치마는 채 마르지도 않은 피로 범벅이 되었어요…….
장례식이 열린 화요일에는 1,000명도 넘는 민병대가 도심에 집결했습니다. 그늘에서도 화씨 90도〔섭씨 약 32도〕가 넘는 날이었어요. 장례식장에 가서 보니 수천 명의 남녀가 끔찍한 햇빛 아래 모여서 기다리고 있더군요. 거기로 가서 나란히 섰습니다. 제 자신이 행진을 할 수 있을지 몰랐습니다. 열을 지어 행진하는 걸 좋아하지 않았지요……. 여자 세 명이 저를 잡아당겼습니다. "모두 함께 행진했으면 좋겠어요"라고 점잖게 말하더군요. "우리하고 같이 가요"

몇 년 뒤 실비아 우즈Sylvia Woods는 앨리스 린드와 스토튼 린드 부부Alice and Staughton Lynd에게 1930년대에 자신이 세탁 노동자와 노동조합 조직가로 경험한 일을 들려줬다.

사람들에게 그들이 볼 수 있는 현실을 말해 주어야 합니다. 그러면 사람들은 말하죠. "아, 내가 그 생각을 못했네요"라거나 "그렇게 생각하지는 않았었는데요"라고 말이죠. …… 테네시의 경우처럼요. 테네시는 흑인을 증오했습니다. 가난한 정률소작농인 …… 테네시가 흑인 여자와 춤을 추더군요……. 이런 식으로 저는 사람들이 변화하는 걸 보았습니다. 사람들에게 어떤 믿음을 가져야 한다면 바로 이런 거죠.

많은 미국인들이 이 위기와 반란의 시기에 자신들의 사고를 바꾸기 시작했다. 유럽에서는 히틀러가 등장하고 있었다. 태평양 건너에서는 일본이 중국을 침략하고 있었다. 새로운 제국들이 서구의 제국들을 위협하고 있었다. 미국에게 있어서도 전쟁은 그리 먼 일이 아니었다.

16

인민의 전쟁?

LAUNDRY
IS ON
STRIKE
LAUNDRY WORKERS
INTERNATIONAL UNION LOCAL 135
THIS LAUNDRY
IS ON
STRIKE
LAUNDRY WORKERS
INTERNATIONAL UNION LOCAL 135

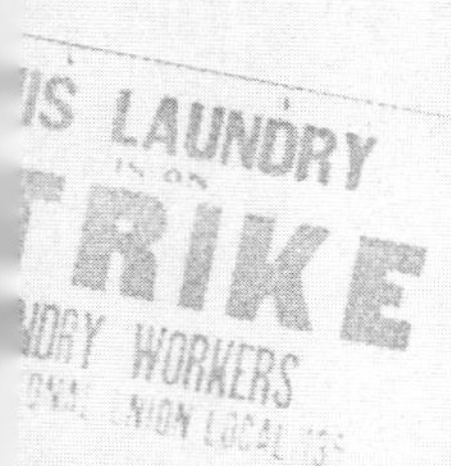

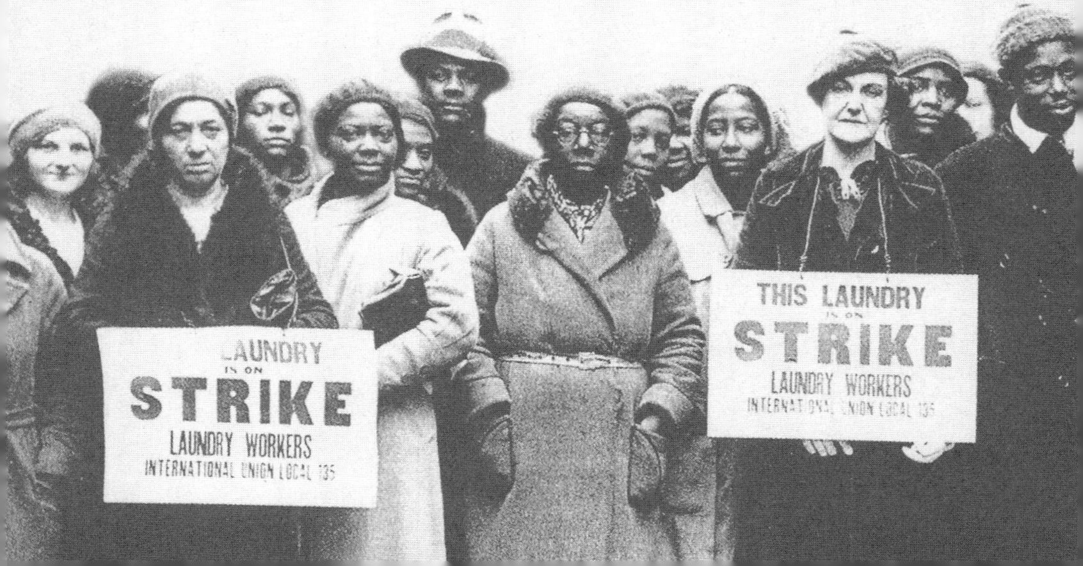

1939 • 제 2차 세계대전 발발

1941 • 일본 진주만 공습, 미국 제2차 세계대전 참전

1942 • 일본계 미국인 강제 수용
• 시카고에서 최초의 핵 실험 성공

1945 • 미국, 히로시마와 나가사키에 원폭 투하

1947 • 트루먼 독트린
• 마셜 플랜

1949 • 북대서양조약기구(NATO) 미국 가입

1950 • 한국전쟁 발발(~53)
• 매카시 의원, 반공주의 선동

"우리, 영국과 미국 정부는 인도, 버마, 말레이 반도, 오스트레일리아, 영국령 동아프리카, 영국령 가이아나, 홍콩, 샴〔지금의 타이〕, 싱가포르, 이집트, 팔레스타인, 캐나다, 뉴질랜드, 북아일랜드, 스코틀랜드, 웨일즈, 푸에르토리코, 괌, 필리핀, 하와이, 알라스카, 버진 제도의 이름으로 이 전쟁이 제국주의 전쟁이 아님을 단호하게 선언하는 바이다." 1939년에 공산당이 미국에서 상연한 한 연극은 전쟁을 이렇게 풍자했다.

2년 뒤, 독일이 소비에트 러시아를 침공했고, 추축국Axis Powers과 연합국Allied Powers 간의 전쟁을 제국주의 전쟁으로 거듭 묘사했던 미국 공산당은 이제 이 전쟁을 파시즘에 맞선 "인민의 전쟁"이라 부르게 됐다. 실제로 거의 모든 미국인 — 자본가, 공산당원, 민주당원, 공화당원, 빈민, 부자, 중간계급 — 은 이 전쟁이 참된 인민의 전쟁이라는 데 뜻을 같이하고 있었다.

과연 그랬을까?

어떤 증거에 의하면 그것은 미국이 이제까지 싸워 왔던 전쟁 중에서 가장 인기 있는 전쟁이었다. 이처럼 대다수의 국민이 전쟁에 참가한 적은 일찍이 한번도 없었다. 1,800만 명이 군대에 복무했고, 1,000만 명이 해외로 출병했으며, 2,500만 명의 노동자가 꼬박꼬박 월급봉투를 털어 전쟁채권을 구입했다.

그러나 전면전을 요구하는 외침 이면에 국가의 모든 세력—정부뿐만 아니라 언론, 교회, 심지어 주요 급진조직들까지도—이 있었다고 해서 이것을 조작된 지지로 간주할 수 있을까? 이면의 흐름에는 마지못해 따라가는 조류가 있었을까? 어떤 공표되지 않은 저항의 징후가 존재했을까?

그것은 이루 말할 수 없는 사악한 적과의 전쟁이었다. 히틀러의 독일은 전체주의와 인종주의, 군국주의, 그리고 이미 냉소적인 세계가 경험한 그 어떤 것도 뛰어넘는 공공연한 침략전쟁을 확산시키고 있었다. 반면 이 전쟁을 수행하는 정부들—영국, 미국, 소련—은 그것과는 전혀 다른 무언가를 대표했고, 따라서 그들의 승리는 제국주의와 인종주의, 전체주의, 군국주의에 대한 타격이 될 수 있었을까?

전쟁 기간 중 미국이 보인 행동—해외에서 벌인 군사행동, 자국의 소수자들에 대한 대우—은 '인민의 전쟁'에 부합하는 것이었을까? 이 나라의 전시 정책은 생명과 자유와 행복의 추구라는 전 세계 보통 사람들의 권리를 존중한 것이었을까? 또 전후의 미국은 국내와 해외 정책에서 이른바 이 전쟁이 지키기 위해 싸웠던 가치들을 몸소 보여줬을까?

이런 질문들은 생각해 볼만하다. 제2차 세계대전 당시에는 전쟁의 열기로 가득 찬 분위기 때문에 이런 질문을 던질 수 없었다.

미국이 의지할 데 없는 약소국의 수호자로 전진하는 모습은 이 나라 중고등학교 역사교과서에 등장하는 미국의 상과 부합하는 것이지만 국제문제에서 보인 기록과는 일치하지 않는다. 미국은 19세기 초반 프랑스로부터 독립을 추구한 아이티 혁명에 반대했다. 미국은 멕시코를 상대로 전쟁을 부추겨 그 나라 영토의 절반을 차지했다. 미국은 쿠바가 스페인 지배로부터 자유를 쟁취하도록 돕는 척하면서 군사기지와 투자, 간섭권 등을 통해 자체 세력을 쿠바에 이식했다. 미국은 하와이와 푸에르토리코, 괌을 강탈했으며 필리핀인들을 정복하기 위해 야만적인 전쟁을 수행했다. 미국은 포함砲艦과 위협으로 일본을 자국과의 무역에 '개방'했다. 미국은 중국을 착취하는 데 있어 다른 제국주의 강대국들과 동등한 기회를 누리기 위한 수단으로 중국에서 문호개방 정책을 선포했다. 미국은 중국에 대한 서구의 지배를 강요하기 위해 다른 나라들과 함께 베이징에 군대를 파견했고 30년 이상 주둔시켰다.

미국은 중국에서 문호개방을 요구하면서도 (먼로 독트린과 수많은 군사개입을 통해) 라틴아메리카에서는 문호폐쇄 — 즉 미국을 제외한 모든 나라에 문을 걸어 잠근다는 정책 — 를 고집했다. 미국은 파나마 운하를 건설하고 장악하기 위해 콜롬비아에 대항하는 혁명을 교묘하게 부추겨 파나마라는 '독립' 국가를 만들어 냈다. 미국은 1926년에 혁명을 무력화시키기 위해 니카라과에 해병대 5,000명을 파병하고 7년 동안 주둔시켰다. 미국은 1916년에 도미니카공화국에 네 번째로 개입했으며 8년 동안 군대를 주둔시켰다. 미국은 1915년에 또 다시 아이티에 개입해서 19년 동안 군대를 주둔시켰다. 1900~1933년 사이에 미국은 쿠바에 네 차례, 니카라과에 두 차례, 파나마에 여섯 차례, 과테말라에 한 차례, 온두라스에 일곱 차례 개입했다. 1924년에 이르면 라틴아메리카의 20개 국가 가운데 절반의 국가 재정이 미국에 의해 어느 정도 좌우되고 있었다. 1935년에 이르면 미국의 철강과 면화 수출의 절반 이상이 라틴아메리카에서 판매됐다.

제1차 세계대전이 끝나기 직전인 1918년에 7,000명의 미군이 러시아에 대한 연합국 개입의 일환으로 블라디보스토크에 상륙해 1920년 초까지 머물렀다. 그 뒤 역시 연합국 원정군의 일부로 5,000명의 군인이 또 다른 러시아 항구인 아르한겔리Archangel에 상륙해서 거의 1년 동안 주둔했다. 국무부는 의회에 이렇게 밝혔다. "이 모든 작전은 러시아에서 볼셰비키 혁명의 영향력을 상쇄하기 위한 것이었습니다."

간단히 말해서, 미국의 제2차 세계대전 참전이 (나치의 침공을 목격한 당시 많은 미국인들이 믿은 것처럼) 타국의 문제에 대한 불간섭의 원칙을 수호하기 위한 것이었다면, 이 나라의 과거 기록은 그런 원칙을 지킬 수 있는 미국의 능력에 의문을 던지는 것이었다.

당시 명백해 보였던 것은 미국이 일정한 자유를 누리는 민주주의 국가인 반면에 독일은 유대계 소수민족을 박해하고 종교에 관계없이 반대파를 투옥하며 게르만Nordic '인종'의 우월성을 선언하는 독재국가라는 점이었다. 그러나 독일의 반유대주의를 바라보는 미국의 흑인들은 자신들의 처지가 별반 다르지 않다고 생각했을지도 모른다. 또 미국은 히틀러의 박해 정책에 관해 거의 아무런 조치도 취하지 않았다. 사실 1930년대 내내 미국은 영국과 프랑스와 더불어 히틀러를 달래는 데만 전념했다. 루즈벨트와 국무장관 코델 헐Cordell Hull은 히틀러의 반유대인 정책을 공개적으로 비판하기를 꺼렸다. 아널드 오프너Arnold Offner(『미국의 유화정책*American Appeasement*』)에 따르면, 1934년 1월에 독일이 유대인들에게 자행하는 행위에 대해 상원과 대통령이 "경악과 우려"를 표명하고 유대인의 권리회복을 요구하자는 결의안이 상원에 제출됐을 때, 국무부는 "이 결의안이 위원회에서 사장되도록 만들었다."

무솔리니의 이탈리아가 에티오피아를 침공한 1935년, 미국은 군수품의 수출금지를 선언했지만 미국 기업들이 이탈리아의 전쟁 수행에 결정적으로 필요한 엄청난 양의 석유를 수송하는 것을 막지는 않았다. 1936년에 스페인에서 선거를 통해 수립된 사회주의-자유주의 정부에 대한 파시스트의 반란이 일어났을 때, 루즈벨트 행정부는 스페인 정부에 대한 지원을 가로막는 효과를 낳은 중립법을 준수한 반면, 히틀러와 무솔리니는 프랑코Francisco Franco 측에 결정적인 도움을 줬다. 오프너는 이렇게 말했다.

…… 미국은 중립법의 법적인 요구조건까지도 넘어섰다. 적어도 1936년 11월까지는 프랑코에 대한 히틀러의 원조 입장이 견고하지 않았기 때문에 미국과 영국, 프랑스가 원조를 제공했다면 스페인의 공화주의자들은 무난히 승리했을 것이다. 그러나 오히려 독일이 스페인 내전으로부터 모든 이익을 얻었다.

이것이 단순히 판단 착오나 불행한 실수였을까? 아니면 파시즘을 저지하는 게 아니라 미국의 제국주의적 이해를 증진시키는 게 주된 목표였던 정부에게 논리적으로 필연적인 정책이었을까? 제국주의적 이해라는 측면에서 보면 1930년대에는 반소정책이 최우선인 듯 보였다. 나중에 일본과 독일이 미국의 세계적 이권을 위협했을 때, 친소·반나치 정책이 더 바람직한 것이 됐다. 유대인 탄압을 종식시키는 데 대한 루즈벨트의 관심은 남북전쟁 중에 링컨이 노예제 종식에 관심을 가진 정도에 불과했으며 그들의 정책상의 우선순위는 (박해를 당하는 희생자들에 대한 개인적인 동정이 어떠했든 간에) 소수자의 권리가 아니라 국력이었다.

1861년에 남북전쟁을 초래한 원인이 400만 흑인의 노예제가 아니었던 것처럼, 미국이 제2차 세계대전에 뛰어든 이유도 유대인에 대한 히틀러의 공격이 아니었다. 이탈리아의 에티오피아 공략, 히틀러의 오스트리아 침공과 체코슬로바키아 점령, 폴란드 공격 — 이 사건들은 루즈벨트가 영국에 중요한 원조를 제공하는 데 착수하도록 만들긴 했지만, 어느 것도 미국이 전쟁에 개입하게 만들지는 않았다. 미국을 전쟁에 전면적으로 뛰어들게 만든 계기는 1941년 12월 7일에 이루어진 하와이 진주만의 미 해군기지에 대한 일본의 공격이었다. 루즈벨트가 격분해 전쟁을 호소하게 된 이유가 일본의 민간인 폭격에 대한 인도적 관심이 아니었음은 분명하다 — 1937년 일본의 중국 공략과 난징南京의 민간인 폭격으로 미국이 전쟁에 뛰어들지는 않았으니 말이다. 미국이

진주만 폭격

미국이 제2차 세계대전에 참전하는 계기가 되었으며, 일본과 미국의 10여 년에 걸친 악화된 관계가 절정에 이르렀다. 1937년 일본이 중국을 침략하고 1940년 추축국과 동맹을 맺자 미국은 미국 내의 일본 자산을 동결시키고 석유 및 기타 전쟁필수품이 일본으로 출항하는 것을 금지했다. 1941년 7월 미국은 일본과의 모든 상업·금융 관계를 단절했다.

전쟁에 참전하게 만든 이유는 일본이 미태평양제국American Pacific Empire의 연결고리를 공격했기 때문이었다.

일본이 —문호개방 정책을 준수하면서— 중국에 대한 착취를 함께 누리는 제국주의 열강 동아리의 예의바른 일원으로 그대로 남아 있는 한, 미국은 일본에 반대하지 않았다. 일찍이 1917년에 미국은 "미국 정부는 일본이 중국에 특별한 이해관계를 갖고 있음을 인정한다"는 내용의 각서를 주고받았다.

이리에 아키라入江昭(『제국주의 이후*After Imperialism*』)에 따르면, 1928년에는 중국 주재 미국 영사들이 일본 군대의 진출을 지지하기도 했다. 깜짝 놀란 미국이 결국 일본의 공격을 야기하게 된 조치—1941년 여름에 이루어진 고철과 석유에 대한 전면적인 금수조치—를 취한 것은 일본이 중국 점령을 시도함으로써 미국의 잠재적인 시장을 위협하고 특히 동남아시아의 주석, 고무, 원유로 세력권을 넓히고 난 뒤였다.

브루스 러셋Bruce Russett(『명백하고도 현존하는 위험이란 없다*No Clear and Present Danger*』)이 말하는 것처럼, "1930년대 내내 미국 정부는 일본의 아시아 대륙 진출을 저지하려는 조치를 거의 취하지 않았다." 그러나 "태평양 서남부 지역은 미국에게 결정적인 경제적 중요성을 지닌 곳이었다—당시 미국의 주석과 고무는 다른 상당량의 원료와 마찬가지로 그곳에서 공급됐다."

진주만 공습은 미국 국민들에게 갑작스럽고 충격적이며 부도덕한 행동으로 비춰졌다. 모든 폭격이 그러하듯이 진주만 폭격은 부도덕한 행위였다—그러나 미국 정부에게는 사실 갑작스럽거나 충격적인 사건이 아니었다. 러셋의 말을 들어보자. "미 해군기지에 대한 일본의 공격은 일련의 오랜 상호 적대행위가 정점에 달했기 때문이다. 워싱턴 당국은 일본에 대한 경제재제에 착수 했는데 이것은 심각한 전쟁 위험을 수반한다고 널리 인식하고 있던 조치였다."

루즈벨트에 대한 마구잡이식 비난(진주만 공격을 미리 알고 있었음에도 말하지 않았다거나 진주만 공습을 의도적으로 도발했다는 등—이런 비난을 뒷받침하는 증거는 없다)은 제쳐두고라도, 그가 그에 앞서 제임스 포크가 멕시코 전쟁에서, 그의 뒤에 린든 존슨Lyndon Johnson이 베트남 전쟁에서 한 것과 마찬가지로 행동했다는 사실—루즈벨트는 자신이 정당한 대의명분이라고 생각한 바를 위해 국민에게 거짓을 말했다—은 분명해 보인다. 1941년 9월과

10월, 루즈벨트는 독일 잠수함과 미국 구축함에 관련된 두 사건에서 사실을 왜곡했다. 루즈벨트에 동조적인 역사학자 토머스 A. 베일리Thomas A. Bailey는 이렇게 쓴 바 있다.

> 프랭클린 루즈벨트는 진주만 기습이 있기 전에 계속해서 국민을 기만했다……. 루즈벨트는 환자 자신을 위해서 환자에게 거짓말을 해야만 하는 의사와 같았는데 …… 대중은 잘 알다시피 시야가 좁고 보통 위험이 코앞에 닥치기 전까지는 전혀 알아차리지 못하기 때문이다…….

제2차 세계대전 종전 뒤 설치된 도쿄 전범재판소의 재판관 중 한 명인 라드하비노드 팔Radhabinod Pal은 일본 관료들에 대한 일반평결[5]에 이의를 제기하면서 미국이 일본과의 전쟁을 도발했으며 일본의 행동을 예견했음이 분명하다고 주장했다. 리처드 마이니어(『승자들의 정의*Victors' Justice*』)는 고철 및 석유 금수조치에 관한 팔의 견해를 이렇게 요약했다. "이런 조치는 일본의 존립 자체에 대한 명백하고도 강력한 위협이었다." 기록을 보면 진주만 공격 2주 전에 열린 백악관 회의에서 전쟁을 예견했으며 그 전쟁을 어떻게 정당화해야 할지에 대해 논의했음을 알 수 있다.

진주만 공격 1년 전에 기록된, 일본의 팽창에 관한 미 국무부의 비망록에는 중국의 독립이나 민족자결 원칙에 관한 언급이 없다. 비망록은 이렇게 말하고 있다.

---

5) general verdict: 배심이 쟁점이 되는 개개의 항목마다 결론을 내는 특별평결special verdict과 달리 개개의 사실문제에 대해 각각 판단하지 않고 사건 전체에 대한 결론만을 적시하는 평결을 말하는 법률 용어로 여기서는 비유적인 의미로 쓰였다.

…… 우리의 전반적인 외교적, 전략적 입지가 상당히 약화될 것이다—왜냐하면 중국, 인도, 남태평양의 시장을 잃게 될 뿐만 아니라(또한 일본이 점차 자급자족함에 따라 일본시장의 상당 부분을 잃게 되고) 아시아·태평양 지역의 고무, 주석, 황마 등 중요한 원료에 대한 우리의 접근 통로가 극복하기 어려울 정도로 제약받게 될 것이기 때문이다.

전쟁에서 일단 영국 및 소련에 합세(독일과 이탈리아는 진주만 공격 직후 미국에 전쟁을 선포했다)한 뒤에 보인 미국의 행동은 미국의 전쟁 목표가 인도주의적임을 보여줬을까, 아니면 권력과 이윤에 집중된 것임을 보여줬을까? 미국은 일부 국가가 다른 나라를 지배하는 것을 종식시키기 위해 싸웠을까, 아니면 지배 국가들이 미국의 친구임을 확실히 하기 위해 싸웠을까? 1941년 8월, 루즈벨트와 처칠은 뉴펀들랜드Newfoundland 섬 앞바다〔의 순양함〕에서 회동을 갖고 전후 세계에 대한 고매한 목표를 밝히는 대서양헌장Atlantic Charter을 전 세계에 발표하면서, 두 나라는 "영토의 확장이나 다른 어떤 것의 확장을 결코 추구하지 않으며 모든 민족이 자신들이 살아갈 정부의 형태를 선택할 권리"를 존중한다고 공언했다. 대서양헌장은 민족자결권을 선포한 것으로 찬양받았다.

그러나 대서양헌장 선포 2주 전에 미 국무장관 직무대행 섬너 웰즈Sumner Welles는 프랑스 정부 측에 전쟁이 끝난 뒤에도 제국을 본래 그대로 유지할 수 있을 것이라고 안심시킨 바 있었다. "프랑스와의 전통적인 우호관계를 한시도 잊지 않는 우리 정부는 자국의 영토를 유지하고 온전하게 보전하고자 하는 프랑스 국민의 바람에 깊이 공감하는 바입니다." 국방부의 베트남 전사戰史(『국방부 문서*The Pentagon Papers*』) 자체가 인도차이나에 대한 이른바 "서로 모순되는" 정책을 거론하면서 "대서양헌장을 비롯한 선언에서 미국은 민족자

결과 독립을 지지한다고 공언"했지만 동시에 "전쟁 초부터 종전 뒤에 프랑스의 해외 제국을 복구해 주겠다는 의도를 거듭 표명하거나 프랑스 측에 넌지시 비추었다"고 지적했다.

1942년 말, 루즈벨트로부터 친히 대리권을 부여받은 인물〔비시Vichy 주재 대리공사로서 프랑스령 북아프리카 문제에 관한 전권을 위임받은 로버트 머피Robert Murphy〕은 프랑스의 앙리 지로Henri Giraud 장군을 안심시켰다. "본국이든 식민지든 1939년에 프랑스 국기가 휘날린 모든 영토에 대해 가능한 신속하게 프랑스의 주권이 재확립되어야 한다는 점은 전적으로 이해하고 있습니다." (이 페이지들 역시 『국방부 문서』의 다른 부분과 마찬가지로 "일급기밀—극히 신중을 요함"이라고 표시되어 있다.) 1945년에 이르러 "서로 모순되는" 태도는 사라졌다. 5월에 트루먼Harry Truman 대통령은 프랑스 측에 "인도차이나에 대한 프랑스의 지배권"에 의문을 제기하지 않겠다고 확신시켰다. 그해 가을, 미국은 포츠담 회담Potsdam Conference에 의해 인도차이나 반도 북부지역을 일시적으로 관리하고 있던 중국 국민당 정부에게, 독립에 대한 베트남인들의 열망이 명백함에도, 그 지역을 프랑스에 인계하라고 촉구했다.

그것은 프랑스 정부에 대한 호의였다. 그러나 전쟁 중에 미국 자신의 제국주의적 야망은 어떠했을까? 루즈벨트가 대서양헌장을 통해 포기했던 "영토의 확장이나 다른 어떤 것의 확장"의 경우는 어떠했을까?

신문의 머리기사는 전투와 군대의 이동이 차지했다. 1942년의 북아프리카 공략, 1943년의 이탈리아 공략, 1944년 독일 점령하의 프랑스에 대한 대규모적이고 극적인 영국 해협 횡단 공격, 독일을 밀어붙이고 독일 국경까지 넘어가면서 벌어진 처절한 전투들, 나날이 증가하는 영국과 미국 공군의 폭격 등이 그것이었다. 또 이와 동시에 있었던 나치 군대에 대한 소련의 승리(소련은 영국 해협 횡단 공격 당시 독일군을 자국 바깥으로 밀어내고 독일 병력의

80퍼센트와 교전하고 있었다)도 있었다. 태평양에서는 1943년과 44년에 미군이 섬을 차례로 탈환하면서 일본 도시들에 대한 우레와 같은 공습을 위해 더 가까운 기지를 확보하는 동시에 일본 본토를 향해 진격하고 있었다.

전투와 공습에 관한 신문의 머리기사 뒤에서 미국의 외교관과 기업가들은 전쟁이 끝난 뒤 미국의 경제력을 세계 제일로 만들기 위해 소리없는 노력을 기울였다. 이제 지금까지 영국이 지배하고 있던 지역에 미국 기업들이 침투할 것이었다. 동등한 접근권이라는 문호개방 정책은 아시아로부터 유럽까지 확대될 터이고, 그것은 미국이 영국을 밀어내며 진출하려 한다는 사실을 의미했다.

중동과 이 지역의 석유를 둘러싸고 벌어진 일이 바로 그런 것이었다. 1945년 8월, 국무부의 한 관리는 "지난 35년간의 외교사를 검토해 보면 미국의 대외관계에서는 석유가 역사적으로 다른 어떤 상품보다도 중요한 역할을 담당했음을 알 수 있을 것"이라고 말했다. 사우디아라비아는 중동 최대의 원유 보유국이었다. 석유회사 아람코[6]는 내무장관 해럴드 이커스Harold Ickes를 통해 루즈벨트로 하여금 사우디아라비아에 대한 무기대여에 동의하게 만들었는데, 이로써 미국 정부가 사우디아라비아에 관여하고 아람코의 이익을 위한 방패막을 만들어 주게 됐다. 1944년에 영국과 미국은 "기회균등의 원칙"에 합의하는 석유 협정에 서명했으며 로이드 가드너Lloyd Gardner(『뉴딜 외교의 경제적 측면*Economic Aspects of New Deal Diplomacy*』)는 "문호개방 정책은 중동 전역에서 승리를 구가했다"고 결론짓고 있다.

---

6) ARAMCO: 아라비아-미국 석유회사Arabian-American Oil Company의 약칭으로 1980년에 사우디아라비아 정부가 국유화할 때까지 석유생산량의 97%를 담당했던 미국 자본계열의 합작 산유·수송 회사이다. 1933년과 1939년 사이에 엑손Exxon, 스탠더드오일오브캘리포니아Standard Oil of California, 텍사코Texaco, 모빌Mobil 등 4개사가 석유채굴권을 획득했다.

역사학자 게이브리얼 콜코는 미국의 전시 정책에 관한 세밀한 연구(『전쟁의 정치학*The Politics of War*』)를 수행한 뒤, "미국의 경제전쟁의 목표는 자국과 해외에서 자본주의를 구출하는 것이었다"고 결론짓고 있다. 1944년 4월에 국무부의 한 관리는 이렇게 말했다. "여러분도 아시다시피, 우리는 거대한 규모로 증가된 전후 생산계획을 수립해야 하며 미국의 국내시장은 이 모든 생산을 무한정 흡수할 수 없습니다. 우리가 엄청나게 확대된 해외시장을 필요로 한다는 점에 관해서는 의문의 여지가 있을 수 없습니다."

앤서니 샘슨Anthony Sampson은 국제 석유산업에 관한 연구서(『일곱 자매*The Seven Sisters*』)에서 이렇게 말하고 있다.

> 전쟁이 끝날 무렵, 사우디아라비아에 대한 지배적인 영향력은 의심할 여지없이 미국에게 있었다. 이븐 사우드Ibn Saud 국왕은 이제 거친 사막의 전사로 대접받지 못했으며, 다만 파워게임의 핵심 요소로서 서구 여러 나라의 추파를 받는 존재일 뿐이었다. 루즈벨트는 1945년 2월 얄타 회담을 마치고 돌아가는 길에 국왕의 두 아들과 수상, 점성술사, 도살용 양떼 등 총 50명의 측근과 함께 국왕을 순양함 퀸시Quincy 호로 초대해 만찬을 대접했다.

그러고 나서 루즈벨트는 이븐 사우드 국왕에게 편지를 보내 아랍 국가들과 협의하지 않고 팔레스타인 정책을 바꾸는 일은 없을 것이라고 약속했다. 이후에는 석유에 대한 관심과 중동에 유대인 국가를 건설하려는 정치적 관심이 끊임없이 충돌하게 될 테지만, 이 당시에는 석유가 더 중요해 보였다.

제2차 세계대전을 거치면서 영국의 제국주의 권력이 붕괴함에 따라 미국은 행동에 나설 준비가 되어 있었다. 전쟁 초기에 코델 헐은 이렇게 말했다.

무역을 비롯한 여러 경제문제를 다루는 새로운 국제관계 체제를 향한 지도력은 대부분 미국에게 귀속될 것인 바, 우리의 경제력이 그만큼 크기 때문이다. 우리는 이런 지도력과 그에 수반되는 책임을 떠맡아야 하는데, 그 이유는 무엇보다도 순수한 국가적 사리추구를 위해서다.

전쟁이 끝나기 전에 행정부는 정부와 대기업의 동반자 관계에 기초한 새로운 국제경제 질서의 윤곽을 계획하고 있었다. 로이드 가드너는 루즈벨트의 핵심 보좌관으로 뉴딜 구호 프로그램을 계획한 바 있는 해리 홉킨즈Harry Hopkins에 관해 이렇게 말했다. "어떤 보수주의자도 해외투자를 옹호하고 보호하는 데 있어 홉킨즈를 능가하지 못했다."

당시 국무차관보였던 시인 아치볼드 머클리시Archibald MacLeish는 자신이 목도한 전후 세계에 관해 비판적인 견해를 피력했다. "작금의 사태 진행을 보건대, 우리가 만들 평화, 우리가 만들고 있는 것으로 보이는 평화는 석유의 평화, 금의 평화, 해운업의 평화, 요컨대 …… 도덕적 목표나 인간적 관심이 결여된 평화가 될 것이다……."

전쟁이 한창인 와중에 영국과 미국은 국제 환시세를 조정하기 위해 국제통화기금International Monetary Fund(IMF)을 설립했다. 국제통화기금의 의결권은 미국의 지배권이 보장될 수 있도록 분담한 자본액에 비례하도록 설정됐다. 이른바 전쟁으로 파괴된 지역의 재건을 돕는다는 목적 아래 국제부흥개발은행International Bank for Reconstruction and Development이 설립됐지만, 이 은행의 목표 가운데 하나는 스스로의 표현대로 "해외투자를 증진시키는 것"이었다.

이미 미국 정부는 전쟁이 끝난 뒤 각국이 필요로 하게 될 경제원조를 정치적 조건 속에서 인식하고 있었다. 소련 주재 미국 대사 애버럴 해리먼Averell Harriman은 1944년 초에 이렇게 말했다. "경제원조는 유럽의 정치적인 사건들에 대해 우리가 바라는 방향으로 영향을 미치기 위해 사용할 수 있는 가장 효과적인 무기 가운데 하나이다……."

전쟁 중에 이루어진 유엔의 창설은 미래의 전쟁을 방지하기 위한 국제적 협력으로 전 세계에 제시됐다. 그러나 유엔은 서구 제국주의 국가들 — 미국, 영국, 프랑스 — 과 동유럽에 군사기지와 강력한 영향력을 지닌 새로운 제국주의 강대국 — 소련 — 에 의해 지배되고 있었다. 유력한 보수주의자인 공화당 상원의원 아서 밴던버그Arthur Vandenburg는 유엔헌장United Nations Charter에 관해 자신의 일기에 이렇게 적었다.

> 유엔헌장에서 놀라운 점은 민족주의적인 관점에서 볼 때 그것이 극히 보수적이라는 사실이다. 유엔헌장은 사실상 4대 강국의 동맹에 기초해 있다……. 이것은 결코 하나의 세계국가를 지향하는 과격한 국제주의자의 꿈이 아니다……. 나는 헐Cordell Hull이 일을 계획하는 데 있어 우리 미국의 거부권을 아주 조심스럽게 보호하고 있다는 사실을 알고 깊은 감명(과 놀라움)을 느꼈다.

많은 사람들이 추축국에 대항해 전쟁을 수행하는 명분의 핵심으로 생각하고 있던 독일 점령하 유럽지역 유대인들의 참상은 루즈벨트의 주된 관심사가 아니었다. 헨리 파인골드Henry Feingold의 연구(『구조의 정치학*The Politics of Rescue*』)를 보면, 유대인들이 강제수용소에 구금되고 유대인 600만 명과 유대인이 아닌 수백만 명의 소름끼치는 몰살로 끝날 절멸과정이 시작되고 있었음에도, 루즈벨트는 수천 명의 목숨을 구할 수도 있었을 조치를 취하지 않았음을 알 수 있다. 루즈벨트는 이 문제를 우선시하지 않았던 것이다. 루즈벨트는 이 문제를 국무부에 일임했고, 국무부에서는 반유대주의와 냉혹한 관료주의가 행동에 장애물이 됐다.

제2차 세계대전은 '열등'민족에 대한 백인 게르만 인종의 우월성이라는 히틀러의 생각이 그릇됐음을 입증하기 위해 치러지고 있었을까? 미국의 군대는 인종에 따라 분리됐다. 1945년 초 전투임무를 수행하기 위해 유럽 전역戰域으로 향하는 병사들이 퀸메리Queen Mary 호에 빼곡히 승선했을 때, 흑인 병사들은 갑판의 신선한 공기로부터 가능한 가장 멀리 떨어진 기관실 근처 밑바닥 선실에 처넣어졌는데, 마치 옛날 노예들의 항해를 연상시키는 기괴한 광경이었다.

적십자는 정부의 승인을 받아 흑인과 백인의 헌혈을 분리해 실시했다. 역설적인 일이지만 혈액은행 제도를 처음 개발한 사람은 다름 아닌 찰스 드루Charles Drew라는 흑인 외과의사였다. 드루는 전시 헌혈을 책임지는 자리에 임명됐지만 혈액 분리를 폐지하려고 노력하다 해고됐다. 전시 노동력이 절박하게 필요했지만 흑인들은 여전히 고용상의 차별을 받고 있었다. 서부해안의 한 항공기 제조공장의 대변인은 이렇게 말했다. "검둥이들은 청소부나 기타 유사 직종의 직원으로서만 고려될 것입니다……. 항공기 제조 노동자로서 훈련을 받았든 어쨌든, 우리는 그들을 고용하지 않을 것입니다." 루즈벨트는 자신이 설립한 공정고용실행위원회의 명령을 강제하기 위한 어떤 조치도 취하지 않았다.

파시즘 국가들은 여성이 있어야 할 자리가 가정이라고 고집하는 데 있어서 악명이 높았다. 그러나 파시즘에 대항하는 전쟁도, 비록 여성이 절대적으로 필요한 방위산업에서 여성들을 활용하기는 했지만, 여성의 종속적인 역할을 변화시키기 위해 어떤 특별한 조치도 취하지 않았다. 전시인력위원회War Manpower Commission는 많은 수의 여성이 전시 노동에 참여하고 있음에도 산하 정책결정 기구들에서 여성을 배제했다. 노동부 여성국장 메리 앤더슨Mary Anderson은 여성국에서 펴낸 한 보고서를 통해 전시인력위원회가 "여성

지도자들에게서 발전하고 있던 이른바 호전적인 태도 또는 십자군 정신"에 대해 "의심과 불안감"을 갖고 있었다고 지적했다.

미국의 여러 정책 가운데 하나는 파시즘의 복사판에 가까운 것이었다. 서부해안에 살고 있는 일본계 미국인들에 대한 대우가 그것이었다. 진주만 공격이 벌어진 뒤, 반일본 히스테리가 정부에 확산됐다. 한 하원의원은 이렇게 말했다. "나는 미국 본토와 알래스카, 하와이에 있는 모든 일본인들을 체포해 강제수용소에 집어넣는 것에 찬성합니다……. 빌어먹을 일본 놈들 같으니! 그 놈들을 당장 쓸어버립시다!"

프랭클린 D. 루즈벨트는 이렇게까지 격분하지는 않았지만, 1942년 2월에 대통령령 9066호에 조용히 서명함으로써 영장이나 기소절차, 심문과정 없이도 태평양 연안지역의 모든 일본계 미국인 — 11만 명의 남자, 여자, 어린이 — 을 체포해 그들이 살고 있는 집에서 소개疏開시키고 내륙의 수용소로 이송해 감옥과 동일한 조건 아래 구금할 수 있는 권한을 군에 부여했다. 이들 가운데 4분의 3은 니세이二世 — 일본인 부모를 가지고 미국에서 출생했으며 따라서 미국 시민 — 였다. 나머지 4분의 1 — 일본에서 태어난 이세이一世 — 은 법률에 의해 미국 시민이 되는 길이 막혀 있었다. 1944년 대법원은 군사적 필요에 따른 것이었다는 이유로 이 강제 소개 조치를 합법이라고 판결했다. 그리하여 일본인들은 3년 이상 그런 수용소에서 지내야만 했다.

미치 웨글린Michi Weglyn은 자신의 가족이 소개되어 구금됐을 때 어린 소녀였다. 웨글린(『오욕의 세월*Years of Infamy*』)은 엉성하기 짝이 없는 소개조치와 그로 인해 겪어야 했던 비참함과 당혹감, 분노에 관해 그리고 일본계 미국인들의 존엄과 저항에 관해 말하고 있다. 그들은 파업과 청원을 벌이고 대중집회를 열었으며, 충성서약에 서명을 거부하고 수용소 당국에 맞서 폭동을 일으켰다. 일본인들은 끝까지 저항했다.

일본계 미국인들의 이야기가 일반 대중에게 알려지기 시작한 것은 전쟁이 끝나고 나서였다. 아시아에서 전쟁이 끝난 달인 1945년 8월, 일본인들에 대한 소개조치가 "우리가 전시에 저지른 최악의 실수"라고 지적하는 예일대학 법학교수 유진 V. 로스토Eugene V. Rostow의 글이 『하퍼즈 매거진*Harper's Magazine*』에 실렸다. 그것이 과연 "실수"였을까—아니면 인종주의의 긴 역사를 가지고 있고, 인종주의를 종식시키기 위해서가 아니라 미국식 체제의 근본요소들을 유지하기 위해 전쟁을 수행하고 있던 나라에서 당연히 예상할 수 있는 행동이었을까?

제2차 세계대전은 —비록 많은 개혁이 수행되기는 했지만— 부유층 엘리트를 주된 수혜자로 삼고 있던 정부가 벌인 전쟁이었다. 대기업과 정부 사이의 동맹은 혁명전쟁 뒤 알렉산더 해밀턴이 대륙회의에 내놓았던 첫 번째 제안으로까지 거슬러 올라간다. 제2차 세계대전에 이르기까지 이런 동반자 관계는 발전, 강화되어 왔다. 대공황 당시 한때 "재계 왕당파들"을 비난하기는 했지만, 루즈벨트는 항상 일부 유력한 기업 지도자들의 지지를 받고 있었다. 브루스 캐턴Bruce Catton이 전시생산위원회War Production Board에서 일하면서 목격한 것처럼, 전쟁 중에 "공공연하게 비난을 받고 조롱거리가 됐던 재계 왕당파들이 …… 이제는 해야 할 역할을 가지고 있었다……."

캐턴(『워싱턴의 군벌들*The War Lords of Washington*』)은 전쟁을 수행하기 위한 산업동원 과정과 이 과정에서 어떻게 점점 더 많은 부가 소수 대기업의 수중에 집중되었는지를 묘사했다. 1940년에 미국은 영국과 프랑스에 대량의 전쟁물자를 공급하기 시작했다. 1941년에 이르면 56개 대기업이 군수품 계약 총액의 4분의 3을 장악했다. 상원의 보고서 「경제 집중과 제2차 세계대전*Economic Concentration and World War II*」은, 전쟁 중에 정부가 산업의 과학연구에 대해 수주계약을 맺었는데 2,000개 기업이 참여한 이 과정에서 소요된 10억 달러 가운데 4억 달러가 10개 대기업에 돌아갔다고 지적했다.

전쟁 중에 경영진은 여전히 의사결정권을 확고하게 장악하고 있었으며, 1,200만 명의 노동자가 산업별조직회의와 미국노동연맹에 조직되어 있었지만 그들은 여전히 종속적인 위치에 있었다. 산업민주주의라는 제스처의 일환으로 5,000개 공장에서 노사위원회가 설립됐지만, 이 위원회들은 대부분 결근 노동자들에게 대한 징계기구이자 생산증대를 위한 장치로 기능했다. 캐턴은 이렇게 썼다. “작업 결정을 내리는 대경영자들은 일찍이 본질적인 변화는 전혀 없을 것이라고 결정했다.”

애국심과 전쟁 승리에 대한 전면적인 헌신이라는 압도적인 분위기가 넘쳐났고 미국노동연맹과 산업별조직회의가 무파업서약no-strike pledge까지 했지만, 기업의 이윤은 하늘 높은 줄 모르고 치솟는 데 반해 임금은 동결되는 데 좌절한 이 나라의 많은 노동자들은 파업을 벌였다. 전쟁 기간에 1만 4,000회의 파업이 벌어져 총 677만 명의 노동자가 참여했는데, 이것은 미국 역사상 어떤 시기보다도 더 많은 수치였다. 1944년에만도 광산과 철강공장, 자동차 및 운송설비 산업에서 100만 명의 노동자가 파업을 벌였다.

전쟁이 끝나자 파업은 기록적인 수치로 계속됐다 — 1946년 상반기에만 300만 명이 파업을 벌였다. 제러미 브레처(『파업!』)에 따르면, 만약 노동조합들의 징계조치가 없었더라면 “대다수 산업의 노동자들과 고용주들을 지지하는 정부 사이에 전면적인 충돌”이 있었을 것이라고 한다.

한 예로 마크 밀러Marc Miller의 미간행 원고(「승리의 아이러니: 제2차 세계대전중의 로웰*The Irony of Victory: Lowell During World War II*」)에 따르면, 매사추세츠 주 로웰에서는 1943년과 44년에 1937년만큼이나 많은 파업이 있었다고 한다. 제2차 세계대전이 ‘인민의 전쟁’이었을지도 모르지만, 그 와중에도 이곳 섬유공장의 이윤은 1940~1946년 사이에 600퍼센트 증가한 데 반해 면제품

산업의 임금인상률은 36퍼센트에 불과하다는 사실에 대한 불만이 존재했다. 전쟁이 여성 노동자들의 어려운 처지를 거의 변화시키지 못했다는 사실은, 자녀가 딸린 로웰의 여성 전시 노동자들 가운데 단 5퍼센트만이 아이들을 탁아소에 맡길 수 있었고 나머지는 자기가 알아서 해야 했다는 점에서 극명하게 알 수 있다.

열정적인 애국심의 소란스러움 이면에는 심지어 파시즘의 침략을 받는 상황에서도 전쟁은 잘못된 것이라고 생각하는 많은 사람들이 있었다. 제2차 세계대전 동안 군대에 징집된 1,000만 명 가운데 싸우기를 거부한 사람은 4만 3,000명에 불과했다. 그러나 이것은 제1차 세계대전 당시의 양심에 따른 징병거부자의 비율보다 세 배나 높은 것이었다. 이 4만 3,000명 가운데 약 6,000명이 감옥에 갔으며, 이것은 제1차 세계대전 중에 투옥된 양심에 따른 징병거부자의 비율보다 네 배나 높았다. 연방 교도소에 수감된 죄수 여섯 명 중 한 명은 양심에 따른 징병거부자였다.

4만 3,000명의 징병거부자보다 훨씬 많은 사람들이 징집 장소에 아예 출두조차 하지 않았다. 정부는 징병 회피 사례 35만 건의 목록을 작성했는데, 여기에는 실제적인 기피뿐만 아니라 기술적인 회피까지 포함되므로 정확한 수치를 알기는 어렵지만 징집 장소에 출두하지 않거나 양심에 따른 징병거부자임을 선언한 사람의 수는 수십만 명은 됐을 것이다 — 결코 작은 수치는 아니다. 더구나 이들은 거의 이구동성으로 전쟁에 찬성하는 미국사회에 정면으로 반대하고 나선 사람들이었다.

양심에 따른 징병거부자가 아니고 자발적인 전투원인 듯 보였던 병사들 가운데 얼마나 많은 수가 권위에 대해, 민주주의가 결여된 것이 분명한 군사조직 내에서 목적조차 불분명한 전쟁에서 전투를 치러야 한다는 데 대해 분노를 느꼈는지를 알기는 어렵다. 어느 누구도 민주주의 국가라 알려진 나라의 군대에서 장교들이 누리는 특권에 대해 사병들이 느꼈던 쓰라린 감정을 기록해 두지 않았다. 예를 들어보자. 폭격임무 사이에 짬을 내 기지 내 영화관에 영화를 보러 간 유럽 전역戰域의 항공대 전투 승무원들은 짧은 장교의 줄과 아주 긴 사병의 줄로 나누어진 두 개의 줄을 볼 수 있었다. 전투에 나갈 준비를 할 때조차도 두 개의 식당이 별도로 있었고, 사병들이 먹는 식사는 장교들의 것과 달리 부실했다.

제2차 세계대전에 뒤이어 나온 문학작품인 제임스 존스의 『지상에서 영원으로*From Here to Eternity*』, 조지프 헬러Joseph Heller의 『캐치-22*Catch-22*』, 노먼 메일러의 『나자裸者와 사자死者*The Naked and the Dead*』 등은 군대의 '고급장교들'에 대한 사병들의 분노를 포착했다. 『나자와 사자』에서 병사들이 전투 중에 이야기를 나누는 장면이 있는데 한 사병이 이렇게 말한다. "이 군대에 잘못된 점이 단 하나 있다면 그건 전쟁에서 한번도 지지 않았다는 거야."

> 톨리오는 깜짝 놀랐다. "우리가 이 전쟁에서 져야 한다는 거야?"
> 레드는 자신이 흥분하고 있음을 느꼈다. "내가 왜 빌어먹을 일본 놈들하고 싸워야 되지? 그놈들이 이 숨 막히는 밀림을 차지한다고 내가 신경이나 쓸 거 같아? 커밍스가 별 하나 더 단다 한들 그게 나랑 무슨 상관이냐구?"
> "커밍스 장군, 그 사람은 좋은 사람이야." 마티네스가 말했다.
> "세상에 좋은 장교란 없어." 레드가 대꾸했다.

흑인들의 감정을 결집시키려는 흑인계 신문과 흑인 지도자들의 노력이 있긴 했지만 흑인 사회에는 전쟁에 대한 무관심, 아니 심지어 적개심이 널리 퍼져 있는 듯했다. 로렌스 위트너Lawrence Wittner(『전쟁에 맞선 반란자들*Rebels Against War*』)는 한 흑인 언론인의 말을 인용하고 있다. "흑인들은 …… 전쟁에 대해 화내고 분개하며 완전히 냉담하다. '뭘 위해 싸우는 거지?'라고 그들은 묻고 있다. '이 전쟁은 나에게는 아무 의미도 없어. 우리가 승리하고 내가 진다면, 그게 도대체 뭔데?'" 휴가를 얻어 집에 돌아온 한 흑인 장교는 할렘의 친구들에게 자신이 흑인 사병들과 수백 차례의 자유토론회를 가졌지만 그들이 전쟁에 아무런 관심도 없다는 사실만을 깨닫게 됐다고 털어놓았다.

한 흑인대학의 학생은 선생에게 이렇게 말했다. "육군은 우리를 차별대우하고 있습니다. 해군은 우리를 취사병으로만 복무하게 합니다. 적십자는 우리의 혈액을 받지 않습니다. 고용주와 노동조합들은 우리를 받아주지 않습니다. 린치는 계속되고 있습니다. 우리는 공민권을 박탈당하고 차별받고 멸시당하고 있어요. 히틀러라고 이 이상 무엇을 더 할 수 있겠습니까?" 전국유색인지위향상협회의 지도자 월터 화이트Walter White는 중서부 지역의 한 모임에서 수천 명의 흑인 청중들에게 이 학생의 말을 그대로 전하면서 사람들이 동의하지 않으리라 예상했다. 하지만 오히려 그의 회상에 따르면 "놀랍고 당혹스럽게도, 청중들이 박수갈채를 퍼부어대서 그들을 진정시키는 데 삼사십 초나 걸렸다."

1943년 1월에 한 흑인계 신문에 「징집병의 기도문*Draftee's Prayer*」이 실렸다.

사랑하는 주님, 오늘
저는 전쟁에 나갑니다.
싸우려고, 죽으려고요.
말해 주세요, 무엇을 위해서입니까?
사랑하는 주님, 저는 싸울 겁니다,
두렵지 않습니다,
독일인이든 일본 놈Jap이든

제가 두려워하는 것들은 여기에 있습니다.

미국에요!

그러나 흑인들의 조직적인 반전행동은 전혀 없었다. 사실 어디에서도 조직적인 반대는 거의 없었다. 공산당은 열렬하게 전쟁을 지지했다. 사회당은 분열되어 있어서 어떤 식으로든 분명한 발언을 할 수 없었다.

소수의 무정부주의, 평화주의 집단만이 전쟁 지지하지 않았다. 평화와 자유를 위한 국제여성동맹Women's International League for Peace and Freedom은 이렇게 말했다. "…… 국가와 국가, 계급과 계급, 민족과 민족 사이의 전쟁은 갈등을 영원히 해결하거나 갈등을 낳은 상처를 치유할 수 없다." 『가톨릭 노동자*Catholic Worker*』는 "우리는 여전히 평화주의자이다……"라고 썼다.

자본주의와 파시즘, 공산주의 — 역동적인 이데올로기와 침략행동 — 로 이루어진 세계에서 '평화'를 호소하는 것만으로는 난관에 부딪힐 뿐이라는 사실이 일부 평화주의자들을 괴롭혔다. 그들은 "혁명적 비폭력"에 관해 이야기하기 시작했다. 화해친우회[Fellowship of Reconciliation. 제1차 세계대전 당시 설립된 범종교 국제 평화주의 단체]의 A. J. 뮤스트A. J. Muste는 훗날 이렇게 말했다. "나는 금세기 초의 감상적이고 안이한 평화주의에 감명받지 않았다. 당시 사람들은 편안히 앉아서 평화와 사랑에 관해 즐겁게 이야기하면 세계의 문제들을 해결할 수 있으리라고 느끼고 있었다." 뮤스트는 세계가 혁명의 소용돌이에 휘말린 상황에서 폭력에 반대하는 사람들은 혁명적 행동을 취해야 하지만 폭력을 써서는 안 된다는 사실을 깨달았다. 혁명적 평화주의 운동은 "흑인, 정률소작농, 산업 노동자 등과 같은 억압받는 소수자 집단들과 효과적인 접촉을 취해야" 할 것이었다.

단 하나의 조직된 사회주의 집단만이 전쟁에 명확하게 반대했다. 사회주의노동자당Socialist Workers Party이 그들이었다. 여전히 효력을 발휘하고 있던 1917년의 방첩법이 전시의 발언에 적용됐다. 그러나 미국이 아직 전쟁에 개입하지 않고 있던 1940년에 하원에서 스미스법Smith Act이 통과됐다. 스미스법은 군 업무를 거부하는 결과를 낳을 수 있는 발언이나 글을 금지하는 방첩법의 조항을 평화시까지 확장시켰다. 스미스법은 또한 무력과 폭력에 의한 정부 전복을 주장하거나 이를 주장하는 단체에 가입하거나 그런 사고를 출판하는 행위를 범죄로 규정했다. 1943년에 미니애폴리스에서 사회주의노동자당 당원 18명이 당 강령Declaration of Principles과 『공산당선언』을 통해 표명된 당의 사상이 스미스법에 위배되는 정당에 소속됐다는 기소 내용에 대해 유죄를 판결받았다. 그들은 징역형을 선고받았고 대법원은 재심을 받아들이지 않았다.

몇몇 사람들은 실제 전쟁은 각국의 내부에서 벌어지고 있다고 계속해서 주장했다. 전시에 발간된 드와이트 맥도널드Dwight Macdonald의 잡지 『정치*Politics*』에는 프랑스의 노동자이자 철학자인 시몬느 베이유Simone Weil의 글이 실렸다.

> 그 가면이 파시즘이라 불리든, 민주주의라 불리든, 아니면 프롤레타리아 독재라 불리든, 우리의 최대의 적은 여전히 기구—관료제, 경찰, 군대—이다. 국경이나 전선 너머에서 우리와 맞서고 있는, 우리의 적이라기보다 우리 형제들의 적이라고 해야 할 기구가 아니라, 우리의 보호자를 자임하면서 우리를 자신의 노예로 만드는 기구인 것이다. 구체적 상황이 어떠하든 간에 항상 최악의 배신은 우리 자신을 이 기구에 종속시키는 것이며, 그런 복종을 통해 우리 자신과 다른 이들의 모든 인간적 가치를 유린하는 것이다.

그럼에도 미국 국민의 압도적인 다수는 군인이든 민간인이든 전쟁 수행에 동원됐으며 전쟁의 분위기는 점점 더 많은 미국인을 휘감았다. 여론조사를 보면 대다수 병사들이 전후에도 징병제를 실시하는 데 찬성했음을 알 수 있다. 적에 대한, 특히 일본인들에 대한 증오가 널리 확산됐다. 분명히 인종주의가 작용하고 있었다. 잡지 『타임』은 이오지마硫黃島 전투를 보도하면서 이렇게 말했다. "사리를 분간 못하는 일본 놈들은 일반적으로 무식하다. 아마 그들도 인간이긴 할 테다. 어느 것 하나 …… 그들이 인간이라는 징표를 보여주진 않지만."

그리하여 이제까지의 모든 전쟁에서 행해진 민간인에 대한 폭격을 훨씬 뛰어넘는, 독일과 일본 도시들에 대한 공습을 지지하는 대중적인 기반이 있었던 것이다. 혹자는 이런 대중적 지지로 인해 제2차 세계대전이 '인민의 전쟁'이 될 수 있다고 주장할지도 모른다. 그러나 '인민의 전쟁'이라는 말이 공격에 대한 인민의 전쟁, 즉 방어 전쟁을 의미한다면 — 다시 말해 엘리트의 특권을 위해서가 아니라 인도적인 동기를 위해 싸운 전쟁, 다수가 아니라 소수를 상대로 벌인 전쟁을 의미한다면 —, 독일과 일본의 주민들에 대한 전면적인 공습 전술은 그런 관념을 산산이 깨뜨린다.

이탈리아는 에티오피아 전쟁에서 도시들을 폭격했고, 이탈리아와 독일은 스페인 내전에서 민간인을 폭격했으며, 제2차 세계대전 초기에 독일 비행기들은 네덜란드의 로테르담과 영국의 코번트리를 비롯한 도시들에 폭탄을 떨어뜨렸다. 루즈벨트는 이런 폭격을 "인류의 양심에 더없이 깊은 충격을 가져다준 비인간적인 야만행위"라고 묘사했다.

영국과 미국이 독일 도시들을 폭격한 것에 비하면 독일의 폭격은 극히 소규모에 불과했다. 1943년 1월, 연합국들은 카사블랑카에서 회동을 갖고 "독일의 군사, 산업 및 경제 체계를 파괴, 해체시키고 독일 국민의 사기를 그들의 무장저항력이 치명적으로 약화되는 정도로까지 저하시키기 위해" 대규모 공습을 착수하는 데 동의했다. 그리하여 독일 도시들에 대한 집중폭격이 시작됐다 ― 쾰른, 에센Essen, 프랑크푸르트, 함부르크 등지에 1,000대의 항공기가 공습을 가한 것이다. 영국군은 야간에 출격했는데, 특정 '군사'목표물을 공격한다는 구실 따위도 아예 없었다. 주간에 출격한 미군은 정밀폭격을 하는 척했지만, 고高고도에서는 정밀폭격이 불가능했다. 이 끔찍한 폭격의 클라이맥스는 1945년 초에 벌어진 드레스덴 폭격이었는데, 폭탄으로 인해 발생한 엄청난 열기가 진공상태를 만들어 냈고 거대한 열폭풍이 순식간에 시 전체를 휩쓸어버렸다. 드레스덴 주민 10만 명 이상이 목숨을 잃었다. (윈스턴 처칠은 전쟁회고록에서 이 사건을 간단하게 서술하는 데 그쳤다. "그 달 말에 우리는 당시 독일 동부전선의 연락 중심지였던 드레스덴에 대한 대규모 공습을 수행했다.")

일본 도시들에 대한 폭격 역시 민간인의 사기를 저하시키기 위한 집중폭격 전략을 반복했다. 어느 날 밤에 이루어진 도쿄에 대한 소이탄 폭격은 8만 명의 생명을 앗아갔다. 그리고 1945년 8월 6일, 히로시마 상공을 단독 비행하던 미군 비행기에서 첫 번째 원자폭탄을 투하, 약 10만 명의 생명을 빼앗고 수만 명을 방사능 중독으로 서서히 죽음으로 내몰았다. 미국 정부는 한번도 공식적으로 인정하지 않은 사실이지만, 역사학자 마틴 셔윈Martin Sherwin(『파괴된 세계*A World Destroyed*』)에 따르면, 히로시마 시 교도소에 수감되어 있던 미 해군 조종사 12명도 원폭으로 목숨을 잃었다. 3일 뒤, 두 번째 원자탄이 나가사키 시에 투하되어 약 5만 명이 사망했다.

이런 잔학행위에 대한 정당화는 이로써 전쟁을 신속하게 종결시키고 일본 본토 침공이 불필요하게 되리라는 것이었다. 정부는 일본 본토를 공략하게 되면 엄청난 인명이 희생될 것이라고 말했다 ― 국무장관 번즈James F. Byrnes

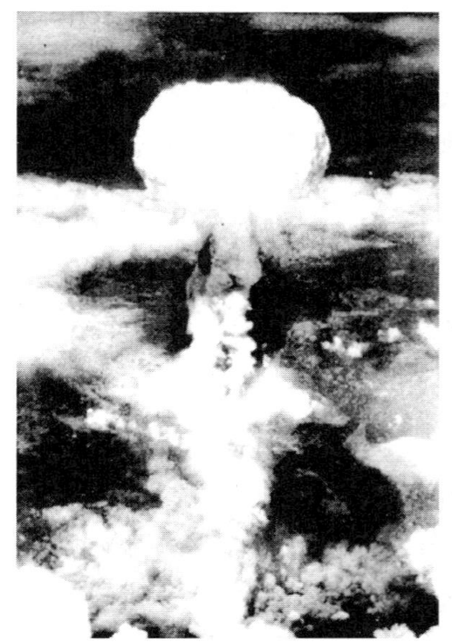

히로시마
원자폭탄 투하

1945년 8월 6일 세계 최초로 미국 공군에 의해 원자폭탄 공격을 당해 폭탄이 투하된 중심지에서 반지름 2킬로미터 이내는 전면 파괴·전소되었고, 사망자 수는 20만 명 이상으로 방사선과 독성 물질로 인한 사망자는 수년 동안 계속 늘어났다.

는 100만 명이라고 했고, 조지 마셜George Marshall 장군이 제시한 수치를 받아들인 트루먼은 50만이라고 했다. (수년 뒤 공개된 맨해튼 프로젝트Mahattan Project — 원자탄 개발 계획 — 의 문서들은 마셜이 민간인들은 대피시키고 군사목표물만을 공격할 수 있도록 일본 측에 원자탄에 대해 경고를 하자고 촉구했다는 사실을 보여줬다.) 본토 침공시 야기될 인명 손실에 관한 이 추정치들은 현실적인 것은 아니었고, 원폭이 야기한 결과가 알려지면서 점점 더 많은 사람들이 반감을 갖게 됨에 따라 원폭을 정당화하기 위해 급조된 수치로 보인다. 1945년 8월에 이르면 일본은 절망적인 상태로 항복할 준비가 되어 있었다. 『뉴욕타임스』의 군사분석가 핸슨 볼드윈Hanson Baldwin은 전쟁 직후 이렇게 썼다.

> 군사적인 측면에서 보자면, 무조건적인 항복을 요구한 포츠담 선언이 있었던 7월 26일의 시점에서 적은 이미 전략적으로 속수무책인 위치에 놓여 있었다. 바로 그런 상황에서 우리는 히로시마와 나가사키를 쓸어버린 것이다. 우리가 그렇게 할 필요가 있었을까? 물론 어느 누구도 확신할 수는 없지만, 대답은 거의 확실히 부정적이다.

전쟁에서 공중폭격이 낳은 결과를 연구하기 위해 1944년에 전쟁부에서 설립한 미국전략폭격조사단United States Strategic Bombing Survey은 일본이 항복한 뒤 수백 명의 일본 민간인 및 군대 지도자들을 인터뷰하고 전쟁 직후에 이렇게 보고했다.

> 모든 사실에 대한 세부적인 조사와 관련된 일본인 생존 지도자들의 증언을 토대로 이를 확인해 볼 때, 본 조사단은, 설령 소련이 〔태평양〕 전쟁에 개입하지 않고 〔일본 본토에 대한〕 어떤 침공도 계획하거나 기도하지 않았다 하더라도, 확실히 1945년 12월 31일 이전에, 아니 아마도 11월 1일 이전에 일본이 항복했을 것이라는 견해를 밝히는 바이다.

그런데 미국 지도자들은 1945년 8월에 이런 사실을 알 수 있었을까? 대답은 "확실히 그렇다"이다. 미국은 이미 일본의 암호 체계를 해독하고 일본의 교신을 도청하고 있었다. 일본 측이 모스크바 주재 대사에게 연합국과 강화 협상에 착수하라고 지시한 사실 역시 알고 있었다. 일본 지도자들은 이에 앞서 1년 전에 항복에 관해 논의하기 시작했고, 천황 자신도 1945년 6월에는 끝까지 싸우는 것 외의 대안을 고려하라고 넌지시 비친 바 있었다. 7월 13일, 외무장관 도고 시게노리東鄕茂德가 모스크바 주재 대사에게 전문을 보냈다. "무조건적인 항복이 평화를 가로막는 유일한 장애물이다……." 마틴 셔윈은 관련된 역사적 문서들을 철저히 검토한 뒤 이렇게 결론짓고 있다. "전쟁〔이 끝나기〕 전에 이미 일본의 암호를 해독한 미국 정보부는 이 전문을 대통령에게 전달할 수 있었지만—그리고 실제로 전달했지만—, 전쟁을 종식시키려는 노력에 아무런 영향도 미치지 못했다."

미국이 무조건적인 항복을 고집하지만 않았더라면, 즉 일본인들에게 신과 같은 존재인 천황의 지위를 보장한다는 항복의 단 하나의 조건만 기꺼이 받아들였다면, 일본인들은 전쟁을 끝내는 데 동의했을 것이다.

미국은 왜 미국인과 일본인 모두의 생명을 구할 수 있는 그런 작은 조치를 취하지 않았을까? 원자탄을 만드는 데 너무 많은 돈과 노력이 투자됐기 때문에 그것을 떨어뜨리지 않을 수 없었던 것일까? 맨해튼 프로젝트의 총책임자였던 레슬리 그로브즈Leslie Groves 장군은 트루먼을 가리켜 너무 큰 관성 때문에 멈추게 할 수 없는 썰매에 탄 사람이라고 묘사했다. 아니면, 영국의 과학자 P. M. S. 블래키트P. M. S. Blackett(『공포, 전쟁, 원자탄*Fear, War, and the Bomb*』)가 지적한 것처럼, 미국은 소련이 일본과의 전쟁에 개입하기 전에 원자탄을 투하하려고 안달이 나 있었던 것일까?

소련은 유럽 전쟁이 끝나고 90일 뒤에 〔태평양〕 전쟁에 참여한다는 데 비밀리에 동의한 바 있었다(소련은 공식적으로는 일본과 교전하고 있지 않았다). 유럽 전쟁은 5월 8일에 끝을 맺었고 따라서 8월 8일에는 소련이 일본을 상대로 전쟁을 선포하기로 되어 있었다. 그러나 그때는 이미 거대한 폭탄이 투하된 상태였고 다음날 두 번째 거대한 폭탄이 나가사키에 떨어질 예정이었다. 일본은 소련이 아니라 미국에 항복하고 따라서 미국이 전후 일본의 점령자가 될 것이었다. 다시 말해 블래키트의 말처럼, 원자탄 투하는 "소련과의 냉전 외교에서 첫 번째로 벌인 주요한 행동이었다……" 해군장관 제임스 포러스털 James Forrestal이 1945년 7월 28일자 일기에 국무장관 제임스 F. 번즈를 "소련이 개입하기 전에 일본 문제를 끝내고 싶어서 안달이 난" 사람으로 묘사한 사실에 주목한 미국의 역사학자 가어 앨퍼로비츠Gar Alperovitz(『원자탄 외교*Atomic Diplomacy*』)는 블래키트의 주장을 뒷받침하고 있다.

트루먼은 이렇게 말한 바 있다. "세계는 최초의 원자폭탄이 군사기지인 히로시마에 투하됐다는 점을 주목할 것입니다. 우리가 이 최초의 〔원폭〕 공격에서 가능한 한 민간인의 살상을 피하고자 했기 때문입니다." 그것은 터무니없는 발언이었다. 히로시마에서 사망한 10만 명 거의 전부가 민간인이었다. 미국 전략폭격조사단은 공식 보고서에서 이렇게 밝혔다. "히로시마와 나가사키가 목표물로 선택된 이유는 경제활동과 인구가 집중된 도시이기 때문이었다."

나가사키에 대한 두 번째 원자탄 투하는 미리 예정된 것으로 보이지만, 지금껏 어느 누구도 왜 그곳에 원자탄을 떨어뜨렸는지 설명하지 못하고 있다. 히로시마에 투하된 원자탄이 우라늄 폭탄인 데 비해 나가사키의 경우는 플루토늄 폭탄이기 때문이었을까? 나가사키의 사망자들과 방사능에 노출된 사람들은 과학실험의 희생자들이었을까? 마틴 셔윈은 나가사키의 사망자들 가운데는 미군 전쟁포로들도 있었을 것이라고 말하고 있다. 셔윈은 7월 31일에 괌의 미 육군전략항공사령부〔원자탄이 이륙한 비행장〕에서 전쟁부에 보낸 전문에 주목한다.

> 전쟁포로들로부터 나온 보고서들에 의하면 사진으로는 입증되지 않았으나

연합군 포로수용소가 나가사키 중심부에서 북쪽으로 1킬로미터쯤에 위치하고 있다고 함. 이것이 센터보드 작전[7]에서 첫 번째 목표물로 이곳을 선정한 사실에 영향을 주는가? 즉시 회답 바람.

회답문이 도착했다. "센터보드 작전에서 앞서 지정된 목표물은 변경되지 않았음."

그렇다. 곧이어 전쟁은 끝났다. 이탈리아는 1년 전에 이미 패배한 상태였다. 서부전선의 연합국 군대의 도움을 받은 소련군에 의해 동부전선에서 분쇄당한 독일 역시 최근에 항복했다. 이제 일본이 항복했다. 파시스트 권력은 괴멸됐다.

그러나 이념으로서, 현실로서의 파시즘의 경우는 어떠했을까? 군국주의, 인종주의, 제국주의와 같은 파시즘의 본질적인 요소들도 이제 사라진 것이었을까? 아니면 이미 중독된 승자들의 뼛속 깊이 스며든 것이었을까? 혁명적 평화주의자였던 뮤스트는 일찍이 1941년에 이렇게 예측한 바 있다. "전쟁이 끝난 뒤의 문제는 승자에게 있다. 승자는 자신이 전쟁과 폭력을 치를 만한 값어치가 있었음을 입증했다고 생각한다. 이제 누가 승자에게 교훈을 줄 것인가?"

소련과 미국이 승자였다(영국과 프랑스, 국민당의 중국 역시 승자였지만 그들은 약했다). 이들 두 나라는 이제 —나치의 만卍자 십자장이나 열병식, 공식적으로 선포된 인종주의는 없었지만 한편에서는 '사회주의', 다른 한편

7) Centerboard operation: 원폭 투하 작전의 암호명. 교토, 히로시마, 고쿠라, 니가타 등의 원래 후보지 가운데 연합군 포로수용소가 없는 유일한 도시 히로시마가 1차로 선정됐고, 2차 원폭에서는 나가사키가 첫 번째 후보지로 새롭게 편입됐다.

에서는 '민주주의'라는 위장막 아래 — 자신의 제국주의적 영향력을 확대하는 데 착수했다. 소련과 미국은 세계의 지배권을 놓고 함께 나누고 경쟁했으며 파시스트 국가들보다 훨씬 더 거대한 군사기구를 구축하고, 히틀러와 무솔리니, 일본이 할 수 있었던 것보다 더 많은 나라들의 운명을 좌지우지하기 시작했다. 두 나라는 또한 지배를 공고히 하기 위해 자기 나름의 기법 — 소련의 경우는 노골적이고 미국은 정교했다 — 을 동원해 자국 국민들을 통제했다.

제2차 세계대전은 미국을 세계의 대부분을 지배하는 위치로 끌어올렸을 뿐만 아니라 국내에서의 효과적인 통제를 위한 조건도 창출했다. 1930년대를 특징지었던, 뉴딜 정책에 의해 단지 부분적으로만 완화됐던 실업과 경제적 고난, 그리고 그 당연한 결과인 소요는 전쟁이라는 더 큰 소요에 의해 진정되고 극복됐다. 전쟁은 농민들에게는 가격인상을, 〔노동자에게는〕 임금인상을, 그리고 1930년대를 그토록 위협했던 반란을 방지하기에 충분한 번영을 많은 사람들에게 가져다줬다. 로렌스 위트너가 쓴 것처럼, "전쟁은 미국 자본주의를 소생시켰다." 가장 큰 소득은 기업의 이윤으로 1940년의 64억 달러에서 1944년의 108억 달러로 상승했다. 그러나 노동자와 농민들 역시 체제가 자신들에게도 만족스럽게 굴러가고 있다고 느낄 수 있도록 충분한 몫이 그들에게 돌아갔다.

전쟁이 통제의 문제를 해결해 준다는 사실은 여러 정부가 체득한 오래된 교훈이었다. 제너럴일렉트릭General Electric Corporation의 회장 찰스 E. 윌슨Charles E. Wilson은 전시의 경제 상황에 너무나 만족한 나머지 "영구전시경제permanent war economy"를 위한 기업과 군부의 지속적인 동맹을 제안하기까지 했다.

그것은 실제로 일어난 일이다. 전쟁 직후, 전쟁에 염증을 느낀 국민들이 동원해제와 군비축소에 찬성하는 듯이 보이자 트루먼 행정부(루즈벨트는 1945년 4월에 사망했다)는 위기와 냉전의 분위기를 창출하기 위해 노력했다. 그렇다. 소련과의 경쟁은 현실이었다 — 이 나라는 전쟁으로 경제가 산산이 파괴되고 2,000만 명이 목숨을 잃었지만, 놀랄 만한 회복을 이루면서 산업을 재건하고 군사력을 복구하고 있었다. 그러나 트루먼 행정부는 소련을 단지 경쟁자가 아니라 직접적인 위협으로 제시했다.

해외와 국내에서의 일련의 움직임 속에서 트루먼 행정부는 공포 분위기 — 공산주의에 대한 히스테리 — 를 조성했고, 이런 분위기는 군사예산을 가파르게 상승시키고 전쟁 관련 주문으로 경제를 자극하게 만들었다. 이런 정책들의 결합은 해외에서는 더 공격적인 행동을, 국내에서는 더 억압적인 행동을 허용하게 될 것이었다.

유럽과 아시아의 혁명운동은 미국 국민들에게 소련의 팽창주의에 따른 사례로 설명됐다 — 따라서 히틀러의 침략에 대한 분노를 상기시켰다.

제2차 세계대전 이전에 우익 군주독재국가였던 그리스에서는 전쟁 직후 영국이 군사개입을 통해 대중적인 좌익 민족해방전선〔Ethnikon Apeleftherotikon Metopon(EAM)〕을 제지했다. 반체제인사들이 투옥되고 노동조합 지도자들이 제거되자 체제에 반대하는 좌익 게릴라 운동이 성장하기 시작했으며, 인구 700만의 나라에서 이 운동은 곧 1만 7,000명의 투사와 5만 명의 적극적인 지지자, 약 25만 명의 동조자를 끌어 모으게 됐다. 대영제국은 반란에 대처할 수 없다고 말하며 미국의 개입을 요청했다. 훗날 미 국무부의 한 관리가 말한 것처럼, "대영제국은 그 뒤로 세계 지도부의 자리를 미국에 …… 건네줬다."

미국은 트루먼 독트린Truman Doctrine으로 응답했는데, 이것은 1947년 봄에 트루먼이 그리스와 터키에 대한 4억 달러의 군사 및 경제 원조를 요청한 하원 연설에 붙여진 이름이었다. 트루먼은 미국이 "무장 소수세력이나 외부의 압력이 시도하려는 예속에 대해 저항하는 자유로운 국민들"을 도와야 한다고 말했다.

사실 가장 큰 외부의 압력은 미국이었다. 그리스의 반란자들은 유고슬라비아로부터 약간의 원조를 받고 있었지만, 일찍이 제2차 세계대전 중에 루마니아와 폴란드, 불가리아에서 길을 내준다면 그리스에는 간섭하지 않겠다고 처칠과 약속한 바 있는 소련으로부터는 아무런 원조도 받지 못했다. 미국과 마찬가지로 소련 역시 자신이 통제할 수 없는 혁명은 도울 의사가 없는 듯 보였다.

트루먼은 세계가 "두 개의 생활양식 가운데 하나를 선택해야 한다"고 말했다. 하나는 "자유로운 제도로 특징지어지는 …… 다수의 의지"에 기반을 둔 것이었고 다른 하나는 "공포와 억압 …… 개인의 자유에 대한 탄압 등 …… 소수의 의지"에 기반을 둔 것이었다. 트루먼의 보좌관 클라크 클리퍼드Clark Clifford는 대통령 교서에서 그리스 개입을 덜 수사적이고 더 실제적인 어떤 것 — "중동의 어마어마한 천연자원" — 과 연결시켜야 한다고 제안했지만, 트루먼은 그런 언급은 하지 않았다.

미국은 그리스 내전에 병력이 아니라 무기와 군사고문단으로 개입했다. 1947년의 마지막 5개월 동안 미국은 아테네의 우익 정부에 대포와 급강하 폭격기, 네이팜탄 등 7만 4,000톤의 군사 장비를 보내줬다. 제임스 밴 플리트 James Van Fleet 장군이 이끄는 250명의 장교단이 전투 현장에서 그리스 군대에 조언을 해줬다. 밴 플리트는 게릴라들을 고립시키고 그들의 지지기반을 제거하기 위해 농촌 지역의 그리스인 수천 명을 강제로 소개하는 정책 — 민중봉기에 대처하는 표준적인 정책 — 에 착수했다.

그런 지원으로 반란은 1949년에 괴멸됐다. 그리스 정부에 대한 미국의 경제, 군사 원조는 계속됐다. 다우화학Dow Chemical, 크라이슬러Chrysler, 에소

Esso 등 미국 기업들의 자본이 그리스로 밀려들었다. 그러나 리처드 바네트 Richard Barnett(『개입과 혁명*Intervention and Revolution*』)가 "특히 야만적이고 후진적인 군사독재"라고 지칭한 세력이 국가를 장악함에 따라 문맹과 가난, 굶주림은 여전히 광범위하게 남게 됐다.

중국에서는 공산당 운동이 제2차 세계대전 종전 당시 거대한 대중적 지지를 받았고 그들이 주도하는 혁명이 이미 진행되고 있었다. 일본에 맞서 싸웠던 홍군紅軍은 이제 미국의 지원을 받는 장제스蔣介石의 부패한 독재를 몰아내기 위해 싸웠다. 미국은 1949년까지 장제스 군대에 20억 달러를 원조했지만, 미국무부의 중국 백서에 따르면, 장제스 정부는 자신의 군대와 국민의 신뢰를 이미 잃어버린 상태였다. 1949년 1월, 중국 공산당 군대가 베이징으로 진입해 내전에 종지부를 찍었고, 이제 중국은 고대로부터 이어온 오랜 역사에서 외부의 지배로부터 독립한 인민의 정부에 가장 가까운 혁명운동의 수중에 놓이게 됐다.

전후 10년 동안 미국은 —혁명 억압을 목표로 하는 대외정책을 지지할 수 없었던 급진주의자들은 배제하면서— 냉전과 반공 정책을 둘러싸고 보수주의자와 자유주의자, 공화당과 민주당의 국민적 합의를 창출하기 위해 노력했다. 그런 연합은 공격적인 대외정책으로 보수파의 지지를 얻고 자국에서의 복지 프로그램(트루먼의 '페어딜〔Fair Deal. 공정한 정책〕')으로 자유주의자들을 매혹시키게 될 자유주의적인 민주당 대통령에 의해 가장 잘 형성될 수 있었다. 게다가 자유주의자들과 전통적 민주당원들이 —전쟁의 기억이 아직 생생하게 남아 있는 상황에서— '침략'에 맞서는 대외정책을 지지할 수 있다면, 제2차 세계대전으로 창출된 급진주의-자유주의 블록은 붕괴될 것이었다. 그리고 반공 분위기가 충분히 강력해진다면, 자유주의자들은 평상시라면 관용이라는 자유주의 전통을 위반하는 것으로 비춰질 억압적인 국내정책을 지지할 수 있었다. 1950년대, 자유주의-보수주의 합의의 형성을 가속화시킨 사태가 벌어졌다—트루먼이 선전포고도 하지 않은 채 벌인 한국 전쟁이 그것이었다.

35년 동안 일본에 점령당했던 한국은 제2차 세계대전 뒤 일본으로부터 해방되어 소련 세력권의 일부이자 사회주의 독재체제인 북한과 미국 세력권의 우익 독재체제인 남한으로 분리됐다. 두 개의 한국 사이에 밀고 당기는 위협이 일어난 뒤인 1950년 6월 25일, 북한군이 북위 38도선을 건너 남한을 침공했고, 미국이 지배하던 유엔은 회원국들에게 "무력 공격을 물리치는 데" 도움을 줄 것을 요청했다. 트루먼은 미국 군대에 남한을 도우라고 명령했고, 미군은 유엔군이 됐다. 트루먼은 이렇게 말했다. "국제 문제에서 힘의 지배로 복귀한다면 원대한 효과를 낳을 것이다. 미국은 계속해서 법의 지배를 지지할 것이다."

"힘의 지배"에 대한 미국의 대응은 3년 동안 이루어진 폭격과 포격으로 남북한을 도살장으로 만들어 버린 것이었다. 네이팜탄이 투하됐고, BBC의 기자는 그 결과를 이렇게 묘사했다.

> 우리 앞에 기묘한 모양의 사람이 서 있었는데, 구부정한 상반신에 다리를 벌리고 두 팔은 옆구리에서 바깥으로 내밀고 있었다. 그 남자는 눈이 없었고, 불에 탄 누더기 조각 사이로 온몸이 다 드러나 보였는데, 노란 고름이 얼룩덜룩하고 딱딱한 검은 딱지로 뒤덮여 있었다……. 그는 앉아 있지를 못했는데, 성한 피부라곤 남아 있지 않고 쉽게 떨어져 나가는 딱딱한 빵 껍질 같은 부스럼 딱지로 온몸이 뒤덮여 있기 때문이었다……. 나는 내 눈으로 직접 목격한 잿더미로 변한 수백 곳의 마을에 관해 생각했고, 그 남자와 같은 종류의 사상자 목록이 한반도 전선 전역에서 급증하고 있음이 틀림없다는 사실을 깨달았다.

한국 전쟁으로 남북한에서 약 200만 명이 "힘의 지배"에 반대한다는 이름 아래 사망했다.

트루먼이 말한 법의 지배의 경우, 미국의 군사적 조치는 그것을 훨씬 넘어서는 것처럼 보였다. 유엔 결의안은 "무력 공격을 물리치고 이 지역에 평화와 안전을 회복하기 위한" 행동을 요구한 바 있었다. 그러나 미군은 북한군을 38선 너머로 밀어낸 뒤에도 계속 북한 지역으로 진격해 중국과의 국경지대인 압록강까지 밀고 올라갔다 — 이로써 중국이 전쟁에 개입하게 만들었다. 뒤이어 중국이 남쪽으로 밀고 내려왔고, 1953년의 평화협상으로 예전의 남북한 경계선이 회복될 때까지 전쟁은 38선에서 교착상태에 빠졌다.

한국 전쟁은 자유주의 여론을 전쟁과 대통령을 중심으로 결집시켰다. 한국 전쟁은 해외에서의 개입정책과 국내에서의 경제 군사화를 유지하는 데 필요한 일종의 연합을 만들어 냈다. 급진적 비판자로서 이런 연합의 바깥에 자리하고 있던 사람들에게 이것은 곤란한 문제였다. 얼론조 햄비Alonzo Hamby(『뉴딜을 넘어서*Beyond the New Deal*』)는 『뉴리퍼블릭』과 『더 네이션』, (1948년에 좌파연합인 진보당 공천으로 트루먼에 맞서 출마했던) 헨리 월리스Henry Wallace가 한국 전쟁을 지지했다고 지적했다. 자유주의자들은 조지프 매카시Joseph MaCarthy 상원의원(그는 모든 곳에서, 심지어 자유주의자들 사이에서도 공산주의자들을 추적했다)을 좋아하지 않았지만, 햄비에 따르면, 한국 전쟁은 "매카시즘에 새로운 생명을 불어넣었다."

좌파는 1930년대의 어려운 시절과 파시즘에 맞선 전쟁 중에 대단한 영향력을 갖게 됐다. 공산당의 실제 당원 수는 많지 않았지만 — 아마 10만 명을 넘지 않았을 것이다 —, 수백만을 헤아리는 조합원을 지닌 노동조합 속에, 예술 속에, 그리고 1930년대 자본주의 체제의 실패로 인해 공산주의와 사회주의를 호의적으로 보게 됐을지도 모르는 셀 수 없이 많은 미국인들 속에 잠재력을 가진 존재였다. 따라서 제2차 세계대전을 치른 뒤 기존 체제가 이 나라에서 자본주의를 더 안전한 것으로 만들고 미 제국에 대한 지지라는 합의를 구축하기 위해서는 좌파를 약화시키고 고립시켜야 했던 것이다.

그리스와 터키에 대해 트루먼 독트린을 제시한 지 2주일 뒤인 1947년 3월 22일, 트루먼은 대통령령 9835호를 발표, 미국 정부에서 "불충스러운 분자들의 침투"를 색출하는 프로그램에 착수했다. 『1950년대*The Fifties*』라는 책에서 더글러스 밀러와 매리언 노왁Marion Nowack은 이렇게 논평하고 있다.

> 훗날 트루먼이 이 나라를 휩쓴 "히스테리의 거대한 파고"에 관해 불만을 토로하게 됐지만, 공산주의에 맞서 승리하고 국내외의 위협으로부터 미국을 완벽하게 보호한다는 그의 약속이 바로 그 히스테리를 만들어 낸 주범이었다. 1947년 3월에 시작되어 1952년 12월까지 이어진 트루먼의 보안 프로그램으로 약 660만 명이 조사를 받았다. 약 500명이 "충성이 의심스럽다"는 모호한 이유로 해고됐지만 단 한 건의 간첩행위도 적발되지 않았다. 이 모든 과정이 재판관이나 배심원도 없이, 비밀 증거와 비밀스러운 존재이자 종종 보수를 지급받은 정보제공자들에 의해 이루어졌다. 정부전복의 증거를 찾지 못했음에도 광범위하게 수행된 공식적인 빨갱이 사냥은 정부에 스파이들이 침투해 있다는 관념에 대중적인 신임을 부여했다. 보수적이고 두려움에 가득 찬 반응이 이 나라를 휩쓸고 지나갔다. 미국인들은 기존 질서의 절대적인 안정과 보존의 필요성을 확신하게 됐다.

제2차 세계대전 직후에 벌어진 세계의 사건들은 국내에서 반공 십자군에 대한 대중적 지지를 구축하는 것을 용이하게 만들었다. 1948년에 체코슬로바키아의 공산당이 정부에서 비공산주의자들을 축출하고 자신들만의 통치를 확립했다. 그해 소련이 자신의 세력권인 동부독일 안에 고립된 공동 점령하의 도시인 베를린을 봉쇄, 미국은 베를린으로 물자를 공수空輸해야만 했다. 1949년 중국에서 공산당이 승리를 거뒀고 바로 그해에 소련은 첫 번째 원자탄 실험에 성공했다. 1950년에는 한국 전쟁이 발발했다. 이 모든 사태는 전 세계적인 공산주의의 음모를 보여주는 징후로 대중들에게 제시됐다.

독립을 요구하는 전 세계적인 식민지 민중들의 분출은 공산주의자들의 승리만큼 알려지진 않았으나 그에 못지않게 미국 정부를 불안하게 만드는 것이었다. 혁명운동이 성장하고 있었다 — 인도차이나에서는 프랑스에 맞서, 인도네시아에서는 네덜란드에 맞서, 필리핀에서는 미국에 맞서 무장반란이 벌어졌다.

아프리카에서는 파업이라는 형태로 불만의 목소리가 표출됐다. 베이질 데이비드슨(『자유가 도래하게 하라*Let Freedom Come*』)은 아프리카 역사상 가장 긴 파업(160일)이었던 1947년 프랑스령 서아프리카의 1만 9,000명의 철도 노동자 파업에서 파업 노동자들이 총독에게 보낸 메시지를 통해 새로운 전투적 분위기를 보여준 일에 관해 말하고 있다. "감옥문을 활짝 열어 놓고 기관총과 대포를 준비하시오. 그렇지만 우리의 요구가 관철되지 않는다면 10월 10일 자정을 기해 총파업에 들어갈 것을 선언하는 바이오." 이에 앞서 1년 전에 남아프리카에서는 10만 명의 금광 노동자들이 일당 10실링(약 2.50달러)을 요구하며 작업을 중단, 이 나라 역사상 최대의 파업을 벌였고 군사공격을 벌인 뒤에야 비로소 노동자들을 작업에 복귀시킬 수 있었다. 1950년 케냐에서는 기아 임금에 반대하는 총파업이 있었다.

따라서 미국 정부와 기업계를 위협하고 있던 것은 소련의 팽창만이 아니었다. 사실 중국, 한국, 인도차이나, 필리핀 등은 소련이 조성한 게 아니라 현지 공산주의 운동을 대표하는 것이었다. 전 세계적인 반제국주의 반란의 물결을 억누르기 위해서는 미국의 거대한 노력 — 그런 대외정책을 반대하는 국내의 목소리를 억압하기 위한, 예산의 군사화를 위한 국민적 단결 — 이 필요했다. 트루먼과 의회의 자유주의자들은 전후 연간의 새로운 국민적 단결을 창출하기 위해 노력하기 시작했다.

이런 분위기 속에서 위스콘신 출신 상원의원 조지프 매카시는 트루먼보다 훨씬 더 나갈 수 있었다. 1950년 초, 웨스트버지니아 주 휠링Wheeling에서 공화당여성클럽Women's Republican Club을 대상으로 연설하면서 매카시는 종이 몇 장을 치켜들고는 소리 높여 외쳤다. "여기 제 손에 205명의 명단이

조지프 매카시

매카시는 한국 전쟁으로 고조된 미국 내 반공주의 여론에 힘입어 정계·학계·언론계 등에서 용공분자를 색출하고 정적을 친공산주의자로 몰아 굴복시킴으로써 미국 전역을 반공 열풍 속으로 몰아넣었다.

있습니다—공산당원이라는 사실이 국무장관에게 알려졌음에도 계속 국무부에서 일하면서 국무부 정책을 입안하는 사람들의 명단 말입니다." 다음날 솔트레이크시티에서 연설하면서는 국무부에 있는 비슷한 공산당원 57명(숫자는 계속 바뀌었다)의 명단을 갖고 있다고 주장했다. 그 직후 매카시는 국무부 충성심사 서류철에서 약 100장의 서류를 복사해서 상원 회의장에 나타났다. 이 서류들은 3년 전의 것이었고 그 사람들 대부분이 이제는 국무부에서 일하고 있지 않았지만, 매카시는 어쨌든 서류를 낭독하면서 내용을 날조하고 덧붙이고 뒤바꿨다. 예를 들자면, 매카시는 서류의 "자유주의적"이란 문구를 "공산주의에 경도된"이라고, 그리고 "적극적인 동조자"를 "적극적인 공산당원" 등으로 바꿔 읽었다.

매카시는 이후 몇 년 동안 계속 이같이 행동했다. 매카시는 정부활동에 관한 상원위원회Senate Committee on Government Operations의 상설조사소위원회 위원장으로서 국무부의 정보 계획, 미국의 소리Voice of America 방송, 그리고 자신이 공산주의자로 간주하는 사람들이 쓴 저서가 소장된 국무부의 해외 도서관 등을 조사했다. 이에 당황한 국무부는 전 세계에 있는 산하 도서관에 잇따라 지령을 내보냈다. 필립 포너가 편집한 『토머스 제퍼슨 선집*The Selected Works of Thomas Jefferson*』과 릴리언 헬먼Lillian Hellman의 『어린이들의 시간*The Children's Hour*』 등 40권의 책이 서가에서 치워졌으며 어떤 책들은 불태워졌다.

매카시는 더욱 대담해졌다. 1954년 봄, 매카시는 이른바 군부 내의 정부전복 세력을 조사하는 청문회를 시작했다. 매카시는 공산당원이라는 혐의를 받는 사람들에 대해 충분히 강경한 태도를 보이지 않는다는 이유로 군 장성들을 공격하기 시작하면서 민주당원뿐만 아니라 공화당원들까지 적대시했고 1954년 12월, 상원은 "미국 상원의원의 품격에 어울리지 않는 …… 행동"을 했다는 이유로 압도적인 표차로 불신임을 결의했다. 불신임 결의안은 매카시의 반공주의 거짓말과 과장을 비판하는 대신 사소한 문제들 — 면책특권과 선출에 관한 상원소위원회Senate Subcommittee on Privileges and Elections에 출두를 거부한 일, 청문회에서 군 장성을 모욕한 일 — 에 초점을 맞추었다.

상원에서 매카시를 견책하던 바로 그때, 하원은 일련의 반공법안 전체를 상정하고 있었다. 자유주의자 휴버트 험프리Hubert Humphrey는 반공법안 중 하나에 공산당을 불법화하자는 내용의 수정안을 제출하면서 이렇게 말했다. "저는 어정쩡한 애국자가 될 생각이 없습니다……. 상원의원들은 공산당을 있는 그대로 직시해야 합니다. 그렇지 않을 경우 법적 절차와 세부적 문제라는 미묘한 돌부리에 계속 걸려 넘어질 것입니다."

정부 내의 자유주의자들은 스스로 공산당원들을 배척하고 박해하고 해고하고 심지어 투옥하기까지 했다. 이것은 매카시의 행동과 다를 바가 없었다. 다만 매카시는 공산당원만이 아니라 자유주의자들까지 공격함으로써 필수적인 것으로 간주되던 광범위한 자유주의-보수주의 연합을 위험에 빠뜨렸기 때문에 도가 지나쳤을 뿐이었다. 한 예로 린든 존슨은 상원의 소수당 원내총무로서 매카시에 대한 불신임 결의안을 통과시켰을 뿐만 아니라, 그 과정에서 매카시의 반공주의를 문제 삼는 대신 "미국 상원의원의 품격에 어울리지 않는 …… 행동"이라는 협소한 범위로 문제를 국한시키기 위해 노력했다.

존 F. 케네디John F. Kennedy는 이 문제에 신중하게 처신하면서 매카시에 반대하는 발언을 하지 않았다(케네디는 불신임 표결이 진행될 당시 참석하지 않았고 만약 참석했다면 어느 쪽에 표를 던졌을 것인지에 대해 결코 말하지 않았다). 미국 정부가 공산주의에 대해 관대하게 대했기 때문에 중국에서 공산주의가 승리했다는 매카시의 주장은, 중국 공산당이 베이징을 장악한 1949년 1월에 케네디 자신이 하원에서 표명한 견해와 비슷한 것이었다.

의장님, 우리는 이번 주말에 중국과 미국에 닥친 재앙의 규모를 알게 됐습니다. 극동에서 우리의 대외정책이 실패한 데 대한 책임은 분명히 백악관과 국무부에 있습니다.

공산주의자들과 연립정부를 구성하지 않을 경우 원조를 제공하지 않겠다고 계속 고집한 우리 정부의 태도는 국민당 정부에게 치명적인 타격이었습니다.

우리의 외교관들과 그들의 조언자들, 즉 래티모어들과 페어뱅크들〔둘 다 중국사 분야의 학자로 오언 래티모어Owen Lattimore는 매카시의 좋은 목표물이었고 존 페어뱅크John Fairbank는 하버드 대학 교수였다(지은이)〕은 20년간의 내전 뒤에 중국에서 등장한 민주주의 체제의 결함과 고위 공직자들의 부패에 관한 이야기에 너무 정신이 팔린 나머지 비非공산주의 중국에 걸린 우리의 엄청난 이해관계를 보지 못했습니다…….

이제 우리 하원은 공산주의의 급류가 아시아 전체를 집어삼키지 못하도록 할 책임을 떠안아야 합니다.

1950년에 공화당에서 "공산주의자들의 활동"이나 "공산주의 전선"임이 드러난 조직을 등록시키기 위한 국가보안법Internal Security Act을 발의했을 때, 자유주의적 상원의원들은 이에 정면으로 대항하지 않았다. 그 대신 휴버트 험프리와 허버트 레만Herbert Lehman을 비롯한 몇몇 상원의원들은 정부전복 혐의자들을 구금하는 수용소(실은 정치범수용소)를 설립하는 대체조치를 제안했으며, 이 혐의자들은 대통령이 "국가안보 긴급상황"을 선포할 경우에 재판 없이 구금하게 되어 있었다. 수용소 법안은 국가보안법에 대한 대체물이 아니라 부가물이었으며, 제안된 수용소는 설치되어 언제든지 사용할 수 있게 됐다. (반공주의에 대해 전반적으로 환멸을 느낀 시기였던 1968년에 이 법은 폐지됐다.)

1947년에 트루먼은 충성에 관한 대통령령을 반포, 법무부로 하여금 "전체주의나 파시즘, 공산주의, 정부전복의 성격을 갖거나 …… 위헌적인 수단으로 미국의 정부형태를 바꾸려 하는 것으로" 확인된 조직들의 명단을 작성하도록 했다. 법무장관의 명단에 오른 어떤 단체의 성원뿐만 아니라 "동조적인 관계"를 갖는 사람까지도 불충분자로 간주됐다. 1954년에 이르러 이 명단에는 수백 개의 단체가 기재됐는데, 공산당과 KKK단 외에도 민중극단People's Drama, 세르반테스우애협회Cervantes Fraternal Society, 권리장전수호위원회Committee for the Protection of the Bill of Rights, 쇼팽문화센터Chopin Cultural Center, 흑인예술위원회Committee for the Negro in the Arts, 미국작가연맹League of American Writers, 미국 자연의 벗Nature Friends of America, 워싱턴서점협회Washington Bookshop Association, 유고슬라비아선원클럽Yugoslav Seaman's Club 등이 망라됐다.

법무부를 동원해 일련의 기소에 착수함으로써 국가적인 반공 분위기를 고조시킨 것은 매카시나 공화당이 아니라 자유주의적인 민주당의 트루먼 행정부였다. 이 가운데 가장 중요한 사건은 1950년 여름에 있었던 줄리어스 로젠버그와 이설 로젠버그 부부Julius and Ethel Rosenberg에 대한 기소였다.

로젠버그 부부는 간첩 혐의로 기소됐다. 주요한 증거는 대부분 간첩임을 이미 자인했으며 감옥에 있거나 기소중인 몇몇 사람들이 제공한 것밖에 없었다. 이설 로젠버그의 남동생인 데이비드 그린글래스David Greenglass가 핵심 증인이었다. 뉴멕시코 주 로스앨러모스Los Alamos에 있는 맨해튼 프로젝트 연구소에서 1944~1945년에 원자탄을 개발할 당시 그곳에서 일하던 기계공이었던 그린글래스는 줄리어스 로젠버그가 소련을 위해 정보를 빼내 달라고 요청했다고 증언했다. 그린글래스는 매형을 위해 원자탄을 폭파시키는 데 사용되는 렌즈의 실험에 관한 기억을 더듬어서 스케치를 작성했다고 말했다. 그린글래스의 말에 따르면, 로젠버그가 젤로〔Jell-O. 과일향 젤리의 상표명〕

박스의 윗부분 절반을 뜯어준 뒤 누군가가 다른 반쪽을 들고 뉴멕시코에 나타날 것이라고 말했으며, 1945년 6월에 해리 골드Harry Gold가 박스의 나머지 반쪽을 가지고 와서 그에게 자기가 기억하고 있던 정보를 줬다고 했다.

다른 간첩 사건으로 이미 30년형을 선고받고 복역중이던 골드가 그린글래스의 증언을 확인하기 위해 교도소에서 호출됐다. 골드는 자신은 로젠버그 부부를 만난 적은 없지만 소련 대사관의 한 관리가 젤로 박스의 종이 반쪽을 주면서 그린글래스와 접촉, "줄리어스가 보내서 왔습니다"라고 말하라고 했다고 증언했다. 골드는 그린글래스가 기억을 더듬어 그린 스케치를 받아 그 소련 관리에게 줬다고 말했다.

이 모든 과정에는 문제를 야기하는 측면들이 있었다. 골드는 조기 석방의 대가로 협력한 것일까? 골드는 30년 형기 중 15년을 복역한 뒤 사면됐다. 그린글래스—증언할 당시 기소된 상태였다— 역시 자신의 목숨이 협조 여부에 달려 있다는 점을 알고 있었을까? 그린글래스는 15년형을 선고받고 절반을 복역한 뒤 석방됐다. 과학자가 아닌 평범한 기계공으로 브루클린 공과대학에서 여섯 과목을 이수하면서 다섯 과목에서 낙제점을 받은 인물인 데이비드 그린글래스의 머릿속에 담긴 원자탄에 관한 정보는 얼마나 믿을 만한 것이었을까? 처음에는 골드와 그린글래스의 이야기가 서로 일치되지 않았다. 그러나 두 사람은 재판에 앞서 뉴욕의 툼스Tombs 교도소에서 같은 층에 수감되어 있었고, 이것은 서로의 증언을 짜맞출 수 있는 기회가 되었다.

골드의 증언은 얼마나 믿을 만한 것이었을까? 골드가 연방수사국과 400시간의 인터뷰를 통해 로젠버그 사건을 준비했다는 사실이 밝혀졌다. 또한 그가 상습적이고 상상력이 풍부한 거짓말쟁이라는 사실도 밝혀졌다. 이후의 재판에서 증언대에 선 골드에게 피고 측 변호사가 허구의 아내와 아이들을 꾸며낸 데 관해 질문을 던졌다. 변호사가 물었다. "…… 당신은 6년 동안 거짓말을

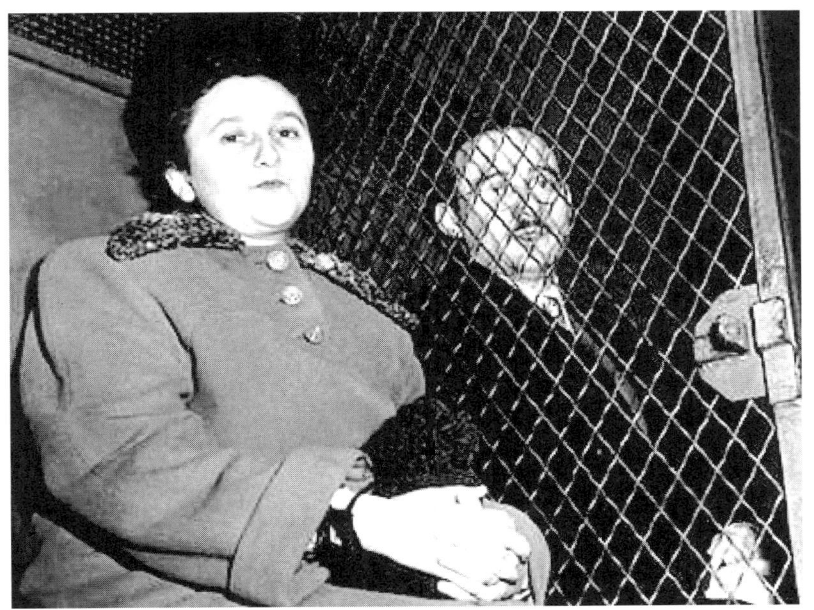

로젠버그 부부

1951년 3월 6일 뉴욕 시에서 열린 공판은 로젠버그 부부에게 방첩법을 적용, 사형을 언도했다. 수많은 탄원과 전 세계적인 사면운동이 실패로 돌아간 후 싱싱 교도소에서 처형되었다.

했지요?" 골드의 대답이다. "6년이 아니라 16년 동안 거짓말을 했습니다." 재판에서 골드는 줄리어스 로젠버그와 데이비드 그린글래스를 소련 측과 연결시킨 유일한 증인이었다. 로젠버그 사건 20년 뒤에 한 언론인이 골드를 심문했던 연방수사국 요원을 인터뷰했다. 언론인은 요원에게 골드가 사용했다고 하는 암호 — "줄리어스가 보내서 왔습니다" — 에 관해 물었다. 요원은 이렇게 말했다.

골드는 자기가 말했던 이름을 기억하지 못했습니다. 그는, 나는 보내서 왔습니다 — 아니면 그런 비슷한 말을 했다고 했습니다. 내가 "줄리어스 아닌가요?" 라고 넌지시 말했지요.

그러자 그의 기억이 되살아났습니다.

로젠버그 부부가 유죄를 평결받자 어빙 카우프먼Irving Kaufman 판사는 형을 선고하며 이렇게 말했다.

> 우리의 훌륭한 과학자들이 소련이 원자탄을 완성할 것으로 예상한 시기보다 수년 앞서 소련인들의 손에 원자탄을 쥐어준 피고인들의 행동이, 이미 한국에서 공산주의자들의 침략을 유발해 5만 명이 넘는 미국인 사상자를 낳았다고 본인은 믿고 있으며 앞으로도 수백만의 무고한 사람들이 피고인들의 반역에 대한 대가를 치르게 될지 그 누가 알겠습니까…….

판사는 두 사람 모두에게 전기 사형을 선고했다.

모튼 소벨Morton Sobell 또한 로젠버그 부부의 공모자로 재판을 받았다. 소벨의 범죄행위에 대한 주요한 증인은 결혼식 들러리를 서주기도 했던 오랜 친구였는데, 그 역시 자신의 정치적인 과거 경력에 관해 거짓말을 했다는 이유로 연방정부에 의해 위증죄로 기소될 위험에 처해 있었다. 맥스 엘리처Max Elitcher라는 이름의 이 남자는 자신이 소벨을 태우고 로젠버그 부부가 사는 맨해튼의 공영주택단지에 간 적이 있으며 그 때 소벨은 조수석 앞 사물함에서 필름통처럼 보이는 물건을 꺼내 차에서 내린 뒤 빈손으로 돌아왔다고 증언했다. 그 필름통 안에 무엇이 있었는지에 관한 증거는 아무것도 없었다. 소벨에 대한 기소는 너무 증거가 박약한 듯 보여서 변호사는 변론을 펼칠 필요가 없다고 결정했다. 그러나 배심원단은 소벨에게 유죄를 평결했고 카우프먼은 30년형을 선고했다. 앨커트래즈Alcatraz 교도소로 이송된 소벨은 가석방을 신청했으나 거듭 기각당했고, 19년 뒤 석방될 때까지 여러 교도소를 전전하며 수감생활을 했다.

1970년대에 공개된 연방수사국 문서들을 보면 카우프먼 판사가 사건에서 내려야 할 선고에 관해 검사 측과 은밀하게 협의했다는 사실을 알 수 있다. 또 다른 문서는 3년간의 상소가 진행된 뒤 법무장관 허버트 브라우넬Herbert Brownell과 연방대법원장 프레드 빈슨Fred Vinson이 회동을 가졌으며, 이 자리에서 대법원장은 만약 대법원 판사 중에 한 명이라도 형집행유예 결정을 내린다면 즉시 전원회의를 소집해 결정을 무효화할 것이라고 법무장관을 안심시켰다는 사실을 보여준다.

이 사건을 둘러싸고 전 세계적인 항의 캠페인이 벌어졌다. 제2차 세계대전 초기에 루즈벨트 대통령에게 편지를 보내 원자탄 개발에 착수하게 만들었던 알베르트 아인슈타인은 로젠버그 부부에 대한 사면을 호소했고 장 폴 사르트르와 파블로 피카소, 바톨로미오 반제티의 누이 역시 이에 동참했다. 1953년 봄에 대통령직을 떠나기 직전이던 트루먼 대통령에게 호소를 하기도 했다. 그러나 트루먼은 거절했다. 뒤이어 신임 대통령인 드와이트 아이젠하워Dwight Eisenhower에게도 호소했지만 역시 거절당했다.

마지막 순간에 윌리엄 O. 더글러스William O. Douglas 판사가 집행유예를 승인했다. 대법원장 빈슨은 미국 각지에서 휴가를 보내고 있던 대법원 판사들을 데려오라고 특별제트기를 보냈다. 대법원 판사들은 즉시 더글러스의 집행유예를 취소시켰고 로젠버그 부부는 1953년 6월 19일에 처형됐다. 로젠버그 부부와 자신을 동일시할 수 있는 사람은 극소수에 불과했지만, 이 사건은 정부가 반역자로 간주한 사람들의 운명이 어떻게 될 것인가를 보여준, 이 나라 국민에 대한 일종의 현실적인 교훈이었다.

바로 그 1950년대의 초반에 하원반미활동조사위원회House Un-Ameircan Activities Committee는 전성기를 구가하고 있었다. 공산당과의 연계에 관해 미국인들을 조사하고, 답변을 거부할 경우 모욕을 주며, 「공산주의에 대해 알아야 할 100가지*One Hundred Things You Should Know About Communism*」("공산주의자들은 어디서 볼 수 있는가? 모든 곳에서")와 같은 소책자 수백만 부를 국민들에게 배포하고 있었다. 자유주의자들은 종종 위원회를 비판했지만, 하원의 자유주의자와 보수주의자들은 해마다 위원회에 재정 지원을 하는 데 표를 던졌다. 1958년까지 하원의원 중 단 한 사람(제임스 루즈벨트James Roosevelt)만이 위원회에 자금을 제공하는 데 반대표를 던졌다. 트루먼은 위원회를 비판했지만, 그가 임명한 법무장관은 위원회의 조사를 유발시킨 사고와 똑같은 생각을 일찍이 1950년에 이렇게 표명한 바 있다. "지금 미국에는 수많은 공산당원이 있습니다. 그들은 어디에나 있으며 — 공장과 사무실, 정육점, 길모퉁이, 개인 사업체 등 어디에나 말입니다 — 그들 각각의 몸에는 사회의 죽음을 야기하는 병균이 득실거립니다."

자유주의 지식인들은 대체적으로 반공주의의 시류에 편승했다. 잡지 『코멘터리*Commentary*』는 로젠버그 부부와 그 지지자들을 비난했다. 『코멘터리』의 기자 가운데 한 명인 어빙 크리스톨Irving Kristol은 1952년 3월에 질문을 던졌다. "공산당원들을 보호하는 것이 우리의 권리를 수호하는 것일까?" 그의 대답은 "아니다"였다.

스미스법을 적용, 무력과 폭력에 의한 정부전복을 교사하고 옹호하는 음모를 꾸민 혐의로 공산당 지도자들을 기소한 것은 다름 아닌 트루먼의 법무부였다. 증거는 대부분 공산당원들이 맑스레닌주의 문헌을 배포하고 있다는 사실이었으며 검찰당국은 그 문헌들이 폭력혁명을 호소하고 있다고 주장했다. 공산당이 폭력혁명을 일으킬 것이라는 직접적인 위협을 보여주는 증거는 전혀 없었다. 트루먼이 임명한 대법원장 빈슨이 대법원 판결을 내렸다. 빈슨은 가까운 시기에 혁명을 일으키려는 명백하고도 현존하는 음모가 존재한다고 말함으로써 "명백하고도 현존하는 위험"이라는 낡은 교의를 확대해석했다. 그리하여 공산당 최고 지도부는 투옥됐고, 그 직후 당 조직가 대부분은 지하로 잠적했다.

일반대중으로 하여금 공산당원들을 두려워하고 공산당에 대한 단호한 조치 — 국내에서는 투옥하고 국외에서는 군사행동을 벌이는 것 — 에 익숙해지게 만들려는 시도는 확실히 성공을 거뒀다. 문화 전반에 반공주의가 스며들었다. 대규모 발행부수를 자랑하는 잡지들은 「공산당원들은 어떻게 세력을 확대할까*How Communists Get That Way*」라든가 「공산당원들이 당신의 아이를 노리고 있다*Communists Are After Your Child*」 같은 기사를 내보냈다. 『뉴욕타임스』는 1956년에 이런 사설을 실었다. "우리는 보도국이나 편집국에 공산당원을 채용하지 않을 것이다. …… 공산당원은 뉴스를 객관적으로 보도하거나 정직하게 논평할 수 있는 능력이 있다고 믿지 않기 때문이다……." 연방수사국 요원이 된 공산당원으로서 자신의 공적을 토로한 연방수사국 정보원의 이야기 — 「나는 세 가지 삶을 살았다*I Led Three Lives*」 — 가 500개 신문에 연재되고 텔레비전 프로로도 방영됐다. 할리우드 영화에는 <나는 공산당원과 결혼했다*I Married a Communist*>라든가 <나는 연방수사국을 위해 일한 공산당원이었다*I Was a Communist for the FBI*> 따위의 제목이 붙었다. 1948~1954년 사이에 40편 이상의 반공영화가 할리우드에서 제작됐다.

특별히 공산당원들과 다른 모든 정치단체들의 자유를 수호하기 위해 설립된 미국시민자유연맹American Civil Liberties Union조차도 냉전 분위기 속에서 위축되기 시작했다. 미국시민자유연맹은 일찍이 1940년에 창립위원인 엘리자베스 걸리 플린을 공산당원이라는 이유로 추방하면서 이런 방향으로 움직이기 시작한 바 있었다. 1950년대에 들어와 연맹은 위원회 성원인 콜리스 러몬트Corliss Lamont와 오언 래티모어가 공격받는 와중에 그들을 옹호하는 데 주저했다. 연맹은 스미스법을 적용한 첫 번째 재판 동안 공산당 지도자들을 공개적으로 옹호하기를 꺼려했으며, 로젠버그 사건 때에는 시민자유 문제와 아무 관련이 없다고 말하면서 전혀 움직이지 않았다.

남녀노소를 막론하고 반공주의가 영웅적인 행위라고 교육받았다. 1951년에 출간된 미키 스필레인Michey Spillane의 『어느 고독한 밤*One Lonely Night*』은 300만 부가 팔렸는데, 주인공 마이크 해머Mike Hammer는 책 속에서 이렇게 말하고 있다. "오늘밤 열 손가락으로 셀 수도 없을 만큼 많은 놈들을 죽였지. 쉽게 총으로 쏴 죽였는데 죽일 때마다 즐겁더군……. 그놈들은 빨갱이Commie였어. …… 이미 오래 전에 죽었어야 될 불그죽죽한 개자식들이었다구……." 잡지 연재만화의 주인공 캡틴 아메리카Captain America는 이렇게 말했다. "빨갱이와 간첩, 반역자, 외국의 첩자들을 조심하시오! 충성스럽고 자유로운 모든 사람들의 선두에 선 캡틴 아메리카가 당신을 찾고 있소……." 그리고 1950년대에는 미국 전역의 초등학교 학생들이 공습 대피훈련에 참여, 소련의 미국 공격 사이렌이 울리면 책상 밑에 쭈그리고 앉아 "공습 해제" 사이렌을 기다려야 했다.

정부의 재무장 정책이 대중적 지지를 얻을 수 있었던 것은 바로 이런 분위기 때문이었다. 1930년대에 그토록 흔들렸던 체제는 전시 생산이 안정과 높은 이윤을 가져다준다는 사실을 배우게 됐다. 트루먼의 반공주의는 매력적이었다. 철강업계 간행물인 『강철*Steel*』은 일찍이 —트루먼 독트린이 발표되기도 전인— 1946년 11월에, 트루먼의 정책이 "우리의 전쟁 준비태세를 유지하고 구축하는 일이 적어도 앞으로 상당한 기간 동안 미국에서 가장 큰 사업이 될 것이라는 굳건한 확신"을 줬다고 말한 바 있었다.

그런 예상은 정확히 맞아떨어졌다. 1950년 초에 미국의 총예산은 약 400억 달러였고 그 중 군사비는 약 120억 달러였다. 그러나 1955년에 이르면 총예산 620억 달러 가운데 군사비만 400억 달러에 달했다. 전쟁저항자동맹War Resister's League을 비롯한 단체들의 주도로 군사력 증강에 반대하는 작지만 용감한 운동이 있었지만, 군비증강을 저지하는 데는 실패했다.

1960년에 군사예산은 458억 달러 — 전체 예산의 49.7퍼센트 — 였다. 그해 대통령에 당선된 존 F. 케네디는 즉시 군사비 지출을 늘리기 시작했다. 에드가 보톰Edgar Bottome(『공포의 균형*The Balance of Terror*』)에 따르면, 14개월 만에 케네디 행정부는 방위비에 90억 달러를 추가했다고 한다.

1962년에 이르러, 미국은 소련의 군사력 증강에 관한 일련의 날조된 불안, 즉 거짓된 '폭격기 갭bomber gap'과 거짓된 '미사일 갭missile gap'에 기초해 핵무기상의 압도적인 우위를 점하게 됐다. 미국은 히로시마에 투하된 원자탄 1,500개와 맞먹는 핵무기를 보유하게 됐으며, 이것은 전 세계 주요 도시를 전부 파괴하고도 남는 양이었다 — 지구상의 모든 남자, 여자, 어린이에게 각각 TNT 10톤씩을 안겨줄 만한 양이었던 것이다. 이 핵폭탄을 탑재하기 위해 미국은 50여기의 대륙간탄도미사일, 핵잠수함에 적재된 80기의 미사일, 해외 기지에 설치된 90기의 미사일, 소련을 직접 폭격할 수 있는 1,700대의 폭격기, 핵무기를 탑재할 수 있는 항공모함의 전투폭격기 300대, 핵폭탄을 탑재할 수 있는 1,000대의 지상기지 발진 초음속 전투기 등을 보유하고 있었다.

소련은 확실히 뒤처져 있었다 — 소련은 50기에서 100기 사이의 대륙간탄도미사일과 200대 미만의 장거리 폭격기를 보유하고 있었다. 그러나 미국의 〔군사〕예산은 계속 증가했고, 히스테리는 심해졌으며, 방위 수주계약을 따내는 기업들의 이윤은 늘어났다. 고용과 임금은 전쟁산업에 생계를 의존하는 미국인들의 수효를 상당 수준으로 유지하는 데 충분할 정도로만 증가했다.

1970년경에 미국의 군사예산은 800억 달러였고 군수생산에 관여하는 기업들은 엄청난 부를 축적하고 있었다. 무기생산에 소요된 400억 달러 가운데 3분의 2가 정부의 방위 수주계약을 실행하는 것이 주된 존재이유인 12개에서 15개 대기업의 수중으로 들어갔다. 경제학자이자 상원합동경제위원회Joint Economic Committee of the Senate 위원장인 상원의원 폴 더글러스Paul Douglass는 "이 수주계약의 7분의 6이 독점"이라는 사실에 주목했다. "이른바 기밀을 지킨다는 이름 아래 정부는 어느 정도 비밀스러운 협상을 거쳐 기업을 선정, 계약을 체결한다."

C. 라이트 밀즈C. Wright Mills는 1950년대의 저서 『파워 엘리트The Power Elite』에서 정치인, 기업과 더불어 군부를 최고 엘리트의 일부분으로 간주했다. 이들 집단은 점점 더 한데 얽히게 됐다. 상원의 한 보고서는 군수계약의 67.4퍼센트를 차지하는 상위 100개 방위 계약업체들이 2,000명 이상의 전직 고위군 장교를 고용하고 있음을 보여줬다.

한편 미국은 특정한 나라들에 경제원조를 제공함으로써 전 세계적으로 미국 기업의 지배망을 형성했고 원조를 주는 나라들에 대한 정치적 영향력을 구축하고 있었다. 서유럽 국가들에 4년 동안 160억 달러의 경제원조를 제공한 1948년의 마셜계획Marshall Plan은 미국 수출품에 대한 시장을 구축한다는 경제적 목표를 갖고 있었다. 1948년 초에 나온 국무부의 한 보고서에는 조지 마셜(군 장성 출신인 당시 국무장관)의 말이 인용되어 있다. "유럽이 혼자 힘으로 일어서게 그냥 내버려둬도 …… 과거에 우리가 보았던 것과 마찬가지로 여전히 유럽이 미국 기업들에 개방될 것이라는 생각은 한가한 공상일 뿐입니다."

마셜계획에는 정치적인 동기도 있었다. 이탈리아와 프랑스에서는 공산당이 강력했고 미국은 이들 나라에서 공산주의자들이 내각에 오르지 못하도록 압력과 금전을 사용하기로 결정했다. 마셜계획이 시작될 당시 트루먼의 국무장관 딘 애치슨Dean Acheson은 이렇게 말했다. "이 구호와 재건 정책은 오직 부분적으로만 인도주의적 동기를 갖고 있습니다. 오늘날 여러분의 국회, 여러분의 정부는 주로 국가의 사리를 추구하는 문제로서 구호와 재건 정책을 승인하고 수행하는 것입니다."

1952년 이래로 대외원조는 비공산주의 국가들에서 군사력을 구축한다는 의도를 점점 더 분명하게 띠고 있었다. 그 뒤 10년 동안 미국이 90개 국가에 제공한 원조액 500억 달러 가운데 단 50억 달러만이 비군사적인 경제발전을 위한 것이었다.

대통령직에 오른 존 F. 케네디는 라틴아메리카를 돕기 위한 프로그램인 진보를 위한 동맹Alliance for Progress에 착수하면서 그 나라 국민들의 삶의 질을 향상시키기 위한 사회개혁을 역설했다. 그러나 사실 원조의 대부분은 우익 독재정권들이 권력을 유지하고 혁명을 저지할 수 있도록 하기 위한 군사원조임이 드러났다.

군사원조에서 군사개입으로 향하는 길은 멀지 않았다. 트루먼 자신과 후임자들의 정부 아래서 미국이 벌인 행동은 트루먼이 한국 전쟁 초기에 "힘의 지배"와 "법의 지배"에 관해 말했던 내용과 계속 상충됐다. 1953년 이란에서는 미 중앙정보국CIA이 석유산업을 국유화한 정부를 전복하는 데 성공했다. 1954년 과테말라에서는 온두라스와 니카라과의 군사기지에서 미 중앙정보국이 훈련시킨 용병 침략부대가 미국인 비행사들이 조종하는 4기의 미국 전투기의 지원을 등에 업고 합법적으로 선출된 정부를 전복시켰다. 이 침략으로 캔자스 주 리븐워스 기지Fort Leavenworth에서 군사훈련을 받은 경험이 있는 카를로스 카스티요 아르마스Carlos Castillo Armas 대령이 권좌에 올랐다.

미국이 전복시킨 정부는 과테말라 역사상 가장 민주적인 정부였다. 하코보 아르벤스Jacobo Arbenz 대통령은 중도좌파 사회주의자였고, 56명의 국회의원 가운데 4명이 공산당원이었다. 미국 기업계를 가장 불안하게 만든 것은 아르벤스가 유나이티드 청과회사 소유의 토지 23만 4,000에이커를 몰수하면서 회사 측의 말에 의하면 "도저히 받아들일 수 없는" 보상금을 제시한 일이었다. 권좌에 오른 아르마스는 유나이티드 사에 토지를 돌려주고 해외투자자들의 이익과 배당금에 대한 과세를 폐지했으며, 비밀투표를 없애 버리고 수천 명의 정치적 비판자들을 투옥했다.

1958년 아이젠하워 정부는 레바논의 친미 정부가 혁명으로 무너지는 사태를 확실히 방지하고 석유가 풍부한 그 지역에 계속 군대를 주둔시키기 위해 수천 명의 해병대를 현지로 파병했다.

가능한 한 언제든지 혁명적인 정부 — 공산주의든, 사회주의든, 아니면 반反유나이티드 사 정부든 — 를 저지하거나 전복시킨다는 민주당-공화당, 자유주의-보수주의 합의는 1961년에 쿠바에서 가장 극명하게 드러났다. 플로리다에서 150킬로미터 떨어진 이 작은 섬은 1959년에 피델 카스트로Fidel Castro가 이끄는 반란군들이 혁명을 일으켜, 미국이 지원하는 독재자 풀헨시오 바티스타Fulgencio Batista가 무너진 상태였다. 쿠바혁명은 미국 기업계에 직접적인 위협이었다. 프랭클린 D. 루즈벨트의 선린정책[8]으로 (쿠바의 내정에 대한 미국의 개입을 허용한) 플래트 수정안이 폐지된 뒤였지만, 미국은 여전히 쿠바 관타나모Guantanamo에 해군기지를 보유하고 있었고 또 쿠바 경제에 대한 미국 기업계의 지배도 계속되고 있었다. 쿠바의 공익설비, 광산, 목장, 정유소의

---

8) Good Neighbor Policy: 라틴아메리카 국가들과 새로운 관계를 추구한 후버 행정부의 변화를 이어받은 루즈벨트의 정책으로 군사적인 간섭을 하지 않겠다고 선언함으로써 미국과 인접 국가들 간의 긴장을 완화시켰다. 그러나 선린정책은 라틴아메리카 경제에 대한 미국의 지배력 확장을 멈추게 하려는 노력은 거의 하지 않았다.

80에서 100퍼센트, 제당산업의 40퍼센트, 공공철도의 50퍼센트를 미국 기업들이 장악하고 있었다.

피델 카스트로는 1953년에 산티아고에 있는 병영을 습격하는 데 실패한 뒤 감옥에서 세월을 보냈다. 감옥에서 나온 카스트로는 멕시코로 가 아르헨티나의 혁명가 체 게바라Che Guevara를 만났고 1956년에 쿠바로 돌아왔다. 카스트로는 보잘것없는 병력을 이끌고 밀림과 산악지역을 중심으로 바티스타의 군대에 맞서 게릴라전을 벌이면서 점점 더 많은 민중의 지지를 확보했고, 그 뒤 산악지역에서 나와 전국을 누비면서 아바나Havana를 향해 나아갔다. 바티스타 정부는 1959년 새해 첫날에 붕괴됐다.

권력을 장악한 카스트로는 전국적인 교육, 주택 체계와 땅 없는 농민들에게 토지를 분배하는 계획에 착수했다. 정부는 유나이티드 청과회사를 비롯한 3개 미국 기업으로부터 100만 에이커가 넘는 토지를 몰수했다.

쿠바는 이런 계획을 추진할 자금이 필요했고 미국은 돈을 빌려 주려 하지 않았다. 미국이 좌지우지하는 국제통화기금은 쿠바가 "안정화" 조건 — 쿠바가 보기에는 이미 시작된 혁명적 계획을 손상시키는 내용이었다 — 을 받아들이지 않는다는 이유를 들며 자금을 대부하려 하지 않았다. 쿠바가 소련과 무역협정을 조인하자 미국인 소유의 쿠바 석유회사들은 소련에서 수입된 원유의 정제를 거부했다. 카스트로는 이 회사들을 몰수했다. 미국은 쿠바 경제를 지탱하고 있던 쿠바산 설탕 수입을 대폭 삭감했고, 소련은 즉시 미국이 사려고 하지 않는 70만 톤의 설탕을 전량 구입하는 데 동의했다.

쿠바는 이미 바뀌어 있었다. 선린정책은 적용되지 않았다. 1960년 봄, 아이젠하워 대통령은 장래에 쿠바를 침공하기 위해 중앙정보국이 과테말라에 있는 반反카스트로 쿠바 망명자들을 무장, 훈련시키도록 비밀리에 승인했다. 1961년에 케네디가 집권했을 때 중앙정보국은 이미 1,400명의 망명자들에 대한 무장과 훈련을 완료한 상태였다. 케네디는 계획을 계속 추진했고, 1961년 4월 17일, 중앙정보국이 훈련시킨 병력이 일부 미국인도 참여한 가운데 아바나에서 150킬로미터 떨어진 쿠바 남쪽 해안의 피그스 만Bay of Pigs에 상륙했다. 그들은 카스트로에 대항하는 총봉기를 자극할 수 있다고 기대했다. 그러나 봉기는 전혀 일어나지 않았다. 카스트로의 군대는 3일 만에 중앙정보국 병력을 괴멸시켰다.

피그스 만 사태 전체는 위선과 거짓을 동반했다. 이 침공은 미국이 조인한 조약인 미주국가기구Organization of American States 헌장을 위반하는 것이었다 — 트루먼이 말한 "법의 지배"가 생각난다. 헌장에는 이렇게 규정되어 있다. "어떤 국가나 국가집단도 다른 나라의 대내외 문제에 직접적으로든 간접적으로든, 또 어떤 이유에서든, 간섭할 권리가 없다."

침공 개시 나흘 전에 — 비밀 기지가 존재하고 중앙정보국이 침략자들을 훈련시키고 있다는 내용이 언론에 보도됐기 때문에 — 케네디 대통령은 기자회견을 열었다. " …… 어떤 상황에서도 미국의 군대가 쿠바에 개입하는 일은 결코 없을 것입니다." 그렇다. 상륙한 병력은 쿠바인들이었다. 그러나 그들 모두는 미국이 조직한 사람들이었고 미국인 비행사들이 조종하는 미국의 비행기들이 관여했다. 케네디는 피그스 만 침공에 국적을 표시하지 않은 해군 제트기를 사용하도록 승인한 바 있었다. 이 비행기들에 탑승한 미국인 조종사 4명이 사망했지만, 유가족들은 그들이 어떻게 죽었는지에 관한 진실을 듣지 못했다.

자유주의-보수주의 연합이 반공이라는 전 국민적인 합의를 창출하는 데 성공했다는 사실은, 어떻게 미국의 일부 주요언론이 케네디 행정부에 협조하면서 쿠바 침공에 관해 국민들을 기만했는지를 보면 알 수 있다. 쿠바 침공 몇 주 전에 『뉴리퍼블릭』은 중앙정보국이 쿠바 망명자들을 훈련시키고 있다는 내용의 기사를 실으려고 했다. 역사학자 아서 슐레진저〔당시 케네디 대통령 보좌관이었다〕가 미리 신문기사 사본을 받아보게 됐다. 슐레진저로부터 사본을 건네받은 케네디는 기사를 싣지 말라고 요청했고 『뉴리퍼블릭』은 요청을 받아들였다.

마찬가지로 『뉴욕타임스』의 제임스 레스턴James Reston과 터너 캐틀리지Turner Catledge 역시 정부의 요청에 따라 임박한 침공에 관한 기사를 게재하지 않았다. 아서 슐레진저는 『뉴욕타임스』의 행동을 두고 이렇게 말했다. "이것은 또 하나의 애국적인 행위였지만, 돌이켜 보건대 만약 그 언론이 무책임하게 행동했더라면 이 나라를 재앙에서 구하지 않았을까 하는 의문이 든다." 슐레진저를 비롯한 냉전 합의하의 자유주의자들을 괴롭힌 것은 미국이 다른 나라의 혁명운동에 간섭하고 있다는 사실이 아니라 그런 간섭이 성공을 거두지 못한다는 사실이었다.

1960년에 이르러, 뉴딜과 전시에 급증한 공산주의-급진주의의 물결을 분쇄하기 위한 제2차 세계대전 이후 15년간의 노력은 성공을 거둔 듯 보였다. 공산당은 혼란에 빠져 있었다 — 당 지도자들은 감옥에 있었고, 당원 수는 줄어들었으며, 노동조합운동에 대한 당의 영향력은 극히 미미했다. 노동조합운동 자체도 전에 비해 더 조심스럽고 보수적으로 바뀌어 있었다. 군사예산이 국가예산의 절반을 차지하고 있었지만 국민들은 이를 받아들였다.

국민들은 핵무기 실험에서 발생하는 방사선이 인체에 잠재적인 위협을 제기한다는 사실도 전혀 알지 못했다. 원자력위원회Atomic Energy Commission는 핵실험의 치명적인 효과가 과장된 것이라고 주장했으며, 『리더스 다이제스트』(미국에서 최대의 발행부수를 지닌 잡지)는 1955년에 한 기사에서 이렇게 말했다. "이 나라에서 벌이는 핵실험에 관해 겁주는 이야기들은 아무런 근거도 없다."

1950년대 중반에는 방공호를 구축하자는 광적인 소동이 있었다. 집에 방공호를 구축해 놓으면 핵폭발로부터 안전할 것이라고 국민들에게 끊임없이 떠들어댔던 것이다. 정부 자문위원이었던 과학자 허먼 칸Herman Kahn은 『수소폭탄 전쟁에 관해*On Thermonuclear War*』라는 책에서 세계를 완전히 파멸시키지 않고도 핵전쟁을 하는 게 가능하므로 사람들은 핵전쟁에 관해 크게 두려워할 필요는 없다고 말했다. 헨리 키신저Henry Kissinger라는 정치학자는 1957년에 출간된 책에서 이렇게 말했다. "적절한 전술을 사용한다면, 핵전쟁은 겉으로 보이는 것처럼 그렇게 파괴적이지만은 않을 것이다……."

이 나라는 거대한 빈민가를 보유한 영구전시경제 상태였지만, 기존 상태를 안정시키기에 충분한 사람들이 충분히 많은 돈을 벌면서 일하고 있었다. 부의 분배는 여전히 불평등했다. 1944~1961년 사이에 부의 분배는 크게 변하지 않았다. 전체 가구 중 최하층 5분의 1이 총소득의 5퍼센트를, 최상층 5분의 1이 45퍼센트를 벌었다. 1953년 당시, 전체 성인인구 가운데 1.6퍼센트가 80퍼센트 이상의 법인주식과 90퍼센트에 가까운 법인채권을 소유했다. 20만 개의 기업 가운데 약 200개의 대기업 — 전체 기업의 0.1퍼센트 — 이 국가 전체 제조업 자산의 약 60퍼센트를 장악하고 있었다.

존 F. 케네디가 취임 첫해를 보내고 예산안을 제출했을 때, 대통령이 자유주의적인 민주당원이든 아니든 간에 소득이나 부, 조세 특혜의 분배에 있어서 어떤 중요한 변화도 일어나지 않을 것이 분명해졌다. 『뉴욕타임스』의 칼럼니스트 제임스 레스턴은 케네디의 예산교서budget message가 "실업 문제에 대한 더욱 야심적인 정면공격"일 뿐만 아니라 "국내 전선의 갑작스러운 변화"를 피하려 한 것이라고 요약했다. 레스턴의 말을 들어보자.

> 대통령은 공장 확충과 현대화를 위한 기업투자에 대해 세금우대조치를 취하

는 데 동의했다. 대통령은 민권을 둘러싸고 남부의 보수주의자들과 싸우려고 안달이 나 있지 않다. 노동조합에 대해서는 세계시장에서 가격경쟁력을 갖고 일자리를 증대시킬 수 있도록 임금인상 요구를 낮추라고 촉구해 왔다. 또한 대통령은 국내 전선에서 기업들과 냉전을 치를 의사가 없다면서 기업계를 안심시키려고 애쓰고 있다.

…… 이번 주 기자회견에서 대통령은 정부 보증 주택 공급에서 차별을 금지하겠다는 이전의 약속을 지킬 수 없다고 언급하면서, 그 대신 이를 원하는 "전국민적인 합의"가 이루어질 때까지 약속을 연기한다고 말했다…….

지난 12개월 동안 대통령은 미국 정치의 중도적인 지반으로 확실히 이동했다.

이 중도적인 지반에서는 모든 것이 안전한 듯 보였다. 흑인들에게 아무것도 해줄 필요가 없었다. 공격적인 대외정책도 지속시킬 수 있었다. 이 나라는 통제되고 있는 것 같았다. 그러나 1960년대에 미국인의 삶의 모든 영역에서 일련의 폭발적인 반란이 일어나, 안전과 성공에 관한 체제 측의 판단이 모두 잘못되었다는 것을 보여주게 된다.

17

"아니면 폭발해 버릴까?"

1954 • (흑백 차별을 인정할 수 없다는 첫 대법원 판결인) 브라운 대 교육위원회 사건

1955 • 앨라배마 주 먼고메리 시에서 흑인들의 버스승차 거부운동 시작

1957 • 흑백차별을 금지하기 위해 리틀 록에 연방군 파견

1961 • 자유 승차 운동 확산
• 쿠바 피그스 만 침공 실패

1962 • 쿠바 미사일 위기

1963 • 워싱턴 대행진
• 케네디 암살

1964 • '미시시피의 여름'(미시시피를 비롯한 남부를 중심으로 전국적으로 벌어진 유권자 등록 캠페인)
• 미국, 북베트남 폭격 개시

1965 • 맬컴 엑스 암살
• 참정권법 제정
• 미군 전투부대, 베트남 첫 파병

1966 • 전국여성기구(NOW) 창설

1965 • 베트남전, 구정 공세
• 민권법 연방의회 통과
• 마틴 루터 킹 암살

1966 • 연방수사국, 흑표범당원 습격 살해사건

1950년대와 1960년대의 —북부와 남부에서 벌어진— 흑인 봉기는 갑작스러운 사건이었다. 그러나 그것은 결코 갑작스러운 일은 아니었을 것이다. 억압받는 민중들의 기억은 결코 지워 버릴 수 없으며, 그런 기억을 가진 사람들에게 있어 봉기란 언제나 수면 바로 아래에 도사리고 있는 행동이다. 미국의 흑인들은 노예제의 기억과 뒤이은 인종차별과 린치, 굴욕의 기억을 간직하고 있었다. 그리고 그것은 단지 기억이 아니라 생생한 현실—흑인들의 일상생활에서 대대로 이어져 오는 삶의 일부분—이었다.

1930년대에 랭스턴 휴즈는 「레녹스 로의 벽화*Lenox Avenue Mural*」라는 시를 썼다.

훗날로 미뤄진 꿈에 어떤 일이 벌어질까?
　말라 버릴까
　햇빛 아래 건포도처럼?
　아니면 종기처럼 곪아서—
　터져 버릴까?
썩은 고기처럼 고약한 냄새가 날까?

아니면 겉이 딱딱하게 굳고 설탕가루가 생길까—
끈끈한 사탕처럼?

어쩌면 무거운 짐처럼 처질지도 모르지.

아니면 폭발해 버릴까?

조야함과 정교함이 뒤섞인 복잡한 통제사회에서는 종종 예술 속에서 은밀한 생각을 발견할 수 있는데, 흑인사회에서도 마찬가지였다. 블루스는 감상적이기는 했지만 분노를 숨기고 있었고, 재즈는 흥겹기는 했지만 반란을 예고했다. 훗날 '할렘 르네상스Harlem Renaissance'라는 이름을 얻게 된 사조의 중심인물 가운데 한 명인 클로드 매케이Claude McKay는 1920년대에 시를 한 편 썼는데, 헨리 캐버트 로지는 젊은 흑인들 사이에 퍼져 있는 위험한 조류의 예로서 이 시를 『연방의회 의사록*Congressional Record*』에 끼워 넣었다.

결국 죽을 운명이라면, 돼지처럼 죽지는 말자
사로잡혀 수치스러운 낙인이 찍힌 채 우리에 갇힌 돼지처럼은…….
인간처럼 저 잔인하고 비겁한 무리에 맞서리라,
벽에 짓눌려 죽는다 해도 끝까지 싸우리라!

카운티 컬린의 시 「사건*Incident*」은 미국의 흑인이라면 누구나 어린 시절에 한번쯤은 겪었을 기억—모두 다르지만 또한 모두 똑같은 기억—을 일깨워줬다.

한번은 옛 도시 볼티모어를 구경 다니며,
가슴 가득, 머리 가득 기쁨에 넘쳤죠,
그러다 볼티모어 토박이 하나 만났는데
저를 뚫어져라 쳐다보더군요.

전 여덟 살이었고 아주 작았어요,
그 애 역시 더 크진 않았고요,
그래 웃어 보였더니 아이가 혀를
날름 내밀고 나더러 '깜둥아' 하더군요.

전 볼티모어를 샅샅이 구경했어요
5월부터 12월까지.
그런데 그곳에서 일어났던 일 가운데
기억나는 건 단 하나, 그것뿐이에요.

스카츠버로의 소년들 사건 당시 컬린은 통렬한 시 한 편을 통해, 백인 시인들이 정의를 짓밟는 다른 사건의 경우에는 펜을 들어 항의하면서도 이번에는 흑인이 관련되어 있으니까 대부분 침묵을 지킨다고 지적했다. 컬린이 쓴 시의 마지막 연은 다음과 같다.

확실히, 나는 말했다,
　이제 시인들이 노래하리라고.
하지만 시인들은 목소리를 높이지 않았다.
　나는 그 이유가 궁금하다.

외견상의 굴종 — 실제 상황에서 보이는 톰 아저씨Uncle Tom 같은 행동, 무대 위에서 우스꽝스러운 행동을 하거나 아양을 떠는 검둥이, 자기비하, 조심스러운 몸가짐 — 조차도 원한과 분노, 에너지를 감추고 있었다. 흑인 시인 폴 로렌스 던바Paul Laurence Dunbar는 민스트럴 쇼[9]가 횡행하던 세기 전환기에 「우리는 가면을 쓴다*We Wear the Mask*」를 썼다.

우리는 히죽 웃으면서 거짓말을 하는 가면을 쓴다,
가면은 우리의 뺨을 감추고 눈을 가린다,—

…… 우리는 노래한다, 그러나 오, 우리 발밑의
흙은 거칠고 길은 머나니.
하지만 세상은 다른 꿈을 꾸게 내버려두자,
우리는 가면을 쓴다.

당대의 흑인 가수 두 명은 민스트럴 쇼를 공연하면서 동시에 쇼를 풍자했다. 버트 윌리엄스Bert Williams와 조지 워커George Walker가 벽보를 통해 자신들을 "진짜 껌둥이 이총사"라고 광고했을 때, 네이선 허긴스Nathan Huggins의 말처럼 그들은 "백인들이 만들어 낸 허구에 우스꽝스러운 품위와 스타일을 부여한 것이었다……."

1930년대에 이르면 많은 흑인 시인들이 가면을 벗었다. 랭스턴 휴즈는

9) black minstrel: 흑인 가수나 얼굴을 검게 칠해 흑인으로 분장한 백인 가수가 흑인 민요나 흑인풍 가곡 등을 부르는 일종의 악극으로 흑인을 우스꽝스럽고 비굴한 존재로 묘사하는 게 다반사였다.

「나, 또한*I, Too*」을 썼다.

나, 또한, 미국을 노래한다

나는 검은 형제.
그들은 부엌에서 먹으라고 나를 내보낸다
손님이 오면,
그러나 나는 웃음을 짓고는,
잘 먹고,
무럭무럭 자란다.

내일,
나는 식탁에 앉을 것이다
손님이 오면…….

그웬덜린 베네트Gwendolyn Bennett는 이렇게 썼다.

나긋나긋한 흑인 소녀들을 보고 싶다,
뉘엿뉘엿 저물어 가는 석양빛
하늘을 배경으로 검게 새겨진…….

노랫소리를 듣고 싶다
이교도의 불가에 모여 앉은
낯선 흑인 민족의 소리를…….

소용돌이를 느끼고 싶다
내 슬픈 민족의 영혼을
민스트럴 쇼의 웃음 속에 숨겨진.

마거릿 워커Margaret Walker의 산문시 「내 민족을 위해*For My People*」는 이렇게 끝을 맺는다.

> …… 새로운 지구가 떠오르게 하자. 다른 세계가 태어나게 하자. 하늘 가득히 피로 물든 평화를 새기자. 용기가 충만한 2세대가 나서게, 자유를 사랑하는 사람들이 성장하게, 치유의 힘으로 가득한 아름다움과 마지막 일격을 준비하는 힘이 우리의 정신과 우리의 피 속에서 맥박치게 하자. 군가가 쓰이고 만가輓歌가 사라지게 하자. 이제 한 인종이 일어나 세계를 지배하게 하자!

1940년대에는 흑인 남자로 천재적인 소설가였던 리처드 라이트Richard Wright가 있었다. 1937년에 발표된 라이트의 자서전 『흑인 소년*Black Boy*』은 무한한 통찰력을 제공했다. 한 예로 라이트는 백인들이 재미 삼아 다른 흑인 소년과 싸우도록 자신을 부추기고 괴롭힌 일에 관해 이야기하면서 어떻게 흑인들이 서로 대립하게 됐는지를 보여준다. 『흑인 소년』은 그 모든 굴욕감을 부끄럼 없이 표현하고는 이렇게 말을 잇는다.

> 백인의 남부는 '검둥이'를 안다고 했고, 나는 백인의 남부가 '검둥이'라고 일컫는 존재였다. 글쎄, 백인의 남부는 결코 나를 알지 못했다 — 내가 무엇을 생각하는지, 내가 무엇을 느끼는지 결코 알지 못했다. 백인의 남부는 내가 인생에 있어서 어떤 '위치'에 있다고 말했다. 글쎄, 나는 한번도 내 '위치'를 느껴본

> 적이 없다. 아니 오히려 내 깊은 곳에 자리한 본능은 백인의 남부가 내게 지정한 '위치'를 항상 거부하게 만들었다. 내가 어떤 식으로든 열등한 존재라는 생각은 해본 일이 없다. 그리고 남부 백인의 입에서 나온 어떤 말도 나 자신이 가진 인간성의 가치를 의심하게 하지는 못했다.

그 모든 것 — 굴복당하지 않고, 끈질기게 기다리고, 뜨겁고, 뱀처럼 똬리를 틀고 있는 사람들의 징후 — 이 때로는 가면을 쓴 채, 때로는 너무나도 명백하게 시와 산문, 음악에 나타나 있었다.

『흑인 소년』에서 라이트는 미국의 흑인 어린이들을 침묵하도록 길들이는 과정에 관해 말했다. 하지만 이런 말도 했다.

> 검둥이들은 자신들이 따라야 하는 삶의 방식을 어떻게 느낄까? 자기들끼리만 있을 때는 어떻게 이야기할까? 내가 보기에는 단 한 문장으로 이 질문에 답할 수 있다. 승강기를 운전하는 친구가 이런 얘기를 한 적이 있다.
> "이봐 친구! 만약에 말이지, 재들한테 경찰이나 린치를 하는 폭도들이 없다면 말야, 여기서 이렇게 소동만 벌어지진 않을 거라구!"

리처드 라이트는 한때 공산당원이었다(『실패한 신*The God That Failed*』에서 그는 이 시절에 관해, 공산당에 대해 느낀 환멸감에 관해 이야기하고 있다). 공산당은 인종 평등 문제에 각별한 관심을 기울인다고 알려져 있었다. 1930년대에 앨라배마에서 스카츠버로 사건이 터졌을 때, 대공황 초기에 남부의 불의에 의해 감옥에 갇힌 이 젊은 흑인들을 변호하는 데 결합한 세력이 바로 공산당이었다.

공산당이 자신들의 목적을 위해 이 사건을 이용하고 있다는 자유주의자들과 전국유색인지위향상협회의 비난이 반쯤은 사실이기도 했지만, 흑인들은 순수한 동기를 가진 백인 협력자들을 찾기가 어렵다는 현실을 잘 알고 있었다. 진실의 다른 반쪽은 남부의 흑인 공산당원들이 엄청난 장벽에 맞서 조직화 활동을 하면서 흑인들의 경탄을 불러일으켰다는 사실이었다. 버밍엄에서 실업자들을 조직한 흑인 조직가인 호지아 허드슨이 한 예였다. 또한 1932년 조지아에서는, 광부였던 아버지를 폐렴으로 잃고 켄터키의 광산에서 일하면서 어린 시절을 보낸 앤젤로 헌든Angelo Herndon이라는 19세의 젊은 흑인이 공산당이 조직한 버밍엄실업자협의회Unemployment Council in Birmingham에 가입했고 얼마 뒤에 공산당에 입당했다. 헌든은 훗날 당시의 일에 관해 이렇게 썼다.

> 나는 평생 동안 혹사당하고 짓밟히고 차별대우를 받았다. 일주일에 몇 달러를 벌려고 탄광에서 배를 깔고 잤지만, 임금을 강탈당하거나 무자비하게 삭감되고 내 친구들이 죽어가는 광경을 보았다. 나는 도시에서 가장 열악한 구역에 살았고, 전차를 탈 때면 마치 나한테서 무슨 역겨운 냄새라도 나는 것처럼 '유색인용'이라는 표지판 뒤쪽에 올라탔다. 나를 '검둥이'나 '깜딩이'라고 부르는 소리를 들었고, 존경하는 사람이든 아니든 관계없이 백인이면 누구에게나 "네, 선생님"이라고 말해야 했다.
>
> 나는 늘 그런 일이 진저리나게 싫었지만, 무슨 일이든 할 수 있다고는 도무지 알지 못했다. 그런데 갑작스럽게도, 흑인과 백인이 나란히 앉아서 함께 일하고 인종이나 피부색이 전혀 상관없는 조직들을 알게 된 것이다…….

헌든은 애틀랜타의 공산당 조직가가 됐다. 헌든과 동료 공산당원들은 1932년에 여러 실업자협의회에서 지역위원회를 조직, 가난한 사람들에게 집세를 보조해 줬다. 그들이 조직한 시위에는 백인 600명을 포함, 1,000명이 참가했고, 다음날 시 의회는 실업자들에게 6,000달러의 구호금을 제공하기로 의결했다. 그러나 그 직후 헌든은 체포되어 독방에 감금됐고, 폭동을 금지하는 조지아 주법을 위반한 죄로 기소됐다. 헌든의 회고를 들어보자.

> 조지아 주 당국은 내 방에서 가져온 책자들을 펼쳐놓고 그 중에 몇몇 구절을 배심원들에게 읽어 줬다. 그들은 꼬치꼬치 캐물었다. 고용주와 정부가 일자리를 잃은 노동자들에게 보험금을 지불해야 한다고 생각하는가? 검둥이들이 백인과 완전히 평등해야 한다고 생각하는가? 흑인지대[Black Belt. 앨라배마 주와 미시시피 주의 넓은 흑토지대를 가리키는 말이자 이 지역과 지리적으로 겹치는 남부의 흑인 밀집지대를 가리키는 말이기도 하다]의 자결권 요구 — 흑인들이 백인 지주들과 정부 관리들을 몰아내고 흑인지대를 통치하도록 허용해야 한다는 요구 — 에 동조하는가? 노동계급이 공장과 광산, 또는 정부를 운영할 수 있다고 생각하는가? 고용주는 전혀 필요 없는 존재라고 생각하는가? 나는 그 모든 것을 믿는다고 — 아니 그 이상의 것도 믿는다고 말해 줬다…….

헌든은 유죄를 선고받았고, 대법원이 그의 유죄를 선고한 조지아 주법이 위헌이라고 판결한 1937년까지 5년 동안 투옥생활을 했다. 흑인들의 위험한 투쟁정신, 공산당과 연결될 경우 더더욱 위험해질 수 있는 투쟁정신을 기존체제에 보여준 이들이 바로 헌든과 같은 사람들이었다.

그와 똑같은 연결을 만들어 내면서 위험을 더욱 확대시킨 다른 사람들도 있었다. 헌든의 재판 때 그를 변호한 흑인 변호사인 벤저민 데이비스Benjamin Davis, 공산당에 대한 지지와 공감을 결코 숨기지 않은 가수이자 배우인 폴 로버슨Paul Robeson, 작가이자 학자인 두보이스처럼 전국적으로 유명한 사람들이 그들이었다. 흑인들은 백인들만큼 반공주의자가 아니었다. 흑인들은 친구가 별로 없었기 때문에 반공주의자가 될 수조차 없었다 — 그리하여 헌든과 데이비스, 로버슨, 두보이스 등의 정치적 견해를 국가 전체가 아무리 악의적으로 헐뜯더라도 흑인사회는 그들의 투쟁정신을 높이 칭송해마지 않았던 것이다.

1930년대에 곳곳에서 타오르던 흑인들의 전투적인 분위기는, 국가가 한편으로는 인종주의를 비난하고 다른 한편으로는 군대에서 인종분리를 계속 유지하고 흑인들을 저임금 일자리로만 밀어 넣은 제2차 세계대전 동안, 표면 아래로 억눌린 채 서서히 끓어오르고 있었다. 전쟁이 끝나자 미국의 인종 간 균형에 새로운 요소가 추가됐다 — 아프리카와 아시아로부터 흑인과 황인종이 전례 없는 규모로 밀려든 것이다.

소련과 냉전 경쟁이 시작되고, 전 세계에 걸쳐 과거의 식민지들에서 일어난 검은 피부색의 반란이 맑스주의의 형태를 취할지도 모른다는 위협이 제기되자, 해리 트루먼 대통령은 미국의 이런 현실을 고려하지 않을 수 없었다. 인종문제에 대한 모종의 행동이 필요했으나, 이것은 단지 전쟁 중의 약속 때문에 대담해졌다가 전후에도 자신들의 처지는 별반 달라진 게 없다는 사실에 좌절감을 느낀 자국 내 흑인들을 진정시키기 위한 것만은 아니었다. 미국사회의 가장 악명 높은 실패 — 인종문제 — 에 관한 공산당의 지속적인 날카로운 비판을 맞받아칠 수 있는 미국의 존재를 전 세계에 보여줄 필요가 있었던 것이다. 오래 전에 두보이스가 한 말이 이제껏 이목을 끌지 못하다가 바야흐로 1945년에 이르러 점점 불안하게 다가오고 있었다. "20세기의 문제는 피부색에 따른 차별 문제이다."

1946년 말에 해리 트루먼 대통령이 임명한 민권자문위원회Committee on Civil Rights는 법무부 민권국을 확대하고 민권위원회Commission on Civil Rights

를 상설기구로 설치하며 린치를 금지하는 법안 및 투표권 차별을 저지하는 법안을 의회에서 통과시키라고 권고하면서, 고용상의 인종차별을 종식시키는 새로운 법안을 제안했다.

트루먼의 위원회는 이런 권고를 제출하는 동기를 소상히 밝히지는 않았다. 그렇다. "도덕적인 이유"라고, 즉 일종의 양심의 문제라고 말을 하기는 했다. 하지만 "경제적인 이유" 역시 있었다 — 인종차별은 이 나라의 많은 인재들을 사장시켜 버림으로써 커다란 비용을 야기했던 것이다. 그리고 아마도 가장 중요하게는, 국제적인 이유가 있었을 것이다.

> 전후 세계에서 우리의 위치는 미래의 향방을 좌우할 만큼 중요하기 때문에 우리가 아주 작은 행동을 해도 심대한 영향을 미칠 것이다……. 우리는 세계 정치에서 우리나라의 민권 기록이 쟁점이 되어 왔다는 사실을 회피할 수 없다. 전 세계의 신문과 라디오가 우리의 민권 상황에 관한 내용으로 가득 차 있는 것이다……. 서로 경쟁하는 철학을 가진 이들이 우리의 결점을 강조하고 있다 — 게다가 후안무치하게도 왜곡하기까지 한다……. 그들은 우리의 민주주의가 공허한 협잡에 불과하며 우리나라가 권리를 박탈당한 사람들을 시종일관 억압한다고 입증하려 애쓰고 있다. 이것은 미국인들 눈에는 어이가 없는 일로 보일 수도 있지만, 우리의 우방들을 불안하게 만들기에 충분한 것이다. 세계가 우리나라 또는 우리나라의 민권 기록에 관해 어떻게 생각하든 그것을 무시할 수 있을 만큼, 미국이 그렇게 강력한 것도 아니고 또 민주주의라는 이상의 최종적인 승리가 그렇게 필연적인 것도 아니다.

미국은 이제 일찍이 경험해 보지 못한 방식으로 세계 속에 부상하게 됐다. 어마어마한 문제 — 세계 제패 — 가 걸려 있었다. 그리고 트루먼의 위원회가 말한 것처럼, "…… 우리가 아주 작은 행동을 해도 심대한 영향을 미칠 것"이었다.

그래서 미국은 큰 효과를 발휘하리라고 기대하면서 몇 가지 작은 조치를 취하는 쪽으로 나아갔다. 의회는 민권자문위원회가 요청한 법안을 제정하려 하지 않았다. 그러나 트루먼 — 1948년의 선거를 넉 달 앞두고 진보당 후보 헨리 월리스를 중심으로 한 좌파로부터 도전을 받고 있었다 — 은 제2차 세계대전 당시 인종분리를 고수했던 군대에서 "가능한 한 신속하게" 인종평등정책을 실시할 것을 요구하는 대통령령을 공포했다. 이 대통령령은 선거 때문만이 아니라 전쟁의 가능성이 점차 커짐에 따라 군대에서 흑인 병사들의 사기를 진작시켜야 한다는 필요성 때문이기도 했다. 군대에서 인종차별을 완전히 없애는 데는 10년이 넘는 시간이 걸렸다.

트루먼은 다른 영역에 대해서도 대통령령을 공포할 수 있었지만 그렇게 하지 않았다. 1860년대 말과 1870년대 초에 통과된 일련의 법률과 헌법 수정조항 14조와 15조로 대통령은 인종차별을 일소할 수 있는 충분한 권한을 갖고 있었다. 헌법은 대통령이 이 법률들을 시행하도록 규정했지만, 어떤 대통령도 그런 권한을 행사하지 않았다. 트루먼도 마찬가지였다. 이를테면 트루먼은 "주간州間 교통시설에서 차별을 금지하는" 법안을 하원에 요청했지만, 1887년의 특별법이 이미 주간 교통에서 차별을 금지하고 있었음에도 행정조치로 집행된 적이 없었을 뿐이었다.

한편 대법원은 인종평등을 제도화하도록 헌법이 수정된 지 90년이 지난 뒤에야 그런 목적을 향해 나아가는 조치를 취하기 시작했다. 제2차 세계대전 중에 대법원은 민주당의 대통령 후보 예비선거 — 남부에서는 사실상의 대통령 선거였다 — 에서 흑인의 투표를 배제하는 데 동원됐던 '백인 예비선거 제도white primary'가 헌법에 위배된다고 판결했다.

마침내 1954년에 대법원은 1890년대 이래 고수해 왔던 '분리되지만 평등하다'라는 원칙을 깨뜨렸다. 전국유색인지위향상협회는 공립학교에서의 인종분리에 이의를 제기하는 일련의 사건을 대법원에까지 가져왔고, '브라운 대 교육위원회 사건Brown v. Board of Education'에서 이제 대법원은 초등학교 학생의 인종분리가 "열등감을 만들어 …… 학생들의 머리와 가슴에 돌이킬 수 없는 영향을 미칠 수 있다"고 언급했다. 대법원은 공립교육 분야에서 " '분리되지만 평등하다'라는 원칙은 이제 설 자리가 없다"고 말했다. 그러나 즉각적인 변화를 촉구하지는 않았다. 1년 뒤 대법원은 "아주 신중한 속도로" 인종분리 시설에서 인종통합을 실시해야 한다고 말했다. "아주 신중한 속도로"라는 지침이 있은 지 10년 뒤인 1965년까지도 남부 학군의 75퍼센트 이상에서 여전히 인종분리를 실시하고 있었다.

그럼에도 그것은 극적인 판결이었다 — 그리고 1954년에 미국 정부가 인종차별을 불법화했다는 메시지가 전 세계로 퍼져 나갔다. 미국 내에서도, 말과 실제 현실 사이의 통상적인 격차에 관해서는 생각이 미치지 못하는 사람들에게 있어 그것은 기분 좋은 변화의 징조였다.

다른 사람들에게는 급격한 진보처럼 보이는 것이 확실히 흑인들에게는 충분하지 않았다. 1960년대 초, 남부 전역에서 흑인들이 반란을 일으켰다. 그리고 1960년대 말에는 100여 곳의 북부 도시에서 흑인들이 거센 봉기를 벌였다. 가슴 깊이 새겨진 노예제의 기억, 시와 음악에 각인된 일상적인 굴욕감, 때때로 모습을 드러내는 분노의 폭발과 그보다 흔한 음울한 침묵, 이런 기억이 없는 사람들에게 흑인들의 행동은 놀랍기 그지없는 것이었다. 그런 기억 가운데 일부는 결국 아무 의미도 없는 것임이 드러난 공언된 발언, 통과된 법률, 내려진 판결에 관한 기억이었다.

그와 비슷한 기억, 그리고 나날이 반복되는 그런 역사를 가진 사람들에게 있어 반란은 언제나 촉각을 다투는 현실이며 누구도 맞추어 놓지는 않았지만 예측할 수 없는, 어떤 일련의 사태만 벌어지면 폭발해 버리는 시한폭탄과도 같은 것이었다. 1955년 말, 앨라배마의 주도 먼고메리Montgomery에서 그런 사태가 일어났다.

43세의 재봉사인 로자 파크스Rosa Parks 부인은 체포된 지 3개월 뒤에 왜 자신이 시내버스에서 인종분리를 규정하는 먼고메리 시 법률을 따르지 않았는지, 왜 버스에서 "백인용" 좌석에 앉기로 했는지를 설명했다.

> 저, 무엇보다도, 저는 하루 종일 일터에서 일을 했습니다. 온종일 일하고 나니 무척 피곤했습니다. 저는 백인들이 입는 옷을 다루는 일을 합니다. 그때 머릿속에 떠올랐던 건 아니지만 제가 알고 싶었던 건 이런 생각입니다. 언제, 그리고 어떻게 우리가 인간으로서 우리의 권리를 스스로 결정할 수 있을까요? …… 운전사가 저에게 자리를 옮기라고 요구하고 그의 요구에 따를 마음이 들지 않았을 때, 이런 생각이 언뜻 스쳐 지나간 거지요. 운전사는 경찰관을 불렀고 저는 체포되어 감옥에 들어갔습니다…….

먼고메리의 흑인들은 대중집회를 소집했다. 노련한 노동조합 활동가이자 경험이 풍부한 조직가인 E. D. 닉슨E. D. Nixon이 지역사회의 유력한 인물이었다. 모든 시내버스를 승차거부하자는 결의가 이루어졌다. 흑인들의 출근을 돕기 위해 카풀이 조직됐고 대부분은 걸어 다녔다. 시 당국은 승차거부 운동 지도자 100명을 기소하고 그 중 많은 수를 투옥하는 것으로 앙갚음했다. 백인 인종차별주의자들은 폭력에 호소했다. 흑인교회 네 곳에서 폭탄이 폭발했다. 애틀랜타 태생의 목사로 승차거부 운동의 지도자 중 한 명인 27세의 마틴 루서 킹 2세Martin Luther King, Jr.의 집 현관은 산탄총 세례를 받았다. 킹의

승차거부

1955년 12월 흑인들은 인종차별에 저항하기 위해 버스 승차를 거부하는 평화운동을 실행했다. 한 해 뒤 법령에 따라 버스에서의 인종차별이 금지되었다.

집은 결국 폭파당했다. 하지만 먼고메리의 흑인들은 승차거부를 계속했고, 1956년 11월, 대법원은 현지 버스 노선의 인종분리가 불법이라고 판결했다.

먼고메리는 시작에 불과했다. 먼고메리 투쟁은 이후 10년 동안 남부를 휩쓸게 될 거대한 항의운동의 양식과 분위기, 즉 감정에 호소하는 교회집회, 진행되는 투쟁에 맞춰 번안한 기독교 찬송가, 잃어버린 미국의 이상에 대한 호소, 헌신적인 비폭력, 끝까지 싸우고 희생하려는 열의 등을 예고해 주는 사건이었다. 『뉴욕타임스』의 한 기자는 승차거부 운동 당시 먼고메리에서 열린 대중집회를 이렇게 묘사했다.

> 오늘밤 기소된 흑인 지도자들이 한 사람씩 차례로 연단에 올라 침례교회에 빽빽하게 모인 청중들에게 연설을 하면서, 시내버스를 멀리하고 "하나님과 함께 걸으라"고 추종자들에게 촉구했다.
>
> 2,000명도 넘는 흑인들은 지하실부터 발코니까지 교회 곳곳을 가득 메우고 그것도 모자라 거리까지 넘쳐났다. 흑인들은 찬송가와 노래를 불렀고, 고함을 지르고 기도를 했으며, 섭씨 30도의 무더위 속에 땀투성이가 된 채 통로에 주저앉아 있었다. 흑인들은 "수동적인 저항"을 하겠다고 거듭거듭 맹세했다. 이런 깃발 아래 그들은 시내버스 승차거부 운동을 80일 동안이나 완강하게 이어온 것이다.

집회에 참석한 마틴 루서 킹은 얼마 지나지 않아 수백만의 사람들에게 인종평등이라는 정의를 요구하도록 영감을 주게 될 웅변의 전조가 되는 연설을 했다. 킹은 버스에 대해서만 아니라 "고문서 보관소의 깊은 구석까지 거슬러 올라가는" 문제들에 대해서도 항의해야 한다고 말했다. 킹의 연설을 들어보자.

> 우리는 굴욕감을 압니다, 우리는 욕지거리를 압니다, 우리는 억압의 나락으로 떨어졌습니다. 그래서 우리는 저항이라는 무기만을 높이 추켜올리기로 결심했습니다. 우리에게 저항을 할 권리가 있다는 사실은 미국의 위대한 영광 가운데 하나입니다.
>
> 우리가 매일 체포되더라도, 매일 착취당하더라도, 매일 짓밟히더라도, 어느 누구에게도, 그 사람에 대한 증오심이 생겨날 정도로 여러분을 비천한 존재로

끌어내리게 하지 마십시오. 사랑이라는 무기를 사용해야 합니다. 우리를 증오하는 자들을 동정하고 이해해야 합니다. 많은 사람들이 우리를 증오해야 한다고 배워 왔기 때문에, 그들이 자신들의 증오에 전적으로 책임이 있지는 않음을 우리는 깨달아야 합니다. 비록 지금 우리가 서 있는 세상은 칠흑 같은 자정이지만, 우리는 언제나 새로운 여명의 문턱에 서 있는 것입니다.

킹은 사랑과 비폭력을 강조함으로써 흑인뿐만 아니라 백인들 사이에서도 전국적으로 동조하는 사람들을 형성하는 데 크나큰 영향을 미쳤다. 그러나 킹의 메시지가 순진한 생각에 불과하다고 생각하는 흑인들도 있었다. 그들은 사랑을 통해 설득할 수 있는 오도된 사람들도 있지만 격렬하게 싸워야 할, 때로는 폭력을 쓰면서까지 맞서 싸워야 할 사람들도 있다고 생각했다. 먼고메리 승차거부 운동이 있은 지 2년 뒤, 노스캐롤라이나 주 먼로Monroe에서는 전국유색인지위향상협회 먼로 시 지부 의장인 해병대 출신의 로버트 윌리엄스Robert Williams가, 흑인들은 폭력에 맞서 자기 자신을 지켜야 하며 필요하다면 총을 들 수도 있다는 견해로 유명해지게 됐다. 현지 KKK단 단원들이 먼로 시 전국유색인지위향상협회의 한 지도자의 집을 습격하자 윌리엄스를 비롯한 흑인들은 라이플총으로 반격했다. KKK단은 물러났다. (바야흐로 KKK단은 폭력이라는 자신들 고유의 전술로 반격을 당하고 있었다. 노스캐롤라이나의 인디언 지역을 습격한 KKK단은 라이플총을 발사하는 인디언들에게 격퇴되었다.)

그럼에도 이후 시기 동안 남부 흑인들은 비폭력을 강조했다. 1960년 2월 1일, 노스캐롤라이나 주 그린즈버로에 있는 흑인 대학의 신입생 4명이 백인 전용인 울워스Woolworth's 간이식당에 가서 앉기로 결심했다. 식당 종업원은 주문도 받지 않았고, 학생들이 나가려 하지 않자 아예 식당문을 닫아 버렸다.

앉아 있기 운동

1960년 2월, 노스캐롤라이나 주 그린즈버로의 간이식당 울워스에서 백인 전용 좌석에 앉는 운동을 벌이는 흑인 젊은이들(위)과 조롱당하는 시위자들(아래).

다음날 학생들은 다시 식당으로 찾아갔고, 매일같이 그 일이 반복되자 다른 흑인들도 아무 말 없이 식당의 자리를 차지하고 앉았다.

2주일이 지나자 앉아있기 운동sit-ins은 남부 5개 주의 15개 도시로 확산됐다. 애틀랜타에 있는 스펠먼 대학의 2학년생인 17세의 루비 도리스 스미스Ruby Doris Smith도 그린즈버로 소식을 들었다.

> 학생위원회가 결성됐을 때 …… 나는 언니에게 …… 내 이름도 올려 달라고 말했습니다. 그리고 첫 번째 시위를 벌일 200명의 학생을 뽑았을 때 나도 그 중 하나였지요. 다른 여섯 명의 학생들과 함께 주 의사당에 있는 식당에 가서 줄을 섰지만, 막상 계산대에 이르자 점원은 우리 돈을 받으려 하지 않았어요……. 부副주지사가 내려와 우리에게 그만 나가라고 말했습니다. 우리는 나가지 않았고 결국 군郡 교도소로 갔지요.

밥 모지즈Bob Moses라는 젊은 흑인 수학교사는 뉴욕 할렘에 있는 아파트에서 그린즈버로의 앉아있기 운동에 관한 사진이 실린 신문을 보았다. "사진에 나온 학생들의 얼굴에는 어떤 표정이, 단호하고 분노에 찬, 무언가를 결단한 듯한 표정이 담겨 있었다. 전에는 남부의 흑인들은 항상 겁먹은 듯하고 굽실거리는 표정을 하고 있었다. 이번에는 그들이 주도권을 쥔 것이다. 그들은 내 또래의 아이들이었고, 나는 이 일이 나 자신의 삶과 관계되는 것임을 알게 됐다."

앉아있기 운동을 벌이는 사람들에게 폭력이 가해졌다. 그러나 인종차별에 맞서 주도권을 잡는다는 생각은 뿌리를 내리게 됐다. 이후 12개월 동안 대부분 흑인이지만 백인도 일부 포함된 5만 명 이상의 사람들이 100개 도시에서 이런 저런 형태의 시위에 참가했고, 그 과정에서 3,600명이 투옥됐다. 그러나 1960

년 말에 이르러 그린즈버로를 비롯한 많은 곳에서 흑인들에게도 간이식당이 개방됐다.

그린즈버로 사건 1년 뒤, 북부에 근거를 둔 한 인종평등 단체 — 인종평등회의Congress of Racial Equality(CORE) — 에서 '자유승차단Freedom Rides'을 조직, 흑인과 백인들이 함께 버스를 타고 남부 전역을 돌면서 주간州間 교통수단에서 인종분리 관행을 깨뜨리려고 노력했다. 그런 인종분리는 오래 전부터 불법이었지만, 연방정부는 결코 남부에 대해 법을 집행하지 않았던 것이다. 이제 존 F. 케네디가 대통령이었지만 그 역시 민주당의 남부 백인 지도자들이 지지를 철회할까 두려워하면서 인종문제에 관해 조심스러운 듯했다.

1961년 5월 4일에 워싱턴D.C.를 출발한 버스 두 대는 뉴올리언즈를 향해 갔지만 결국 도착하지 못했다. 사우스캐롤라이나에서는 자유승차단원들이 몰매를 맞았다. 앨라배마에서는 버스 한 대가 불에 탔다. 자유승차단원들은 주먹과 쇠몽둥이 세례를 받았다. 남부의 경찰은 이런 폭력사태를 전혀 막지 않았고 연방정부 역시 마찬가지였다. 연방수사국 요원들은 지켜보면서 기록만 할 뿐 아무 일도 하지 않았다.

얼마 전에 비폭력에 헌신하면서도 평등권을 위한 전투적인 행동을 추구하는 학생비폭력조정위원회Student Nonviolent Coordinating Committee(SNCC)를 결성한 앉아있기 운동의 전문가들은 이 무렵에 내시빌에서 버밍엄까지 여행하는 또 다른 자유승차단을 조직했다. 그들은 출발에 앞서 워싱턴D.C.의 법무부에 전화를 걸어 자신들을 보호해 줄 것을 요청했다. 루비 도리스 스미스가 내게 전한 바에 따르면, "…… 법무부는 안 된다고, 어느 누구도 보호해 줄 수 없다면서, 하지만 만약 무슨 일이 생기면 조사하겠다고 말했어요. 그 사람들이 어떤 식인지 아시잖아요……."

흑백이 뒤섞인 학생비폭력조정위원회 자유승차단은 앨라배마 주 버밍엄

공격받은 자유승차단

주간州間 교통수단에서 인종분리 관행을 깨뜨리려고 노력했던 이들은 연방정부의 방임 아래 폭력에 무방비로 노출되었다. 그러나 세계 곳곳의 이목을 끌면서 인종차별에 맞섰다.

에서 체포되어 하룻밤을 감옥에서 보낸 뒤 경찰에 의해 테네시 주 경계로 밀려났지만, 다시 버밍엄으로 돌아가 먼고메리로 가는 버스를 탔고, 그곳 백인들에게 피투성이가 되도록 주먹과 곤봉 세례를 받았다. 승차단은 미시시피 주 잭슨을 향해 다시 여행길에 올랐다.

이 무렵 자유승차단은 세계 곳곳에서 뉴스거리가 되어 있었고, 정부는 폭력사태가 계속 벌어지는 일을 막는 데 고심하게 됐다. 법무장관 로버트 케네디Robert Kennedy는 자유승차단이 체포되지 않고 여행을 할 수 있는 권리를 주장하는 대신, 있을지도 모르는 폭력사태로부터 보호를 해주는 대가로 잭슨에서 미시시피 주 경찰이 승차단을 체포하는 데 동의했다. 빅터 너배스키Victor Navasky가 『케네디 형제의 정의*Kennedy Justice*』에서 로버트 케네디에 관해 평한 것처럼, "그는 주 사이를 여행할 수 있는 헌법에 보장된 자유승차단의 자유를 〔미시시피 주 출신으로 보수파 거물 정치인이었던〕 이스트랜드James Oliver Eastland 상원의원으로부터 그들의 생명권을 보장받는 것과 맞바꾸는 데 한 치도 주저하지 않았다."

자유승차단은 감옥에서도 가만히 있지만은 않았다. 그들은 저항하고 항의하고 노래했으며 자신들의 권리를 요구했다. 훗날 스토클리 카마이클Stokely Carmichael은 미시시피의 파치먼Parchman 교도소에서 자신과 동료들이 노래를 부르자 보안관이 매트리스를 빼앗아 버리겠다고 위협한 일에 관해 회상했다.

> 나는 매트리스를 붙잡고 매달리면서 "우리는 매트리스를 사용할 권리가 있고, 당신의 조처가 부당하다고 생각합니다"라고 말했다. 그러자 보안관은 "개소리 작작해, 이 깜둥아"라고 고함을 지르고는 수갑을 채우기 시작했다. 내가 조금의 미동도 없이 「당신이 나를 어떻게 다뤘는지 하나님께 말하리I'm Gonna Tell God How You Treat Me」를 부르자 다 같이 부르기 시작했고, 이쯤 되자 타이슨 보안관은 질겁했다. 보안관은 모범수들을 불러 "이 놈을 데려가!"라고 하고는 문을 쾅 닫고 나갔으나 다른 사람들의 매트리스는 그대로 남아 있었다.

노예제의 분위기가 여전히 남아 있던 최남부의 작은 소도시인 조지아 주 올버니Albany에서도 1961년 겨울과 1962년에 연이어 대중집회가 열렸다. 올버니의 흑인 2만 2,000명 가운데 1,000명이 넘는 수가 인종분리와 차별에 항의하는 행진과 집회에 참가했다는 이유로 감옥에 갔다. 남부 전역을 휩쓸게 될 모든 시위의 경우와 마찬가지로 여기서도 어린 흑인 아이들이 참여했다—새로운 세대가 행동하는 법을 배운 것이다. 올버니 경찰서장은 한 차례의 대규모 체포가 이루어진 뒤 자신의 책상 앞에 죽 늘어선 죄수들의 이름을 받아 적고 있었다. 고개를 들어보니 아홉 살가량의 흑인 남자아이가 서 있었다. "이름이 뭐냐?" 아이는 서장을 똑바로 쳐다보고는 말했다. "자유Freedom, 자유요."

이런 남부의 운동이 젊은 흑인세대 전반의 감수성에 얼마나 많은 영향을 미쳤는지를 측정하거나, 그들 가운데 일부가 활동가와 지도자로 성장하게 된 과정을 추적할 방도는 없다. 1961~1962년의 사태 뒤에 조지아 주 리Lee 군에서는 제임스 크로퍼드James Crawford라는 십대의 어느 흑인이 학생비폭력조정위원회에 가입, 유권자 등록을 시키기 위해 군청 청사로 흑인들을 데리고 가기 시작했다. 어느 날 한 여성과 같이 간 크로퍼드에게 부副등록관이 다가왔다. 학생비폭력조정위원회의 다른 활동가가 둘 사이의 대화를 기록해 뒀다.

등록관: 왜 왔나?

크로퍼드: 이 부인을 등록시키려고 합니다.

등록관: (여자에게 유권자 등록카드를 작성하라고 주고 복도로 내보낸 뒤) 왜 이 여자를 데리고 온 거지?

크로퍼드: 부인이 당신들 모두처럼 일등시민이 되고 싶어 하니까요.

등록관: 사람들을 등록시키려고 데리고 오는 너는 뭐냐?

크로퍼드: 그것이 제 일입니다.

등록관: 지금 당장 머리에 총알 두 방을 박고 싶어?

크로퍼드: 뭐 어쨌든 죽게 되겠지요.

등록관: 내가 안 하더라도 다른 사람한테 시킬 수도 있다구.

(대답이 없음)

등록관: 겁먹었냐?

크로퍼드: 아니오.

등록관: 누군가 저 문으로 들어와서 지금 당장 네 뒤통수에 총을 쏜다고 생각을 해봐. 그러면 어쩔 건데?

크로퍼드: 가만히 있을 수는 없겠죠. 만약 내 뒤통수에 총을 쏜다면 전 세계에서 사람들이 몰려올 겁니다.

등록관: 어떤 사람들?

크로퍼드: 내가 도와주고 있는 사람들이죠.

1963년 버밍엄에서는 수천 명의 흑인이 거리로 쏟아져 나와 경찰곤봉과 최루탄, 경찰견, 고압 소방호스에 맞섰다. 그리고 한편으로는 최남부 전역에서 대부분 흑인이지만 간혹 백인도 끼여 있는 학생비폭력조정위원회의 젊은이들이 조지아, 앨라배마, 미시시피, 아칸소 등의 지역사회로 이동하고 있었다. 젊은이들은 현지 흑인들과 함께 유권자 등록을 촉구하고 인종주의에 항의하고 폭력에 맞서 용기를 북돋우기 위해 조직활동을 벌이고 있었다. 법무부 기록에 의하면 1963년의 3개월 동안 1,412건의 시위가 있었다고 한다. 투옥은 일상사가 됐고 구타 역시 다반사로 일어났다. 많은 주민들은 두려워했다. 다른 사람들은 전면에 나섰다. 조지아 주 테럴Terrell 군에서 학생비폭력조정위원회 일을 하고 있던 19세의 일리노이 출신 학생인 카버 네블레트Carver Neblett는 이렇게 보고했다.

나는 민권운동에 지대한 관심을 갖고 있는 한 시각장애인과 이야기를 나누었다. 그는 민권운동이 시작될 때부터 꾸준히 지켜본 사람이다. 그는 비록 시각장애인이지만 문맹시험[literacy test. 당시 남부 여러 주에서 흑인들의 유권자 등록을 저지하기 위해 문맹 시험, 헌법 소양시험 등을 실시하고 있었다〕을 둘러 싼 모든 문제를 알고 싶어한다. 백인이 우리 집을 불태우고 총질을 가하고 재산을 빼앗아 갈까 봐 많은 사람들이 두려움에 떨고 있는 와중에, 나이 일흔의 한 시각장애인이 우리 집회에 오고 싶어한다는 사실을 생각해 보라.

1964년 여름이 다가오면서, 학생비폭력조정위원회를 비롯한 미시시피에서 함께 일하고 있던 민권단체들은 점증하는 폭력사태에 직면해 다른 지역의 젊은이들에게 도움을 요청하기로 결정했다. 그들은 이를 통해 미시시피의 상황에 대한 관심을 불러일으키게 될 것을 기대했다. 미시시피와 다른 여러 지역에서 민권활동가들이 구타당하고 투옥되면서 연방법률이 유린당하고 있었지만, 이번에도 역시 연방수사국은 수수방관했고 법무부 변호사들도 지켜보기만 할 뿐 아무런 조치도 취하지 않았다.

미시시피의 여름〔Mississippi Summer. 1964년 여름에 미시시피를 비롯한 남부를 중심으로 전국적으로 벌어진 유권자 등록 캠페인〕 전야인 1964년 6월 초, 민권운동 단체들은 백악관 근처의 극장 하나를 빌렸고, 버스 한 대를 가득 메운 미시시피의 흑인들이 자신들이 일상적으로 당하는 폭력과 미시시피로 오는 자원활동가들이 맞닥뜨리는 위험에 관해 공개적으로 증언을 하려고 워싱턴으로 왔다. 헌법전문 변호사들은 연방정부가 그런 폭력으로부터 흑인과 활동가들을 보호할 법적 권한이 있다고 증언했다. 이 증언의 사본과, 미시시피의 여름 캠페인 기간 동안 연방정부 직원을 파견해 사람들을 보호해 달라는 요청서가 존슨 대통령과 케네디 법무장관에게 전달됐다. 그러나 아무 응답도 없었다.

이 공청회로부터 12일 뒤, 제임스 체이니James Chaney라는 미시시피의 젊은 흑인과 백인 자원활동가 앤드루 굿맨Andrew Goodman과 마이클 슈워너

Michael Schwerner가 미시시피 주 필라델피아에서 체포되어 한밤중에 석방된 뒤 누군가에게 잡혀 쇠사슬로 구타당하고 총격을 당해 사망했다. 결국 한 정보제공자의 증언으로 보안관과 보안관보를 비롯한 몇 사람이 징역형을 선고받았다. 그러나 너무 늦은 일이었다. 미시시피의 살인은 케네디나 존슨, 아니 그 어떤 대통령 치하의 연방정부도 폭력사태로부터 흑인들을 보호해 달라는 요청을 거듭해서 거부한 뒤에 일어난 일이었다.

연방정부에 대한 불만이 고조됐다. 그 해 여름이 끝나갈 무렵 미시시피 주 워싱턴에서 열린 민주당 전당대회 기간 중 흑인들은 미시시피 주 전체 인구의 40퍼센트를 차지하는 흑인들을 대표하기 위해 흑인들에게도 주의회 의석의 일부를 할당해 달라고 요구했다. 부통령 후보인 휴버트 험프리를 비롯한 자유주의적인 민주당 지도부는 그들의 요구를 거절했다.

이제 연방의회에서 흑인 반란과 소요, 세계적인 평판에 반응을 보이기 시작했다. 1957년과 1960년, 1964년에 민권법안이 차례로 통과됐다. 이 민권법들은 투표와 고용에 있어서의 평등에 관해 많은 약속을 해줬지만, 거의 집행되지 않거나 아예 무시됐다. 1965년 존슨 대통령과 의회는 훨씬 더 강력한 투표권법Voting Rights Law을 발의, 통과시켜 이번에는 연방정부가 현장에서 유권자 등록과 투표의 권리를 보호하도록 했다. 남부에서 흑인들의 투표 참여가 가져온 효과는 극적이었다. 1952년에는 100만 명(전체 유권자의 20퍼센트)의 남부 흑인이 유권자 등록을 했다. 1964년에는 그 수가 200만(40퍼센트)에 달했다. 1968년에 이르러서는 60퍼센트인 300만 명의 흑인이 유권자 등록을 해서 백인 유권자의 등록 비율과 같아지게 됐다.

연방정부는 —근본적인 변화는 추진하지 않은 채— 폭발적인 상황을 제어하고, 투표함과 공손한 청원, 공식적으로 승인된 조용한 집회 등의 전통적인 냉각장치로 분노의 방향을 돌리려고 노력하고 있었다. 1963년 여름에 흑인

워싱턴 대행진

20만 명이 운집한 워싱턴 대행진. 이곳에서 마틴 루서 킹이 "나에게는 꿈이 있습니다"라는 유명한 연설을 했다. 그의 연설은 흑백 미국인들을 전율시켰지만 흑인들이 느끼는 분노가 담겨 있지는 않았다.

민권운동 지도자들이 인종문제를 해결하지 못한 국가의 잘못에 항의하기 위해 워싱턴에서 대규모 행진을 계획하자, 케네디 대통령을 비롯한 국가 지도자들은 이런 움직임을 재빨리 포용하고 집회 자체를 우호적인 회합으로 바꿔 버렸다.

마틴 루서 킹의 워싱턴 연설은 20만 명의 흑백 미국인들을 전율시켰다—"나에게는 꿈이 있습니다……" 그의 연설은 장엄한 웅변이었지만 수많은 흑인들이 느끼는 분노가 담겨 있지는 않았다. 앨라배마 태생의 학생비폭력조정위원회 지도자로 숱한 체포와 구타를 겪었던 존 루이스John Lewis가 집회에서 더 강경한 분노의 어조를 표출하려고 했을 때, 행진 주최 측 지도자들은 그의 연설문 초고를 검열하면서 연방정부를 비판하고 전투적인 행동을 촉구하는 내용의 문구 일부를 삭제하라고 고집을 부렸다.

워싱턴 집회가 있고 18일 뒤, 마치 그 집회에서 보인 온건함을 의도적으로 경멸이라도 하듯 버밍엄에 있는 한 흑인교회 지하실에서 폭탄이 폭발, 주일학교 수업을 듣고 있던 여자아이 4명이 목숨을 잃었다. 케네디 대통령은 워싱턴 대행진에서 보여준 "깊은 열정과 조용한 존엄성"을 칭찬한 바 있었지만, 아마도 흑인사회의 분위기에 더 가까웠던 것은 흑인 투사 맬컴 엑스Malcolm X였을 것이다. 워싱턴 대행진과 버밍엄 폭탄사건이 있은 지 두 달 뒤에 디트로이트에서 한 연설에서 맬컴 엑스는 힘차고 얼음장 같이 명징하며 운율로 가득한 그만의 스타일을 들려 줬다.

> 흑인들은 거리에 나와 있었습니다. 흑인들은 어떻게 워싱턴 대행진으로 갈지에 관해 말하고 있었습니다……. 워싱턴으로 행진해서, 상원으로 행진해서, 백악관으로 행진해서, 하원으로 행진해서 모든 것을 마비시키고, 완전히 중단시키고, 정부가 일을 할 수 없게 만들자고 말했습니다. 흑인들은 심지어 공항으

로 가서 활주로에 몸을 눕히고 단 한 대의 비행기도 이륙하지 못하게 만들자고까지 말했습니다. 저는 지금 그들이 말한 그대로 말하고 있습니다. 그것은 혁명이었습니다. 그것은 혁명이었습니다. 그것은 흑인혁명이었습니다.

그 거리에 있던 것은 바로 풀뿌리들이었습니다. 백인들은 죽을 지경으로 놀랐습니다, 워싱턴D.C.의 백인 권력구조는 죽을 지경으로 놀랐습니다. 저도 그 거리에 있었습니다. 검은 도로포장 롤러[black steamroller. '흑인들의 압력'을 빗댄 표현이다]가 수도를 향해 돌진해 오고 있음을 알게 된 백인들은 …… 여러분이 존경해 마지않는 이 흑인 지도자들을 불러들였고, 케네디는 말했습니다. "행진을 취소해." "이봐, 당신들 모두 너무 막 나가고 있군 그래." 그러자 그리운 톰 아저씨Old Tom는 말했습니다. "두목, 저도 제가 시작한 일이 아니라 막을 수가 없습니다요." 그들이 말한 그대로 옮겨 보겠습니다. 그들은 말했습니다. "저는 거기 끼지도 않았고 하물며 앞장을 서는 것도 아닙니다." 그들은 말했습니다. "이 흑인들은 자기들 스스로 하고 있습니다. 우리를 앞질러 나가고 있는 겁니다." 그러자 노련하고 빈틈없는 여우는 말했습니다. "당신들 모두 거기 관여하고 있지 않다면, 내가 넣어 주리다. 내가 선두에 서게 만들어 주리다. 내가 행진을 보증하겠소. 내가 행진을 환영하겠소. 내가 행진을 돕겠소. 내가 행진에 참가하겠소."

이것이 워싱턴 대행진을 두고 그들이 한 일입니다. 그들은 행진에 참여해서 …… 행진의 일원이 됐으며, 행진을 접수해 버렸습니다. 그리고 그들이 접수하자 워싱턴 대행진은 전투성을 잃었습니다. 행진은 분노를 그만두고, 열정을 그만두고, 비타협적인 태도를 그만뒀습니다. 아니 이제 행진 자체를 그만뒀습니다. 그것은 소풍이, 서커스가 됐습니다. 어릿광대의 서커스가 되어 버린 것입니다…….

아니, 그것은 배신이었습니다. 그것은 탈취였습니다……. 그들은 행진을 빈틈

> 없이 통제했고, 흑인들에게 몇 시에 도시를 덮칠지, 언제 행진을 멈출지, 어떤 피켓을 들지, 어떤 노래를 부를지, 어떤 연설을 할 수 있고 어떤 연설은 해서는 안 되는지를 지시했으며, 해가 지면 도시를 빠져나오라고 말했습니다…….

반대편—기존 체제, 백악관 보좌관 아서 슐레진저의 저서 『1,000일 동안 *A Thousand Days*』—에서 제시한 설명은 워싱턴 대행진에 대한 맬컴 엑스의 통렬한 묘사가 정확했음을 확증해 준다. 슐레진저는 케네디가 민권운동 지도자들과 회동을 갖고 하원에서 민권법안을 검토하고 있던 시점에서 행진이 "위협적인 분위기를 조장"할 것이라고 말했다고 전하고 있다. A. 필립 랜돌프는 이렇게 대답했다. "흑인들은 이미 거리로 나와 있습니다. 그들을 다시 집으로 돌려보내기는 거의 불가능합니다……." 슐레진저는 이렇게 말한다. "대통령과 가진 회담으로 민권운동 지도자들은 국회의사당을 포위하지 않겠다고 설득됐다." 슐레진저는 워싱턴 대행진을 감탄조로 묘사하고는 결론을 내린다. "그리하여 1963년에 케네디는 흑인혁명을 민주주의 연합으로 통합시켜 나갔던 것이다……."

그러나 사태는 그런 방향으로 풀리지 않았다. 곳곳의 교회에서 폭탄이 폭발하고 새로운 '민권'법이 흑인들의 근본적인 처지를 변화시키지 못하는 상황에서, 흑인들을 쉽게 '민주주의 연합'으로 통합할 수는 없는 노릇이었다. 1963년 봄 당시 백인의 실업률은 4.8퍼센트였다. 반면 비非백인의 실업률은 12.1퍼센트였다. 정부 추산에 따르면 백인 인구의 5분의 1이 빈곤선 이하의 삶을 살고 있었고, 흑인들의 경우에는 절반이 그러했다. 민권법안들은 투표권에 강조점을 뒀지만, 투표는 인종주의나 빈곤에 대한 근본적인 해결책이 아니었다. 할렘의 흑인들은 오래 전부터 투표에 참여해 왔지만 여전히 쥐가 들끓는 슬럼가에서 살고 있었다.

하원에서 통과된 민권법안들이 정점에 달한 시기인 1964년과 1965년에 전국 곳곳에서 흑인들의 분노가 폭발했다. 플로리다에서는 한 흑인 여성의 사망과 흑인고등학교에 폭탄을 설치하겠다는 협박이 계기가 됐고, 클리블랜드에서는 건설현장에서 흑인을 차별하는 데 대해 항의하기 위해 불도저가 지나는 길에 앉아 있던 백인 목사가 깔려 죽으면서 흑인들이 폭발했으며, 뉴욕에서는 15세의 흑인 소년이 비번인 경찰관과 다투던 중에 치명적인 총상을 입으면서 흑인들이 거리로 쏟아져 나왔다. 로체스터와 저지시티Jersey City, 시카고, 필라델피아 등지에서도 폭동이 있었다.

흑인들을 보호하기 위해 연방정부가 직접 흑인 유권자들을 등록시키도록 규정하는 강력한 투표권법안에 린든 존슨이 최종 서명을 하던 1965년 8월, 로스앤젤레스 와츠Watts의 흑인 빈민가는 제2차 세계대전 이래 가장 폭력적인 도시 폭동의 무대가 됐다. 한 젊은 흑인 운전사를 강제로 연행하는 와중에 경찰이 옆에 있던 무고한 사람을 곤봉으로 구타하고 경찰관에게 침을 뱉었다는 거짓 혐의를 받은 젊은 흑인 여성을 체포한 게 발단이었다. 시가지 곳곳에서 폭동이 일어나 상점들이 약탈당하고 화염병 세례를 받았다. 폭동지역에 투입된 경찰과 주방위군은 총기를 사용했다. 대부분이 흑인인 34명이 사망하고 수백 명이 부상을 입었으며 4,000명이 체포됐다. 태평양 연안지역에서 활동하는 언론인인 로버트 코너트Robert Conot는 폭동에 관한 책(『피의 강, 암흑의 시절*Rivers of Blood, Years of Darkness*』)을 썼다. "로스앤젤레스의 흑인들은 이제 〔오른 뺨을 맞고도〕 왼 뺨을 내미는 일은 없을 것이라고 공개적으로 선언하고 있었다. 폭력적인 대응이 적절한 것이든 아니든, 좌절당하고 짓밟히면 맞받아 때릴 것이라고."

1966년 여름에는 더 많은 폭동이 일어나, 시카고에서는 흑인들이 돌멩이와 화염병을 던지고 상점을 약탈하자 주방위군이 총격을 퍼부었다. 흑인 세

명이 사망했는데 한 명은 13세의 소년이고 또 한 명은 임신한 14세 소녀였다. 클리블랜드에서도 흑인지역의 소요를 막기 위해 주방위군이 소집됐다. 흑인 네 명이 총격으로 사망했는데 두 명은 방위군의 총에, 다른 두 명은 백인 민간인의 총에 희생된 것이었다.

이 무렵이면 남부의 비폭력 운동은, 남부의 분위기에서는 전술적으로 필요했고 또 인종차별적인 남부에 맞서 전국적인 여론에 호소할 수 있었던 점에서 분명 효과적이기도 했다. 하지만 흑인 빈민가를 뒤덮고 있는 빈곤 문제를 다루는 데는 충분하지 않다는 점이 분명해 보였다. 1910년에는 흑인의 90퍼센트가 남부에서 살고 있었다. 그러나 1965년에 이르면 미시시피 삼각주Mississippi Delta 면화의 81퍼센트를 자동 면화수확기로 수확하게 됐다. 1940~1970년 사이에 400만 명의 흑인이 농촌을 떠나 도시로 향했다. 1965년에 이르면 흑인의 80퍼센트가 도시에서, 그리고 50퍼센트가 북부에서 살고 있었다.

학생비폭력조정위원회와 많은 전투적인 흑인들 사이에 새로운 분위기가 만들어졌다. 젊은 흑인 작가 줄리어스 레스터Julius Lester는 그들이 느낀 환멸을 이렇게 표현했다.

> 이제 끝났다. 미국은 진실로 자신이 "모든 사람에게 몇 개의 양도할 수 없는 권리를 부여"〔독립선언서의 한 구절〕하고자 했다는 사실을 보여줄 기회가 여러 번 있었다. …… 이제 끝났다. 자유의 노래를 부르던 날들, 사랑으로 총탄과 곤봉에 맞서던 날들이 끝난 것이다……. 사랑은 연약하고 온화하며 자신과 비슷한 반응을 추구한다. 저들은 날아오는 벽돌과 병을 피하면서 「모두를 사랑한다네I Love Everybody」를 노래하곤 했다. 이제 저들은 노래한다.

너무 많은 사랑,

너무 많은 사랑,

그것만큼 깜둥이를 죽이는 건 없다네

너무 많은 사랑.

1967년에는 전국의 흑인 빈민가에서 미국 역사상 최대의 도시 폭동이 일어났다. 도시 소요에 관한 전국자문위원회National Advisory Committee on Urban Disorders의 보고서에 따르면, 이 폭동들은 ―백인 개인들에 대해서라기보다는― "백인이 주도하는 미국사회의 지역적인 상징들", 즉 흑인 주거지역의 권력과 재산의 상징들에 "반대하는 흑인들의 소행이었다." 위원회는 8건의 대규모 반란과 33건의 "심각하지만 대규모는 아닌" 폭동, 123건의 "소규모" 소요가 일어났다고 보고했다. 83명이 총격으로 사망했는데 대부분 뉴어크와 디트로이트에서 일어난 일이었다. "이 모든 소요사태에서 사망하거나 부상당한 사람의 압도적 다수는 흑인 민간인이었다."

위원회에 따르면, "전형적인 폭도"는 젊은 고등학교 중퇴자로 "폭동에 참여하지 않는 이웃 흑인들에 비해 어느 정도 교육을 더 받았으며, 대개 불완전고용 상태에 있거나 천한 직업에 종사하는" 흑인이었다. 이 전형적인 폭도는 "자기 인종을 자랑스럽게 여기고 백인과 중간계급 흑인 모두에 대해 극도로 적대적이며, 정치에 관해 어느 정도 식견이 있긴 하지만 정치체제를 극히 혐오"했다.

보고서는 소요를 낳은 "백인의 인종주의"를 비난하면서 "제2차 세계대전이 끝난 이래로 이 나라 도시들에 축적되어 온 폭발적인 혼합물"의 구성요소들을 분석했다.

> 고용, 교육, 주거 등에서 만연되어 있는 차별과 분리 …… 악화되는 공공시설과 서비스, 충족되지 않는 인간적 요구 등의 점증하는 위기를 낳은 주요 도시들의 빈민 흑인 층의 집중 현상…….
>
> 흑인들, 특히 젊은 흑인 층 사이에서 새로운 분위기가 생겨났으니, 높아진 인종적 자부심과 자긍심이 '체제'에 대한 무관심과 굴종을 대체하고 있는 것이다.

그러나 위원회 보고서 자체는 체제가 반란에 직면하는 경우에 흔히 동원하는 표준적인 도구에 불과했으며 그런 경우에 으레 조사위원회를 설치하고 보고서를 발표하지만 보고서의 표현은, 그 어조가 아무리 강력하더라도, 사태를 진정시키는 효과를 가지게 마련이다.

그러나 이 역시 완전히 효과를 발휘하지는 못했다. 바야흐로 '흑인의 힘 Black Power' — 백인들이 제공하거나 용인하는 모든 '진보'에 대한 의심과 온정주의에 대한 거부의 표현 — 이 새로운 구호로 등장하고 있었다. "자유는 주어지는 게 아니라 쟁취하는 것이다"라는 백인 작가 올더스 헉슬리Aldous Huxley의 발언을 아는 흑인은 거의 없었다(백인도 마찬가지였다). 그러나 흑인의 힘이라는 구호 속에는 그런 사고가 자리 잡고 있었다. 또한 인종적 자부심과 흑인의 독립에 대한 주장, 그리고 종종 이런 독립을 달성하기 위한 흑인의 분리에 대한 주장도 담겨 있었다. 맬컴 엑스는 이런 사고를 주창하는 가장 유창한 대변인이었다. 1965년 2월에 아직도 그 실체가 밝혀지지 않은 암살계획으로 연설 도중에 살해된 뒤, 맬컴 엑스는 이 운동의 순교자가 됐다. 수십만 명이 그의 『자서전*Autobiography*』을 읽었다. 맬컴 엑스는 생존 당시보다 죽은 뒤에 더 커다란 영향을 미쳤다.

마틴 루서 킹은 여전히 존경받고 있었지만 이제 흑표범당Black Panthers의 휴이 뉴튼Huey Newton을 필두로 한 새로운 영웅들이 그의 자리를 대신하고 있었다. 흑표범당원들은 흑인들이 스스로 방어해야 한다고 말하면서 총을 소지하고 다녔다.

맬컴 엑스는 1964년 말에 할렘을 방문한 미시시피의 흑인 학생들을 상대로 이렇게 말한 바 있었다.

> 여러분은 자유를 얻기 위해 여러분이 무엇이든 할 것이라는 사실을 적들에게 알림으로써 자유를 얻게 될 것입니다. 그렇게 할 때만이 자유를 얻을 것입니다. 만약 여러분이 그런 태도를 취하면, 저들은 여러분에게 '미친 흑인'이라는 딱지를 붙일 것입니다, 아니 '미친 깜둥이'라고 부를 것입니다 — 저들은 흑인이라고 말하지 않습니다. 아니 극단주의자나 전복세력, 선동분자, 빨갱이, 급진파라고 부를 것입니다. 하지만 여러분이 충분히 오랫동안 급진주의자로 남아 있고 여러분 같은 사람들을 충분히 끌어 모은다면, 자유를 얻게 될 것입니다.

연방의회는 1968년의 민권법을 통과시키는 것으로 1967년의 폭동에 대응했다. 어쩌면 이 민권법은 흑인에 대한 폭력을 금지하는 법률을 더 강력하게 만들 것이었다. 민권법은 흑인의 공민권을 박탈하는 사람들에 대한 처벌을 강화시켰다. 그러나 민권법은 이렇게 말하고 있었다. "이 조항의 규정은 경찰관이나 주방위군 군인 …… 폭동이나 민간인 소요를 진압하는 미국 연방군 군인들의 작위作爲나 부작위에는 적용되지 아니한다……."

게다가 민권법에는 — 법안 전체를 통과시키기 위해 자유주의적인 하원 의원들이 동의한 가운데 — "폭동을 조직하거나 도모, 장려, 참여, 수행하기 위한" 목적으로 주 사이를 여행하거나 (우편과 전화를 비롯한) 주간州間 시설을 이용하는 사람은 5년 이하의 징역에 처하도록 규정하는 조항이 부가됐다.

민권법은 폭동을, 폭력적인 위협을 포함하는 3명 이상의 사람들의 행위로 정의했다. 1968년의 민권법으로 기소된 최초의 인물은 학생비폭력조정위원회의 젊은 흑인 지도자 H. 랩 브라운H. Rap Brown이었는데, 그가 메릴랜드에서 분노에 찬 전투적인 연설을 한 직후에 그곳에서 인종소요가 일어났기 때문이었다. (훗날 민권법은 시카고의 반전 시위자들—'시카고의 8인Chicago Eight'—을 처벌하는 데 동원됐다.)

마틴 루서 킹 자신은 민권법에서 다루어지지 않는 문제들—빈곤에 뿌리를 둔 문제들—에 점점 더 관심을 기울이게 됐다. 1968년 봄, 킹은 워싱턴 정가의 친구들을 잃을까 봐 두려워하는 일부 흑인 지도자들의 충고를 물리치고 베트남 전쟁에 공공연하게 반대하는 발언을 하기 시작했다. 킹은 전쟁과 빈곤을 연결시켰다.

> …… 우리는 우선순위를 둘러싼 비극적인 혼란에 의문을 제기할 수밖에 없습니다. 우리는 죽음과 파괴를 위해 이 모든 돈을 소비하면서 생명과 건설적인 발전을 위해서는 거의 아무런 돈도 쓰지 않고 있습니다. …… 전쟁의 총성이 국가적 강박관념이 되면 사회적 필요는 불가피하게 손상되게 마련입니다.

이제 킹은 연방수사국의 주요한 표적이 됐으며 연방수사국은 그의 사적인 통화를 도청하고, 위조된 편지를 발송하고, 위협과 협박을 일삼았으며, 심지어 한번은 익명으로 편지를 보내 자살을 종용하기도 했다. 연방수사국의 내부 메모를 보면 그들이 킹을 대신할 흑인 지도자를 찾고 있었음을 알 수 있다. 연방수사국에 관한 1976년의 상원의 한 보고서는 연방수사국이 "마틴 루서 킹 박사를 제거"하려고 했다고 말하고 있다.

바야흐로 킹은 골치 아픈 문제들로 관심을 돌리고 있었다. 킹은 여전히 비폭력을 고집했다. 그는 폭동이 자멸적인 행동일 뿐이라고 생각했다. 그러나 폭동사태는 결코 무시할 수 없는 깊은 정서를 드러내는 것이었다. 따라서 킹은 비폭력을 "전투적이고 대중적인 비폭력이어야만 한다"고 말했다. 킹은 워싱턴에서 "빈민 천막시위Poor People's Encampment"를 벌이기로 계획했는데, 이번에는 대통령의 온정적인 승인을 받지 않았다. 그리고 청소 노동자들의 파업을 지지하기 위해 테네시 주 멤피스로 향했다. 그곳에서 자신이 머물던 호텔방 발코니에 서 있던 킹은 보이지 않는 저격수의 총에 맞아 숨을 거뒀다. 빈민 천막시위는 계획대로 이어졌고, 1932년에 있었던 제1차 세계대전 참전군인들의 보너스군대가 그랬던 것처럼 경찰에 의해 해산당했다.

킹의 죽음은 전국 곳곳에서 새로운 도시 폭동을 야기, 39명이 사망했는데 그 중 35명이 흑인이었다. 그 모든 민권법이 제정됐음에도 법원이 폭력과 불의로부터 흑인들을 보호할 의사가 없다는 증거는 쌓여만 갔다.

1. 1967년 디트로이트에서 벌어진 폭동 중에 앨지어즈 모텔에서 3명의 십대 흑인이 살해됐다. 디트로이트 경찰 3명과 흑인 사설경비원 1명이 살인혐의로 재판을 받았다. UPI 통신사의 보도에 따르면 이 4명은 2명을 총으로 쏘았다고 인정했다. 그러나 배심원단은 무죄를 평결했다.
2. 1970년 봄, 미시시피 주 잭슨에서는 흑인대학인 잭슨 주립대학 교정에서 경찰이 산탄총, 라이플총, 기관단총 등을 28초 동안 난사했다. 여학생 기숙사에 400발의 총알과 산탄총 파편이 박혔고 흑인학생 2명이 살해됐다. 지방 대배심은 이 공격이 "정당하다"고 평결했으며, 미국 지방법원 판사 해롤드 콕스Harold Cox(케네디가 임명한 인물이다)는 소요에 가담하는 학생들은 "부상을 입거나 사망하는 사태를 예상해야 한다"고 언명했다.
3. 1970년 4월 보스턴에서는 한 경찰관이 보스턴 시립병원에 입원하고 있던

비무장 상태의 흑인 남자를 총으로 살해했는데, 수건을 던졌다는 이유로 그에게 5발을 쏜 것이었다. 보스턴 시 법원의 부장판사는 경찰관에게 무죄를 선고했다.

4. 1970년 5월 조지아 주 오거스타Augusta에서 벌어진 약탈과 소요사태에서는 흑인 6명이 총에 맞아 사망했다. 『뉴욕타임스』는 이렇게 보도했다.

   경찰의 비밀보고서에 의하면, 희생자 가운데 적어도 5명이 경찰에 의해 목숨을 잃었다고 한다…….

   한 목격자는 흑인 경찰관과 그의 백인 파트너가 약탈 용의자의 등을 향해 9발의 총을 쏘는 모습을 보았다고 말했다. 38세의 사업가인 목격자 찰스 A. 레이드Charles A. Reid 씨의 말에 따르면 두 경찰은 경고사격을 하지도, 멈추라고 경고하지도 않았다고 한다.

5. 1970년 4월, 보스턴의 연방배심원단은 한 경찰관이 데븐스 기지Fort Devens에 주둔하는 흑인 병사 2명에게 "과도한 무력"을 행사, 그 중 한 사람에게 머리에 12바늘을 꿰매는 상처를 입혔다고 평결했지만, 판사는 병사들에게 3달러를 보상하라고 선고했다.

이런 경우가 '전형적인' 사건이었으며, 이 나라 역사에서 끊임없이 반복되고, 이 나라의 제도와 정신 속에 깊이 뿌리박혀 있는 인종주의로부터 아무 때나 끝도 없이 흘러나오는 일이었다. 그러나 다른 무언가가 있었다. 그것은 경찰과 연방수사국이 전투적인 흑인 조직가들을 상대로 벌인 계획된 폭력행위였다. 1969년 12월 4일, 새벽 다섯 시가 채 못 된 시각에 기관단총과 산탄총으로 무장한 시카고 경찰분대가 흑표범당원들이 살고 있던 한 아파트를 습격했다. 경찰은 최소한 82발, 어림잡아 200발의 총알을 아파트에 난사, 침대에 누워 있던 21세의 흑표범당 지도자 프레드 햄턴Fred Hampton과 또 한 명의 흑표범당원 마크 클라크Mark Clark를 살해했다. 몇 년 뒤 재판 과정에서 연방수사국이 흑표범당 내부에 정보원을 보유하고 있었으며 프레드 햄턴의 침대 주변을 비롯한 아파트 평면도를 건네받았다는 사실이 드러났다.

여러 가지 양보조치—입법, 연설, 린든 존슨 대통령이 민권운동의 찬가 「우리 승리하리라*We Shall Overcome*」를 부른 일 등—가 효과를 발휘하지 못했기 때문에 이제 정부는 살인과 테러에 호소하고 있었던 것일까? 훗날 밝혀진 바로는 민권운동 시기 내내 정부는 의회를 통해 양보조치를 취하는 한편으로 연방수사국을 동원, 전투적인 흑인단체들을 괴롭히고 붕괴시키려는 공작을 벌였다. 1956~1971년 사이에 연방수사국은 대규모 대파괴분자 첩보활동 프로그램Counterintelligence Program(코인텔프로COINTELPRO라고 알려졌다)을 통해 흑인 단체에 대한 295차례의 공작을 전개했다. 흑인들의 전투성은 파괴공작에 완강하게 저항하는 것처럼 보였다. 1970년에 연방수사국이 닉슨 대통령에게 제출한 한 비밀보고서는, "최근 여론조사를 보면 전체 흑인 가운데 약 25퍼센트가 흑표범당을 매우 존경하고 있으며 21세 이하 흑인의 경우에는 그 비율이 43퍼센트에 이른다"고 지적했다. 1966년 미시시피 주 그린빌에서는 흑인 빈민 70명이 비어 있는 공군 막사를 점거했다가 군대에 의해 쫓겨났다. 현지 여성 유니타 블랙웰Unita Blackwell 부인은 이렇게 말했다.

> 연방정부가 가난한 사람들에게는 전혀 관심을 기울이지 않고 있음이 입증됐다고 생각합니다. 우리가 지난 3년 동안 요구했던 모든 것이 이제 종이쪽지로 전락했습니다. 결코 실현되지 않은 것이지요. 우리 미시시피의 빈민들은 이제 지쳤습니다. 우리는 너무나도 지쳤으며, 따라서 우리를 대표하는 정부가 없기 때문에 우리 스스로 정부를 건설하려 합니다.

1967년 디트로이트 폭동을 통해 혁명적 변혁을 이루려는 흑인 노동자들을 조직하는 데 전념하는 한 조직이 탄생했다. 흑인노동자혁명동맹League of Revolutionary Black Workers이 그것으로, 이 조직은 1971년까지 활동하면서 디트로이트의 수천 명의 흑인 노동자들에게 영향을 미쳤다.

이처럼 새로운 강조는 계급착취라는 쟁점을 둘러싸고 흑인과 백인이 단결하는 가능성을 낳았기 때문에 민권보다 위험한 것이었다. 일찍이 1963년 11월에 A. 필립 랜돌프는 미국노련산별회의〔AFL-CIO. 1955년에 미국노동연맹과 산업별조직회의가 통합해 만들어진 조직〕 총회에서 민권운동에 관해 발언하면서 그 방향을 예견한 바 있었다. "오늘날 흑인들의 저항은 '하층계급'에서 나온 최초의 움직임일 뿐입니다. 흑인들이 거리로 나아감에 따라 모든 인종의 실업자들 역시 거리로 몰려나갈 것입니다."

역사적으로 백인들에게만 시도됐던 —경제적인 미끼로 일부 소수를 체제 안으로 끌어들이려는— 노력이 흑인들에게도 개시됐다. '흑인 자본주의black capitalism'에 관한 이야기가 나돌았다. 백악관은 전국유색인지위향상협회와 인종평등회의 지도자들을 초청했다. 자유승차단의 일원으로 전투적인 투사였던 인종평등회의의 제임스 파머James Farmer는 닉슨 행정부에서 자리를 제공받았다. 인종평등회의의 플로이드 매키식Floyd McKissick은 노스캐롤라이나에 주택단지를 조성하는 데 1,400만 달러의 정부차관을 얻었다. 린든 존슨은 경제기회청Office of Economic Opportunity을 통해 일부 흑인들에게 일자리를 줬고, 닉슨은 소수인종사업지원청Office of Minority Business Enterprise을 설립했다.

체이스맨해튼 은행과 (이 은행을 지배하고 있던) 록펠러 가는 '흑인 자본주의'를 발전시키는 데 각별한 관심을 기울였다. 록펠러 가는 줄곧 도시민연맹[10]의 재정적 후원자였으며, 남부의 흑인대학들을 지원함으로써 흑인 교육에 지대한 영향을 미치고 있었다. 데이비드 록펠러David Rockefeller는 흑인 기업가들에게 자금을 지원하는 일이 단기적으로는 성과가 없을지도 모르지만 "지금부터 4년에서 5년, 10년 동안 기업들이 계속 이윤을 낼 수 있는 환경을 조성하는 데" 필요하다고 동료 자본가들을 설득하려 애썼다. 그러나 이 모든 노력에도 흑인 사업체는 여전히 극히 미미한 규모에 머물렀다. 1974년 당시 가장 큰 흑인 기업(모타운 산업Motown Industries)이 4,500만 달러의 매출액을 기록한 데 비해, 엑손의 매출액은 420억 달러였다. 흑인 소유 사업체의 총수입액은 전체 기업소득의 0.3퍼센트에 불과했다.

바뀐 것은 별로 없었지만 선전은 대대적이었다. 신문과 텔레비전에 흑인들의 얼굴이 전보다 많이 등장, 변화가 이루어졌다는 인상을 만들어 내고 작지만 중요한 수의 흑인 지도자들을 주류 안으로 흡수했다.

이에 반대하는 몇몇 새로운 흑인의 목소리가 있었다. 로버트 앨런(『자본주의 미국에서의 흑인의 각성*Black Awakening in Capitalist America*』)은 이렇게 썼다.

> 만약 공동체 전체가 혜택을 받으려면, 공동체 내부 경제와 백인이 지배하는 미국과 관련된 사업을 공동체 전체가 집단적으로 관리하도록 조직되어야만 한다. 흑인 기업체들은 개인이나 한정된 개인들의 집단의 사적 자산이 아니라 흑인공동체 전체에 속하는 사회적 자산으로 간주되고 운영되어야 한다. 이를 위해서는 흑인공동체 내의 자본주의적 소유관계를 해체하고 계획적인 공유경

---

10) Urban League(오늘날의 명칭은 National Urban League): 인종차별을 피해 남부 흑인들이 대거 북부로 이주한 1910년에 설립된 민권조직으로 북부에 와서도 경제적 기회와 평등을 얻지 못한 채 도시빈민으로 전락한 흑인들의 권익을 향상시키기 위한 활동에 집중했다. 현재는 흑인 교육과 경제적 자립 원조 등 사회, 경제적으로 주류에 진입할 수 있도록 여러 프로그램을 진행하고 있다.

제로 대체하는 게 필요하다.

흑인 여성 패트리샤 로빈슨Patricia Robinson은 1970년에 보스턴에서 배포된 한 소책자(『가난한 흑인 여성*Poor Black Woman*』)에서 남성 지배를 자본주의와 연결시키면서 흑인 여성은 "전 세계의 무산자들과 그들의 혁명적 투쟁에 연합해야 한다"고 말했다. 로빈슨은 또한 과거에는 가난한 흑인 여성이 "사회 및 경제 체제에 의문을 제기하지" 않았지만 이제는 의문을 제기해야 하며, 또 실제로 "이미 그들은 공격적인 남성의 지배와 그것을 강화하는 계급사회, 즉 자본주의에 의문을 제기하기 시작했다"고 지적했다.

또 다른 흑인 여성 마거릿 라이트Margaret Wright는 만약 남성과의 평등이 살육의 세계, 경쟁의 세계에서의 평등을 의미한다면 자신은 그런 평등을 위해 싸우지는 않겠다고 말했다. "나는 이 저주받은 착취에서 경쟁하고 싶지 않다. 나는 어느 누구도 착취하고 싶지 않다……. 나는 흑인이 될 권리, 나 자신이 될 권리를 원한다……."

1960년대 말과 1970년대 초에 체제는 놀랄 만큼 폭발적인 흑인들의 솟구치는 힘을 억제하기 위해 열심히 노력했다. 남부에서는 많은 수의 흑인들이 투표에 참여했고, 1968년의 민주당 전당대회에서는 흑인 3명이 미시시피 주의원으로 받아들여졌다. 1977년에 이르러서는 2,000명 이상의 흑인이 남부 11개 주에서 관직에 올랐다(1965년에는 그 수가 72명이었다). 연방하원의원 2명, 주 상원의원 11명, 주 하원의원 95명, 군정위원회 위원 267명, 시장 76명, 시의회 의원 824명, 군郡 보안관 및 경찰서장 18명, 교육위원회 위원 508명 등이었다. 이것은 극적인 진보였다. 그러나 남부 전체 인구의 20퍼센트를 차지하는 흑인들이 여전히 선출직의 3퍼센트 미만을 차지하고 있었다. 『뉴욕타임스』의 한 기자는 1977년의 새로운 상황을 분석하면서 흑인들이 시의 요직을 차지한 곳에서조차 “거의 항상 백인들이 경제력을 계속 장악했다”고 지적했다. 흑인인 메이너드 잭슨Maynard Jackson이 애틀랜타 시장이 된 뒤에도 “백인의 기존 사업체들은 계속해서 영향력을 행사했다.”

시내 식당과 호텔에 갈 능력이 있는 남부의 흑인들은 이제 인종이라는 장벽에 가로막히지는 않았다. 더 많은 흑인들이 단과대학과 종합대학, 법대와 의대에 갈 수 있었다. 북부 도시들에서는 주거지역이 분리되었지만 인종적으로 혼합된 학교를 만들기 위해 아이들을 통학버스로 실어 날랐다. 그러나 그 어느 것도 프랜시스 피번과 리처드 클라워드(『가난한 사람들의 운동』)가 “흑인 하층계급의 파괴”라고 지칭한 과정 — 실업, 흑인 빈민가의 악화, 범죄, 마약중독, 폭력의 증가 — 을 중단시키지는 못했다.

1977년 여름, 노동부는 흑인 청년층의 실업률이 34.8퍼센트라고 보고했다. 소규모 흑인 중간계급이 창출됨으로써 흑인 소득의 전반적인 통계수치는 끌어올렸지만 새롭게 상승한 중간계급 흑인과 뒤처진 가난한 흑인 사이에는 커다란 불균형이 존재했다. 소수 흑인들에게 새로운 기회가 주어졌지만, 1977년 당시 중간 수준 흑인 가구의 소득은 같은 중간 수준 백인 가구의 약 60퍼센트에 불과했고, 흑인들은 당뇨병으로 사망할 확률이 백인의 두 배였으며, 빈민가에 만연한 빈곤과 절망에 기인하는 강력범죄의 희생자가 될 확률은 7배에 달했다.

1978년 초 『뉴욕타임스』의 한 기사는 이렇게 말하고 있다. “ …… 1960년대에 도시 폭동을 경험한 지역들은, 몇몇 예외가 있긴 하지만, 거의 아무것도 바뀌지 않았으며, 빈곤이 대부분의 도시로 확산됐다.”

통계수치만으로는 모든 상황을 알 수 없다. 연방정부가 체제 때문에 희소해진 자원을 놓고 흑인 빈민과 백인 빈민을 경쟁시키는 방식으로 가난한 흑인들에게 양보조치를 취함에 따라, 남부에 국한된 것이 아니라 언제나 전국적인 현실이었던 인종주의가 북부 도시들에서도 등장하게 됐다. 노예제에서 해방되어 자본주의하에서 자리를 잡게 된 흑인들은 오래 전부터 부족한 일자리를 놓고 백인들과 충돌할 수밖에 없었다. 주거지역에서 분리가 사라짐에 따라 흑인들은 백인 동네로 이사가려고 노력하게 됐고, 자신들 역시 가난하고 혼잡하게 생활하며 많은 문제를 겪고 있던 백인들은 이 흑인들을 분노의 과녁으로 삼게 됐다. 1977년 11월, 보스턴 『글로브』에는 이런 기사가 실렸다.

> 경찰의 말에 의하면 인종문제가 동기가 된 공격으로 보이는 사건인, 일단의 백인 청년들이 일주일 내내 돌을 던지고 창문을 깨는 등의 일이 발생한 뒤인 어제, 6명의 히스패닉계 가족은 결국 도체스터의 세이빈힐Savin Hill 지구에 있는 아파트를 버리고 이사했다.

보스턴에서는 흑인 아이들을 백인 학교로, 백인 아이들을 흑인 학교로 통학시키는 정책으로 백인 지역에서 폭력의 물결이 일어났다. 학교에서 인종통합을 실시하기 위해 통학버스를 이용한 것—흑인들의 운동에 대한 대응으로 정부와 법원이 주도했다—은 저항을 막기 위한 교묘한 양보였다. 그것은 체제가 모든 빈민들에게 제공한 형편없고 불충분한 학교들을 둘러싸고 가난한 백인과 흑인들이 경쟁하게 만드는 효과를 발휘했다.

흑인들—빈민가로 둘러막히고, 중간계급의 성장으로 분할되고, 빈곤으로 많은 수가 목숨을 잃고, 정부에 의해 공격을 받고, 백인들과의 갈등으로 내몰린 흑인들은 통제되고 있었을까? 확실히 1970년대 중반에는 거대한 흑인운동은 전혀 전개되지 못했다. 그렇지만 이미 싹을 틔운 새로운 흑인의 의식은 여전히 살아남았다. 또한 남부의 백인과 흑인들은 고용주들에 대항하는 하나의 계급으로서 단결하기 위해 인종적 구분선을 넘어서고 있었다. 1971년 미시시피의 흑백 목공 2,000명은 임금을 낮추는 결과를 가져온 새로운 목재 치수 측정방식에 항의하기 위해 힘을 모았다. 대부분 남부에 소재한 85개 공장에서 4만 4,000명의 노동자가 일하는 J. P. 스티븐스J. P. Stevens 소유의 섬유회사에서는 흑인과 백인이 함께 노동조합 활동을 벌였다. 1977년에 조지아 주 티프턴Tifton과 밀리지빌Milledgeville에서는 흑인과 백인들이 자신들이 일하는 공장 노동조합의 각종 위원회에서 함께 일했다.

새로운 흑인운동은 1960년대 민권운동의 한계를 넘어, 1970년대의 자생적인 도시 폭동을 넘어, 분리주의를 넘어, 역사적인 새로운 동맹이라는 백인과 흑인의 연합으로 나갈 것인가? 1978년에는 이에 대한 해답을 알 길이 없었다. 1978년 당시 600만의 흑인이 실업상태였다. 랭스턴 휴즈가 말한 것처럼, 훗날로 미뤄진 꿈에 어떤 일이 벌어질까? 말라 버릴까, 아니면 폭발해 버릴까? 만약 과거와 마찬가지로 그 꿈이 폭발한다면, 그것은 ―미국 흑인들의 생활조건에 기인하는― 어떤 필연성을 따르는 것일 테지만, 어느 누구도 언제 폭발할지 알 수 없으므로 갑작스럽게 닥치게 될 것이다.

18

불가능한 승리: 베트남

1968 • 베트남에서 미군의 미라이 학살 사건 발생
한 미군 중대가 베트남의 미라이 마을에서 여성과 노인, 어린아이가 대부분인 민간인 400여 명을 집단 학살

1969 • 대규모 반전 시위, 전국으로 확산

1970 • 캄보디아 침공

1973 • 미국, 베트남에서 철수

1975 • 베트남, 베트남 민주공화국으로 통일

1964~1972년까지, 세계 역사상 가장 부유하고 강력한 나라가 한 작은 농업국가의 혁명적 민족주의 운동을 파괴하기 위해 원자탄을 제외한 모든 수단을 동원해 군사적 노력을 기울였다 — 그리고 패배했다. 미국이 베트남에서 싸웠을 때, 그것은 조직화된 현대의 테크놀로지와 조직화된 인간 사이의 싸움이었으며 결국 인간이 승리했다.

이 전쟁이 진행되는 동안 미국에서는 일찍이 이 나라가 경험해 보지 못한 거대한 반전운동이 있었고 이 운동은 전쟁을 종식시키는 데 결정적인 역할을 수행했다.

그것은 1960년대의 또 다른 놀라운 사실이었다.

1945년 가을, 제2차 세계대전에서 패배한 일본은 전쟁 초기에 점령한 프랑스 식민지인 인도차이나에서 철수할 수밖에 없었다. 한편 인도차이나의 혁명운동은 이미 성장을 거듭해 오면서 식민지배를 끝장내고 인도차이나 농민들의 새로운 삶을 쟁취하기로 결의한 상태였다. 호치민Ho Chi Minh이라는 공산주의자가 이끄는 혁명가들은 일본에 맞서 싸웠고, 일본인들이 철수한 1945년 말에 하노이에서 100만 명의 인파가 거리로 몰려나온 가운데 극적인 기념식을 열고 독립선언서를 발표했다. 프랑스혁명의 인간과 시민의 권리선언Declaration of the Rights of Man and the Citizen과 미국 독립선언서에서 많은 구절을 빌려온 베트남 독립선언서는 이렇게 시작된다. "모든 사람은 평등하게 태어났다. 조물주는 몇 개의 양도할 수 없는 권리를 부여했는 바, 생명과 자유와 행복의 추구가 그것이다." 1776년에 미국인들이 영국 국왕에 대한 불만을 열거했던 것처럼, 베트남인들도 프랑스의 지배에 대한 불만을 토로했다.

> 그들은 비인간적인 법률을 강요했다……. 그들은 학교보다 감옥을 더 많이 지었다. 그들은 우리의 애국자들을 무자비하게 살육했으며 봉기를 피바다로 물들였다. 그들은 여론에 족쇄를 채웠다……. 그들은 우리의 논과 우리의 광산, 우리의 숲, 우리의 천연자원을 강탈했다…….
>
> 그들은 셀 수조차 없는 부당한 과세를 만들어 우리 국민, 특히 우리 농민들을 극빈상태로 몰아넣었다…….
>
> 지난해 말부터 올해 초까지 …… 200만 이상의 우리 동포가 굶어죽었다…….
>
> 공통된 목적으로 고취된 전체 베트남 인민은 이 나라를 재정복하려는 프랑스 식민주의자들의 어떤 시도에도 죽을 때까지 맞서 싸울 것을 결의하는 바이다.

원래 "일급 기밀"이었지만 유명한『국방부 문서』사건으로 대니얼 엘스버그Daniel Ellsberg와 앤서니 루소Anthony Russo에 의해 공개된 베트남 전쟁에 대한 미 국방부 연구서는 호치민의 활동을 이렇게 묘사했다.

> …… 호치민은 이미 베트남독립동맹[11]을 일본과 프랑스에 맞서 효과적으로

---

11) Viet Minh: 정식 명칭은 Viet Nam Doc Lap Dong Minh Hoi. 제2차 세계대전 중에 결성된 항일전선연합체로서 전후에는 호치민을 중심으로 프랑스에 저항하는 운동을 계속했다. 베

저항할 수 있는 베트남 전체 차원의 유일한 정치조직으로 구축해 놓은 상태였다. 호치민은 전국민적인 지지를 받는 베트남의 유일한 전시 지도자였으며, 1945년 8월에서 9월 사이에 일본을 타도하고 …… 베트남민주공화국을 창설하고 진주하는 연합군을 위해 환영식을 개최하면서 베트남 국민들 사이에서 널리 충성을 얻고 있음을 확인시켜 줬다……. 1945년 9월의 몇 주 동안, 베트남은 ―근대사에서 최초이자 유일하게― 외국의 지배에서 벗어나 호치민의 지도하에 남에서 북까지 통일됐다…….

서구 강대국들은 이미 이런 상황을 변화시키기 위해 활동하고 있었다. 영국은 인도차이나 반도 남반부를 점령하고 곧 그 지역을 프랑스에 돌려줬다. 국민당의 중국(공산주의 혁명 전까지 장제스가 지배하고 있었다)이 인도차이나의 북부를 점령했는데, 미국은 프랑스에 돌려주라고 중국을 설득했다. 호치민은 한 미국 언론인에게 "우리는 분명히 아주 외로운 상황입니다……. 우리는 우리 자신에게 의지해야 할 것입니다"라고 말했다.

1945년 8월에서 1946년 2월 사이에 호치민은 트루먼 대통령에게 8통의 편지를 보내 대서양헌장의 민족자결권에 관한 약속을 상기시켰다. 한 편지는 트루먼과 유엔에 동시에 발송됐다.

다음과 같은 문제에 관해 순수하게 인도적인 차원에서 귀하의 관심을 촉구하고자 합니다. 1944년 겨울부터 1945년 봄 사이에 베트남인 200만 명이 굶어죽었는데, 이것은 프랑스가 모든 쌀을 강탈해 썩을 때까지 저장해 두는 기아정책을 추진했기 때문입니다……. 1945년 여름에는 경작지의 4분의 3이 홍수로

트남 통일 전까지 베트남민주공화국, 즉 북베트남의 중핵단체였다.

침수됐고 극심한 가뭄이 잇따른 결과 정상적인 수확량의 6분의 5가 소실됐습니다……. 많은 사람들이 굶주리고 있습니다……. 세계 강대국들과 국제구호기구에서 즉각적인 원조를 해주지 않을 경우 우리는 임박한 재앙에 맞닥뜨릴 것입니다…….

트루먼은 결코 답장을 보내지 않았다.

1946년 10월에 프랑스가 베트남 북부의 항구도시 하이퐁Haiphong을 폭격함으로써 누가 베트남을 통치할 것인가를 둘러싸고 베트남독립동맹운동과 프랑스 사이에 8년간 이어질 전쟁이 시작됐다. 1949년에 중국에서 공산당이 승리를 거두고 이듬해 한국 전쟁이 일어난 뒤, 미국은 막대한 양의 군사원조를 프랑스에 제공하기 시작했다. 1954년까지 미국은 인도차이나에 주둔하고 있는 프랑스 군대 전체를 무장시키기에 충분한 소형화기와 기관총 30만 정과 10억 달러를 제공했다. 모두 합해 미국은 프랑스의 전쟁 수행 비용의 80퍼센트를 부담하고 있었다.

미국은 왜 이런 일을 했을까? 국민 대중에게는 미국이 아시아에서 공산주의를 저지하기 위해 돕고 있다고 말했지만, 대중적인 논의는 많지 않았다. 1950년의 국가안전보장회의National Security Council(대외정책에 관해 대통령에게 자문하는 기구였다) 비망록에는 훗날 '도미노 이론domino theory'이라 알려지게 된 논리—마치 일렬로 늘어선 도미노처럼, 한 나라가 공산주의에 굴복하게 되면 다음 나라도 똑같이 굴복하고 이런 과정이 계속 이어진다는 논리—에 관한 논의가 있었다. 따라서 첫 번째 도미노가 쓰러지지 않게 막는 게 중요한 일이었다.

1952년 6월의 국가안전보장회의 비망록 역시 중국, 필리핀, 타이완, 일본, 남한 등으로 이어지는 미국 군사기지의 연결을 지적했다.

동남아시아 전역을 공산주의가 지배하게 된다면, 태평양 앞바다 섬들을 연결하는 미국의 입지가 불확실해지며 나아가 극동에서 미국의 근본적인 안보이익도 심각한 위험에 처하게 된다.

그리고,

동남아시아, 특히 말레이 반도와 인도네시아는 천연고무와 주석의 세계적인 주산지이자 석유를 비롯한 전략적으로 중요한 상품의 생산지이다…….

또한 일본이 동남아시아에서 생산되는 쌀에 의존하고 있으며, 따라서 동남아시아에서 공산주의가 승리하게 될 경우 "궁극적으로 일본이 공산주의와 타협하는 사태를 막기가 극도로 어려워질 것"이라는 점도 지적됐다.

1953년에 하원의 한 조사단은 이렇게 보고했다. "인도차이나 지역은 쌀, 고무, 석탄, 철광석 등을 엄청나게 보유하고 있다. 인도차이나는 다른 동남아시아 지역에 대해 전략적으로 중요한 위치를 차지하고 있다." 그해 국무부의 한 비망록은 프랑스가 인도차이나 전쟁에서 패배하고 있고, "토착민들의 충분한 지지를 얻는 데" 실패했으며, 협상을 통한 해결은 "결국 인도차이나뿐만 아니라 동남아시아 전역을 공산주의에 넘겨주는 사태를 의미할 뿐"임을 우려하면서 이렇게 결론을 내렸다. "프랑스가 실제로 철수하기로 결정을 내린다면, 미국은 이 지역을 접수할 것인지에 관해 심각하게 고려해야만 할 것이다."

1954년 베트남인들은 호치민과 혁명운동을 압도적으로 지지했으며, 반대로 대중적 지지를 얻지 못한 프랑스는 결국 철수해야만 했다.

제네바에서 국제회의가 열려 프랑스와 베트남독립동맹 사이에 평화협정을 주재했다. 제네바회담에서 프랑스는 베트남 남부지역으로 일시적으로 철수할 것, 베트남독립동맹은 북부에 그대로 남아 있을 것, 2년 이내에 통일 베트남에서 베트남인들이 자신들의 정부를 뽑기 위한 선거를 실시할 것 등이 합의됐다.

미국은 베트남의 통일을 저지하고 남베트남을 미국의 세력권으로 안정시키기 위해 신속하게 움직였다. 미국은 얼마 전까지도 뉴저지에 살고 있던 응오딘디엠Ngo Dinh Diem이라는 전직 베트남 관리를 국가수반으로 앉히고 예정된 통일선거를 실시하지 말라고 부추겼다. 1954년 초에 열린 미 합참회의 비망록은, 정보부의 평가에 따르면 "자유선거에 기반을 둔 해결이 이루어지면 연합3국〔Associated States. 라오스, 캄보디아, 베트남 — 제네바회담으로 만들어진 인도차이나의 세 지역(지은이)〕을 공산주의의 수중에 빼앗기는 결과를 보게 될 것이 거의 확실하다"고 언급했다. 디엠은 베트남독립동맹이 요구하는 선거를 거듭해서 가로막았고, 미국의 자금과 무기 지원으로 디엠 정부의 기반은 점점 더 확고해졌다. 『국방부 문서』에서 지적한 것처럼, "남베트남은 본질적으로 미국의 피조물이었다."

디엠 정권은 점차 인기를 잃어갔다. 대다수 베트남인이 불교도인 데 반해 디엠은 가톨릭교도였고, 농민들의 나라인 베트남에서 디엠은 지주에 가까웠다. 겉치레뿐이었던 디엠의 토지개혁은 결국 아무것도 변화시키지 않았다. 디엠은 현지인들이 뽑은 성省 행정장관을 사이공에서 직접 임명한 휘하의 인물들로 대체했다. 1962년에 이르면 성 행정장관의 88퍼센트가 군인으로 교체됐다. 디엠은 정권의 부패와 개혁의 결여를 비판하는 베트남인들을 점점 더 투옥하게 됐다.

디엠의 국가기구가 영향을 미치지 못하는 농촌지역을 중심으로 정권에 대한 반대가 급격하게 성장했고, 1958년경에는 정권에 맞서는 게릴라 활동이 시작됐다. 하노이의 공산당 정권은 남베트남의 반체제 운동을 원조, 장려했으며 게릴라 운동을 지원하기 위해 남부로 사람들 — 이들 대부분은 제네바협정 뒤 북부로 간 남부인들이었다 — 을 보냈다. 1960년에 남부에서 민족해방전선National Liberation Front이 결성됐다. 그들은 정권에 반대하는 다양한 세력을 결집시켰고, 그 힘은 민족해방전선을 자신들의 일상적인 삶을 바꿀 수 있는 희망으로 바라본 남베트남 농민들로부터 나온 것이었다. 미국 정부 분석가인 더글러스 파이크Douglas Pike는 반란자들과 나눈 대담과 노획한 문서들에 기초해 저술한 『베트콩*Viet Cong*』에서 미국이 직면한 사태에 대해 현실적인 평가를 내리려고 노력했다.

> 대중조직이 사실상 존재하지 않는 …… 나라에서 민족해방전선은 남베트남의 2,561개 촌락에 전국적인 규모의 정치·사회 조직을 만들어 냈다……. 민족해방전선을 제외하고는 남베트남에는 실제로 대중에 기반을 둔 정당이라고는 하나도 없었다.

파이크는 이렇게 썼다. "공산당원들은 남베트남 촌락들에 의미심장한 사회적 변화를 야기했으며, 그 대부분은 통신이라는 수단을 통해 이루어졌다." 다시 말해 그들은 전사라기보다는 조직가였다. "민족해방전선에 관해 무엇보다도 내가 놀란 점은 사회혁명을 첫 번째로, 전쟁을 두 번째로 삼은 그들의 완전성이었다." 파이크는 이 운동에 농민들이 대규모로 참여한 사실에 깊은 인상을 받았다. "베트남 농민들은 단지 권력투쟁의 볼모가 아니라 공격의 예봉으로 간주됐다. 그들은 최선봉에 서 있었다." 파이크의 말을 들어보자.

> 이 광범위한 조직화 활동의 목표는 …… 촌락의 사회적 질서를 개조하고 자치를 훈련시키는 것이었다. 이것이야말로 민족해방전선이 처음부터 줄곧 견지해 온 취지였다. 남베트남공화국군ARVN(사이공) 병사들을 살해하는 것도, 부동산을 점거하는 것도, 어떤 대규모 총력전을 준비하는 것도 아니라 …… 자치라는 수단을 통해 농촌 주민들 한가운데서 조직화를 수행하는 것이었다.

파이크는 1962년 초반 당시 민족해방전선의 성원이 약 30만을 헤아린다고 추산했다. 『국방부 문서』는 이 시기에 관해 이렇게 말하고 있다. "오로지 베트콩만이 농촌지역에서 실질적인 지지를 얻고 광범위한 영향력을 행사했다."

1961년 초에 대통령직에 오른 케네디는 트루먼과 아이젠하워의 동남아시아 정책을 계속 추구했다. 『국방부 문서』에 따르면, 케네디는 거의 취임과 동시에 "파괴행위와 가벼운 공격"을 수행하기 위해 "북베트남에 요원을 파견하는" 등의 베트남과 라오스에 대한 다양한 비밀 군사행동 계획을 승인했다. 일찍이 1956년에 케네디는 "디엠 대통령의 놀라운 성공"을 거론하면서 디엠 치하의 베트남에 관해 "이 나라의 정치적 자유는 일종의 영감을 준다"고 언급한 바 있었다.

1963년 6월의 어느 날, 사이공의 광장에서 한 불교 승려가 앉은 채로 자신의 몸에 불을 질렀다. 뒤이어 더 많은 불교 승려들이 디엠 정권에 대한 반대를 극적으로 드러내기 위해 분신자살하기 시작했다. 디엠의 경찰은 불교 사원을 습격, 30명의 승려에게 부상을 입히고 1,400명을 체포했으며 사원을 폐쇄시켰다. 사이공에서는 시위가 잇따랐다. 시위대에 대한 경찰의 발포로 9명이 목숨을 잃었다. 고대의 수도였던 후에Hué에서는 1만 명이 이에 항의하는 시위를 벌였다.

제네바협정하에서 미국은 남베트남에 685명의 군사고문단을 파견할 수 있었다. 아이젠하워는 비밀리에 수천 명을 파견했다. 케네디 행정부하에서는 그 숫자가 1만 6,000명으로 늘어났고, 이들 가운데 일부가 전투작전에 참여하기 시작했다. 디엠은 패배하고 있었다. 바야흐로 민족해방전선이 조직한 현지 촌락민들이 남베트남 농촌지역 대부분을 장악하고 있었다.

디엠은 성가신 존재이자 베트남에 대한 효과적인 지배를 가로막는 장애물이 되고 있었다. 몇몇 베트남 장성들이 루시언 코네인Lucien Conein이라는 중앙정보국 요원과 접촉하면서 디엠 정권을 전복시키려는 음모를 꾸미기 시작했다. 코네인은 쿠데타를 열성적으로 지지하는 미국 대사 헨리 캐버트 로지와 비밀리에 회동을 가졌다. (『국방부 문서』에 따르면) 로지는 10월 25일에 케네디의 보좌관 맥조지 번디McGeorge Bundy에게 이렇게 보고했다. "저는 각자 분명하게 제가 내린 명령을 실행에 옮긴 찬반돈Tran Van Don 장군과 코네인 사이의 만남을 이미 개인적으로 승인했습니다." 케네디는 주저하는 듯했지만 디엠에게 경고하는 조치는 전혀 이루어지지 않았다. 사실 로지는 쿠데타 직전이자 코네인을 통해 쿠데타 음모자들과 접촉을 가진 직후에 한 해변 휴양지에서 디엠과 주말을 함께 보냈다. 1963년 11월 1일, 군 장성들이 대통령궁을 공격하자 디엠은 로지 대사에게 전화를 걸었고, 아래와 같은 대화가 오갔다.

디엠: 일부 부대가 반란을 일으켰는데 미국의 입장이 무엇인지 알고 싶소.

로지: 그런 말을 할 만큼 많은 정보를 확보하지 못했습니다. 총소리를 듣긴 했지만, 저는 아직 사건의 전모를 알지 못합니다. 게다가 지금 워싱턴은 새벽 4시 30분이고, 미국 정부 역시 어떤 견해를 제시할 수는 없을 듯합니다.

디엠: 그렇다고 해도 당신은 대체적인 생각은 있을 거 아니오…….

로지는 자신이 그의 신변안전을 위해 무엇이든 할 수 있는 일이 생긴다면 다시 전화를 달라고 말했다.

그것이 디엠이 미국인과 나눈 마지막 대화였다. 디엠은 대통령궁에서 도망쳤지만, 동생과 함께 쿠데타 세력에게 붙잡혔고, 트럭에 실려 끌려간 뒤 처형됐다.

그에 앞서 1963년 초에 케네디 행정부의 국무차관 U. 알렉시스 존슨U. Alexis Johnson은 디트로이트 경제인 클럽Economic Club of Detroit에서 연설을 했다.

> 수세기에 걸쳐 사방에서 공격을 가한 강대국들에게 동남아시아가 어떤 매력이 있었던 것일까요? 동남아시아가 탐나는 지역이자 중요한 지역이 된 이유는 무엇일까요? 첫째, 동남아시아는 기후가 좋고 토양이 비옥하며 풍부한 천연자원을 가진데다가 그 대부분 지역이 비교적 인구밀도가 희박하며 확장할 수 있는 여지도 많기 때문입니다. 동남아시아 각국은 쌀, 고무, 티크목재, 옥수수, 주석, 향신료, 석유 등 수출가능하면서도 풍부한 자원이 넘쳐납니다…….

이것은 케네디 대통령이 국민들에게 설명할 때 구사하는 언어가 아니었다. 1962년 2월 14일에 가진 기자회견에서 케네디는 이렇게 말했다. "그렇습니다. 여러분도 아시다시피, 지난 10여 년 동안 미국은 베트남 정부와 국민이 독립을 유지할 수 있도록 원조해 왔습니다."

디엠이 처형당하고 3주 뒤에 케네디 자신도 암살당했고 린든 존슨 부통령이 대통령에 취임했다.

디엠의 뒤를 이은 군 장성들도 민족해방전선을 억누르지 못했다. 이번에도 역시, 미국 지도자들은 민족해방전선의 대중성과 그 병사들의 높은 사기에 관해 당혹감을 표명했다. 국방부 역사가들의 기록〔『국방부 문서』를 말한다〕에 의하면, 1961년 1월에 케네디 대통령 당선자를 만난 아이젠하워는 "이런 식의 〔군사〕개입에서 왜 우리는 늘 공산당 군대의 사기가 민주주의 군대의 사기보다 높은 현실을 목도하게 되는지에 대해 큰소리로 의문을 표명했다." 그리고 맥스웰 테일러Maxwell Taylor 장군은 1964년 말에 이렇게 보고했다.

> 끊임없이 부대를 재구축하고 인적·물적 손실을 보충할 수 있는 베트콩의 능력은 게릴라 전쟁의 수수께끼 가운데 하나이다……. 베트콩 부대는 불사조와 같은 회복력을 가지고 있을 뿐만 아니라 사기를 유지하는 놀라운 능력도 보유하고 있다. 베트콩 포로들이나 노획한 베트콩 문서에서 사기가 침체된 증거를 발견한 경우는 극히 드물다.

1964년 8월 초, 존슨 대통령은 베트남에서 전면전을 개시하기 위해 북베트남 해안의 통킹 만Gulf of Tonkin에서 벌어진 일련의 은밀한 사태를 활용했다. 존슨과 국방장관 로버트 맥나마라Robert McNamara는 미국 국민들에게 북베트남 어뢰정이 미국 구축함을 공격했다고 말했다. 맥나마라의 말이다. "미국 구축함 매독스Maddox 호가 공해상에서 일상적인 정찰을 하던 중에 아무 이유도 없이 공격을 받았습니다." 훗날 통킹 만 사건이 날조된 것이었음이, — 케네디 행정부하의 쿠바 침공 때 그랬던 것처럼 — 미국의 최고위 관료들이 국민에게 거짓말을 했음이 밝혀졌다. 사실 중앙정보국은 북베트남의 해안 군사시설을 공격하는 비밀 작전을 벌이고 있었다 — 따라서 북베트남 측의 공격이 있었다 하더라도 "아무 이유도 없는" 공격은 아니었을 것이다. 매독스 호 역시 "일상적인 정찰"이 아니라 특수 전자첩보 작전을 벌이고 있었다. 게다가 그곳은 공해상이 아니라 베트남 영해였다. 맥나마라의 말과 달리 매독스 호가 어뢰공격을 받지 않았다는 사실 역시 밝혀졌다. 존슨이 "공해상에서 벌어진 공공연한 공격"이라 명명한, 이틀 뒤 있었다고 보고된 또 다른 구축함에 대한 공격 역시 조작이었던 것 같다.

이 사건이 벌어지고 나서 러스크 국무장관은 NBC 방송에 출연한 자리에서 이렇게 질문에 답했다.

> 기자: 그러면 장관께서는 이런 이유 없는 공격에 대해 어떻게 설명하실 수 있겠습니까?
>
> 러스크: 글쎄요, 솔직하게 말씀드리자면, 완전히 만족스러운 설명을 제시할 수는 없습니다. 그 세계와 우리의 세계 사이에는 이데올로기적으로 커다란 심연이 가로놓여 있습니다. 그들은 우리가 현실 세계라고 생각하는 것을 아주 다른 각도로 바라봅니다. 그들의 논리전개 자체가 다르다는 거지요. 따라서 그 커다란 이데올로기적인 심연을 가로질러 상대방의 마음속으로 들어간다는 건 대단히 어렵습니다.

통킹 만 '공격'은 의회의 결의안을 낳았는데 하원에서는 만장일치로, 상원에서는 단 2명의 반대표로 통과된 결의안은 존슨으로 하여금 동남아시아에서 적절하다고 생각하는 군사행동을 취할 수 있도록 하는 권한을 부여했다.

통킹 만 사건이 있기 두 달 전, 미국 정부 지도자들은 호놀룰루에서 회동을 갖고 그런 결의안에 관해 논의했다. 『국방부 문서』에 따르면, 이 자리에서 러스크는 이렇게 말했다. "바로 지금 동남아시아 정책에 관한 미국의 국민여론은 심각하게 분열되어 있으며, 따라서 대통령에 대한 단호한 지원이 필요합니다."

통킹 만 결의안Tonkin Resolution은 헌법에 규정된 의회의 선전포고 없이 전쟁 행위를 개시할 수 있는 권한을 대통령에게 부여했다. 베트남 전쟁이 계속되는 동안 수많은 청원자들이 헌법의 수호자라고 간주되는 대법원에 그 전쟁을 헌법에 위배되는 것으로 선고하라고 요구했다. 이번에도 역시, 대법원은 이 문제를 고려조차 하지 않았다.

통킹 만 사건 직후, 미국 전투기들이 북베트남을 폭격하기 시작했다. 1965년에만 20만 명이 넘는 미군 병사가 남베트남으로 파병됐고, 1966년에는 20만 명이 추가로 파병됐다. 1968년 초에 이르러 남베트남에는 50만 명 이상의 미군 병력이 주둔하고 있었고, 미 공군은 역사상 전례가 없는 규모로 폭탄을 투하하고 있었다. 이런 폭격으로 야기된 대규모 재난을 어렴풋이 보여주는 몇 가지 사건이 외부 세계에 알려지게 됐다. 1965년 6월 5일자 『뉴욕타임스』에는 사이공발 급보가 실렸다.

> 공산주의자들이 꽝응아이Quangngai에서 철수하던 지난 월요일, 미군 제트폭격기들은 그들이 퇴각하는 언덕에 맹포격을 가했다. 이 공습으로 많은 베트남인들이 사망했다 — 혹자는 500명에 이르는 것으로 추정했다. 미국은 그들이 베트콩 병사들이라고 주장하고 있다. 그러나 폭격이 이루어진 뒤 네이팜탄, 즉 젤리형 가솔린으로 인한 화상을 입고 베트남의 한 병원에 치료를 받으러 온 사람들 4명 가운데 3명은 마을 부녀자들이었다.

9월 6일에는 또 다른 급보가 사이공발로 도착했다.

> 8월 15일, 사이공 남쪽[동북쪽의 오기] 비엔호아Bien Hoa 지방에서 미군 항공기가 불교 사원과 가톨릭교회를 오폭하는 사고가 있었다. …… 1965년에만 세 번째로 불교 사원이 폭격을 당한 것이다. 같은 지역에 있는 카오다이교[12)]

사원 한 곳도 올해에만 두 번의 폭격을 당했다.

또 다른 〔동나이 강〕 삼각주 지역에는 네이팜탄으로 화상을 입어 두 팔이 떨어져 나가고 눈꺼풀에도 심한 화상을 입어 눈을 감을 수조차 없게 된 여성이 있다. 잘 시간이 되면 가족들이 여자의 머리를 담요로 덮어 준다. 이 여성은 자신을 불구로 만든 공습으로 두 아이를 잃었다.

미국인들은 자기 나라의 공군이 베트남에서 무슨 행위를 하고 있는지 거의 알지 못한다. …… 남베트남에서는 매일 무고한 민간인들이 죽어가고 있는 것이다.

남베트남의 많은 지역이 "무차별 포격지대"로 포고됐는데, 이것은 이 지역에 남아 있는 모든 사람—민간인, 노인, 어린이—은 적으로 간주하며 마음대로 폭탄을 투하할 수 있다는 뜻이었다. 베트콩을 숨기고 있다고 추정되는 촌락은 '수색 섬멸' 작전의 대상이 됐다—군대 갈 나이의 남자들은 살해하고, 가옥은 불태웠으며, 여자와 어린이, 노인들은 난민수용소로 보내버린 것이다. 조너선 셸Jonathan Schell은 『벤숙 마을*The Village of Ben Suc*』에서 수색 섬멸 작전을 묘사했다. 한 마을을 포위하고 공격했는데, 그 과정에서 자전거를 타고 가던 남자 한 명이 총에 맞아 쓰러졌고, 강변에 소풍을 나온 3명이 총격으로 사망했으며, 가옥이 파괴되고 여자와 아이, 노인들은 조상 대대로 살아온 집을 뒤로 한 채 돼지처럼 떼를 지어 이동해야 했다.

---

12) Cao Dai: 1919년 고반체우에 의해 제창된 베트남의 신흥종교로 가톨릭, 불교, 이슬람교, 도교와 전통적인 민간신앙 및 유교, 그리스 철학사상 등을 융합한 혼합종교이다. 카오다이〔高臺: 지상至上의 궁전이자 상제上帝인 지상신至上神〕로 지구상의 종교를 통일, 인류를 구원한다는 교의를 갖고 있다. 프랑스 식민지 시대와 응오딘디엠 정권 시기에 반제국주의, 반정부 운동을 적극적으로 벌였다.

중앙정보국은 '불사조 작전Operation Phoenix'이라는 프로그램을 통해 지하 공산당원이라는 혐의가 있는 남베트남인을 적어도 2만 명이나 비밀리에 재판도 없이 처형했다. 1975년 1월에 한 친親정부 분석가는 『포린 어페어즈 *Foreign Affairs*』에 이렇게 썼다. "불사조 작전으로 많은 무고한 민간인을 살해, 투옥한 것은 사실이지만, 공산당 하부구조의 많은 당원들을 제거하는 데 성공을 거두기도 했다."

전쟁이 끝난 뒤 공개된 국제적십자사의 자료를 보면, 전쟁이 정점에 달했을 때는 6만 5,000명에서 7만 명에 이르는 사람들이 구금되어 종종 구타와 고문을 당했던 남베트남 포로수용소에서 미국 측 고문단이 이를 감시하고 때로는 직접 가담했다는 사실을 알 수 있다. 적십자 참관인들은 베트남의 두 주요 포로수용소 — 푸꾁Phu Quoc과 퀴논Qui Nhon에 있으며 미국 고문단이 머물고 있었다 — 에서 지속적이고 조직적인 야만행위가 벌어지고 있음을 알아냈다.

전쟁이 끝날 때까지 700만 톤의 폭탄이 베트남에 투하됐는데, 이것은 제2차 세계대전 당시 유럽과 아시아에 투하된 폭탄 전체의 두 배가 넘는 규모였다 — 베트남의 모든 국민에게 거의 200킬로그램짜리 폭탄 하나씩을 안긴 셈이었다. 이 나라에는 거의 2,000만 개의 폭탄 구멍이 생긴 것으로 추산됐다. 게다가 나무를 비롯한 모든 종류의 생물을 파괴하기 위해 비행기로 독성 액체를 살포했다 — 매사추세츠 주 크기의 지역이 독극물로 뒤덮인 것이다. 베트남 여성들은 기형아를 낳았다고 신고했다. 쥐를 대상으로 동일한 독극물(2,4,5,T〔제초제의 일종으로 지방족脂肪族 산제酸製 중 하나이며 보통 2,4,5-T로 표기한다〕)을 실험한 예일 대학 생물학자들은 기형 쥐가 태어났다고 보고하면서 인간에게 미치는 영향이 다를 것이라고 믿을 만한 근거는 전혀 없다고 지적했다.

미라이 학살

학살을 은폐한 총책임자였던 오런 헨더슨Oran Henderson 대령은 1971년 초에 기자들에게 이렇게 말했다. "여단 규모의 부대라면 어떤 부대든 미라이 사건과 비슷한 사건을 어딘가에 감추고 있는 법입니다."

1968년 3월 16일, 미군의 한 중대가 광응아이 성省의 미라이4[My Lai 4. 숫자 4는 미라이1, 미라이2 식으로 미군이 작전 편의상 붙인 것이다] 마을에 진입했다. 병사들은 노인과 아이를 안고 있는 부녀자들을 비롯한 주민들을 전부 한 곳으로 집합시켰다. 주민들에게 구덩이를 파라고 명령한 병사들은 구덩이가 완성되자 주민들을 구덩이로 몰아넣고 일제히 사격을 가했다. 훗날 열린 윌리엄 캘리William Calley 중위에 대한 재판에서 소총수 제임스 더시James Dursi가 증언한 내용이 『뉴욕타임스』에 실렸다.

캘리 중위와 눈물을 흘리는 폴 D. 메들로Paul D. Meadlo라는 소총수—아이들을 쏘기 전에 사탕을 먹인 바로 그 병사이다—가 포로들을 구덩이로 밀어 넣었다…….

"캘리 중위가 사격 명령을 내렸는데, 정확한 구절은 기억이 나지 않습니다—'사격 개시' 같은 말이었습니다."

"메들로가 나를 보며 말했습니다. '쏴, 왜 안 쏘냐?'"

"그는 울고 있었습니다."

"저는 말했지요. '쏠 수가 없어. 난 안 할 거야.'"

"그러자 캘리 중위와 메들로가 구덩이를 향해 총부리를 돌리고 사격을 가했습니다."

"사람들은 차곡차곡 쓰러졌고, 어머니들은 애들을 감싸 안으려고 발버둥을 쳤습니다."

시모어 허시Seymour Hersh는 『미라이4*My Lai 4*』에서 이렇게 썼다.

미국 내의 미라이 사건 조사와 관련해 1969년 11월에 그 황폐한 지역에 도착한 육군 조사단은 세 곳의 집단무덤과 시체로 가득한 구덩이 한 곳을 발견했다. 450에서 500명—대부분 여자와 어린이 노인이었다— 정도가 살해되어 그곳에 묻혀 있는 것으로 추정됐다.

육군은 이 사건을 그냥 덮어 버리려고 애썼다. 그러나 미라이 학살에 관해 들은 론 라이더나워Ron Ridenhour라는 병사가 보낸 편지가 돌아다니기 시작했다. 로널드 해벌리Ronald Haeberle라는 육군 사진사가 찍은 학살 장면 사진도 퍼졌다. 당시 급보통신Dispatch New Service이라는 동남아시아의 반전 통신사에서 일하고 있던 시모어 허시는 이를 기사화했다. 1968년 5월에 프랑스의 두 간행물에 미라이 학살에 관한 이야기가 실렸는데, 하나는 『투쟁중인 남베트남*Sud Vietnam en Lutte*』이었고 다른 하나는 파리 평화회담에 참석한 북베트남 대표단이 출간한 것이었다 — 그러나 미국 언론은 조금도 관심을 기울이지 않았다.

미라이 학살로 몇몇 장교가 재판에 회부됐지만 윌리엄 캘리 중위만이 유죄를 판결받았다. 그는 종신형을 선고받았지만 두 차례의 감형을 받았다. 캘리 중위는 결국 3년을 복역한 뒤 — 닉슨은 정규 교도소가 아니라 가택연금에 처할 것을 주문했다 — 사면됐다. 수천 명의 미국인들이 그를 옹호했다. 어떤 사람들은 "공산주의자들"에 맞서기 위해 필요했던 그의 행동을 애국이라는 이름으로 정당화했다. 또 어떤 이들은 단순히 수많은 잔학행위가 벌어지는 전쟁에서 유독 캘리만 부당하게 본보기로 찍혔다는 느낌 때문에 그를 옹호했던 것 같다. 미라이 학살을 은폐한 총책임자였던 오런 헨더슨Oran Henderson 대령은 1971년 초에 기자들에게 이렇게 말했다. "여단 규모의 부대라면 어떤 부대든 미라이 사건과 비슷한 사건을 어딘가에 감추고 있는 법입니다."

사실 미라이 학살은 세부적인 사항에서만 독특한 사건이었다. 허시는 한 병사가 가족에게 보낸 편지를 어느 지방 신문에 실었다.

> 어머니 아버지께,
>
> 오늘 저희는 한 임무를 수행했는데, 저는 제 자신이나 친구들, 아니 제 조국이 전혀 자랑스럽지 않습니다. 오두막이 보이는 대로 족족 불태워 버린 것입니다! 그곳은 서로 연결된 조그만 농촌 마을이었고 주민들은 도무지 믿기지 않을 정도로 가난했습니다. 저희 부대는 그 사람들의 보잘것없는 물건들을 불태우고 약탈했습니다. 상황을 자세히 설명드릴게요.
>
> 이곳의 오두막들은 야자나무 잎으로 지붕을 잇습니다. 집집마다 마른 진흙으

> 로 만든 구덩이가 있습니다. 가족을 보호하기 위한 것이죠. 일종의 방공호 같은 거예요.
>
> 그런데 저희 부대 지휘관들은 이 구덩이가 공격용이라고 생각하기로 마음먹었습니다. 그래서 구덩이가 있는 오두막을 발견하는 즉시 완전히 태워 버리라고 명령을 내리는 거예요.
>
> 오늘 아침에 이 오두막집들 한가운데 헬리콥터 열 대가 착륙하면서 '잠자리 chopper' 한 대당 여섯 명씩 뛰어내렸고, 우리는 땅에 내리자마자 사격을 개시했습니다. 오두막이 보이는 족족 총으로 갈겨 버렸지요…….
>
> 그러고 나서 오두막마다 돌아다니며 불을 지릅니다……. 자기들을 갈라놓지 말라고, 남편과 아버지, 아들과 할아버지를 데려가지 말라고 너나할 것 없이 울고 사정하고 싹싹 빕니다. 여자들은 울부짖고 통곡을 합니다.
>
> 그러고는 우리가 자기들의 집과 개인 소지품, 식량 등을 불태우는 모습을 겁에 질린 채 바라보지요. 맞아요. 우리는 쌀을 전부 태우고 가축도 모조리 쏴 죽입니다.

사이공 정부가 점점 신망을 잃음에 따라 이를 상쇄하기 위한 군사적 노력은 점점 더 필사적으로 변해 갔다. 1967년 말 하원의 한 비밀 보고서는 베트콩이 남베트남 정부보다 다섯 배가량 많은 토지를 농민들에게 분배하고 있는데 반해, 베트남 정부의 토지분배 프로그램은 "사실상 답보상태"에 이르렀다고 지적했다. 보고서는 이렇게 말했다. "베트콩은 지주의 지배를 없애 버리고 부재지주와 G.V.N.〔베트남 정부Government of Viet Nam(지은이)〕 소유의 토지를 땅 없는 사람들과 베트콩 당국에 협조하는 사람들에게 재분배했다."

사이공 정부가 지지를 잃었다는 점은 1968년 초에 민족해방전선이 사이공을 비롯한 정부가 장악한 도시들에 대대적으로 침투하는데도 현지 주민들이 정부에 경고하지 않았다는 사실에서 잘 드러난다. 이로써 민족해방전선은 기습공격(당시는 베트남의 신년연휴인 '구정Tet'이었다)에 착수, 사이공 심장부로 진입하고 탄손누트Tan San Nhut 공항을 마비시켰으며 심지어 잠시 동안이지만 미국 대사관까지 점령했다. 비록 격퇴당하기는 했지만, 이 공격은 미국이 베트남에 퍼부은 그 모든 거대한 화력으로도 민족해방전선 자체와 그들의 사기, 그들에 대한 대중의 지지, 싸우려는 의지를 파괴하지 못했음을 보여줬다. 구정 공세는 미국 정부 내에 베트남 전쟁에 대한 재평가를 야기했고 미국인들 사이에 더 큰 의혹을 불러일으켰다.

1개 중대의 일반 병사들이 저지른 미라이 학살은 베트남 민간인들에 대해 대규모 파괴를 가하려는 고위급 군 및 민간 지도자들의 계획과 비교하면 작은 사건에 지나지 않았다. 1966년 초, 국방부 차관보 존 맥노턴John McNaughton은 북베트남 촌락에 대한 대규모 폭격이 기대한 만큼의 효과를 낳지 못하고 있다는 것을 알고는 다른 전략을 제안했다. 맥노턴은 촌락에 대한 공습은 "해외와 국내에서 반발의 물결이 높아지는 역효과를 낳을 것"이라고 지적했다. 그는 대신 이렇게 제안했다.

> 그러나 —제대로 처리하기만 한다면— 수문과 댐을 파괴하는 전략은 …… 유망한 효과를 발휘할지도 모릅니다. 이를 검토해 보아야 합니다. 그런 곳을 파괴한다고 사람을 죽이거나 익사시키지는 않습니다. 논에 관개灌漑되는 수량을 줄이고 식량을 제공하지 않으면 얼마 뒤에 기아(100만 명 이상이겠지요?)가 널리 확산될 테지요—그 때 식량을 제공하겠다고 '회담 테이블'에서 말하면 되는 겁니다…….

제2차 세계대전 당시 독일과 일본의 인구 밀집지역에 대한 폭격과 마찬가지로, 대규모 폭격은 베트남의 평범한 국민들의 저항의지를 파괴하려는 목적 아래 이루어진 일이었다—존슨 대통령은 "군사 목표물"만을 폭격하고 있다고 공식적으로 주장하긴 했지만. 정부는 폭격을 묘사하기 위해 "나사를 한 번 더 돌려라" 같은 언어를 구사하고 있었다. 『국방부 문서』에 따르면, 1966년중 어느 때인가 중앙정보국에서 "더 강력한 폭격 계획"을 권고했는데, 중앙정보국의 표현대로 하면 "정권의 의지 자체를 목표물"로 삼아야 한다는 것이었다.

한편 베트남과 국경을 맞대고 있는 인접국가로 미 중앙정보국이 심어 놓은 우익 정부가 반란에 직면해 있던 라오스에서는 세계에서 가장 아름다운 지역 가운데 한 곳인 단지평원[13]이 폭격으로 파괴되고 있었다. 정부나 언론은 이런 사실을 공표하지 않았지만, 라오스에 살고 있던 미국인인 프레드 브랜프먼Fred Branfman은 저서 『단지평원의 목소리*Voices from the Plain of Jars*』에서 이에 관해 이야기했다.

> 1964년 5월부터 1969년 9월까지 단지평원에 대한 2만 5,000회가 넘는 출격이 이루어져 7만 5,000톤 이상의 폭탄이 투하됐다. 지상에서는 수천 명이 사망하고 부상당했으며 수만 명이 지하로 내몰렸고 결국 지상의 사회 전체가 철저하게 무너졌다.

농촌 마을에서 라오스인 가족과 함께 살면서 라오스 말을 할 줄 알았던 브랜프먼은 폭격을 피해 수도 비엔티안Vientiane으로 몰려들어온 피난민 수백

13) Plain of Jars: 약 2,500~3,000년 전에 만들어진 것으로 기원을 알 수 없는 돌 항아리들이 곳곳에 흩어져 있는 미개발된 평야지역.

명을 인터뷰했다. 브랜프먼은 그들의 말을 기록하고 그들이 직접 그린 그림을 보존해 뒀다. 시엥쿠앙〔Xieng Khouang. 단지평원이 자리한 주〕 출신인 26세의 간호사는 고향에서의 생활에 관해 말해 줬다.

> 나는 우리 마을의 흙과 공기, 고지의 평야, 논과 못자리와 하나가 되어 살았지요. 달 밝은 밤이나 낮이나 나와 마을 친구들은 새들이 지저귀는 숲과 들판을 돌아다니면서 노래를 부르곤 했어요. 추수 때나 모내기철에는 땡볕이든 빗속이든 가리지 않고 함께 땀 흘려 일하면서 가난하고 비참한 환경에 맞서 싸우고, 조상 대대로 물려받은 농부의 삶을 계속 이어갔습니다.
>
> 그런데 1964년과 1965년에 우리 마을 근처에서 터지는 폭탄으로 지축이 흔들리는 걸 느낄 수 있었습니다. 하늘을 선회하는 비행기 소리도 들리기 시작했어요. 그 중 한 대가 기수를 아래로 돌려 땅을 향해 곤두박질을 치면서 가슴을 찢는 듯한 굉음을 지르고 나면, 사방이 빛과 연기로 뒤덮여 도무지 분간을 할 수 없었습니다. 우리는 날마다 이웃 마을 사람들과 어제 있었던 폭격에 관한 소식을 주고받곤 했어요. 집이 몇 채나 부서졌는지, 다친 사람과 죽은 사람은 얼마나 되는지…….
>
> 구덩이! 구덩이였어요! 그 때 우리가 목숨을 부지하는 데 가장 필요했던 건 구덩이였어요. 우리 젊은 사람들은 생계를 잇기 위해 논과 숲에서 곡식을 키우는 데 쏟아야 할 땀과 힘을 목숨을 부지하기 위한 구덩이를 파는 데 다 써버렸습니다…….

한 젊은 여성은 자신을 비롯한 수많은 친구들이 왜 라오스의 혁명운동, 즉 라오스애국전선[14]에 이끌리게 됐는지를 설명해 줬다.

어린 소녀였을 때 저는 과거의 역사가 그다지 좋지 않았다는 사실을 알게 됐습니다. 남자들이 약자인 여성을 학대하고 놀렸기 때문이죠. 그런데 라오스애국전선이 지역을 통치하기 시작한 뒤부터 아주 달라졌어요. …… 라오스애국전선 아래서는 심리적인 변화가 있었는데, 그들은 여자도 남자만큼 용감하다고 가르쳤지요. 예를 들어볼게요. 전에도 학교에 다니긴 했는데, 오빠들은 다니지 말라고 했었어요. 졸업을 해도 고위직 관리가 된다는 건 꿈도 못 꾸니까, 그런 꿈은 엘리트 집안이나 부자 집안 아이들에게만 해당되는 거니까 학교를 다녀도 소용이 없을 거라는 말이었지요.

그런데 라오스애국전선은 여자들도 남자와 똑같은 교육을 받아야 된다고 말하면서 우리한테도 동등한 권리를 줬고, 누구도 우리를 놀림감으로 삼지 못하게 했지요…….

그리고 낡은 관념도 새로운 것으로 바뀌었습니다. 가령 새로 교사와 의사로 양성된 사람들은 대부분 여성이었어요. 또 그들은 극빈층의 생활을 바꾸어 놓았지요……. 많은 논을 가진 사람들의 땅을 아무것도 가진 게 없는 사람들에게 나누어 줬거든요.

17세의 소년은 혁명군대인 라오스의 땅〔Pathet Lao. 라오스애국전선의 군사조직〕 병사들이 자기 마을에 온 일에 관해 말해 줬다.

---

14) Neo Lao. Neo Lao Hak Xat의 줄임말로 프랑스 식민지배에 저항한 민족해방운동인 자유라오스 Lao Issara의 후신이다. 1950년 8월에 결성되어 1958년 선거에 참여했으나 탄압을 받았고, 1962년 제네바협정으로 설립된 중립 라오스 왕국의 정권에 참가했다가 각료들을 철수시켰다. 그 뒤 우파를 중심으로 하는 왕국군과 내전을 전개, 1973년 2월 정전협정, 1974년 4월 임시민족연합정부의 발족을 거쳐, 1975년 12월 라오스인민민주공화국을 수립했다.

몇몇 사람들은 두려워했는데, 대부분 돈 있는 사람들이 그랬죠. 이런 사람들이 라오스의땅 병사들에게 먹으라고 소를 내줬는데, 병사들은 받지 않았어요. 받는 경우에는 적당한 값을 치렀죠. 실로 이 병사들은 사람들에게 아무 두려움도 주지 않았어요.

그리곤 촌장과 군수 선거를 열어서 주민들이 직접 대표를 뽑게 했습니다…….

중앙정보국은 자포자기식으로 흐몽 족〔Hmong. 라오스 고산지대에 사는 소수민족〕을 군사작전에 편입시켜 흐몽 족 수천 명이 목숨을 잃게 되는 결과를 낳았다. 라오스에서 벌어진 일들 대부분이 그러했던 것처럼, 이 역시 비밀과 거짓말로 점철된 작전이었다. 1973년 9월, 라오스 주재 정부 관리를 지낸 바 있는 제롬 둘리틀Jerome Doolittle은 『뉴욕타임스』에 이런 글을 기고했다.

캄보디아 폭격에 관해 국방부가 최근에 한 거짓말을 들으면서 나는 라오스 비엔티안 주재 미국대사관의 공보담당관으로 있을 때 종종 생기곤 했던 의문을 다시 떠올렸다.

우리는 왜 거짓말을 했던가?

처음 라오스에 도착했을 때, 나는 이 작은 나라에 우리가 대규모적이고 무자비한 폭격을 하는 데 대한 모든 언론의 질문에 이렇게 답하도록 지시를 받았다. "미국은 라오스 왕국 정부의 요청으로 비무장 정찰 비행을 수행하고 있으며, 공격을 받을 경우 응사할 수 있는 권한이 있는 무장 호위 비행대가 정찰기를 보호하고 있습니다."

이것은 거짓말이었다. 내 말을 들은 기자들도 모두 거짓말이라는 걸 알고 있었다. 하노이 역시 내 말이 거짓임을 알고 있었다. 국제통제위원회[15] 역시 알고 있었다. 관심 있는 모든 하원의원과 신문 독자들도 알고 있었다…….

결국 이런 거짓말은 어떤 사람들에게 무언가를 숨기는 데 일익을 담당했으며, 그 어떤 사람들은 바로 우리들이었던 것이다.

1968년 초가 되자 전쟁의 잔학성이 많은 미국인들의 양심을 움직이기 시작했다. 다른 많은 사람들이 보기에, 문제는 이 때쯤이면 미군 병사 4만 명이 사망하고 25만 명이 부상당했음에도 도무지 끝도 보이지 않는 이 전쟁에서 미국이 승리할 수 없다는 사실이었다. (베트남인 사상자는 이보다 몇 배나 많은 수였다.)

린든 존슨은 야만적인 전쟁을 확대시켰지만 승리하는 데는 실패했다. 존슨의 인기도는 사상 최악이었다. 존슨이 공개석상에 모습을 드러내는 곳이면 그곳이 어디든 간에 그 자신과 전쟁에 반대하는 시위가 벌어졌다. "LBJ〔린든 B. 존슨의 머리말을 딴 별칭〕, LBJ, 오늘은 얼마나 많은 아이들을 죽였나?"라는 연호가 전국 곳곳의 시위에서 울려 퍼졌다. 1968년 봄, 존슨은 자신이 대통령 선거에 재출마하지 않을 것이며 베트남 측과 파리에서 평화협상을 시작할 것이라고 발표했다.

1968년 가을, 리처드 닉슨이 베트남에서 손을 떼겠다고 약속하면서 대통령에 당선됐다. 닉슨은 병력을 철수시키기 시작했다. 1972년 2월에 이르면 15만 명도 안 되는 병력만이 남게 됐다. 그러나 폭격은 계속됐다. 닉슨의 정책은 '베트남화Vietnamization'—사이공 정부가 미국의 자금과 공군력을 이용해서 베트남 지상병력으로 전쟁을 계속 이어간다는 정책—였다. 닉슨은 전쟁을 끝낸 것이 아니라 전쟁에서 가장 평판이 나쁜 측면, 즉 이국만리의 땅에서

15) International Control Commission: 1954년 인도차이나의 평화유지를 위해 열린 제네바회담의 협정 준수를 감시할 목적으로 구성된 국제기구.

미군 병사들이 교전을 벌이는 상황만을 종식시켰던 것이다.

대중에게 결코 공개하지 않은 캄보디아에 대한 오랜 폭격이 이루어진 뒤인 1970년 봄, 닉슨과 국무장관 헨리 키신저는 이 나라를 침공하기 시작했다. 캄보디아 침공은 미국 내에서 강력한 항의를 야기했을 뿐만 아니라 군사적으로도 실패작이었으며, 하원은 닉슨이 의회의 승인 없이 전쟁을 확대하는 데 미군 병력을 사용하지 못하도록 결의했다. 이듬해 미국은 미군을 참전시키지 않는 가운데 베트남의 라오스 침공을 지원했다. 이것 또한 실패작이었다. 1971년에 미국은 라오스, 캄보디아, 베트남에 80만 톤의 폭탄을 떨어뜨렸다. 한편 오랫동안 이어온 사이공 국가수반의 마지막 계승자인 응웬반티우 Nguyen Van Thieu가 이끄는 사이공의 군사정권은 수천 명의 반대파를 감옥에 가둬 놓고 있었다.

미국 내에서 베트남 전쟁에 반대하는 최초의 징후 중 일부는 민권운동으로부터 나왔다—아마도 흑인들은 정부로부터 겪은 경험 때문에 자유를 위해 싸우고 있다는 정부의 주장 전부를 불신하게 됐을 것이다. 1964년 8월 초에 린든 존슨이 통킹 만 사건에 관해 국민들에게 말하면서 북베트남을 폭격한다고 발표하던 바로 그 날, 미시시피 주 필라델피아 인근에서는 흑인과 백인 활동가들이 그해 여름에 살해된 민권운동가 3명의 장례식을 치르고 있었다. 연사 한 명은 존슨이 아시아에서 무력을 사용한다고 따끔하게 지적하면서 이를 미시시피의 흑인들에게 가해지는 폭력과 비교했다.

1965년 중반 미시시피 주 매콤McComb에서는 이제 막 베트남에서 자기 학우들이 죽었다는 소식을 듣게 된 흑인 젊은이들이 전단을 배포했다.

> 미시시피 주에서 모든 흑인이 자유롭게 되기 전에는, 이곳 흑인들 중 누구도 백인들의 자유를 위해 베트남에 가서 싸워서는 안 된다.

이곳 미시시피의 흑인 소년들은 징병을 감사히 받아들여서는 안 된다. 어머니들은 자기 아들이 〔전쟁에〕 나가지 않도록 용기를 북돋워 주어야 한다……. 미국의 백인을 부자로 만들기 위해 산토도밍고Santo Domingo와 베트남에서 우리의 목숨을 걸고 다른 유색인을 죽이라고 요구할 권리는 어느 누구에게도 없다.

국방장관 로버트 맥나마라가 미시시피 주를 방문, 유명한 인종차별주의자인 상원의원 존 스테니스John Stennis를 "진정으로 위대한 인물"이라고 치켜세우자, 백인과 흑인 학생들은 "베트남에서 불타 죽은 어린이들을 기억하라"라는 플래카드를 들고 시위행진을 벌였다.

학생비폭력조정위원회는 1966년 초에 "미국은 국제법을 위반하면서 침략정책을 추구하고 있다"고 선언하면서 베트남에서 철수하라고 요구했다. 그해 여름, 학생비폭력조정위원회의 성원 6명이 애틀랜타의 병무청에 침입한 죄로 체포됐다. 그들은 유죄를 평결받고 몇 년의 징역형을 선고받았다. 같은 무렵, 학생비폭력조정위원회 활동가로 이제 갓 조지아 주 하원의원에 당선된 줄리언 본드Julian Bond는 전쟁과 징병에 공공연하게 반대하는 발언을 했고, 주 하원은 그의 발언이 선발징병법Selective Service Act을 위반하는 것이며 "주 하원에 대한 불신을 불러일으킨다"는 이유로 그의 의원직을 박탈했다. 대법원은 헌법 수정조항 1조에 의거해 본드에게 표현의 자유가 있다고 지적하면서 그의 의원직을 되찾아 줬다.

흑인 권투선수이자 헤비급 챔피언으로 미국의 위대한 운동선수 가운데 하나인 무하마드 알리는 이 전쟁이 "백인의 전쟁"이라면서 군 복무를 거부했다. 권투협회는 그의 챔피언 타이틀을 박탈했다. 마틴 루서 킹 2세는 1967년에 뉴욕의 리버사이드 교회Riverside Church에서 소리높이 외쳤다.

> 어떻게 해서든지 이 미친 짓거리를 끝내야 합니다. 지금 당장 그만둬야 합니다. 저는 하나님의 자녀이자 고통받는 베트남 빈민들의 형제로서 말합니다. 국토가 불모지 상태가 되고 집들이 부서지고 문화가 파괴되고 있는 저 사람들을 대신해, 저는 말합니다. 국내에서는 희망이 산산조각나고 베트남에서는 죽거나 타락해야 하는 이중의 대가를 치르고 있는 미국의 빈민들을 대신해, 저는 말합니다. 우리가 취해 온 행로에 대해 아연실색해버린 세계 시민의 한 사람으로서, 저는 말합니다. 한 사람의 미국인으로서, 저는 이 나라의 지도자들에게 말합니다. 이 전쟁의 주도권은 우리에게 있다고. 이 전쟁을 끝내기 위한 주도권은 분명코 우리에게 있다고 말입니다.

젊은 남자들은 징병명부 등록을 거부하기 시작했고, 소집명령에 응하지 않았다. 일찍이 1964년 5월부터 "우리는 가지 않겠다"라는 구호가 널리 알려졌다. 징병 등록을 한 젊은이들 가운데 일부는 전쟁에 항의하기 위해 공공장소에서 자신들의 징병카드를 불태우기 시작했다. 그 중 한 명인 데이비드 오브라이언David O'Brien은 사우스보스턴에서 자신의 징병카드를 불태웠다. 그는 유죄를 선고받았고, 대법원은 자신의 행동은 헌법으로 보호받는 표현의 자유에 해당된다는 그의 주장을 기각했다. 1967년 10월에는 전국 방방곡곡에서 조직적인 징병카드 '반납운동turn-ins'이 벌어졌다. 샌프란시스코에서만도 300장의 징병카드가 정부에 반려됐다. 같은 달에 국방부 앞에서 거대한 시위가 있기 직전에 수합된 징병카드 한 부대가 법무부에 제출됐다.

1965년 중반까지 380명이 징병을 거부했다는 이유로 기소됐고, 1968년 중반에 이르러서는 그 숫자가 3,305명에 달했다. 1969년 말에는 전국적으로 징병거부자가 3만 3,960명에 이르렀다.

1969년 5월, 캘리포니아 주 북부 전역의 징병대상자들이 출두하는 곳인

1967년의 반전 시위 | 오클랜드 병무청 앞에서 벌어진 이 시위는 전쟁에 반대하는 "직접행동"의 전형적인 모습을 보여준다.

오클랜드 병무청은 4,400명에게 징병 소집장을 보냈으나 2,400명이 응하지 않았다고 보고했다. 1970년 일사분기에는 선발징병제도가 부활된 이래 최초로 할당수를 채우지 못하는 사태가 벌어졌다.

보스턴 대학 역사학과 대학원생인 필립 서피나Philip Supina는 1968년 5월 1일에 애리조나 주 투산Tucson의 병무청에 편지를 보냈다.

> 징병을 위한 사전 신체검사 출두명령서를 동봉해 보냅니다. 나는 그런 신체검사나 징집명령, 아니 베트남 국민들을 상대로 전쟁을 벌이는 미국의 행위 자체

에 어떤 식으로든 협조할 의사가 전혀 없습니다…….

서피나는 스페인의 철학자 미겔 우나무노Miguel Unamuno가 스페인 내전 중에 한 말을 인용하면서 편지를 마쳤다. "때로 침묵은 거짓말이다." 서피나는 유죄를 평결받고 실형 4년을 선고받았다.

전쟁 초기에 대다수 미국인들에게는 거의 알려지지 않은 두 사건이 있었다. 1965년 11월 2일 늦은 오후, 수천 명의 직원들이 몰려나오던 국방부 건물 앞에서 32세의 평화주의자로 세 아이의 아버지인 노먼 모리슨Norman Morrison이 국방장관 로버트 맥나마라의 3층 사무실 창문 바로 밑에 서서 몸에 석유를 끼얹고 불을 붙임으로써 전쟁에 저항해 자신의 목숨을 바쳤다. 같은 해 디트로이트에서는 앨리스 허즈Alice Herz라는 82세의 여성이 인도차이나의 참사에 항의하며 분신자살했다.

놀라운 감정상의 변화가 일어났다. 북베트남에 대한 폭격이 시작되던 1965년 초에는 보스턴 공원에 100명이 모여 분노를 표출했다. 1969년 10월 15일에는 전쟁에 항의하기 위해 보스턴 공원에 모인 사람이 10만 명에 이르렀다. 그날 전국 곳곳의·도시와 마을에서 약 200만 명이 집회를 가졌는데, 이곳들 대부분은 한번도 반전집회가 열린 적이 없는 곳이었다.

1965년 여름 몇 백 명의 사람들이 전쟁에 항의하기 위해 워싱턴에서 행진을 벌였다. 맨 앞줄에 있던 역사학자 스토튼 린드, 학생비폭력조정위원회의 조직가 밥 모지즈, 노련한 평화주의자 데이비드 델린저David Dellinger 등은 야유를 퍼붓는 사람들에게 붉은 페인트 세례를 받았다. 그러나 1970년에 열린 워싱턴 평화집회에는 수십만 명이 참여했다. 1971년에는 2만 명이 시민불복종을 행동에 옮기기 위해 워싱턴으로 집결, 베트남에서 여전히 계속되고 있는 살육에 대한 혐오감을 표명하기 위해 워싱턴의 교통을 마비시키려고 했다.

이 때 연행된 1,400명은 미국 역사상 최대 규모를 기록했다.

평화봉사단Peace Corps의 자원자 수백 명도 전쟁에 반대하는 입장을 표명했다. 칠레에서는 평화봉사단원 92명이 단장의 지시를 무시하고 전쟁을 비난하는 유인물을 배포했다. 평화봉사단원을 지낸 800명도 베트남에서 벌어지고 있는 사태에 항의하는 성명서를 발표했다.

시인 로버트 로웰Robert Lowell은 백악관 행사에 초대받았지만 참석을 거절했다. 아서 밀러Arthur Miller 역시 초대받았지만 참석하지 않고 "총성이 울리면 예술은 죽는다"라는 전보만 보냈다. 백악관 잔디밭에서 열린 오찬에 초청된 가수 어사 키트Eartha Kitt는 영부인이 있는 자리에서 전쟁에 반대하는 발언을 함으로써 모든 참석자들을 놀라게 만들었다. 대통령상 수상자로 백악관의 초청을 받은 한 십대는 수상식 자리에서 전쟁을 비판했다. 할리우드의 미술가들은 선셋 대로에 18미터 높이의 항의의 탑Tower of Protest을 세웠다. 뉴욕에서 열린 전국출판대상National Book Award 수상식에 참석한 50명의 작가와 출판인들은 험프리 부통령이 연설하는 도중에 그가 전쟁에서 행한 역할에 대한 분노의 표시로 자리를 박차고 나왔다.

런던에서는 미국 젊은이 두 명이 미국 대사가 주최한 독립기념일 만찬장의 문을 부수고 들어가 건배를 외쳤다. "베트남에서 죽은 이들과 죽어가는 이들을 위해." 그들은 경비원들에게 쫓겨났다. 태평양에서는 두 명의 젊은 수병이 타이의 공군기지에서 폭탄을 싣지 못하도록 하기 위해 미군 군수품수송선 한 대를 납치했다. 두 수병은 배가 캄보디아 해역에 다다를 때까지 잠들지 않으려고 각성제를 먹으면서 나흘 동안 수송선과 승무원들을 지휘했다. 1972년 말, AP통신은 펜실베이니아 주 요크로부터 이렇게 보도했다. "오늘 주 경찰이 반전운동가 5명을 체포했는데, 전하는 바에 따르면 그들은 베트남 전쟁에서 사용되는 폭탄 외피를 생산하는 공장 근처의 철도시설을 파괴했다

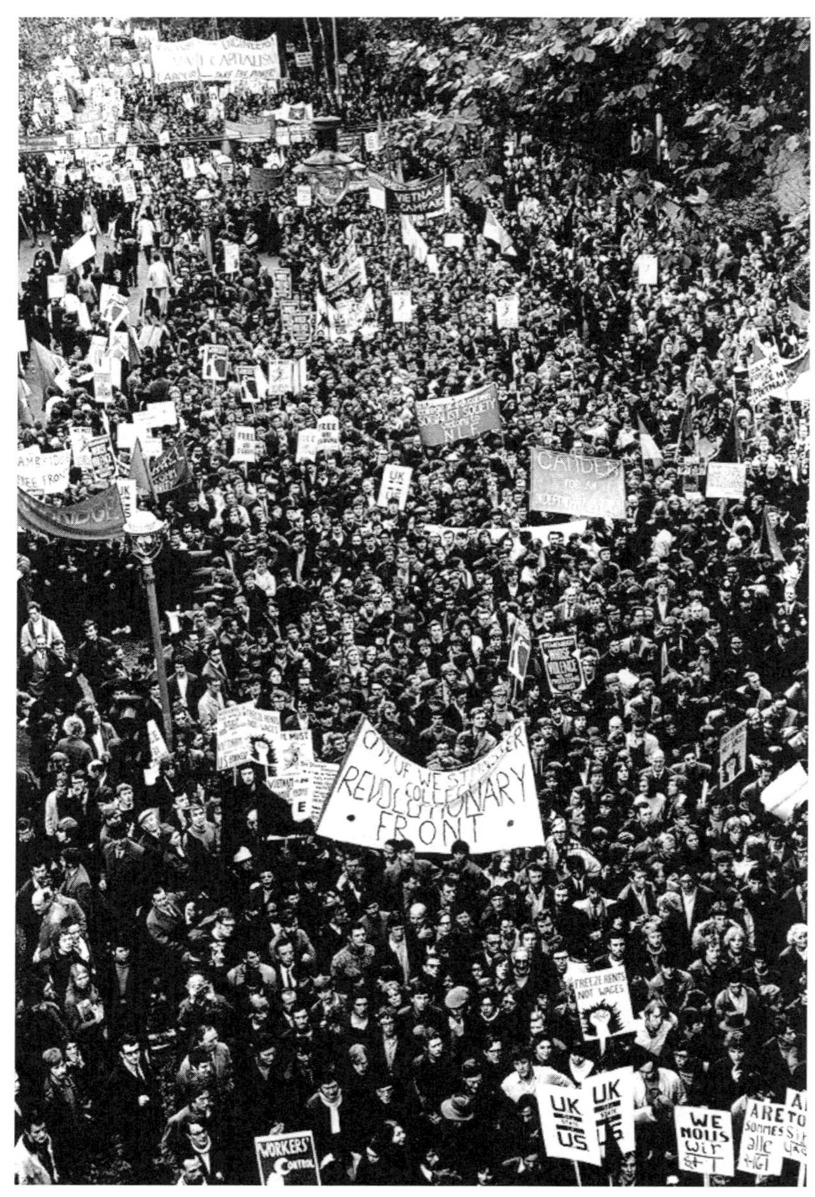

베트남 반전 시위 | 1968년 3월 17일 런던에서 열린 베트남전 반대 시위 모습이다.

고 한다.”

행동주의에 익숙하지 않은 중간계급과 전문직 종사자들도 목소리를 높이기 시작했다. 1970년 5월, 『뉴욕타임스』는 워싱턴발로 「‘제도권’ 변호사 1,000명, 반전시위에 동참」이라는 머리기사를 내보냈다. 대기업들 역시 전쟁이 자신들의 장기적인 기업 이익을 저해할지도 모른다고 의심하기 시작했다. 『월스트리트저널』에는 전쟁을 지속하는 정부를 비판하는 기사가 등장하고 있었다.

전쟁이 점점 인기를 잃어가면서 정부 내부 인사나 정부와 가까운 사람들까지도 동의의 테두리를 박차고 나오기 시작했다. 가장 극적인 예는 대니얼 엘스버그였다.

하버드에서 경제학을 수학한 엘스버그는 해병대 장교를 지낸 뒤 미국 정부를 위해 주로 기밀사항인 특별연구를 수행하는 랜드연구소RAND Corporation에서 일하고 있었다. 엘스버그는 국방부의 베트남 전쟁사 집필을 도왔는데, 같은 연구소에서 일한 적이 있는 친구 앤서니 루소의 도움을 받아 일급기밀 문서를 공개하기로 결심했다. 두 사람은 사이공에서 만났는데, 각기 다른 경험이기는 하지만 전쟁의 참사를 직접 목격하고 큰 충격을 받아 이제는 미국이 베트남 국민들을 상대로 벌이고 있는 행동에 크게 분노하고 있었다.

엘스버그와 루소는 근무를 마치고 매일 밤 한 친구의 광고대행사에서 7,000쪽에 달하는 문서를 복사했다. 엘스버그는 이 사본을 여러 하원의원과 『뉴욕타임스』에 전달했다. 1971년 6월, 『뉴욕타임스』는 『국방부 문서』라 알려지게 된 이 사본의 일부를 게재하기 시작했다. 이것은 전국적인 흥분을 불러일으켰다.

닉슨 행정부는 대법원에 출판금지신청을 제기했지만, 대법원은 그것이 언론의 자유에 대한 ‘사전 제약prior restraint’이며 따라서 헌법에 위배된다고 답했다. 그러자 정부는 국가기밀 문서를 승인받지 않은 사람들에게 공개했다는 이유로 엘스버그와 루소를 방첩법 위반으로 기소했다. 유죄가 인정될 경우 장기 징역형을 선고받을 상황에 직면한 것이었다. 그러나 판사는 배심원단의 심의가 진행되는 도중에 무효심리를 선고했다. 당시 밝혀지고 있던 워터게이트 사건으로 검찰 측의 부당한 관행이 낱낱이 폭로되었기 때문이었다.

엘스버그는 이런 대담한 행동을 통해 정부 내의 반대론자들이 정책상의 작은 변화를 기대하면서 때를 기다리고 자기 의견을 억제하는 일반적인 행동양식을 깨뜨렸던 것이다. 한 동료는 이제 엘스버그가 "접근통로"를 가지게 됐으므로 정부를 떠나지 말라고 권했다. "너 자신을 잘라내지 마. 네 목을 자르지 말라고." 엘스버그는 대답했다. "인생은 행정부 바깥에 존재하는 거야."

반전운동은 성장 초기부터 낯설고 새로운 지지자들을 발견했는데, 가톨릭 교회의 신부와 수녀가 그들이었다. 그들 중 일부는 민권운동을 통해 각성하게 됐고, 또 다른 몇몇은 미국이 지원하는 정부 아래 횡행하는 빈곤과 불의를 목격한 라틴아메리카에서의 경험으로 현실에 눈뜨게 됐다. 1967년 가을, 필립 베리건Philip Berrigan 신부(제2차 세계대전 참전군인으로 성요셉 신부회 사제였다)는 화가 톰 루이스Tom Lewis와 친구인 데이비드 에버하트David Eberhardt, 제임스 멘겔James Mengel과 함께 메릴랜드 주 볼티모어의 병무청 사무실로 가서 징병기록을 피로 흠뻑 적시고는 체포되기를 기다렸다. 재판에 회부된 그들은 2~6년의 징역형을 선고받았다.

이듬해 5월, 필립 베리건—볼티모어 사건에서 보석으로 풀려난 상태였다—은 예수회 사제이자 북베트남을 방문, 미국의 폭격이 야기한 결과를 직접 목격한 친형 대니얼Daniel Berrigan과 함께 두 번째 행동을 벌였다. 베리건 형제와 다른 일곱 명은 메릴랜드 주 캐튼스빌Catonsville에 있는 병무청 사무실에 들어가 기록을 꺼내 나와서는 기자와 구경꾼들이 있는 가운데 징병서류에 불을 질렀다. 기소되어 징역형을 선고받은 그들은 '캐튼스빌의 9인Catonsville

Nine'으로 유명해지게 됐다. 댄〔대니얼의 애칭〕 베리건은 캐튼스빌 사건 당시 이런 '묵상'을 적어뒀다.

> 훌륭한 벗들이여, 순조로운 질서를 깨뜨린 데 대해, 아이들 대신에 종잇장을 불살라버린 데 대해, 납골당 정문을 지키고 있는 당직병들을 성나게 한 데 대해 사죄를 구합니다. 그렇게 할 수밖에 없었으니, 주여 우리를 도우소서……. 우리는 살인은 무질서이며, 생명과 온화함과 공동체와 이타심이야말로 우리가 인정하는 유일한 질서라고 말합니다. 그런 질서를 위해 우리는 우리의 자유와 우리의 선량한 이름을 위험에 빠뜨렸습니다. 선량한 사람들이 침묵을 지키고, 공적인 위험으로부터 자신을 지키기 위해 순종하고, 가난한 사람들이 속수무책으로 죽어가던 때는 이미 지났습니다.

상고가 모두 기각되어 감옥으로 가야 할 시간이 됐을 때 대니얼 베리건은 종적을 감췄다. 연방수사국이 추적하는 와중에 대니얼은 자신이 교편을 잡고 있던 코넬 대학의 부활절 축제에 모습을 드러냈다. 연방수사국 요원 수십 명이 군중 사이에서 그를 찾고 있을 때 그는 갑자기 무대에 올라섰다. 그 순간 조명이 꺼졌고, 무대에 있던 빵과 인형 극단[16]의 커다란 인형 속에 몸을 숨긴 대니얼은 트럭에 몸을 싣고 인근 농가로 도망쳤다. 대니얼은 4개월 동안 지하에 머물면서 시를 쓰고, 성명서를 발표하고, 극비 인터뷰에 응하고, 필라델피아의 한 교회에 갑자기 나타나 설교를 한 뒤 다시 사라지는 등, 연방수사

16) Bread and Puppet Theatre: 1960년대부터 공연 전 빵을 나누어주고 입장료를 받지 않는 등, 기성 연극들과는 구별되는 실험적이고도 급진적인 내용과 형식을 공연해 온 극단이다. 전쟁과 굶주림, 환경 파괴에 이르기까지의 사회적 쟁점을 회화, 음악, 마임 등의 실험적인 요소를 담은 인형극의 다양한 기법으로 예술화시키면서 세계적 명성을 얻었다.

국을 당혹스럽게 만들었으나, 한 밀고자가 편지를 가로채 그의 소재를 고발함으로써 결국 체포되어 감옥으로 갔다.

캐튼스빌의 9인 가운데 한 명으로 전에 수녀였던 메리 모일런Mary Moylan 역시 연방수사국에 자진출두하지 않았다. 연방수사국은 모일런을 결코 찾아내지 못했다. 지하에서 쓴 글에서 모일런은 자신의 경험에 관해, 자신이 어떻게 지금의 입장에 다다랐는지에 관해 되돌아보았다.

> …… 우리 모두는 결국 감옥에 갈 것이라는 사실을 알고 있었고, 그래서 모두 칫솔을 가지고 갔다. 나는 너무 지쳐 있었다. 작은 옷상자를 꺼내 간이침대 밑에 밀어 넣고 침대로 올라갔다. 볼티모어 군郡 교도소에 있는 여자들은 전부 흑인이었다 — 백인이라곤 딱 한 명뿐인 듯했다. 여자들이 나를 깨우더니 물었다. "왜 울지 않지요?", "왜 울어요?" 여자들은 말했다. "당신 지금 감옥에 있는 거예요." 나는 대답했다. "네, 나도 여기 올 줄 알았어요……"
>
> 그 여자들 둘 사이에 끼어 잤는데, 매일 아침 일어나 보면 팔꿈치를 괴고 나를 쳐다보고 있었다. 여자들은 나에게 말하곤 했다. "밤새도록 자더군요." 도무지 믿을 수가 없다는 눈치였다. 좋은 사람들이었다. 거기서 우리는 즐거운 한때를 보냈다…….
>
> 내 인생에 정치적 전환점이 온 것은 우간다에 있을 때였던 듯하다. 미국 비행기들이 콩고를 폭격하던 와중에 그곳에 있었는데, 콩고 국경과 아주 가까운 곳이었다. 비행기들이 국경을 넘어 날아와서 우간다의 마을 두 곳을 폭격한 일도 있었다……. 도대체 미국 비행기들이 왜 거기까지 온 것일까?
>
> 그 뒤 다르에스살람〔Dar Es Salaam. 탄자니아의 수도〕에서도 조금 머물렀는데 저우언라이周恩來가 그곳에 왔다. 미국 대사관에서는 이 사람이 더러운 공산주의자이므로 미국인은 절대 거리로 나가서는 안 된다는 내용의 편지를 발송

했다. 하지만 내가 보기에 그는 역사를 만드는 사람이었고, 나는 그를 만나고 싶었다…….

아프리카에서 귀국한 뒤 워싱턴으로 이사를 했고 그곳의 상황, 즉 경찰의 미친 짓거리와 야만행위, 그 도시의 시민 대부분 — 70퍼센트의 흑인 — 이 영위하고 있는 삶에 마주쳐야만 했다…….

그리고 베트남, 네이팜탄과 고엽제, 폭격 등이 있었다…….

나는 약 1년 전에 여성운동에 참여하게 됐다…….

캐튼스빌 사건 때는 감옥에 가는 게 의미가 있었는데, 부분적으로는 흑인들이 처한 상황 때문이었다 — 그토록 많은 흑인들이 항상 감옥을 가득 채우고 있었던 것이다……. 이제는 감옥에 가는 게 효과적인 전술이라는 생각이 들지 않는다……사람들이 얼굴에 웃음을 띠면서 감옥으로 끌려가는 모습을 보고 싶지 않다. 사람들이 감옥에 가는 걸 원치 않는다. 1970년대는 매우 어려운 시기일 것이고, 나는 우리의 자매와 형제들이 감옥에 끌려가고 거기서 신비로운 경험이나 어떤 다른 경험을 하든 간에 그렇게 그들을 소모시키고 싶지는 않다…….

전쟁이 야기한 결과와 몇몇 신부와 수녀들의 대담한 행동은 가톨릭 사회의 전통적인 보수주의에 균열을 가져왔다. 1969년 전쟁중지일〔Moratorium Day. 반전운동에서 전쟁을 중단시키기 위해 모든 일상업무를 중지하고 시위를 벌이자고 선언한 날로 10월 15일이었다〕에, 보스턴 인근에 있는 목자牧者풍의 고요함과 정치적인 침묵의 성소聖所인 뉴턴성심聖心 대학의 커다란 정문에는 거대한 붉은 주먹 그림이 내걸렸다. 가톨릭 재단인 보스턴 대학에서도 그날 밤 2,000명이 체육관에 모여 전쟁을 비난했다.

학생들은 초기의 반전시위에 적극적으로 참여했다. 도시문제연구소Urban Research Corporation의 조사에 따르면, 1969년 상반기에만, 그리고 전국 2,000여

네이팜 반대 시위 | 베트남 민간인들에게 네이팜탄을 무차별적으로 퍼부은 미군의 행동에 격분한 많은 미국인들은 네이팜탄을 제조하는 공장 앞에서 항의시위를 벌였다.

고등교육기관 가운데 232곳에서만도 21만 5,000명의 대학생이 학내 시위에 참여했고, 3,652명이 체포됐으며, 956명이 정학이나 퇴학을 당했다고 한다. 1960년대 후반에는 중고등학교에서도 500여 종의 지하신문이 발간됐다. 1969년의 브라운 대학 졸업식에서는 헨리 키신저가 연설을 하려고 일어서자 졸업생의 3분의 2가 등을 돌렸다.

반전운동은 닉슨 대통령이 캄보디아 침공을 명령한 1970년 봄에 정점에 달했다. 그해 5월 4일, 오하이오 주 켄트 주립대학에서 학생들이 전쟁에 반대하는 시위를 위해 모여들자, 주 방위군이 군중을 향해 발포했다. 학생 4명이 살해됐다. 한 명은 평생불구가 됐다. 400개 대학 학생들이 이에 항의해 동맹휴업을 벌였다. 미국 역사상 최초의 학생 총파업이었다. 연방수사국은 1969~1970년 학년도에 313건의 건물 점거를 비롯한 1,785건의 학생시위가 있었다고 기록했다.

켄트 주립대학 학살이 벌어진 뒤 개최된 졸업식은 이전과는 전혀 다른 것이었다. 매사추세츠 주 애머스트Amherst의 한 신문은 이렇게 보도했다.

> 어제 치러진 매사추세츠 대학 100회 졸업식은 일종의 항의이자 평화를 요구하는 호소였다.
>
> 2,600명의 젊은 남녀는 장송곡의 북소리에 맞춰 "공포와 절망, 좌절 속에서" 행진을 벌였다.
>
> 검은 학사복에는 항의를 나타내는 붉은 주먹과 하얀색의 평화의 상징, 파란 비둘기들이 새겨져 있었고, 4학년생은 거의 두 사람에 하나꼴로 평화를 기원하는 완장을 차고 있었다.

학군단ROTC(예비역장교훈련프로그램)에 반대하는 학생들의 항의로 결국 40여 개 대학에서 학군단 프로그램이 중단됐다. 1966년에는 19만 1,749명의 대학생이 학군단에 등록했다. 그러나 1973년에 이르면 그 수는 7만 2,459명이었다. 베트남에 파견되는 장교의 절반은 학군단에 의존했다. 1973년 9월에 이르자 학군단은 6개월 연속으로 할당수를 채우지 못했다. 육군의 한 관료는 이렇게 말했다. "또 다른 전쟁에 휘말리지 않기만을 바랄 뿐이다. 만약 그렇게 될 경우 우리는 싸울 여력이 없기 때문이다."

학생들의 항의를 다룬 보도는 전쟁에 대한 반대가 주로 중간계급 지식인들에게서 나온다는 인상을 만들어 냈다. 뉴욕의 건설 노동자들이 학생 시위대를 공격한 소식은 전국 언론에서 크게 다루어졌다. 그러나 생산직 노동자들이 주민 대부분을 차지하는 도시를 비롯한 미국 도시들에서 치러진 수많은 선거는 노동계급 사이에서도 전쟁에 반대하는 정서가 강력하다는 사실을 보여줬다. 한 예로 미시건 주의 자동차제조업 도시인 디어본Dearborn에서는 일찍이 1967년에 수행된 여론조사에서 주민의 41퍼센트가 베트남 전쟁에서 철수하는 쪽에 찬성했다. 1970년에는 캘리포니아 주의 두 군 — 샌프란시스코 군과 머린Marin 군 — 에서 주민들의 발의로 베트남으로부터 미군을 철수할 것을 묻는 주민투표가 치러졌는데, 다수가 찬성표를 던졌다.

1970년 후반에 수행된 갤럽 여론조사에서는 "미국은 내년 말까지 베트남에서 모든 병력을 철수해야 한다"는 항목에 대해 응답자의 65퍼센트가 "그렇다"라고 응답했다. 1971년 봄, 위스콘신 주 매디슨에서는 동남아시아 미군의 즉각적인 철수를 요구하는 결의안이 3만 1,000표 대 1만 6,000표로 통과됐다(1968년에는 이와 비슷한 결의안이 기각됐었다).

그러나 가장 놀라운 데이터는 미시건 대학에서 수행한 여론조사에서 나타났다. 이 조사 결과를 보면 베트남 전쟁 기간 내내 초등학교 교육만을 받은 사람들이 대학 교육을 받은 사람들보다 훨씬 더 베트남 전쟁에서 철수하는 쪽에 찬성했음을 알 수 있다. 1966년 6월 당시, 대학 교육을 받은 사람들 가운데 27퍼센트가 베트남으로부터 즉각적인 철수를 찬성한 데 반해, 초등 교육만을 받은 사람들은 41퍼센트가 찬성했다. 1970년 9월에는 두 집단 모두 반전 성향이 커졌다. 대졸자의 47퍼센트와 초등학교 졸업자의 61퍼센트가 철수에 찬성한 것이다.

이외에도 많은 증거가 있다. 『미국사회학평론*American Sociological Review*』(1968년 6월호)에 실린 한 논문에서 리처드 F. 해밀턴Richard F. Hamilton은 자신이 수행한 여론조사의 결과, "'강경한' 정책에 대한 선호는 고등교육을 받은 집단, 고위직, 고소득층, 젊은층, 신문과 잡지를 많이 읽는 집단 등에서 가장 두드러지게 나타난다"는 사실을 발견했다. 또 정치학자 할런 한Harlan Hahn은 베트남에 관한 여러 도시의 주민투표를 조사한 결과 베트남에서 철수해야 한다는 의견이 사회·경제적 지위가 낮은 집단에서 가장 높다는 사실을 밝혀냈다. 할런 한은 또한 표본 추출에 근거한 일반적인 여론조사는 하층계급 사람들의 반전 여론을 실제보다 과소평가하고 있다는 사실도 발견했다.

이 모든 것은 이 나라의 모든 국민들 사이에 일어난 전반적인 변화의 일부에 불과했다. 1965년 8월에는 국민의 61퍼센트가 미국의 베트남 개입이 잘못이 아니라고 생각했다. 그러나 1971년 5월에 이르면 정반대가 됐다. 61퍼센트가 우리의 개입이 잘못된 일이라고 생각하게 된 것이다. 하버드 대학 여론조사 연구원 브루스 앤드루스Bruce Andrews는 전쟁에 가장 반대하는 사람들이 50세 이상이거나 흑인, 여성이라는 사실을 밝혀냈다. 또한 앤드루스는 베트남 전쟁이 언론에서 사소한 문제로 다뤄지던 1964년 봄에 수행한 한 연구에서, 대학 교육을 받은 사람들의 53퍼센트가 베트남에 대한 파병에 찬성한 데 비해 초등학교 교육밖에 받지 못한 사람들은 33퍼센트만이 파병에 찬성했음을 보여줬다.

대외정책에 있어서 더욱 공격적인, 고등교육을 받고 고소득을 올리는 계층이 장악하고 있던 언론은 노동계급이 전쟁에 대해 초超애국적이라는 그릇된 인상을 주는 경향이 있었던 것으로 보인다. 남부의 가난한 흑인과 백인들에 관한 1968년 중반의 한 조사연구에서 루이스 립시츠Lewis Lipsitz는 자신이 전형적이라고 본 태도를 이렇게 설명했다. "가난한 사람을 도울 수 있는 유일한 방법은 베트남에서 벌어지는 그 전쟁에서 빠져나오는 것이다……. 이 세금—높은 세금—은 저 먼 곳에서 사람들을 죽이는 데 쓰이는 것이며, 나는 이 전쟁의 동기를 전혀 알 수가 없다."

미군 병사들—대부분 저소득 집단 출신인 지원병과 징집병들— 사이에서 반전 정서가 신속하게 성장한 사실은 평범한 미국인들에게도 독립적인 판단능력이 있었음을 보여준다. 전쟁에 대해 일반 병사들이 불만을 가진 사례는 앞선 미국 역사에서도 있었다. 혁명전쟁 당시 있었던 개별적인 항명, 멕시코 전쟁이 한창인 가운데 벌어진 재입대 거부사태, 양차 세계대전 당시의 탈영과 양심에 따른 징병거부 등이 그것이었다. 그러나 베트남 전쟁에 대한 병사들과 참전군인들의 반대는 그 규모나 열정에 있어서 유례가 없는 일이었다.

반전 행동은 개별적인 저항으로부터 시작됐다. 일찍이 1965년 6월에 웨스트포인트〔West Point. 미국 육군사관학교〕 졸업생 리처드 스타인크Richard Steinke는 베트남의 벽촌으로 향하는 비행기에 탑승하기를 거부했다. 스타인크는 "베트남 전쟁은 단 한 명의 미국인 목숨이라도 걸 만한 가치가 없다"고 말했다. 스타인크는 군사재판에 회부되어 불명예제대를 했다. 이듬해에는 흑인, 푸에르토리코인, 리투아니아-이탈리아계 등의 육군 이등병 3명—모두 빈민계층이었다—이 베트남 파견을 거부하면서 이 전쟁은 "부도덕하고 불법이며 부당한" 전쟁이라고 비난했다. 그들은 군사재판에서 징역형을 선고받았다.

1967년 초, 사우스캐롤라이나 주 잭슨 기지Fort Jackson의 군의관인 하워드 레비Howard Levy 대위는 특수부대 엘리트인 그린베레Green Berets 대원들을 가르치기를 거부했다. 레비는 그들이 "여성과 어린이를 죽인 학살자"이며 "농민들을 도살한 살인마"라고 말했다. 레비 대위는 징집병들 사이에 불만을 조장하는 발언을 했다는 이유로 군사재판에 회부됐다. 재판을 주재한 대령은 이렇게 말했다. "그가 한 발언의 진실 여부는 본 사건의 쟁점이 아닙니다."

레비는 징역형을 선고받았다.

개인적인 행동은 계속 늘어났다. 오클랜드의 한 흑인 이등병은 11년의 고된 노역형이 예상되는데도 베트남행 수송기 탑승을 거부했다. 해군 간호사 수전 슈널Susan Schnall 대위는 해군제복을 입은 채 평화시위에서 행진을 벌이고, 해군기지 상공의 비행기에서 반전 전단을 살포한 혐의로 군사재판에 회부됐다. 버지니아 주 노포크에서는 한 수병이 전쟁의 부도덕성을 이유로 전투기 조종사들의 훈련 지원을 거부했다. 1968년 초 워싱턴D.C.에서는 한 육군 중위가 "12만 명의 미국인 사상자 — 왜?"라는 피켓을 들고 백악관 앞에서 시위를 벌이다 체포됐다. 흑인 해병 조지 대니얼스George Daniels와 윌리엄 하비William Harvey는 다른 흑인 해병대원들에게 전쟁에 반대하는 이야기를 했다는 이유로 장기형을 선고받았다(대니얼스는 6년, 하비는 10년을 선고받았지만 둘 다 나중에 감형됐다).

전쟁이 계속됨에 따라 군대 내의 탈영도 늘어났다. 수천 명이 프랑스, 스웨덴, 네덜란드 등 서유럽으로 발길을 돌렸다. 대부분의 탈영병들은 캐나다 국경을 넘었는데, 정확한 숫자는 알 수 없지만 5만에서 10만을 헤아리는 수였다. 일부는 미국에 그대로 남았다. 몇몇 사람들은 교회라는 '성역'으로 들어가 전쟁에 반대하는 친구들과 동조자들에 둘러싸여 체포와 군사재판을 기다림으로써 군 당국에 공공연하게 도전했다. 보스턴 대학에서는 1,000여 명의 학생들이 5일 동안 예배당에서 밤낮으로 경계를 서면서 18세의 탈영병 레이 크롤Ray Kroll을 도와줬다.

크롤의 이야기는 흔한 사례 가운데 하나였다. 크롤은 군에 입대하라는 감언이설을 끊임없이 받아 왔었다. 그는 빈민 가정 출신으로 음주 혐의로 기소되어 법정에 서게 됐고 감옥이냐 징집이냐의 선택의 기로에 놓였다. 그는 입대했다. 그러고는 전쟁의 본성에 관해 생각하기 시작했던 것이다.

어느 일요일 아침, 연방수사관들이 보스턴 대학 예배당에 나타나 학생들로 빽빽한 통로를 마구 헤치고 걸어가 문을 부수고는 크롤을 잡아갔다. 크롤은 영창에서 친구들에게 답장을 보냈다. "난 아무도 죽이지 않을 거야. 그건 내 의지에 반하는 일이야……" 예배당에서 알게 된 한 친구가 책을 넣어 줬는데, 크롤은 그 중 한 책에서 이런 구절을 찾아내 적어뒀다. "우리가 한 일은 영원히 사라지지는 않을 것이다. 모든 것은 시간이 지나면 익고 때가 되면 열매를 맺기 마련이다."

병사들의 반전운동은 조직화되어 갔다. 사우스캐롤라이나 주 잭슨 기지 인근에 최초의 '사병 카페GI coffehouse'가 생겨나 병사들이 커피와 도넛을 먹으면서 반전 문헌을 찾아 읽고 다른 병사들과 자유롭게 대화를 나누게 됐다. UFO라는 이름의 이 카페는 몇 년 동안 영업을 했으나 결국 '공적 불법방해'라는 선고를 받고 법원명령으로 폐쇄됐다. 그러나 전국 대여섯 곳에서 다른 사병 카페가 속속 등장했다. 매사추세츠 주 데븐스 기지와 로드아일랜드 주 뉴포트의 해군기지에서는 반전 '서점'이 문을 열었다.

전국 곳곳의 군사기지에서 지하신문들이 속속 나타났다. 1970년에 이르면 50여 종 이상의 지하신문이 배포되고 있었다. 로스앤젤레스의 『뒤로 돌앗*About Face*』[17], 워싱턴 주 타코마Tacoma의 『페드업!*Fed Up!*』[18], 잭슨 기지의 『쇼트타임스*Short Times*』, 시카고의 『베트남 사병*Vietnam GI*』, 독일 하이델베르크의 『그래피티*Graffiti*』, 노스캐롤라이나의 『브랙브리프스*Bragg Briefs*』, 조지아 주 고든 기지의 『최후의 공격*Last Harass*』, 아이다호 주 마운틴홈 공군기지의 『도움의

---

17) 'about face'는 군대에서 쓰이는 구령으로 '태도를 180도 바꾸다', '전향하다'는 의미도 있다.
18) 'fed up'은 원래 '질리다', '싫증나다'는 뜻이며, 여기서는 연방정부Fed에 질렸다는 의미가 내포되어 있다.

손길*Helping Hand*』 등이 그것이었다. 이 신문들은 반전 기사를 게재하고 일반 사병들의 고충에 관한 소식과 군인의 법적 권리에 관한 실제적인 충고를 제공했으며, 군의 지배에 어떻게 저항할 것인지에 관해 말해 줬다.

전쟁에 반대하는 정서에는 군대 생활의 잔혹성과 비인간화에 대한 분노가 뒤섞여 있었다. 군 형무소와 영창에서는 특히 그러했다. 1968년 캘리포니아주 프레시디오Presidio 영창에서는 정서장애 증상이 있는 죄수가 노역장에서 벗어났다는 이유로 간수가 총으로 쏴 죽인 일이 있었다. 그러자 죄수 27명이 그 자리에 앉은 채 작업을 거부하고 「우리 승리하리라」를 불렀다. 그들은 군사재판에 회부되어 폭동죄를 판결받고 최고 14년의 징역형을 선고받았으며, 수많은 대중적인 관심과 항의가 이루어진 뒤에야 감형됐다.

반전의식은 전선 자체에까지 퍼져 나갔다. 1969년 10월에 미국 전역에서 거대한 전쟁중지일 시위가 벌어졌을 때, 베트남에 있던 일부 병사들은 시위를 지지한다는 표시로 검은 완장을 착용했다. 한 사진기자는 다낭Da Nang 인근에서 정찰임무를 수행하는 한 소대의 병사 가운데 절반가량이 검은 완장을 차고 있었다고 보도했다. 쿠치Cu Chi에 주둔하고 있던 한 병사는 1970년 10월 26일에 친구에게 보낸 편지에서, 전투에 참가하는 것을 거부하는 병사들로 따로 몇 개 중대가 구성됐다고 적었다. "이제 여기서는 싸우러 나가기를 거부하는 건 큰일도 아니야." 프랑스 신문 『르몽드』는 넉 달 사이에 공군 제1기갑사단 병사 109명이 전투 거부로 고발당했다고 보도했다. 『르몽드』 특파원은 "한번도 자신의 전쟁이라 여겨본 적이 없는 이 전쟁에 공공연하게 반대한다는 표시로 왼 주먹을 불끈 쥔 흑인 병사의 모습은 흔히 볼 수 있는 광경이다"라고 썼다.

『타임』의 흑인 미국인 기자 월리스 테리Wallace Terry는 수백 명의 흑인 병사들과 나눈 대화를 녹음해 뒀다. 테리는 군대 내의 인종주의에 대한 격렬한 증오, 전쟁에 대한 혐오감, 널리 퍼진 사기저하 등을 발견했다. '수류탄으로 상관을 공격하는' 사건 — 병사들이 자신들을 전장으로 몰아넣는 명령을 내리는 장교나 다른 불만 때문에 반감을 갖게 된 장교의 막사 밑으로 수류탄을 굴려 넣는 사건 — 이 점점 더 많이 보고됐다. 국방부는 1970년에만도 베트남에서 209건의 수류탄 공격사건이 있었다고 보고했다.

베트남에서 돌아온 참전군인들은 '전쟁에 반대하는 베트남 참전군인회 Vietnam Veterans Against the War'를 결성했다. 1970년 12월에는 이 모임의 회원 수백 명이 디트로이트에서 열린 이른바 '겨울 병사'[19] 청문회에 참석, 베트남에서 자신들이 직접 가담했거나 목격한 베트남인들에 대한 잔학행위에 관해 공개적으로 증언했다. 1971년 4월에는 회원 1,000여 명이 워싱턴D.C.에 집결, 전쟁에 반대하는 시위를 벌였다. 그들은 한 사람씩 국회의사당 주위의 철조망으로 다가가 베트남에서 받은 훈장을 담장 너머로 집어던지고는 베트남 전쟁에 관해 간단한 발언을 했다. 어떤 사람은 감정적인 발언을, 또 다른 사람은 냉정하고 신랄하면서도 조용한 발언을 내뱉었다.

1970년 여름에는 베트남 참전장교를 비롯한 군 임관장교 28명이 250명의 장교를 대표한다고 말하며 반전 단체인 '사회를 우려하는 장교들의 운동 Concerned Officers Movement'의 결성을 발표했다. 하노이와 하이퐁에 대한 격렬한 폭격이 진행되던 1972년 성탄절 무렵, B-52 조종사들이 폭격 비행을 거부함으로써 최초로 공공연한 반항을 시작했다.

1973년 6월 3일, 『뉴욕타임스』는 웨스트포인트 생도들 사이에 낙제생이

---

19) Winter Soldier: '겨울 병사'라는 표현은 토머스 페인이 1776년의 미국혁명군 병사들을 비판하면서 한 말이다. 여름에 입대한 병사들('양지의 애국자들sunshine patriot')은 대부분 탈영한 데 반해 '겨울 병사들'은 혹독한 추위를 이겨내고 계속 싸우고 있다고 페인은 말했다.

참전군인들의 반전 시위

뉴저지의 '전쟁에 반대하는 베트남 참전군인회'가 베트남 전장에서 했던 '수색섬멸 작전Search and Destroy'을 뉴저지 거리에서 재현하고 있다.

속출하고 있다고 보도했다. 기자의 보도에 따르면, 사관학교 교관들은 "이런 높은 낙제율을 유복하고 군기가 덜 들었으며 회의적이고 따지기 좋아하는 세대인 데다 극소수 급진주의자들과 베트남 전쟁으로 인해 조성된 반전 분위기 탓으로 돌렸다."

그러나 대부분의 반전행동은 일반 사병들로부터 나왔으며, 또 그들 대부분은 저소득 집단 — 백인, 흑인, 인디언, 중국계, 멕시코계(고국으로 돌아온 멕시코계 미국인 병사들은 수천 명씩 반전 시위를 벌였다) — 출신이었다.

뉴욕 시민인 샘 초이Sam Choy라는 스무 살의 중국계 미국인은 열일곱에 군대에 입대, 취사병으로 베트남에 파병됐는데, 동료 병사들은 그가 적군과 비슷하게 생겼다며 '때놈Chink', '누렁이gook'(베트남인들을 지칭하는 말)라고 부르는 등 놀림감으로 삼았다. 어느 날 초이는 소총을 집어들고는 자신을 괴롭히는 병사들에게 경고사격을 가했다. "이때쯤이면 나는 거의 기지 경계선에 자리잡은 채 베트콩에 합류할까 생각하고 있었습니다. 적어도 그들은 나를 믿어줄 테니까요."

초이는 헌병대에 붙잡혀 구타를 당하고 군사재판에 회부되어 리븐워스 기지에서 18개월 노역형을 선고받았다. "그들은 내가 초시계라도 되는 양 날이면 날마다 때렸습니다." 초이는 뉴욕 차이나타운의 한 신문과 인터뷰를 마치며 이렇게 말했다. "단 한 가지, 이것만은 모든 중국인 아이들에게 말해주고 싶습니다. 저는 군대에 신물이 났습니다. 너무 신물이 나서 이제는 견딜 수가 없습니다."

1972년 4월에 푸바이Phu Bai에서 온 한 급보에 따르면, 중대원 142명 중 50명이 정찰임무를 거부하면서 "이건 우리의 전쟁이 아니다!"라고 외쳤다고 한다. 1973년 7월 14일자 『뉴욕타임스』는 베트남의 미군 포로들이 포로수용소에 같이 수감되어 있던 장교들로부터 적에게 협조하지 말라는 명령을 받자 "누가 우리의 적이냐?"고 맞받아쳤다고 보도했다. 그들은 포로수용소에서 평화위원회를 결성했으며, 훗날 위원회의 한 병장은 포로로 잡혀 수용소까지 행군하면서 느낀 심정을 이렇게 회고했다.

> 우리가 첫 번째 수용소에 닿을 때까지 본 마을들 중 성하게 남아 있는 곳은 하나도 없었다. 모두가 파괴되어 있었다. 나는 도중에 주저앉아 스스로 반문했다. 이게 옳은 일인가, 옳지 않은 일인가? 마을을 파괴하는 게 옳은 일인가? 사람들을 몰살하는 게 옳은 일인가? 잠시 후, 답은 금방 나왔다.

1973년에 미국이 베트남에서 병력을 철수한 뒤, 워싱턴의 국방부 관리들과 샌디에이고〔해군부 청사가 자리하고 있다〕의 해군 대변인들은 해군이 '바람직스럽지 못한 사람들'을 숙정할 계획이며, 여기에는 "상당수가 흑인인" 태평양 함대의 병사 6,000명이 포함된다고 발표했다. 모두 합쳐 약 70만 명의 사병이 불명예제대를 했고 1973년에는 제대 병사 5명 가운데 1명이 '불명예제대'였다. 이것은 군에 대한 충성스러운 복종이 아닌 어떤 정서를 보여주는 것이다. 1971년에 이르러 미군 병사 1,000명당 177명이 '무단이탈자' 명단에 올랐으며, 그중 일부는 세 번째 또는 네 번째 무단이탈자가 된 것이었다. 탈영병 수 또한 1967년의 4만 7,000명에서 1971년의 8만 9,000명으로 늘어났다.

론 코빅Ron Kovic은 군대를 이탈하지 않고 계속 전투에 참여했으나 나중에 전쟁에 반대하는 입장으로 돌아선 병사 가운데 하나였다. 코빅의 아버지는 롱아일랜드의 수퍼마켓에서 일했다. 열일곱 살이던 1963년에 코빅은 해병대에 입대했다. 2년 뒤 열아홉 살이던 코빅은 베트남에서 포격에 척추가 부서지는 부상을 입었다. 하반신이 마비된 코빅은 휠체어 신세가 됐다. 고국에 돌아온 코빅은 재향군인 병원에서 부상당한 참전군인들이 야만적인 대우를 받는 현실을 목격하고 전쟁에 관해 더 많은 생각을 하게 됐으며 전쟁에 반대하는 베트남 참전군인회에 가입했다. 코빅은 시위에 참여해 전쟁에 반대하는 발언을 했다. 어느 날 저녁, 코빅은 영화배우 도널드 서덜랜드Donald Sutherland가 제1차 세계대전 뒤 쓰여진 돌턴 트럼보의 『자니 총을 들다』를 낭독하는 것을 들었다. 이 소설의 주인공은 포화 속에서 사지와 얼굴이 떨어져나간 뒤 나름대로 바깥세상과 소통하는 방식을 찾아내고 이를 통해 전율 없이는 들을 수 없는 강력한 메시지를 두드려 말한다〔팔다리와 입이 없는 주인공은 몸통을 두드리는 일종의 모스 신호로 의사소통을 한다〕.

> 서덜랜드가 그 구절을 읽기 시작하자 결코 잊지 못할 무언가가 나를 덮쳐왔다. 마치 누군가가 내가 병원에서 겪었던 그 모든 일을 대변해 말해 주는 듯했

다……. 온몸이 부들부들 떨리면서 두 눈에 눈물이 고였던 기억이 난다.

코빅은 전쟁에 반대하는 시위를 벌이다 체포됐다. 그는 『7월 4일 생*Born on the Fourth of July*』에서 자신의 이야기를 들려주고 있다.

그들은 나를 다시 휠체어에 앉히고 인적사항을 기록하기 위해 교도소 건물의 다른 구역으로 데리고 간다.

"이름?" 책상 앞의 경찰관이 묻는다.

"론 코빅이오." "직업은, 전쟁에 반대하는 베트남 참전군인이오."

"뭐라고?" 장교는 냉소적으로 말하며 경멸의 눈초리로 쳐다본다.

"전쟁에 반대하는 베트남 참전군인이란 말이오." 나는 거의 소리지르듯이 대꾸한다.

"거기서 죽었어야 하는데." 장교는 보좌관에게 고개를 돌린다. "이 자식 데려다가 지붕 밖으로 던져 버리고 싶은데."

그들은 내 지문을 채취하고 사진을 찍은 뒤 감방에 처넣는다. 갓난아기처럼 바지가 젖어들기 시작했다. 의사에게 검진을 받는 와중에 튜브가 빠져 버린 것이다. 잠을 청하려고 애를 쓰지만, 몸은 온통 지쳐 있는데 내 속의 분노는 너무나도 생생해서 마치 가슴속에 뜨거운 돌덩어리가 있는 것처럼 느껴진다. 벽에 머리를 기대고는 변기 물 내리는 소리에 계속 귀를 기울여 본다.

코빅을 비롯한 참전군인들은 1972년 공화당 전당대회가 열리는 마이애미로 몰려가 대회장에 들어가서는 휠체어를 타고 복도를 통과한 뒤, 닉슨이 대통령 후보 수락연설을 시작하자 "폭격을 중단하라! 전쟁을 중단하라!"라고 구호를 외쳤다. 대의원들은 악담을 퍼부어 댔다. "야 이 반역자들아!" 재무부

검찰국[Secret Service. 대통령 및 대통령 후보자 경호를 담당한다] 요원들이 참전군인들을 대회장 밖으로 밀어냈다.

승리의 전망은 전혀 보이지 않고 북베트남 병력이 남부의 곳곳에 굳건히 자리잡고 있던 1973년 가을, 미국은 미군 병력을 철수시키고 공산당과 비공산당이 모두 참여하는 새로운 정부가 선출될 때까지 혁명군을 현상유지하도록 하는 타협안을 받아들이는 데 동의했다. 그러나 사이공 정부는 이를 거부했고, 미국은 북베트남을 들볶아 굴복시키려는 최후의 시도를 해보기로 결정했다. 미국은 하노이와 하이퐁 상공에 B-52 편대를 파견, 가옥과 병원을 파괴하고 셀 수 없이 많은 민간인을 살육했다. 그러나 공격은 성과를 낳지 못했다. 다수의 B-52기가 격추당했고 세계 곳곳에서 분노에 가득 찬 항의가 있었다 — 키신저는 다시 파리로 돌아가 앞서 합의한 것과 똑같은 평화협정에 서명했다.

미국은 병력을 철수하고서도 사이공 정부에 계속 원조를 제공했지만, 북베트남이 남베트남 주요 도시들에 대한 공세를 개시한 1975년 초에 결국 사이공 정부는 무너졌다. 1975년 4월 말, 북베트남 병력이 사이공에 진입했다. 미국 대사관 직원들은 공산주의자들의 통치를 두려워 한 많은 베트남인들과 함께 도망쳤고, 베트남의 오랜 전쟁은 끝났다. 사이공은 호치민 시로 개명됐으며, 남북 베트남은 베트남민주공화국으로 통일됐다.

전통적인 역사서들은 흔히 전쟁의 시작을 '국민'의 요구에 대한 응답에 기인하는 것으로 보는 것과 마찬가지로 전쟁의 종말 역시 지도자들의 주도 — 파리나 브뤼셀, 제네바, 베르사이유 등의 협상 — 아래 이루어지는 것으로 설명한다. 베트남 전쟁은 적어도 이 전쟁에서는 정치 지도자들이 (서로를 의심하게 만들면서) 전쟁을 끝내는 조치를 취하는 데 있어서 가장 뒤쳐졌다는, '국민들'이 앞장섰다는 분명한 증거를 제공했다. 대통령은 항상 뒤쳐져 있었다. 대법원은 전쟁의 합헌성에 도전하는 소송들을 조용히 외면했다. 의회 역시 몇 년 뒤에야 여론을 따라잡았다.

1971년 봄, 베트남 전쟁의 확고한 지지자로 여러 신문에 칼럼을 기고하던 롤런드 에번스Rowland Evans와 로버트 노박Robert Novak은 하원에서 "급작스럽게 반전 정서가 분출된 데" 관해 유감을 표명하는 글을 썼다. "행정부 지지자들은 현재 하원의 민주당 의원들 사이에 갑자기 광범위하게 퍼진 악의적인 전쟁 반대 분위기를 닉슨에 대한 반대가 아니라 유권자들의 압력에 대한 반응으로 보고 있다."

미국 병력을 의회의 승인 없이 캄보디아에 파견해서는 안 된다는 결의안이 하원에서 통과된 것은 캄보디아 개입이 끝난 뒤, 그리고 캄보디아 침공을 둘러싸고 전국 대학에서 소요가 일어난 뒤였다. 그리고 의회에서 의회의 승인 없이 전쟁을 수행할 수 있는 대통령의 권한을 제한하는 법안을 통과시킨 것은 베트남의 미군 병력이 마침내 철수하게 된 1973년 말에 이르러서였다. 이 '전쟁권한 결의안War Powers Resolution'에서조차 대통령은 의회의 선전포고 없이 독자적으로 60일 동안 전쟁을 수행할 수 있었다.

행정부는 —전쟁에 패배했기 때문이거나 미국의 강력한 반전운동 때문이 아니라— 자신이 평화를 협상하기로 결정했기 때문에 전쟁이 끝나는 것이라고 미국인들을 설득하려고 애썼다. 그러나 전쟁 기간 내내 작성된 정부의 비망록들은 전쟁의 모든 국면에서 정부가 미국과 해외의 '여론'을 민감하게 주시했음을 입증해 준다. 이 자료는 『국방부 문서』에 들어 있다.

1964년 6월, 헨리 캐버트 로지 대사를 비롯한 미국 최고위 군 및 국무부 관료들이 호놀룰루에서 회동을 가졌다. "러스크는 바로 지금 동남아시아 정책에 관한 미국의 국민 여론은 심각하게 분열되어 있으며, 따라서 대통령에 대한 단호한 지원이 필요하다고 말했다." 칸Nguyen Khanh이라는 장성이 디엠을 대신한 뒤의 일이었다. 국방부 역사가들은 이렇게 썼다. "6월 5일 사이공으로 돌아간 로지 대사는 공항에서 곧바로 칸 장군을 만나러 갔다. …… 칸과 나눈 대화의 요지는 미국 정부가 가까운 장래에 북베트남에 대한 행동을 전개하기 위해 미국 내 여론을 조성할 것이라는 사실을 암시하는 것이었다." 2개월 뒤 통킹 만 사건이 벌어졌다.

1965년 4월 2일, 존 매콘John McCone 중앙정보국장이 작성한 메모는 북베트남에 대한 폭격이 북베트남의 정책을 변화시킬 수 있을 만큼 "충분히 가혹한 것이 아니기" 때문에 폭격을 더욱 늘릴 것이라는 점을 시사했다. "다른 한편 …… 우리는 미국의 각종 여론, 언론, 유엔과 세계의 여론 등으로부터 …… 폭격을 중단하라는 압력이 증가하리라는 것을 예상할 수 있다." 미국은 이런 여론이 구축되기 전에 신속한 타격을 가하기 위해 노력해야 한다고 매콘은 말했다.

1966년 초에 존 맥노턴 국방부 차관보가 작성한 메모는 "민간인 목표물을 공습"하게 되면 "해외와 국내에서 반발의 물결이 높아지는 역효과를 낳을 것"이므로 수문과 댐을 파괴, 대규모 기아사태를 야기할 것을 제안했다. 국방부 역사가들의 서술에 의하면, 1967년 5월에 "맥노턴 역시 전쟁에 대한 대중적 소요와 불만의 폭과 강도를 매우 깊이 우려하고 있었다 …… 특히 젊은층과 소외계층, 지식인, 여성들이 그러했다." "2만 명에 이르는 예비군을 소집하는 조치가 …… 여론을 양극화시켜 미국의 '비둘기파'들이 걷잡을 수 없이 행동하는 결과 — 대규모 복무 거부나 전투 및 협력 거부 또는 이보다도 더 나쁜 사태 — 를 낳지나 않을지" 맥노턴은 우려했다. 그는 이렇게 경고했다.

> 많은 미국인들과 세계의 대부분은 미국이 한계를 넘어서는 것을 용인하지 않을지도 모릅니다. 세계 최강대국이 그 공과가 열띤 논의를 거치지 않은 문제를 놓고 조그마한 후진국을 굴복시키려고 맹폭격을 가해 일주일에 1,000명의

> 비전투원을 살해하거나 중상을 입히는 모습이 아름다운 그림은 아닙니다. 예상컨대 이런 상황은 미국의 국민의식에 값비싼 왜곡을 낳게 될 것입니다.

민족해방전선이 갑작스럽게 무시무시한 구정 공세를 가함으로써 웨스트모어랜드[William Westmoreland. 베트남 주둔군 총사령관]가 존슨 대통령에게 이미 현지에 주둔하고 있는 52만 5,000명의 병력 외에 20만 명을 추가로 파병해 달라고 요청한 1968년 봄에 그런 값비싼 왜곡"이 일어난 것으로 보인다. 존슨은 국방부 내의 일군의 몇몇 '전투 장교들'에게 이 문제에 관해 조언을 해달라고 요청했다. 그들은 상황을 검토해 보고는 20만 명의 병력을 추가 파병하게 되면 전쟁이 완전히 미국의 전쟁이 될 것이며 사이공 정부를 강화시키지 못할 것이라는 결론에 다다랐다. "사이공의 지도부는 필수적인 국민의 충성심이나 지지를 이끌어 낼 수 있는 ―능력은 제쳐두고라도― 의사조차 보여주지 못하기" 때문이라는 것이었다. 게다가 병력 추가 파병은 예비군 동원과 군사비 증액을 초래할 것이라고 보고서는 지적했다. 미군 사상자가 증가하고 세금도 늘어날 것이었다. 그리고,

> 우리가 국내 문제를 소홀히 하고 있다는 생각으로 인한 징병 기피와 도시 소요를 확산시킬 것이 분명한 이런 불만의 증가는 전례가 없는 국내적 위기를 야기할 커다란 위험이 있다.

"확산되는 도시 소요"는 1967년에 벌어졌던 ―그리고 흑인들이 의식했든 의식하지 못했든 간에 해외의 전쟁과 국내의 빈곤 사이의 연관성을 보여준― 흑인 봉기를 가리키는 것이었음이 분명하다.

『국방부 문서』에서 제시된 증거는 분명하다―1968년 봄에 웨스트모어랜

드의 요청을 거절하고, 처음으로 전쟁 확대를 늦추고, 폭격을 감소시키고, 협상 테이블에 나가기로 한 존슨의 결정은 미국인들이 전쟁에 반대한다는 의지를 보여준 엄청난 규모의 행동에 영향받은 것이었다.

대통령에 취임한 닉슨 역시 자신은 국민들의 저항에 영향을 받지 않을 것이라는 점을 설득시키려 애썼다. 그러나 한 평화주의자가 홀로 백악관 앞에서 피켓을 들고 시위를 벌였을 때 닉슨은 거의 제정신이 아니었다. 닉슨이 반대파들을 상대로 벌인 광란에 가까운 행동 — 불법침입, 도청, 우편물 개봉 등의 계획 — 은 국가 지도자들의 가슴속에 반전운동이 얼마나 중요한 자리를 차지하고 있었는가를 보여준다.

반전운동의 이념이 미국인들의 마음속에 자리잡았다는 사실을 보여주는 하나의 징표는 배심원들이 반전 시위자들에게 유죄를 평결하기를 점점 꺼리게 됐고 지방 판사들 역시 그들을 전과는 다르게 다뤘다는 점이다. 1971년에 이르러 워싱턴의 판사들은 2년 전 같았으면 징역형이 거의 확실했을 사건에서 시위자들에 대한 기소를 기각하고 있었다. 병무청을 습격한 반전 활동가들 — 볼티모어의 4인Baltimore Four, 밀워키의 14인Milwaukee Fourteen, 보스턴의 5인Boston Five, 캐튼스빌의 9인 등 — 은 이전과 동일한 범죄에 대해 더 가벼운 형을 선고받았다.

병무청을 습격한 마지막 활동가들인 '캠던의 28인Camden 28'은 신부와 수녀, 평신도들로 1971년 8월에 뉴저지 주 캠던의 병무청을 급습했다. 그것은 볼티모어의 4인이 4년 전에 했던 행동과 완전히 똑같은 것이었으며, 그 때는 모두가 유죄를 평결받고 필〔필립의 애칭〕 베리건은 6년형을 선고받았었다. 그러나 이번 사건의 배심원들은 캠던의 피고인들에 대해 만장일치로 무죄방면을 평결했다. 평결이 이루어진 뒤, 군에서 11년을 복무한 적이 있는 53세의 흑인 택시운전사 새뮤얼 브레이스웨이트Samuel Braithwaite라는 배심원은 피고인들에게 이런 편지를 보냈다.

> 여러분들, 하나님으로부터 재능을 부여받은 성직자이자 의사이신 여러분들, 잘하셨습니다. 국민을 통치하고 지도하라고 국민이 뽑아준 사람들, 저 병들고 무책임한 인간들을 고쳐 주시느라 애쓰신 일, 훌륭하십니다. 그들은, 힘없는 나라에 죽음과 파괴의 비를 뿌림으로써 국민의 기대를 저버린 자들입니다……. 여러분의 형제들이 상아탑 속에 들어앉아 방관만 하고 있을 때, 여러분은 여러분의 역할을 해내기 위해 뛰쳐나왔습니다……. 그리고 아마 가까운 미래에, 전 세계 모든 나라 국민들에게 평화와 화합이 임하는 날이 올 것입니다.

1973년 5월의 일이었다. 미군 병력은 베트남을 떠나고 있었다. 『뉴욕타임스』 특파원 C. L. 설즈버거C. L. Sulzberger(정부에 가까운 인물이었다)는 이렇게 썼다. "미국은 철저한 패배자가 되었으며, 역사책들은 이를 인정해야만 한다……. 우리는 메콩 강 유역이 아니라 미시시피 강 유역에서 벌어진 전쟁에서 패배했다. 잇따른 미국 정부 가운데 어떤 정부도 전쟁 수행에 필요한 국내 대중의 지지를 불러일으키지 못했던 것이다."

사실 미국은 메콩 강 유역과 미시시피 강 유역 두 곳 모두의 전쟁에서 패배한 것이었다. 그것은 제2차 세계대전 뒤 형성된 전지구적인 미 제국의 첫 번째 명백한 패배였다. 해외의 혁명적인 농민들과 국내의 놀라운 저항운동이 가한 패배였다.

일찍이 1969년 9월 26일에 리처드 닉슨 대통령은 전국적인 반전운동의 확산을 지적하면서 "어떤 상황에서도 저는 그 어떤 반전운동에도 영향받지 않을 것입니다"라고 선언했다. 그러나 그는 9년 뒤 출간된 『회고록*Memoirs*』에서 반전운동 때문에 전쟁 확대 계획을 포기하지 않을 수 없었다고 인정했다.

"공개적으로는 격렬한 반전 논의를 계속 무시했지만……. 그 모든 항의와 전쟁 중지일 시위가 벌어진 뒤, 전쟁을 확대시키면 미국의 국내 여론이 심각하게 분열될 것이라는 사실을 나는 알고 있었다." 이것은 대중의 저항이라는 힘을 대통령이 인정한 보기 드문 사례였다.

장기적인 관점에서 보면, 무언가 훨씬 더 중요한 일이 벌어지고 있었다. 국내의 반란이 베트남 전쟁이라는 쟁점을 넘어서 확산되고 있었던 것이다.

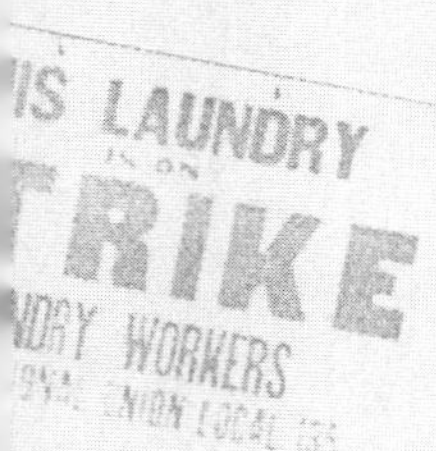

A People's History of the United States

19

놀라운 사건들

1969 • 인디언들의 앨커트래즈 섬 점령

1971 • 애티카 교도소 반란 사건

1973 • 로 대 웨이드 판결, 도 대 볼튼 판결
(연방 대법원은 임신 마지막 3개월 동안에만 낙태를 금지시킬 수 있으며,
4~6개월일 때에는 건강상의 이유로 낙태를 규제할 수 있고,
임신 3개월까지는 임산부와 의사가 결정권을 갖는다고 판결)
• 미국인디언운동연합, 운디드니 점령 사건

헬렌 켈러는 1911년에 이렇게 말한 바 있다. "우리가 투표를 한다고요? 그것이 무슨 뜻입니까?" 또 같은 무렵에 에마 골드먼은 이렇게 말했다. "우리 시대의 미신은 보통 선거권이다." 1920년 이후 여성들도 남성과 마찬가지로 투표를 했지만 그들의 종속적인 처지는 거의 바뀌지 않았다.

여성이 투표권을 획득한 직후 전국 각지의 신문에 실린 도로시 딕스 Dorothy Dix의 상담칼럼을 보면 사회적 진보의 정도를 알 수 있다. 딕스는 여성이 단순히 가정의 일꾼에 불과해서는 안 된다고 말했다.

> …… 한 남자의 부인은 그 남자가 이룩한 성공의 정도를 보여주는 쇼윈도입니다……. 가장 큰 거래는 오찬 테이블에서 성사되게 마련입니다. …… 우리의 부富를 확장시킬 수 있는 사람들과 만찬석상에서 만나게 되니까요……. 훌륭한 사람들과의 교제에 노력하고 클럽 활동을 하며 스스로 흥미 있고 상냥한 인간이 되는 여자는 …… 남편에게 도움이 되는 존재입니다.

로버트 린드와 헬렌 린드 부부는 1920년대 후반 인디애나 주 먼시에 관한 연구(『미들타운』)에서 여성을 평가하는 데 있어 아름다운 외모와 옷차림이 얼마나 중요한지를 주목했다. 또한 그들이 알아낸 바로는 남자들이 자기들끼리 털어놓고 이야기할 때, "여성들은 남성보다 더 순수하고 도덕적으로 우월하지만, 다른 한편 상대적으로 비현실적이고, 감정적이고, 불안정하고, 편견에 사로잡혀 있고, 쉽게 상처를 입으며, 대체로 사실을 직시하거나 어려운 사고를 할 능력이 없다고 말하는 경향"이 있었다.

1930년대 초반의 한 기자는 이런 문장으로 잡지 기사를 시작하면서 미용산업을 밀어줬다. "평균적인 미국 여성의 피부는 16평방피트이다." 미국에는 4만 개의 미장원이 있고 매년 여성용 화장품에 20억 달러가 소요되지만 그것으로는 충분치 않다고 기자는 말을 이었다. "미국 여성들은 외모를 향상시키는 데 필요한 액수의 5분의 1도 소비하지 않고 있다." 뒤이어 기자는 핫오일 트리트먼트 12개, 화장크림 52개, 눈썹뽑개 26개 등 "모든 여성의 연간 필수 미용품"의 목록을 제시했다.

여성들은 ―산업이나 전쟁, 사회운동에서― 그들의 활동을 절실하게 필요로 하는 경우에 아내, 어머니, 여성, 가사노동, 외모 가꾸기, 고립감 등의 감옥에서 처음으로 탈출할 수 있었던 것으로 보인다. 실용적인 이유 때문에 ―일종의 가석방 프로그램을 통해― 여성을 감옥에서 끌어낼 때마다 필요성이 없어지면 다시 여성을 감옥으로 밀어 넣으려는 시도가 행해졌으며, 이로 말미암아 여성들은 변화를 위해 투쟁하게 됐다.

제2차 세계대전으로 인해 과거 어느 때보다도 많은 여성들이 가정에서 나와 일터로 향했다. 1960년에 이르면 16세 이상 여성의 36퍼센트―2,300만 명―가 임금을 받고 일했다. 그러나 학령기의 자녀를 둔 여성의 43퍼센트가 일을 하고 있었지만 보육학교는 겨우 2퍼센트만을 수용할 수 있었다―나머지는 모든 일을 스스로 알아서 해야만 했다. 유권자의 50퍼센트가 여성이었지만 (1967년에 이르러서도) 여성들은 주 입법부 의석의 4퍼센트와 판사직의

2퍼센트만을 차지하고 있었다. 일하는 여성의 평균 소득은 남성의 약 3분의 1이었다. 또한 여성들에 대한 태도는 1920년대 이래 그다지 변화되지 않은 것처럼 보였다.

"1964년에 우리 사회에 공공연한 반反페미니즘은 전혀 없다"라고 페미니스트이자 사회학자인 앨리스 로시Alice Rossi는 말했다. "이것은 양성 평등이 이루어졌기 때문이 아니라 미국 여성들 사이에 이제 사실상 페미니즘의 활기가 남아 있지 않기 때문이다."

1960년대의 민권운동에서 집단적인 움직임의 징후가 나타나기 시작했다. 여성들은 사회운동에서 자신들이 관례적으로 차지해 왔던 위치, 즉 장성이 아니라 사병으로 전선에 자리잡은 것이었다. 애틀랜타의 학생비폭력조정위원회 사무실에서는 앉아있기 운동 기간에 감옥살이를 한 적이 있는 스펠먼 대학 학생 루비 도리스 스미스가 여성들이 틀에 박힌 사무노동으로 내몰리는 현실에 분노를 터뜨렸다. 위원회의 두 백인 여성 샌드라 헤이든Sandra Hayden과 메리 킹Mary King도 항의에 동참했다. 학생비폭력조정위원회의 남성들은 그들의 말에 정중하게 귀를 기울이고 여성의 권리를 주장하는 취합된 입장표명 문서를 읽었지만, 실제로 행동에 옮긴 일은 많지 않았다. 할렘 출신으로 이제 남부에서 조직화에 전념하고 있던 노련한 투사 엘라 베이커는 전형적인 패턴을 알고 있었다. "여성들을 주로 지지자로 삼는 데만 익숙해 있는 일군의 성직자들 사이에서 한 명의 여성, 그것도 나이든 여성인 내가 지도부에 낄 자리가 전혀 없다는 사실을 나는 처음부터 알고 있었다."

그럼에도 여성들은 남부에서 조직화가 진행되던 위험한 시기에 결정적인 역할을 담당했으며, 존경의 대상이 됐다. 이들 대다수는 앨라배마 주 셀마Selma의 엘라 베이커와 어밀리어 보인튼Amelia Boynton, 조지아 주 올버니의 '엄마 돌리Mama Dolly' 등 나이든 여성이었다. 젊은 여성들 — 메릴랜드의 글로리아 리처드슨Gloria Richardson, 미시시피의 아넬 폰더Annelle Ponder — 은 활동적일 뿐만 아니라 지도자들이었다. 모든 연령의 여성이 시위를 벌이고 감옥에 갔다. 미시시피 주 룰빌Ruleville의 정률소작농인 패니 루 해머Fannie Lou Hamer 부인은 전설적인 조직가이자 연설가가 됐다. 해머 부인은 찬송가를 불렀으며, 다리를 절며(어렸을 때 소아마비를 앓았다) 피켓 시위를 벌였다. 해머 부인은 대중집회에서 사람들을 흥분의 도가니로 몰아넣었다. "저는 진절머리가 난다는 사실이 진절머리가 납니다."

같은 무렵에 백인 중간계급 전문직 여성들이 목소리를 내기 시작했다. 강력한 영향력을 미친 초기의 선구적인 저작은 베티 프리던의 『여성의 신비 *The Feminist Mystique*』였다.

> 뭐라고 이름붙일 수 없는 그 문제는 과연 무엇이었을까? 여성들이 그 문제를 표현하려고 애쓸 때 사용한 단어는 무엇이었을까? 간혹 여성은 "나는 다소 공허하고 …… 불완전하다는 느낌이 든다"라고 말하곤 했다. 또는 "나는 나 자신이 존재하지 않는 것처럼 느껴진다"라고 말하곤 했다. 때로는 …… "지친 느낌 …… 나는 아이들에게 너무 화가 난 나머지 두려운 생각이 든다……. 아무 이유도 없이 울고 싶어진다"고 말하기도 했다.

프리던은 중간계급 가정주부로서 자신이 겪은 경험을 토대로 글을 썼지만, 그녀의 말은 모든 여성의 내면에 있는 무언가를 건드리는 것이었다.

> 이 문제는 오랫동안 이야기되지 않은 채 미국 여성들의 가슴속에 묻혀 있었다. 그것은 20세기 중엽에 미국의 여성들이 겪었던 이상한 동요, 불만족스러운 느낌, 어떤 갈망이었다. 교외의 주부들은 각자 외로이 이 문제와 싸웠다. 이부

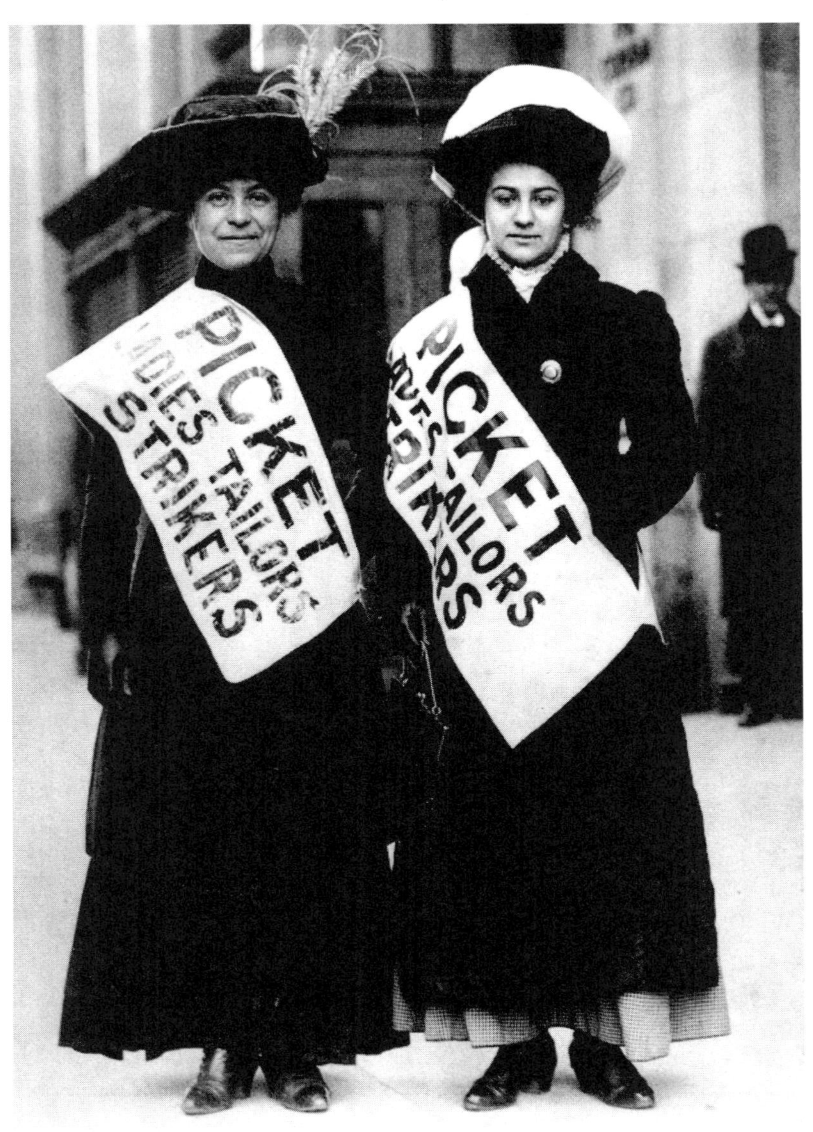

여성 피켓 시위

여성들은 산업이나 전쟁에서 그들의 활동을 필요로 하는 경우에만 사회의 전면에 등장할 수 있었다. 이 시기의 여성들은 더 이상 목소리를 내는 일에 주저하지 않았다.

> 자리를 정돈하고, 식료품을 사고, 소파 커버를 분위기에 맞게 바꾸고, 아이들과 땅콩버터 샌드위치를 먹고, 보이스카우트와 걸스카우트 단원들을 위해 운전을 해주고, 밤에 남편 곁에 누워 있을 때 ― 부인들은 "이게 전부일까?"라고 조용히 자문해 보는 것조차 두려워했다…….
>
> 그러나 1959년 4월 어느 날 아침, 나는 뉴욕에서 25킬로미터 떨어진 한 교외주택단지에 사는 네 아이의 어머니가 다른 네 명의 어머니들과 커피를 마시면서 조용한 자포자기의 어조로 '그 문제'를 이야기하는 것을 들었다. 그리고 다른 이들 역시, 비록 말은 없었지만 그녀가 남편이나 아이들, 집안의 문제에 관해 이야기하는 게 아니라는 것을 알고 있었다. 그들은 갑자기 자신들 모두가 똑같은 문제, 뭐라고 이름붙일 수 없는 문제를 안고 있음을 깨달았다. 그들은 머뭇거리면서 그 문제에 관해 이야기하기 시작했다. 나중에 보육학교에서 아이들을 데리고 와서 낮잠을 재우고 난 뒤, 두 여성은 자신이 혼자가 아님을 알게 됐다는 이유만으로 순전한 안도감을 느끼며 눈물을 흘렸다.

프리던이 말한 '신비'는 어머니이자 아내로서 남편과 아이들을 통해 삶을 살면서 그것을 위해 자신만의 꿈을 포기한 여성의 이미지였다. 프리던은 이렇게 결론지었다. "남성의 경우와 마찬가지로 여성이 자기 자신을 발견하고 하나의 인격체로서 자신을 인식할 수 있는 유일한 길은 자신만의 창조적인 일을 갖는 것이다."

1964년 여름, 미시시피 주 매콤에 있는 한 자유의 집Freedom House(사람들이 함께 일하고 생활한 민권운동 본부)의 여성들이, 자신들은 자동차를 타고 돌아다니며 조직활동을 벌이면서 여성들에게는 요리를 하고 이부자리를 정돈할 것을 바라는 남성들에 맞서 파업에 돌입했다. 프리던이 말한 동요는 모든 여성들에게 해당되는 것처럼 보였다.

1969년에 이르러 여성들은 미국 전체 노동력의 40퍼센트를 차지했지만, 이들 중 상당수가 비서나 청소부, 초등학교 교사, 판매원, 웨이트리스, 간호사였다. 일하는 여성 3명 가운데 1명은 남편의 수입이 1년에 5,000달러 이하였다.

일자리가 없는 여성들은 어떠했을까? 그들은 집에서 매우 열심히 일했지만 이런 일은 노동으로 간주되지 않았다. 자본주의 사회에서는(아니 어쩌면 물건과 인간이 돈으로 사고파는 대상이 된 모든 현대사회에서는) 급여를 받지 못하는, 현금으로 대가를 받지 못하는 노동은 무가치한 것으로 여겨지기 때문이었다. 1960년대에 여성들은 이런 사실에 관해 더 많이 생각하기 시작했고, 마거릿 벤스턴Margaret Benston은 이에 관해 썼다(「여성해방의 정치경제학*The Political Economy of Women's Liberation*」). 가사노동을 하는 여성들은 현대 경제체제의 외부에 있는 사람들이며, 따라서 그들은 농노나 농민과 같다고 벤스턴은 말했다.

전형적인 '여성 일자리' — 비서, 접수원, 타자수, 판매원, 청소부, 간호사 — 에서 일하는 여성들은 일터에서 종속적인 위치에 있는 남성들이 겪어야 하는 모든 굴욕에 더해 여성이기 때문에 생기는 또 다른 일련의 굴욕(여성의 사고방식에 대한 비웃음, 성적 농담과 성희롱, 성적 대상으로가 아니면 보이지도 않는 존재로 무시당하는 일, 더 높은 작업효율을 원하는 냉혹한 요구)까지도 직면해야 했다. 「사무원 시간 기준 안내*Guide to Clerical Times Standards*」라는 광고의 문답란에는 이런 내용이 실렸다.

> 문: 저는 사업가인데, 제 비서가 너무 굼뜨게 행동하는 것 같습니다. 비서가 1분에 몇 번이나 서류 서랍을 열고 닫을 수 있을까요?
>
> 답: 정확히 25번입니다. 다른 '열고 닫는 과정'에 걸리는 시간은 …… 서류철을 펼치거나 접는 데 0.04분, 표준적인 책상 가운데 서랍을 여는 데 0.026분입

니다. 귀하의 비서가 '의자에서 하는 행동'이 걱정되신다면 이 표준과 대조해서 비서의 행동에 걸리는 시간을 재 보십시오. '의자에서 일어서는 데' 0.033분, '회전식 의자를 돌리는 데' 0.009분입니다.

1970년대 초, 1970년 당시 사장의 주식 이익배당금이 32만 5,000달러에 달하는 매사추세츠 주 뉴베드퍼드New Bedford의 한 중소기업에서는 부서의 노동자 중 9퍼센트가 여성 노동자지만 관리자는 모두 남성이라고 노조 기관지에 썼다.

몇 해 전 나는 아이들이 아직 어려서 병이 나면 일을 쉬어야 했기 때문에 3일 동안 정직을 당했다……. 그들은 아무소리 안 하고 일만 하면서 서로를 일러바치기 좋아하는 작은 로봇과 같은 사람들을 원한다. 많은 사람이 하루 일과를 시작하기 전에 신경안정제를 먹어야 하고 일주일마다 두세 명이 신경쇠약에 빠져 울부짖는다는 사실이 그들에게는 별 문제가 되지 않는다.

그녀는 이렇게 덧붙였다. "그러나 시대는 변하고 있다. 이제부터는 더 많은 사람들이 자신의 의견을 토로하고 이른바 사장들에게 사장들 스스로 대접받기를 바라는 대로 자신들을 대접하라고 요구하게 될 것이다."

실제로 시대가 변하고 있었다. 1967년경, 다양한 운동 — 민권운동, 민주사회를 위한 학생연합Students for a Democratic Society, 반전단체 — 의 여성들이 여성으로서 서로 만나기 시작했으며, 1968년 초에는 워싱턴에서 열린 여성 반전집회에서 수백 명의 여성이 알링턴 국립묘지로 횃불행진을 하면서 '전통적인 여성상 장례식The Burial of Traditional Womanhood'을 공개적으로 개최했다. 이 시점에서, 그리고 나중에도 여성들이 여성의 특수한 쟁점에 집중해 싸워야 하는지 아니면 인종주의와 전쟁, 자본주의에 반대하는 전반적인 운동에 단지 참여해야 하는지를 둘러싸고 여성들 사이에서, 그리고 남성들 사이에서는 훨씬 더 많은 모종의 불일치가 존재했다. 그러나 페미니즘에 초점을 맞춘 사고는 계속 커나갔다.

1968년 가을, 급진여성연합Radical Women이라는 단체가 "여성을 억압하는 상징"이라고 규정한 미스아메리카 선발대회에 항의의 목소리를 높임으로써 전국적인 관심을 집중시켰다. 그들 모두는 브래지어와 거들, 파마 클립, 모조 속눈썹, 가발 등 "여성의 쓰레기"로 규정한 모든 물건을 자유쓰레기통Freedom Trash Can에 집어던졌다. 양 한 마리가 미스아메리카로 뽑혀 왕관을 썼다. 더욱 중요한 것은 사람들이 '여성해방'에 관해 말하기 시작했다는 사실이었다.

그 후 뉴욕급진여성연합New York Radical Women의 일부가 '마녀WITCH'(지옥에서 온 여성 국제 테러 음모단Women's International Terrorist Conspiracy from Hell의 약칭)를 결성, 마녀 차림을 한 회원들이 뉴욕증권거래소 입회장에 갑자기 나타났다. 뉴욕에서 '마녀'가 배포한 한 전단에는 이렇게 적혀 있었다.

> '마녀'는 모든 여성 속에 똬리를 튼 채 웃고 있다. 마녀는 수줍은 미소와 불합리한 남성 지배에 대한 묵종, 우리의 병든 사회가 요구하는 화장과 피부를 질식시키는 의복 뒤에 자리잡고 있는 우리 각자의 자유로운 부분이다. '마녀'에 '가입'할 방법은 없다. 당신이 여성이고 감히 자기 자신을 들여다본다면, 당신은 '마녀'이다. 당신 자신이 당신의 규칙을 정하는 것이다.

워싱턴D.C.의 '마녀'는 유나이티드 청과회사가 제3세계에서 벌이는 기업활동과 여성 사무직 노동자들에 대한 대우에 대해 항의했다. 시카고에서는

'마녀'가 말린 딕슨Marlene Dixon이라는 급진 페미니스트 교사가 해고된 사건에 대해 항의했다.

가난한 여성과 흑인 여성들은 그들 나름의 방식으로 여성의 보편적인 문제를 표명했다. 1964년에 로버트 콜즈Robert Coles(『위기의 아이들*Children of Crisis*』)와 인터뷰를 한, 보스턴으로 옮겨온 지 얼마 되지 않은 남부 출신의 한 흑인 여성은 절망적인 자신의 삶과 행복을 찾기 어려운 현실에 관해 말했다. "내게 있어서는, 뱃속에 아이를 가지고 있는 때가 내가 진정으로 살아 있는 유일한 시간입니다."

많은 가난한 여성들은, 언제나 그러했듯이 여성으로서 갖게 되는 자신들의 문제를 특별히 거론하지 않으면서도 불의를 바로잡고 필요한 서비스를 얻기 위해 이웃사람들을 조용히 조직했다. 1960년대 중반, 포도의 도시Vine City라 불리는 애틀랜타의 한 공동체에서는 흑인 1만 명이 서로를 돕기 위해 한데 뭉쳤다. 그들은 중고상점과 보육학교, 병원, 월례 가족만찬, 신문, 가족문제 상담 등을 조직했다. 조직가 중 한 명인 헬렌 하워드Helen Howard는 거다 러너Gerda Lerner(『백인의 미국에 사는 흑인 여성들*Black Women in White America*』)에게 이 공동체에 관해 말해 줬다.

> 내가 이 이웃 조직을 만들었는데, 남자 두 명과 부인 여섯 명이 시작한 거지요. 어려운 일이었어요. 나중에는 많은 사람들이 결합했지요. 다섯 달 정도는 거의 매일 밤 모임을 가졌습니다. 다른 사람들과 함께 일하는 방법을 배웠지요……. 많은 사람들은 실제로 어떤 일도 하기를 두려워했습니다. 시청에 가거나 무언가를 요구하기를 두려워한 거지요. 집주인이 무서워서 아무것도 요구하지 못했지요. 모임을 가진 뒤에는 이제 그렇게 두려워하지 않게 됐습니다……. 우리가 이 놀이터를 갖게 된 경로는 이렇습니다. 우리는 길을 막고 아무것도

통과하지 못하게 했습니다. 전차도 통과하지 못하게 했지요. 이웃 사람들 전부가 함께 했습니다. 전축을 가져다가 춤을 추었어요. 일주일 동안 그렇게 계속했지요. 우리는 수가 많아서 잡혀가지 않았어요. 결국 시에서 아이들을 위해 이 놀이터를 만들어 준 겁니다…….

패트리샤 로빈슨이라는 여성은 『가난한 흑인 여성』이라는 소책자에서 여성의 문제를 근본적인 사회변혁의 필요성과 연결시켰다.

지금까지 논의된 적이 없는 계급질서의 가장 밑바닥에 있는 가난한 흑인 여성들의 반란은 그들이 어떤 종류의 사회를 요구하고 쟁취하기 위해 싸울 것인가 하는 문제를 제기한다. 이미 가난한 흑인 여성들은 중간계급 흑인 및 백인 여성들처럼 산아제한을 할 권리를 요구하고 있다. 그들은 억압이란 쌍방이 있어야 가능하다는 사실을 알고 있으며, 그들을 비롯한 빈민층은 이제 집단학살에 다름 아닌 억압을 감수하려 하지 않는다. 가난한 흑인 여성들은 광범위한 세계의 무산자들 및 그들의 혁명적 투쟁과 동맹하고 있다. 가난한 흑인 여성들은 역사적 조건 때문에 남성 지배로부터 아이들을 거둬들이고 그들 스스로 가르치고 부양해야 했다. 바로 이 과정에서 남성의 권위와 착취는 심각하게 약화됐다. 아울러 가난한 흑인 여성들은 지난 역사에서 모든 가난한 아이들이 이용됐던 것처럼 — 형편없는 대우를 받으면서 엘리트 집단의 권력 장악과 유지를 위해 싸우는 용병들처럼 — 자기 자식들이 이용될 것이라는 사실을 깨닫고 있다. 이런 단계들을 거치면서 …… 가난한 흑인 여성들은 공격적인 남성 지배와 그것을 강화하는 계급사회인 자본주의에 문제를 제기하기 시작했다.

1970년 애틀랜타의 세탁 노동자이자 여섯 아이의 어머니인 도로시 볼든Dorothy Bolden은 왜 자신이 1968년에 가사노동을 하는 여성들을 전국가사노동조합National Domestic Workers Union으로 조직하기 시작했는지를 밝혔다. 볼든은 이렇게 말했다. "나는 여성들이 자신들의 지역사회를 개선하기 위한 의사결정에서 목소리를 가져야 한다고 생각한다. 빈민가에 사는 이 여성들은 고군분투하고 있으며, 무슨 일이든 할 수 있는 뛰어난 지적 능력을 가졌음에도 오랫동안 무시되어 왔기 때문이다. 나는 이 여성들이 목소리를 가져야 한다고 생각한다."

여성 테니스 선수들도 조직됐다. 한 여성은 경마 기수가 되기 위해 투쟁하고 재판에서 승소함으로써 최초로 여성 기수가 됐다. 여성 화가들은 휘트니 미술관Whitney Museum에서 열린 조각전에서 피켓 시위를 벌임으로써 성차별에 문제를 제기했다. 여성 언론인들은 여성을 배제하는 워싱턴의 그리다이언 클럽Gridiron Club에서 피켓 시위를 벌였다. 1974년 초에 이르러 78개 대학에 여성학 프로그램이 설치됐고 약 500개 대학에서 약 2,000개의 여성학 강좌가 진행됐다.

지방 및 전국 차원의 여성 잡지와 신문이 등장했고, 여성사와 여성운동에 관한 서적이 쏟아져 나와 몇몇 서점에서는 이 분야만을 모아놓은 특별 코너를 마련하기도 했다. 때로는 동조적이고 때로는 빈정거리는 내용이었던 텔레비전 프로의 우스갯소리조차도 여성운동의 영향력이 얼마나 전국민적인가를 보여줬다. 여성들이 보기에 모욕감을 주는 일부 텔레비전 광고들은 항의 끝에 폐지됐다.

여성단체들의 로비가 이루어진 뒤인 1967년, 존슨 대통령은 연방정부와 관련된 고용에서 성차별을 금지하는 대통령령에 서명했으며, 뒤이은 몇 년 동안 여성단체들은 이 법령을 철저히 시행할 것을 요구했다. 전국여성기구

NOW(National Organization for Women. 1966년에 결성됐다)는 미국 기업들을 상대로 성차별에 문제를 제기하는 1,000여 건의 소송에 착수했다.

낙태의 권리가 주된 쟁점이 됐다. 1970년 전에는 매년 100만 건의 낙태가 행해졌는데, 그 중 1만 건 정도만이 합법적인 것이었다. 아마도 불법적인 낙태를 한 여성 — 대부분 가난한 여성 — 의 3분의 1가량은 합병증으로 입원해야만 했을 것이다. 이런 불법 낙태 때문에 실제로 얼마나 많은 여성이 목숨을 잃었는지는 어느 누구도 알지 못한다. 그러나 낙태의 불법화는 분명히 가난한 사람들에게 불리하게 작용했다. 부자들은 그냥 아이를 낳거나 안전한 조건 아래에서 낙태를 할 수 있었기 때문이다.

1968년과 1970년 사이에 20여개 주에서 낙태를 금지하는 법률을 폐지하기 위한 법적 투쟁이 시작됐고, 정부 간섭 없이 스스로 결정할 수 있는 여성의 권리를 주장하는 여론은 점점 강력해졌다. 1970년경에 출간된 여성들의 글을 모은 중요한 책인 『자매애는 강하다*Sisterhood Is Powerful*』에 실린 루신다 시슬러 Lucinda Cisler의 논문 「미완의 기획: 산아제한*Unfinished Business: Birth Control*」은 이렇게 말하고 있다. “낙태는 여성의 권리이다. …… 어느 누구도 여성의 결정에 거부권을 행사하거나 여성의 의지에 반해 아이를 낳으라고 강요할 수 없다…….” 1969년 봄에 이루어진 해리스 여론조사를 보면 응답자의 64퍼센트가 낙태 결정이 개인적인 문제라고 생각했음을 알 수 있다.

마침내 1973년 초에 대법원은, 각 주는 임신 마지막 3개월 동안에만 낙태를 금지시킬 수 있으며, 4에서 6개월일 때에는 건강상의 이유로 낙태를 규제할 수 있고, 임신 3개월까지는 임산부와 의사가 결정권을 갖는다고 판결했다(로 대 웨이드 판결Roe v. Wade, 도 대 볼튼 판결Doe v. Bolton).

보육시설의 설립이 추진됐고, 비록 정부로부터 많은 도움을 받아내지는 못했지만 여성들은 수천 개의 공동육아시설을 세웠다.

여성들은 또한 강간 문제에 관해서도 처음으로 공공연하게 발언하기 시작했다. 매년 5만 건의 강간이 신고됐고 신고되지 않은 강간은 더 많았다. 여성들은 호신술 강좌를 듣기 시작했다. 여성이 강간사건을 고발하는 경우에 경찰이 여성을 대하고 취조하고 모욕을 가하는 방식에 대한 항의가 있었다. 수전 브라운밀러Susan Brownmiller의 저서 『우리의 의지에 반해*Against Our Will*』가 광범위하게 읽혀졌다 — 이 책은 강간의 역사를 서술하고 분석하는 강력하면서도 분노로 가득 찬 책으로 개인적, 집단적 자기방어를 제시했다.

> 반격이다. 만약 우리 — 여성들 — 가 불균형을 바로잡고 우리들 자신과 남성들에게서 강간의 이데올로기를 제거하고자 한다면, 다양한 차원에서 우리가 벌여야 하는 행동은 바로 반격이다. 강간은 단지 개인적인 차원에서 통제하거나 피하는 것이 아니라, 근절시킬 수 있지만 그 접근 방법은 장기적이고 협력적이어야 하며 여성뿐만 아니라 많은 남성들의 이해와 선의를 획득해야만 한다…….

많은 여성들이 이미 효력을 발휘하기에 충분한 수의 주에서 통과된 헌법 수정조항인 평등권 수정조항Equal Rights Amendment(ERA)을 획득하는 데 적극적이었다. 그러나 평등권 수정조항이 법제화된다 하더라도 충분하지 못하며 여성들이 성취한 모든 것은 조직과 행동, 항의를 통해 이루어졌다는 점이 분명해 보였다. 법률이 도움을 주는 경우에조차 행동이 뒷받침되어야만 권리를 누릴 수 있었다. 흑인 여성 하원의원인 셜리 치섬Shirley Chisholm은 이렇게 말했다.

> 법률이 우리를 위해 해줄 수는 없습니다. 우리 스스로 해야만 합니다. 이 나라

의 여성들은 혁명가가 되어야 합니다. 우리는 과거의 전통적인 역할과 상투적인 사고를 거부해야만 합니다……. 우리의 여성성에 관한 낡고 부정적인 사고를 긍정적인 사고와 긍정적인 행동으로 대체해야만 하는 것입니다…….

아마도 1960년대의 여성운동이 미친 가장 심대한 효과 — 낙태와 고용상의 평등에서 얻어낸 실제적인 승리를 넘어서는 효과 — 는 흔히 전국 곳곳의 가정에서 모인 '여성집단들'에서 이루어진 '의식고양consciousness raising'이라고 이야기할 수 있을 것이다. 이것은 역할에 대해 다시 생각하기, 열등함에 대한 거부, 자기에 대한 확신, 자매애의 결속, 어머니와 딸의 새로운 유대 등을 뜻했다. 애틀랜타의 시인 에스타 시튼Esta Seaton은 「그녀의 삶*Her Life*」을 썼다.

이것은 내 가슴속에 깃들어 있는 광경이다.
겨우 열일곱이 된 내 젊은 어머니는,
석탄화로에 그들의 정결한 저녁식사를 요리한다,
버몬트에서 맞은 첫 겨울에,
고함을 지를 때 말고는
감정을 드러내는 법이 없는 아버지는,
자신의 사랑을 보여주기 위해 먹는다

50년 뒤 어머니의 푸른 눈은 얼어붙으리라
음침한 집과
잇달아 태어나는 아이들과
의사의 말이 가져다준 충격 때문에

"아이를 더 낳기 싫으면

집에서 나가시오."

처음으로 여성의 순전한 생물학적 독특성이 공공연하게 논의되기 시작했다. 몇몇 이론가들(가령 『성의 변증법The Dialectics of Sex』의 슐라미스 파이어스톤Shulamith Firestone)은 이런 독특성이 어떤 특정한 경제체제보다도 여성에 대한 억압의 근본적인 원인이라고 생각했다. 그토록 오랫동안 은밀하게 감춰져 부끄러움과 당혹감의 원인이 되어 왔던 것, 즉 월경, 자위, 폐경, 낙태, 여성 동성애 등에 관한 솔직한 논의는 여성들을 자유롭게 만들었다.

1970년대 초반에 등장한 가장 영향력 있는 저서 중 하나는 보스턴여성건강책자공동체Boston Women's Health Book Collective의 여성 11명이 공동집필한 『우리의 몸, 우리 자신*Our Bodies, Ourselves*』이었다. 이 책에는 여성의 신체구조, 성과 성관계, 여성 동성애, 영양과 건강, 강간, 자기방어, 성병, 산아제한, 낙태, 임신, 출산, 폐경 등에 관한 방대한 양의 실제적인 정보가 담겨 있었다. 이런 정보와 그림과 사진, 그리고 이전에는 언급조차 되지 않았던 사실들에 대한 거리낌 없는 탐구보다 훨씬 더 중요한 것은, 책 전체에 흐르는 원기왕성한 분위기, 육체의 즐거움, 새롭게 발견한 지식에 대한 행복감, 젊은 여성과 중년 여성, 노년 여성들의 새로운 자매애 등이었다. 저자들은 영국의 여성 참정권론자 크리스타벨 팽크허스트Christabel Pankhurst의 말을 인용했다.

당신이 여자라는 사실의

존엄성을 기억하라.

호소하지도,

구걸하지도,

굽실거리지도 말라.

용기를 내

손을 맞잡고,

우리 옆에 서라.

우리와 함께 싸우자…….

많은 여성들이 여성에 대한 착취의 출발점으로 간주한 육체 — 성적 노리개로서(나약하고 무능한), 임신한 여성으로서(무기력한), 중년 여성으로서(더 이상 아름답다고 간주되지 않는), 노년 여성으로서(무시되고 버려진) — 와의 싸움이 시작됐다고 말하고 있었다. 생물학적인 감옥은 남성과 사회가 만들어낸 것이었다. 에이드리언 리치Adrienne Rich(『타고난 여성에 관해*Of Woman Born*』)의 말처럼 "여성은 우리의 몸에 채찍질을 가함으로써 통제"되는 존재였다. 리치는 이렇게 말했다.

> 나는 결혼한 다음날의 나 자신에 관해 매우 분명하고 뚜렷한 기억을 갖고 있다. 나는 마루를 청소하고 있었다. 어쩌면 사실 마루를 청소할 필요는 없었을지도 모른다. 어쩌면 나는 그저 다른 어떤 일을 해야 할지 몰랐을 수도 있다. 그러나 마루를 청소하면서 나는 생각했다. "이제 나는 여자야. 이건 옛날 옛적부터 이어져 온 일이고 여자들이 늘 해왔던 일이야." 나는 무언가 오래된 형식, 너무 오래 되어서 의문조차 들지 않는 형식에 굴복하고 있다고 생각했다. 이건 여자들이 늘 해왔던 일이다.
>
> 임신해서 눈에 띄게 배가 부르자마자, 청소년을 거쳐 성인이 된 이래 처음으로 떳떳하다는 느낌이 들었다. 나를 인정하는 분위기 — 거리에서 만난 낯선 사람들조차도 그런 분위기를 풍기는 듯했다 — 는 마치 내게서 풍겨 나오는

아우라aura 같았는데, 그 안에서는 의심과 두려움, 불안감 등이 완전히 부정됐다. 이건 여자들이 늘 해왔던 일이다……

리치는 여성들이 육체를 "숙명이 아닌 자원으로" 사용할 수 있다고 말했다. 자본주의하에서건 '사회주의'하에서건 가부장제는 여성의 육체를 체제 자체의 필요에 제한시킨다고 리치는 말했다. 리치는 여성에 대한 수동성 훈련에 관해 논의했다. 수세대에 걸쳐 여학생들은 『작은 아씨들*Little Women*』을 보며 자랐는데, 이 책에서 조의 어머니는 조에게 이렇게 말한다. "조야, 나는 거의 매일 내 삶에 대해 화가 난단다. 그렇지만 겉으로 내색하지 않는 방법을 배워 왔단다. 앞으로 40년이 걸릴지도 모르지만, 화를 느끼지 않는 법을 배우고 싶구나."

"마취를 통한 기술화된 분만"의 시대에 남성 의사들은 산파의 예민한 손을 대신해서 기구를 사용해 아이를 받아냈다. 리치는 고통스럽고 종속의 원천이 되는 출산의 생물학적 불가피성을 변화시키고자 했던 동료 페미니스트 파이어스톤의 견해에 동의하지 않았다. 리치는 사회적 조건을 변화시킴으로써 출산을 육체적, 정서적 기쁨의 원천으로 만들기를 원했다.

리치의 지적에 따르면, 프로이트가 여성에 대해 무지했던 점을 그의 유일한 '맹점'이라고 말할 수 없는데, 그런 관점은 그의 견해가 다른 문제에 관해서는 정확하다는 의미를 내포하기 때문이었다. 그런 무지는 모든 문제를 왜곡시킨다. 육체에 관한 딜레마가 존재하는 것이다.

> 나는 가정주부나 칵테일바 웨이트리스, 뇌파탐지사 등 어떤 식으로 생계를 유지하든 간에 자신의 육체가 근본적인 문제—육체의 흐릿한 의미, 출산능력, 욕구, 이른바 불감증, 피비린내 나는 발언, 침묵, 변형과 훼손, 강간과 원숙함

등—가 되지 않는 여성은 처녀든, 어머니든, 동성애자든, 기혼자든, 독신자든 한 명도 알지 못한다.

이에 대한 리치의 대답은, 아이만이 아니라 새로운 시각과 새로운 의미, 새로운 세계를 낳기 위한 토대인 "우리의 육체를 되찾기 …… 모든 여성이 자신의 육체를 통솔하는 수호신이 되는 세상"이었다.

지식인이 아닌 대다수 여성들의 경우에 굶주림과 고통, 종속, 모욕을 지금 여기에서 어떻게 근절하느냐 하는 문제는 훨씬 더 시급한 것이었다. 자니 틸먼Johnie Tillmon이라는 여성은 1972년에 이렇게 썼다.

> 나는 여성이다. 나는 흑인 여성이다. 나는 가난한 여성이다. 나는 뚱뚱한 여성이다. 나는 중년 여성이다. 그리고 나는 복지에 의존해 살고 있다……. 나는 여섯 아이를 키웠다……. 나는 아칸소에서 자라나 …… 그곳의 세탁소에서 15년 동안 일하다가 캘리포니아로 이사했다……. 1963년에 나는 병이 들어 더 이상 일할 수 없었다. 친구들이 복지시설에 가보라고 도와줬다.
>
> 복지는 교통사고와 같다. 그것은 누구에게나 일어날 수 있지만 특히 여성에게 일어난다.
>
> 그리고 이것이야말로 복지가 여성문제인 이유이다. 이 나라의 많은 중간계급 여성에게 있어 여성해방은 하나의 관심사에 불과하다. 복지에 의존해 살아가는 여성에게는 그것이 생존의 문제이다.

틸먼에 따르면, 복지는 "극도로 성차별주의적인 결혼"과도 같은 것이었다. "당신은 한 남자를 그 남자로 바꾼다……. 그 남자가 모든 것을 관리하며 …… 당신의 돈을 통제한다……." 틸먼을 비롯한 생활보조금에 의존해 살아가는 어머니들은 전국복지권기구National Welfare Rights Organization를 결성했다. 그들은 여성의 노동 — 가사노동과 육아 — 에 대가를 지불해야 한다고 주장했다. "…… 모든 여성이 굴종의 상태에서 벗어나기 전에는 어떤 여성도 자유를 얻을 수 없다."

여성의 억압만이 아니라 모든 사람의 억압에 대한 해결의 근원이 여성문제에 있었다. 사회에서 여성을 통제하는 것은 매우 효율적이었다. 그것은 국가가 직접 하는 게 아니었다. 그 대신 가족이 이용됐다 — 남성이 여성을 통제하고, 여성은 자녀를 통제하며, 모두가 서로에게 몰두하고, 서로에게 도움을 호소하고, 문제가 생기면 서로를 비난하며, 일이 제대로 풀리지 않으면 서로에게 폭력을 행사하는 식으로. 왜 이런 상황을 바꾸지 못했을까? 자기 자신을 해방시킨 여성, 스스로 자유로워진 자녀, 서로를 이해하기 시작한 남성과 여성들은 서로에게가 아니라 외부에 있는 공통된 억압의 원천을 발견할 수 있었을까? 만약 그러했다면 어쩌면 그들은 그들 자신의 관계 속에서 소중한 힘의 근원을, 무수한 반란의 고갱이를 만들어 낼 수 있었을 것이다. 그들은 체제가 통제와 지배 이데올로기의 주입을 위해 의존한 바로 그 가족의 격리된 사생활 속에서 사고와 행동에 혁명을 일으킬 수 있었을 것이다. 그리고 — 남성과 여성, 부모와 자식이 — 서로 반목하는 게 아니라 한데 뭉쳐서 사회 자체의 변혁을 떠맡을 수 있었을 것이다.

당시는 봉기의 시대였다. 가장 미묘하고 복잡한 감옥 — 가정 — 내부에서 반란이 있을 수 있었다면, 가장 야만적이고 명백한 감옥 — 교정제도 자체 — 에서도 반란이 있었던 것은 당연한 일이다. 1960년대와 1970년대 초에 그런 반란이 급증했다. 전례 없는 정치성과 계급전쟁의 격렬한 형태를 취했던 이런 반란은 1971년 9월 뉴욕 주 애티카Attica에서 정점에 달했다.

미국의 감옥은 —식민지 시기의 전통적인 처벌인— 사지절단과 교수형, 추방 등을 대체하기 위해 퀘이커교에서 시도한 개혁의 일환으로 등장했다. 감옥을 만든 의도는 범죄자를 격리시킴으로써 회개와 구원을 얻도록 하려는 것이었지만, 죄수들은 바로 그 격리상태에서 미치고 죽어갔다. 19세기 중엽에 이르면 감옥은 다양한 징벌(징벌방, 쇠고랑, 독방)과 함께 고된 노역에 토대를 두게 됐다. 뉴욕 주 오시닝Ossinging에 있는 교도소의 소장은 이런 접근방식을 한마디로 요약했다. "범죄자를 교정하려면 우선 그의 정신을 깨부수어야 합니다." 이런 방식은 계속해서 이어졌다.

교도소 직원들은 해마다 그 동안 이루어진 발전을 자축하기 위해 모이곤 했다. 미국교정협회American Correctional Association 회장은 1966년에 연례연설을 하면서 새롭게 발간된 『교정기준편람*Manual of Correctional Standards*』에 관해 설명했다. "우리는 원하기만 하면 교정의 천국correctional Valhalla 앞에서 서성거릴 수 있습니다—일을 훌륭하게 해냈다는 끝없는 자부심을 맛보며 말입니다! 우리는 자랑할 수 있으며 만족하고 안심할 수 있습니다." 그는 이 나라가 이제껏 경험해 보지 못한 일련의 격렬한 감옥 폭동이 일어난 직후, 그 한가운데서, 그리고 바로 직전에 이렇게 말했다.

감옥의 폭동은 언제나 있어 왔다. 1920년대, 감옥 폭동의 물결은 1,600명의 수감자가 있는 뉴욕 주 클린턴Clinton의 교도소 폭동으로 종결됐는데, 이 폭동은 죄수 3명이 목숨을 잃으면서 진압됐다. 1950~1953년 사이에는 미국 감옥에서 50여 차례의 대규모 폭동이 발생했다. 1960년대 초에는 조지아에서 바위를 깨는 노역을 하던 죄수들이 일상적으로 겪는 야만적인 대우에 관심을 불러 모으기 위해 바위를 부수는 바로 그 쇠망치로 자신들의 다리를 부러뜨렸다.

4,000명의 죄수가 수감되어 있던 캘리포니아 샌퀀틴San Quentin의 교도소

에서도 1960년대 후반에 일련의 반란이 벌어졌다. 1967년에는 인종 폭동이 있었고, 1968년 초에는 흑백이 단결한 총파업이 벌어져 거의 모든 교도소 내 노역이 마비됐고 뒤이어 여름에도 2차 총파업이 벌어졌다.

1970년 가을에는 뉴욕 주 롱아일랜드에 있는 퀸즈 구치소에서 수감자들이 인질을 잡고 감옥을 장악하고는 요구안을 발표했다. 흑인 4명과 푸에르토리코인 1명, 백인 1명으로 죄수들의 협상위원회가 구성됐다. 그들은 보석 심사에서 인종주의가 개입한 사례라고 제시한 47건의 사건에 관해 즉시 보석 청문회를 실시할 것을 요구했다. 판사들이 감옥으로 들어가 일부 수감자에 대해 가석방과 감형을 승인해 줬고 인질들은 풀려났다. 그러나 수감자들이 저항을 계속하자, 최루탄과 곤봉으로 무장한 경찰이 감옥을 급습, 반란은 막을 내렸다.

같은 무렵인 1970년 11월에 캘리포니아 주의 폴섬 교도소에서도 작업정지가 시작되어 미국 역사상 최장 기간의 교도소 파업으로 이어졌다. 2,400명의 죄수 대부분은 음식도 배급받지 못한 채 협박과 위협에도 아랑곳하지 않고 19일 동안 감방에서 저항을 계속했다. 무력과 속임수가 결합되어 파업은 분쇄됐고, 죄수 4명은 벌거벗은 상태로 족쇄가 채워진 채 호송버스 바닥에 앉아 14시간 거리의 다른 교도소로 이감됐다. 반란자 가운데 한 명은 이렇게 썼다. "…… 각성의 정신이 자라났다. 씨앗은 이미 뿌려져 있었다……."

미국의 감옥들은 오랫동안 미국의 체제 자체 — 적나라한 빈부 격차, 인종주의, 희생자들이 서로 적대시하도록 동원하는 관행, 최하층계급이 공개적으로 발언을 할 수 있는 수단의 결여, 거의 아무것도 바꾸지 않는 끝없는 '개혁' — 를 극단적으로 반영하고 있었다. 도스토예프스키는 이렇게 말한 적이 있다. "한 사회가 문명화된 정도는 그곳의 감옥에 들어가 보면 알 수 있다."

가난할수록 결국 감옥에 가게 될 가능성이 크다는 것은 오랫동안 사실이었으며, 죄수들은 누구보다도 이를 잘 알고 있었다. 가난한 사람들이 범죄를 더 많이 저지르기 때문만은 아니었다. 사실 그렇기는 했다. 부자들은 자신이 원하는 것을 얻기 위해 범죄를 저지를 필요가 없었다. 법률이 그들의 편이기 때문이었다. 그러나 설령 범죄를 저지르더라도 부자들은 기소되지 않았고, 또 기소되더라도 보석으로 풀려 나와 똑똑한 변호사를 고용해서 판사로부터 더 나은 대접을 받을 수 있었다. 어쨌든 감옥은 결국 가난한 흑인들로 가득 채워졌다.

1969년에는 탈세에 대한 502건의 유죄판결이 있었다. '화이트칼라 범죄'라 불리는 이런 사건에는 보통 상당한 돈을 소유한 사람들이 연루된다. 유죄를 판결받은 사람들 가운데 20퍼센트가 실형을 살았다. 평균 탈세액은 19만 달러였고 평균 형기는 7개월이었다. 같은 해 강도와 자동차 절도(가난한 사람들의 범죄)로 유죄판결을 받은 사람들의 경우 60퍼센트가 실형을 선고받았다. 자동차 절도의 평균 액수는 992달러였고 평균 형기는 18개월이었다. 강도죄의 경우 평균 액수와 형기가 각각 321달러와 33개월이었다.

정신과 의사 윌러드 게일린Willard Gaylin(『불공평한 정의*Partial Justice*』)은 세부적인 점에서만 다를 뿐 수천 배로 곱해 볼 수 있는 한 사건에 관해 이야기하고 있다. 게일린은 베트남 전쟁 당시 징병 등록을 거부, 모두 2년형을 선고받은 여호와의 증인 신도 17명을 인터뷰한 바 있었다. 뒤이어 게일린은 베트남 전쟁의 폭력성에 혐오감을 느낀 나머지 양심에 따라 징병에 협조할 수 없다고 병무청에 통보한 한 젊은 흑인과 만나게 됐다. 그는 5년형을 선고받았다. 게일린은 이렇게 쓰고 있다. "행크의 경우는 내가 본 바로는 처음으로 5년형을 선고받은 사례였다. 그는 또한 내가 만난 최초의 흑인이기도 했다." 거기에는 부가적인 요인들이 있었다.

"당시 머리 스타일이 어땠나요?" 내가 물었다.

"애프로〔Afro. 풍성하게 부풀어오른 전형적인 흑인의 곱슬머리〕였습니다."

"옷은 뭘 입고 있었죠?"

"다시키〔dashiki. 아프리카의 민속의상으로 화려한 색상의 덮어쓰는 옷〕요."

"그것이 당신 형량에 영향을 미칠 수도 있다고 생각하지 않았나요?"

"물론 그렇게 생각했죠."

"그것이 당신 인생에서 1년이나 2년을 희생할 만큼 값어치가 있었나요?" 내가 물었다.

"그건 내 인생의 전부에요." 행크는 실망하고 당혹스러운 표정으로 나를 보며 말했다.

"이봐요, 당신은 모르죠! 문제는 사실상 그거였다구요! 내가 마음대로 옷을 입을 수 있고, 마음대로 머리 스타일을 고를 수 있고, 마음대로 피부색을 가질 수 있는 거 아닙니까?"

"물론이에요." 나는 대답했다. "당신 말이 맞아요."

게일린은 형을 선고하는 데 있어서 판사들에게 엄청난 재량권이 주어져 있음을 밝혀냈다. 오리건에서는 징병법 위반으로 유죄판결을 받은 33명 가운데 18명이 집행유예로 풀려났다. 남부 텍사스에서는 같은 법을 위반한 16명 중 단 한 명의 집행유예도 없었고, 역시 남부인 미시시피에서는 모든 피고인이 유죄를 판결받고 최고형인 5년형을 선고받았다. 이 나라의 한 지역(뉴잉글랜드)에서는 모든 범죄의 평균 형량이 11개월이었고, 다른 지역(남부)에서는 78개월이었다. 그러나 단지 북부나 남부냐의 문제만은 아니었다. 뉴욕 시의 경우 한 판사는 공공장소에서 술에 취해 소란을 피운 혐의(모두 가난한 사람들이다. 부자들은 조용한 곳에서 자기들끼리 주사를 부린다)로 기소된 673명 가운데 531명을 무죄방면했다. 다른 판사는 같은 죄로 기소된 566명 가운데 단 1명만을 무죄방면했다.

법정에 그렇게 큰 권한이 부여된 상황에서 빈민, 흑인, 뜨내기, 동성애자, 히피, 급진주의자 등이 거의 대부분 백인 상류계급 보수주의자인 판사들 앞에서 공정한 대우를 받기란 쉽지 않다.

한 해(가령 1972년)에만도 약 37만 5,000명이 구치소(군郡 구치소나 시 구치소)나 교도소(주 교도소나 연방 교도소)에 수감되고 5만 4,000명이 소년원에 갇히는 한편, 90만 명이 집행유예를 받고 30만 명이 가석방된다—총 160만 명이 형법체계의 영향을 받게 되는 것이다. 연인원으로 따져 보면 한 해에 수백만 명이 이 체계를 들락날락하는 셈이 될 것이다. 이런 수치는 미국 중간계급의 눈에는 거의 보이지 않다. 2,000만 명의 흑인이 그토록 오랫동안 눈에 뜨이지 않았는데 400만에서 500만 명의 '범죄자'가 눈에 띌 리가 있을까? 1970년대 중반에 아동보호기금Children's Defense Fund에서 수행한 한 연구(토머스 코틀Thomas Cottle, 『감옥의 아이들*Children in Jail*』)는 1년 동안 18세 이하의 젊은이 90만 명 이상이 수감된다는 사실을 밝혔다.

감옥의 현실을 설명하려고 하는 사람은 누구나 머뭇거리게 된다. 매사추세츠 주 월폴 교도소의 한 수감자는 이렇게 썼다.

> 우리에게 주어지는 모든 프로그램은 우리를 공격하는 무기로 사용된다. 학교에 가고, 교회에 가고, 면회를 하고, 글을 쓰고, 극장에 갈 권리 모두가 말이다. 이 모든 권리는 결국 징벌의 무기가 된다. 이 프로그램 가운데 어떤 것도 우리의 것이 아니다. 어느 것이든 아무 때나 빼앗아 갈 수 있는 특권으로 간주된다. 그 결과는 불안감—사람을 끊임없이 좀먹는 좌절감이다.

또 다른 월폴의 죄수는 이렇게 말했다.

나는 4년 동안 식당에서 밥을 먹지 않았다. 더 이상 감당할 도리가 없었다. 아침에 배식줄에 들어서면 100마리, 200마리의 바퀴벌레가 식판에서 뿔뿔이 도망친다. 식판은 더럽기 짝이 없고 음식이라고 해야 설익었거나 쓰레기나 구더기가 뒤섞인 것이었다.

땅콩버터 샌드위치만 먹으면서 여기저기서 빵 한 덩어리나 볼로냐 소시지 한 조각을 구해 먹으니 밤마다 배가 고팠다. 다른 친구들은 나처럼 하지 못했는데, 사식을 넣어줄 사람이 없거나 매점에서 사먹을 돈이 없었기 때문이다.

바깥세상과의 소통은 어려웠다. 간수들은 편지를 찢어 버리곤 했다. 그렇지 않더라도 직접 전달하지 않고 읽어 줬다. 1970년 당시 월폴의 수감자였던 제리 수자Jerry Sousa는 간수들의 구타에 관해 이야기하는 편지를 두 통 — 한 통은 판사 앞으로 다른 한 통은 가석방위원회 앞으로 — 보냈다. 답장은 오지 않았다. 8년 뒤 한 법정 청문회에서 수자는 교도소 당국이 편지를 가로채고 발송하지 않았다는 사실을 알아냈다.

가족들은 죄수들과 마찬가지의 고통을 겪었다. "마지막으로 있던 교도소에서 네 살짜리 아들이 교도소 뜰에 슬쩍 들어가 꽃을 한 송이 꺾어 줬다. 망루에 있던 간수가 소장실에 연락을 했고 보안관보가 주 경찰을 대동하고 왔다. 보안관보는 어떤 아이든 또 뜰에 들어가 꽃을 꺾으면 모든 면회를 중단시키겠다고 발표했다."

1960년대 후반과 1970년대 초반에 있었던 교도소 반란은 이전과는 뚜렷하게 다른 특징을 보여줬다. 퀸즈 구치소의 수감자들은 자신들을 '혁명가'라고 불렀다. 전국 곳곳의 죄수들은 흑인 폭동, 청년층의 봉기, 반전운동 등 이 나라에서 벌어지는 소요에 크게 영향을 받았다.

당시의 사건들은 죄수들이 이미 감지하고 있었던 사실 — 그들이 저지른 범죄가 무엇이든 간에 가장 큰 범죄는 교도소를 운영하는 당국과 미국 정부가 저지르고 있다는 사실—을 분명히 보여줬다. 대통령은 헌법과 무관하게, '이 나라 최상위 법률'과 무관하게, 폭격기를 보내 살상하게 하고 병사들을 죽음의 땅으로 보냄으로써 매일 법률을 위반하고 있었다. 주와 지방의 관리들은 흑인의 공민권을 침해하는 위법행위를 하면서도 기소되지 않았다.

흑인운동에 관한 문헌과 전쟁에 관한 책자들이 감옥으로 확산되기 시작했다. 흑인들과 반전 시위대가 거리에서 보여준 본보기는 고무적인 것이었다—탈법적인 체제에 대해서는 도전만이 유일한 해답이었던 것이다.

이 체제는 뉴욕 주 버팔로에서 아프리카-아시아계 서점을 운영하는 52세의 흑인 남성인 마틴 소스터Martin Sostre가 15달러어치의 마약을 판매했다는 정보제공자의 말—그는 나중에 증언을 철회했다—만을 토대로 단기 25년, 장기 30년의 징역형을 선고한 체제였다. 증인이 증언을 철회했음에도 소스터는 자유를 얻지 못했다—대법원을 비롯해서 어떤 법정도 판결을 무효화하지 않았던 것이다. 소스터는 감옥에서 8년을 보내면서 간수들에게 열 차례 구타를 당하고 3년을 독방에서 지냈으며, 풀려날 때까지 줄기차게 당국에 맞서 싸우고 도전했다. 그런 불의에 대해서는 오직 반란만이 있을 뿐이었다.

정치범은 언제나 있었다—급진적인 운동에 가담하거나 전쟁에 반대했다는 이유로 감옥에 갇힌 사람들이 그들이었다. 그러나 이제 새로운 종류의 정치범—평범한 범죄로 수감됐으나 감옥에서 정치적으로 각성한 남자와 여자들—이 등장했다. 몇몇 죄수들은 자신의 개인적인 시련과 사회체제를 연결지어 사고하기 시작했다. 이제 그들은 개인적인 반항이 아니라 집단적인 행동에 호소했다. 그들은 —자기 자신의 안전을 도모하기에도 바쁜 야만적인 환경과 잔인한 경쟁의 분위기 한가운데서— 다른 사람들의 권리와 안전에 관심을 갖게 됐다.

조지 잭슨George Jackson은 이런 새로운 정치범 가운데 한 명이었다. 70달러를 훔친 죄로 부정기형을 선고받고 캘리포니아 주 살러대드 교도소에서 10년째 복역하고 있던 잭슨은 혁명가가 됐다. 그는 자신의 처지에 걸맞은 분노를 표현했다.

> 이 괴물 — 그들이 내 안에 만들어 낸 이 괴물은 무덤에서, 구덩이에서, 끝이 보이지 않는 구덩이에서 걸어 나와 자신을 창조한 바로 그 조물주를 괴롭힐 것이다. 나를 다음 세상으로 내던지더라도, 지옥으로 떨어뜨리더라도, 나를 바꾸지는 못할 것이다……. 그들에게 피의 보상을 요구할 것이다. 귀를 너울거리고 코를 치켜든 채 울부짖는 저 미치고 상처 입은 거친 외톨이 코끼리처럼 나는 그들에게 죄를 물을 것이다……. 기한 없는 전쟁이다.

이런 죄수는 오래 버티지 못했다. 그리고 그의 저서『살러대드의 형제 *Soledad Brother*』가 미국 흑인들의 전투적인 정신을 담은 책들 가운데 — 죄수들, 흑인들, 백인들 사이에서 — 가장 많이 읽힌 책이 됐을 때, 어쩌면 바로 이런 사실이 그가 오래 버티지 못할 것임을 확실하게 했을 것이다.

> 나는 평생 동안 내가 하고 싶을 때 하고 싶은 일을 해왔으며, 때로 그에 못 미치기도 했지만 그 이상은 아니었으니, 내가 감옥에 갇히게 된 이유는 바로 이것이다……. 나는 결코 순응하지 않았다. 이미 인생의 절반을 감옥에서 보낸 지금까지도 나는 한번도 순응하지 않았다.

잭슨은 무슨 일이 벌어질지 알고 있었다.

때 이른 죽음을 맞이할 운명을 타고난, 비천하고 겨우 목숨만 부지할 임금을 받는 노동자, 뜨내기 일꾼, 청소부, 사로잡힌 사람, 보석의 기회도 없이 갇힌 사람 — 그것이 바로 나, 식민지의 희생자이다. 오늘 공무원 시험에 통과하는 사람은 누구든지 내일 나를 죽일 수 있다. …… 어떤 처벌도 면제받고서.

1971년 8월, 잭슨은 이른바 탈옥을 시도하던 와중에 샌퀀틴 교도소의 간수들이 쏜 총을 등에 맞았다. 주 당국의 설명(에릭 만Eric Mann은 『조지 동지*Comrade George*』에서 이를 낱낱이 파헤친 바 있다)은 허점투성이였다. 전국의 구치소와 교도소에 갇혀 있던 수감자들은, 최종 부검이 있기 전에도, 훗날 정부가 잭슨을 살해하려는 음모를 꾸몄다는 사실이 드러나기 전에도, 잭슨이 감히 감옥에서 혁명가가 됐다는 이유로 살해된 것이라는 점을 알고 있었다. 잭슨이 죽은 직후 새너제이 구치소, 댈러스 군 구치소, 보스턴의 서포크 군 구치소, 뉴저지주 브릿지턴Bridgeton의 컴버랜드 군 구치소, 텍사스 주 샌앤토니오San Antonio의 벡사 군 구치소 등 전국 각지에서 연쇄적인 반란이 일어났다.

조지 잭슨의 죽음에 가장 직접적으로 영향을 받은 것은 1971년 9월에 애티카 교도소에서 벌어진 반란이었다 — 이 반란은 오랫동안 깊이 뿌리박힌 불만 때문에 일어난 것이었지만 조지 잭슨의 소식이 알려지면서 정점에 달했다. 애티카는 14개의 망루가 있는 높이 9미터에 두께 60센티미터의 담으로 둘러싸여 있었다. 수감자의 54퍼센트가 흑인이었고 간수들은 100퍼센트 백인이었다. 죄수들은 감방에서 하루에 14시간에서 16시간을 보냈고, 편지는 직접 받지 못하고 읽어 주는 내용을 들었으며, 읽을거리도 제한 당했고, 가족 면회는 망사 칸막이를 통해 이뤄졌으며, 비인간적인 치료를 받았고, 가석방 제도는 불공정했으며, 인종차별이 횡행했다. 교도소장 빈센트 맨쿠시Vincent Mancusi

애티카 폭동

조지 잭슨의 죽음은 애티카 반란의 직접적인 도화선이 됐다. 재소자들은 5일 동안 놀라운 공동체를 만들며 항의를 계속했지만 결국 주 당국의 군사공격으로 마무리되고 말았다.

가 폭동 직후에 한 발언을 보면 교도소 당국이 이런 상황을 어떻게 지각하고 있었는지를 알 수 있다. "왜 자기들 집을 부수는 거래?"

애티카 수감자의 대부분은 유죄 시인 흥정plea bargaining의 결과로 그곳에 온 사람들이었다. 뉴욕 주에서 매년 중범죄로 기소된 3만 2,000명 가운데 4,000에서 5,000명만이 재판을 받았다. 나머지(약 75퍼센트)는 협박하에서 '유죄 시인 흥정'이라 불리는 거래를 통해 처리됐으며, 뉴욕 주 양원합동범죄입법위원회의 보고서에서는 이를 이렇게 설명했다.

> 유죄 시인 흥정 절차에서 최후의 결정적인 행위는 대부분의 경우에 그 자체가 원래의 범죄와 맞먹는 부정행위의 측면을 가진 속이 뻔히 들여다보이는 짓이

다. 많은 경우에 피고인은 자신이 저지르지도 않은 특정한 범죄에 대해 유죄를 공개적으로 주장하게 되며, 어떤 경우에는 벌어지지도 않은 범죄를 두고 유죄를 시인하기도 한다. 나아가 피고인은 자신이 자유롭게 답변을 하는 것이며 …… 어떤 약속 때문에 유죄를 시인하는 것이 아니라고 이야기해야 한다. 유죄 시인 흥정의 경우에 피고인은 유죄든 아니든 유죄를 인정하며, 덜 가혹한 처벌을 약속받는 대가로 주 당국에게 재판을 하는 수고를 덜어 준다.

가석방 심사를 받으러 불려간 애티카 죄수들의 경우, 3명의 심사관이 서류를 읽고 논의하는 시간까지 포함해서 평균 소요되는 시간은 5.9분이었다. 그러고는 아무 설명도 없이 결정사항이 전달됐다.

애티카 폭동에 관한 공식 보고서는 한 재소자가 강의를 맡은 사회학 강좌가 어떻게 변화에 관한 사고를 나누는 토론의 장이 됐는지에 관해 말해 준다. 그리고 일련의 조직적인 항의 시도가 있었고, 7월에 온건한 요구안을 담은 재소자 성명서가 발표된 뒤 "애티카의 긴장은 계속 커져 갔으며", 샌퀀틴 교도소에서 조지 잭슨이 살해된 사건을 둘러싸고 벌어진 항의의 날에 정점에 달했다. 그 날은 거의 모든 재소자가 점심과 저녁을 먹지 않고 대다수가 검은 완장을 찼다.

1971년 9월 9일에 죄수와 간수들 간에 일련의 충돌이 잇따른 결과, 한 무리의 재소자들이 허술하게 용접된 문을 돌파하고 간수 40명을 인질로 잡아 네 곳의 교도소 운동장 가운데 한 곳을 장악했다. 그 후 5일 동안 죄수들은 운동장에서 놀랄 만한 공동체를 만들었다. 죄수들의 초대를 받은 일군의 시민 참관인 가운데 한 명인 『뉴욕타임스』의 칼럼니스트 탐 위커Tom Wicker(『죽음의 시간*A Time to Die*』)는 이렇게 썼다. "죄수들 사이에 널리 퍼진 인종 간 화합 — 그것은 참으로 놀라운 일이었다……. 교도소 운동장은 이제껏 내가 목격한 곳 중 인종차별이 전혀 없는 최초의 장소였다." 훗날 한 흑인 죄수는 이렇게 말했다. "나는 백인들이 그렇게 열심히 하리라곤 생각지도 못했습니다……. 그 운동장이 어떤 광경이었는지 말로 할 순 없지만, 정말 모든 사람이 하나가 된 그런 모습이었습니다……."

5일이 지나자 주 당국은 인내심을 잃었다. 넬슨 록펠러Nelson Rockefeller 주지사는 교도소에 대한 군사공격을 승인했다(신다 파이어스톤Cinda Firestone의 경이로운 영화 <애티카*Attica*>를 보라). 자동소총과 카빈소총, 경기관총으로 무장한 주방위군, 교도소 간수, 지방 경찰이 한 정의 총기도 없는 죄수들에 대해 전면적인 공격을 가했다. 31명의 죄수가 살해됐다. 교도소 당국이 처음에 언론에 발표한 내용은 공격이 시작되자 죄수들이 인질로 잡고 있던 간수 9명의 목을 베었다는 것이었다. 곧바로 실시된 공식 부검으로 이 발표 내용은 거짓임이 드러났다. 간수 9명은 죄수들을 죽인 바로 그 빗발치는 총탄에 사망한 것이었다.

애티카 폭동이 얼마만큼 큰 영향을 미쳤는지는 알기 어렵다. 애티카에서 폭동이 제압된 지 2개월 뒤, 매사추세츠 주 노포크 교도소의 수감자들이 조직되기 시작했다. 1971년 11월 8일, 무장한 간수와 주 경찰관들이 노포크 교도소를 급습, 감방마다 돌아다니며 16명의 죄수를 끌어내 다른 곳으로 이송시켰다. 한 죄수는 당시 상황을 이렇게 묘사했다.

> 어젯밤 1시에서 2시 사이에 잠에서 깨어나(베트남 전쟁 이래 깊은 잠을 자지 못했다) 창밖을 보았다. 경찰이 보였다. 간수 놈들도 있었다. 무척 많은 수였다. 허리춤을 보니 권총에다 커다란 곤봉을 차고 있었다. 그들은 감방마다 돌아다니며 사람들, 온갖 사람들을 끌어내고 있었다…….
>
> 내 친구 하나도 끌어냈다……. 새벽 1시 30분에 경찰 두 명과 간수 한 놈에

의해 속옷 차림에 맨발로 끌려 나왔다. 총과 방독면, 곤봉으로 무장한 경찰의 헬멧에 달빛이 비치고 있었고 그들의 얼굴에는 증오가 엿보였다. 이 녀석들, 총과 증오와 헬멧과 방독면으로 무장한 이 녀석들이 여기에 살고 있고, 우리들은 잠기운을 몰아내려고 애쓰고 있다는 생각에 잠기자 켄트 주립대학과 잭슨, 시카고의 모습이 스쳐 지나갔다. 그리고 애티카의 광경이. 무엇보다도 애티카의 광경이…….

같은 주간에 매사추세츠의 콩코드 교도소에서도 급습이 이루어졌다. 애티카 폭동이 벌어진 뒤 몇 주, 아니 몇 달 동안 거의 모든 곳에서 당국이 죄수들의 조직화 노력을 분쇄하기 위한 예방적 행동을 취하는 것처럼 보였다. 콩코드의 감옥개혁운동의 젊은 지도자인 제리 수자는 감방에서 끌려 나와 한밤중에 월폴 교도소에 내던져졌고, 즉시 악명 높은 격리구역인 9동棟에 수감됐다. 수자는 9동에 수감된 지 얼마 되지 않아 가까스로 친구들에게 일종의 보고서를 전달할 수 있었다. 이 보고서에는 애티카 폭동을 전후로 해 죄수들의 사고에 어떤 변화가 있었는지에 관한 많은 이야기가 담겨 있다.

지금 우리는 바로 이곳 9동에서 1시간 전에 발생한 죄수 조지프 체스널러비치 Joseph Chesnulavich의 죽음으로 이어진, 그리고 그의 죽음을 둘러싼 상황과 사건들에 관한 우울한 보고서를 쓰고 있다.
크리스마스이브 이래로 이곳 9동의 악랄한 간수들은 우리 죄수들을 상대로 공포통치를 자행하고 있다. 우리 중 네 명이 구타를 당했는데 그 중 하나는 도널드 킹Donald King이라는 죄수였다.
끊임없는 괴롭힘과 비인간적인 대우에서 벗어나기 위해 조지 헤이즈George Hayes라는 죄수는 면도날을 삼켰고 프레드 에이헌Fred Ahern은 바늘을 먹었다.

…… 둘 다 급히 매스 종합병원으로 옮겨졌다.

오늘 저녁 여섯 시, 뱁티스트, 세인즈베리, 몬티에가 등의 간수가 조[Joe. 조지프의 애칭]에게 화학물질 거품이 담긴 소화기를 쏘아대고는 단단한 강철로 된 감방문을 쾅 닫으면서 "저 쓰레기 같은 놈 죽여 버려야겠어"라는 위협의 말을 남긴 채 가 버렸다.

저녁 9시 25분, 조는 싸늘한 주검으로 발견됐다……. 언론뿐만 아니라 교도소 당국도 조의 죽음에 자살이라는 딱지를 붙였지만, 이 살인을 목격한 이곳 9동의 사람들은 알고 있다. 다음은 우리 차례일까?

죄수들의 조직화가 이루어지고 있었다 — 죄수들끼리 서로를 돌보고, 개인적인 반항의 증오와 분노를 변화를 위한 집단적인 노력으로 돌리려는. 바깥 세상에서도 무언가 새로운 일이 벌어지고 있었다. 전국 각지에서 교도소 지원 단체들이 성장하고 감옥에 관한 많은 책자들이 발간됐다. 범죄와 처벌에 관한 연구가 진척됐고, 범죄를 예방하거나 치유하기는커녕 오히려 확대시키는 감옥을 폐지하자는 운동이 성장했다. 단기적으로는 (구제불가능한 난폭한 범죄자는 제외하는) 공동주택을 마련하고 장기적으로는 최소한의 경제적 안정을 보장하는 등의 여러 대안이 논의됐다.

죄수들은 교도소를 넘어서는 문제, 그들 자신과 친구들 이외의 다른 희생자들에 관해 사고를 확장시키고 있었다. 월폴 교도소에서는 베트남에서 미국이 철수할 것을 요구하는 성명서가 배포됐다. 한 명도 빼놓지 않고 모든 수감자들이 서명한 성명서였다 — 소수의 재소자들에 의한 놀라운 조직화 성과였다. 어느 추수감사절에는 월폴뿐 아니라 다른 세 곳의 교도소에서도 수감자 대다수가 명절 특식을 거부하면서, 미국 전역의 굶주리는 사람들에게 관심을 환기시키기 위한 행동이라고 동기를 밝혔다.

죄수들은 온힘을 다해 소송을 준비했고, 법정에서 몇 차례 승리를 거두기도 했다. 애티카 사건으로 인한 여론과 지원세력이 힘을 발휘한 것이었다. 애티카의 반란자들은 중범죄로 기소되어 종신형의 두세 배에 달하는 징역형을 선고받을 위기에 처했지만, 결국 기소는 기각됐다. 그러나 전반적으로 볼 때, 법원은 감옥이라는 갇히고 통제된 세계로 들어서고 싶지 않다는 뜻을 거듭 밝혔고, 결국 죄수들은 오랫동안 그래왔듯이 그들 자신의 힘으로 헤쳐나가야 했다.

이따금 법정에서 '승리'를 거둔 경우에조차도, 면밀히 살펴보면 현실이 별반 달라지지 않았음이 밝혀졌다. 1973년 연방 대법원은 캘리포니아 주 교정국의 우편물 검열 규정이 헌법에 위배된다고 판결했다(프로큐니어 대 마티네스 판결Procunier v. Martinez). 그러나 자세히 들여다보면 이 판결문은 "헌법 수정조항 1조에 의거해 보장된 자유"를 자랑스럽게 늘어놓으면서 이렇게 말하고 있다. " …… 다음과 같은 기준을 충족시키는 경우에는 교도소의 우편물 검열이 허용된다……." "중요하거나 실질적인 정부의 이익을 증진시키는 경우" 또는 "안정, 질서, 복구 등 정부의 실질적인 이익"과 결부되는 경우에는 검열이 허용된다는 것이다.

1978년에 대법원은 언론매체가 구치소와 교도소 출입권을 보장받지 않는다고 판결했다. 또한 대법원은 재소자들이 서로 대화를 하거나 모임을 갖거나 죄수 연합체의 결성에 관한 인쇄물을 배포하는 등의 행동을 교도소 당국이 금지시킬 수 있다고 판결했다.

죄수들의 처지는 법률이 아니라 항의와 조직과 저항, 죄수들의 독자적인 문화와 문헌의 창출, 바깥세상 사람들과의 연계 구축 등을 통해서만 변화될 수 있음이 분명해졌다 — 죄수들은 처음부터 이를 알고 있는 듯했다. 이제 더 많은 외부인들이 감옥의 현실을 알게 됐다. 민권운동과 반전운동을 통해 수만 명의 미국인이 몸소 감옥을 경험하게 됐던 것이다. 그들은 감옥 제도에 관해 배웠고 자신들의 경험을 결코 잊지 못했다. 바야흐로 죄수들의 오랜 고립상황을 돌파하고 외부의 공동체로부터 지원을 찾을 수 있는 토대가 형성되고 있었다. 1970년대 중반에 접어들어 이런 일이 벌어지기 시작했다.

당시는 급격한 분출의 시대였다. 가정에 갇혀 있던 여성들이 반란을 일으켰다. 쇠창살 뒤로 밀려나 눈에 보이지도 않던 죄수들도 반기를 들었다. 이제 가장 놀라운 사건이 모습을 드러낼 때였다.

한때 아메리카 대륙의 유일한 거주민이었으나 백인 침입자들에게 밀려나고 압도당한 인디언들의 목소리는 다시는 들리지 않을 것이라고 생각됐다. 성탄절 직후인 1890년의 마지막 며칠 동안, 사우스다코타 주의 운디드니 샛강 인근 파인리지Pine Ridge에서 최후의 인디언 대학살이 벌어졌다. 수족Siouxs의 위대한 지도자 앉은소Sitting Bull가 연방정부에 고용된 인디언 경찰에 의해 암살된 직후, 남자 120명과 여자와 어린이 230명 등 남아 있는 수족은 언덕 위에 설치된 2정의 호치키스 기관총—사정거리가 3킬로미터를 넘는 총이다—이 천막을 겨냥하는 가운데 연방 기병대에 둘러싸여 파인리지에서 피난처를 찾고 있었다. 기병대가 인디언들에게 무기를 넘기라고 명령하자, 한 인디언이 라이플총을 발사했다. 그러자 군인들은 카빈소총을 쏘았고, 언덕 위에 있던 거대한 총포가 티피〔tepee. 북미 인디언의 방추형 천막〕를 난사했다. 상황이 끝났을 때, 350명이었던 인디언 남녀와 어린이 중 200에서 300명이 죽어 있었다. 인디언들에게는 총이 몇 정밖에 없었으므로, 사망한 병사 25명은 대부분 동료들이 쏜 총이나 유탄에 맞아 죽은 것이었다.

공격받고 정복당하고 식량 공세로 항복한 인디언 부족들은 지정거주지[20]로 뿔뿔이 흩어져 가난한 삶을 영위했다. 1887년에는 인디언 거주지 분할법안

Allotment Act으로 지정거주지를 인디언 개인이 소유하는 작은 구획의 토지로 해체, 미국식 소농들에게 분배하려 했다 — 그러나 이 토지의 대부분은 백인 투기업자들이 차지했고 지정거주지는 그대로 남게 됐다.

뉴딜 시기에는 인디언담당국 국장으로 인디언들의 친구였던 존 콜리어의 주도로 전통적인 부족생활을 복원하려는 시도가 있었다. 그러나 이후 몇 십 년 동안 어떤 근본적인 변화도 이루어지지 않았다. 대다수 인디언들은 가난에 찌든 지정거주지에서 살았다. 젊은이들은 종종 지정거주지를 떠나기도 했다. 한 인디언 인류학자는 이렇게 말했다. "내가 아는 바에 따르면 인디언 지정거주지는 세계에서 가장 완벽한 식민지 체제이다."

한동안은 인디언의 소멸이나 〔백인 문화로의〕 융합이 불가피한 듯했다 — 세기 전환기에 이르면 지금의 미국 땅에 원래 살고 있던 100만 명 이상의 인디언 가운데 30만 명만이 남게 됐다. 그러나 마치 죽게 내버려진 식물이 죽음을 거부하고 다시 무성하게 자라는 것처럼, 인디언의 수도 다시 늘어나기 시작했다. 1960년에 이르면 인디언의 수가 80만에 달했고, 그 중 절반은 지정거주지에, 절반은 전국 곳곳의 도시에 살았다.

인디언들의 자서전을 보면 그들이 백인 문화에 흡수되기를 거부했음을 알 수 있다. 어느 인디언은 이렇게 썼다.

> 그렇다. 나는 백인의 학교에 다녔다. 나는 교과서와 신문, 성경을 통해 읽는 법을 배웠다. 그러나 얼마 지나지 않아 나는 이것만으로는 불충분함을 알게 됐다. 문명화된 사람들은 인간이 찍어낸 책에 너무 지나치게 의존한다. 나는

20) reservation. Indian reservation이라고도 한다. 흔히 '인디언 보호 구역'으로 옮기나 '보호'라는 말과는 거리가 먼 일종의 '유폐 구역'이었다.

'위대한 영혼Great Spirit'의 창조물이 모두 담긴 그의 책에 의지하고 있다…….

태양 추장Sun Chief이라는 호피족 인디언은 이렇게 말했다.

나는 많은 영어 단어를 익혀서 십계명의 일부를 암송할 수 있었다. 침대에서 자는 법, 예수께 기도하는 법, 머리를 빗는 법, 나이프와 포크로 식사하는 법, 화장실을 사용하는 법 등도 알게 됐다……. 또 사람이 가슴이 아니라 머리로 생각한다는 것도 알게 됐다.

루서 우뚝선곰Luther Standing Bear 추장은 1933년에 쓴 『점박이 독수리의 땅에서*From the Land of the Spotted Eagle*』에서 이렇게 썼다.

그렇다. 백인은 커다란 변화를 가져왔다. 그러나 백인의 문명이 이룩한 여러 성과는, 비록 다채롭기 그지없고 유혹적이기는 하지만, 병들어 죽어가고 있다. 게다가 만약 사람을 불구로 만들고 약탈하고 훼방하는 것이 문명의 일부라면, 도대체 무엇이 진보란 말인가?
티피가 자리잡은 땅 위에 앉아 삶과 그 의미에 관해 명상하고, 모든 피조물이 혈족관계임을 받아들이고, 우주 만물의 일체성을 인정한 사람이야말로 자신의 존재에 문명의 진정한 정수를 불어넣은 존재였다고 나는 감히 말하고자 한다…….

민권운동과 반전운동이 성장하던 1960년대에 인디언들은 이미 자신들의 에너지를 저항으로 집중시키고, 자신들의 처지를 어떻게 바꿀 수 있을지에 관해 사고하고, 조직화를 시작하고 있었다. 1961년 부족과 도시의 인디언 지도자 500명이 시카고에서 모임을 가졌다. 이 모임으로부터 대학 교육을 받은 젊은 인디언들의 또 다른 모임인 전국인디언청년협의회National Indian Youth Council가 결성됐다. 협의회의 초대 회장인 파이우트족Paiutes 인디언 멜 톰Mel Thom은 이렇게 썼다.

> 인디언들의 활동이 늘어나고 있다. 인디언들은 논쟁하고, 웃고, 노래하고, 분노를 터뜨리고, 때로는 계획을 세운다……. 인디언들은 자신들의 대의명분이 정당하다는 확신과 용기를 얻고 있다.
>
> 투쟁은 계속된다……. 인디언들은 자신들의 운명을 숙고하기 위해 함께 모이고 있다…….

이 무렵 인디언들은 조약이라는 당혹스러운 문제를 가지고 미국 정부와 교섭을 벌이기 시작했다. 1969년에 발표되어 널리 읽힌 『커스터 장군은 당신들의 죄 때문에 죽었다*Custer Died for Your Sins*』[21]라는 책에서 바인 덜로리아 2세Vine Deloria Jr.는 린든 존슨 대통령이 미국의 "약속"에 관해 언급하고 닉슨 대통령이 소련 측이 조약을 존중하지 않은 데 관해 발언한 사실을 지적했다. 덜로리아는 이렇게 말했다. "인디언들은 이런 말을 들을 때마다 배가 아플 정도로 웃는다."

미국 정부는 인디언과 400건 이상의 조약에 서명을 했고 단 하나도 지키지 않았다. 한 예로 일찍이 조지 워싱턴 행정부 시절에 뉴욕의 이로쿼이인들과

---

21) 1876년 새끼큰뿔양Little Big Horn 샛강 전투에서 수족과 샤이언족의 연합공격을 받고 부대원 264명과 함께 전사한 커스터George Custer 장군은 미국인들 사이에서 야만적인 인디언의 급습으로 희생된 영웅적인 군인으로 추앙받는 인물이다.

조약이 하나 체결됐다. "미국은 앞서 말한 경계선 내의 모든 땅을 세네카 부족의 소유로 인정한다……." 그러나 1960년대 초반 케네디 행정부하에서 미국은 조약을 무시한 채 그 땅에 댐을 건설해서 세네카족 지정거주지의 대부분을 수몰시켰다.

이미 전국 곳곳에서 저항이 구체화되고 있었다. 워싱턴 주의 경우 인디언들의 땅을 인계받되 어업권은 그대로 남겨주는 오랜 조약이 있었다. 백인 인구가 늘어나고 백인들이 고기잡는 구역을 독점하기를 원하면서 이 조약은 점차 불만을 사게 됐다. 주 법원이 인디언 어부들에게 강 일대에 접근하지 못하도록 결정한 1964년, 인디언들은 법원명령을 무시한 채 니스콸리Nisqually 강에서 '금어禁漁구역 설정에 항의하는 고기잡이 운동fish-in'을 벌였고, 자신들의 항의가 알려지기를 바라면서 감옥으로 향했다.

이듬해 지방 판사는 푸얄럽족Puyallups은 존재하지 않으며 이 부족은 자신들의 이름을 딴 푸얄럽 강에서 고기를 잡을 수 없다고 판결했다. 경찰이 인디언 어부들을 습격, 배를 부수고, 그물을 난도질하고, 사람들을 거칠게 다루면서 7명을 연행했다. 1968년 대법원은 조약에 따른 인디언의 권리를 확인했지만, 인디언을 차별하지 않았던 어느 주 당국이 "모든 어로행위를 규제"할 수 있다고 언명했다. 주 당국은 계속해서 법원명령을 발부받아 고기를 잡는 인디언들을 체포했다. 남부 백인들이 오랫동안 수정헌법 14조에 대해 보인 행동을 워싱턴 주는 대법원을 상대로 하고 있었다 — 그냥 무시해버린 것이다. 1970년대 초까지 항의와 습격, 체포가 이어졌다.

'고기잡이 운동'에 참여한 인디언 가운데 일부는 베트남 전쟁 참전군인이었다. 그 중 한 명인 시드 밀즈Sid Mills는 1968년 10월 13일 워싱턴 주 니스콸리 강의 프랭크 나루터에서 고기잡이 운동을 벌이다 체포됐다. 밀즈는 성명서를 발표했다.

나는 야키모Yakimas와 체로키의 피가 섞인 인디언이자 한 남자이다. 나는 2년 4개월 동안 미 육군의 병사였다. 베트남에서는 전투에 복무하기도 했다 — 중상을 입기 전까지……. 이제 나는 미국 군대에 복무하거나 이바지할 의무를 포기하고자 한다.

지금 내가 첫 번째로 할 일은, 니스콸리 강과 컬럼비아 강 등 우리가 늘 고기를 잡아온 서북부 태평양 연안지역의 익숙한 강에서 계속 고기를 잡을 수 있도록 규정한 합법적인 조약을 지키기 위해 싸우고 있는 인디언들과 함께 하고 이 싸움에서 어떤 식으로든 내가 할 수 있는 몫을 다하는 것이다…….

이런 나의 결심은 우리가 베트남에서 주검으로 돌아온 인디언 어부들을 이미 묻었음에도 이곳에 살고 있는 인디언들이 보호조차 받지 못하고 끊임없이 공격당하고 있다는 사실에 영향을 받은 것이다…….

3년 전 오늘인 1965년 10월 13일, 니스콸리 강에 있는 프랭크 나루터에서 워싱턴 주의 무장요원 45명이 19명의 여자와 아이들에게 사악하고도 부당한 공격을 자행했다…….

흥미롭게도, 최근에 서반구에서 발견된 것 중 가장 오래된 인류 유골이 최근 컬럼비아 강 강둑에서 발굴됐다 — 인디언 어부들의 유골이 말이다. 우리의 뼈를 찾아내고, 우리 조상들의 생활양식을 복원하고, 우리 조상들의 유골을 손상되지 않도록 보호하는 데 수백만 달러를 소비하면서, 다른 한편으로는 살아 있는 우리들의 살을 먹어 치우는 정부와 사회는 도대체 무엇인가……? 우리는 우리의 권리를 위해 싸울 것이다.

인디언들은 물리적인 저항뿐 아니라 백인 문화의 유산 — 책자, 논쟁, 신문 — 까지 동원해서 싸웠다. 1968년 미국과 캐나다의 국경지대인 세인트로렌스 강의 애쿼새스니Akwesasne에 있는 모호크족 자치구Mohawk Nation의 주민들은 저항정신으로 불타오르는 뉴스와 논설, 시 등을 담은 『애쿼새스니 노트*Akwesasne Notes*』라는 놀랄 만한 신문을 발간하기 시작했다. 이 모든 내용 속에는 억누를 수 없는 유머가 뒤섞여 있었다. 바인 덜로리아 2세는 이렇게 썼다.

> 때때로 나는 인디언이 아닌 사람들의 생각에 감동을 받는다. 클리블랜드에 살던 지난해에 인디언이 아닌 어떤 사람과 미국 역사에 관해 이야기를 한 적이 있다. 그는 인디언들에게 일어났던 일에 대해서는 참으로 유감이지만 거기에는 다 그럴 만한 이유가 있었다고 이야기했다. 말인즉슨 아메리카 대륙을 개발해야 하는데 인디언들이 가로막고 있으니 제거해야만 했다는 것이었다. 그는 말했다. "아무튼 그 땅을 갖고 당신들이 무엇을 했소이까?" 나중에 클리블랜드를 가로질러 흐르는 카이아호가Cuyahoga 강에 불이 붙는다는 말을 듣기 전까지는 도무지 그의 말이 이해가 되지 않았다. 강에 가연성 오염물질이 너무 많이 흘러든 나머지 여름철에는 강에 불이 나지 않도록 주민들이 특별히 주의를 기울여야 한다는 것이었다. 인디언이 아닌 그 친구의 주장을 곰곰이 생각해본 뒤, 나는 그의 말이 옳을지도 모른다고 생각했다. 백인들이 땅을 더 잘 이용했던 것이다. 어떤 인디언이 불이 붙는 강을 만들어 낼 수 있다고 생각이라도 할 수 있었겠는가?

1969년 11월 9일, 사상 유례가 없을 정도로 인디언의 불만에 관심을 집중시킨 극적인 사건이 벌어졌다. 이 사건은 앞서 눈에 띄지 않게 벌어졌던 인디언들의 국지적인 저항을 헤치고 나와, 인디언이 여전히 살아 있으며 그들의 권리를 위해 싸울 것이라는 사실을 전 세계에 선포하는 것이었다. 그 날 동트기 전, 78명의 인디언이 샌프란시스코 만에 있는 앨커트래즈 섬에 상륙, 섬을 점령했다. 앨커트래즈 섬은 폐쇄된 연방 교도소로서, '바위The Rock'라는 별칭이 붙은 증오스럽고 끔찍한 곳이었다. 1964년에도 몇몇 인디언 젊은이들이 인디언 대학을 세우기 위해 섬을 점령했다가 쫓겨난 일이 있었지만, 전혀 알려지지 않았었다.

그러나 이번에는 달랐다. 모호크 출신으로 샌프란시스코 주립대학 인디언학과 지도교수였던 리처드 오크스Richard Oakes와 유명한 인디언 풋볼 스타이자 올림픽 단거리, 높이뛰기, 허들 선수였던 짐 소프Jim Thorpe의 딸로 색족과 폭스족의 피를 물려받은 그레이스 소프Grace Thorpe가 점령을 이끌었다. 더 많은 인디언들이 섬으로 왔고, 11월 말에 이르자 50여 부족을 대표하는 거의 600명에 달한 인디언들이 앨커트래즈에서 살고 있었다. 그들은 자신들을 '모든 부족의 인디언Indians of All Tribes'이라 불렀고 「'바위'는 우리가 소유한다*We Hold the Rock*」라는 성명서를 발표했다. 성명서에서 그들은 300여 년 전에 백인들이 인디언으로부터 맨해튼 섬을 구입하면서 치른 값인 유리구슬과 붉은 옷감으로 앨커트래즈를 구입하겠다고 제안했다. 그들은 이렇게 말했다.

> 백인들의 기준에 의거해 보건대, 우리는 앨커트래즈 섬이라 불리는 이곳이 인디언 지정거주지로 더 적합하다고 생각한다. 다음과 같은 점에서 이곳이 대부분의 인디언 지정거주지와 비슷하다는 말이다.
>
> 1. 이곳은 현대적인 시설물로부터 고립되어 있으며 적절한 교통수단이 없다.
> 2. 깨끗한 물이 흐르지 않는다.
> 3. 위생시설이 불충분하다.
> 4. 채유권도 채광권도 없다.
> 5. 산업생산 시설이 전혀 없고 따라서 실업자가 매우 많다.

앨커트래즈 섬 점령

1969부터 1971년까지 인디언들이 이 섬을 점령해 연방정부로부터 소유권을 얻어 내려고 했다. 결국 이들의 요구는 실패로 끝났지만 전 세계에 평화의 메시지를 보낼 수 있었다.

6. 의료시설이 전무하다.

7. 토양은 암석질이며 생산성이 낮고, 사냥감도 전혀 없다.

8. 교육시설이 전무하다.

9. 인구밀도가 항상 높다.

10. 주민들은 언제나 죄수였으며 타인에게 의존할 수밖에 없었다.

그들은 이 섬을 미국원주민생태연구소Native American Studies for Ecology로 만들겠다고 발표했다. "우리는 샌프란시스코 만 일대의 공기와 물의 오염을 제거하고 …… 물고기와 동물을 복원하기 위해 일할 것이다……."

정부는 섬이 점령된 뒤 몇 달 동안 전화와 전기, 상수도를 끊었다. 많은 인디언들이 떠나야 했지만 일부는 굴하지 않고 계속 남았다. 1년 뒤에도 그들은 섬에 그대로 있었고, "우리의 어머니 대지Earth Mother에 살고 있는 형제자매인 모든 민족과 국민들"에게 메시지를 보냈다.

> 우리는 자유와 정의, 평등의 이름 아래 앨커트래즈 섬을 계속 장악하고 있으니, 그것은 여러분, 이 땅에 살고 있는 우리의 형제자매인 여러분이 우리의 정당한 대의에 지지를 보내기 때문이다. 우리는 우리의 팔과 가슴을 내밀어 여러분 각자 모두에게 영혼의 메시지를 보내는 바이다 — '바위'는 우리가 소유한다…….
>
> 폭력은 더 많은 폭력만을 낳을 뿐임을 익히 알고 있는 우리는 평화로운 방식으로 앨커트래즈를 점령하고 있으며, 미국 정부 역시 우리와 마찬가지로 행동하기를 바란다…….
>
> 우리는 자랑스러운 민족이다! 우리는 인디언이다! 우리는 이른바 문명이 가져다준 많은 것을 목격했고 그것을 거부해 왔다. 우리는 인디언이다! 우리는 우리 아이들을 가르쳐 우리의 전통과 생활방식을 보존할 것이다. 우리는 인디언이다! 우리는 이제껏 한번도 행동에 옮기지 못한 단결을 이루기 위해 손을 맞잡을 것이다. 우리는 인디언이다! 우리의 어머니 대지가 우리의 목소리를 기다리고 있다.
>
> 우리는 모든 부족의 인디언이다! 바위는 우리가 소유한다!

6개월 뒤, 연방 병력이 섬을 침공, 그곳에 살고 있던 인디언들을 강제로 이동시켰다.

한때 사람들은 나바호Navajo 인디언들의 목소리를 다시는 듣지 못할 거라 생각했다. 1880년대 중반, '새끼고양이' 카슨['Kit' Carson. 본명은 Christopher Houston Carson]이 이끄는 미국 군대가 나바호족 촌락을 불태우고, 농작물과 과수를 파괴하고, 그들을 땅에서 쫓아냈다. 그러나 뉴멕시코 주 흑암석구 지대 Black Mesa의 나바호족들은 결코 굴복하지 않았다. 1960년대 후반, 피바디 탄광회사Peabody Coal Company가 나바호족 땅에서 노천 채굴을 시작했다 — 표토表土를 사정없이 파헤치기 시작한 것이었다. 회사 측은 일부 나바호인들과 맺은 '계약'을 근거로 들었다. 과거에 인디언 땅을 빼앗을 때 몇몇 인디언들에게 서명을 받은 '조약'을 상기시키는 행동이었다.

1969년 봄, 나바호족 150명이 모임을 갖고, 노천 채굴을 계속하면 물과 공기가 오염되고 목초지가 파괴되며 그렇지 않아도 부족한 수자원이 고갈될 것이라고 주장했다. 한 젊은 여성은 피바디 탄광회사가 배포한 홍보 소책자에 실려 있는 물고기가 뛰노는 호수와 목초지, 숲 등을 가리키면서 이렇게 말했다. "우리는 이 사진들에 담겨 있는 어떤 것도 가지지 못할 것이다……. 우리 아이들과 우리 아이들의 아이들에게 어떤 미래가 닥쳐올 것인가?" 모임의 조직가 가운데 한 명인 나이든 나바호 여성은 이렇게 말했다. "피바디 사의 괴물들이 우리 어머니 대지와 성스러운 산의 심장을 파헤치고 있으며, 우리 역시 그 고통을 느끼고 있다……. 나는 오랫동안 여기 살아 왔으며 이곳을 떠나지 않을 것이다."

호피 인디언들 역시 피바디 사의 공사에 자극을 받았다. 그들은 닉슨 대통령에게 항의서한을 보냈다.

백인들의 도시가 사용할 더 많은 전력을 만들어 내기 위해 우리 땅에서 석탄과 물을 찾는 사람들이 바로 지금 호피족이 사는 이 성스러운 땅을 더럽히고 있습니다……. '위대한 영혼'은 이런 일을 내버려두지 말라고 말했습니다……. '위대한 영혼'은 대지로부터 빼앗지 말라고—생명을 파괴하지 말라고— 말했습니다…….

'위대한 영혼'은 물푸레나무의 열매가 하나라도 대지에 떨어진다면 많은 사람이 죽게 될 것이며, 이런 생활양식의 종말이 멀지 않았다고 말하고 있습니다. 우리는 이 말을 히로시마와 나가사키에 떨어진 원자폭탄으로 해석합니다. 우리는 어떤 곳, 어떤 민족에게든 이런 끔찍한 일이 다시 벌어지는 것을 원치 않으며, 이 모든 에너지를 전쟁이 아니라 평화로운 용도로 돌려야 한다고 생각합니다…….

1970년 가을, 정규 매체에서 외면당하는 정보를 제공하기 위해 당시 운동 진영에서 발간한 헤아릴 수 없이 많은 지방 간행물 가운데 하나인 『인종*La Raza*』이라는 잡지에서 캘리포니아 북부의 피트리버Pit River 인디언에 관한 기사를 실었다. 피트족 인디언 60명은 자신들의 땅이라고 주장하는 곳을 점령한 채 산림청의 이동 명령을 거부했다. 그들 가운데 한 명인 대릴 B. 윌슨Darryl B. Wilson은 훗날 이렇게 회고했다. "불길이 오렌지색의 춤으로 나무를 소생케 하고, 어둠 속에서 냉기가 기어나와 말하는 불길에 도전장을 내밀고, 우리의 숨결이 작은 구름이 되는 것처럼, 우리는 말했다." 그들은 정부를 향해 어떤 조약상의 근거로 그 땅의 소유권을 주장하느냐고 물었다. 정부는 어떤 조약도 대지 못했다. 인디언들은 인디언과 백인 사이에 토지분쟁이 있을 경우 "소유권을 입증할 책임은 백인에게 있다"고 규정한 연방법률(미국법전 25조법 194항)을 인용했다.

인디언들은 반원형으로 이어진 오두막을 짓고 살고 있었는데, 보안관들은 오두막이 보기 흉해 주변 경관을 해친다고 말했다. 윌슨의 회고를 들어보자.

> 온 세상이 썩고 있다. 물에 유독물질이 뒤섞이고, 공기가 오염되고, 정치가 추해지고, 토양이 파괴되고, 삼림이 약탈당하고, 강기슭이 황폐화되고, 도시가 불에 타고, 인간생명이 파괴되고 있는데 …… 연방 관리들은 우리한테 오두막이 '보기 흉하다'고 말해 주려고 청명하기 그지없는 10월의 날들을 허비했던 것이다.
>
> 우리 눈에는 예쁘기만 했다. 오두막은 우리의 배움터가 시작된 곳이었다. 그곳에서 모임이 열렸다. 집 없는 우리에게 집이 됐다. 휴식이 필요한 이들에게는 안식처였다. 우리의 교회였다. 우리의 본부였다. 우리의 사무실이었다. 자유를 향해 다가가는 우리의 상징이었다. 오두막은 지금도 굳건히 서 있다.
>
> 오두막은 또한 짓눌리고 허약해지고 고립된 우리의 문화를 소생시키는 심장부였다. 그곳은 우리의 출발점이었다. 하늘에 구름 한 점 없는 봄날에 솟아오르는 우리의 태양이었다. 우리가 가슴으로 경외한 훌륭하고 순수한 곳이었다. 지상의 작은 공간이었다. 우리의 공간 말이다.

그러나 150명의 연방 보안관이 기관총, 엽총, 라이플총, 권총, 폭동진압용 곤봉, 최루탄, 경찰견, 족쇄, 수갑 등으로 무장한 채 나타났다. "나이든 사람들은 겁을 먹었다. 젊은이들은 용감하게 싸우자는 데 의문을 제기했다. 어린아이들은 벼락을 맞은 사슴 같았다. 한여름에 뜀박질을 하고 난 뒤처럼 심장이 뛰었다." 보안관들이 곤봉을 휘두르자 여기저기서 피가 튀기 시작했다. 한 보안관의 곤봉을 부여잡은 윌슨은 바닥에 내동댕이쳐졌고 얼굴을 땅에 처박고 엎드린 채 뒤통수를 몇 대 맞아가며 수갑을 찼다. 66세의 한 노인은 구타로

의식을 잃었다. 백인 기자도 한 명 체포됐고 그의 부인은 구타를 당했다. 전부 트럭에 실려 연행된 그들은 주 및 연방 관리를 폭행하고 나무를 자른 죄로 기소됐다 — 그러나 그 땅의 소유권 문제를 불러일으킬지도 모르는 불법침입죄는 거론조차 되지 않았다. 사건이 모두 종결된 뒤에도 그들은 저항의 정신을 잃지 않았다.

베트남 전쟁에 참전했던 인디언들도 단결했다. 베트남 참전군인들이 자신이 겪은 경험을 증언한 디트로이트의 '겨울 병사 청문회'에서 에번 헤이니Evan Haney라는 오클라호마의 인디언은 이렇게 증언했다.

> 100년 전에 이와 똑같은 대학살이 인디언에게 벌어졌습니다. 당시에도 세균무기가 사용됐습니다. 인디언들의 담요에 천연두균을 묻혔던 것입니다…….
>
> 베트남 사람들을 알게 되면서 그들도 우리와 똑같은 사람임을 알게 됐습니다……. 우리의 행동은 우리 자신과 전 세계를 파괴하는 짓입니다.
>
> 저는 지금껏 인종차별 속에서 성장해 왔습니다. 어렸을 적에 텔레비전에서 인디언과 카우보이를 보면서는 인디언이 아니라 기병대를 응원하곤 했지요. 그 정도였습니다. 그 정도로 나 자신을 파괴했던 것입니다…….
>
> 오클라호마에서 다녔던 시골 학교의 아이들 절반이 인디언이었는데도, 학교나 텔레비전이나 라디오는 인디언 문화에 관해서 아무것도 가르쳐 주지 않았습니다. 도서관에도 인디언 역사에 관한 책은 하나도 없었습니다…….
>
> 그럼에도 저는 무언가 잘못되어 있음을 알게 됐습니다. 그때부터 나 자신의 문화에 관한 자료를 읽고 공부하기 시작했습니다…….
>
> 어업권을 지키기 위해 앨커트래즈나 워싱턴으로 향할 때 인디언들은 가장 행복한 모습이었습니다. 마침내 자신이 인간임을 느꼈던 것입니다.

인디언들은 '그들 자신의 파괴'—인디언 문화의 절멸—에 관해 무언가를 행동으로 옮기기 시작했다. 1969년에 열린 제1차 미국인디언연구자총회Convocation of American Indian Scholars에서 인디언들은 미국 전역의 어린이들이 보는 교과서에서 인디언들을 무시하거나 모욕하는 데 대해 분노의 목소리를 높였다. 그해 인디언역사출판부Indian Historian Press가 설립됐다. 이 기관은 초등학교와 중등학교의 교과서 400종을 평가한 뒤 단 한 종도 인디언을 정확하게 묘사하고 있지 않다는 사실을 발견했다.

학교에서도 반격이 시작됐다. 1971년 초, 알래스카 주 글리네일런Glennalen의 코퍼밸리 고등학교 학생 45명이 주의회 의원들에게 편지를 보내 자연환경을 황폐화시키는 알래스카 송유관이 "우리 알래스카의 평화와 고요, 안정"을 위협한다며 반대의 뜻을 밝혔다.

다른 미국인들도 관심을 갖고 어려서부터 배운 관점을 재고하기 시작했다. 인디언의 역사를 바로잡으려는 최초의 영화들이 등장했다. 토머스 버거Thomas Berger의 소설을 각색한 <작은 거인*Little Big Man*>이 그 중 하나였다. 인디언 역사에 관한 서적들이 점점 더 많이 등장했고, 마침내 모든 분야에 걸쳐 새로운 문헌들이 나타나게 됐다. 낡고 상투적인 내용에 식상한 교사들은 오래된 교과서를 던져 버리고 새로운 자료들을 교육에 활용하기 시작했다. 1977년 봄, 뉴욕 시 초등학교 교사 제인 캘리프Jane Califf는 4학년과 5학년 학생들을 가르치면서 경험한 일에 관해 말했다. 캘리프는 전통적인 교과서를 들고 교실에 들어가 학생들에게 거기서 상투적인 내용을 찾아보라고 주문했다. 캘리프는 『애쿼새스니 노트』에 실린 미국 원주민 작가들의 글을 큰 소리로 낭독하고 교실 여기저기에 항의 포스터를 붙였다. 학생들은 자기들이 읽은 책의 편집자들에게 편지를 썼다.

편집자님께,

선생님이 펴낸 『크리스토퍼 콜럼버스의 항해The Cruise of Christopher Columbus』는 마음에 들지 않습니다. 인디언들에 관해 옳지 못한 내용이 실려 있기 때문입니다…….

또 69쪽에는 크리스토퍼 콜럼버스가 인디언들을 스페인으로 초대했다고 적혀 있는데, 사실은 인디언들을 약탈해 간 것이지요!

안냥히,[22] 레이먼드 미랜다Raymond Miranda

1970년 추수감사절, 당국은 순례자들Pilgrims의 아메리카 상륙을 축하하는 연례행사에서 색다른 일을 하기로 결정했다. 인디언을 한 명 초청해 축하연설을 시키기로 한 것이었다. 당국은 프랭크 제임스Frank James라는 왐파노아그족 인디언을 찾아내 그에게 연설을 부탁했다. 그러나 프랭크의 연설 내용을 미리 본 당국은 연설을 하지 않는 것이 좋겠다고 결정했다. 그 날 매사추세츠의 플리머스에서 할 수 없었던 연설의 일부는 다음과 같다(『미국 인디언의 항의의 연대기*Chronicles of American Indian Protest*』에 전문이 실려 있다).

저는 한 인간으로서 — 왐파노아그의 한 사람으로서 여러분에게 말하고자 합니다……. 이 자리에 서서 여러분과 제 생각을 나누게 되니 만감이 교차합니다……. 순례자들은 케이프코드의 해변에 닿자마자 나흘 만에 우리 선조들의 무덤을 도굴하고 옥수수와 밀, 콩을 약탈했습니다…….

우리의 영혼은 죽음을 거부합니다. 어제 우리는 숲속 오솔길과 모래를 따라 펼쳐진 길을 걸었습니다. 오늘 우리는 포장된 고속도로와 딱딱한 도로를 걸어

---

22) censearly: 의도적으로 '안녕히sincerely'의 표기를 틀리게 쓴 듯하다.

야만 합니다. 우리는 단결하고 있습니다. 지금 우리는 우리의 오두막이 아니라 당신들의 콘크리트 주택에 서 있습니다. 우리는 당당하고 자랑스럽게 서 있으며, 많은 달이 뜨고 지기 전에 지금까지 용인해 온 잘못된 일을 바로잡을 것입니다…….

인디언들에게는 산문과 시의 명확한 구분이 없었다. 뉴멕시코에서 공부하던 한 인디언은 선생이 자기가 쓴 시를 칭찬하자 이렇게 말했다. "우리 부족에는 시인이 한 명도 없습니다. 모두가 시로 대화를 나눕니다." 그러나 윌리엄 브랜든의 『최후의 미국인들*The Last Americans*』과 셜리 힐 위트Shirley Hill Witt와 스탠 스타이너Stan Steiner의 『길*The Way*』에 실린 것처럼 인디언들의 '시'가 존재한다.

제럴드 바이즈너Gerald Vizenor가 번역한 한 애시나비족Ashinabes 인디언의 시 「봄의 시*spring poem*」는 다음과 같다.

두 눈으로
초원을 바라볼 때면
나는 봄 속에서
여름을 느낀다.

조지프 콘차Joseph Concha가 쓴 「마지막에 내리는 눈*Snow the Last*」을 보자.

눈은 맨 마지막에 오는 것이니
만물을 고요하게 만든다.

다음은 1940년에 나바호족 특별교육 프로그램Special Navajo Program에 참가한 5학년생들이 쓴 「그렇지 않다!*It is Not!*」이다.

나바호족 지정거주지가 적적한 곳이라고?
그렇지 않다!
하늘은 구름 한 점 없이,
맑게 개기도 하고,
비가 와서 흐리기도 한다.
날마다 찬연하다—
자연 그대로의 방식으로.
그곳은 전혀 적적하지 않다.
나바호족의 집이 허름하고 작다고?
그렇지 않다!
그 안에는 사랑이 있고,
유쾌한 웃음이 있으며,
떠들썩한 이야기가 있다.
허나 무엇보다도—
그것은 집
문이 열려 있고
모두를 위한 방이 있으니
대저택인들 이보다 좋으랴.

1973년 3월에는 북미의 인디언들이 여전히 살아 있음을 보여주는 강력한 행동이 벌어졌다. 1890년 학살의 현장인 파인리지 지정거주지에서 수백 명의 오글랄라 수족Oglala Sioux과 그 친구들이 운디드니 마을에 다시 나타나 인디언의 땅과 권리에 대한 요구의 상징으로 그곳을 점령한 것이다. 『애퀴새스니 노트』는 참가자들의 육성으로 이 사건의 역사를 담은 보기 드문 책을 펴낸 바 있다(1973년에 출간된 『운디드니의 목소리*Voices from Wounded Knee*』).

1970년대 당시 파인리지 지정거주지의 성인 남성의 54퍼센트가 실업자였고, 전체 가구의 3분의 1이 복지수당이나 연금에 의존해 살고 있었으며, 알콜 중독이 만연하고 자살률이 높았다. 오글랄라 수족의 평균 수명은 46세였다. 운디드니 점령 직전에 커스터Custer 시에서 폭력사태가 있었다. 웨즐리 심장약한소Wesley Bad Heart Bull라는 인디언이 백인 주유소 직원에게 살해당한 사건이었다. 그 백인은 보석금 5,000달러를 내고 풀려나긴 했으나 우발적 살인죄로 기소되어 최고 10년형을 받을 수도 있는 상황이었다. 이에 항의하는 인디언들의 집회는 경찰과의 충돌로 얼룩졌다. 이 과정에서 체포된 희생자의 모친 새라 심장약한소Sarah Bad Heart Bull 부인은 최고 30년형까지 선고할 수 있는 죄로 기소됐다.

1973년 2월 27일, 미국인디언운동연합American Indian Movement(AIM)이라는 새로운 전투적인 조직의 성원들이 주를 이룬 약 300명의 오글랄라 수족이 운디드니 마을로 들어가 그곳이 해방구임을 선포했다. 엘런 무브즈 캠프Ellen Moves Camp는 훗날 이렇게 말했다. "남자들이 겁을 집어먹고 머뭇거리고 있었기 때문에 우리는 미국인디언운동연합이 절실하게 필요하다고 생각했습니다. 앞에 나서서 목소리를 높인 이들은 대부분 여성이었지요."

몇 시간도 되지 않아 200명이 넘는 연방수사국 요원과 연방 보안관, 인디언담당국 경찰관이 마을을 에워싸고 외부와의 연락을 차단했다. 장갑차와 자동소총, 기관총, 유탄발사기, 최루탄 등으로 무장한 경찰은 곧 사격을 개시했다. 3주 뒤 글래디스 비소네트Gladys Bissonette는 이렇게 말했다. "여기 운디드니에 있는 동안 해가 지고 나면 늘 사격이 빗발친다. 그런데 어젯밤에는 제일 심하게 퍼부어댔다. 나는 위대한 영혼이 우리와 함께 있으므로 어떤 총알도 우리 몸에 다다를 수 없다고 생각한다. 어느 날 밤에는 빗발치듯 쏟아지는 총탄을 뚫고 달리기도 했다……. 우리는 오글랄라 수족 국가Oglala Sioux Nation라는 완전히 독립적인 주권국가를 쟁취할 때까지 여기서 계속 버틸 것이다."

포위공격이 시작된 뒤 식량이 바닥나고 있었다. 미시건 주의 인디언들이 야영지까지 비행기로 식료품을 보내 줬다. 다음날 연방수사국 요원들이 비행기 조종사와 비행기를 세낸 미시건의 의사 한 명을 체포했다. 네바다에서는 사우스다코타로 식료품과 의복, 의약품을 보낸 혐의로 인디언 11명이 체포됐다. 4월 중순 동안 비행기 3대가 추가로 동원되어 550킬로그램의 식량을 떨어뜨렸지만, 사람들이 식량을 주우러 모여들자 정부 헬리콥터가 나타나 사격을 가했고 사방의 지상에서도 무차별 사격이 가해졌다. 교회의 간이침대에 누워 있던 프랭크 클리어워터Frank Clearwater라는 인디언이 총탄에 맞았다. 그를 병원으로 데리고 간 아내는 병원에서 체포되어 감금됐다. 클리어워터는 결국 목숨을 잃었다.

그 뒤에도 총격전이 이어졌고 또 한 명이 죽었다. 마침내 평화조약이 조인되어 양측 모두 무장을 해제하는 데 합의했다(1890년 학살의 기억을 생생하게 간직하고 있던 인디언들은 무장병력에 포위되어 있는 상황에서 무장 해제를 거부하고 있었다). 미국 정부는 인디언 문제를 조사하는 한편, 대통령 직속 위원회를 설치, 1868년의 조약을 재검토하겠다고 약속했다. 포위공격은 끝났고 120명의 점령자들은 체포됐다. 그리고 미국 정부는 1868년의 조약을 재검토한 결과 조약이 유효하다는 사실이 드러났으나 미국의 '토지수용'권—정부가 토지를 취할 수 있는 권리—에 의해 대체됐다고 밝혔다.

인디언들은 71일 동안 버티면서 포위된 영토 내에서 믿기 어려운 공동체를 만들어 냈다. 포위된 인디언들은 공동부엌과 진료소, 병원을 세웠다. 나바호족의 한 베트남 참전군인은 이렇게 말했다.

> 우리의 화력이 열세인 것을 감안한다면 사람들은 놀라울 정도로 냉정함을 잃지 않고 있다……. 그러나 사람들은 믿음이 있기 때문에, 대의명분이 있기 때문에 머물러 있다. 우리가 베트남에서 진 이유가 바로 어떤 대의명분도 없었기 때문이다. 베트남에서는 부자들을 위해, 부자들의 전쟁을 했던 것이다……. 운디드니에서 우리는 기가 막히게 모든 일을 해나가고 있고 사기 또한 높다. 우리는 아직 웃을 수 있기 때문이다.

오스트레일리아, 핀란드, 독일, 이탈리아, 일본, 영국 등지로부터 운디드니로 지지 메시지가 날아왔다. 인디언 두 명이 포함된 애티카의 형제들로부터도 메시지가 답지했다. "여러분은 우리의 어머니 대지와 그 자녀들을 위해 싸우고 있습니다. 우리의 영혼도 여러분과 함께 싸우고 있습니다!" 월리스 검은고라니 Wallace Black Elk가 답신을 보냈다. "작은 운디드니가 거대한 세계로 바뀝니다."

운디드니의 점령 이후, 죽음과 시련, 공권력과 법원을 동원한 운동 분쇄 노력이 있었지만 원주민 운동은 계속 이어졌다.

『애쿼새스니 노트』를 펴내는 애쿼새스니 공동체 자체에서도 인디언들은 항상 자신들의 영토가 독립적이며 백인의 법률에 구애받지 않는다고 주장해 왔다. 어느 날 뉴욕 주 경찰이 한 모호크 인디언 트럭 운전사에게 교통위반 딱지를 세 장 발부하자, 인디언 의회에서 경찰서장 대리를 찾아갔다. 서장 대리는 처음에는 합리적인 태도를 취하려 애쓰면서 애쿼새스니 영토에서도 명령에 따라 딱지를 발부할 수밖에 없다고 주장했다. 결국 그는 모호크족

의회와 먼저 협의하지 않은 채 인디언 영토나 그 밖의 지역에서 인디언을 체포할 수 없다는 데 동의했다. 그러고 나서 서장 대리는 자리에 앉아 담배에 불을 붙였다. 긴 머리에 기품 있는 표정의 인디언 추장 조아퀴조Joahquisoh가 자리에서 일어나더니 서장 대리를 뚫어지게 바라보면서 진지한 목소리로 말을 건넸다. "가기 전에 한 가지 더 말할 게 있습니다." 그러고는 느릿느릿 말을 꺼냈다. "담배 한 개비 또 있는지요." 그 날의 만남은 웃음으로 끝을 맺었다.

『애쿼새스니 노트』는 계속 발간됐다. 1976년의 늦은 가을에 잡지의 시란에 당시의 정신을 반영하는 시들이 실렸다. 일라 애버나시Ila Abernathy는 다음의 시를 썼다.

나는 자라나는 풀이요 풀을 베는 사람,
나는 버드나무요 판자를 쪼개는 사람,
짜는 사람이요 짠 옷감, 버드나무와 풀의 결혼이다.
나는 대지 위의 서리요 대지의 생명,
숨결이자 짐승, 발치에 거치적거리는 뾰족한 돌멩이.
내 안에 산이 살고 올빼미가 집을 짓고,
나는 산과 올빼미 속에 산다. 나는 태양의 쌍둥이요,
피를 흐르게 하는 사람이자 잃어버린 피,
나는 사슴이요 사슴의 죽음.
나는 당신의 양심을 긁는 소리.
나를 받아들여라.

아래는 버피 세인트-마리Buffy Sainte-Marie의 시이다.

당신들은 내게 통찰력이 있다고 생각한다
내가 인디언이기 때문에.

내게는 통찰력이 있다
그저 내 눈에 보이기 때문에.

1960년대와 1970년대에 여성운동과 죄수운동, 인디언운동만 벌어진 것은 아니었다. 전에는 문제가 되지 않았던 억압적이고 인위적인 삶의 방식에 대항하는 전반적인 반란이 있었다. 이런 반란은 출산, 유년기, 사랑, 성, 결혼, 의복, 음악, 미술, 스포츠, 언어, 음식, 주거, 종교, 문학, 죽음, 학교 등 개인의 삶의 모든 측면을 건드리는 것이었다.

새로운 기질, 새로운 행동이 많은 미국인들에게 충격을 줬다. 이 때문에 긴장이 야기되기도 했다. 때로는 '세대차이' — 젊은 세대가 삶의 방식에 있어서 나이든 세대로부터 멀어져 가는 현상 — 로 간주되기도 했다. 그러나 얼마 지나지 않아 그것은 나이의 문제가 아닌 듯 보였다 — 몇몇 젊은이들은 여전히 '정상적'이었던 반면 일부 중년층 사람들이 삶의 방식을 바꾸고 노인들이 다른 사람들을 놀라게 하는 방식으로 행동하기 시작했던 것이다.

성에 대한 태도는 놀라운 변화를 겪었다. 혼전성관계는 이제 쉬쉬하며 덮어둬야 할 문제가 아니었다. 결혼제도의 바깥에서 남녀가 함께 살았고, 상대방을 소개할 때면 적절한 표현을 찾고자 애썼다. "인사하시죠, 제 …… 친구입니다." 결혼한 부부들은 자신들의 문제에 관해 숨김없이 말했고, '자유결혼〔open marriage. 부부가 서로의 사회적, 성적 독립성을 인정하는 결혼〕'을 다룬 책들이 속속 등장했다. 자위에 관한 이야기가 공공연하게, 심지어 찬성하는 분위기 속에서 오갔다. 이제 동성애 역시 숨겨야 하는 일이 아니었다. '게이'

남성과 '게이' 여성—레즈비언—들이 차별에 맞서 싸우고, 공동체의 소속감을 갖고, 수치심과 고립감을 극복하기 위해 조직을 만들어 나갔다.

이 모든 변화는 당시의 책자와 대중매체들에 반영됐다. 법원의 판결은 성적 사랑을 다루거나 포르노적인 서적을 금지한 주 및 시 당국의 조치를 무효화했다. 새로운 서적들(『성의 즐거움*The Joy of Sex*』 등)이 나타나 남성과 여성들에게 성적인 충족을 얻는 방법을 가르쳐 줬다. 이윤만이 아니라 원칙까지도 보존하려는 영화산업에서 등급제도(미성년자 관람불가인 R등급〔17세 이하 부모동반 관람가〕과 성인 전용인 X등급〔현재는 'NC-17'로 명칭이 바뀌었음〕)를 만들기는 했지만, 이제 영화들은 주저하지 않고 나체를 보여줬다. 서적과 일상대화에서 성에 관한 이야기가 점점 흔한 일이 됐다.

이 모든 것은 새로운 삶의 양식과 연결됐다. 젊은이들을 중심으로 공동체적인 생활양식이 만개했다. 몇몇은 진정한 공동생활체commune였다—즉 돈을 함께 관리하고 모든 것을 공동으로 결정하며 친밀성과 애정, 신뢰의 공동체를 만들었다. 대부분의 공동체적 생활양식은 집세를 공동으로 부담하는 실용적인 것으로, 성원들 간의 우정과 친밀성의 정도는 다양했다. 남녀가 의식적인 노력이 아니라 그냥 현실적인 이유에서 '룸메이트'—둘이나 셋 또는 그 이상으로 성적 관계는 갖지 않았다—가 되는 것은 이제 전혀 이상한 일이 아니었다.

1960년대의 문화적 변화 가운데 의복에서 가장 중요한 점은 격식을 벗어던졌다는 사실이었다. 여성들에게 있어서 이런 변화는 몸을 구속하는 '여성적인' 옷을 벗어 버리자는 역사적인 여성운동의 연장이었다. 많은 여성들이 브래지어를 입지 않았다. 몸을 조이는 '거들'—1940년대와 1950년대에는 거의 필수적인 의복이었다—은 보기 드문 존재가 됐다. 젊은 남녀들은 청바지나 낡은 군복 등 거의 똑같은 옷을 입었다. 남자들은 이제 넥타이를 매지 않았고 여자들은 노소를 막론하고 더 자주 바지를 입었다—어밀리어 블루머에게 바치는 무언의 헌사였다.

저항을 노래하는 새로운 대중음악이 생겨났다. 1940년대부터 줄곧 저항을 노래해 온 피트 시거Pete Seeger는 이제 훨씬 많은 청중을 갖게 됐다. 저항적인 노래뿐만 아니라 새로운 자유와 새로운 문화를 반영하는 노래를 부른 밥 딜런Bob Dylan과 존 바에즈Joan Baez는 대중의 우상이 됐다. 태평양 연안의 중년 여성인 말비나 레이널즈Malvina Reynolds는 현대 상업문화에 대한 비판뿐만 아니라 자신의 사회주의 사상과 자유정신을 담은 노래를 만들어 불렀다. 레이널즈는 이제 모든 사람이 "작은 상자" 속에서 살면서 "천편일률적인 존재가 됐다"고 노래했다.

저항을 담은 강력한 노래와 자유와 자기표현을 담은 개인적인 노래를 부른 밥 딜런은 당대의 상징이었다. 성난 분노를 노래한 「전쟁의 명수들*Masters of War*」에서 딜런은 언젠가 그들이 죽음을 맞이하고 자신이 "어슴푸레한 오후에" 그들의 관을 따라가게 되기를 기대했다. 「모진 비가 내리리*A Hard Rain's A-Gonna Fall*」에서는 기아와 전쟁, 눈물, 죽은 조랑말, 오염된 강물, 축축하고 더러운 감옥 등 지난 수십 년의 끔찍한 이야기를 일일이 열거했다—"모진 비가 내리리." 딜런은 신랄한 반전의 노래 「하나님은 우리편*With God on Our Side*」과 흑인 활동가 메드가 에버스Medgar Evers를 죽인 살인범에 관한 노래 「저들의 장기놀이에서 졸卒일 뿐*Only a Pawn in Their Game*」을 노래했다. 「시간은 변하는 법*The Times They Are A-Changing*」이라는 노래 제목처럼 딜런은 낡은 것들에게는 도전을, 새로운 것들에게는 희망을 던져 줬다.

가톨릭 반전운동의 고조는 오랫동안 보수주의의 보루로서 인종차별과 맹목적 애국주의, 전쟁에 얽매여 있던 가톨릭교회 내부에서 일어난 전반적인 반란의 일부였다. 사제직을 버린 신부와 수녀들은 자신들의 삶을 성에 개방하고 결혼해 자녀를 가졌다 — 때로는 공식적으로 교단을 떠나는 성가신 절차를 거치지 않기도 했다. 옛날부터 이어져 온 종교 부흥가들이 여전히 어마어마한 인기를 누리고 빌리 그레이엄Billy Graham이 수백만 명에게 순종을 강요하고 있었지만, 이제 주류에 대항하는 작은 급류가 소용돌이치고 있었다.

대기업에 대해, 환경 파괴의 주범인 폭리취득에 대해 새로운 각성이 생겨났다. 제시카 미트퍼드Jessica Mitford의 『미국적인 죽음*The American Way of Death*』에서 알 수 있듯이, 돈벌이가 좋은 장례식과 수익성 높은 묘비 등 이른바 '죽음의 산업death industry'에 대한 재검토가 이루어졌다.

거대 권력 — 기업, 정부, 종교 — 에 대한 믿음이 사라지면서 개인이든 공동체든 자기 자신에 대한 신념은 더욱 커졌다. 바야흐로 모든 분야의 전문가들이 회의의 눈초리를 받았다. 무엇을 먹을지, 삶을 어떻게 살아야 할지, 어떻게 건강해져야 하는지 등에 대해 사람들이 자기 스스로 해답을 찾을 수 있다는 믿음이 확산됐다. 의약산업에 대한 의심이 생겨났고, 합성 방부제, 저질 식품, 광고 등에 반대하는 캠페인이 시작됐다. 이때쯤이면 흡연의 폐해 — 암, 심장질환 — 를 보여주는 과학적인 증거가 속속 제시되어 정부는 텔레비전과 신문에서 담배 광고를 금지시켰다.

전통적인 교육 역시 재검토되기 시작했다. 학교는 수세대에 걸쳐 학생들에게 애국심과 권위에 대한 복종을 가르쳤고 다른 민족, 인종, 인디언, 여성 등을 무시하고 심지어 경멸하는 사고를 끝없이 주입하고 있었다. 교육 내용만이 아니라 방식 — 형식성, 관료주의, 권위에 대한 복종을 고집하는 태도 — 에 대해서도 문제가 제기됐다. 이런 문제 제기는 정통적인 교육이라는 어마어마한 국가적 체제에 작은 흠집을 내는 데 불과했지만, 이를 지지하는 새로운 저작들 — 조너선 코졸의 『어린이의 죽음*Death at an Early Age*』, 조지 데니슨의 『어린이들의 삶*The lives of Children*』, 이반 일리치의 『탈학교 사회*De-schooling*

Society』—과 전국 곳곳의 새로운 세대의 교사들에게 반영됐다.

이토록 짧은 기간에 그처럼 많은 변화를 향한 운동이 집중된 것은 일찍이 미국 역사에서 유례가 없는 일이었다. 그러나 지난 2세기에 걸쳐 체제는 국민을 통제하는 방법을 상당히 익힌 바 있었다. 1970년대 중반에 접어들자 그런 통제가 효과를 발휘하기 시작했다.

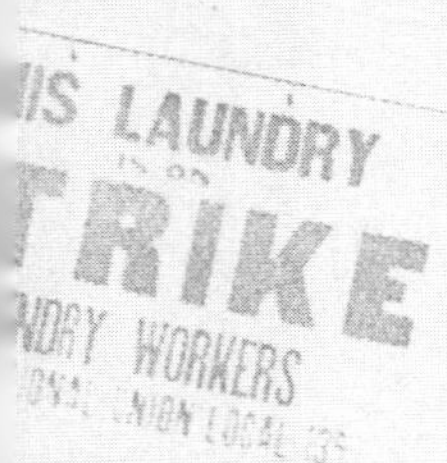

A People's History of the United States

20

1970년대 : 이상무?

1972 • 워터게이트 스캔들

1973 • 칠레의 아옌데 정권 전복에 CIA 개입
• 록펠러와 브레진스키 주도로 삼각위원회 구성

1974 • 닉슨, 대통령 사임

1975 • 매이어게스 호 사건

1976 • 독립 200주년 기념일 – 기업 권력에 반대하는 대항기념식 개최

1970년대 초반, 체제는 지배능력을 잃은 듯 보였다 — 국민대중의 충성을 유지할 수 없었던 것이다. 미시건 대학의 여론조사연구소에 따르면, 일찍이 1970년에 "정부에 대한 신뢰도"가 모든 계층에서 낮게 나타났다. 그리고 계급에 따라 상당한 차이가 있었다. 전문직 종사자 중 40퍼센트가 정부에 대해 "낮은" 정치적 신뢰도를 보여준 반면, 미숙련 블루칼라 노동자들은 66퍼센트가 "낮은" 신뢰도를 나타냈다.

1971년 — 베트남에 개입한 지 7년 뒤 — 에 행해진 여러 여론조사를 보면, 미국 국민들은 다른 나라가 공산주의를 등에 업은 세력에 의해 공격을 받더라도 그 나라를 도와줄 필요가 없다고 생각했다. 심지어 북대서양조약기구North Atlantic Treaty Organization(나토NATO)에 속한 미국 동맹국들이나 남부와 국경을 맞대고 있는 멕시코의 경우에도, 미군 병력의 개입을 찬성하는 의견은 다수가 아니었다. 타이가 공산주의자들의 공격을 받을 경우에는 설문에 응답한 백인의 12퍼센트만이 병력을 파견해야 한다고 대답했고, 백인이 아닌 경우에 그 수치는 4퍼센트였다.

1972년 여름, 보스턴에서 그 지역의 반전주의자들이 허니웰 사Honeywell Corporation를 상대로 시위를 벌이고 있었다. 반전주의자들은 배포한 인쇄물을 통해, 허니웰 사가 수술로도 제거하기 힘들며 엄청난 고통을 야기하는 알갱이탄으로 베트남 민간인 수천 명에게 피해를 입힌 집속탄[23)]을 비롯, 베트남에서 사용되는 대인살상 무기를 생산하고 있다고 지적했다. 반전주의자들은 허니웰 사 직원 600명에게 회사 측이 이런 무기의 생산을 중단해야 한다고 생각하느냐는 설문지를 돌렸다. 설문에 응답한 231명 가운데 131명이 중단해야 한다고 대답했고, 88명은 중단할 필요가 없다고 대답했다. 설문지에는 의견을 자유롭게 적을 수 있는 난도 있었다. "무기 생산을 중단할 필요가 없다"는 견해를 피력한 사람들의 전형적인 의견은 이러했다. "국방부가 구매한 제품으로 하는 일에 대해 허니웰 사는 책임이 없다……." "중단해야 한다"는 쪽의 전형적인 의견은 "우리가 하는 일의 근거 자체가 부도덕한데 어떻게 우리가 우리 업무에 자부심을 가질 수 있겠는가?"라는 것이었다.

그에 앞서 미시건 대학의 여론조사연구소는 이런 질문을 던진 바 있었다. "정부가 자기 이익만을 추구하는 대기업계에 의해 좌우되고 있다고 생각하십니까?" 1964년의 경우는 응답자의 26퍼센트가 "그렇다"고 대답한 반면 1972년에는 53퍼센트가 "그렇다"고 대답했다. 『미국정치학평론*American Political Science Review*』에 실린 논문에서 미시건 대학 여론조사연구소가 실시한 광범위한 여론조사를 보고한 아서 H. 밀러Arthur H. Miller는 이들 여론조사를 통해 "널리 확산된 근본적인 불만과 정치적 소외"가 드러났다고 지적했다. 밀러는 이렇게 덧붙였다(정치학자들은 종종 체제의 걱정거리를 떠맡았다). "놀라우면서도 다소 심상치 않은 점은 이런 기본적인 태도의 변화가 겨우 6년 만에 이렇게

23) cluster bomb: 모탄母彈의 파열과 함께 주먹만 한 알갱이탄이 사방으로 뿌려져 발견과 회수에도 어려움이 따르는 치명적인 인명살상용 전문폭탄이다. 특히 어린아이들이 알록달록한 알갱이탄을 장난감 삼아 만지작거리다가 사고를 많이 당한다.

급속도로 이루어졌다는 사실이다."

과거 어느 때보다도 더 많은 유권자들이 민주당과 공화당 어느 쪽에도 표를 던지지 않았다. 1940년에는 유권자의 20퍼센트가 자신이 '무소속'이라고 밝혔다. 1974년에는 '무소속'임을 자임한 수가 34퍼센트에 달했다.

법원, 배심원단, 심지어 판사들까지도 과거와 다른 행동을 보였다. 배심원들은 급진주의자들을 무죄방면했다. 태평양 연안지역의 백인으로만 구성된 배심원단은 정평 있는 공산주의자 앤젤라 데이비스Angela Davis를 무죄방면했다. 정부가 모든 수단을 동원해 헐뜯고 파괴하려 했던 흑표범당 당원들은 여러 차례의 재판에서 배심원들에 의해 풀려났다. 매사추세츠 주 서부의 한 판사는 한 전력회사가 핵발전소를 세우기 위해 세운 150미터 높이의 탑을 무너뜨린 젊은 활동가 샘 러브조이Sam Lovejoy 사건을 파기했다. 1973년 8월, 워싱턴D.C.에서는 한 상급법원 판사가 캄보디아 폭격에 항의하기 위해 백악관 관람객 대열에서 이탈, 불법침입죄로 기소된 6명에 대해 실형을 언도하지 않았다.

정부와 기업들에 대해 이처럼 전국적으로 적대감이 팽배한 이유는 의심의 여지없이 5만 5,000명의 사상자와 도덕적 수치, 정부의 거짓말과 잔학행위를 드러낸 베트남 전쟁 때문이었다. 이에 더해 '워터게이트'라는 단 한 단어로 알려지게 되면서 —미국 역사상 초유의 일인— 1974년 8월의 리처드 닉슨의 대통령직 사임이라는 역사적인 사건을 낳은 추문으로 인해 닉슨 행정부가 정치적 망신을 당하는 일이 벌어졌다.

1972년 6월 대통령 선거 기간에 도청장치와 사진기를 지닌 도둑 5명이 워싱턴D.C.의 워터게이트 아파트단지에 있는 민주당전국위원회Democratic National Committee 사무실에 침입하다가 현장에서 붙잡힘으로써 사건은 시작됐다. 5명 가운데 한 명인 제임스 매코드 2세James McCord, Jr.는 닉슨의 선거운동원으로서 재선위원회Committee to Re-elect the President(CREEP)의 '보안' 담당자였다. 또 다른 한 명은 E. 하워드 헌트E. Howard Hunt의 이름이 적혀 있는 주소록을 가지고 있었는데, 헌트의 주소는 백악관으로 되어 있었다. 헌트는 닉슨 대통령의 특별자문위원인 찰스 콜슨Charles Colson의 보좌관이었다.

매코드와 헌트 모두 오랫동안 중앙정보국에서 일한 인물이었다. 헌트는 1961년 쿠바 침공을 진두지휘한 중앙정보국 요원이었고 워터게이트에 침입한 도둑 3명은 당시 침공에 직접 참여한 사람들이었다. 재선위원회의 보안 담당자 매코드는 연방 법무장관으로 재선위원회 위원장을 맡은 존 미첼John Mitchell 밑에서 일하고 있었다.

그리하여 도둑들이 고위층과 연결되어 있다는 사실을 꿈에도 알지 못한 경찰에 예기치 않게 체포됨으로써, 어느 누가 막을 새도 없이, 이 도둑들이 닉슨의 선거운동본부의 핵심 관리들과 중앙정보국, 닉슨 행정부의 법무장관과 연결되어 있다는 정보가 국민들에게 알려지게 됐다. 미첼은 이 침입사건과의 관련성을 전부 부인했고, 닉슨은 사건 5일 뒤 열린 기자회견에서 이렇게 말했다. “백악관은 이 사건에 어떤 식으로든 연루된 바가 없습니다.”

9월에 대배심이 워터게이트 침입자들 — 과 하워드 헌트, G. 고든 리디G. Gordon Liddy — 을 기소하자, 이듬해에는 자신들이 기소될지도 모른다는 두려움을 느낀 닉슨 행정부의 하위 공직자들이 앞 다퉈 입을 열기 시작했다. 그들은 법원 심리과정에서 상원 조사위원회와 언론에 정보를 제공했다. 그들은 존 미첼뿐만 아니라 닉슨의 최고위 백악관 참모인 로버트 홀드먼Robert Haldeman과 존 에일리크먼John Ehrlichman까지도 물고 늘어졌고, 마침내 리처드 닉슨까지도 사건에 직접적으로 연루되어 있다 — 워터게이트 침입사건만이 아니라 정치적 반대파들과 반전활동가들을 상대로 벌인 일련의 불법적인 행동 전반에 — 고 밝혔다. 닉슨과 그의 참모들은 자신들의 관련성을 은폐하려고 노력하는 과정에서 거듭해서 거짓말을 했다.

이런 사실은 여러 증언을 통해 입증된 바 있다.

1. 법무장관 존 미첼은 —민주당을 상대로— 편지를 위조하고, 언론에 거짓 정보를 흘리고, 선거운동 서류를 훔쳐내기 위해 35만 달러에서 70만 달러에 이르는 비자금을 관리했다.
2. 인터내셔널 전신전화회사International Telephole and Telegraph(ITT), 걸프 석유회사Gulf Oil Corporation, 아메리칸 항공American Airlines 등 미국의 거대 기업들이 닉슨의 선거운동에 수백만 달러에 달하는 불법적인 자금을 지원했다.
3. 『뉴욕타임스』가 일급기밀인 대니얼 엘스버그의 『국방부 문서』 사본을 게재한 직후인 1971년 9월, 행정부는 엘스버그의 병력病歷 기록을 찾아내기 위해 그가 다니는 정신과 의사의 사무실에 대한 불법침입을 계획하고 실행에 옮겼다— 하워드 헌트와 고든 리디가 직접 한 일이었다.
4. 워터게이트 침입자들이 체포된 뒤, 닉슨은 만약 그들이 수감될 경우에 대통령의 권한을 이용해 감형해 주기로 비밀리에 약속했고, 그들의 입을 막기 위해 100만 달러에 이르는 금액을 주겠다고 제안했다. 실제로 에일리크먼의 명령에 따라 45만 달러가 전달됐다.
5. 닉슨이 (최근에 사망한 J. 에드가 후버J. Edgar Hoover의 후임으로) 연방수사국 국장으로 임명한 L. 패트릭 그레이L. Patrick Gray는, 자신이 워터게이트 침입사건에 관한 연방수사국의 수사기록을 닉슨의 법률보좌관인 존 딘John Dean에게 넘겨줬고, 법무장관 리처드 클라인딘스트Richard Kleindienst(미첼은 사생활을 되찾고 싶다면서 사임했다)가 자신에게 상원 법사위원회와 워터게이트 사건을 논의하지 말라고 명령했다고 폭로했다.
6. 닉슨 내각의 두 전임자—존 미첼과 모리스 스탠스Maurice Stans—는 로버트 베스코Robert Vesco라는 금융업자로부터 25만 달러를 받고 그에 대한 증권거래

위원회SEC의 조사와 관련해 도움을 줬다는 혐의로 기소됐다.

7. 연방수사국 서류철에서 어떤 자료—헨리 키신저의 명령에 따라 4명의 언론인과 13명의 정부 관리들의 전화에 설치된 불법적인 도청장치로부터 얻은 자료—가 사라졌는데, 그 자료가 닉슨의 보좌관인 존 에일리크먼의 백악관 금고 안에 있었다는 사실이 밝혀졌다.
8. 워터게이트 침입자 가운데 한 명인 버나드 바커Bernard Barker는 상원 위원회에 출석, 대니얼 엘스버그가 워싱턴의 반전집회에서 연설할 때 그를 물리적으로 공격하기로 한 계획에도 관여했다고 밝혔다.
9. 중앙정보국 부국장 가운데 한 명은 중앙정보국이 연방수사국에게 워터게이트 침입사건 이상으로 수사를 확대시키지 말라고 주문한 배경에는 닉슨이 있었다는 얘기를 홀드먼과 에일리크먼으로부터 들었다고 증언했다.
10. 상원 위원회에 출석한 한 증인은 닉슨 대통령이 백악관에서 이루어진 모든 대화와 통화내용이 담긴 테이프를 가지고 있다는 사실을 거의 우연히 발설했다. 닉슨은 처음에는 테이프 제출을 거부했지만, 결국 나중에 제출했을 때는 일부가 훼손된 상태였다. 한 테이프의 18분 30초가량이 지워져 있었다.
11. 이 모든 일의 와중에 닉슨 정부의 부통령 스피로 애그뉴Spiro Agnew가 메릴랜드의 수주업자들로부터 정치적 편의를 봐주는 대가로 뇌물을 받은 혐의로 기소됐고, 1973년 10월에 부통령직을 사임했다. 닉슨은 제럴드 포드Gerald Ford 하원의원을 애그뉴의 자리에 임명했다.
12. 닉슨은 '보안상'의 이유로 샌클러멘티San Clemente와 키비스케인Key Biscayne에 있는 사저에 정부 자금 1,000만 달러 이상을 사용했으며, 불법적으로—일종의 문서위조를 통해— 57만 6,000달러의 세금공제를 받았다.
13. 1969~1970년에 1여 년 동안 미국이 캄보디아에 비밀리에 대규모 폭격을 가하면서 미국 국민과 심지어 의회에도 이를 알리지 않았다는 사실이 폭로됐다.

워터게이트 청문회

1973년 5월 8일에 상원 워터게이트 위원회는 텔레비전 청문회를 시작했다. 사건에 관련됐음을 입증하는 증거들이 속속 폭로되면서 닉슨은 대통령직을 사임했지만 결국 포드가 무조건 사면을 내림으로써 큰 처벌을 피할 수 있었다.

순식간에 일어난 급작스러운 몰락이었다. 1972년 11월의 대통령 선거에서 닉슨과 애그뉴는 일반투표의 60퍼센트를 획득하고 매사추세츠를 제외한 모든 주를 휩쓸면서 반전 후보인 조지 맥거번George McGovern 상원의원을 물리친 바 있었다. 1973년 6월에 실시된 갤럽 여론조사를 보면 응답자의 67퍼센트가 닉슨이 워터게이트 불법침입에 관련됐거나 사건을 은폐하기 위해 거짓말을 했다고 생각하고 있었음을 알 수 있다.

1973년 가을에 이르자, 닉슨 대통령을 탄핵하기 위해 제출된 하원 결의안이 8개에 이르렀다. 이듬해 하원의 한 위원회에서 상하 양원에 제출하기 위한 탄핵안을 작성했다. 닉슨의 보좌관들은 탄핵안이 하원에서 과반수를 넘을 것이며 뒤이어 상원에서도 3분의 2의 표를 얻어 통과되어 결국 대통령직에서 물러나게 될 것이라고 닉슨에게 조언했다. 1974년 8월 8일, 닉슨은 사임했다.

닉슨이 사임하기 6개월 전, 경제 잡지인 『던즈리뷰*Dun's Review*』에서 기업 중역 300명을 대상으로 한 여론조사를 보도했다. 1972년에는 거의 모두가 닉슨을 지지한다고 밝혔지만 이제는 닉슨이 사임해야 한다는 의견이 다수였다. 메릴린치 정부증권Merrill Lynch Government Securities의 부회장은 "닉슨이 사임한다면 월스트리트의 90퍼센트가 지금 당장 환호를 보낼 것"이라고 말했다. 닉슨이 사임하자 기존 체제의 모든 부문이 안도감을 느꼈다.

제럴드 포드는 닉슨의 후임으로 대통령에 오르면서 이렇게 말했다. "오랫동안 이어진 우리의 국가적 악몽은 이제 끝났습니다." 닉슨에 찬성했든 반대했든, 진보적이든 보수적이든, 모든 신문들은 워터게이트 위기가 성공적이고 평화롭게 막을 내린 것을 축하했다. 오랫동안 강력하게 베트남 전쟁을 비판해 온 『뉴욕타임스』의 칼럼니스트 앤서니 루이스Anthony Lewis는 "체제가 원활하게 돌아가고 있다"고 말했다. 닉슨을 조사하고 그의 거짓말을 폭로하는 데 많은 이바지를 했던 두 언론인인 『워싱턴포스트』의 칼 번스타인Carl Bernstein과 밥 우드워드Bob Woodward는 닉슨이 사임함으로써 "회복기"가 도래할 것이라고 지적했다. 이 모든 언급은 안도감과 감사의 분위기를 보여줬다.

아무리 훌륭한 미국 신문도 1974년 9월에 『르몽드 디플로마티크*Le Monde Diplomatique*』 주필 클로드 줄리앙Claude Julien이 말한 것과 같은 발언을 하지 않았다. "리처드 닉슨 씨를 제거함으로써 워터게이트 스캔들을 낳은 모든 구조와 그릇된 가치는 그대로 남게 됐다." 줄리앙은 닉슨 정부의 국무장관인 헨리 키신저는 여전히 그 자리에 있게 될 것—즉 닉슨 행정부의 대외정책이 지속될 것—이라고 지적했다. "다시 말해 워싱턴은 칠레의 피노체트Augusto Pinochet 장군, 브라질의 가이셀Ernesot Geisel 장군, 파라과이의 스트로에스네르Alfredo Stroessner 장군 등을 계속 지지할 것이다……."

줄리앙이 이런 글을 쓴 지 몇 달 뒤, 하원의 민주당과 공화당 상층 지도부가 닉슨이 사임할 경우에 그에 대한 형사처벌을 지지하지 않을 것임을 비밀리에 그에게 보장해 줬다는 사실이 폭로됐다. 이들 지도부 가운데 한 명인 상원 법사위원회의 지도급 공화당 의원은 이렇게 말했다. "탄핵을 둘러싼 의회의 논쟁이 2주 동안 텔레비전으로 방영됨으로써 어떤 결과가 야기될지, 그리고 그로 인해 어떻게 나라가 분열되고 대외정책에 어떤 영향을 미칠지를 생각하면서 우리 모두는 몸서리를 쳤다." 월스트리트는 닉슨의 사임을 바란다고 보도한 『뉴욕타임스』의 기사는 월스트리트의 한 금융업자의 말을 인용했다. 닉슨이 사임한다 해도 "우리는 다른 선수들과 똑같은 경기를 치르게 될 것입니다."

닉슨의 정책을 전폭적으로 지지했던 보수적인 공화당원인 제럴드 포드가 대통령에 지명됐을 때, 캘리포니아 출신으로 자유주의 성향의 상원의원 앨런 크랜스턴Alan Cranston은 의원 석상에서 일어나 포드에 대한 지지발언을 하면서, 자신이 공화당과 민주당의 많은 사람들을 상대로 여론조사를 해본 결과 "그를 둘러싸고 형성되고 있는 만장일치에 가까운 놀라운 합의"를 발견했다고 밝혔다. 닉슨이 사임하고 포드가 대통령이 되자 『뉴욕타임스』는 이렇게 말했다. "이것은 워터게이트의 절망을 딛고 미국 민주주의의 독특한 힘을 새롭게 보여주는 고무적인 일이다." 며칠 뒤 『뉴욕타임스』는 "평화로운 권력 이양으로 미국인들은 완전히 안도감을 느끼게 됐다"고 행복감에 젖었음을 지적했다.

하원 탄핵위원회에서 닉슨에게 가한 비난을 볼 때, 위원회는 닉슨의 행동 가운데 전임 대통령들에게서 발견할 수 있고 미래에도 되풀이해 나타날지도 모르는 요소들은 강조하고 싶어 하지 않았음이 분명했다. 위원회는 닉슨이 유력한 기업들과 거래한 일에 관해서는 하나도 언급하지 않았고 캄보디아 폭격 역시 거론하지 않았다. 미국 대통령들에게 면면히 이어져 온 근본적인 국내외 정책이 아니라 닉슨의 독특한 문제에만 집중했던 것이다.

닉슨을 제거하되 체제는 유지하라는 구호가 제기됐다. 케네디 대통령의 보좌관을 지낸 시어도어 소렌슨Theodore Sorensen은 워터게이트 사건 당시 이렇게 말했다. "우리의 법집행 체제에서 지금 드러나고 있는 지독한 위법행위는 대부분 제도적인 것이 아니라 개인적인 원인에서 비롯한 것이다. 일부 구조적인 변화는 필요하다. 썩은 사과는 버려야 한다. 하지만 상자까지 내팽개쳐서는 안 된다."

실제로 사과상자는 그대로 남았다. 닉슨의 대외정책은 그대로 유지됐다. 정부와 대기업계의 연계 역시 유지됐다. 워싱턴에서 포드의 가장 가까운 친구는 대기업 로비스트들이었다. 닉슨의 측근 보좌관 중 한 명으로, 닉슨의 테이프를 공개하기 전에 '처리'하는 데 일조하고 테이프에 관해 거짓 정보를 발설했던 인물인 알렉산더 헤이그Alexander Haig는 포드 대통령에 의해 나토 연합군 사령관으로 임명됐다. 포드가 대통령에 오른 뒤 처음 한 일 가운데 하나는 닉슨을 사면함으로써 혹 있을지도 모르는 형사처벌로부터 그를 보호해 주고, 어마어마한 연금을 받으면서 캘리포니아에서 은퇴생활을 하도록 해준 것이었다.

기존 체제는 규칙을 위반한 동아리 회원들을 자체 내에서 제거했다— 그러나 그들을 너무 가혹하지 않게 다루는 데에는 약간의 수고가 따랐다. 실형을 선고받은 몇 안 되는 사람들은 짧은 형기를 언도받았고, 가능한 제일 지내기 편한 연방교도소로 보내졌으며, 보통 죄수들은 누릴 수 없는 특권을 부여받았다. 리처드 클라인딘스트는 유죄를 시인했다. 그는 100달러의 벌금과 1개월형을 선고받았지만 그나마도 집행이 유예됐다.

닉슨은 물러나지만, '국가안보'라는 이름 아래 원하는 무엇이든 할 수 있는 대통령의 권한은 그대로 유지될 것이었다— 1974년 7월의 대법원 판결은 이를 분명히 보여줬다. 법원은 닉슨이 문제의 백악관 테이프를 워터게이트 특별검사에게 제출해야 한다고 언급했다. 그러나 동시에 법원은 "대통령이 나눈 대화의 기밀성"을 확인해 줬다. 닉슨의 경우에는 이를 주장할 수 없었지만 대통령이 "군사, 외교, 국가안보 등의 기밀을 보호할 필요성을 주장"할 수 있는 일반적인 원칙으로 남게 됐다.

텔레비전으로 방영된 워터게이트 사건 상원 청문회는 기업과의 연관이라는 문제가 거론되기 직전에 갑자기 중단됐다. 그것은 텔레비전 산업이 중요한 사건을 선별적으로 보도한다는 것을 보여주는 전형적인 예였다. 워터게이트 침입사건 같은 기괴한 장난은 충분히 다루어졌지만, 현재진행형인 사례들—미라이 학살, 캄보디아에 대한 비밀 폭격, 연방수사국과 중앙정보국의 활동 등—은 최대한 스쳐 지나가듯 보도됐다. 사회주의노동자당과 흑표범당을 비롯한 급진단체들에 대한 더러운 공작dirty trick은 몇 안 되는 신문에만 실렸고 그나마도 꼼꼼히 뒤져봐야만 찾아볼 수 있었다. 온 국민이 워터게이트 아파트에서 있었던 잠시 동안의 침입에 관한 전모를 들을 수 있었다. 그러나 베트남에 대한 장기적인 침입에 관해서는 텔레비전 청문회가 열리지 않았다.

로버트 베스코(닉슨에게 정치자금을 제공한 후원자)에 대한 증권거래위원회의 조사를 방해함으로써 사법방해죄로 기소된 존 미첼과 모리스 스탠스에 대한 재판에서, 증권거래위원회의 고문을 지낸 조지 브래드퍼드 쿡George Bradford Cook은, 1972년 11월 13일에 텍사스의 한 벼밭〔강우량이 적은 텍사스에서는 밭벼를 주로 재배한다〕에서 모리스 스탠스와 거위사냥을 하면서 몸을 숨기고 앉아 있던 중에 그에게 자신이 증권거래위원회 위원장 자리에 앉고 싶다고 말했다고 증언했다. 쿡은 그 대가로 닉슨의 선거운동에 베스코가 내놓은 20만 달러의 비밀 기부금이 언급된 증권거래위원회 기소장의 핵심 구절을 삭제해 주겠다고 제안했다.

백악관에 대한 대기업의 영향력은 미국식 체제에 있어 영구불변의 요소이다. 그런 영향력의 대부분은 법의 테두리를 벗어나지 않을 만큼 충분히 교묘하다. 닉슨 정부하에서 기업들은 기회를 잡았다. 워터게이트 사건 당시 정육산업의 어느 중역은 닉슨 선거운동 진영의 한 간부가 자신에게 접근해 와서 기부금 2만 5,000달러를 내면 고맙게 쓰겠다고 말했다고 밝혔다. "5만 달러면 대통령과 직접 이야기를 나눌 수도 있습니다."

이들 기업 대부분은 어느 쪽이 승리하든 행정부에 친구를 가질 수 있도록 양쪽 모두에 돈을 줬다. 크라이슬러 사는 중역들에게 "자기 자신의 선택에 따라 정당과 후보를 지지"하라고 독려하고는 그들로부터 수표를 걷어 공화당과 민주당의 선거운동본부에 전달했다.

ITT(International Telephone and Telegraph)는 양쪽 모두에게 돈을 주는 데 노련한 전문가였다. 1960년 이 회사는 린든 존슨을 비롯한 민주당 상원의원들의 보좌관으로 활동하던 바비 베이커Bobby Baker에게 불법 자금을 제공했다. 회사의 고위 부회장 가운데 한 명은, 그의 비서의 말에 따르면, 이사회에서 이렇게 말했다고 한다. "양쪽 모두에 '기름칠'을 해놨으므로 어느 쪽이 이기든 우리는 유리한 입지를 차지할 수 있을 것입니다." 1970에는 이 회사의 이사이자 중앙정보국 국장을 지낸 바 있는 존 매콘은 국무장관 헨리 키신저와 중앙정보국장 리처드 헬름스Richard Helms에게, 칠레의 아옌데 정부를 전복하려는 미국 정부의 계획을 돕기 위해 회사 측이 기꺼이 10억 달러를 내놓을 의사가 있다고 말했다.

1971년 ITT는 자산 규모가 15억 달러인 하트퍼드 화재보험Hartford Fire Insurance Company을 인수하기로 계획을 세웠다 — 기업 역사상 최대 규모의 합병이었다. 법무부 반反독점국이 독점금지법을 위반한 혐의로 ITT를 기소하려는 움직임을 보였다. 그러나 기소는 이루어지지 않았고 ITT는 하트퍼드를 합병할 수 있었다. 이 모든 과정은 법정 바깥에서, ITT 측이 공화당에 40만 달러를 기부하는 데 동의한 비밀 합의를 통해 진행됐다. 법무장관 서리 리처드 클라인딘스트가 펠릭스 로허틴Felix Rohatyn이라는 ITT 이사와 여섯 차례 만남을 가진 뒤, 법무부 반독점국 국장 리처드 매클래런Richard McLaren을 불러들였고, 매클래런은 합병을 중단할 경우 ITT 주주들에게 '곤경'이 초래될 것이라는 로허틴의 말에 설득당한 것 같다. 매클래런은 결국 동의했다. 그 뒤 그는 연방판사로 임명됐다.

정부가 우유산업과 협력한 방식은 탄핵소추에서 언급되지 않았고 TV로 방영된 상원 청문회에서도 다뤄지지 않은 문제 중 하나였다. 1971년 초에 농업장관은 정부가 우유에 대한 가격 지원 — 대규모 우유 제조업체에 대한 정기 보조금 — 을 늘리지 않을 것이라고 발표했다. 그러자 우유제조업협회에서 닉슨의 선거운동에 돈을 내놓기 시작했고, 백악관에서 닉슨과 농업장관을 만나 더 많은 돈을 약속했다. 결국 농업장관은 "새롭게 분석해 본 결과" 우유 가격 지원금을 45킬로그램 당 4.66달러에서 4.93달러로 인상할 필요성이 제기됐다고 발표했다. 더 많은 정치자금이 전달되어 결국 총액이 40만 달러를 상회했다. 인상된 지원금은 소비자들에게 부담을 전가하면서 (대부분 거대 기업인) 낙농업자들의 이윤에 5억 달러를 가산시켜 줬다.

닉슨이든 포드든, 공화당이든 민주당이든, 대통령이 그 누구든 간에 체제는 전혀 다르지 않은 똑같은 방식으로 작동했다. 다국적기업에 관한 상원의 한 소위원회에서 폭로한 한 문서(몇몇 신문에서 지나가는 투로 간략하게 다뤘다)에는 석유업계가 유가를 높은 수준으로 유지하기 위해 석유 생산을 억제하는 문제에 관해 나눈 대화가 담겨 있었다. 1973년에 아람코 — 주식의 75퍼센트를 미국 석유기업들이, 나머지 25퍼센트를 사우디아라비아가 보유하고 있었다 — 는 석유 1배럴당 1달러의 이윤을 올렸다. 그런데 1974년에는 1배럴당 4.50달러의 이윤을 벌어들이게 됐다. 대통령이 누구냐는 문제는 여기에 전혀 영향을 미치지 않았다.

후에 닉슨에 의해 해임된 워터게이트 사건 담당 특별검사 아치볼드 콕스 Archibold Cox가 진두지휘한, 워터게이트에 관한 가장 철저한 조사과정에서도 기업들은 손쉽게 빠져나갔다. 닉슨 선거운동 진영에 불법 자금을 제공한 사실을 시인한 아메리칸 항공은 5,000달러의 벌금형을 선고받았고, 굿이어와 3M 역시 각각 5,000달러와 3,000달러의 벌금을 부과받았다. 굿이어와 3M의 간부 한 명씩에게는 각각 1,000달러와 500달러의 벌금이 부과됐다. 『뉴욕타임스』(1973년 10월 20일자)는 이렇게 보도했다.

> 콕스 씨는 불법적인 정치자금 제공이라는 경범죄만으로 그들을 기소했다. 법률에 따르면 경범죄에는 '의도적이지 않은' 정치자금 제공이 포함된다. 의도적인 정치자금 제공을 포함하는 중죄의 경우 1만 달러의 벌금과 2년의 징역형으로 처벌할 수 있다. 반면 경범죄의 경우 최고 벌금 1,000달러와 1년의 징역형에 해당된다.
>
> 오늘 이곳 법원 앞에서 왜 두 간부 — 이미 돈을 제공한 사실을 시인했다 — 를 의도적이지 않은 자금 제공으로 기소했느냐는 질문을 받은 맥브라이드 씨〔콕스의 휘하 직원(지은이)〕는 이렇게 대답했다. "법률적으로 따지자면 그건 솔직히 저로서도 당혹스러운 질문입니다."

오랫동안 이어져 온 미국의 정책은 제럴드 포드의 집권기에도 계속 유지됐다. 포드는 티우 정부가 안정을 유지할 것이라는 희망을 여전히 품은 채, 사이공 정권에 대한 지원이라는 닉슨의 정책을 계속 이어갔다. 한 하원 위원회의 위원장 존 콜킨스John Calkins는 닉슨이 사임할 당시에 남베트남을 방문한 뒤 이렇게 보고했다.

> 남베트남군은 효율적이고 사기가 충천한 군대의 모습을 여실히 보여주고 있습니다…….
>
> 곧 원유 탐사가 시작될 것입니다. 풍광 좋은 지역과 유적지는 지극히 안전하고 또 하얏트 호텔이 새로 건립됐으므로 베트남 여행을 장려해도 될 것입니다. 남베트남은 관광뿐 아니라 다른 부문의 개발을 위해서도 해외투자를 필요로 합니다……. 이 나라에는 재능있고 근면한 노동력이 풍부하며, 노동력 비용은 홍콩이나 싱가포르, 심지어 한국이나 타이완보다도 훨씬 저렴합니다……. 또 이 나라에서 많은 이윤을 올릴 수 있을 것으로 기대됩니다. 하나님과 맘몬〔Mammon. 부富의 신〕을 모두 섬기는 것은 이미 지난 과거에 미국인들과 다른 나라 사람들에게 매혹적인 것임이 입증됐습니다……. 베트남은 아시아라는 자본주의의 전시장에서 다음 차례로 '경제성장 이륙기'에 도달하는 나라가 될 것입니다.

1975년 봄, 미국의 베트남 정책에 대한 급진적인 비판자들의 우려 — 미군 병력이 철수하면 사이공 정부가 대중적 지지를 얻지 못하고 있음이 드러날 것이라는 점 — 가 현실화됐다. 1973년의 휴전협정에 따라 남부에 남아 있던 북베트남군이 공세를 가하면서 마을을 차례로 휩쓸어 나갔다.

포드는 낙관적 태도를 잃지 않았다. 그는 승리를 약속한 정부 관료와 언론인들의 대열(1963년 2월 19일 국방장관 로버트 맥나마라: "승리가 바로 눈앞에 있다." 1967년 11월 15일 윌리엄 웨스트모어랜드 장군: "나는 베트남에서 보낸 4년보다 더 용기백배했던 적이 없다." 1972년 11월 1일 칼럼니스트 조지프

올섭Joseph Alsop: "하노이는 거의 붕괴 직전이다.")에서 가장 마지막으로 이탈한 사람이었다. 1975년 4월 16일에 포드는 이렇게 말했다. "만약 의회가 내가 요청하는 시간에 맞춰 — 또는 그 직후에 — 7억 2,200만 달러의 군사원조를 가용할 수 있게만 해준다면, 남베트남이 오늘날 베트남의 군사적 상황을 안정화시킬 수 있다는 것을 전적으로 확신하는 바입니다."

2주일 뒤인 1975년 4월 29일, 북베트남이 사이공으로 진입했고 전쟁은 끝났다.

주류 지배계급 대부분 — 포드를 비롯한 몇몇 완고한 인물들은 그렇지 않았지만 — 이 이미 베트남을 포기한 뒤의 일이었다. 그들이 우려한 것은 미국 국민들이 이제 해외 다른 곳의 군사행동을 지지할 준비가 되어 있느냐 하는 문제였다. 베트남에서 패배하기 몇 달 전에 몇 가지 골치 아픈 징후가 나타났다.

1975년 초, 아이오와 출신 상원의원 존 C. 컬버John C. Culver는 미국인들이 한반도에서 충분히 호전적인 태도를 보이지 않는다는 점에 불만을 표시했다. "그는 베트남이 미국인들의 국가적 의지에 커다란 손해를 끼쳤다고 말했다." 그 직전에 국방장관 제임스 슐레진저James Schlesinger는 조지타운 대학 부설 국제전략문제연구소Center for Strategic and International Studies(CSIS)에서 연설을 했는데, 언론 보도에 따르면, 그는 "전반적으로 우울한" 표정을 보이면서 "세계는 이제 더 이상 미국의 군사력을 두려워하지 않는다"고 말했다.

1975년 3월, 한 가톨릭 단체에서 낙태에 관한 미국인들의 견해를 조사하는 과정에서 다른 사실들도 밝혀졌다. "이 나라를 이끄는 사람들(정부 및 정치, 교회, 민간 지도자들)은 국민들에게 진실을 말하지 않는다"라는 항목에 대해 83퍼센트 이상이 동의한 것이다.

정부의 냉전적 대외정책을 일관되게 지지한 언론인인 『뉴욕타임스』의 해외특파원 C. L. 설즈버거는 1975년 초 터키의 앙카라에서 근심스러운 어조로 이렇게 보도했다. (그리스와 터키에 군사원조를 제공했던) "트루먼 독트린 시대의 행복감이 점차 사그라지고 있다." 그는 이렇게 덧붙였다. "그리고 얼마 전에 엄청난 수의 폭도들이 미국 대사관을 때려 부순 그리스에서 미국이 거둔 눈부신 성공으로 이곳의 어두운 전망이 상쇄된다고 어느 누구도 말할 수 없게 됐다." 그는 "오늘날 우리가 우리 자신을 드러낸 방식에 뭔가 심각한 문제가 있음이 분명"하다고 결론지었다. 설즈버거에 따르면, 문제는 미국의 행동 자체가 아니라 그 행동이 세계에 비치는 방식에 있는 것이었다.

이 보도가 있은 지 몇 달 뒤인 1975년 4월, 키신저 국무장관은 미시건 대학의 졸업식 연사로 초청을 받았다. 그러나 베트남 전쟁에서 행한 그의 역할 때문에 키신저는 초청에 항의하는 청원운동에 직면하게 되었다. 대항졸업식〔counter-commencement. 학교 당국의 공식 졸업식에 참석하는 것이 의미가 없다고 생각한 학생들이 별도로 치른 졸업식〕이 계획되기도 했다. 결국 키신저는 초청에 응하지 않았다. 당시는 정부로서는 최악의 시기였다. 베트남을 "잃었던" 것이다(이 단어 자체가 베트남이 우리 땅이라는 가정을 함축한 것이었다). 그해 4월에 (워싱턴 『포스트』의 칼럼니스트 톰 브래든Tom Braden에 따르면) 키신저는 이렇게 말했다고 한다. "미국은 자신이 세계적 강대국의 지위를 계속 유지할 것임을 보여주기 위해 세계 모처에서 모종의 행동을 취해야만 합니다."

다음 달에 매이어게스Mayaguez 호 사건이 일어났다.

매이어게스 호는 베트남에서 혁명세력이 승리한 지 3주가 지난 때인 1975년 5월 중순에 남베트남에서 타이로 항해하고 있던 미국 화물선이었다. 매이어게스 호가 얼마 전에 혁명정부가 권력을 장악한 캄보디아의 한 섬에 가까워졌을 때, 캄보디아 측은 배를 정지시키고 인근 섬의 항구로 끌고 가서 선원들을 본토로 이송했다. 선원들은 후에 자신들이 정중한 대우를 받았다고 설명했다. "영어를 쓰는 한 남자가 악수를 건네며 우리를 맞이하면서 캄보디아에 온 걸 환영한다고 말했다." 언론은 이렇게 보도했다. "밀러 선장과 선원 모두는 그들을 체포한 당국으로부터 결코 학대를 당하지 않았다고 말했다. 심지어 친절한 대우를 자세히 열거하기도 했다 — 캄보디아 병사들은 미국인들에게 먼저 음식을 주고, 그들이 남긴 찌꺼기를 먹었으며, 자신들의 침대에서 매트리스를 빼서 선원들에게 나누어 줬다." 그러나 캄보디아인들은 선원들에게 정탐 활동과 미 중앙정보국에 관해 물었다.

포드 대통령은 캄보디아 정부에 선박과 선원을 석방하라는 메시지를 보냈고, 36시간이 경과했는데도 전혀 답변이 없자(이 메시지는 워싱턴에 있는 중국인 연락관에게 전달됐지만 다음 날 반송됐으므로, 한 언론의 설명에 따르면 "표면상으로는 전달되지 않은 것이었다."), 군사작전에 착수했다 — 미군 비행기들이 캄보디아 선박을 폭격한 것이다. 비행기들은 미국인 선원들을 본토로 이송하고 있던 바로 그 배에 기총소사를 퍼부었다.

선원들은 월요일 아침에 억류됐었다. 수요일 저녁, 캄보디아 측은 선원들을 풀어줬다 — 미국 함대로 향하는 어선에 태워보냈다. 그날 오후, 선원들이 탕Tang 섬에서 출발한 사실을 알고 있었음에도 포드는 해병대를 동원, 그 섬을 공격하라고 명령했다. 섬에 대한 공격은 수요일 저녁 약 7시 15분에 시작됐는데, 선원들은 그보다 1시간 전에 이미 미국 함대로 돌아오는 중이었다. 오후 7시 무렵에 방콕의 라디오에서 선원들의 석방 소식을 발표했다. 미군 정찰기 한 대가 송환된 선원들을 태운 배를 발견하고 신호를 보냈으니 위치까지 확인된 상태였다.

1976년 10월에 회계감사국(GAO)에서 매이어게스 호 사건에 관한 보고서를 작성하면서 드러나게 된 사실 — 미국이 한 중국 외교관으로부터 중국이 캄보디아에게 영향력을 행사하고 있으므로 "조만간 선원들이 석방될 것"이라는 내용의 전문을 받았다는 사실 — 은 당시 언론 보도나 정부의 발표문에서 전혀 언급되지 않았다. 이 전문을 접수한 시각은 해병대가 공격하기 14시간 전이었다.

캄보디아인들은 미군 병사를 단 한 명도 해치지 않았다. 그러나 탕 섬에 상륙한 해병대는 예기치 않은 거센 저항에 부딪혔고, 상륙 병력 200명 가운데 3분의 1이 순식간에 사망하거나 부상당했다(이것은 제2차 세계대전 중에 있었던 이오지마 상륙전의 사상자 비율을 넘어선다). 탕 섬에 상륙한 헬리콥터 11대 가운데 5대가 폭발하거나 기능장애를 일으켰다. 또한 작전에 참가하기 위해 비행하던 헬리콥터 1대가 타이 상공에서 폭발, 23명이 사망했으나, 미국 정부는 이 사실을 비밀에 붙이려 했다. 포드가 명령한 군사작전을 수행하는 과정에서 모두 합해 미군 41명이 사망했다. 매이어게스 호에는 39명의 선원이 타고 있었다. 왜 그렇게 폭격과 기총소사, 상륙 공격을 서둘렀을까? 포드는 무엇 때문에, 심지어 선박과 선원이 귀환한 뒤에도, 미군 비행기들에게 캄보디아 본토를 폭격하라는 명령을 내려 캄보디아 측에 막대한 사상자가 발생하게 만들었을까? 그런 도덕적 불감증과 군사적 맹동의 결합을 무엇으로 정당화할 수 있었을까?

이에 대한 해답은 곧 밝혀졌다. 베트남이라는 난쟁이에게 패배당한 거인 미국이 여전히 강력하고 단호하다는 사실을 전 세계에 보여줄 필요가 있었던 것이다. 1975년 5월 16일에 『뉴욕타임스』는 이렇게 보도했다.

> 헨리 키신저 국무장관과 제임스 슐레진저 국방장관을 위시한 정부 관료들은 "전 세계적인 차원에서 우리의 지도력을 유지한다"라는 포드 대통령의 공언을 뒷받침할 수 있는 모종의 극적인 수단을 찾기 위해 열심이었다고 한다. 선박이

나포되면서 때가 왔다……. 정부 관료들은 …… 그 기회를 기꺼이 받아들였음이 분명하다…….

워싱턴으로부터 나온 또 다른 속보는 매이어게스 호 사건이 한창 진행 중이던 와중에 이렇게 말했다. "군사전략과 계획에 능통한 고위 소식통들은 이번 선박나포 사건이, 남베트남과 캄보디아에서 동맹국 정부가 붕괴된 이래 미국이 추구해 왔다고 주장하는 동남아시아에 대한 결단력을 시험해 보는 계기가 될 것이라고 은밀하게 이야기하고 있다."

칼럼니스트 제임스 레스턴은 이렇게 썼다. "사실 미국 정부는 대통령이 신속하게 대처할 수 있다는 사실을 보여줄 기회가 주어진 데 대해 감사해마지 않는 듯 보인다……. 정부 관료들은 '종이호랑이' 미국에 관한 수많은 어리석은 조롱에 콧방귀도 뀌지 않았으며, 해병대가 그런 비난에 답해 줬다고 생각하고 있다."

슐레진저 국방장관이 매이어게스 호 사건을 두고 "우리 사회의 안녕에 필요한 목표들을 위해" 취해진 "매우 성공적인 작전"이라고 말한 것도 놀라운 일은 아니었다. 그런데 닉슨과 워터게이트를 강력하게 비판했던 『뉴욕타임스』의 저명한 칼럼니스트 제임스 레스턴은 왜 매이어게스 호 작전을 "멜로드라마적인 구조에 성공을 거둔" 것이라고 했을까? 또 베트남 전쟁을 비판했던 『뉴욕타임스』는 어째서 이 작전의 "경탄을 금치 못할 효율성"에 관해 떠들어댔던 것일까?

기존 체제 — 공화당과 민주당, 신문과 텔레비전 — 는 포드와 키신저 뒤에서, 그리고 세계 전역에서 미국의 권위를 주장해야 한다는 사고 뒤에서 일치단결하고 있는 듯했다.

이 무렵 의회는 베트남 전쟁 초기에 그러했듯이 양떼처럼 행동했다. 일찍이 1973년에 베트남 전쟁을 둘러싼 피로와 환멸의 분위기 속에서 의회는 전쟁권한 결의안을 통과시켜, 대통령이 군사행동을 취하기 전에 의회와 협의하도록 만들었다. 매이어게스 호 사건에서 포드는 이를 무시했다 — 그는 참모 몇 명을 통해 국회의원 18명에게 전화를 걸어 군사행동이 진행 중임을 통보하도록 했다. 그러나 I. F. 스톤I. F. Stone(그는 반체제 신문인 『I. F. 스톤의 주간신문*I. F. Stone's Weekly*』을 펴내는 이단 언론인이었다)이 지적한 것처럼, "의회는 통킹 만 사건 때 그랬던 것처럼 쉽게 의기투합했다." 매사추세츠 출신 하원의원 로버트 드리넌Robert Drinan은 예외였다. 1976년의 대통령 선거에서 닉슨의 적수였고 오랫동안 전쟁에 반대하는 비판자였던 맥거번 상원의원 역시 군사행동에 반대했다. 위스콘신 출신 상원의원 게일로드 넬슨Gaylord Nelson도 마찬가지였다. 에드워드 브룩Edward Brooke 상원의원은 의문을 제기했다. 한편 에드워드 케네디Edward Kennedy 상원의원은 목소리를 높이지 않았고, 베트남 전쟁 당시 하원에 영향력을 미쳐 인도차이나에 대한 군사행동 확대를 금지시키도록 만든 다른 상원의원들 역시 이번에는 자신들이 만든 법이 적용되지 않는다고 말하며 목소리를 낮췄다.

키신저 국무장관은 "우리는 어쩔 수 없이 이 사건에 휘말렸다"고 말하곤 했다. 매이어게스 호 선원들이 어디 있는지도 모르면서 어째서 그들의 생명을 앗아갈지도 모르는 위험을 무릅쓰고 그 지역에 있는 선박들에 발포를 했느냐는 질문을 받았을 때, 키신저는 그것은 "불가피한 위험"이었다고 대답했다.

키신저는 또한 그 사건으로 "미국이 그 선을 넘어 밀려날 수 없는 한계가 존재한다는 점, 미국은 그런 이익을 지킬 준비가 되어 있다는 점, 또 이런 행동에 대해 국민 대중과 의회의 지지를 얻을 수 있다는 점을 분명히 해야 한다"고 말했다.

실제로 베트남 전쟁에 비판적이었던 공화당과 민주당의 의원들이 이제는 전 세계에 단결을 과시하기 위해 안달이 나 있는 듯 보였다. 매이어게스 호 사건 일주일 전(사이공이 몰락하고 2주일 뒤), 하원의원 56명이 "어떤 나라도 인도차이나 사태를 미국이 의지를 좌절한 것으로 간주하게 해서는 안 된다"라는 내용의 성명서에 서명했다. 조지아 출신 흑인 하원의원인 앤드루 영Andrew Young도 그 중 한 명이었다.

체제는 1975년에 복잡한 공고화 과정을 겪었다. 이 과정에는 매이어게스 호 사건처럼 국내외에서 권위를 주장하기 위한 과거 방식의 군사행동이 포함됐다. 또한 환멸을 느낀 대중들에게 체제가 자기 자신을 비판하고 교정할 수 있다는 만족감을 줄 필요도 있었다. 공개적인 조사를 통해 특정한 범인들을 찾아내는 한편 체제 자체에는 손을 대지 않는 것이 전형적인 방법이었다. 워터게이트 사건으로 인해 연방수사국과 중앙정보국 모두 좋지 않은 인상을 갖게 됐다 — 법을 어기면서 닉슨의 절도행위와 도청을 지지하고 협력한 죄로 고발당한 것이다. 1975년 하원과 상원의 위원회들이 연방수사국과 중앙정보국에 대한 조사에 착수했다.

중앙정보국에 대한 조사로 중앙정보국이 정보를 수집하는 원래 임무를 뛰어넘어 온갖 비밀공작을 수행했다는 사실이 밝혀졌다. 한 예로 일찍이 1950년대에 중앙정보국은 영문도 모르는 미국인들에게 마약인 LSD를 투여해 효과를 실험했다. 중앙정보국 요원에 의해 LSD를 투약당한 한 과학자는 뉴욕의 호텔에서 뛰어내려 목숨을 잃었다.

중앙정보국은 또한 쿠바의 카스트로를 비롯한 여러 나라의 국가수반을 암살하기 위한 음모에 관여했다. 1971년에 중앙정보국은 쿠바에 아프리카 돼지콜레라 균을 살포, 돼지 50만 마리를 도살하게 만들었다. 중앙정보국의 한 공작원은 자신이 파나마 운하 지대의 군사기지에서 이 바이러스를 가져다가 쿠바의 반反카스트로 세력에게 전달했다고 기자에게 밝혔다.

조사 과정에서 중앙정보국이 —헨리 키신저가 이끄는 비밀기구인 40인 위원회Committee of Forty와 공모해— 라틴아메리카에서는 보기 드문 자유선거를 통해 대통령에 당선된 맑스주의자인 살바도레 아옌데Salvadore Allende가 이끄는 칠레 정부를 "뒤흔들기" 위한 활동을 벌였다는 사실도 밝혀졌다. 쿠바에 막대한 이해관계를 가진 ITT사가 이 공작에서 일익을 담당했다. 1974년에 칠레 주재 미국대사 데이비드 포퍼David Popper가 칠레의 군사정권junta(미국의 원조 아래 아옌데를 전복한 정부) 측에 그들이 인권을 침해하고 있다고 넌지시 이야기하자, 키신저는 "그따위 정치학 강의는 집어치우라고 그래"라고 말하며 포퍼에게 힐난을 퍼부었다.

연방수사국에 대한 조사에서는 연방수사국이 여러 해 동안 온갖 종류의 급진주의 및 좌익 단체를 분열, 파괴하기 위해 불법적인 행동을 벌였다는 사실이 밝혀졌다. 연방수사국은 위조한 편지를 발송하고, 절도행위에 관여하고(연방수사국은 1960~1966년 사이에 92건의 절도행위를 했다고 인정했다), 우편물을 불법적으로 개봉했으며, 흑표범당 지도자 프레드 햄턴 사건의 경우에는 살인을 공모한 것으로 보인다.

이 조사들을 통해 귀중한 정보가 밝혀졌지만 그것은 자체적으로 잘못을 바로잡는 정직한 사회라는 인상을 주기에 충분한, 그리고 바로 그런 방식 —절제된 신문 보도, 거의 다루지 않은 텔레비전 보도, 제한된 독자를 겨냥한 두꺼운 책자—으로만 이루어진 것이었다.

이런 조사 자체는 그런 활동을 규명하려는 정부의 의지의 한계를 낱낱이 드러냈다. 상원에서 구성한 처치위원회[24]는 조사받는 기관들의 협조 아래

24) Church Committee: 정식 명칭은 '정보활동과 관련된 정부업무 조사를 위한 상원 특별위원회 Senate Select Committee to Study Governmental Operations with Respect to Intelligence Activities'로

조사를 수행했으며, 실제로 중앙정보국에 관한 조사 결과물을 중앙정보국에 전달, 삭제를 원하는 내용이 없는지 물어보기까지 했다. 따라서 최종 보고서에는 귀중한 자료들이 많이 있지만, 얼마나 더 많은 자료가 있는지를 알 방도는 없다 — 최종 보고서는 위원회의 부지런한 활동과 중앙정보국의 신중함 사이에서 탄생한 타협의 산물이었다.

하원에서 구성한 파이크위원회[25]는 중앙정보국이나 연방수사국과 그런 협약을 맺지는 않았지만, 위원회에서 최종 보고서를 발표하기 직전에 조사를 승인했던 바로 그 하원에서 보고서를 비밀에 붙이기로 의결했다. CBS의 뉴스캐스터인 대니얼 쇼어Daniel Schorr에 의해 뉴욕의 『빌리지보이스*Village Voice*』 지면을 통해 보고서가 일부 새나갔지만, —『뉴욕타임스』나 『워싱턴포스트』 등의 — 전국 유력 일간지들은 결코 이 내용을 다루지 않았다. 쇼어는 CBS로부터 정직 처분을 받았다. "국가안보"를 위해 대중매체와 정부가 협력한 또 하나의 사례였던 것이다.

처치위원회는 피델 카스트로를 비롯한 외국 지도자들을 암살하려 한 중앙정보국의 시도에 관한 보고서에서 흥미로운 관점을 보여줬다. 위원회는 국가수반을 살해하는 것이 정치인들 사이의 신사협정을 위반하는 용서할 수 없는 행동이자, 보통 사람들을 죽이는 군사개입보다도 훨씬 통탄할 만한 행위라고 간주하는 듯했다. 위원회는 암살 보고서의 서문에서 이렇게 썼다.

> 일단 강압과 폭력이라는 방식을 택하게 되면, 인명 손실의 가능성은 항상 존재

처치위원회는 위원장 프랭크 처치Frank Church의 이름을 딴 별칭이다.

25) Pike Committee: 정식 명칭은 '하원 정보활동 위원회Congressional Intelligence Committee'로 오티스 파이크Otis Pike가 위원장이었다.

하는 것이다. 그러나 외국 지도자 개인을 표적으로 삼아 의도적으로 피도 눈물도 없이 살해하는 행위와 외국의 내정에 대한 다른 형태의 간섭 사이에는 무시할 수 없는 차이가 있다.

처치위원회는 암암리에 미국인들의 사고에 영향을 미치려 한 중앙정보국의 공작을 폭로했다.

중앙정보국은 현재 수백 명의 미국 학계 인사(행정가, 교수, 강의를 맡은 대학원생)를 활용하고 있는데, 이들은 조언을 해주고 때로 정보활동을 위해 사람을 소개해 주는 것 이외에도 해외 선전용으로 쓰일 책자와 자료를 작성하기도 한다……. 이 학계 인사들은 100여 곳의 단과 및 종합대학과 관련 기관에 적을 두고 있다. 대다수 기관에서는 직접 관련된 개인 이외에는 어느 누구도 중앙정보국과의 관계를 알지 못한다. 그 밖의 기관에서는 적어도 한 명의 대학 당국자가 자기 대학의 인사들이 정보 공작에 이용되고 있음을 알고 있다……. 중앙정보국은 미국 대학사회 내의 이런 연계를 국내에서 가장 민감한 영역이라고 간주하고, 따라서 이들 공작을 엄격하게 관리하고 있다…….

1961년에 중앙정보국의 비밀공작대 총책임자는 책이야말로 "가장 중요한 전략적 선전무기"라고 지적했다. 처치위원회에서 밝힌 바에 따르면, 중앙정보국은 1967년 말에 이르기까지 1,000여 권의 책을 출간, 보조, 후원했다.

키신저는 중앙정보국이 비밀공작의 일환으로 계획한 라오스 폭격에 관해 처치위원회에서 증언하는 자리에서 이렇게 말했다. "돌이켜보건대, 중앙정보국이 라오스에서 전쟁을 수행하도록 한 일이 올바른 국가 정책은 아니었다는 생각이 듭니다. 다른 방식을 찾았어야 했습니다." 위원회 위원들 가운데 어느 누구도 이런 생각—어쨌든 했어야 하지만 다른 방식으로 해야 했다는—에 문제를 제기하지 않았다.

이렇게 해서 1974~1975년에 체제는 국내에서 악당들을 숙청하고 국가를 다시 건강하게, 적어도 받아들일 만한 상태로 회복시켰다. 닉슨의 사임, 포드의 승계, 연방수사국과 중앙정보국이 저지른 악행의 폭로—이 모든 것은 심각하게 손상된 미국인들의 신뢰를 다시 얻기 위한 것이었다. 그러나 이런 불굴의 노력에도 여전히 국민들이 정부와 군대, 대기업 지도자들을 의심한다는, 심지어 적대감을 갖고 있다는 사실을 보여주는 많은 징후들이 있었다.

베트남 전쟁이 끝나고 2개월 뒤에 실시된 여론조사에서는 응답한 미국인의 20퍼센트만이 사이공 정부의 몰락을 미국의 안보에 대한 위협이라고 생각했다.

국기國旗 제정 기념일인 1975년 6월 14일, 제럴드 포드 대통령은 13차례의 전쟁에 참전한 것을 상징화한 군대의 행진이 벌어진 조지아 주 포트베닝Fort Benning에서 연설을 했다. 포드는 그토록 많은 깃발을 보게 되어 기쁘다고 평했지만, 이 날의 행사를 보도한 한 기자는 이렇게 썼다. "사실 대통령이 서 있던 사열대에서는 미국 국기는 거의 보이지 않았다. 시위대가 높이 치켜든 한 깃발에는 '우리 이름으로 더 이상 학살하지 말라'라는 잉크 글씨가 쓰여 있었다. 구경꾼들은 옆 사람들의 갈채를 받으며 그 깃발을 찢어 버렸다."

1966~1975년까지 정부에 대한 국민의 신뢰도를 조사한 그해 7월의 루해리스 여론조사는, 이 기간에 군대에 대한 신뢰도는 62퍼센트에서 29퍼센트로, 기업에 대한 신뢰도는 55퍼센트에서 18퍼센트로, 대통령과 의회에 대한 신뢰도는 42퍼센트에서 13퍼센트로 떨어졌다고 보고했다. 그 직후 실시된 또 다른 해리스 여론조사는 "미국인의 65퍼센트가 해외 군사원조에 반대하고 있는데, 이것은 군사원조를 통해 해당 국가 국민들에 대한 독재정권의 지배가

계속 유지된다고 생각하기 때문"이라고 보고했다.

전반적인 불만의 상당 부분은 대다수 미국인들이 처한 경제적 상황 때문인 듯했다. 인플레이션과 실업은 1973년 이래 꾸준히 증가해 왔으며, 그해 실시된 해리스 여론조사에 따르면, 전반적인 국가 상황에 "소외감"과 "불만"을 느끼는 미국인의 수가 50퍼센트를 넘었다. 포드가 닉슨을 승계한 뒤, "소외감"을 느끼는 비율은 55퍼센트에 이르렀다. 이 여론조사는 사람들이 무엇보다도 인플레이션 때문에 고통을 받고 있음을 보여줬다.

1975년 가을에 『뉴욕타임스』가 1,559명을 대상으로 실시한 여론조사 및 12개 도시의 60세대와 나눈 인터뷰는 "미래에 대한 낙관적 태도가 상당히 줄어들었음"을 보여줬다. 『뉴욕타임스』는 이렇게 보도했다.

> 인플레이션, 경제 문제를 해결할 수 없음이 분명한 국가의 무능력, 에너지 위기가 국민의 생활수준을 영원히 후퇴시킬 것이라는 예감 등이 미국인들의 확신과 기대감, 열망을 잠식하고 있다…….
>
> 미래에 대한 비관적 태도는 특히 연소득 7,000달러 이하인 사람들에게 심각하지만, 연소득이 1만 달러에서 1만 5,000달러에 이르는 사람들 역시 별반 다르지 않다…….
>
> 또한 이제 …… 열심히 일하고 돈을 저축하기 위해 성실하게 노력해도 교외에 멋진 집을 장만할 수 없을 것이라는 우려도 확산되고 있다.

조사에서는 고소득층조차 "몇 년 전처럼 낙관적이지 않으며, 이것은 불만족감이 하층 중간계급으로부터 더 높은 경제수준의 사람들에게로 이동하고 있는 사실을 보여주는 것임"이 밝혀졌다.

같은 시기인 1975년 가을, 『뉴욕타임스』의 보도에 따르면, 의회의 한 위원회에 출석해 증언한 여론 분석가들은 "정부와 국가의 경제 전망에 관한 국민의 신뢰도가 그런 문제를 과학적으로 측정하기 시작한 이래로 가장 낮은 수치를 보이고 있다"고 보고했다.

정부 통계는 그 이유를 보여줬다. 연방통계국은 1974~1975년 사이에 미국의 '법정' 빈민(즉 연소득 5,500달러 이하인 사람들) 수가 10퍼센트 증가해 2,590만 명에 이른다고 보고했다. 또한 실업률은 1974년의 5.6퍼센트에서 1975년의 8.3퍼센트로 상승했고, 실업수당을 다 써버린 사람들의 수도 같은 기간에 200만 명에서 430만 명으로 증가했다.

그러나 정부의 통계수치는 대체로 빈곤 규모를 낮게 평가하고, '법정' 빈곤수준을 너무 낮게 설정했으며, 실업자 수를 과소평가했다. 예컨대, 1975년에 전체 인구의 16.6퍼센트가 평균 6개월 동안 실업상태에 있었고, 또 전체의 33.2퍼센트가 평균 3개월 동안 실업상태였는데, 정부가 제시한 '연평균 수치'는 8.3퍼센트로 실제보다 양호하게 보였다.

1976년에 대통령 선거가 다가올 무렵, 주류 지배층은 체제에 대한 국민대중의 신뢰를 두고 고심했다. 닉슨과 포드 밑에서 재무장관을 지낸 윌리엄 사이먼William Simon(그 전에는 1년에 200만 달러를 벌어들이는 증권 인수업자였다)은 1976년 가을에 버지니아 주 핫스프링즈Hot Springs에서 열린 경영자협회 회의에서 연설을 했다. 사이먼은 "세계의 수많은 국가들이 사회주의나 전체주의로 기울고 있는" 현실에서 미국의 기업제도를 이해시키는 게 시급한 바, 그 이유는 "민간기업이 ―이 나라 많은 학교와 수많은 대중매체, 점점 확대되는 일부 대중의 의식 속에서― 의무태만으로 인해 손해를 입고 있기" 때문이라고 지적했다. 그의 연설은 미국 대기업 지배층의 사고를 대변하는 것으로 간주될 수 있을 것이다.

> 베트남, 워터게이트, 학생소요, 변화하는 도덕규범, 한 세대에 걸친 최악의 경기침체, 그 밖에도 삐걱거리는 문화적 충격파 등이 모두 결합되어 의문과 의심이라는 새로운 풍토를 만들어 냈습니다……. 이 모두는 전반적인 불안감과 제도의 신용에 대한 전사회적인 위기로 이어졌습니다…….

사이먼은 말하기를, 미국인들은 너무 자주 “우리의 번영을 가능케 만든 이윤과 이윤동기라는 단어 자체를 불신하도록, 그리고 다른 그 어떤 체제보다도 인간의 고통과 궁핍을 덜어준 이 제도가 어쩐지 냉소적이고 이기적이며 부도덕하다고 느끼도록 배워 왔습니다.” “자본주의의 인간적 측면을 이해시켜야 합니다.”

미국에서 독립선언 200주년을 경축할 준비를 하던 1976년, 일본과 미국, 서유럽에서는 일군의 지식인들과 정치 지도자들이 모여 ‘삼각위원회Trilateral Commission’를 구성하고 보고서를 발표했다. 「민주주의 체제의 관리가능성*The Governability of Democracies*」이라는 제목의 보고서였다. 하버드 대학의 정치학 교수이자 베트남 전쟁에 관한 백악관 자문역을 오랫동안 역임한 새뮤얼 헌팅턴Samuel Huntington이 보고서에서 미국에 대한 부분을 작성했다. 그는 이 부분의 소제목을 ‘민주주의의 병폐The Democratic Distemper’라 붙이면서 우선 자신이 논의할 문제를 확인했다. “미국의 1960년대는 민주주의를 향한 열정의 극적인 분출을 목도했다.” 헌팅턴의 서술에 따르면, 1960년대에는 “행진, 시위, 저항운동, ‘대의명분’에 기초한 조직화 등을 통한” 시민 참여가 크게 증가했다. 또한 “흑인, 인디언, 멕시코계, 백인 소수민족, 학생, 여성 등에서 자의식이 두드러지게 성장하면서, 이들 모두가 새로운 방식으로 결집되고 조직화됐다…….” “화이트칼라 노동조합운동도 현저하게 성장”했으며, 이 모든 것이 합쳐져 “사회 · 경제 · 정치적 삶의 목표로 평등을 거듭 주장”하기에 이르렀다.

헌팅턴은 정부의 권위가 하락하는 징후를 지적했다. 평등에 대한 1960년대의 거대한 요구는 이미 연방정부의 예산에 변화를 가져왔다. 1960년에는 전체 예산에서 대외 지출이 53.7퍼센트, 사회 지출이 22.3퍼센트였다. 1974년에 이르면 대외 지출과 사회 지출이 각각 33퍼센트와 31퍼센트였다. 이것은 국민 대중의 변화하는 분위기를 반영하는 듯했다. 1960년에는 국민의 18퍼센트만이 정부가 방위에 너무 많은 비용을 소요하고 있다고 생각했지만, 1969년에는 그 비율이 52퍼센트로 급증했다.

헌팅턴은 자신이 목격한 현실에 고심했다.

> 1960년대, 민주주의 분출의 본질은 공적, 사적 영역 모두에서 이루어진 기존 권위체계에 대한 전반적인 도전이었다. 여러 형태를 띤 이런 도전은 가정, 대학, 기업, 공적・사적 결사체, 정치, 정부 관료제, 군대 등에서 모습을 나타냈다. 사람들은 과거에는 연령이나 계급, 지위, 전문성, 명성, 재능 등에서 자신보다 우월하다고 생각했던 이들에게 복종할 의무를 이제 더 이상 느끼지 않았다.

이 모든 것이 "1970년대에 민주주의의 관리가능성에 문제를 낳았다"고 헌팅턴은 말했다.

대통령 권위의 하락은 이 모든 것 중에서 가장 결정적인 것이었다. 그리고,

> 제2차 세계대전 이후 수십 년 동안 누군가가 미국을 통치했던 바로 그만큼, 미국은 행정부, 연방 관료체제, 의회, 그리고 더욱 중요하게는 '기존 체제'의 민간부문을 구성하는 기업, 은행, 법률회사, 재단, 언론 등의 핵심 인사와 집단들의 지지와 협력을 받으며 활동하는 대통령이 통치했다.

이것은 아마도 기존 체제의 조언자가 한 말 가운데 가장 솔직한 발언일 것이다.

헌팅턴은 나아가 대통령이 선거에 이기기 위해서는 광범위한 사람들의 연합이 필요하다고 말했다. 그러나 "일단 당선되고 나면 바로 다음날부터 득표차는 국가를 통치할 수 있는 대통령의 능력과는 거의 — 전적으로는 아니더라도 — 무관한 것이 된다. 이제 중요한 것은 사회와 정부의 핵심 기관의 지도자들로부터 지지를 이끌어낼 수 있는 능력이다……. 이런 연합에는 의회와 행정부, 민간부문의 '기존 체제'에 있는 핵심 인사들이 망라되어야 한다." 헌팅턴은 사례를 제시했다.

> 트루먼은 비당파적인 군인, 공화당 은행가, 월스트리트 변호사 등의 상당수를 자신의 행정부로 끌어들이는 것을 중요시했다. 그는 국가를 통치하는 데 필요한 도움을 얻기 위해 기존 권력의 원천에 호소했다. 아이젠하워는 부분적으로는 이런 연합을 물려받았고 또 부분적으로는 직접 만들어 냈다……. 케네디는 이와 다소 비슷한 동맹구조를 재창출하려고 했다.

헌팅턴이 우려한 것은 정부의 권위가 추락한 현실이었다. 예컨대 베트남 전쟁에 대한 반대는 징병의 폐지를 가져왔다. "그러나 장래에 새로운 안보 위협이 현실화될 경우(어떤 시점에서는 불가피할 것으로 보인다) 정부가 그런 위협에 대처하는 데 필요한 자원뿐만 아니라 희생까지도 지휘할 권한을 가질 것인가 하는 문제가 필연적으로 제기된다."

헌팅턴은 "미국이 세계질서 체제의 헤게모니 강대국이었던" 사반세기가 종언을 고할 가능성이 있음을 보았다. 그는 "민주주의의 과잉" 발전이 이루어졌다는 결론을 내리면서 "정치적 민주주의의 확대에 대해 바람직한 한계들"

을 제시했다.

헌팅턴은 이 모든 것을 미국의 미래에 극히 중요한 한 조직에 보고하고 있었다. 삼각위원회는 1973년 초에 데이비드 록펠러와 즈비그뉴 브레진스키 Zbigniew Brzezinski가 조직한 기구였다. 록펠러는 체이스맨해튼 은행의 임원이자 미국과 전 세계에서 유력한 재계 인사였다. 브레진스키는 국제관계를 전공한 컬럼비아 대학의 교수이자 국무부 고문이었다. 로버트 매닝Robert Manning이 『파이스턴 이코노믹 리뷰*Far Eastern Economic Review*』(1977년 3월 25일자)에서 보도한 것처럼,

> 위원회를 만들자는 제안은 전적으로 록펠러에 의해 이루어진 것이었다. 위원회의 사무국장인 조지 프랭클린George Franklin에 따르면, 록펠러는 "미국과 유럽, 일본 간의 관계가 악화되는 것에 대해 우려하고 있었다." 프랭클린은 록펠러가 다른 동료 엘리트들에게 자신의 생각을 밝히기 시작했다고 설명했다. " …… 빌더버그 그룹Bilderberg Group — 오랫동안 만남을 가져 온 매우 저명한 영미권 모임이다 — 에서 마이크 블루멘설Mike Blumenthal은 자신이 보기에 세계가 매우 심각한 상황에 처해 있다고 말하며, 모종의 민간단체가 이에 관해 뭔가를 할 수 있지 않겠느냐고 의견을 물었다……. 그러자 데이비드 록펠러가 다시 제안을 밝혔다……." 그 뒤 록펠러의 절친한 친구인 브레진스키가 록펠러가 기금을 댄 무도회를 열어 위원회를 조직했다.

삼각위원회의 구성 근거로 언급된 "매우 심각한 상황"이란 3개 대륙의 자본주의가 단일 세력으로 뭉친 공산주의보다 더 복잡한 위협 — 제3세계의 혁명운동 — 에 직면한 현실에서 일본과 서유럽, 미국이 더 큰 단결을 이룰 필요성을 뜻하는 것으로 보인다. 제3세계의 운동은 독자적인 방향으로 향하고

있었다.

삼각위원회는 또 다른 상황에도 대처하기를 원했다. 케네디 행정부의 경제문제 담당 국무차관을 역임하고 거대 투자은행인 레먼브라더즈Lehman Brothers의 중역으로 있던 조지 볼George Ball은 일찍이 1967년에 국제상공회의소 임원들에게 이렇게 말했다.

> 전후戰後 20년이 흐른 지금, 우리는 민족국가들의 정치적 경계선이 너무 협소하고 압축되어 있어서 현대 산업의 범위와 활동을 한정지을 수 없게 됐다는 사실을, 비록 항상 말로 표현하지는 않았지만, 행동으로 인정하기에 이르렀습니다.

미국 기업들의 국제적 경제활동의 성장은 금융계의 상황만 주시해 보아도 알 수 있다. 1960년에는 해외 지점을 보유한 미국 은행이 8개였는데, 1974년에는 그 수가 129개로 늘어났다. 이들 해외 지점의 자산은 1960년의 35억 달러에서 1974년의 1,550억 달러로 증가했다.

삼각위원회는 새로운 다국적 경제에 필요한 국제적 연계를 창출하는 데 일조하는 역할을 자임했다. 위원회 성원들은 서유럽과 일본, 미국의 정계, 재계, 언론계의 최고위층으로 구성되어 있었다. 이들은 체이스맨해튼 은행, 레먼브러더즈, 아메리카 은행Bank of America, 파리 은행Banque de Paris, 런던의 로이즈 보험인수단Lloyd's of London, 도쿄 은행〔Bank of Tokyo. 지금의 도쿄미쓰비시 은행Bank of Tokyo-Mitsubishi〕 등에 적을 두고 있었다. 석유, 철강, 자동차, 항공, 전력 산업의 대표자들도 있었다. 『타임』, 『워싱턴포스트』, CBS, 『디차이트*Die Zeit*』, 『재팬타임스*Japan Times*』, 런던의 『이코노미스트*The Economist*』 등에도 회원이 있었다.

1976년은 대통령 선거만 있었던 해가 아니었다—큰 기대를 모은 독립 200주년으로 전국 방방곡곡에서 크게 선전된 여러 가지 행사가 열렸다. 200주년 축하행사에 그토록 대대적인 노력이 투입됐다는 사실은 그 행사가 미국인들의 애국심을 회복하고, 지난 과거의 저항의 분위기를 제쳐두고 국민과 정부를 단합시키기 위해 역사적 상징을 불러일으키는 하나의 방편으로 간주됐다는 점을 보여준다.

그러나 이에 대해 커다란 열광이 있었던 것 같지는 않다. 보스턴 차 사건 200주년 기념식이 열린 보스턴에서는 수많은 인파가 몰려나왔는데, 대부분 공식 경축행사에 참여하기 위해서가 아니었다. 그들은 '민중의 독립 200주년 People's Bi-Centennial'이라는 이름의 대항기념식countercelebration에 참석해 '걸프 석유회사'와 '엑손'의 마크가 새겨진 상자를 보스턴 항에 쏟아 부으며 미국의 기업 권력에 대한 반대를 상징적으로 보여줬다.

21

카터—레이건—부시: 양당 합의

1976 • 카터, 대통령 취임

1978 • 캠프 데이비드 협정

1979 • 이란 주재 미국 대사관 인질 사건

1980 • 레이건, 대통령 당선

1982 • 미 해병대, 레바논 침공

1983 • 그레나다 침공

1986 • 이란-콘트라 게이트 폭로
• 리비아 폭격

1989 • 베를린 장벽 철거
• 파나마 침공

1991 • 소련 해체
• 이라크 침공, 걸프전 발발

20세기의 한가운데에서 역사학자 호프스태터는 저서 『미국의 정치적 전통』을 통해 제퍼슨에서 잭슨을 거쳐, 허버트 후버와 두 명의 루즈벨트에 이르기까지 —공화당과 민주당, 자유주의자와 보수주의자 등— 우리나라의 중요한 국가지도자들을 상세하게 관찰했다. 호프스태터는 이렇게 결론지었다. "주요 정당의 으뜸가는 경쟁자들이 받아들인 전망의 범위는 언제나 재산과 기업이라는 한계에 국한됐다……. 그들은 자본주의 문화의 경제적 덕목들을 인간의 필수적인 속성으로 받아들였다……. 이 문화는 민족주의 색채가 짙었다……."

세기말로 향해 가는 이 세기의 마지막 25년을 바라보면서 우리는 호프스태터가 말한 것과 같은 전망의 한계 — 절망적인 빈곤과 나란히 이루어지는 거대한 부에 대한 자본주의적 장려, 전쟁과 전시태세를 받아들이는 민족주의적 태도 — 를 목도했다. 정부권력은 공화당과 민주당을 왔다 갔다 했지만 두 당 가운데 어느 쪽도 그런 전망을 넘어설 수 있는 능력을 보여주지 못했다.

베트남에서 비참한 전쟁이 벌어진 뒤 워터게이트 스캔들이 터졌다. 국민 대다수에게 있어 경제적 불안이 심화되는 가운데 환경이 파괴되고 폭력의 문화와 가족 해체가 나날이 늘어났다. 확실히 사회·경제 구조의 대담한 변화 없이는 그런 근본적인 문제가 해결될 수 없었다. 그러나 어떤 주요 정당 후보자도 그런 변화를 제안하지 않았다. "미국의 정치적 전통"은 견고하게 지속됐다.

아마도 모호한 의식에 머물렀을 테지만, 이런 현실을 인식한 유권자들은 대다수가 투표에 참여하지 않거나 아무 열정 없이 표를 던졌다. 점점 더 많은 사람들이 단순한 불참을 통해 자신들이 정치체제로부터 소외됐음을 나타냈다. 1960년에는 유권자의 63퍼센트가 대통령 선거에 참여했다. 1976년에 이르면 이 수치는 53퍼센트로 떨어졌다. CBS 뉴스와 『뉴욕타임스』에서 공동으로 행한 여론조사에 따르면, 응답자의 절반 이상이 정부 관리들이 자신들과 같은 국민에 대해 신경을 쓰지 않는다고 응답했다. 한 배관공이 전형적인 답변을 했다. "미국 대통령은 우리의 문제를 해결하려 하지 않습니다. 문제가 너무 심각합니다."

사회가 온통 골치 아픈 부조화로 가득 차 있었다. 선거정치가 신문과 텔레비전을 압도했고 대통령과 국회의원, 대법원 판사 등 관리들의 행동이 이 나라의 역사를 구성하는 것인 양 대접받았다. 그러나 이 모든 것 속에는 무언가 인위적인 것, 주입된 것이 있었는데 호언장담과 미사여구, 온갖 약속 이면에 있는 주된 관심은 자신들의 정치권력뿐인 듯 보였기 때문에 어느 하나 희망을 주지 않았던 워싱턴의 정치인들에게 미래에 대한 희망을 걸어야 한다고, 이것이 전부라고 회의적인 국민대중을 설득하려는 노력이 그것이었다.

정치와 국민 사이의 거리는 문화에 극명하게 반영됐다. 기업의 이해관계에 지배되지 않는 것으로 가장 좋은 대중매체라고 가정됐던 것 — 다시 말해 공영public 텔레비전 — 속에서 대중public은 보이지 않았다. 공영 텔레비전의 주요 정치토론 프로그램인 <맥닐-레러 리포트*MacNeil-Lehrer Report*>라는 심야 프로는 하원의원과 상원의원, 정부관료, 다양한 종류의 끝없는 전문가들의 행렬을 바라보는 시청자로서가 아니면 대중을 초대하지 않았다.

근본적인 비판을 배제하는 통상적이며 협소한 합의의 주파수대〔band. '무리'라는 뜻도 있다〕인 상업 라디오는 특히 그러했다. 레이건이 대통령으로 있던 1980년대 중반, 반대의견에 일정한 방송시간을 할애하도록 규정한 연방통신위원회Federal Communications Commission의 '기회공평의 원칙fairness doctrine'이 폐지됐다. 1990년대에 이르러 약 2,000만 명의 청취자를 보유하고 있던 '라디오 대담 프로그램'은 좌익 초대손님을 초청하지 않은 채 우익 토크쇼 '호스트〔host. '방송 진행자'라는 뜻말고도 '주인'이라는 의미도 있다〕'들의 장광설만을 매일 늘어놓았다.

정치 그 자체에, 그리고 자칭 정치에 관한 지적인 토론에 환멸을 느낀 시민들은 연예와 가십, 1만 개에 이르는 자조自助 계획으로 관심을 돌렸다(아니 돌릴 수밖에 없었다). 주변부의 시민 집단은 (가난한 흑인에 대한 가난한 흑인의 폭력에서처럼) 자기 집단 내에서 희생양을 찾거나 다른 인종, 이민자, 악마시된 외국인, 생활 보조금을 받는 여성 가장, (접근조차 할 수 없는 대규모 범죄자들 대신) 소규모 범죄자 등에서 희생양을 찾으면서 점점 폭력에 호소하게 됐다.

아직 기억 속에 남아 있던 1960년대와 1970년대 초반의 이념과 이상을, 단지 회상을 통해서만이 아니라 행동을 통해서도 여전히 부여잡으려고 애쓴 다른 시민들도 있었다. 실제로 언론에서 언급조차 되지 않고 정치지도자들로부터 무시를 당했지만 —전국 각지의 수천 개 지방조직에서 정력적으로 활동한— 일부 대중들이 있었다. 이 조직화된 집단들은 환경보호나 (에이즈 참사에 관한 고뇌에 찬 관심을 비롯한) 적절한 의료보호, 홈리스들을 위한 주거 제공, 국방예산에 대한 반대 등의 캠페인을 벌였다.

이런 운동은 인종차별과 전쟁에 대한 항의의 물결이 전국을 압도하는 세력이 됐던 1960년대의 운동과는 달랐다. 그들은 선거정치나 저항의 정치 어느 쪽에서도 희망을 찾지 못했던 대다수 동료 미국인들에게 다가가기 위해 냉담한 정치지도자들에 맞서 힘든 싸움을 벌였다.

1977~1980년에 걸친 지미 카터Jimmy Carter의 집권기는 민주당으로 표상되는 기존 체제의 한 쪽이 환멸을 느낀 시민들을 되찾기 위한 시도처럼 보였다. 그러나 카터는, 비록 흑인과 빈민들에게 몇 가지 우호적인 제스처를 보이기는 했지만, 또 해외의 '인권'에 관해 언급하기도 했지만, 여전히 미국식 체제의 역사적인 정치적 한계 내에 머무르면서 기업의 부와 권력을 보호하고 국가의 부를 고갈시킨 거대한 군사기구를 유지했으며, 해외의 우익 전제정들과 동맹을 맺었다.

카터는 강력한 영향력을 휘두르는 국제적 집단 — 삼각위원회 — 이 선택한 인물인 듯했다. 『파이스턴 이코노믹 리뷰』에 따르면, 이 위원회의 두 창립 멤버 — 데이비드 록펠러와 즈비그뉴 브레진스키 — 는 "워터게이트라는 재앙을 당한 공화당이 패배할 것이 확실한 상황"을 감안할 때 1976년의 대선에서 카터가 적임자라고 생각했다고 한다.

기존 체제의 관점에서 볼 때, 대통령으로서 카터의 역할은 정부와 경제체제, 재앙을 가져 온 해외의 군사적 모험에 대한 국민들의 급격한 실망을 무마하는 것이었다. 카터는 선거운동을 통해 환멸과 분노를 느끼는 사람들에게 다가가려고 노력했다. 카터가 주되게 호소한 대상은 흑인들로서, 1960년대에 그들이 벌인 반란은 1930년대 노동자와 실업자들의 갑작스러운 저항 이래로 당국에 대한 가장 놀라운 도전이었다.

카터의 호소는 '인민주의적'인 것이었다 — 권력자와 부자들에게 포위공격을 당하고 있다고 생각하는 미국 사회의 여러 계층에게 호소했던 것이다. 땅콩 재배업자이며 백만장자였지만 그는 자신이 평범한 미국인 농부라고 자임했다. 베트남 전쟁이 끝날 때까지도 전쟁 지지자였지만, 그는 전쟁에 반대한 사람들의 동조자임을 자임했고, 국방예산을 삭감하겠다는 공약을 통해 1960년대 젊은 반란자들의 대다수에게 호소했다.

널리 선전된 법조인들을 상대로 한 연설을 통해, 카터는 법률을 동원해 부자들을 보호하는 데 반대하는 목소리를 높였다. 카터는 주택·도시개발 장관에 흑인 여성인 패트리샤 해리스Patricia Harris를, 유엔 대사에 민권운동의 전문가인 흑인 앤드루 영을 각각 임명했다. 젊은 반전운동가였던 샘 브라운Sam Brown에게는 국내 청년자원봉사대를 이끄는 역할을 맡겼다.

그러나 카터의 가장 중요한 임명은, 어떤 집단이 대통령에게 표를 던졌든 간에 일단 당선되고 나면 "중요한 것은 핵심 기관의 지도자들로부터 지지를 이끌어낼 수 있는 대통령의 능력"이라고 언급한 하버드의 정치학자 새뮤얼 헌팅턴의 삼각위원회 보고서의 처방을 따랐다. 전통적인 냉전 지식인인 브레진스키가 카터의 국가안보보좌관에 올랐다. 국방장관인 해롤드 브라운Harold Brown은, 『국방부 문서』에 따르면, 베트남 전쟁 당시 "폭격에 관한 사실상 모든 제약을 제거하는 것을 마음에 그리고 있었다." 에너지장관인 제임스 슐레진저는 닉슨 행정부에서 국방장관으로 재임할 당시에, 워싱턴〔백악관〕 출입기자단 가운데 한 명이 묘사한 바에 따르면, "국방예산의 하향추세를 역전시키려는 거의 전도사적인 열정"을 보여줬다. 슐레진저는 핵에너지를 강력하게 주창하는 인물이기도 했다.

다른 각료 임명자들은 대기업과 긴밀하게 연결되어 있었다. 카터가 당선되고 얼마 지나지 않아 한 경제부 기자는 이렇게 썼다. "지금까지 카터 대통령이 보여준 행동과 논평, 특히 각료 임명은 재계에 크나큰 용기를 줬다." 노련한 워싱턴 통신원인 탐 위커는 이렇게 썼다. "지금까지 드러난 사실로 보건대, 카터 대통령은 월스트리트의 신임을 받는 쪽을 택했다."

카터는 자국민들을 억압하는 외국 정부들에 대한 보다 정교한 정책에 착수했다. 카터는 유엔 대사 앤드루 영을 활용해서 아프리카 국가들과 친선관계를 구축했으며, 남아공에 대해서는 흑인정책을 자유화하라고 촉구했다. 남아공 문제의 평화적인 해결은 전략적인 이유에서 필수적이었다. 레이더 추적 시스템에 남아공을 활용하고 있었던 것이다. 또한 남아공은 미국 기업들의 중요한 투자대상이자 필수 원료(특히 다이아몬드)의 핵심 공급지였다. 따라서 미국은 남아공의 안정적인 정부를 필요로 했다. 흑인들에 대한 계속적인 억압은 내전을 야기할지도 모르는 일이었다.

다른 나라들에도 동일한 접근방식 — 실용적인 전략적 필요성과 인권 개선을 결합시키는 것 — 을 취했다. 그러나 주된 동기가 인도주의가 아닌 실용주의였기 때문에 — 칠레에서 몇몇 정치범을 석방한 것과 같은 — 상징적인 변화의 경향이 짙었다. 하원의원 허먼 배딜로Herman Badillo가 고문을 행하거나 재판 없이 투옥함으로써 기본적인 인권을 체계적으로 침해하는 국가들에 대한 차관 공여에 반대표를 행사하기 위해 세계은행World Bank을 비롯한 국제경제기구에 미국 대표를 필수적으로 파견하도록 하는 결의안을 하원에 제출했을 때, 카터는 하원의원 전원에게 개인 서신을 보내 이 수정안을 부결시킬 것을 촉구했다. 수정안은 하원 구두표결에서는 통과됐지만 상원에서 부결됐다.

카터 행정부 아래 미국은 반체제인사를 투옥하고 고문하고 대량학살을 자행하는 세계 곳곳의 정권들을 계속해서 지지했다. 필리핀, 이란, 니카라과, 그리고 인종말살에 가까운 군사작전을 통해 동티모르 주민들을 절멸시키고 있던 인도네시아 정권 등이 그런 경우였다.

기존 체제의 자유주의적 입장에 서 있던 잡지 『뉴리퍼블릭』은 카터의 정책을 긍정하는 시각에서 이렇게 평했다. "…… 앞으로 4년간 미국의 대외정책은 본질적으로 …… 닉슨과 포드 시절에 발전된 철학을 확장시키게 될 것이다. 이것은 결코 부정적인 전망이 아니다……. 연속성이 있어야만 한다. 연속성은 역사의 일부인 것이다……."

카터는 자신이 전쟁에 반대하는 운동의 친구임을 자임한 바 있었지만, 닉슨이 하이퐁 항을 기뢰로 공격하고 북베트남에 대한 폭격을 재개한 1973년 봄에 그는 이렇게 촉구했다. "우리는 닉슨 대통령을 지지하고 지원해야 합니다 — 특정한 정책결정에 동의하든 않든 간에 말입니다." 카터는 일단 대통령에 당선되자 미국의 폭격으로 국토가 황폐화된 베트남에 대해 재건을 위한 원조를 제공하지 않겠다고 밝혔다. 기자회견 자리에서 이에 관해 질문을 받은 카터는 미국이 원조를 제공할 특별한 의무는 전혀 없는데, 그 이유는 "양측 모두 파괴행위를 했기 때문"이라고 대답했다.

미국이 대규모 폭격기 편대와 200만 명의 병사를 지구 반대편에 파견하고 8년이 지난 뒤에 한 작은 나라에서 사망자가 100만 명이 넘어서고 국토 전체가 황무지가 되어 버린 사실을 감안하면, 이것은 놀랍기 짝이 없는 발언이었다.

기존 체제의 의도는 아마도 미래 세대가 베트남 전쟁을 국방부 자신이 『국방부 문서』에서 설명한 내용 — 전략적인 군사 · 경제적 이해관계를 위해 민간인들에 가한 무자비한 공격 — 이 아니라 불행한 실수로 간주해 주기를 바랐을 것이다. 베트남 전쟁 당시 지도적인 반전 지식인 가운데 한 명이었던 노엄 촘스키Noam Chomsky는 1978년 중반 무렵에 주요 언론에서 베트남 전쟁의 역사를 어떻게 다루고 있는지 검토한 뒤, 그들은 "역사적 기록을 말살하고 그 자리를 더 듣기 좋은 이야기로 채우고 있다. …… 전쟁의 '교훈'을 실수와 무지와 희생이라는 사회적으로 중립적인 범주로 축소시키고 있는 것이다"라고 썼다.

확실히 카터 행정부는 더 입맛에 맞고 명백히 덜 공격적인 대외정책을 추구함으로써 베트남 전쟁 뒤에 나타난 미국인들의 환멸을 무마하려고 애쓰고 있었다. '인권'을 강조한다든지, 관대한 정책을 펴라고 남아공과 칠레에 압력을 가한다든지 하는 게 그것이었다. 그러나 자세히 검토해 보면, 이런 자유주의적인 정책은 전 세계에 대한 미국의 군사·경제적 권력과 영향력을 손상시키지 않도록 고안된 것이었다.

중앙아메리카의 작은 공화국인 파나마와 파나마 운하 조약을 재협상한 것이 그 한 예이다. 미국 기업들은 파나마 운하로 인해 연간 15억 달러의 수송비용을 절감하고 있었고, 미국은 연간 1억 5,000만 달러의 운하 이용료를 징수, 운하 지역에 14곳의 군사기지를 두고 있었음에도 그 가운데 230만 달러만을 파나마 정부에 지불하고 있었다.

일찍이 1903년에 미국은 콜롬비아에 대항하는 혁명을 획책, 중앙아메리카에 파나마라는 신생 소국을 세우고, 군사기지와 파나마 운하 감독권, '영구적인' 주권을 미국에 부여하는 조약을 강요한 바 있었다. 1977년에 파나마에서 벌어진 반미 시위에 대한 응답으로 카터 행정부는 조약 재협상을 결정했다. 『뉴욕타임스』는 파나마 운하에 관해 솔직한 태도를 보여줬다. "우리는 운하를 훔쳤고, 그런 범죄행위를 드러내는 증거를 우리의 역사책에서 지워 버렸다."

1977년에 이르러 파나마 운하의 군사적 중요성은 사라져 버렸다. 대형 유조선이나 항공모함은 이 운하를 통과할 수 없었던 것이다. 파나마에서 반미 소요가 빈발한 것과 더불어 이런 요인 때문에 카터 행정부는 보수주의자들의 반대에도 아랑곳하지 않고 미군 기지의 점진적인 철수(이 지역의 다른 곳에 손쉽게 재배치할 수 있었다)를 골자로 하는 새로운 조약을 협상하게 됐다. 운하의 법적 소유권은 일정 기간 뒤에 파나마에 반환하기로 되어 있었다. 새로운 조약에는 특정한 상황에서 미국이 군사적으로 개입하는 근거가 될 수 있는 모호한 내용도 담겨 있었다.

대외정책에 관한 카터의 궤변이 어떠했든 간에, 1960년대 후반과 1970년대 내내 모종의 근본적인 원리가 작동됐다. 미국 기업들은 일찍이 볼 수 없었던 규모로 전 세계적인 활동을 벌이고 있었다. 1970년대 초반에 이르면, 7대 은행을 비롯한 약 300개의 미국 기업이 순 이윤의 40퍼센트를 해외에서 벌어들였다. 이들 기업은 '다국적기업'이라는 이름을 얻었지만, 실제로는 고위 중역의 98퍼센트가 미국인이었다. 이 다국적기업들은 하나의 집단으로서 미국과 소련 다음으로 세계 3위의 경제집단을 이루게 됐다.

이 세계적 규모의 기업들과 가난한 나라들 간의 관계는 오랫동안 착취의 관계였는데 미국 상무부의 수치를 보면 분명히 알 수 있다. 1950~1965년 사이에 유럽에 진출한 미국 기업들이 81억 달러를 투자해 55억 달러의 이윤을 획득한 데 반해, 라틴아메리카에서는 38억 달러를 투자, 112억 달러의 이윤을 획득했으며 아프리카에서는 그 수치가 각각 52억 달러와 143억 달러였다.

이것은 고전적인 제국주의와 다름없는 상황이었다. 천연자원을 보유한 지역이 그 자원을 강탈함으로써 권력을 갖게 된 강대국들의 희생양이 됐던 것이다. 미국 기업들은 다이아몬드, 커피, 백금, 수은, 천연고무, 코발트 등 천연자원의 100퍼센트를 가난한 나라들에 의존했다. 이들 기업은 망간의 98퍼센트와 크롬과 알루미늄의 90퍼센트를 해외에서 얻었다. 그리고 일부 수입품(백금, 수은, 코발트, 크롬, 망간)은 20에서 40퍼센트를 아프리카에서 들여왔다.

백악관의 주인이 민주당이든 공화당이든 간에, 대외정책의 또 다른 기본 원리는 외국 군 장교들을 육성하는 것이었다. 미 육군은 파나마 운하지역에 '미주군사학교'[26]를 설치, 라틴아메리카의 군 지도자 수천 명을 배출했다.

26) School of the Americas: 1946년에 미 육군이 라틴아메리카와 카리브 해 지역의 군대 전문화를 목표로 파나마에 설립한 훈련소. '라틴아메리카 훈련소Latin American Training Center', '미

한 예로 1973년에 민주적으로 선출된 아옌데 정부를 전복시킨 칠레 군사평의회에는 이 학교 졸업생 6명이 포함되어 있었다. 미주군사학교의 미국인 사령관은 한 기자에게 이렇게 말했다. "우리는 졸업생들과 계속 접촉을 유지하고 있으며 그들 역시 우리와 계속 접촉하고 있습니다."

그럼에도 미국은 풍부한 경제력을 아낌없이 베푼다는 평판을 드높였다. 실제로 미국은 재난의 희생자들에게 빈번한 원조를 제공했다. 그러나 이런 원조는 종종 정치적 충성에 좌우된 것이었다. 서아프리카에서는 6년 동안 계속된 가뭄으로 10만 명이 굶어죽는 사태가 있었다. 카네기국제평화기금Carnegie Endowment에서 펴낸 보고서는 미국국제개발처Agency for International Development(AID)가 서아프리카의 6개국에 걸쳐 있는 사하라 사막 주변에서 대초원 지역의 유목민들에게 원조를 제공하는 데 있어 무능하고 소홀한 모습을 보였다고 지적했다. 이에 대한 국제개발처의 대답은 그 나라들이 "미국과 긴밀한 역사・경제・정치적 유대가 없다"는 것이었다.

1975년 초에 언론은 워싱턴에서 온 급보를 보도했다. "국무장관 헨리 A. 키신저는 유엔의 표결과정에서 미국의 반대편에 가담한 나라들을 선별해 미국의 원조를 삭감한다는 정책을 공식적으로 제안했다. 몇몇 나라의 경우에는 식량과 인도적 구호활동까지 이런 삭감 대상에 포함된다."

육군 카리브 해 학교U.S. Army Caribbean School' 등의 이름을 거쳐 1963년에 '미주군사학교'로 명칭이 바뀐 뒤, 1984년에 미국 조지아 주의 육군 기지 포트베닝Fort Benning으로 자리를 옮겼다. 주로 라틴아메리카의 군인들을 대상으로 대對 게릴라 전술, 군사정보 작전, 마약소탕 작전을 비롯해 고문, 처형, 협박, 혐의자 가족 체포 같은 다양한 심문 방법을 가르치고 있다. 공식적인 졸업생만 현재까지 6만 5,000명에 이른다고 한다. 2001년 1월 17일, '안보협력을 위한 서반구 연구소Western Hemisphere Institute for Security Cooperation'로 명칭이 바뀐 채 폐지 여론에도 불구하고 계속 운영되고 있다. 말 그대로 하면 '미주학교'나 '전미대륙학교'라고 옮겨야 하나 이 학교의 성격상 여기서는 '미주군사학교'로 옮긴다.

대부분의 원조는 공공연하게 군사적인 것이었으며, 1975년에 이르러 미국은 95억 달러의 무기를 수출했다. 카터는 억압적인 정권들에 대한 무기판매를 중단하겠다고 약속한 바 있었지만, 집권한 이후에도 무기판매 규모는 줄어들지 않았다.

게다가 국방비는 계속해서 국가예산의 어마어마한 몫을 차지했다. 선거에 출마할 당시 카터는 민주당 강령위원회에 이렇게 말했다. "우리의 국가방위나 동맹국들에 대한 방위 책임을 위험에 빠뜨리지 않고도 우리는 현재의 방위비 지출을 연간 50억에서 70억 달러가량 줄일 수 있습니다." 그러나 집권 첫해에 내놓은 예산안을 통해 카터는 국방비의 삭감이 아니라 100억 달러 증액을 제안했다. 실제로 카터는 이후 5년 동안 군사부문에 1조 달러를 소요할 것을 제안했다. 게다가 행정부는 그 직전에 농무부가 학교에서 무료 급식을 받는 140만 명의 빈민 아동들에게 우유를 무상으로 제공하는 일을 그만둠으로써 연간 2,500만 달러를 절감하게 될 것이라고 발표한 바 있었다.

카터가 할 일이 체제에 대한 신뢰를 회복하는 것이었다면, 그의 가장 큰 실패는 바로 여기에 있었다 — 국민들의 경제문제를 해결하지 못한 것이다. 식품과 생필품의 가격은 계속해서 임금보다 빠르게 상승했다. 공식적인 실업률은 6퍼센트에서 8퍼센트였지만 비공식적으로는 그보다 더 높았다. 일부 핵심 집단 — 젊은층, 특히 흑인 젊은층 — 의 경우 실업률이 20에서 30퍼센트였다.

얼마 지나지 않아 카터를 대통령으로 가장 지지했던 집단인 미국의 흑인들이 그의 정책에 쓰라린 실망을 느끼고 있다는 사실이 분명해졌다. 카터는 낙태를 해야 하는 빈민들에게 연방의 지원을 제공하는 데 반대했으며, 부유층 여성들은 쉽게 낙태를 할 수 있으므로 이것은 불공평하다는 지적을 받자, 그는 이렇게 답변했다. "글쎄요, 여러분도 아시다시피, 인생에는 공평하지 못한 일들이, 부자들은 할 수 있고 가난한 사람들은 할 수 없는 일들이 많이 있습니다."

카터의 '인민주의'는 석유 및 가스업계와 행정부의 관계에서는 볼 수 없었다. 소비자를 위한 천연가스 가격규제를 종식시킨 것은 카터의 '에너지 계획'의 일부였다. 천연가스의 최대 생산자는 엑손이었고, 엑손의 민간주식을 가장 많이 보유한 집단은 록펠러 가문이었다.

카터 행정부 초기에 연방에너지청[27]은 걸프 석유회사가 해외 계열사로부터 수입한 원유의 비용을 7,910만 달러나 부풀린 사실을 발견했다. 이 거짓 비용을 소비자들에게 전가한 것이었다. 1978년 여름, 행정부는 걸프 석유회사에서 4,220만 달러를 되돌려 주기로 회사 측과 "타협"이 이루어졌다고 발표했다. 걸프 사는 "이미 수년 동안 적절한 준비가 있었기 때문에 이번 보상으로 수익에 영향을 받지는 않을 것"이라고 주주들에게 통보했다.

걸프 사 측과 타협을 이끌어낸 에너지부의 변호사는 이 타협이 장기적이고 비용이 많이 드는 소송을 피하기 위한 것이었다고 말했다. 만약 소송을 벌였다면 타협으로 누락된 3,690만 달러가 소요됐을까? 정부는 약탈한 돈의 절반을 돌려받는 대가로 은행 강도에게 실형을 면제해 준다는 생각을 해본 적이 있을까? 이 타협은 카터가 선거운동 중에 법조인들의 모임에서 말한 내용 — 법률은 부자들의 편이라는 사실 — 을 완벽하게 보여주는 사례였다.

미국에서 부의 불평등한 분배라는 근본적인 사실은 보수주의자든 자유주의자든 앞선 행정부와 마찬가지로 카터의 정책으로도 크게 바뀌지 않을 것임

27) Federal Energy Administration: 전신. 미국 에너지부는 연방에너지청과 에너지연구개발청Energy Research and Development Administration, 연방전력위원회Federal Power Commission 등의 여러 기구가 통합되어 1977년에 창설됐다.

이 분명했다. 미국의 경제학자 앤드루 짐벌리스트Andrew Zimbalist가 1977년에 『르몽드 디플로마티크』에 기고한 글에 따르면, 미국인의 상층 10퍼센트가 하층 10퍼센트보다 30배 많은 수입을 올렸고 최상층 1퍼센트가 전체 부의 33퍼센트를 소유했다. 또 최부유층 5퍼센트가 개인 소유 기업주식의 83퍼센트를 소유했다. 100대 기업은 (부유층이 최소한 50퍼센트를 세금으로 낸다는 오해를 야기한 누진소득세에도 불구하고) 평균 26.9퍼센트를 세금으로 납부했으며 주요 석유회사들의 경우에는 평균 수치가 5.8퍼센트였다(1974년의 국세청 통계수치). 실제로 20만 달러 이상을 벌어들이는 244명의 개인은 전혀 세금을 내지 않았다.

카터가 빈민들을 위한 복지를 미약하게 제안하고 하원에서 이를 강력하게 거부한 1979년, 워싱턴 아동보호기금의 총재인 흑인 여성 매리언 라이트 에델먼Marian Wright Edelman은 몇 가지 사실을 지적했다. 미국 어린이 7명 가운데 1명(총 1,000만 명)은 정기적인 기초 의료보호를 전혀 받지 못했다. 17세 이하 청소년 3명 중 1명(총 1,800만명)은 치과에 가본 적이 한번도 없었다. 『뉴욕타임스』 기명칼럼란에 실린 글에서 에델먼은 이렇게 지적했다.

> 최근 상원 예산위원회는 …… 아동들의 건강 문제를 심사하고 치료하는 프로그램을 향상시키기 위해 행정부에서 요청한 별로 많지 않은 2억 8,800만 달러에서 8,800만 달러를 삭감했다. 이와 동시에 상원은 리튼 산업Litton Industries에 대한 구제금융과 이란의 샤[Shah. 이란의 국왕]가 주문한 구축함 2척을 해군에 인도하는 데는 7억 2,500만 달러를 할당했다.

카터는 주로 대기업에 혜택을 주는 조세 '개혁'을 승인했다. 경제학자 로버트 리캐치먼Robert Lekachman은 『더 네이션』에 기고한 글을 통해 1978년 사사분기에 전년도 같은 기간에 비해 기업 이윤이 급격히 증가(44퍼센트)한 사실을 지적했다. 리캐치먼의 말을 들어보자. "지난 11월에 180억 달러의 조세감면 법안에 서명함으로써 대통령은 가장 잔인무도한 짓을 한 셈이니, 이 법안으로 혜택을 받는 쪽은 대부분 부유한 개인과 기업들이다."

카터는 사회복지 프로그램을 지속시키기 위해 어느 정도 노력을 하긴 했지만 어마어마한 규모의 국방예산은 이런 노력의 뿌리를 뒤흔들었다. 아마도 이것은 소련에 대한 방비책이었을 테지만, 1979년에 소련이 아프가니스탄을 침공했을 때, 카터는 징병제를 재도입하고 1980년 모스크바 올림픽을 보이콧하자고 호소하는 등의 상징적인 행동만을 취할 수 있었다.

다른 한편, 미국의 무기는 좌익 반란자들에 맞서 싸우는 해외의 군사정권을 지원하는 데 사용됐다. 1977년에 카터 행정부가 하원에 제출한 한 보고서는 퉁명스러운 어조로 이렇게 언급했다. "인권 보호에 있어서 통탄할 만한 기록을 가진 많은 나라들은 우리가 중요한 안보 및 대외정책상의 이해관계를 가진 나라들이기도 하다."

그리하여 1980년 봄에 카터는 농민반란을 격퇴하기 위해 싸우는 엘살바도르의 군사정권에 대한 570만 달러의 신용대부를 하원에 요청했다. 필리핀에서는 1978년의 국회의원 선거가 이루어진 뒤 페르디난드 마르코스Ferdinand Marcos 대통령이 낙선한 야당 후보자 21명 가운데 10명을 투옥했다. 많은 죄수가 고문을 당하고 수많은 민간인이 살해됐다. 그럼에도 카터는 향후 5년 동안 마르코스에게 3억 달러의 군사원조를 제공하라고 하원에 촉구했다.

미국은 니카라과에서 수십 년 동안 소모사Anastasio Somoza Garcia의 독재를 지원하고 있었다. 소모사 정권이 근본적으로 취약하다는 사실과 이 정권에 반대하는 혁명의 대중성을 미처 깨닫지 못한 카터 행정부는 정권의 몰락이 임박한 1979년 가을까지도 계속 그를 지지했다.

이란에서는 1978년 말에 이르러 샤의 독재에 대한 오랜 분노가 대규모 시위에서 정점에 이르렀다. 1978년 9월 8일, 샤의 군대가 수백 명의 시위대를 학살했다. UPI 통신사가 테헤란에서 보내 온 속보에 따르면, 다음날 카터는 샤에 대한 지지를 재차 확인했다고 한다.

> 어제 군대가 샤에 반대하는 시위대에 3일 연속 발포했으며, 지미 카터 대통령은 37년의 통치 역사상 최악의 위기에 직면한 모하마드 레자 팔레비Mohammad Reza Pahlevi 국왕에게 왕궁으로 직접 전화를 걸어 지지를 표명했다. 이란의 신임 수상이 연설을 하는 도중에 국회의원 9명이 자리를 박차고 나가면서 보수파 무슬림을 비롯한 시위자들을 탄압함으로써 그의 손이 "피로 물들었다"고 외쳤다.

1978년 12월 13일, 『뉴욕타임스』의 니콜라스 게이지Nicholas Gage는 이렇게 보도했다.

> 이곳 미국 대사관의 한 소식통에 따르면, 샤의 통치에 대한 도전이 급증하는 가운데 샤를 도우려는 노력을 지원하기 위해 수십 명의 전문가들이 날아와 현지 대사관 직원들을 지원하고 있다고 한다……. 대사관 소식통에 따르면, 새로 도착한 사람들에는 외교관과 군 관계자 외에도 중앙정보국의 이란 전문가들도 다수 포함되어 있다고 한다.

이란 위기가 격화되고 있던 1979년 초, 중앙정보국의 전前 이란 담당 수석 분석가는 『뉴욕타임스』 기자 시모어 허시에게 "자신과 동료들은 1950년대에 미국 중앙정보국의 도움을 받아 샤가 창설한 이란 비밀경찰인 국가치안정보국Savak이 반체제 인사들을 고문한 사실을 알고 있다"고 말했다. 아울러 그는 중앙정보국의 고위 관리가 이란 국가치안정보국에 고문 기술을 전수하는 데 관여했다고 허시에게 털어놓았다.

이란 혁명은 대중적인 대규모 혁명이었고 샤는 도망쳤다. 나중에 카터 행정부는 샤의 병세가 악화됐다며 치료를 위해 그를 미국으로 받아들였고, 이란 혁명가들의 반미 감정은 극에 이르렀다. 1979년 11월 4일, 학생 전사들이 샤를 이란으로 돌려보내 처벌을 받게 하라고 요구하면서 테헤란의 미국 대사관을 점거, 대사관 직원 52명을 인질로 잡았다.

그 뒤 14개월 동안 인질들이 계속 대사관 구내에 억류되어 있으면서 이 문제는 미국의 해외뉴스의 전면을 장식했고 민족주의 정서가 급격하게 고조됐다. 카터가 합법적인 비자가 없는 이란 학생들에 대한 추방 절차에 착수하라고 이민귀화국에 명령을 내렸을 때, 『뉴욕타임스』는 신중하면서도 분명한 지지를 표명했다. 정치인들과 언론 모두 전반적인 히스테리에 빠져들었다. 고등학교 졸업식 연사로 내정되어 있던 한 이란계 미국인 여학생은 연설자 명단에서 제외됐다. 전국 각지의 자동차 꽁무니에 '이란을 폭격하라Bomb Iran'라는 스티커가 나붙었다.

52명의 인질이 모두 건강한 모습으로 살아서 석방됐을 때 이번 사태와 다른 인권 침해사태에 관한 미국인들의 반응에 균형 감각이 결여되어 있다고 지적한 『보스턴글로브』의 앨런 리치먼Alan Richman처럼 대담하게 문제를 제기한 언론인은 좀처럼 볼 수 없었다. "인질 52명은 파악하기 쉬운 수였다. 이 52명은 아르헨티나에서 영원히 실종된 1만 5,000명의 무고한 사람들과 같지 않았다……. 그들〔미국인 인질(지은이)〕은 우리말을 했다. 지난해 과테말라에서 즉결 총살당한 3,000명은 우리말을 할 줄 몰랐다."

1980년 선거에서 지미 카터와 로널드 레이건Ronald Reagan이 대결을 벌이는 순간에도 인질들은 여전히 억류되어 있었다. 이 때문에, 그리고 많은 사람들이 느끼고 있던 경제적 고통으로 인해 카터는 결국 패배하게 됐다.

레이건의 승리와 8년 뒤 조지 부시George Bush의 당선은 카터 집권기의 희미한 자유주의조차도 갖고 있지 않은 기존 체제의 또 다른 부분이 국가를 책임지게 됨을 뜻했다. 국가 정책은 더욱 형편없어질 것이다 — 빈민들에 대한 복지를 삭감하고, 부유층에 대한 세금을 인하하고, 국방예산을 늘리고, 연방법원을 보수적인 판사들로 채우고, 카리브 해 지역의 혁명운동을 파괴하기 위해 적극적으로 활동하는 식으로 말이다.

10여 년간의 레이건-부시 집권기는 온건한 자유주의를 결코 넘어서지 않았던 연방 사법부를 압도적으로 보수적인 기관으로 변화시켰다. 1991년 가을에 이르기까지 레이건과 부시는 837명의 연방 판사 가운데 절반 이상을 교체했고, 대법원을 변화시키기에 충분한 수의 우익 판사를 임명했다.

1970년대에 연방대법원은 서굿 마셜Thurgood Marshall과 윌리엄 브레넌William Brennan이라는 자유주의자 판사들이 이끄는 가운데 사형이 위헌이라고 판결하고, 낙태를 선택할 수 있는 여성의 권리를 지지했으며(로 대 웨이드 판결Roe v. Wade), 흑인과 여성들에게 과거에 겪은 차별을 보상해 주기 위해 특별한 관심을 기울여야 한다는 쪽으로 민권법을 해석한 바 있었다(적극적 차별조치affirmative action).

로널드 레이건은 리처드 닉슨이 처음으로 연방대법원 판사로 임명한 윌리엄 렌퀴스트William Rehnquist를 연방대법원장 자리에 앉혔다. 레이건-부시 시기에 렌퀴스트의 대법원은 로 대 웨이드 판결을 약화시키고, 사형을 부활시키며, 경찰의 권한에 대해 피구금자의 권리를 축소하고 연방의 지원을 받는 가족계획 병원의 의사들이 여성들에게 낙태에 관한 정보를 제공하는 것을 가로막는 등의 일련의 판결을 내렸고, 가난한 사람들에게 공립학교 교육비를 부담하도록 강요할 수 있다고 선언했다(교육은 "기본권"이 아니라는 것이었다).

윌리엄 브레넌과 서굿 마셜은 연방대법원의 마지막 자유주의자들이었다. 싸움을 포기하기에는 내키지 않았지만 이제 늙고 병든 그들은 은퇴했다. 보수적인 대법원을 구축하기 위한 마지막 조치는 부시 대통령이 마셜의 후임자를 임명한 것이었다. 부시는 흑인 보수주의자 클래런스 토머스Clarence Thomas를 선택했다. 옛 동료인 애니타 힐Anita Hill이라는 젊은 흑인 법대 교수가 토머스가 자신을 성희롱한 일이 있다고 극적인 증언을 했음에도, 상원은 토머스를 인준했고 이제 대법원은 결정적으로 훨씬 더 오른쪽으로 이동해 갔다.

연방 사법부가 보수적인 판사들로 채워지고 친親기업적인 인사들이 전국노동관계위원회(NLRB)를 장악함에 따라, 법원의 판결과 노동관계위원회의 답신은 이미 제조업의 쇠퇴로 고통을 받고 있던 노동운동을 더욱 약화시켰다. 파업에 나선 노동자들은 자신들이 아무런 법적 보호도 받지 못하는 현실을 깨닫게 됐다. 레이건 행정부에서 처음으로 한 일 가운데 하나는 파업을 벌이는 항공관제사들을 대규모로 해고한 것이었다. 이것은 향후에 파업을 벌일 노동자들에게 보내는 경고이자 1930년대와 1940년대에 강력한 세력이었던 노동운동의 약화를 보여주는 상징이었다.

레이건-부시 집권기의 최대의 수혜자는 미국주식회사corporate America였다. 일찍이 1960년대와 1970년대에 대기 및 바다와 강의 오염, 매년 수천 명의 목숨을 앗아가는 노동조건에 충격을 받은 환경운동이 이 나라에서 유력한 위치로 성장해 있었다. 1968년 11월에 웨스트버지니아 탄광 폭발사고로 78명의 광부가 목숨을 잃은 뒤, 광산지역에서 성난 항의가 있었고, 하원은 1969년의 광산보건안전법Coal Mine Health and Safety Act of 1969을 통과시켰다. 닉슨 행정부의 노동장관은 "새로운 전국적인 열정, 환경 개선을 향한 열정"에 관해 말했다.

이듬해 노동운동과 소비자단체의 강력한 요구에 굴복한, 또한 동시에 이를 노동계급 유권자의 지지를 획득할 기회로 포착한 닉슨 대통령은 1970년의 산업안전보건법Occupational Safety and Health Act of 1970에 서명했다. 이 법은 안전하고 건강한 작업장에 대한 보편적인 권리를 확립하고 이를 집행하기 위한 기관을 창설하는 중요한 입법이었다. 닉슨 시절 경제자문회의 의장을 지낸 허버트 스타인Herbert Stein은 훗날 이 법에 관해 회고하면서 "환경규제라는 악마적인 힘은 닉슨 행정부가 통제할 수 없는 것임이 입증됐다"라고 한탄했다.

산업안전보건법을 치켜세우면서 대통령직에 오른 지미 카터 역시 재계의 호감을 사려고 안달이 나 있었다. 카터가 산업안전보건청 청장에 임명한 여성인 율라 빙엄Eula Bingham은 강력한 법 집행을 위해 분투했고 이따금 성공을 거뒀다. 그러나 유가와 인플레이션, 실업이 동시에 성장하는 등 미국 경제가 문제의 징후를 보임에 따라, 카터는 점점 더 이 법으로 인해 기업에 야기되는 곤란을 우려하는 듯했다. 카터는 설령 노동자와 소비자들에게 해가 되더라도 기업에 대한 규제를 제거하고 자유를 보장하자고 주창하는 인물이 됐다. 환경규제는 점점 더 '비용 편익 분석'의 희생물이 됐고, 결국 대중의 건강과 안전을 보호하는 규제는 그런 규제가 기업에 얼마나 비용을 야기하는가 하는 문제에 부차적인 것이 됐다.

레이건과 부시 행정부 아래서는 기업이윤의 줄임말이 되어 버린 '경제'에 대한 관심이 노동자나 소비자에 대한 모든 관심을 압도했다. 레이건 대통령은 환경 입법의 강력한 집행을 '자발적인' 접근으로 대체하자고 제안함으로써 환경 규제를 기업의 재량에 맡겼다. 레이건은 산업안전보건청의 수장 자리에 이 기구의 목적에 상반되는 기업가를 임명했다. 그가 한 첫 번째 조치 가운데 하나는 섬유 노동자들에게 면섬유 분진이 얼마나 위험한가를 지적하는 정부 소책자 10만 부를 파기하라고 명령을 내린 것이었다.

정치학자 윌리엄 그로버William Grover(『포로가 된 대통령*The President as Prisoner*』)는 카터와 레이건 대통령에 대한 "구조적인 비판"의 일환으로 두 대통령의 환경정책을 평가하면서 이런 결론을 내렸다.

> 산업안전보건법은 —몇몇 보건 및 안전 규제 프로그램은 남겨두기를 원하지만 또한 정치적 생존이라는 목표를 위해 경제성장을 필요로 한— 자유주의 대통령들과 방정식의 양항 가운데 성장이라는 측면에만 초점을 맞추는 보수주의 대통령들의 순환에 갇혀 있는 것으로 보인다. 이런 순환은 언제나 안전하고 건강한 작업장의 필요성을 …… 산업안전보건법의 시행을 기업들의 우선순위가 허용하는 한계 내로만 국한시킬 수 있도록 종속시키는 경향이 있다.

조지 부시는 자신이 '환경 대통령'이라고 자임하면서 1990년의 공기정화법Clean Air Act에 서명한 사실을 자랑스럽게 늘어놓았다. 그러나 제조업체에서 대기 중에 위험한 오염물질을 방출할 수 있는 허용치를 연간 245톤이나 늘려준 환경보호청의 새로운 규정으로 이 법은 통과된 지 2년 만에 심각하게 약화됐다.

게다가 법 집행을 위해 할당된 예산도 거의 없었다. 환경보호청의 한 보고서는 1971~1985년 사이에 오염된 식수 때문에 10만여 건의 질병이 발생했다고 밝혔다. 그러나 부시 대통령의 임기 첫해에 환경보호청에 접수된 오염된 식수에 관한 8만 건의 신고 가운데 800건 정도만이 조사됐다. 그리고 국토자원보호협의회National Resources Defense Council라는 민간 환경단체에 따르면, 1991년과 92년에 식수안전법Safe Water Drinking Act(닉슨 행정부 시절에 통과됐다)을 위반한 사례가 약 25만 건이었다.

부시가 대통령에 취임한 직후 정부의 한 과학자는 산업에서 석탄을 비롯한 화석연료를 이용하는 과정에서 '지구온난화', 즉 지구를 보호하는 오존층의 고갈현상이 가속화되는 위험한 결과에 관해 하원 위원회에서 증언을 할 준비를 했다. 백악관은 이 과학자의 반대에도 불구하고 위험을 최소화하는 방향으로 증언 내용을 변경시켰다(『보스턴글로브』 1990년 10월 29일자). 이번에도 역시 규제에 관한 기업들의 우려가 국민의 안전을 유린한 듯 보였다.

이미 세계적인 생태위기가 너무나도 심각했기 때문에 교황 요한 바오로 2세까지도 이런 위기를 낳는 선진산업국의 부유한 계급들을 힐난할 필요성을 느꼈다. "생태계 파괴라는 오늘날 제기되는 극적인 위협은 개인과 집단 모두의 탐욕과 이기심이 창조의 질서에 반하는 정도에까지 이르렀음을 우리에게 가르쳐 주고 있습니다."

지구온난화의 위험성에 대처하기 위해 열린 국제회의들에서 유럽공동체(EC)와 일본은 미국이 주범인 이산화탄소 방출에 대해 구체적인 제한량을 설정하고 이를 위한 시간표를 작성할 것을 제안했다. 그러나 1991년 여름에 『뉴욕타임스』에서 보도한 바에 따르면, "부시 행정부는 …… 어떤 장기적인 기후상의 이익도 입증할 수 없는 일을 위해 단기적인 국가 경제에 해를 끼치는 사태를 우려"했다. 장기적인 이익에 관한 과학계의 견해는 매우 분명했지만, 이것은 '경제'—다른 말로 하자면 기업들의 요구—만큼 중요한 것이 아니었다.

1980년대 후반에 이르면, 값비싸고 위험할 뿐만 아니라 안전하게 처리할 수 없는 방사성 폐기물을 발생시키는 핵발전소보다 재생가능한 에너지 자원(수력, 풍력, 태양열)으로 더 편리한 에너지를 생산할 수 있음을 보여주는 증거가 점점 뚜렷해졌다. 그러나 레이건과 부시 행정부는 재생가능한 에너지에 관한 연구에 할당된 재원을 크게 삭감했다(레이건 정부는 90퍼센트를 삭감했다).

1992년 6월, 100여 개 국가가 참가한 가운데 브라질에서 환경회담인 지구정상회담Earth Summit이 개최됐다. 회담에서 발표된 통계수치는 전 세계 군대가 오존층을 고갈시키는 기체의 3분의 2를 방출하고 있음을 보여줬다. 그러나 지구정상회담에서 군대가 환경 파괴에 미치는 영향을 검토해 보자는 제안이 제출됐을 때, 미국 대표단은 이에 반대했고 제안은 부결됐다.

실제로 거대한 군사기구의 보존과 석유회사들의 이윤 수준 유지가 레이건-부시 행정부의 두 가지 주된 목표인 듯했다. 로널드 레이건이 대통령에 취임한 직후, 석유산업 중역 23명은 백악관 주거공간을 다시 장식하는 데 27만 달러를 기부했다. AP 통신의 보도에 따르면,

> 기부금 유치 캠페인은 …… 대통령이 유가 규제를 철회함으로써 석유산업에 20억 달러를 안겨준 지 4주 뒤에 시작됐다. 코어 석유·가스회사Core Oil and Gas Company의 소유주인 오클라호마시티의 잭 호지스Jack Hodges는 이렇게 말했다. "이 나라의 1인자는 가장 좋은 집에 살아야 합니다. 레이건 대통령은 에너지 산업을 도와줬습니다."

레이건은 군사력을 증강하는 한편(첫 번째 임기 4년 동안 국방예산에 1조 달러가 넘는 액수가 할당됐다), 빈민들의 복지를 삭감함으로써 여기에 드는 비용을 마련하려고 했다. 1984년 한 해 동안 사회복지 프로그램에서 1,400억 달러가 삭감되는 한편 '방위'비는 1,810억 달러가 증액됐다. 레이건은 또한 1,900억 달러의 조세 감면을 제안했다(감면 대상은 대부분 부유층이었다).

레이건은 조세 감면과 국방예산에도 불구하고, 이것으로 경제를 자극,

새로운 세입을 발생시킬 수 있으므로 예산균형을 맞출 수 있다고 역설했다. 노벨 경제학상 수상자인 바실리 레온티에프Wassily Leontief는 이에 대해 냉랭하게 논평했다. "그런 일은 일어나지 않을 것 같다. 사실 나는 개인적으로 그런 일이 절대 없을 것이라고 장담한다."

실제로 상무부의 통계수치는 법인세를 인하한 시기(1973~1975년, 1979~1982년)에 자본투자가 상승하기는커녕 가파르게 하락했음을 보여준다. 자본투자가 가장 급격하게 상승한 시기(1975~1979년)에는 앞선 5년보다 법인세가 약간 높은 수준이었다.

레이건의 예산 삭감이 낳은 인간적인 결과는 심대했다. 한 예로 35만 명이 이제 더 이상 사회보장청의 장애수당을 받을 수 없었다. 유전油田 사고로 부상을 입은 한 남자는 일터로 복귀할 수밖에 없었는데, 그가 일을 할 수 없을 정도로 장애를 당했다는 회사 측 의사와 주州 감독관의 증언을 연방정부가 무시했기 때문이었다. 그 남자가 결국 사망하자 연방 관리들은 "우리의 문제는 홍보에 있습니다"라고 말했다. 레이건으로부터 의회 명예훈장을 받은 적이 있는 베트남 전쟁영웅 로이 베나비데스Roy Benavidez는 사회보장청 관리들로부터 심장과 두 팔, 한쪽 다리에 파편이 박혀 있다고 해서 일을 못하는 것은 아니라는 말을 들었다. 하원의 한 위원회에 출석한 베나비데스는 레이건을 비난했다.

레이건 집권기에 실업은 계속 늘어났다. 1982년 당시 3,000만 명이 1년 내내 혹은 연중 몇 달 동안 실업상태였다. 이로 인한 결과 가운데 하나는 흔히 직업 유무와 직접적으로 결부되어 있던 의료보험을 박탈당한 미국인의 수가 1,600만을 넘어서게 된 것이었다. 전국에서 실업률이 가장 높았던 미시건 주의 경우 1981년에 유아사망률이 높아지기 시작했다.

새로운 규정으로 인해 100만 명 이상의 빈민 아동이 하루 영양섭취의 절반을 의존하고 있던 학교 무료급식을 받지 못하게 됐다. 수백만의 아동이 공식적인 '빈민' 대열에 들어서게 됐고 얼마 지나지 않아 이 나라 어린이의 4분의 1 — 1,200만 명 — 이 빈곤상태로 떨어졌다. 디트로이트의 몇몇 지역들에서는 유아의 3분의 1이 첫 번째 생일을 맞기도 전에 사망했고, 『뉴욕타임스』는 이에 대해 다음과 같이 논평했다. "미국의 배고픈 사람들에게 벌어지고 있는 상황을 감안하면 행정부는 부끄러운 생각을 가져야 마땅하다."

아이를 가진 홀어머니에 대한 지원책인 편모가정 지원제도Aid to Families with Dependent Children(AFDC), 〔저소득자에 대해 연방정부가 교부하는〕 식품교환권food stamp, 빈민의료보조Medicaid 등의 복지프로그램이 공격 대상이 됐다. 복지에 의존해 살아가는 대부분의 사람들에게 이것은 한 달에 500달러에서 700달러의 보조금(복지수당은 주마다 상이했다)이 지급된다는 것을 의미했다. 따라서 그들은 월 900달러 정도인, 빈곤선에도 턱없이 못 미치는 삶을 살아야 했다. 흑인 아동은 백인 아동에 비해 복지에 의존하는 비율이 4배가량 높았다.

레이건 행정부 초기에 한 어머니는 지방 신문에 보낸 편지를 통해, 정부 지원이 불필요하며 민간 기업이 빈곤 문제를 떠안게 될 것이라는 주장에 대해 이렇게 답했다.

> 나는 편모가정 지원제도에 의존해 살고 있으며 두 아이 모두 학교에 다니고 있다……. 나는 1,000명 중 128등이라는 우수한 성적으로 대학을 졸업했으며 영어와 사회학 학사학위를 갖고 있다. 또 도서관, 보육원, 사회복지 활동 및 상담 등의 분야에서 일을 한 적이 있다.
>
> 직업훈련종합계획Comprehensive Employment and Training Act(CETA) 사무실에 찾아가곤 한다. 그런데 그곳에는 내게 해당되는 일은 하나도 없다……. 매주

도서관에 가서 신문 구인광고를 열심히 뒤지기도 한다. 내가 이력서를 보낸 편지 겉봉을 모두 복사해 모아뒀다. 한번 쌓아보았더니 높이가 10센티미터가 넘었다. 요즘은 연봉이 8,000달러도 채 안 되는 일자리를 지원하고 있다. 복지수당이 줄어들어 그걸 벌충하려고 시간당 3달러 50센트를 받으면서 도서관에서 시간제 노동자로 일하고 있다…….

지금 우리에게는 고용할 여력이 없는 고용사무소, 통치할 능력이 없는 정부, 일할 준비가 되어 있는 사람들에게 일자리를 만들어 줄 수 없는 경제체제가 있는 듯하다…….

지난주에는 자동차 보험료를 내려고 침대를 팔았다. 대중교통이 없는 상황에서 일자리를 찾아다니려면 그나마 차는 있어야 하기 때문이다. 잠은 어떤 친구가 준 스티로폼 조각을 깔고 잔다.

내 부모님을 이 나라로 오게 만들었던 위대한 미국의 꿈이란 이런 것이다. 열심히 일하고, 좋은 교육을 받고, 법률을 충실히 따르면 부자가 될 것이라는. 나는 부자가 되고 싶지는 않다. 그저 내 아이들을 배불리 먹이고 어느 정도나마 인간의 존엄성을 잃지 않기만을 원할 뿐이다…….

민주당은 종종 공화당과 합세해 복지프로그램을 비난했다. 이것은 아마도 자신들이 내는 세금이 10대 미혼모와 게을러서 일을 하지 않는 사람들을 지원하는 데 쓰인다고 생각하는 중간계급 대중의 정치적 지지를 얻기 위해서였을 것이다. 국민 대다수는 세금의 극히 일부분만이 복지에 쓰이고 국방비 지출은 어마어마한 액수에 달한다는 사실을 알지 못했고, 정치지도자들과 언론 역시 이를 가르쳐 주지 않았다. 그럼에도 복지에 대한 국민 대중의 태도는 양대 정당과는 같지 않았다. 정치인들이 끊임없이 복지를 공격하고 신문과 텔레비전에서도 줄기차게 이런 식의 보도를 내보냈지만 미국인 대다수가 느끼는 근본적인 관용적 태도를 뿌리뽑지는 못한 듯하다.

1992년 초에 『뉴욕타임스』와 CBS 뉴스에서 공동으로 행한 여론조사는 복지에 관한 여론이 설문지의 질문 내용에 따라 달라진다는 사실을 보여줬다. '복지welfare'라는 단어를 사용한 경우에는 응답자의 44퍼센트가 복지에 너무 많은 예산을 소요하고 있다고 대답했다(한편 50퍼센트는 적정하거나 너무 적은 액수를 할당하고 있다고 응답했다). 그러나 '빈곤층에 대한 지원assistance to the poor'이라는 표현으로 질문을 했을 때는 13퍼센트만이 너무 많은 예산을 소요하고 있다고 대답했고 너무 적다는 응답은 64퍼센트였다.

이런 사실은 양대 정당이 '복지'라는 단어를 끊임없이 경멸적인 의미로 사용함으로써 인간적인 삶이라는 기본적 필요에 대한 반감을 조작하고 더 나아가 자신들이 여론에 따라 행동한다고 주장하려고 노력했음을 보여준다. 공화당뿐만 아니라 민주당도 부유한 기업들과 강력한 연계를 갖고 있었다. 공화당의 전국정치 분석가인 케빈 필립스Kevin Phillips는 1990년에 민주당이 "역사상 두 번째로 열정적인 자본가 정당"이라고 썼다.

필립스는 공화당의 로널드 레이건과 조지 부시 집권기 동안 정부정책의 최대의 수혜자는 최고부유층이었다고 지적했다. "사실 레이건 치하에서 번창한 것은 어느 누구도 아닌 부유층이었다……. 1980년대는 미국 상층부upper America의 승리의 시대이자 …… 부유층의 정치적 패권의 시대, 자본주의와 자유시장, 금융의 영광스런 시대였다."

이미 부자인 사람들을 더욱 부자로 만든 정부정책은 복지라고 불리지 않았다. 이런 정책은 빈민들에게 매달 지급되는 수당만큼 눈에 보이는 것이 아니었다. 종종 조세체계상의 관대한 변화라는 형태를 띠었던 것이다.

『필라델피아 인콰이어러*Philadelphia Inquirer*』의 시사폭로 전문기자인 도널드 발레트Donald Barlett와 제임스 스틸James Steele은 『미국: 정말로 누가 세금을 내는가?*America: Who Really Pays the Taxes?*』에서 최고부유층에 대한 과세율이 점점 낮아지는 경로를 추적했다. '조세개혁'이라는 미명 아래 제2차 세계대전 당시 91퍼센트였던 연 40만 달러 이상의 소득에 대한 세율을 70퍼센트로 인하한 것은 공화당이 아니라 민주당 — 케네디와 존슨 행정부 — 이었다. 카터 행정부 당시 민주당과 공화당 하원의원들은 (카터의 반대를 무릅쓰고) 부유층에게 훨씬 더 많은 세제상의 특권을 부여했다.

레이건 행정부는 민주당 하원의원들의 도움을 받아 최고부유층에 대한 세율을 50퍼센트로 인하했으며, 1986년에는 공화당과 민주당이 힘을 합쳐 최고 세율을 28퍼센트로 인하하는 또 다른 '조세개혁' 법안을 발의했다. 발레트와 스틸은 학교 교사와 공장 노동자, 억만장자가 모두 28퍼센트를 세금으로 낼 수 있음에 주목했다. 부유층이 다른 모든 사람들보다 높은 세율의 세금을 낸다는 '누진'〔progressive. '진보적인'이라는 뜻도 있다〕소득세라는 사고는 이제 거의 폐기처분됐다.

1978~1990년 사이에 통과된 모든 조세법안의 결과, 『포브스 매거진*Forbes Magazine*』이 전국에서 가장 부유한 기업으로 선정한 '포브스 선정 400대 기업 Forbes 400'의 순 가치는 3배로 늘어났다. 정부 세입에서 약 700억 달러가 사라짐에 따라 이 13년 동안 전국 최고부유층 1퍼센트는 1조 달러를 추가로 벌어들였다.

윌리엄 그라이더William Greider가 주목할 만한 저서 『누가 국민들에게 말할 것인가?: 미국 민주주의의 배신*Who Will Tell the People?: The Betrayal of American Democracy*』에서 지적한 것처럼,

> 지금까지 벌어진 사태에 대해 공화당을 비난하면서 민주당이 백악관에 복귀하기만 하면 공평한 과세가 복원될 것이라고 믿는 사람들의 마음을 불안하게

만드는 사실이 있다. 부유층 엘리트들이 처음으로 커다란 승리를 구가하기 시작한 조세정책상의 전환점은 민주당이 권력을 완전히 장악하고 있었던, 그리고 로널드 레이건이 워싱턴에 입성하기 훨씬 전인 1978년에 도래했다는 사실이 그것이다. 민주당의 대다수는 조세 부담에 있어서 이런 거대한 전환의 모든 단계에서 지지를 보냈다.

세기말 수십 년 동안 소득세가 점점 누진적progressive 성격을 잃었을 뿐만 아니라 사회보장세는 점점 더 역진적〔regressive. '퇴보적'이라는 뜻도 있다〕으로 바뀌었다. 즉 빈민 및 중간계급의 급여에서 점점 더 많은 세금이 공제되는 한편 연봉이 4만 2,000달러에 이르면 더 이상 공제되지 않았던 것이다. 1990년대 초반에 이르면, 연 3만 7,800달러를 벌어들이는 중간소득 가구의 경우 소득의 7.65퍼센트를 사회보장세로 납부했다. 그보다 10배인 37만 8,000달러를 벌어들이는 가구의 경우에는 소득의 1.46퍼센트를 사회보장세로 납부했다.

이처럼 급여 공제 세금이 높아진 결과, 전체 임금소득자의 4분의 3이 매년 소득세보다 사회보장세를 더 많이 납부하게 되었다. 이른바 노동계급의 정당이라는 민주당으로서는 당혹스럽게도, 더 많은 급여 공제 세금이 지미 카터 행정부 아래 추진되었다.

양당 제도 아래서는 두 당 모두 여론을 무시할 경우 유권자들은 호소할 곳이 전혀 없다. 그리고 조세의 문제에 있어서는 미국 시민들이 진정으로 누진적인 세금을 바란다는 사실이 분명했다. 최고부유층에 대한 과세율이 90퍼센트에 이른 제2차 세계대전 직후에 행해진 한 갤럽 여론조사에 따르면, 국민의 85퍼센트가 연방의 조세법률을 '공정하다'고 생각했다고 윌리엄 그라이더는 지적했다. 그러나 민주당과 공화당이 그 모든 조세 '개혁'을 실시한 뒤인 1984년에 국세청이 실시한 여론조사는 응답자의 80퍼센트가 "현재의 조세체계는 부유층에 유리하고 평범한 노동대중에게는 불공정하다"라는 내용에 동의했음을 보여줬다.

레이건 집권기 후반에 이르러 미국의 빈부격차는 극적으로 증대됐다. 1980년에 기업 최고경영자(CEO)들이 평균적인 공장 노동자의 40배에 달하는 급여를 받았던 데 비해 1989년에는 그 수치가 93배에 이르렀다. 1977~1989년에 이르는 기간 동안 최고부유층 1퍼센트는 세금을 포함한 소득이 77퍼센트나 증가했다. 한편 하위 5분의 2의 국민들의 경우에는 전혀 증가가 없었고 실제로 약간 하강했다.

또한 부유층에 유리한 과세구조상의 변화 때문에 1981~1990년 동안 최고부유층 1퍼센트는 세금을 공제한 소득이 87퍼센트 증가했다. 같은 기간에 하위 5분의 4에 해당하는 국민들은 세금을 공제한 소득이 5퍼센트 하락(최하층의 경우)하거나 8.6퍼센트 증가하는 데 그쳤다.

하위 집단의 모든 사람들은 생활수준의 하락을 겪었고, 그 가운데서도 흑인, 히스패닉, 여성, 젊은층이 특히 심각한 타격을 입었다. 레이건과 부시 집권기에 이루어진 저소득 계층의 전반적인 빈곤화는 경제적인 자원이 부족하고 고용상의 인종차별을 겪고 있던 흑인 가구에 가장 큰 충격을 줬다. 민권운동의 승리로 일부 아프리카계 미국인들에게 기회가 제공되기는 했지만, 나머지 대부분은 훨씬 뒤처지게 됐다.

1980년대 말에 이르러 아프리카계 미국인 가구 가운데 적어도 3분의 1이 공식적인 빈곤선 아래로 추락했고, 흑인의 실업률은 젊은 흑인들의 실업률이 30에서 40퍼센트에 달하는 가운데 백인 실업률의 2.5배로 고정된 듯 보였다. 흑인의 평균수명은 여전히 백인에 비해 적어도 10년가량 짧았다. 디트로이트와 워싱턴, 볼티모어에서는 흑인 유아의 사망률이 자메이카나 코스타리카보다도 높았다.

워싱턴D.C.의 흑인 빈민가

국가 수도인 워싱턴D.C.에서 아프리카계 미국인은 오래 전부터 다수를 차지했으나 이 나라의 입법가들은 이 도시에서 흑인들이 겪는 차별과 빈곤, 불이익을 방관하기만 했다.

빈곤으로 가정이 해체됨에 따라 가정폭력과 길거리범죄, 마약중독이 늘어났다. 연방정부의 대리석 건물들에서 걸어갈 수 있는 거리에 흑인 빈민이 밀집해 살고 있던 워싱턴D.C.에서는 18세에서 35세 사이의 젊은 흑인 남성 가운데 42퍼센트가 투옥 중이거나 보호관찰 또는 가석방 상태에 있었다. 정치인들은 흑인의 높은 범죄율을 빈곤의 종식이 필요하다는 좌시할 수 없는 요구로 보는 대신에 더 많은 감옥을 짓자고 호소하는 데 이용했다.

브라운 대 교육위원회 사건에 대한 1954년의 대법원 판결은 학교에서의 인종분리를 철폐하는 과정에 착수한 바 있었다. 그러나 흑인 어린이들은 가난 때문에 게토를 벗어날 수 없었고, 전국 각지의 많은 학교들은 여전히 인종과 계급에 따라 분리되어 있었다. 1970년대의 대법원 판결은 가난한 학군과 부유한 학군에 대해 공평한 기금을 할당할 필요가 없으며(샌앤토니오 인디펜던트 학군 대 로드리게스 판결San Antonio Independent School District v. Rodriguez) 부유층이 사는 교외와 도심 빈민가 사이에 통학버스를 이용한 학교 인종통합을 실시할 필요가 없다(밀리컨 대 브래들리 판결Milliken v. Bradley)고 선언했다.

자유기업과 자유방임의 신봉자들이 보기에 가난한 사람들이란 일을 하지 않아 아무것도 생산하지 못하는 사람들이었으며, 따라서 빈곤은 그들 자신의 책임이었다. 그들은 아이를 도맡아 키우는 여성들이 실제로 매우 열심히 일한다는 사실을 무시했다. 또 그들은 왜 어린아이들이 자기가 가진 노동기술을 보여줄 만큼 나이가 들기도 전에 빈민 가정에서 자라나는 형벌—때로는 사형에까지 이르는 형벌—을 받아야 하는지 묻지 않았다.

역설적이게도, 레이건 집권기를 분석하면서 이렇게 말한 사람은 공화당의 케빈 필립스였다. "생산적인 일을 하는 사람들에게 점점 더 적은 부가 돌아가고 있었다. …… 변호사에서 회계사에 이르기까지 사회를 경제, 법, 문화적으로 조작하는 사람들에게 압도적인 보수가 주어지고 있었던 것이다."

1980년대 중반에 워싱턴에서 대규모 스캔들이 모습을 드러내기 시작했다. 카터 행정부에서 시작되어 레이건 집권기까지 계속된 저축대부조합savings and loan banks의 탈규제화는 은행들의 자산을 고갈시킨 모험적인 투자로 귀결됐고, 결국 은행들은 정부 보증하에 예금주들에게 수십억 달러의 빚을 지게 된 것이었다.

시간이 지나면서 문제는 더 드러나지 않았지만, 예금주들의 예금을 지불하고 이들 은행을 구제하는 데 점점 더 많은 돈이 필요하게 됐다. 총액이 2억 달러에 달하기 시작했다. 1988년 대통령 선거운동 시기에 민주당 후보 마이클 듀카키스Michael Dukakis는 공화당 행정부의 잘못을 지적하지 못했는데, 민주당 하원의원들이 이런 사태를 야기하고 은폐하는 데 깊숙이 관여했기 때문이었다. 결국 유권자들은 여전히 사태를 알지 못했다.

한때 아이젠하워 대통령은 국고에서 막대한 금액을 방위비에 쏟아 붓는 것은 인간의 생필품을 '도둑질'하는 행위라고 지적한 바 있었다. 그러나 민주당이 공화당과 앞서거니 뒤서거니 하면서 자신들이 얼마나 '강경'한지를 유권자들에게 보여주려고 노력함에 따라 두 당 모두 막대한 방위비를 받아들였다.

지미 카터는 대통령 재임 당시 100억 달러의 국방예산 증액을 제안함으로써 아이젠하워가 묘사한 바로 그런 행위를 행동에 옮겼다. 트루먼에서 레이건, 부시에 이르기까지 민주당과 공화당은 둘 다 제2차 세계대전 이후의 엄청난 국방예산을 압도적으로 승인했다.

핵무기와 비핵무기를 증강하는 데 수조 달러를 지출하는 것은 역시 군사력을 증강하고 있던 소련이 서유럽을 침공할지도 모른다는 두려움으로 정당화됐다. 그러나 소련 대사를 역임한 냉전 이론가인 조지 케넌George Kennan은 이런 우려가 실제로는 아무 근거도 없는 것이라고 지적했다. 25년 동안 중앙정보국에서 근무하면서 대소련 첩보공작 국장을 지내기도 했던 해리 로지츠키

Harry Rositzke는 1980년대에 이렇게 쓴 바 있다. "정부를 위해 일한 내내, 그리고 그 이후에도 나는 서유럽을 침공하거나 미국을 공격하는 게 소련 측에 얼마나 이익이 되는지를 보여주는 정보부의 평가를 본 적이 한번도 없다."

그러나 국민들의 가슴속에 그런 두려움을 심어 주는 것은 무시무시한 무기들을 남아돌 만큼 구축해야 한다고 주장하는 데 유용했다. 가령 수백 발의 핵탄두를 발사할 수 있는 트라이던트Trident 잠수함 한 대의 가격은 15억 달러였다. 이 잠수함은 핵전쟁이 아니면 전혀 쓸모없는 것이었으며, 설령 핵전쟁이 벌어지는 경우에도 이미 존재하는 수만 기의 핵탄두에 기껏해야 몇 백 기를 더하는 것이었다. 이 15억 달러면 전 세계 어린이를 치명적인 질병으로부터 보호하는 5년짜리 예방주사 프로그램을 실시, 500만 명을 죽음으로부터 구할 수 있었다(루스 시바드Ruth Sivard, 『세계 군사 · 사회 지출 *1987~1988World Military and Social Expenditures 1987~1988*』).

1980년대 중반, 국방부를 위해 연구를 수행하는 랜드연구소의 한 분석가가 인터뷰에 응하는 과정에서 드물게도 솔직한 발언을 했다. 엄청난 수의 무기가 군사적인 견지에서는 전혀 불필요하고 오직 국내와 해외에서 어떤 이미지를 전파하는 데에만 유용하다는 것이었다.

> 만약 대통령이 강력하고 국방장관이 강력하다면, 그들은 이따금 하원에 출석해서 이렇게 말하곤 합니다. "우리는 이제 막 필요한 수준을 구축하려 하고 있을 뿐입니다……. 그리고 만약 소련 측이 두 배를 구축한다면, 아니 그런 일은 없을 겁니다." 하지만 이렇게 된다면 정치적 불안이 야기될 것입니다……. 따라서 〔무기〕경쟁의 객관적인 중요성이 …… 모호하다손 치더라도 우리가 여전히 뛰어난 경쟁자가 되어야 한다고 고집하는 것은 국제적인 인식뿐만 아니라 우리나라의 국내적 안정을 위해서도 좋은 일입니다.

1984년 중앙정보국은 자신들이 지금까지 소련의 군사지출을 과장해 왔다고, 즉 1975년 이래 소련의 군사지출이 실제로는 연간 2퍼센트씩 증가했지만 4에서 5퍼센트씩 증가했다고 주장해 왔다고 시인했다. 결국 그릇된 정보, 아니 심지어 기만을 통해 군사지출을 부풀린 것이었다.

레이건 행정부가 특히 선호한 군사 프로그램 가운데 하나인 '별들의 전쟁〔Star Wars. 전략방위구상Strategic Defense Initiative(SDI)의 속칭〕' 프로그램은 공중에서 적의 핵미사일을 저지하기 위해 우주공간에 방패막을 구축한다는 미명 아래 수십억 달러를 소비했다. 그러나 이 기술은 처음 세 차례의 실험이 모두 실패로 끝났다. 프로그램에 대한 정부 예산 지출이 위태롭게 된 가운데 네 번째 실험이 수행됐다. 이번에도 역시 실패로 돌아갔지만, 레이건 행정부의 국방장관 캐스퍼 와인버거Caspar Weinberger는 실험이 성공한 것으로 결과를 날조할 수 있도록 승인했다.

소련의 해체가 시작되어 귀에 익은 '소련의 위협'이 이제 더 이상 존재하지 않던 1989년에 이르러 국방예산은 다소 삭감됐지만, 민주당과 공화당이 모두 지지하는 가운데 여전히 막대한 규모를 유지했다. 1992년에 하원 군사위원회 위원장인 민주당의 레스 애스핀Les Aspin은 새로운 국제상황을 고려하면서 국방예산을 2,810억 달러에서 2,750억 달러로 2퍼센트 삭감할 것을 제안했다.

민주당과 공화당 모두 국방예산의 소규모 삭감을 지지하던 같은 해에 내셔널프레스클럽National Press Club에서 실시한 여론조사를 보면, 미국 유권자의 59퍼센트는 앞으로 5년 동안 현재의 방위비 지출을 절반으로 삭감해 줄 것을 희망했다.

민주당과 공화당 모두 국방예산이 계속해서 높은 수준으로 유지되어야 한다고 시민들을 설득하는 데 실패했던 것으로 보인다. 그러나 두 당은 이른바 자신들이 대표한다는 국민 대중을 계속해서 무시했다. 1992년 여름, 민주당과 공화당 하원의원들은 국방예산에서 인간적인 삶이라는 기본적 필요로 자금을 전환하는 데 반대표를 던졌고, 이제 누구나 소련의 공격이라는 위험 — 과거에도 이런 위험이 있었는지는 의문스럽지만 — 으로부터 벗어났다고 생각한 유럽을 '방어'하기 위해 1,200억 달러를 소비하기로 의결했다.

민주당과 공화당은 오랫동안 '양당 제휴의 대외정책'에 힘을 합쳐 왔지만, 레이건과 부시 집권기에 미국 정부는 해외에서 군사력을 행사하는 데 있어 특별히 공격적인 태도를 보여줬다. 때로는 직접적인 침공을 통해, 때로는 미국과 협력하는 우익 전제정에 대한 공공연하거나 은밀한 지지를 통해서.

레이건은 대중적인 산디니스타Sandinista 운동(1920년대의 혁명 영웅 아우구스토 산디노Augusto Sandino의 이름을 딴 것이다)이 (미국이 오랫동안 지지해 온) 부패한 소모사 왕조를 전복시킨 니카라과 혁명 직후에 대통령에 취임했다. 맑스주의자들과 좌익 사제들, 여러 부류의 민족주의자들의 연합인 산디니스타는 농민들에게 더 많은 땅을 주고 가난한 사람들에게 교육과 의료를 제공하는 데 착수했다.

이를 '공산주의'의 위협이라고 본, 아니 더욱 중요하게는 중앙아메리카 각국 정부에 대한 미국의 오랜 지배에 대한 도전이라고 본 레이건 행정부는 즉시 산디니스타 정부를 전복하기 위한 작업에 착수했다. 레이건 정부는 중앙정보국을 동원, 소모사 치하에서 악명높은 국가방위군National Guard 지도자를 지냈던 인물들을 중심으로 반혁명군('콘트라 반군contras')을 조직함으로써 은밀한 전쟁을 벌였다.

니카라과 국내에서는 대중적 지지를 전혀 받지 못했던 콘트라 반군은 미국이 지배하는 아주 가난한 나라인 인접국 온두라스에 근거지를 뒀다. 콘트라 반군은 온두라스에서 국경을 넘나들면서 농장과 마을을 습격하고 남자와 여자, 어린이들을 살해하는 등 잔학행위를 벌였다. 콘트라 반군의 대령이었던 에드가르 차모로Edgar Chamorro는 국제사법재판소〔World Court. 정식 명칭은 International Court of Justice〕에 출석, 이렇게 증언했다.

> 우리가 산디니스타를 물리칠 수 있는 길은 기관〔미 중앙정보국(지은이)〕이 다른 나라의 공산당 폭동에서 사용한 전술, 즉 살해, 납치, 약탈, 고문 등의 전술뿐이라는 말을 들었습니다……. 많은 민간인들이 냉혹하게 살해됐습니다. 다른 많은 민간인들도 고문, 사지절단, 강간, 약탈 등의 학대를 받았습니다……. 반혁명군에 가담했을 때 …… 나는 그것이 니카라과인들의 조직이 되기를 바랐습니다……. 결국 〔그것은(지은이)〕 미국 정부의 도구에 불과하다는 사실이 밝혀졌습니다…….

미국이 니카라과에서 비밀리에 행동을 벌인 데는 이유가 있었다. 각종 여론조사 결과는 미국인들이 이 나라에 대한 군사적 개입에 반대하고 있음을 보여줬다. 1984년 중앙정보국은 자신의 개입을 숨기기 위해 라틴아메리카 요원들을 동원해서 니카라과 항구들에 선박을 폭파하기 위한 기뢰를 설치했다. 이 정보가 새나갔을 때, 국방장관 와인버거는 ABC 뉴스와의 인터뷰에서 이렇게 말했다. "미국은 니카라과 항구들에 기뢰를 설치하고 있지 않습니다."

그해 말, 아마도 베트남 전쟁의 기억과 여론 때문이었겠지만, 하원은 미국이 "직접적이든 간접적이든, 군사적이든 준군사적이든 니카라과에서 작전을 벌이는 것"을 금지하는 법안을 통과시켰다. 레이건 행정부는 이 법률을 무시하기로 결정하고는 "제3국의 지원"을 통해 콘트라 반군에 비밀리에 자금을 제공할 방법을 찾았다. 레이건이 직접 사우디아라비아에 자금 제공을 권유, 적어도 3,200만 달러를 얻어냈다. 또한 미국에 우호적인 과테말라의 독재정권을 이용해서 콘트라 반군에게 비밀리에 무기를 전달했다. 미국의 원조에 의존하는 나라로 항상 지원을 요구할 수 있는 이스라엘 역시 동원됐다.

1986년에 베이루트에서 발간되는 한 잡지에 실린 기사가 센세이션을 불러일으켰다. 미국이 (적성국으로 간주되는) 이란에 무기를 판매했고, 그 대가로 이란은 레바논의 과격파 회교도들에 의해 억류되어 있던 인질을 석방하기로 약속했으며, 미국은 이 무기 판매로 생긴 수익금을 콘트라 반군에 제공, 무기를 구입하게 했다는 내용이었다.

1986년 11월에 열린 한 기자회견에서 이에 관해 질문을 받은 레이건 대통령은 네 가지 거짓말을 했다. 이란에 선적한 무기래 봤자 대전차 미사일 몇 기에 불과했다(실제로는 2,000기였다), 미국은 제3국에 의한 무기 선적을 묵인하지 않았다, 무기와 인질을 맞바꾸지 않았다, 이 거래의 목적은 이란 온건파와의 대화를 진척시키기 위한 것이었다라고 레이건은 말했다. 실제로는 그 목적은 두 가지였다. 인질을 석방하겠다는 약속을 받아내고 실제로 인질의 석방을 이끌어내는 것과 콘트라 반군을 돕는 것이었다.

그에 앞선 10월에 콘트라 반군에 무기를 전달하기 위해 싣고 가던 수송기 한 대가 니카라과의 포격에 격추되어 미국인 조종사가 생포되면서 거짓말은 더욱 증폭됐다. 국무차관보 엘리어트 에이브럼스Ellion Abrams는 거짓말을 했다. 국무장관 슐츠George Shultz 역시 거짓말을 했다("미국 정부와는 아무런 관련이 없습니다."). 생포된 조종사가 중앙정보국 요원이라는 증거가 속속 밝혀졌다.

이란-콘트라 스캔들 전체가 미국의 기존 체제가 갖고 있던 이중적인 방어선을 보여주는 완벽한 사례가 됐다. 첫 번째 방어선은 진실을 부인하는 것이다. 만약 진실이 폭로될 경우 두 번째 방어선은 조사는 하되 너무 깊숙이 조사하지는 않는 것이다. 언론은 사건을 공표하기는 하지만 문제의 핵심에까지 다다르지는 않을 것이다.

스캔들이 만천하에 공개되기는 했지만, 하원 조사위원회나 언론, 또는 콘트라 반군 지원 작전을 총괄지휘했던 올리버 노스Oliver North 대령에 대한 재판 모두 가장 핵심적인 질문은 제기하지 않았다. 미국의 대외정책은 도대체 무엇인가? 어떻게 대통령과 그의 참모들이, 그 정부가 어떤 잘못을 했든 간에, 그 나라 국민들은 미국이 오랫동안 지지했던 끔찍한 정부들에 비해 커다란 진전이라고 환영했던 정부를 전복하기 위해 중앙아메리카의 테러집단을 지원할 수 있는가? 이 스캔들은 민주주의와 언론의 자유, 열린 사회에 관해 우리에게 무엇을 말해 주는가?

'콘트라게이트contragate' 스캔들의 전모가 낱낱이 공개됐지만, 여론의 세밀한 검토를 전혀 받지 않고 일단의 소수 인사들이 비밀리에 행동을 벌임으로써 야기된 민주주의의 부식腐蝕이나 정부의 비밀스러운 활동에 대한 강력한 비판은 전혀 제기되지 않았다. 높은 수준의 교육과 정보를 자랑하는 나라에서 언론은 계속해서 가장 피상적인 정보만을 대중에게 제공했던 것이다.

민주당의 지도적 인사인 조지아 출신 상원의원 샘 넌Sam Nunn은 조사가 진행되는 와중에 "우리 모두는 대통령이 대외정책에 있어서 신뢰를 회복할 수 있도록 도와주어야 합니다"라고 언급함으로써 이 사건을 비판하는 민주당의 한계를 생생하게 보여줬다.

레이건의 대외정보자문위원회 위원이었던 하버드 대학 교수 제임스 O. 윌슨James O. Wilson이 개탄한 것처럼, 몇몇 민주당원들은 비판적이었다. 윌슨은 (전체주의 국가의 일당 체제와 마찬가지인) '양당 합의' 시절을 향수에 젖어 회상했다. 그는 무엇보다도 "강대국처럼 행동할 수 있는 결단력의 부재"를 우려했다.

레이건 대통령과 부시 부통령이 이른바 이란-콘트라 스캔들에 연루됐음이 점차 분명해졌다. 그러나 백악관 참모진은 두 사람의 관련성을 용의주도하게 은폐했다. 이것은 고위 관리가 부하직원들을 방패막이 삼아 자신의 관련성을 그럴듯하게 부인할 수 있는 정부의 익숙한 수단인 '그럴듯한 부인plausible denial'을 생생하게 보여준 사례였다. 텍사스 출신 하원의원 헨리 곤살레스Henry Gonzalez가 제출한 레이건 탄핵안은 하원에서 신속하게 제지됐다.

레이건과 부시 모두 기소되지 않았다. 하원 위원회는 그들 대신 아랫사람인 범죄자들을 증언석에 세웠고 그 중 일부를 기소했다. 한 명(레이건의 국가안보보좌관을 지낸 로버트 맥팔레인Robert McFarlane)은 자살을 기도했다. 또 다른 한 명인 올리버 노스 대령은 의회에서 위증한 혐의로 재판을 받아 유죄를 평결받았지만 징역형을 선고받지는 않았다. 레이건은 평화롭게 퇴임했고 부시가 그 뒤를 이어 미국 대통령 자리에 올랐다.

역설적이게도, 인디애나 주의 오든Odon이라는 작은 마을에 사는 무명의 시민이 이란-콘트라 스캔들을 둘러싼 논쟁에서 중심적인 인물이 됐다. 한때 성직자였던 빌 브리던Bill Breeden이라는 이 젊은 남자는 부인과 두 아이와 숲속에 티피를 짓고 살면서 아이들을 학교에 보내지 않고 집에서 가르치고 있었다. 브리던의 고향인 오든은 맥팔레인의 후임자로 레이건의 국가안보보좌관이 된 인물로서 이란-콘트라 스캔들의 불법적인 활동에 깊숙이 관여했던 해군 제독 존 포인덱스터John Poindexter의 고향이기도 했다.

어느 날 빌 브리던은 마을의 한 거리가 '고장 출신 소년'의 이름을 따서 '존 포인덱스터 거리'로 이름이 바뀐 것을 알게 됐다. 평화주의자이자 미국의 대외정책 비판자인 브리던은 정부의 부도덕한 행동에 대한 찬양에 분개해서 거리 표지판을 훔쳤다. 브리던은 자신이 표지판을 가지고 있으며 표지판의 '몸값'—콘트라 반군에 무기를 전달한 대가로 이란에 준 액수인 3,000만 달러—을 요구한다고 발표했다.

체포되어 재판에 회부된 브리던은 며칠 동안 구류를 살았다. 결국 이란-콘트라 스캔들로 인해 투옥된 사람은 빌 브리던이 유일했다.

이란-콘트라 스캔들은 미국 정부가 자국 법률을 위반하면서 대외정책에서 모종의 바람직한 목표를 추구한 수많은 사례 가운데 하나에 불과했다.

베트남 전쟁이 막바지로 치닫던 1973년, 하원은 인도차이나에서 무자비하게 행사된 대통령의 권한을 제한하기 위해 전쟁권한법War Powers Act을 통과시켰다.

"대통령은 미국 군대가 전쟁 행위에 착수하거나 정황상 명백히 전쟁 행위에 관여할 것이 임박한 상황에 들어서기에 앞서 가능한 모든 경우에 하원의 의견을 물어야 한다."

이 법이 통과된 직후 제럴드 포드 대통령은 미국 상선인 매이어게스 호 선원들의 일시 억류에 보복하기 위해 캄보디아의 한 섬을 침공하고 마을 한 곳을 폭격하라고 명령했다. 포드는 공격 명령을 내리기 전에 하원의 의견을 묻지 않았다.

1982년 가을, 레이건 대통령은 내전이 한창 고조되고 있던 레바논에 해병대를 파견함으로써 전쟁권한법의 규정을 또 다시 무시했다. 이듬해, 테러리스트들이 레바논 주둔 해병대 막사에 폭탄을 터뜨림으로써 200명이 넘는 해병대원이 목숨을 잃었다.

그 직후인 1983년 10월, 레이건은 카리브 해의 작은 섬나라 그레나다에 미군을 파병했다(일부 분석가들은 이를 두고 레바논의 재앙으로부터 관심을 돌리기 위한 시도였다는 결론을 내렸다). 하원에 통보를 하기는 했지만 의견은 묻지 않았다. 미국 국민들에게 제시된 침공(공식 명칭은 '절박한 분노 작전Operation Urgent Fury'이었다) 이유는 그레나다에서 최근 쿠데타가 일어나 미국 시민들(이 섬에 있는 한 의과대학 학생들)이 위험에 처하게 됐고, 동카리브

해국가기구Organization of Eastern Caribbean States에서 미국 측에 긴급한 개입을 요청했다는 것이었다.

『뉴욕타임스』 1983년 10월 29일자에 실린 보기 드문 신랄한 기사에서 통신원 버나드 그워츠먼Bernard Gwertzman은 이런 이유의 허구를 낱낱이 폭로했다.

> 지난 주 일요일 동카리브해국가기구가 미국을 비롯한 우방국들의 군사적 지원을 바란다는 공식적인 요청을 발표하게 된 경위는 미국의 요구에 따른 것이었다. 미국은 이 기구의 조약에 규정된 대로 개입 요청을 받았다는 증거를 보여주고 싶었던 것이다. 그러나 공식적인 요청이라는 표현은 워싱턴에서 직접 고안해서 특사를 통해 카리브 해 지역 국가지도자들에게 전달한 것이었다. 미군 함대가 그레나다로 향하는 것을 본 쿠바와 그레나다는 미국인 학생들의 안전을 약속하면서 침공하지 말 것을 촉구하는 긴급 전문을 보냈다……. 미국 정부가 미국인들을 평화롭게 철수시키기 위해 단호한 노력을 했다는 증거는 전무하다……. 정부 관료들은 그레나다 당국과 협상을 하려는 의도가 전혀 없었다고 인정했다……. 대통령은 "우리는 제때에 그곳에 도착했다"고 말했다……. 이 분쟁의 주된 쟁점은 과연 그 섬의 미국인들이 침공을 정당화할 만큼 중대한 위험에 처해 있었는가 하는 점이다. 어떤 관리도 미국인들이 학대를 받았다거나 그레나다를 떠나고 싶었는데도 떠날 수 없었다는 확고한 증거를 제시하지 못했다.

한 고위 관료가 그워츠먼에게 말한 바에 따르면, 침공의 실제 이유는 미국이 스스로 (베트남 전쟁으로 인한 패배감을 결연하게 극복한) 진정한 강대국임을 보여주고 싶어했다는 사실이었다. "한번도 직접 사용하지 않는다면, 기동연습과 무력과시가 도대체 무슨 소용이 있겠습니까?"

특히 카리브 해 지역의 경우 미국의 군사개입과 자본주의 투기열풍의 증진 간의 연관은 항상 노골적이었다. 군사침공이 있은 지 8년 뒤에 『월스트리트저널』(1991년 10월 29일자)에 실린 한 기사는 그레나다 침공을 일컬어 "은행들의 침공"이라고 이름 붙이면서, 그레나다의 수도인 인구 7,500명의 세인트조지스St. George's에 외국 은행이 118개가 있어 주민 64명당 한 명꼴이라고 지적했다. "세인트조지스는 카리브 해의 카사블랑카가 됐으니, 돈세탁과 탈세, 다양한 금융사기의 피난처로 급속하게 성장하고 있는 것이다……."

여러 나라에 대한 미국의 군사개입을 연구한 정치학자 스티븐 샬롬Stephen Shalom(『제국의 알리바이*Imperial Ailbis*』)은, 침공당한 나라의 국민이 죽어간 이유는 "미국이 개입하지 않았다면 오히려 훨씬 더 안전했을 해당 국가 거주 미국인들의 생명을 구하기 위해서가 아니라, 워싱턴 당국이 카리브 해 지역을 지배하며 자신의 의지를 관철시키기 위해 주기적으로 발작적인 폭력을 행사할 태세가 되어 있음을 분명히 보여주기 위해서였다"고 결론지었다. 샬롬은 이렇게 말을 이었다.

> 미국 시민들이 실제로 위험에 처한 경우도 몇 차례 있었다. 1980년에 엘살바도르에서 정부가 조종하는 암살대[28]에 의해 가톨릭교회 여성 4명이 살해된 것이 한 예이다. 그러나 미국은 엘살바도르에 개입하지도, 해병대를 상륙시키지도, 예방적인 폭격을 가하지도 않았다. 그 대신 워싱턴은 군사 및 경제 원조와

---

28) death squads: 중남미의 군사독재 정권들이 좌파와 노동자, 농민의 저항을 탄압하기 위해 양성한 비밀부대의 총칭으로 저항세력을 납치, 암살하는 데 앞장섰다. 여기서는 로베르토 도뷔송Roberto D'Aubuisson이 주축이 된 엘살바도르 특수첩보대Agencia Nacional de Servicios Especiales de El Salvador를 가리킨다.

군사훈련, 정보 공유, 외교적 지원 등을 통해 암살대 정권을 지원했다.

인구의 2퍼센트가 전체 토지의 60퍼센트를 소유한 엘살바도르에서 미국이 역사적으로 행한 역할은, 절대 다수의 국민이 빈곤으로 내몰리든 말든 간에 미국 기업계의 이익을 지지하는 정부가 집권하도록 보장하는 것이었다. 이처럼 사업환경을 위협하는 민중봉기는 저지해야만 했다. 1932년에 민중봉기가 일어나 군사정부를 위협하자 미국은 순양함 1척과 구축함 2척을 파견해 엘살바도르 정부가 3만 명을 학살하는 동안 인근 해역에서 대기하게 했다.

지미 카터 행정부 역시 이런 역사를 뒤집으려는 노력을 전혀 하지 않았다. 카터 행정부는 라틴아메리카의 개혁을 원했지만 미국 기업계를 위협할지도 모르는 혁명을 원하지는 않았다. 1980년에 국무부의 경제문제 전문가 리처드 쿠퍼Richard Cooper는 하원에 출석한 자리에서 보다 공평한 부의 분배가 바람직하다고 언급했다. "그러나 우리는 또한 경제체제의 지속적인 원활한 작동에 막대한 이해관계를 갖고 있습니다……. 경제체제에 커다란 변화가 일어나면 …… 우리나라의 안녕에도 중대한 영향을 미칠 수 있습니다."

1980년 2월, 엘살바도르 가톨릭 대주교 오스카르 로메로Oscar Romero는 카터 대통령에게 개인적인 서신을 보내 엘살바도르에 대한 군사원조를 중단해 달라고 요청했다. 그 직전에 국가방위군National Guard과 국가경찰National Police이 대주교구 성당 앞에 운집한 시위대에 발포, 24명을 살해한 일이 있었다. 그러나 카터 행정부는 원조를 멈추지 않았다. 다음 달인 3월에 로메로 대주교는 암살당했다.

우익 지도자인 로베르토 도뷔송이 암살을 명령했다는 증거가 쌓여갔다. 그러나 도뷔송은 당시 미 중앙정보국으로부터 매년 9만 달러를 받고 있던 국방차관 니콜라스 카란사Nicolas Carranza의 보호를 받고 있었다. 그리고 역설적이게도 인권 담당 국무차관보였던 엘리어트 에이브럼스는 도뷔송이 "살인에 관여하지 않았다"고 선언했다.

레이건이 대통령 자리에 오르면서 엘살바도르 정부에 대한 군사원조는 급격하게 증대됐다. 1946~1979년 사이에 엘살바도르에 제공된 군사원조는 모두 합해 1,670만 달러였다. 레이건의 임기 첫해에 그 수치는 8,200만 달러로 늘어났다.

엘살바도르에서 벌어지는 학살에 당혹감을 느낀 미국 의회는 엘살바도르에 추가적인 군사원조를 제공하기 전에 인권 향상이 이루어지고 있음을 보증하라고 대통령에게 요구했다. 레이건은 이를 심각하게 받아들이지 않았다. 1982년 1월 28일, 엘살바도르 정부가 여러 마을에서 농민들을 학살했다는 보고서가 발표됐다. 다음날 레이건은 엘살바도르 정부가 인권문제에서 진전을 보이고 있다고 보증했다. 레이건의 발언이 있고 난 3일 뒤, 산살바도르San Salvador의 빈민가에 병사들이 들이닥쳐 20명을 끌고 가서 살해했다.

1983년 말에 하원은 인권문제에 관한 보증 요구를 지속시키는 법안을 통과시켰지만, 레이건은 거부권을 행사했다.

마크 허츠가드Mark Hertgaard가 『무릎을 꿇고*On Bended Knee*』에서 상세하게 기록한 것처럼, 언론들은 레이건 집권기에 특히 소심하고 알랑거리는 태도를 보였다. 언론인 레이먼드 보너Raymond Bonner가 엘살바도르에서 벌어지는 잔학행위와 미국의 역할에 관한 보도를 계속하자, 『뉴욕타임스』는 그를 직위해제시켰다. 일찍이 1981년에 보너는 미국에서 훈련받은 일단의 병사들이 엘모소테El Mozote라는 마을에서 민간인 수백 명을 학살한 사건을 보도한 적이 있었다. 레이건 행정부는 이 보도내용에 코웃음을 쳤지만, 1992년에 법인류학자 팀이 학살 현장에서 대부분 어린이인 유골을 발굴하기 시작했다. 이듬해 유엔의 한 위원회는 엘모소테 학살에 관한 이야기가 진실임을 확인했다.

미국에 '우호적'이기만 하다면 라틴아메리카를 통치하는 군사정부들(과테말라, 엘살바도르, 칠레)에 전혀 개의치 않는 듯 보였던 레이건 행정부는 리비아의 무아마르 카다피Muammar Khadafi 정부처럼 미국에 적대적인 태도를 보이는 폭군들에게는 크게 분노했다. 정체불명의 테러리스트들이 서베를린의 한 디스코텍을 폭발시켜 미군 병사 1명이 사망한 1986년, 백악관은 즉시 보복하기로 결정했다. 카다피는 오랫동안 여러 차례의 테러행위를 조종한 것으로 의심받아 왔지만 이번 사건의 경우에는 그가 배후에 있다는 실질적인 증거가 전혀 없었다.

레이건은 한 건 올리기로 결심했다. 카다피의 관저를 조준하라는 특별명령을 받은 비행기들이 리비아의 수도인 트리폴리 상공으로 날아갔다. 인구가 밀집된 도시에 폭탄이 투하됐다. 트리폴리 주재 외국 외교관들은 100명 정도가 사망한 것으로 추산했다. 카다피는 무사했지만 그의 양녀는 목숨을 잃었다.

스티븐 샬롬(『제국의 알리바이』) 교수는 이 사건을 분석하면서 이렇게 쓰고 있다. "만약 테러리즘을 민간 목표물을 대상으로 자행된 정치적 동기를 띤 폭력으로 정의한다면, 최대의 국제 테러사건 중에서 가장 심각한 것 가운데 하나가 바로 미국의 리비아 공습일 것이다."

조지 부시 집권 초기에 제2차 세계대전 종전 이래 국제정세에서 가장 극적인 발전이 이루어졌다. 미하일 고르바초프라는 역동적인 새로운 지도자가 소련을 지휘하던 1989년, 프롤레타리아에 대한 독재임이 드러난 '프롤레타리아 독재'에 대한 오랫동안 억눌린 불만이 소비에트권 전역에서 분출했다.

소련뿐만 아니라 오랫동안 소련의 지배를 받아 왔던 동유럽 각국에서도 대규모 시위가 벌어졌다. 동독은 서독과 통일을 이루는 데 합의했으며, 자국 시민에 대한 엄격한 통제의 오랜 상징이었던 동독과 서독을 가르는 장벽이 양국 시민들이 미친 듯이 환호하는 가운데 해체됐다. 체코슬로바키아에서는 극작가이자 과거에 정치범이었던 바츨라프 하벨Vaclav Havel이 이끄는 새로운 비非공산당 정부가 들어섰다. 폴란드와 불가리아, 헝가리에서도 새로운 지도부가 등장, 자유와 민주주의를 약속했다. 그리고 놀랍게도, 이 모든 과정은 내전이 벌어지지 않는 가운데 압도적인 대중의 요구에 부응해 일어난 것이었다.

미국에서는 공화당이 레이건의 강경노선과 군사지출의 증대가 소련의 붕괴를 가져왔다고 주장했다. 그러나 변화는 훨씬 이전에 시작된 것으로, 1953년 스탈린의 사망과 특히 니키타 흐루시초프Nikita Khrushchev가 이끄는 지도부가 등장하면서부터 이루어졌다. 당시부터 주목할 만한 공개적인 논의가 시작됐던 것이다.

그러나 소련 대사를 역임한 조지 케넌에 따르면, 미국의 계속된 강경노선은 더 이상의 자유화를 가로막는 장애물이 됐다. "냉전 극단주의의 전반적인 효과는 1980년대 말에 이르러 소련을 압도한 거대한 변화를 촉진시키기보다는 오히려 지연시켰다." 미국의 언론과 정치인들은 소련의 붕괴에 환호성을 질렀지만, 케넌은 미국의 정책이 이런 붕괴를 지연시켰을 뿐만 아니라 미국인들의 끔찍한 희생을 야기하면서 냉전 정책을 수행했다고 지적했다.

> 우리는 어쩌면 전혀 불필요했을지도 모르는 막대한 국방비를 40년 동안 지출하는 대가를 치렀다. 우리는 지구라는 행성 자체를 위협하는 위험물이 될 정도로 무익한 핵무기를 어마어마하게 쌓아올리는(지금도 여전히 남아 있다) 핵무기 양성이라는 대가를 치렀다…….

미국의 정치지도부는 소련의 갑작스러운 붕괴를 맞이할 준비가 전혀 되어 있지 않았다. 막대한 인명손실을 초래한 한국과 베트남, 쿠바와 도미니카공화국에 대한 군사개입, 그리고 전 세계 — 유럽, 아프리카, 라틴아메리카, 중동, 아시아 — 에 대한 어마어마한 규모의 군사원조는 소련으로부터 나오는 공산주의의 위협에 대처하기 위해 필요하다는 가정 아래 이루어진 것이었다. 미국 시민들은 거대한 핵·비핵 무기와 세계 전역의 군사기지를 유지하기 위해 세금이라는 형태로 수조 달러를 지불해 왔었다 — 이 모든 것이 무엇보다도 '소련의 위협'으로 정당화됐던 것이다.

이제 미국은 대외정책을 재구성하고 매년 수천억 달러의 자금을 건설적이고 건강한 프로젝트를 위해 사용할 수 있는 기회를 맞이하게 됐다.

그러나 이런 일은 일어나지 않았다. "우리가 냉전에서 승리했다"라는 환희와 더불어 새로운 종류의 당혹감이 덮쳐왔다. "우리의 군사적 편제를 유지하기 위해 무엇을 할 수 있는가?"라는.

과거에는 의혹에 불과한 것이었지만, 이제 미국의 대외정책이 단지 소련의 존재에만 근거한 것이 아니라 세계 여러 지역에서 혁명이 일어날지도 모른다는 두려움이 가득한 동기를 갖고 있음이 분명해지게 됐다. 급진적인 사회비평가인 노엄 촘스키(『신세계질서와 구세계질서*World Orders Old and New*』)는 "안보에 대한 호소는 대부분 사기극에 불과한 것으로서, 독립을 요구하는 민족주의 — 유럽이든 일본이든 제3세계든 — 에 대한 억압을 정당화하기 위한 수단으로 냉전이라는 틀을 채택한 것"이라고 오래 전부터 주장하고 있었다.

"독립을 요구하는 민족주의"에 대한 두려움이란 이로 인해 미국의 강력한 경제적 이해가 위태롭게 될지도 모른다는 것이었다. 니카라과나 쿠바, 엘살바도르, 칠레 등의 혁명은 유나이티드 청과회사와 애나콘다 구리회사, 인터내셔널 전신전화회사 등의 기업에 위협이 됐다. 따라서 '국익을 위한 것'이라고 국민들에게 제시된 해외 개입은 실제로는 특수한 이익을 위해 수행된 것이었고, 미국 국민들은 이를 위해 자기 아들들과 세금을 희생시킬 것을 요구받았다.

중앙정보국은 이제 자신의 존재가 여전히 필요함을 입증해야 했다. 『뉴욕타임스』(1992년 2월 4일자)는 "수십억 달러에 달하는 인공위성과 산더미 같은 기밀 서류를 가진 중앙정보국과 소수의 자매기관들은 냉전의 적이 사라진 세계에서 미국인들의 머릿속에서 어쨌든 여전히 필요한 존재로 남아야 한다"고 단언했다.

국방예산 역시 어마어마한 수준을 유지했다. 3,000억 달러의 냉전 예산은 2,800억 달러로 7퍼센트 삭감됐다. 합참의장 콜린 파월Colin Powell은 이렇게 말했다. "나는 세계 다른 나라들을 겁주고 싶습니다. 이 말은 호전적인 게 아닙니다."

거대한 군사적 편제가 여전히 필요함을 입증이라도 하려는 듯이 부시 행정부는 집권 4년 동안 두 차례의 전쟁을 벌였다. 파나마를 상대로 한 '소규모' 전쟁과 이라크에 대한 대규모 전쟁이 그것이었다.

1989년에 대통령에 취임한 조지 부시는 파나마 독재자 마누엘 노리에가Manuel Noriega 장군이 새롭게 도전적인 태도를 취하는 데 당황했다. 노리에가 정권은 부패하고 야만적이며 권위적이었지만, 레이건 대통령과 부시 부통령은 그가 미국에 도움이 되기 때문에 이를 못본 체했다. 노리에가는 니카라과의 산디니스타 정부를 상대로 작전을 벌이는 기지로 파나마를 제공하고 올리버 노스 대령과 만나 니카라과의 파괴공작 목표물을 논의하는 등 여러 가지 방식으로 중앙정보국과 협조했다. 부시는 1976~1977년에 중앙정보국장을 지낼 당시 노리에가를 비호했다.

그러나 1987년에 이르자 노리에가의 유용성은 수명을 다했고 그의 마약거래 활동이 공개적으로 드러났으며, 카스트로 정권이나 산디니스타, 또는 엘살바도르의 혁명운동을 파괴할 능력이 없다는 점이 만천하에 드러났다.

그럼에도 카리브 해 지역에 대한 지배권을 재확인하기를 원했던 미국 행정부에게 그는 편리한 표적이 됐다.

1989년 12월, 미국은 노리에가를 마약밀매범으로 법정에 세우기를 원하며(그는 플로리다에서 마약 밀매 혐의로 기소됐다) 또한 미국 시민을 보호할 필요가 있다(한 군 관계자와 그의 부인이 파나마 병사들에게 위협을 받은 일이 있었다)고 주장하면서 2만 6,000명의 병력으로 파나마를 침공했다.

전쟁은 신속한 승리로 끝났다. 사로잡힌 노리에가는 플로리다로 이송되어 재판정에 섰다(법정에서 유죄를 선고받은 뒤 교도소로 보내졌다). 그러나 침공 과정에서 파나마시티의 곳곳이 폭격을 당해 수백 명, 아니 수천 명의 민간인이 사망했다. 1만 4,000명이 집을 잃은 것으로 추산됐다. 언론인 마크 허츠가드는 수백 명의 민간인 사상자가 발생했다는 미국 국방부의 공식적인 통계가 정확한 것이라 하더라도, 이것은 미국이 6개월 전에 중국 정부가 베이징 천안문 광장의 학생시위대에 대한 극악무도한 공격으로 살해한 것과 같은 수의 사람들을 파나마에서 죽였음을 의미한다고 지적했다. 파나마에는 미국에 우호적인 신임 대통령이 앉혀졌지만 빈곤과 실업은 여전했고, 1992년에 『뉴욕타임스』는 파나마를 침공하고 노리에가를 제거했지만 "파나마 전역에 불법 마약이 판치는 현실을 억제하는 데는 실패했다"고 보도했다.

그러나 미국은 파나마에 대한 강력한 영향력을 복구시킨다는 목표를 이루는 데는 성공했다. 『뉴욕타임스』의 보도를 계속 들어보자. "〔파나마(지은이)〕 대통령과 그의 핵심 참모들, 그리고 미국 대사 딘 힌튼Deane Hinton은 매주 한 차례 조찬모임을 가졌는데, 파나마인들 대다수는 여기서 여러 중요한 결정이 이루어지는 것으로 보았다."

자유주의 민주당원들(매사추세츠 출신 존 케리John Kerry와 테드 케네디Ted Kennedy를 비롯한 많은 의원들)은 군사행동을 지지한다고 선언했다. 민주당은 대외정책에 있어서는 양당이 제휴한다는 점을 보여주려고 안달을 하면서 군사개입의 지지자라는 자신들의 역사적 역할에 충실했다. 그들은 자신들 역시 공화당만큼 강경하다는(또는 무자비하다는) 것을 보여주려고 결심한 듯 보였다.

그러나 파나마 작전은 레이건과 부시 행정부 모두가 몹시 탐내는 것— 베트남 이래 해외 군사개입에 대한 국민들의 혐오감을 극복하는 것—을 성취하기에는 너무 규모가 작았다.

2년 뒤 이라크를 상대로 한 걸프전이 그런 기회를 제공했다. 사담 후세인의 야만적인 독재 치하에 있던 이라크는 1990년 8월에 작지만 석유가 풍부한 인접국인 쿠웨이트를 점령했다.

당시 조지 부시는 미국 유권자들 사이에서 인기를 고양시키기 위해 뭔가가 필요했다. 『워싱턴포스트』(1990년 10월 16일자)는 「여론조사 결과 국민 지지도 급락: 부시 지지율 대폭락」이라는 전면 머리기사를 실었다. 『워싱턴포스트』(10월 28일자)는 이렇게 보도했다. "공화당의 일부 관측자들조차 대통령이 국내 지지도가 더 이상 떨어지는 것을 막기 위해 전투를 개시할 수밖에 없을 것이라고 우려하고 있다."

10월 30일, 이라크와 전쟁을 벌인다는 비밀 결정이 내려졌다. 유엔은 이라크에 제재조치를 가하는 것으로 쿠웨이트 침공에 대응한 바 있었다. 1990년 가을에 하원의 각종 위원회에 출석한 증인들은 잇따라 제재조치가 효과를 발휘하고 있으며 계속되어야 한다고 증언했다. 중앙정보국이 상원에 출석해서 행한 비밀 증언은 제재의 결과 이라크의 수출입이 90퍼센트 이상 줄어들었다는 사실을 확인해 줬다.

그러나 11월의 선거로 민주당이 하원에서 몇 석을 추가한 뒤, 부시는 페르시아 만의 미군 병력을 2배인 50만으로 증강함으로써 이제 이 지역의 미군이 방어가 아니라 공격을 위한 존재임을 분명하게 만들었다. 『뉴요커*New Yorker*』의 엘리자베스 드루Elizabeth Drew에 따르면, 부시의 보좌관 존 수누누John Sununu는 "단기적이고 성공적인 전쟁은 대통령에게 정치적인 순금純金과도 같은 일이 될 것이고 그의 재선을 보장할 것이라고 사람들에게 말하고 있었다."

역사학자 존 위너Jon Wiener는 그 직후 개전 결정의 국내적 배경을 분석하면서 "부시가 제재를 단념하고 전쟁을 택한 이유는, 그의 시간표가 다가오는 1992년 대통령 선거에 맞춰진 정치적인 원인 때문"이라고 썼다.

그런 이유와 더불어 중동의 석유자원에 대한 지배권을 둘러싸고 결정적인 목소리를 내야 한다는 미국의 오랜 소망이 이라크를 상대로 전쟁을 벌이기로 한 결정의 핵심적인 요인이었다. 전쟁 직후 13개 산유국 대표가 제네바에서 막 회동하려던 순간에 『뉴욕타임스』의 경제담당 특파원은 이렇게 썼다. "이번 군사적 승리 덕분에 미국은 석유수출국기구Organization of Petroleum Exporting countries(OPEC)에 역사상 어떤 선진국보다도 훨씬 강력한 영향력을 행사하게 될 것으로 보인다."

그러나 미국 국민들에게는 이런 동기가 제시되지 않았다. 국민들은 미국이 쿠웨이트를 이라크의 지배로부터 해방시키려 한다고 들었다. 주요 언론들은 이를 전쟁의 이유로 들면서 자세하게 설명했다. 하지만 침략을 받은 다른 나라들의 경우에는 미국이 그런 관심을 보이지 않는다는 사실은 언급하지 않았다(미국 자신이 침략한 나라들 — 그레나다와 파나마 — 은 말할 것도 없고, 인도네시아의 동티모르 침략, 이라크의 이란 침략, 이스라엘의 레바논 침략, 남아공의 모잠비크 침략 등).

전쟁을 정당화한 가장 그럴듯해 보이는 이유는 이라크가 핵폭탄을 개발하고 있다는 것이었지만, 이를 입증하는 증거는 미약하기 그지없었다. 쿠웨이트를 둘러싼 위기 이전에 서방의 정보기관들은 이라크가 핵무기를 구축하는 데 3~10년이 걸릴 것으로 추정했다. 설령 가장 비관적인 추측을 받아들여 이라크가 1, 2년 내에 핵폭탄을 개발할 수 있다고 하더라도, 이라크는 그 핵폭탄을 어디로든 발사할 수 있는 장치를 갖고 있지 않았다. 게다가 이스라엘은 이미 핵무기를 보유하고 있었다. 또 미국은 약 3만 개의 핵무기를 보유하고 있었다. 부시 행정부는 아직 존재하지도 않는 이라크의 핵폭탄을 둘러싸고 국민들의 과대망상을 불러일으키기 위해 온갖 노력을 경주했다.

부시는 전쟁을 벌이기로 결심한 듯했다. 『뉴스데이*Newsday*』의 커뉴트 로이스Knut Royce가 8월 29일에 보도한 이라크의 제안을 비롯해서 침략 직후 이라크가 쿠웨이트로부터 철수하도록 협상할 기회가 수차례 있었다. 그러나 미국은 아무 응답도 하지 않았다. 국무장관 제임스 베이커James Baker가 이라크의 외무장관 타리크 아지즈Tariq Aziz를 만나기 위해 제네바로 향했을 때, 부시가 내린 훈령은 "협상 절대불가"였다.

사담 후세인의 위험성에 관해 워싱턴이 몇 개월 동안 경고를 했음에도, 여론조사는 국민의 절반 이하만이 군사행동을 선호했음을 보여줬다.

1991년 1월, 지지를 받을 필요가 있다고 느낀 게 분명한 부시는 자신에게 개전 권한을 부여할 것을 의회에 요청했다. 이것은 헌법에서 요구하는 선전포고가 아니었다. 그러나 한국 전쟁과 베트남 전쟁 이래 헌법의 규정은 사문화된 듯 보였고, 헌법의 구절을 문자 그대로 진지하게 해석하는 일을 자랑으로 여기던 대법원의 '엄격한 해석자들'조차도 관여하려 하지 않았다.

의회의 토론은 생기가 넘쳤다. (한 상원의원이 발언하던 와중에 2층 관람석의 시위자들이 "석유를 위한 유혈에 반대한다!"라고 외쳐 발언이 중단되는 사태가 있었다. 시위대는 경비원들에 의해 난폭하게 끌려 나갔다.) 부시는 충분한 표를 확신하는 듯했고, 그렇지 않더라도 의회의 승인 없이 침공을 개시할 태세였다. 어쨌든 한국과 베트남, 그레나다, 파나마 등의 경우에 의회와 헌법을 무시한 전례가 있기 때문이었다.

상원에서는 소수만이 군사행동에 표를 던졌다. 하원에서는 이보다 많은 과반수가 결의안을 지지했다. 그러나 일단 부시가 이라크에 대한 공격명령을 내리자, 상하 양원 모두, 공화당뿐만 아니라 민주당도 포함해서 몇 명만이 반대하는 가운데 "전쟁을 지지하고 병력을 지원하기로" 의결했다.

사담 후세인이 쿠웨이트에서 철수하라는 최후통첩을 무시한 뒤인 1991년 1월 중순, 미국은 이라크에 대한 공중전을 개시했다. 사막의 폭풍Desert Storm이라는 명칭의 작전이었다. 정부와 언론은 이라크가 얕잡아 볼 수 없는 군사력을 보유하고 있다는 식으로 그림을 그려댔지만 사실은 그와 거리가 멀었다. 미국의 공군이 공중을 완전히 장악했으므로 마음 내키는 대로 폭격할 수 있었다.

그뿐만 아니라 미국의 관료들은 공중파까지도 사실상 완전히 장악하고 있었다. 국민들은 레이저 유도 폭탄이 군사목표물만을 완벽하게 조준, 폭격한다는 확신에 찬 발언과 텔레비전 화면을 가득 메운 '똑똑한 폭탄smart bomb'에 압도당했다. 전국 주요 방송망들은 이 모든 주장을 아무런 의문이나 비판 없이 제시했다.

민간인에게 해를 가하지 않는다는 '똑똑한 폭탄'에 대한 확신이 아마도 개전을 둘러싸고 반반으로 나뉘어 있던 국민 여론을 85퍼센트가 침공을 지지하는 쪽으로 선회하게 만드는 데 공헌했을 것이다. 국민의 지지를 얻게 된 더 중요한 요인은 일단 미국 군대가 교전에 나서게 되면 일찍이 군사행동에 반대했던 많은 사람들조차 전쟁을 비판하는 것은 전장에 나가 있는 군인들을 배신하는 행위라고 생각했다는 사실이었다. 전국 곳곳에 이라크에 파병된 군인들을 지지하는 상징인 노란 손수건이 내걸렸다.

걸프전

텔레비전에서는 화면을 가득 메운 '똑똑한 폭탄smart bomb'의 발사 장면을 집중해서 보여주고 관리들은 군사 시설만을 공격한다는 확신에 찬 발언을 늘어놓으면서 국민을 기만했다.

사실 미국 국민들은 이라크 마을에 투하되는 폭탄들이 얼마나 '똑똑한지'에 관해 기만당하고 있었다. 전직 정보장교와 공군장교들을 인터뷰한 『보스턴글로브』의 한 통신원은 사막의 폭풍 작전에서 투하된 레이저 유도 폭탄의 40퍼센트 정도가 목표물에서 빗나갔다고 보도했다.

레이건 행정부 시절 해군장관을 지낸 존 레먼John Lehman은 수천 명의 민간인 사상자가 발생했을 것이라고 추정했다. 국방부는 공식적인 민간인 사상자 수치를 밝히지 않았다. 국방부의 한 고위관료는 "솔직히 말하자면 사실 우리는 이 문제에 초점을 맞추고 있지 않습니다"라고 『보스턴글로브』에 털어놓았다.

로이터 통신의 이라크 발 속보는 바그다드 남부의 한 소도시에 있는 73실짜리 호텔이 파괴된 상황을 설명하면서 이집트인 목격자의 말을 인용했다. "폭격기들은 사람들이 가득 투숙해 있는 호텔을 폭격하고는 다시 돌아와서 재차 폭격했습니다." 로이터 통신은 이라크에 대한 공습에서 처음에는 레이저 유도 폭탄을 사용했지만 몇 주 뒤부터는 재래식 폭탄을 탑재한 B-52 폭격기를 동원, 결국 무차별 폭격을 했다고 보도했다.

미국 기자들은 전쟁을 가까이서 관찰할 수 없었고 그들이 작성한 속보는 검열당했다. 베트남 전쟁 당시 민간인 사상자에 관한 언론 보도가 국민여론에 어떤 영향을 미쳤는지를 기억하고 있는 것이 분명한 미국 정부가 이번에는 전혀 기회를 주지 않았다.

『워싱턴포스트』의 한 기자는 정보 통제에 관해 불만을 토로하면서 이렇게 썼다.

> 폭격에는 …… 어마어마한 비非유도 폭탄을 탑재한 채 고高고도를 비행하는 B-52 폭격기들도 참여했다. 그러나 국방부는 B-52 조종사들과의 인터뷰를 허용하지 않았고, 그들의 작전 모습을 담은 비디오를 보여주지도 않았으며, 페르시아 만 지역에 있는 미국과 연합국의 비행기 2,000여 기 가운데 가장 치명적이고 가장 부정확한 폭격기의 작전에 관해서는 어떤 질문에도 답하지 않았다.

2월 중순에는 미군 비행기들이 바그다드 시내 방공호에 새벽 4시에 폭탄을 떨어뜨려 400에서 500명이 사망했다. 현장 접근을 허용받은 몇 안 되는 언론인 가운데 한 명인 AP 통신의 기자는 이렇게 말했다. "발견된 유해는 대부분 알아볼 수 없을 정도로 새카맣게 타고 갈기갈기 찢겨 있었다. 일부는 확실히 어린이의 사체였다." 국방부는 그 방공호가 군사목표물이었다고 말했지만, 현장의 AP 통신 기자는 "잔해를 아무리 뒤져봐도 군인이나 군사 장비는 찾을 수 없었다"라고 말했다. 현장을 살펴본 다른 기자들도 그의 말에 동의했다.

전쟁이 끝난 뒤 워싱턴의 15개 언론사 보도국장들은 공동성명을 발표, 국방부가 걸프전 동안 "미국 언론에 대해 …… 사실상 전면적인 통제"를 가했다고 비난했다.

그러나 다른 한편에서는 주요 텔레비전 뉴스 해설자들이 마치 자신들이 미국 정부를 위해 일하는 사람들인 양 행동하고 있었다. 텔레비전 취재기자 가운데 가장 화면에 많이 나왔을 CBS의 특파원 댄 래더Dan Rather는 레이저 유도 폭탄(미국의 전쟁을 지원하는 영국 폭격기에서 떨어뜨린 것이었다)이 시장을 강타, 민간인들을 살해하는 필름을 배경으로 사우디아라비아에서 보도했다. 래더가 한 유일한 논평은 이러했다. "우리는 사담 후세인이 이 사상자들을 선전도구로 삼을 것이라고 확신할 수 있습니다."

소련 정부가 지상전이 진행되기 전에 이라크를 쿠웨이트로부터 철수시켜 협상을 통해 전쟁을 종식시키려고 노력하자, CBS의 수석 특파원 레슬리 스탈Leslie Stahl은 다른 기자에게 이렇게 물었다. "이렇게 되면 악몽 같은 시나리오 아닙니까? 소련이 우리를 저지하려고 하는 것 아닌가요?"(『보스턴글로브』 1991년 2월 23일자에 실린 텔레비전 담당기자 에드 시걸Ed Siegel의 기사).

개전 6주일 만에 전쟁은 최종단계인 지상전에 다다랐는데, 공중전의 경우처럼 이번에도 사실상 이라크 측의 저항은 전혀 없었다. 승전이 확실해지고 이라크 군대가 완전히 패주하는 가운데서도 미국 폭격기들은 쿠웨이트시티Kuwait City 외곽 고속도로에서 앞뒤가 꽉 막혀 오도 가도 못하는 패잔병들에게 계속 폭격을 가했다. 한 기자는 그 광경을 "불지옥 …… 소름끼치는 증거"라고 묘사했다. "사막 동쪽 끝에서 서쪽 끝까지 도망치던 병사들의 시체로 가득 찼다.”

예일 대학 군사학軍史學 교수 마이클 하워드Michael Howard는 『뉴욕타임스』(1991년 1월 28일자)에 기고한 글에서 군사전략가 클라우제비츠Karl von Clausewitz의 말에 찬성하며 이를 인용했다. “유혈적인 살육이 끔찍한 행위라는 사실로 인해 우리는 전쟁을 더 심각하게 받아들여야 하지만, 그렇다고 해서 이런 사실을 인류애라는 이름 아래 우리의 칼날을 점차 무디게 만드는 구실로 삼아서는 안 된다.” 인용에 뒤이어 하워드는 이렇게 말하기까지 했다. “두 의지 간의 충돌에 있어서 가장 중요한 문제는 여전히 죽이고 죽임을 당할 준비가 되어 있는가 하는 것이다…….”

전쟁이 끝난 뒤 이라크에 대한 폭격으로 기아와 질병이 확산되고 수만 명의 어린이가 목숨을 잃었다는 사실이 밝혀지면서 이 전쟁이 인간에게 야기한 결과는 충격적이리만큼 분명했다. 전쟁 직후 이라크를 찾은 유엔의 한 방문단은 “최근에 벌어진 전쟁 때문에 세계종말을 방불케 할 정도로 기반시설이 파괴됐다……. 현대적인 생존수단 대부분이 파괴되거나 크게 부족해졌다”고 보고했다.

하버드 대학 의료팀은 5월에 발표한 보고서에서 유아사망률이 급격하게 상승했고 전년도 1~4월에 비해 같은 기간(전쟁은 1월 15일에 시작되어 2월 28일까지 지속됐다)에 어린이 사망자가 5만 5,000명 증가했다고 지적했다.

바그다드의 한 소아과병원 원장은 공습 첫날 밤 전기가 끊겼다고 『뉴욕타임스』 기자에게 밝혔다. “어머니들은 인큐베이터에서 아기를 꺼내고 아기들의 팔에서 튜브를 뺐습니다. 다른 환자들도 중환자용 산소텐트oxygen tent에서 나와 난방이 전혀 되지 않는 지하실로 급히 옮겼습니다. 첫 번째 폭격이 있던 12시간 동안 40여 명의 조산아가 사망할 수밖에 없었습니다.”

전쟁이 계속되는 와중에 미국 관리와 언론들은 사담 후세인을 또 다른 히틀러로 묘사했지만 바그다드로 진격하지 않은 채, 후세인은 여전히 권좌에 앉아 있는 채 전쟁은 끝을 맺었다. 미국은 후세인이 약해지기만을 원했을 뿐 이란에 대적하는 균형추로서 필요한 그를 제거하는 것은 원하지 않았다. 걸프전이 있기 전에 미국은 이란과 이라크 모두에 무기를 판매하면서 전통적인 '힘의 균형' 전략의 일환으로 시기에 따라 둘 중 한쪽을 편애했다.

따라서 전쟁이 끝난 뒤에도 미국은 사담 후세인 정권의 전복을 바라는 이라크의 반체제파를 지지하지 않았다. 『뉴욕타임스』 1991년 3월 26일자의 워싱턴 발 속보는 이렇게 보도했다. "오늘 발표된 공식 성명과 개인적인 브리핑에 따르면, 부시 대통령은 이라크가 분열되는 위험을 무릅쓰기보다는 미국의 개입 없이 사담 후세인이 자국 내의 반란을 진압하도록 내버려두기로 결정했다고 한다."

그 결과, 사담 후세인에 맞서 반란을 벌이고 있던 소수민족인 쿠르드족은 의지할 데 없는 상황에 처하게 됐다. 이라크의 다른 반反후세인 세력 역시 공중에 붕 뜨게 됐다. 『워싱턴포스트』(1991년 5월 3일자)는 이렇게 보도했다. "쿠르드족의 반란이 정점에 달한 3월에 이라크 군에서 대규모 탈영사태가 벌어질 태세였지만, 장교들은 미국이 봉기를 지지하지 않을 것이라고 결론을 내림에 따라 이런 사태는 현실화되지 않았다……."

지미 카터의 국가안보보좌관을 지낸 즈비그뉴 브레진스키는 걸프전 종전 한 달 뒤 전쟁의 손익에 대해 냉정한 평가를 내렸다. "이익은 누구도 부인할 수 없을 만큼 인상적이다. 첫째, 뻔뻔스러운 침략행위를 저지하고 응징했다……. 둘째, 앞으로는 전 세계가 미국의 군사력을 더욱 진지하게 고려할 가능성이 높다……. 셋째, 중동과 페르시아 만 지역은 이제 확실히 미국이 우위를 점하는 영향권이 됐다."

그러나 브레진스키는 "몇 가지 부정적인 결과"를 우려했다. 그 중 하나는

"이라크에 대한 강력한 공습으로 이번 전쟁 수행을 미국인들이 아랍인의 생명을 무가치한 것으로 본다는 증거로 간주될 수도 있다는 우려가 제기"된 것이었다. "그리고 이것은 비례적인 대응[29]이라는 도덕적 문제를 야기한다."

아랍인들의 생명이 "무가치한" 것으로 간주될지도 모른다는 그의 지적은 전쟁으로 인해 미국 내에서 추악한 반反아랍 인종주의의 물결이 고조되어 아랍계 미국인들이 모욕을 당하거나 구타와 심지어 살해 위협까지 받은 사실에서 분명히 나타났다. '난 이라크 놈을 위해 브레이크를 밟지는 않는다'라는 범퍼 스티커가 등장했다. 오하이오의 톨리도Toledo에서는 아랍계 미국인 기업가가 구타당했다.

걸프전에 대한 브레진스키의 신중한 평가는 민주당의 견해를 거의 대변하는 것으로 볼 수 있다. 민주당은 부시 행정부와 보조를 맞췄다. 결과에도 만족했다. 민간인 사상자가 발생한 데 대해 어느 정도 우려를 표하기도 했다. 그러나 민주당은 이의를 제기하지는 않았다.

조지 부시 대통령은 만족했다. 전쟁이 끝났을 때 부시는 한 라디오 방송에서 이렇게 선언했다. "베트남의 유령은 이제 아라비아 반도의 사막에 영원히 묻혔습니다."

기존 체제의 언론들은 전폭적인 동의를 표했다. 양대 시사주간지인 『타임』과 『뉴스위크』는 승전을 환영하는 특별호를 발간하면서 이라크 측 사상자에 관해서는 어떤 언급도 없이 미국의 사상자가 몇 백 명에 불과하다고 지적했다. 『뉴욕타임스』(1991년 3월 30일자)는 사설에서 이렇게 말했다. "페르시아 만 전쟁에서 미국이 승리함으로써 …… 화력과 기동력을 눈부시게 활용하고 그

---

29) proportionality of response: 전쟁에서 보복의 악순환을 예방하기 위한 원칙으로, 피해자가 입은 피해와 똑같은 정도의 피해를 가해자에게 가한다는 '탈리오 법칙lex talionis'을 가리킨다.

과정을 통해 베트남에서 겪었던 쓰라린 난관의 기억을 지워 버린 미국 군대는 특별한 명예를 누리게 됐다."

캘리포니아 주 버클리의 흑인 시인 준 조던June Jordan의 생각은 달랐다. "내 생각에 이번 승리는 크랙〔crack. 정제 코카인의 일종으로 보통 코로 흡입한다〕을 한 번 들이마신 것에 불과하며, 그 효과가 그리 오래 가지도 않을 것이다."

22

보고되지 않은 저항

LAUNDRY
IS ON
STRIKE
LAUNDRY WORKERS
INTERNATIONAL UNION LOCAL 135
THIS LAUNDRY
IS ON
STRIKE
LAUNDRY WORKERS
INTERNATIONAL UNION LOCAL 135

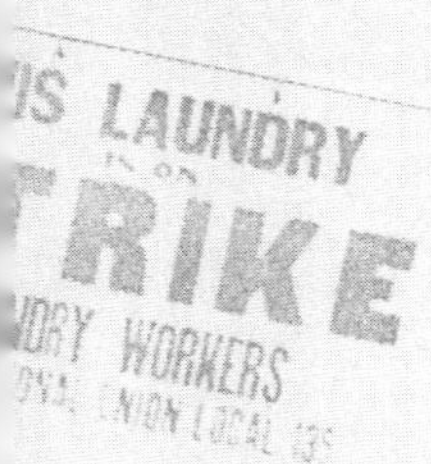

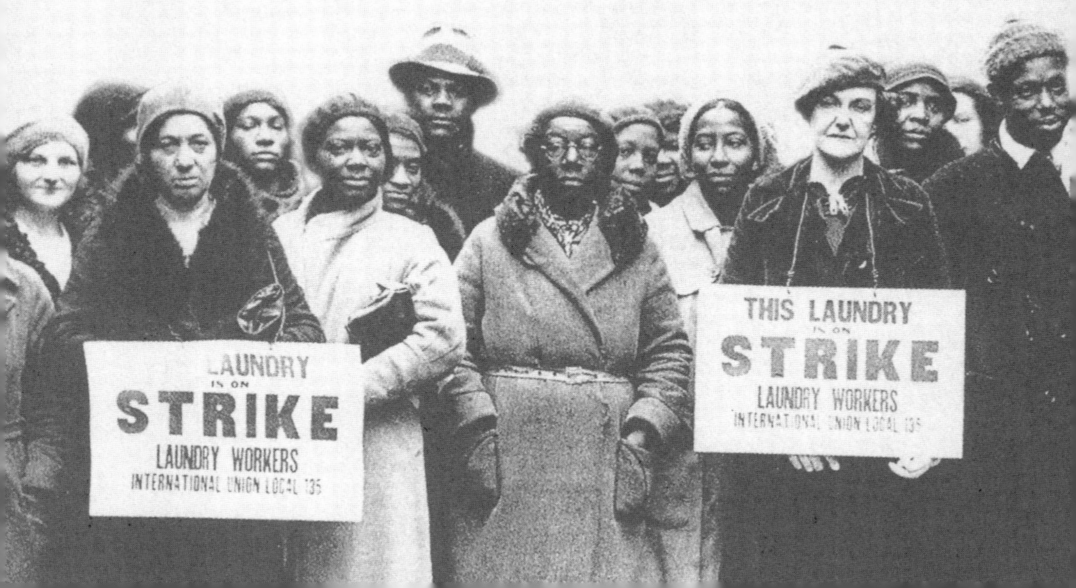

1980	• '보습의 8인'을 포함해 전국 각지에서 평화운동 시위
1981	• (전 흑표범당 당원으로 필라델피아의 라디오 방송 언론인이었던) 무미아 아부-자말, 1981년 12월 경찰관 대니얼 포크너를 살해한 혐의로 체포되어 사형 선고
1982	• 뉴욕의 센트럴 공원에 100만 명이 모여 무기경쟁에 반대하는 대규모 집회 개최
1991	• 전국 곳곳에서 걸프전 반전 시위

1990년대 초반, 『뉴리퍼블릭』의 한 기자는 미국 지식인들 사이에 위험한 비애국적 세력들이 영향력을 미치고 있다는 내용의 책을 『뉴욕타임스』 지면에서 호의적으로 평하면서 미국에 "영속적인 반체제 문화"가 존재한다고 독자들에게 경고했다.

그의 관찰은 정확했다. 워싱턴의 민주당과 공화당이 정치적 합의를 구축, 미국의 개혁에 한계를 설정함으로써 자본주의 체제 자체와 국가의 군사력, 소수로의 권력 집중을 확고히 하고 있었지만, 적극적으로든 침묵을 통해서든 이런 흐름에 편승하기를 거부한 수백만, 아니 수천만의 미국인들이 있었다. 그들의 활동은 대부분 언론에 보도되지 않았다. 그들은 "영속적인 반체제 문화"를 이루고 있었다.

민주당은 자신들이 표를 의지하는 이 미국인들에 대해 공화당보다 더 민감한 반응을 보였다. 그러나 민주당의 반응은 기업계의 포로가 되어 버린 당의 존재조건에 의해 제한됐고, 민주당의 국내 개혁 역시 군사주의와 전쟁에 의존하는 체제의 한계를 한 치도 벗어나지 못했다. 그리하여 1960년대 린든 존슨 대통령의 '빈곤과의 전쟁War on Poverty'은 베트남 전쟁의 희생양이 됐고, 지미 카터 역시 대부분 핵무기 비축에 쏟아 부은 엄청난 국방비를 고집하는 한 국내 개혁에서는 많은 성과를 이룰 수 없었다.

카터 시절에 이런 한계들이 명확해짐에 따라 핵무기에 반대하는 소규모이지만 결단력 있는 운동이 성장하기 시작했다. 베트남 전쟁에 반대하는 활동을 벌였던 일단의 소규모 기독교 평화주의자들(사제였던 필립 베리건과 수녀였던 그의 부인 엘리자베스 매칼리스터Elizabeth McAlister)이 선구자 역할을 했다. 이들 집단의 성원들은 국방부와 백악관에서 핵전쟁에 반대하는 극적인 비폭력 항의행동—출입금지구역 들어가기, 전쟁기구의 상징물에 자신들의 피를 쏟아 붓기—을 벌임으로써 거듭해서 체포됐다.

1980년에 전국 각지에서 모인 소수의 평화운동가 대표단이 국방부에서 시위를 계속 벌여 총 1,000여 명이 비폭력 시민불복종 행위로 체포됐다.

그해 9월, 필립 베리건과 그의 형 대니얼(예수회 신부이자 시인이었다), 몰리 러시Molly Rush(여섯 아이를 둔 어머니였다), 앤 먼고메리Anne Montgomery(맨해튼의 수녀이자 가출 청소년 및 매춘부 상담원이었다), 그리고 다른 4명의 친구들은 핵미사일의 원추형 두부頭部를 제조하는 펜실베이니아 주 킹오브프러시아King of Prussia의 제너럴일렉트릭 공장 앞의 경비원을 지나 걸음을 재촉했다. 그들은 쇠망치로 원추형 두부 2개를 박살냈고 미사일 부품과 청사진, 공장설비 등에 자신들의 피를 발랐다. 체포되어 징역형을 선고받은 그들은 자신들이 성경에 수록된 대로 칼을 쳐서 보습을 만드는 본보기를 보여주려고 했다고 말했다.

그들은 납세자들이 낸 돈 가운데 엄청난 액수가 무기를 생산하는 기업들에게 흘러 들어간다고 지적했다. "제너럴일렉트릭은 공공의 국고에서 매일 300만 달러를 빨아들이고 있습니다—가난한 사람들을 상대로 엄청난 도둑질을 하고 있는 것입니다." 재판이 열리기 전에(그들은 '보습의 8인Plowshares Eight'이라 알려지게 됐다) 대니얼 베리건은 『가톨릭 노동자』에 이렇게 썼다.

보습의 8인

제너럴일렉트릭 공장에서 핵미사일 반대 시위를 펼쳤던 8명의 사람들은, 자신들이 성경에 수록된 대로 칼을 쳐서 보습을 만드는 본보기를 보여주려고 했다고 말했다.

나는 거기서부터 사태가 어떻게 전개될지, 다른 사람들이 귀를 기울이고 반응을 보일지, 얼마나 빨리 또는 늦게 그런 반응을 보일지 예상할 수 있는 확실한 방법을 모른다. 이 행동이 다른 사람들에게 생기를 불어넣는 데 실패할지, 그 순간 그 자리에서 갑자기 멈춰 버릴지, 행동을 벌인 사람들이 바보로 낙인찍혀 사람들의 기억 속에서 사라져 버릴지도 알 수 없는 일이다. 그저 마른침을 삼키며 기회를 기다릴 뿐이다.

운동이 멈춰 버리는 일은 없었다. 다음 10년 동안 핵무기에 반대하는 전국적인 운동이 성장했다. 다른 사람들이 잠시 멈춰 생각해 볼 수 있도록 기꺼이 감옥으로 향한 소수의 남성과 여성들로부터, 핵전쟁이라는 대참사에 관해 경각심을 갖게 되고 많은 국민들이 생필품조차 부족한 상황에서 수십억 달러가 무기에 소비되는 현실에 분개하는 수백만의 미국인들로 확산됐던 것이다.

'보습의 8인'에게 유죄를 평결한 펜실베이니아의 중산층 배심원들조차도 그들의 행동에 주목할 만한 공감을 나타냈다. 배심원 중 한 명인 마이클 드로자Michael DeRosa는 기자에게 이렇게 말했다. "나는 그들이 정말 범죄를 저지르러 갔다고 생각하지 않습니다. 그들은 항의를 하러 갔습니다." 역시 배심원인 메리 앤 잉그램Mary Ann Ingram은 배심원들이 논쟁을 벌였다고 말했다. "우리는 …… 사실 그들에게 어떤 혐의에 대해서도 유죄를 평결하고 싶지 않았습니다. 그런데도 유죄를 평결할 수밖에 없었던 이유는 판사가 법률에 의거해서만 판단하라고 말했기 때문입니다." 잉그램은 이렇게 덧붙였다. "이 사람들은 범죄자가 아닙니다. 나라를 위해 뭔가 훌륭한 일을 하려고 애쓴 사람들입니다. 하지만 판사는 핵무기가 쟁점이 아니라고 말했습니다."

레이건의 거대한 국방예산은 핵무기에 반대하는 전국적인 운동을 불러일으키게 될 것이었다. 레이건이 대통령에 당선된 1980년 선거에서 매사추세츠 서부의 세 선거구에서 치러진 주민투표〔미국의 선거는 보통 대통령 선거와 총선거, 지방선거, 주민투표 등이 함께 치러진다〕는 소련과 미국이 공동으로 모든 핵무기 실험과 생산, 배치를 중단할 것을 원하는지와 연방의회가 핵무기 관련 예산을 민간 용도로 전환하기를 원하는지에 관해 유권자들에게 물었다. 두 평화단체가 선거일 몇 달 전부터 이에 관한 캠페인을 벌여 왔으며, 레이건을 대통령으로 뽑은 세 선거구 모두 이 결의안을 통과시켰다(9만 4,000 대 6만 5,000). 1978~1981년 사이에 샌프란시스코, 버클리, 오클랜드, 매디슨, 디트로이트 등에서 이와 비슷한 주민투표가 다수표를 받았다.

여성들은 새로운 반핵운동에서 최선두를 장식했다. 젊은 핵무기 전문가인 랜덜 포스버그Randall Forsberg는 핵무기동결위원회Council for a Nuclear Weapons Freeze를 조직했으며, 이 위원회의 단순한 프로그램 — 소련과 미국이 공동으로 새로운 핵무기 생산을 동결하자는 — 이 곧 전국을 사로잡기 시작했다. 레이건이 당선된 직후 2,000명의 여성이 워싱턴에 집결, 국방부로 행진해 가서 팔짱을 끼거나 밝은 색 스카프를 맞잡은 채 거대한 원을 만들어 국방부 건물을 에워쌌다. 국방부 입구를 봉쇄한 죄로 140명의 여성이 체포됐다.

소수의 의사들이 핵전쟁이 야기하는 의학적 결과를 시민들에게 알리기 위해 전국 곳곳에서 회합을 조직하기 시작했다. 이들이 핵심이 되어 '사회적 책임을 생각하는 의사모임Physicians for Social Responsibility'을 조직했고, 이 단체의 의장 헬렌 캘디코트Helen Caldicott는 반핵운동에서 가장 강력하고 유창한 전국적 지도자 가운데 한 명이 됐다. 이 단체에서 개최한 한 공개토론회에서 하버드 대학 공중보건학부 학장인 하워드 하이어트Howard Hiatt는 20메가톤급 핵폭탄이 보스턴에 떨어질 경우에 어떤 결과가 야기되는지를 도표를 동원해 설명했다. 사망자만 200만 명에 이른다. 생존자들은 화상을 입고 눈이 멀고 불구가 된다. 핵전쟁이 일어날 경우 전국적으로 2,500만 명이 중화상을 입게 되지만 기존 의료시설은 단지 200명밖에 감당하지 못한다 등등.

레이건 행정부 초기에 열린 전국 가톨릭 주교회의의 참석자 대다수는 핵무기를 어떤 식으로든 사용하지 말아야 한다는 데 뜻을 모았다. 1981년 11월에는 전국 151개 대학에서 핵전쟁 문제를 다룬 집회가 열렸다. 같은 달에 보스턴에서 치러진 지방선거에서는 "핵무기와 해외개입 프로그램에 소요되는 우리의 세금 규모를 축소시킴으로써" 사회복지 프로그램에 대한 연방지출을 늘려야 한다는 결의안이 흑백 노동계급 밀집 지구를 비롯한 보스턴의 22개

선거구 모두에서 다수표를 획득했다.

1982년 6월 12일, 뉴욕 시 센트럴 공원에서 역사상 최대의 정치시위가 벌어졌다. 100만 명에 가까운 사람들이 무기경쟁을 중단하라는 결의를 표하기 위해 모인 것이다.

원자폭탄 제조에 관여했던 과학자들 역시 성장하는 운동에 목소리를 보탰다. 첫 번째 원자탄 제조에 관여하고 뒤에 아이젠하워 대통령의 과학 자문위원을 역임했던 하버드 대학 화학교수 조지 키스티아코스키George Kistiakowsky는 군축운동의 대변인이 됐다. 82세의 나이에 암으로 세상을 떠나기 직전에 한 그의 마지막 공개 발언은 1982년 12월에 『원자공학과학자회보*Bulletin of Atomic Scientists*』에 쓴 논설이었다. "작별에 즈음해 여러분께 한마디 하고자 합니다. 여러분 앞에 놓인 길은 잊어버리십시오. 세계가 폭발할 시간이 얼마 남지 않았습니다. 그 대신 비슷한 생각을 가진 수많은 사람들과 함께 이제껏 존재하지 않았던 평화를 이루기 위해 대중운동을 조직하는 데 집중하십시오."

1983년 봄에 이르러 전국 곳곳의 368개 시의회와 군의회, 444개 읍민회, 17개 주의회, 연방하원에서 핵동결 결의안이 통과됐다. 이 무렵 실시된 해리스 여론조사는 국민의 79퍼센트가 소련과의 핵동결 협정을 원하고 있음을 보여줬다. 갤럽에서 행한 여론조사에 따르면, 복음주의 기독교인들—이른바 보수적이고 친親레이건 성향으로 간주되는 4,000만 명—조차도 60퍼센트가 핵동결에 찬성했다.

센트럴 공원의 대규모 시위가 있은 지 1년 뒤 전국 각지에 3,000여 개의 반전단체가 활동하고 있었다. 핵무기에 반대하는 정서는 문화—책자, 잡지 기사, 연극, 영화—에도 반영되고 있었다. 무기경쟁에 반대하는 조너선 셸Jonathan Schell의 열정적인 저서 『지구의 운명*The Fate of the Earth*』은 전국적인 베스트셀러가 됐다. 레이건 행정부는 캐나다에서 제작된 무기경쟁에 관한 다큐멘터리의 국내 개봉을 금지했지만, 연방법원은 이 영화의 상영을 허용했다.

3년도 채 안 되어 여론이 놀라우리만치 바뀌게 됐다. 레이건이 당선될 당시에는 민족주의적 정서 — 직전에 있었던 이란 인질사태와 소련의 아프가니스탄 침공으로 조장된 — 가 강력했다. 당시 시카고 대학의 전국여론조사연구소National Opinion Research Center는 여론조사 응답자의 12퍼센트만이 군사비에 너무 많은 예산을 소요하고 있다고 생각한다는 결과를 내놓았다. 그러나 1982년 봄에 다시 여론조사를 해본 결과 그 수치는 32퍼센트로 늘어났다. 그리고 1983년 봄에 『뉴욕타임스』와 CBS가 실시한 공동여론조사에서는 다시 늘어나서 48퍼센트가 그렇다고 생각했다.

군사주의에 반대하는 정서는 징병에 대한 거부로도 나타났다. 지미 카터 대통령이 소련의 아프가니스탄 침공에 대한 대응으로 청년들의 징병 등록을 호소했을 때, 80만 명(대상자의 10퍼센트) 이상이 등록을 하지 않았다. 한 어머니는 『뉴욕타임스』에 아래와 같은 편지를 보냈다.

> 편집장님께
>
> 36년 전에 나는 화장장火葬場 앞에 서 있었습니다. 세계에서 가장 추악한 힘이 내게서 생명의 순환을 빼앗기로 — 나는 생명을 낳는 기쁨을 알아서는 안 된다고 — 결심했던 것입니다. 거대한 총포와 증오를 지닌 이 힘은 자신이 생명의 힘과 같은 것이라고 생각했습니다.
>
> 나는 거대한 총포로부터 살아남았고 내 아들이 미소를 지을 때마다 총포는 작아졌습니다. 나는 내 아들의 피를 다음 세대의 총포를 위한 윤활유로 제공하지 않을 것입니다. 나는 죽음의 순환에서 나 자신과 내 아들을 빼내려고 합니다.
>
> 이사벨라 레이트너Isabella Leitner

닉슨의 보좌관을 지낸 알렉산더 헤이그는 프랑스의 주간지 『폴리티크 앵테르나시오날*Politique Internationale*』과 한 인터뷰에서 닉슨 대통령이 징병을 중단할 수밖에 없었던 상황이 다시 도래할지도 모른다고 경고했다. "수백, 수천 명의 제인 폰다가 집집마다 돌아다니고 있습니다."[30]

징병 등록을 거부한 젊은이 가운데 하나인 제임스 피터스James Peters는 카터 대통령에게 공개서한을 보냈다.

> 대통령 귀하: 1980년 7월 23일에 저는 …… 인근 우체국에 가서 선발징병국Selective Service System에 등록하기로 되어 있습니다. 이에 저는 7월 23일에, 아니 그 뒤에도 징병 등록을 하지 않을 것임을 통보하는 바입니다……. 우리는 지금까지 군사주의에 힘을 쏟아 부었지만, 이 군사주의는 상상할 수 있는 모든 방식으로 인류의 기대를 저버렸습니다.

대통령에 취임한 로널드 레이건은 징병 등록을 부활시키기를 주저했는데, 국방장관 캐스퍼 와인버거의 설명에 따르면, "레이건 대통령은 인력 문제를 해결하기 위해 징병을 재개할 경우 1960년대와 1970년대에 비견되는 대중적 소요가 일어날 것이라고 생각"했기 때문이었다. 1981년 11월, 국방부 출입기자를 지낸 윌리엄 비처William Beecher는 레이건이 "최근 수립된 미국의 핵전략을 둘러싸고 유럽의 거리와 최근에는 미국 대학들에서도 고조되는 불만과 의혹의 목소리를 크게 우려하고 있으며 심지어 공포감까지 느끼고 있다"고 지적했다.

---

30) 미국의 영화배우 제인 폰다Jane Fonda는 베트남 전쟁을 계기로 1960년대 말부터 반전운동에 적극적으로 참여했으며, 이라크 전쟁에 대해서도 반전의 목소리를 높인 인물이다.

레이건 행정부는 반대가 수그러들기를 기대하면서 징병거부자들을 기소하기 시작했다. 감옥행에 직면하게 된 인물 가운데 한 명인 벤저민 새스웨이 Benjamin Sasway는 징병 등록을 거부하는 이유로 엘살바도르에 대한 미국의 군사개입을 들었다.

새스웨이의 시민불복종 행동에 격분한 한 우익 칼럼니스트(『내셔널리뷰 *National Review*』의 윌리엄 A. 러셔William A. Rusher)는 1960년대가 낳은 유산 가운데 하나가 새로운 세대의 반전 교사들이라며 분노의 필봉을 휘둘렀다.

> 벤저민 새스웨이에게 미국 사회를 인간의 진보를 가로막는 위선적이고 착취적이며 물질만능주의적인 장애물로 보도록 가르친 선생이 한 명, 아니 여러 명 있는 게 거의 확실하다. 베트남 시위대 세대는 지금 30대 초반이며, 이들 가운데 대학을 졸업한 사람들은 이미 전국 중고등학교와 대학교의 선생들 틈에 숨어 있다……. 이런 종류의 실질적인 파괴자들을 찾아내고 처벌하도록 허용하지 않는 우리의 사법제도는 참으로 유감천만이다!

국민들은 엘살바도르의 독재정권에 군사원조를 제공한 레이건의 정책을 조용히 받아들이지 않았다. 레이건이 대통령에 취임한 직후 『보스턴글로브』에는 이런 기사가 실렸다.

> 하버드 대학 구내에서 열린 학생들의 집회에서 반전 구호가 외쳐지고 케임브리지〔Cambridge. 하버드 대학이 소재한 도시〕 도심을 가로질러 촛불행진이 진행되는 모습은 1960년대를 상기시켰다……. 대부분 대학생인 2,000명이 모여 미국의 엘살바도르 개입에 항의했다……. 터프츠 대학, 매사추세츠 공과대학, 보스턴 대학, 보스턴 단과대학, 매사추세츠 대학, 브랜다이스 대학, 서포크

대학, 다트머스 대학, 노스이스턴 대학, 바사 대학, 예일 대학, 시몬스 대학 등에서 학생들이 참여했다.

레이건 행정부의 국무장관 알렉산더 헤이그가 공공정책학 명예박사학위를 받은 1981년 봄 시러큐스 대학의 졸업식에서는 그에게 학위가 수여되는 순간 200명의 학생과 교수들이 의자를 돌려 앉았다. 헤이그가 연설하는 동안, 언론 보도에 따르면, "헤이그 국무장관이 15분간 연설을 하면서 말을 잠시 멈출 때마다 학생들이 구호를 외치는 바람에 말을 이을 수 없었다. '군대의 탐욕이 아니라 인간의 필요를!' '엘살바도르에서 손을 떼라!' '워싱턴의 총이 미국인 수녀들을 죽였다!' "

마지막 구호는 1980년 가을에 미국인 수녀 4명이 엘살바도르 병사들에 의해 처형된 사건을 가리키는 것이었다. 엘살바도르에서는 미국이 무기를 제공한 정부의 조종을 받는 '암살대'가 매년 수천 명을 학살하고 있었고, 미국인들은 이제 막 중앙아메리카의 이 작은 나라에서 벌어지는 사건들에 관심을 기울이고 있었다.

미국의 대외정책 형성에서 흔히 그렇듯이, 민주주의라는 겉치레조차 전혀 없었다. 여론은 그저 무시됐다. 1982년 봄에 『뉴욕타임스』와 CBS에서 공동으로 행한 여론조사는 응답자의 16퍼센트만이 엘살바도르에 대한 레이건의 군사 및 경제 원조 프로그램을 지지했다고 밝혔다.

1983년 봄, 찰스 클레멘트Charles Clement라는 미국인 의사가 엘살바도르 반군과 함께 활동하고 있다는 사실이 밝혀졌다. 동남아시아에서 공군 조종사로 복무할 당시 미국의 거짓말을 직접 목격함으로써 미국의 동남아 정책에 환멸을 느끼게 된 클레멘트는 비행임무를 거부했다. 공군은 그를 정신병동에 수용한 뒤 심리적으로 부적격하다는 이유로 의가사제대 조치를 했다. 그 뒤

의대를 졸업한 클레멘트는 엘살바도르 게릴라들의 의사로 자원했다.

1980년대 초반에 미국 언론들은 졸업 후의 진로에만 관심을 쏟는 신세대 대학생들의 정치적 신중함에 관해 수많은 말을 쏟아냈다. 그러나 1983년 6월 하버드 대학 졸업식에서 멕시코의 작가 카를로스 푸엔테스Carlos Fuentes가 미국의 라틴아메리카 개입을 비판하면서, "우리는 여러분의 진정한 친구이기 때문에, 소련이 중부유럽과 중앙아시아 문제에 관여하는 것처럼 여러분이 라틴아메리카 문제에 관여하는 것을 용납하지 않을 것입니다"라고 말했을 때, 그는 박수갈채 때문에 20차례나 말을 중단해야 했고 연설을 끝낸 뒤에는 기립박수를 받았다.

보스턴 대학의 내 제자들을 보면서 나는 언론이 1980년대 대학생들에 관해 김빠지게 반복해대던 만연한 이기심과 타인에 대한 무관심을 도무지 발견할 수 없었다. 그들이 쓴 일기에서 나는 이런 촌평들을 찾아냈다.

> 한 남학생: "세계에서 있었던 좋은 일 가운데 어느 하나라도 정부와 관련이 있을까요? 저는 록스베리〔Roxbury. 흑인 밀집지구(지은이)〕에서 일을 하고 있습니다. 정부가 아무 일도 안 한다는 걸 알지요. 록스베리 사람들을 위해서든, 다른 어느 곳의 사람들을 위해서든 말입니다. 정부는 가진자들을 위해서만 일합니다."
>
> 가톨릭 고등학교를 졸업한 한 학생: "제게 미국은 하나의 사회, 하나의 문화입니다. 미국은 제 고향이지요. 만약 누군가 그 문화를 제게서 빼앗아가려 한다면, 저항할 이유가 생기는 거지요. 하지만 정부의 명예를 지키려고 목숨을 바치지는 않을 겁니다."
>
> 한 여학생: "백인 중간계급의 일원으로서 저는 한번도 차별받는다고 생각해 본 적이 없습니다. 하지만 저는 말해야겠습니다. 만약 누군가 저를 다른 교실에

앉히거나 다른 화장실을 사용하게 하거나 그런 식으로 나온다면, 그의 엉덩이를 정통으로 걷어차 버리겠다고요……. 사람들은 자신들의 권리를 문서에 적어 둘 필요가 없습니다. 정부나 당국이 그들의 권리를 침해하거나 부당하게 대우할 경우, 불의에 대해 직접적으로 행동할 수 있기 때문입니다……. 권리와 법에 관한 문서들을 자세히 들여다보면 …… 사람들의 물질성과 직접성으로부터 거리를 두기 위해 법과 권리를 필요로 하는 것은 바로 정부와 당국, 제도와 기업들입니다."

교정 바깥의 전국 곳곳에서도 정부정책에 대한 반대가 있었지만 널리 알려지지는 않았다. 레이건 집권 초기에 애리조나 주 투산에서 날아온 한 기사는 "주로 중년층인 시위대"가 연방정부 건물 앞에서 미국의 엘살바도르 개입에 항의했다고 설명하고 있다. 투산에서는 엘살바도르의 암살대에 반대하는 목소리를 높이다가 암살당한 오스카르 로메로 대주교의 추도일에 1,000여 명이 행진을 벌이고 추모집회에 참석했다.

6만 명이 넘는 미국인이 만약 레이건이 니카라과 침공을 자행할 경우 시민불복종을 포함한 모종의 행동을 벌이겠다는 서약에 서명했다. 대통령이 니카라과 정부를 몰아내기 위해 이 작은 나라에 대한 봉쇄조치를 시행하자 전국 각지에서 시위가 벌어졌다. 보스턴에서만도 550명이 경제봉쇄에 항의하다가 체포됐다.

레이건 집권기 동안 전국 곳곳에서 정부의 남아공 정책에 항의하는 수백 차례의 행동이 있었다. 확실히 레이건은 남아공의 다수 민족인 흑인들을 대표하는 급진적인 아프리카민족회의African National Congress(ANC)가 소수 백인의 통치를 대체하는 모습을 보고 싶어 하지 않았다. 아프리카 담당 국무차관보였던 체스터 크로커Chester Crocker는 회고록에서 레이건이 흑인들이 처한 상황에 대해 "무감각했다"고 회상했다. 여론이 점점 거세지자 하원은 1986년에 레이건의 거부권 행사를 번복하고 남아공 정부에 경제제재를 가하는 입법을 통과시킬 수밖에 없었다.

많은 사람들이 극히 기본적인 생활조차 영위하지 못함에 따라 지방 차원에서도 레이건의 사회복지 예산 삭감을 피부로 느꼈으며 분노에 찬 반응이 있었다. 1981년 봄과 여름에 이스트보스턴 주민들이 거리로 몰려나왔다. 주민들은 55일 동안 매일 저녁 퇴근시간에 주요 도로와 섬너 터널을 봉쇄하고는 소방과 치안, 교육 예산 삭감에 항의했다. 경찰 본부장 존 도일John Doyle은 이렇게 말했다. "이 사람들은 1960년대와 1970년대의 시위에서 교훈을 이끌어내기 시작한 것 같다." 『보스턴글로브』는 "이스트보스턴의 시위대는 대부분 중년층으로, 이전에는 한번도 시위를 벌여 본 적이 없다고 말하는 중간계급과 노동계급이다"라고 보도했다.

레이건 행정부는 연방 예술 지원 예산을 삭감하면서 공연 예술이나 무대 예술은 이제 민간 기부자로부터 지원을 구해야 한다고 말했다. 뉴욕에서는 유서 깊은 브로드웨이 극장 두 곳이 50층짜리 호화 호텔을 짓기 위해 헐릴 위험에 처하자, 극장 관계자 200명이 거리에서 연극과 노래를 하면서 시위를 벌이고 경찰의 해산 명령을 거부했지만 결국 극장은 사라졌다. 연출가 조지프 팹Joseph Papp, 배우 태미 그라임즈Tammy Grimes, 에스텔 파슨즈Estelle Parsons, 셀러스트 홈Celeste Holm, 리처드 기어Richard Gere와 마이클 모리어티Michael Moriarty 등을 비롯한 전국적으로 유명한 연극계 인사들이 체포됐다.

예산 삭감은 전국 곳곳에서 파업을 불러일으켰는데, 많은 경우에 파업에 익숙하지 않은 집단들까지도 파업을 벌였다. 1982년 가을, UPI 통신사는 이렇게 보도했다.

정리해고와 급여 삭감, 고용불안 등에 격분, 전국 각지에서 더 많은 교사들이 파업을 벌이기로 속속 결정하고 있다. 지난주에 로드아일랜드에서 워싱턴에 이르는 7개 주에서 벌어진 파업으로 30만이 넘는 학생들이 수업을 받지 못했다.

『보스턴글로브』의 데이비드 니언David Nyhan은 1983년 1월 첫째 주에 벌어진 일련의 새로운 사태를 관찰하면서 이렇게 썼다. "지금 이 땅에는 모종의 사태가 일어나려 하고 있으니, 애써 무시하는 워싱턴의 당국자들에게 이것은 불길한 징조이다. 사람들은 겁에 질린 상태에서 분노한 상태로 바뀌고 있으며, 사회질서 자체를 시험대에 올리는 방식으로 자신들의 좌절감을 행동으로 표출하고 있다." 니언은 몇 가지 사례를 제시했다.

1983년 초, 펜실베이니아 주 리틀워싱턴Little Washington에서 교사파업을 이끌었던 50세의 전산학 교사가 투옥되자 2,000명의 사람들이 그를 지지하며 교도소 앞에서 시위를 벌였는데, 피츠버그의 『포스트-가제트Post-Gazette』는 이를 일컬어 "1794년의 위스키 반란 이래 워싱턴 군郡 역사상 최대 인파"라고 지적했다.
피츠버그 지역의 실업자와 파산한 주택 소유자들이 저당 대부금을 갚지 못해 경매처분이 예정되자 60여 명이 경매에 항의하는 피켓을 들고 군청으로 몰려들었고 앨러게이니 군 보안관 유진 쿤Eugene Coon은 경매절차를 중단시켰다.
콜로라도 주 스프링필드에서는 200명의 성난 농민이 320에이커 규모의 밀농장에 대한 경매처분을 가로막았지만, 최루탄과 메이스〔Mace. 분사식 최루가스의 상표명〕 최루가스에 의해 해산당했다.

레이건이 연설을 하기 위해 피츠버그에 온 1983년 4월, 실직 철강 노동자들이 주축을 이룬 3,000명의 사람들이 그가 머무는 호텔 앞에서 빗줄기에도 아랑곳하지 않고 시위를 벌였다. 디트로이트, 플린트, 시카고, 클리블랜드, 로스앤젤레스, 워싱턴 — 모두 합해 20곳 이상의 도시 — 등지에서 실업자들의 시위가 벌어지고 있었다.

같은 무렵에 마이애미의 흑인들은 경찰의 만행에 항의해 폭동을 일으켰다. 전반적인 궁핍 상태에 대한 불만도 한 요인이었다. 청년층 아프리카계 미국인들의 실업률은 50퍼센트를 넘어선 상태였고, 이에 대해 레이건 행정부가 보인 유일한 반응은 더 많은 교도소를 건설한 것이었다. 흑인들이 자신에게 표를 던지지 않을 것임을 인식한 레이건은 의회를 동원, 남부 주들에서 흑인들의 투표권을 보호하는 데 큰 효과를 발휘하고 있던 1965년 투표권법의 핵심 조항을 삭제하려고 했지만 성공을 거두지는 못했다.

레이건의 정책은 군비축소와 사회복지라는 두 쟁점을 극명하게 결합시켰다. 쟁점은 총이냐 어린이냐 하는 것이었고, 1983년 여름 매사추세츠의 밀턴 고등학교 졸업식에서 아동보호기금의 총재 매리언 라이트 에델먼이 행한 연설은 이를 극적으로 표현해 줬다.

> 여러분은 이제 학업을 마치고 도덕적, 경제적인 파산에 직면해 있는 국가와 세계로 나아가려 하고 있습니다. 1980년 이래 대통령과 의회는 우리 국가의 보습을 쳐서 칼로 만들고 있으며 가난한 사람들을 희생시켜 부자들에게 희소식을 가져다주고 있습니다……. 어린이들이 주된 희생자들입니다. 우리나라와 세계가 그릇된 선택을 함으로써 말 그대로 매일 어린이들을 죽이고 있는 것입니다……. 10억의 인구가 빈곤상태를 헤매고 6억 명이 실업자나 불완전취업자인 상황에서 우리 정부를 필두로 한 세계 각국 정부는 매년 6,000억 달러를 무기구입에 소비하고 있습니다. 어린이들을 보호하는 데 필요한 약간의 돈을

찾을 수 있는 인간적 책임과 정치적 의지는 도대체 어디에 있는 걸까요?

에델먼은 청중들에게 촉구했다. "여러분이 해결에 이바지할 수 있는 한 조각의 문제를 고르십시오. 그리고 여러분이 고른 그 조각이 더 폭넓은 사회적 변화라는 퍼즐에 들어맞는지를 계속해서 살펴보십시오."

에델먼의 발언은 레이건 행정부의 우려를 불러일으키면서 확산되고 있던 분위기를 대변하는 듯했다. 레이건 행정부는 그전에 제안했던 예산 삭감 가운데 일부를 철회했고 의회 역시 몇 가지 삭감안을 부결시켰다. 집권 2년째에 레이건 행정부가 아동 및 빈민 가정 지원금 가운데 90억 달러를 삭감할 것을 제안했을 때 의회는 10억 달러 삭감만을 받아들였다. 『뉴욕타임스』 워싱턴 특파원은 이렇게 보도했다. "레이건 대통령이 추진하는 프로그램의 공정성에 대한 정치적 우려 때문에 행정부는 빈민층을 위한 복지 프로그램을 더 삭감하려는 노력을 포기할 수밖에 없었다."

1980년과 1984년에 레이건이, 1988년에 조지 부시가 당선됨으로써 공화당 후보가 연속으로 대통령에 오른 것을 두고 언론들은 "대승", "압도적인 승리"라고 평했다. 언론은 네 가지 사실을 무시했다. 첫째, 국민의 절반 정도가 유권자였음에도 투표에 참여하지 않았다. 둘째, 투표에 참여한 사람들의 경우 돈과 언론을 독점한 양대 정당으로 선택의 여지가 심각하게 국한됐다. 셋째, 그 결과 그들이 행사한 표의 대다수는 아무 열정 없이 던져진 것이었다. 넷째, 후보자에게 표를 던지는 것과 구체적인 정책에 표를 던지는 것 사이에는 거의 연관성이 없었다.

1980년에 레이건은 일반투표에서 51.6퍼센트를 득표했으며, 지미 카터는 41.7퍼센트, 존 앤더슨John Anderson(제3당 공천으로 출마한 온건liberal 공화당원)은 6.7퍼센트를 얻었다. 전체 유권자의 54퍼센트만이 투표에 참여했으므로 결국 레이건은 27퍼센트의 지지를 받은 것이었다.

『뉴욕타임스』에서 행한 여론조사에 따르면, 레이건에게 투표한 사람 가운데 11퍼센트만이 "그가 진정한 보수주의자이기" 때문에 그에게 표를 던졌다. "이제 변화가 필요하기 때문"이라는 항목에 답변한 사람들은 그 세 배였다.

재선을 노리는 선거에서 전 부통령 월터 먼데일Walter Mondale과 경합한 레이건은 일반투표에서 59퍼센트를 획득했지만, 유권자의 절반이 투표에 참여하지 않았고 결국 그는 전체 유권자의 29퍼센트의 지지를 받았다.

부통령 조지 부시와 민주당의 마이클 듀카키스가 대결한 1988년 선거에서는 부시가 54퍼센트의 득표율로 승리, 전체 유권자의 27퍼센트의 지지를 받았다.

이 나라의 독특한 투표방식 때문에 일반투표의 작은 표차가 선거인단 투표에서는 어마어마한 차이로 바뀔 수 있기 때문에, 언론들은 "압도적인 승리"에 관해 말하면서 독자들을 기만하고 통계수치를 자세히 들여다보지 않는 사람들을 낙담하게 만들 수 있다. 위와 같은 수치를 두고 어느 누가 "미국인들"이 대통령으로 레이건이나 부시를 원했다고 말할 수 있을까? 확실히 더 많은 유권자들이 상대 후보에 비해 공화당 후보를 선호했다고 말할 수는 있다. 그러나 훨씬 더 많은 유권자들은 둘 중 어느 후보도 원하지 않은 듯하다. 그럼에도 레이건과 부시는 이런 선거에서의 미약한 득표차에 근거해서 "국민"들이 의사를 표현했다고 주장하곤 했다.

사실 여론조사를 통해 어떤 쟁점에 관해 의사를 표현하는 경우, 국민들은 공화당과 민주당 모두에게 관심을 기울이지 않는 신념들을 표현했다.

예컨대 1980년대와 1990년대 내내 양당 모두 빈민층에 대한 사회복지 프로그램을 엄격하게 제한하면서 이를 위해서는 더 많은 세금이 필요한데 "국민들"은 세금 인상을 바라지 않는다는 것을 이유로 들었다.

미국인들이 가능한 세금을 적게 내기를 원한다는 것은 일반적인 진술로서는 확실히 진실이었다. 그러나 보건이나 교육 같은 구체적인 목적을 위해 더 많은 세금을 납부할 의사가 있느냐는 질문을 받았을 때, 국민들은 긍정적으로 답했다. 가령 1990년에 보스턴 지역 유권자들을 대상으로 행한 여론조사를 보면, 응답자의 54퍼센트가 만약 세금 인상이 환경 정화에 쓰일 경우 기꺼이 세금을 더 내겠다고 답했음을 알 수 있다.

또한 세금 인상을 일반적인 제안이 아닌 계급에 따른 조건으로 제시했을 때에는 국민들이 더욱 분명한 반응을 보였다. 1990년 12월에 『월스트리트저널』과 NBC에서 공동으로 실시한 여론조사는 응답자의 84퍼센트가 백만장자에 대한 누진부가세(이 조항은 그 무렵에 이루어진 민주당과 공화당의 예산 타협으로 기각됐다)에 찬성함을 보여줬다. 응답자의 51퍼센트가 자본소득세의 인상에 찬성했지만, 양대 정당 가운데 어느 쪽도 이에 찬성하지 않았다.

1989년에 해리스와 하버드 공중보건학부에서 공동으로 실시한 여론조사에 따르면, 대다수의 미국인(61퍼센트)이 캐나다식의 의료체계, 즉 보험회사를 통하지 않고 정부가 의사와 병원에 대한 단일 지불자가 되고 모든 국민에게 보편적인 의료보험이 적용되는 체계를 선호했다. 민주당과 공화당 모두 의료체계의 '개혁'이 필요하다고 주장했음에도 어느 당도 이를 정책으로 채택하지 않았다.

1992년에 고든블랙Gordon Black Corporation에서 내셔널프레스클럽을 위해 실시한 여론조사를 보면, 전체 응답자의 59퍼센트가 5년 내에 국방비 지출을 50퍼센트 삭감하도록 원했다는 사실을 알 수 있다. 그러나 양대 정당은 모두 국방예산의 대폭적인 삭감을 원하지 않았다.

국민들이 빈민층에 대한 정부 지원을 어떻게 생각하는지는 질문을 던지는 방식에 따라 달라지는 듯했다. 양대 정당과 언론은 '복지' 시스템이 효과를 발휘하지 못한다고 쉴 새 없이 떠들어댔고, '복지'라는 단어 자체가 일종의 반대해야 할 신호가 됐다. 복지에 더 많은 예산을 할당해야 하느냐고 질문을 했을 때(1992년 『뉴욕타임스』와 CBS 뉴스의 공동여론조사), 23퍼센트가 그렇다고 응답했다. 그러나 같은 사람들을 대상으로 정부가 가난한 사람들을 도와야 하느냐고 질문을 했을 때는 64퍼센트가 그렇다고 응답했다.

이것은 되풀이해서 나타나는 주제였다. 레이건 집권기의 정점이었던 1987년에 정부가 극빈층에게 음식과 주거를 보장해야 하느냐는 질문을 받은 응답자의 62퍼센트가 그렇다고 대답했다.

이른바 민주적이라는 정치체제에 확실히 무언가 잘못된 점이 있었다. 바로 유권자들의 요구가 거듭해서 무시됐던 것이다. 대기업의 부에 연결되어 있는 양당이 정치체제를 지배하는 한 유권자들의 요구는 아무 문제없이 무시될 수 있었다. 카터와 레이건, 레이건과 먼데일, 부시와 듀카키스 사이에서 선택할 것을 강요받은 유권자들은, 어떤 후보자도 어느 한 명의 대통령이 아니라 더 깊은 뿌리를 갖고 있는 근본적인 경제적 질병에 대처할 능력이 없었기 때문에 절망할 수밖에 없었다(아니면 단순히 투표에 참여하지 않았다).

이 질병은 거의 한번도 이야기된 적이 없는 한 가지 사실에 기인하는 것이었다. 그것은 미국이 계급사회이며, 전체 인구의 1퍼센트가 부의 33퍼센트를 소유하는 반면 3,000만에서 4,000만에 이르는 하층계급은 빈곤한 삶을 살아간다는 사실 말이다. 1960년대의 사회복지 프로그램—노인의료보험 Medicare, 빈민의료보조, 식품교환권 등—은 역사적으로 이어져 온 미국의 불균등한 자원 배분 상태를 유지하는 것 이상의 역할은 하지 않았다.

민주당은 공화당에 비해 빈민층에게 더 도움을 주긴 했지만 기업 이윤이 인간의 필요에 우선하는 경제체제에 근본적인 변화를 가할 능력은 없었다(아니 사실은 그런 변화를 바라지 않았다).

미국에는 근본적인 변화를 추구하는 유력한 전국적인 운동도, 서유럽이나 캐나다, 뉴질랜드 등에 존재하는 것과 같은 사회민주주의(또는 민주사회주의) 정당도 없었다. 그러나 전국 방방곡곡에서 가슴 깊이 느끼는 불만에 관심을 호소하는, 불의를 치유해야 한다고 요구하는 수많은 소외의 징후와 항의의 목소리, 국지적인 행동이 있었다.

예컨대 레이건 행정부 초기에 가정주부이자 활동가인 로이스 깁스Lois Gibbs가 결성한 워싱턴D.C.의 독성폐기물에 관한 시민정보센터Citizens' Clearinghouse for Hazardous Wastes는 자신들이 전국 곳곳의 지방단체 8,000여 곳을 지원하고 있다고 보고했다. 그 중 한 곳인 오리건의 단체는 포틀랜드 인근 불런Bull Run 저수지의 오염된 식수에 대해 환경보호청이 모종의 조치를 취할 것을 요구하는 일련의 소송을 벌여 성공을 거뒀다.

뉴햄프셔 주 시브룩Seabrook에서는 주민들이 자신과 가족을 위협하는 핵발전소에 반대하며 수년 동안 지속적인 항의시위를 벌였다. 1977~1989년 사이에 이 시위로 3,500여 명이 체포됐다. 재정난과 반대에 시달린 핵발전소는 결국 문을 닫아야 했다.

1979년 펜실베이니아의 스리마일Three Mile 섬의 재난, 그리고 특히 1986년 소련 체르노빌의 끔찍한 재앙으로 핵사고에 대한 두려움이 더욱 커졌다. 이 모두가 한때 번창했던 원자력산업에 영향을 미쳤다. 1994년에 이르러 테네시 강 유역 개발공사는 세 곳의 핵발전소 건설을 중단했고, 『뉴욕타임스』는 이를 가리켜 "미국에서 현재 가동되는 원자로에 대한 상징적인 사망선고"라고 표현했다.

미네소타 주 미니애폴리스에서는 매년 수천 명이 허니웰 사의 군수품 수주계약에 항의하는 시위를 벌여 1982~1988년 사이에 1,800명이 체포됐다.

그러나 시민불복종 행동을 벌여 법정에 선 사람들은 종종 배심원들로부터 동정적인 지지를 받을 수 있었다. 그들이 기술적으로는 법률을 위반했다손 치더라도 훌륭한 대의를 위해 그렇게 한 것임을 이해하는 듯했던 평범한 시민들은 그들에게 무죄방면을 평결해 줬다.

1984년 일단의 버몬트 시민들('위누스키의 44인Winooski Forty-four')이 니카라과의 콘트라 반군에 무기를 제공하는 데 표를 던진 연방 상원의원에게 항의하기 위해 그의 사무실 앞 복도를 점거하고 해산하기를 거부했다. 그들은 체포되어 재판정에 섰지만 판사는 동정적인 태도를 보였고 배심원들은 무죄방면을 평결했다.

그 직후 열린 또 다른 재판에서는 많은 사람들(활동가인 애비 호프먼Abbie Hoffman과 지미 카터 전 대통령의 딸 에이미 카터Amy Carter도 포함되어 있었다)이 매사추세츠 대학에서 중앙정보국의 신입요원 모집 홍보활동을 가로막은 혐의로 기소됐다. 그들은 전직 중앙정보국 요원들을 증언석에 불러냈고 전직 요원들은 중앙정보국이 세계 곳곳에서 불법적이고 잔인한 활동에 관여했다고 배심원들에게 말해 줬다. 배심원단은 무죄방면을 평결했다.

병원 노동자인 한 여성 배심원은 나중에 이렇게 말했다. "저는 중앙정보국의 활동에 대해 잘 알지 못했습니다……. 저는 충격을 받았지요……. 그 학생들이 자랑스러웠습니다." 사건을 기소한 군郡 지방검사는 이런 결론을 내렸다. "본 사건이 어떤 메시지를 준다면, 그것은 배심원들이 미국의 중산층으로 구성되어 있고 …… 미국 중산층들은 중앙정보국이 현재 행하고 있는 짓을 계속하기를 원치 않는다는 사실이었다."

남부에서도 1960년대의 민권운동에 비견되는 거대한 운동은 벌어지지 않았지만 백인 및 흑인 빈민들을 조직하는 수백 개의 지방단체가 있었다. 노스캐롤라이나에서는 산업 유해물질에 중독되어 사망한 공장 노동자의 딸인 린다 스타우트Linda Stout가 피드먼트 평화프로젝트Piedmont Peace Project를 통해 500명의 섬유 노동자, 농민, 가정부 — 이들 대부분은 유색인 저소득 여성이었다 — 를 다인종 네트워크로 조직했다.

남부 전역에서 수많은 흑백 활동가들을 배출했던 테네시의 역사적인 하이랜더포크학교[31]는 이제 다른 여러 시민학교와 민중교육센터와 연결되어 있었다.

남부 인종투쟁과 노동자투쟁의 전문가인 앤 브래든Anne Braden은 경제·사회정의를 위한 남부조직위원회Southern Organizing Committee for Economic and Social Justice를 이끌면서 여전히 조직활동을 벌이고 있었다. 이 단체는 질병을 유발하는 화학공장에 반대해 항의시위를 벌인 조지아 주 티프트Tift 군의 아프리카계 미국인 300명과 오염된 쓰레기 매립장을 폐쇄하라는 운동을 조직하고 있던 노스캐롤라이나 주 체로키 군의 인디언 등 국지적인 행동을 지원했다.

일찍이 1960년대에 캘리포니아와 서남부 여러 주에 일자리를 찾아온 멕시코계인 치카노Chicano 농장 노동자들은 봉건적인 노동조건에 항의해 반란을 벌였다. 그들은 세사르 차베스Cesar Chavez의 지도 아래 파업을 벌이면서 전국적인 포도 불매운동을 조직했다. 얼마 지나지 않아 다른 지역에서도 농장 노동자들이 조직됐다.

1970년대와 1980년대에도 빈곤과 차별에 반대하는 그들의 투쟁은 계속됐다. 레이건 집권기는 전국 곳곳의 다른 가난한 사람들에게와 마찬가지로 그들

---

31) Highlander Folk School. 1932년 설립된 시민학교로 사회변혁을 위한 교육이라는 설립자 마일즈 호튼의 신념 아래 성인강좌를 진행했다. 대공황기에는 실업자 및 빈민 구제활동을 벌이기도 했고 1940년대와 1950년대 내내 노동자, 농민 조직들과 긴밀한 관계를 유지했다. 학교가 유명해지게 된 가장 큰 이유는 1960년대 민권운동과의 밀접한 관계 때문이었다. 민권운동의 지도자 마틴 루서 킹 2세, 로자 파크스, 스토클리 카마이클 등이 모두 이 학교를 거쳐갔다.

에게도 큰 타격을 줬다. 1984년에 이르러 라틴계 가구의 4분의 1과 청소년의 42퍼센트가 빈곤선 이하의 삶을 영위하고 있었다.

대부분 멕시코계로 구성된 애리조나의 구리광산 노동자들은 펠프스-다지 Phelps-Dodge 회사가 임금과 수당, 안전조치를 삭감한 1983년에 파업에 돌입했다. 주 방위군과 주 경찰이 최루탄과 헬리콥터를 동원해 노동자들을 공격했지만, 파업 노동자들은 정부와 기업의 결합된 힘에 결국 굴복할 때까지 3년 동안 계속 버텼다.

패배만 있었던 것은 아니었다. 1985년 캘리포니아 주 왓슨빌Watsonville에서는 대부분 멕시코계 여성인 통조림공장 노동자 1,700명이 파업을 벌여 의료보험을 포함한 노동조합 협약을 쟁취했다. 1990년에는 코스타리카로 공장 이전을 하면서 정리해고된 샌앤토니오의 리바이스Levi Strauss 회사 노동자들이 불매운동을 호소하며 단식투쟁을 조직했고 결국 회사 측으로부터 양보를 얻어냈다. 로스앤젤레스에서는 라틴계 건물 관리인들〔janitors. 건물 유지보수 노동자, 청소부, 수위 등을 총칭하는 말로 보통 용역회사에 소속된 임시직 파견 노동자들이다〕이 파업에 나서 경찰의 공격에 굴하지 않음으로써 노동조합 인정과 임금 인상, 병가 등을 쟁취했다.

1980년대와 1990년대 내내 라틴계(멕시코계를 가리키는 치카노만은 아니다) 남녀 활동가들은 노동조건 개선과 지방정부 참여, 세입자 권리, 학교에서의 2개 언어 교육 등을 위한 캠페인을 벌였다. 언론에서 배제당한 라틴계 활동가들은 2개 언어 라디오 운동을 조직했으며, 1991년에 이르면 전국에 14개의 라틴계 라디오방송국이 세워졌고 그 중 12개가 2개 언어로 방송을 했다.

뉴멕시코에서는 라틴계들이 수십 년 동안 살아온 땅에서 자신들을 쫓아내려는 부동산 개발업자에 맞서 땅과 물에 대한 권리를 지키기 위해 싸웠다.

1988년 벌어진 물리적인 대결에서 사람들은 무장 점거를 조직하고 공격으로부터 방어하기 위해 벙커를 구축했으며 서남부의 다른 지역사회의 지지를 얻었다. 결국 법원은 그들에게 유리한 판결을 내렸다.

캘리포니아 농장 노동자들의 비정상적인 암발생률은 치카노 사회를 분노하게 만들었다. 1988년 전미농장노동조합United Farm Workers의 세사르 차베스는 이런 상황에 관심을 호소하기 위해 35일간 단식투쟁을 벌였다. 바야흐로 텍사스와 애리조나를 비롯한 다른 주들에도 전미농장노동조합이 생겨나고 있었다.

저임금에 열악한 노동조건으로 멕시코 노동자들을 수입하는 일은 서남부에서 전국 각지로 확산됐다. 1991년에 이르면 노스캐롤라이나에 8만 명, 조지아 북부에 3만 명의 라틴계가 거주하고 있었다. 1979년에 오하이오의 토마토 농장에서 중서부 역사상 최대의 농장 파업인 어려운 파업을 벌여 승리한 바 있는 농장노동자조직위원회Farm Labor Organizing Committee는 중서부 주들에서 수천 명의 농장 노동자들을 결합시켰다.

라틴계 인구가 증가를 거듭함에 따라 그들은 곧 아프리카계 미국인과 비슷한 전체 인구의 12퍼센트에 달하게 됐고 미국 문화에 뚜렷한 효과를 각인시키기 시작했다. 라틴계의 음악과 미술, 연극 대부분은 주류 문화에 비해 훨씬 더 정치적이고 풍자적이었다.

1984년에 샌디에이고와 티후아나Tijuana의 화가와 작가들이 결성한 변경예술Border Arts 프로젝트는 인종과 불의라는 문제를 강력하게 다뤘다. 캘리포니아 북부에서는 농민극단Teatro Campesino과 희망극단Teatro de la Esperanza이 전국 각지의 노동대중을 위해 연극을 공연하면서 학교와 교회, 농장을 극장으로 바꿔놓았다.

라틴계들은 미국이 멕시코와 카리브 해 지역에서 벌인 제국주의적 활동에 특히 관심을 기울였으며, 많은 사람들이 미국의 니카라과, 엘살바도르, 쿠바 정책에 대한 전투적인 비판자가 됐다. 1970년에 로스앤젤레스에서 벌어진 베트남 전쟁에 반대하는 대행진에서는 경찰의 습격으로 멕시코계 3명이 목숨을 잃었다.

부시 행정부가 이라크 전쟁을 준비하던 1990년 여름, 로스앤젤레스에서는 수천 명이 베트남 전쟁에 항의하던 20년 전의 행진 코스를 그대로 밟으며 행진을 벌였다. 엘리자베스 마티네스Elizabeth Martinez(『사진으로 본 치카노 500년사500 Years of Chicano History in Pictures』)가 쓴 것처럼,

> 부시 대통령이 페르시아 만 전쟁을 벌이기 전과 전쟁 중에 — 라틴계〔Raza. 원래는 '인종'을 가리키는 말로 라틴계 활동가들이 사용하는 용어이다(지은이)〕를 비롯한 — 많은 사람들은 전쟁에 관해 의심을 품거나 반대했다. 우리는 민주주의라는 이름 아래 시작됐지만 결국 부자와 권력자들에게만 이익을 가져다준 전쟁들에 관해 몇 가지 교훈을 얻었었다. 라틴계Raza는 비록 전쟁을 저지할 수는 없었지만, 베트남 전쟁 당시보다도 훨씬 빠르게 이 대량학살의 전쟁에 항의하기 위해 조직됐다.

1992년 베트남 전쟁 당시에 결성된 기금 모금 단체인 '저항Resist'은 전국 각지의 168개 조직 — 지역사회단체, 평화단체, 인디언단체, 수감자 권리 조직, 보건 및 환경단체 — 에 기금을 제공했다.

1960년대에 학교를 다닌 새로운 세대의 변호사들은 법률종사직 내부에서 소규모이지만 사회의식을 가진 소수집단을 만들었다. 그들은 법정에서 가난한 사람들과 의지할 데 없는 사람들을 변호하거나 강력한 대기업들을 상대로 소송을 제기했다. 한 법률회사는 자신의 재능과 에너지를 쏟아 부어 내부고발

자whistleblower들 — 대중을 기만한 기업 부패에 관해 '고발'했다는 이유로 해고당한 남성과 여성들 — 을 변호했다.

양성 평등 문제에 관해 전 국민의 의식을 향상시켜 왔던 여성운동은 1980년대에 강력한 반격에 직면하게 됐다. 1973년 로 대 웨이드 판결에서 대법원이 낙태를 옹호한 것을 계기로 활발하게 성장한 낙태반대pro-life 운동은 워싱턴에서 강력한 지지자들을 발견했다. 연방의회는 빈민층 여성에게 낙태 보조금을 지급하는 연방의 의료지원을 폐지하는 법안을 통과시켰고 그 뒤 대법원도 이에 반대하지 않았다. 그러나 전국여성기구를 비롯한 여성단체들은 여전히 강력했다. 1989년 워싱턴에서 열린 집회에는 나중에 낙태권right to choose이라 알려지게 된 권리를 지키기 위해 30만여 명이 집결했다. 1994년과 95년에 낙태시술 병원이 잇따라 습격을 당하고 낙태 지지자 몇 명이 살해당하면서 갈등은 험악한 양상을 띠어 갔다.

1970년대에 성性과 자유에 관한 사고에 급진적인 변화가 이루어지면서 게이와 레즈비언의 권리가 전면에 선명하게 부각된 바 있었다. 그 뒤 동성애자 운동은 행진과 시위, 동성애자를 차별하는 주 법령의 폐지를 요구하는 캠페인 등을 통해 전국적으로 가시적인 존재가 됐다. 이 운동이 낳은 결과 가운데 하나는 미국과 유럽에서 감춰지기만 했던 동성애자들의 삶에 대한 역사학적 문헌이 계속 등장한 것이었다.

1994년 맨해튼에서는 동성애자들이 하나의 전환점으로 간주하는 한 사태 — 25년 전 그리니치빌리지의 스톤월Stonewall 술집에 습격한 경찰을 남성 동성애자들이 격렬한 반격으로 물리친 사건 — 를 기념하기 위한 스톤월 항쟁 25주년 행진이 있었다. 1990년대 초반, 게이와 레즈비언 단체들은 차별에 맞서, 그리고 연방정부가 거의 관심을 기울이지 않는다고 주장한 에이즈에 더 많은 관심을 촉구하기 위해 더 공개적이고 더 단호하게 캠페인을 벌였다.

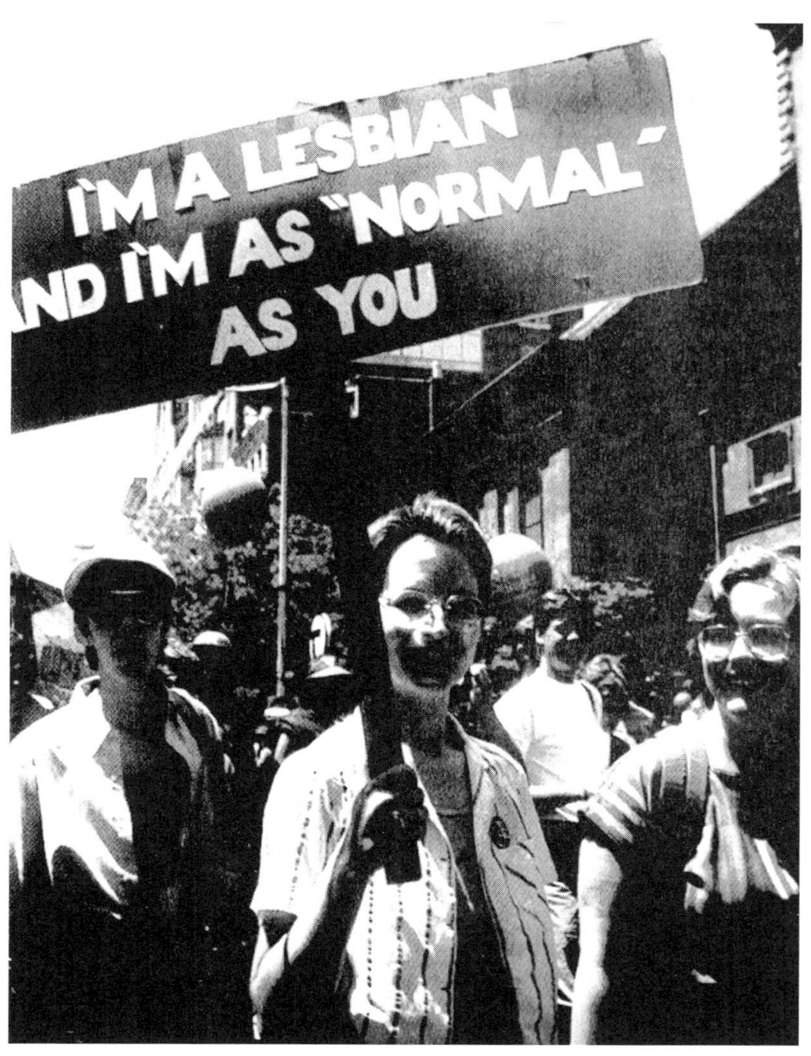

긍지 찾기 행진

"관용을 요구한다." 1985년에 열린 '레즈비언과 게이들의 긍지 찾기Lesbian and Gay Pride' 행진이다. 성에 대한 놀라운 태도 변화로 인해 동성애의 권리도 자유롭게 주장할 수 있게 됐다.

뉴욕 주 로체스터에서 벌어진 캠페인에서는 국방부가 게이 병사들을 차별했다는 이유로 한 학군에서 신병 채용을 금지하는 전례 없는 판결을 얻어냈다.

1980년대와 1990년대의 노동운동은 제조업의 쇠퇴와 외국으로의 공장 이전, 레이건 행정부와 그가 임명한 전국노동관계위원회의 적대적인 태도 때문에 상당히 약화됐다. 그럼에도 노동조합 조직화는 계속됐으며 특히 백인 화이트칼라 노동자와 저소득 유색인 계층에서 활발했다. 미국노련산별회의는 라틴계와 아프리카계, 아시아계 미국인들을 조직하기 위해 수백 명의 새로운 조직자들을 동원했다.

낡고 정체된 노동조합들에서는 기층 노동자들이 반란을 벌이기 시작했다. 1991년 부패로 악명 높은 강력한 트럭운전사노동조합Teamster Union 지도부가 투표를 통해 물러나고 개혁적인 후보단이 지도부에 올랐다. 새로운 지도부는 즉시 워싱턴에서 하나의 세력이 됐고 양대 정당 외부에서 독립적인 정치적 연합을 형성하려는 선두에 섰다. 그러나 큰 폭으로 줄어든 노동운동 전반은 생존을 위해 분투하고 있었다.

압도적인 기업의 힘과 정부 당국에 맞서는 저항의 정신은 1990년대 초반에도 여전히 살아 있었으며 종종 소규모의 용기 있는 도전적 행동으로 표출됐다. 서부 태평양 연안지역에서는 키스 맥헨리Keith McHenry라는 젊은 활동가를 비롯한 수백 명이 허가 없이 빈민들에게 무료로 음식을 나누어 준 죄로 거듭해서 체포됐다. 그들의 행동은 '폭탄이 아니라 식량을Food Not Bombs'이라는 프로그램의 일환이었다. 전국 각지에서 '폭탄이 아니라 더 많은 식량을More Food Not Bombs'이라는 단체가 우후죽순처럼 생겨났다.

1992년 미국의 역사에 관한 전통적인 견해를 수정하는 데 관심을 가진 뉴욕의 한 단체에서 뉴욕 시의회의 승인을 받아 시 곳곳의 가로등에 30개의 금속제 명판을 달았다. 모건 사의 본부 맞은편에 내걸린 한 명판은 유명한 은행가 J. P. 모건이 남북전쟁의 '징병기피자'라는 내용이었다. 실제로 모건은 남북전쟁 당시 징병을 기피하고 정부 수주계약으로 큰 이윤을 올렸다. 증권거래소 근처에 내걸린 또 다른 명판은 자살하는 모습을 그려놓고 '규제되지 않는 자유시장의 이점'이라는 제목을 달았다.

베트남 전쟁과 워터게이트 스캔들로 인해 정부에 대한 전반적인 환멸이 확산되고 연방수사국과 중앙정보국의 반민주적인 활동이 폭로되면서 많은 정부 공무원들이 사직하거나 공개적으로 정부를 비판했다.

많은 중앙정보국 직원이 정보국을 떠나 정보국의 활동을 비판하는 책자를 발간했다. 중앙정보국의 앙골라 작전 책임자였던 존 스톡웰John Stockwell은 정보국의 활동을 낱낱이 폭로하는 책을 펴내고는 전국 각지를 돌면서 자신의 경험을 담은 강연을 했다. 역사학자이자 중앙정보국의 전문가였던 데이비드 맥마이클David MacMichael은 미국 정부의 중앙아메리카 정책에 항의하는 사람들을 위해 재판정에서 증언을 했다.

연방수사국 요원으로 21년 동안 일했던 전문가인 잭 라이언Jack Ryan은 평화단체들을 수사하라는 명령에 불복해 해고됐다. 연금까지 박탈당한 라이언은 얼마 동안 홈리스 합숙소에서 살아야 했다.

1975년에 끝난 베트남 전쟁은 당시 전쟁에 참여했던 사람들을 통해 1980년대와 1990년대에도 이따금 대중의 관심을 불러일으켰다. 그들 가운데 몇몇은 전쟁이 끝난 뒤 극적인 사고의 전환을 이루었다. 징병을 방해하는 '음모'를 꾸민 죄로 보스턴의 벤저민 스포크[32] 박사를 비롯한 4명을 기소했던 존 월John

---

32) Benjamin Spock(1903~1998): 1946년 처음 출간된 뒤 전 세계적으로 30개 이상의 언어로 번역되어 5,000만여 부가 팔려 제2차 세계대전 이후 태어난 베이비붐 세대의 부모들에게 큰 영향을 끼친 『유아와 육아*Baby and Child Care*』의 저자이자 소아과의사. 핵기술과 베트남 전쟁에 반대하는 시위에도 참가해 1968년 6월 보스턴에서 징병기피를 선동하고 조언한 혐의로 2년 징역

Wall은 1994년에 피고인들을 기념하기 위한 만찬석상에 나타나 이 재판이 자신의 생각을 바꾸게 해줬다고 말했다.

가장 놀라운 발언은 미군 1개 중대가 베트남의 한 작은 촌락에서 수백 명의 여성과 어린이들을 쏴 죽인, 미라이 학살이라 알려진 잔학행위에 가담했던 미군 병사인 찰스 휴토Charles Hutto로부터 나왔다. 1980년대에 인터뷰를 하면서 휴토는 기자에게 이렇게 말했다.

> 저는 열아홉 살이었고, 항상 어른들이 말하는 대로만 행동하라고 듣고 자랐습니다……. 하지만 지금은 내 아들에게 이렇게 말할 겁니다. 만약 정부가 요청하면 전장에 나가 나라를 위해 복무하라고, 하지만 때로는 네 자신의 판단력을 사용하라고 …… 당국은 잊어버리라고 …… 네 자신의 양심에 따라 행동하라고 말입니다. 제가 베트남으로 가기 전에 누군가 이런 말을 해줬다면 얼마나 좋았을까요. 전 몰랐습니다. 지금은 전쟁이라는 이름의 일은 절대로 있어서는 안 된다고 생각합니다. …… 전쟁은 사람의 사고를 뒤죽박죽으로 망쳐 놓으니까요.

미국의 권력이 여전히 전 세계에 뻗치기를 바랐던 레이건과 부시 행정부를 괴롭힌 것은 바로 베트남 전쟁의 유산 — 절대다수의 미국인들이 그것은 끔찍한 비극일 뿐만 아니라 싸우지 말았어야 했던 전쟁이라고 느낀 것 — 이었다.

조지 부시가 부통령이었던 1985년에 전 국방장관 제임스 슐레진저는 상원 외교관계위원회에 이렇게 경고했다. "베트남은 국민들의 태도에 현저한 변화

형을 선고받았으나 항소심에서 무죄 판결을 받았다. 1972년 대통령 선거에서는 양심에 따른 병역거부자를 위한 국민당 후보로 나와 7만 5,000표를 얻었다.

를 야기했습니다. …… 대외정책에 관한 정치적 합의가 붕괴한 것입니다……."

대통령에 오른 부시는 이른바 베트남 증후군 — 지배체제가 바라는 전쟁에 대한 국민들의 저항 — 을 극복하기로 결심했다. 그리하여 부시는 1991년 1월 중순에 이라크에 대한 공중전을 개시하면서 전국적인 반전운동이 전개되기 전에 신속하게 전쟁을 끝낼 수 있도록 압도적인 군사력을 동원했다.

전쟁태세가 구축되던 몇 달 동안 반전운동이 전개될 것이라는 징후들이 나타났다. 몬태나 주 미졸라에서는 핼러윈데이에 600명의 학생이 도심을 가로질러 행진하면서 "절대 안 된다. 우리는 군대에 가지 않겠다!"라고 외쳤다. 루이지애나 주 슈리브포트에서는 『슈리브포트 저널*Shreveport Journal*』이 「여론조사 결과 군사행동 선호하는 것으로 나타나」라는 1면 머리기사를 게재하긴 했지만, 기사 내용을 보면 미국 전역의 응답자 가운데 42퍼센트가 미국이 '무력을 사용해야 한다'고 생각했고 41퍼센트는 '기다리면서 관망해야 한다'고 생각했다.

1990년 11월 11일에 열린 보스턴의 참전군인회 행진에는 평화를 위한 참전군인 모임Veterans for Peace이 '더 이상의 베트남은 안 된다. 지금 당장 병사들을 귀국시켜라', '석유와 피는 섞이지 않는다. 평화를 유지하라'라고 쓰인 피켓을 들고 행진에 끼어들었다. 『보스턴글로브』는 "시위대는 열렬한 박수갈채를 받았고 어떤 곳에서는 구경꾼들이 전폭적인 지지를 보냈다"고 보도했다. 구경꾼 가운데 한 명인 메리 벨 드레슬러Mary Belle Dressler는 이렇게 말했다. "내 개인적으로는 군대를 기념하는 행진은 당혹스러운 행사인데, 군대는 전쟁과 관련된 것이고 내게 있어 전쟁은 당혹스러운 것이기 때문이다."

아마 가장 유명한 베트남 참전군인일 『7월 4일 생』의 저자 론 코빅은 부시가 전쟁으로 돌진하는 순간에 30초짜리 텔레비전 연설을 했다. 전국 120개 도시 200개 방송국에서 방영된 이 호소에서 코빅은 모든 시민에게 전쟁에 반대해 "일어서서 발언할 것"을 요청했다. "얼마나 많은 미국인들이 — 저처럼— 휠체어에 실려 돌아온 뒤에야 우리는 교훈을 얻을까요?"

쿠웨이트 위기가 발발한 지 몇 달 뒤인 1990년 11월, 미네소타 주 세인트폴St. Paul의 대학생들이 전쟁에 반대하는 시위를 벌였다. 현지 언론은 이렇게 보도했다.

> 유모차에 아기를 태우고 나온 어머니들, 피켓을 들고 나온 대학 교수와 학교 교사들, 평화의 상징으로 치장한 평화운동가들, 그리고 10여 개 학교에서 뛰쳐나온 수백 명의 학생들이 북을 두드리며 "헤이 헤이 호호[hey, hey, ho ho. 구호를 시작하는 일종의 후렴구], 아모코를 위해서 싸우지는 않겠다"라고 연호한 이 반전시위는 다채로운 모습을 보여줬다.

폭격이 시작되기 10일 전 콜로라도 주 볼더에서 800명이 참여한 가운데 열린 읍민회에서는 질문이 제기됐다. "여러분은 부시의 전쟁 정책을 지지합니까?" 손을 치켜든 사람은 4명뿐이었다. 전쟁이 시작되기 며칠 전, 뉴멕시코 주 샌터페이에서는 4,000명이 1시간 동안 4차선 도로를 점거한 채 전쟁을 벌이지 말라고 요구했다. 주민들은 이번 시위가 베트남 시절 이래 최대 규모라고 말했다.

전쟁 전야에는 미시건 주 앤아버Ann Arbor에서 6,000명의 인파가 평화를 요구하는 행진을 벌였다. 전쟁이 시작되는 날 밤에는 샌프란시스코에서 5,000명이 집결해 전쟁을 비난하면서 연방정부 건물을 에워싸는 인간 사슬을 만들었다. 경찰은 시위대의 손을 곤봉으로 후려치며 인간 사슬을 깨뜨렸다. 그러나 샌프란시스코 민선 행정관 위원회는 시와 군을 "도덕적, 윤리적, 종교적 이유로 전쟁에 가담할 수 없는" 사람들을 보호하는 성역으로 선포하는 결의안을 통과시켰다.

부시가 폭격 개시 명령을 내리기 전날 밤, 매사추세츠 주 렉싱턴의 한 일곱 살짜리 소녀가 대통령에게 편지를 쓰고 싶다고 어머니에게 말했다. 어머니는 시간이 늦었으니 내일 쓰자고 말했다. "안 돼요. 오늘밤에 써야 돼요." 아이는 아직 글쓰기를 배우는 중이었기 때문에 어머니에게 편지 내용을 불러줬다.

> 부시 대통령님께.
>
> 저는 당신이 하는 일이 맘에 들지 않아요. 만약 당신이 전쟁을 벌이지 않기로 마음먹었다면 우리가 밤새면서 평화집회를 해야 하지는 않을 거예요. 전쟁을 벌이면 당신도 아마 다치지 않기를 바라겠죠. 제가 하고 싶은 말은 이거예요. 전 어떤 싸움도 일어나지 않기를 바란답니다. 안녕히.
>
> 서리나 캐버트Serena Kabat.

여론에 대한 폭격과 나란히 이라크 폭격이 시작된 뒤 실시된 각종 여론조사는 압도적인 다수가 부시의 행동을 지지하고 있음을 보여줬으며, 이런 지지는 6주간의 전쟁 동안 지속됐다. 하지만 과연 이것이 오랫동안 시민들이 전쟁에 대해 느껴 온 감정을 정확하게 반영한 것이었을까? 전쟁 직전에 실시된 여론조사에 나타난 분열된 여론은 대중들이 여전히 자신들의 견해가 어떤 효과를 미칠지도 모른다고 생각하고 있음을 반영하는 것이었다. 일단 전쟁이 시작되어 사태를 돌이킬 수 없음이 분명해지고 애국적인 열정으로 가득한 분위기 속에서(연합그리스도교회United Church of Christ의 총재는 "전쟁의 메시지가 끊임없이 고동치고 있다"고 말했다) 국민의 대다수가 전쟁 지지를 선언한 것도 놀라운 일은 아니다.

조직할 시간도 촉박하고 또 전쟁이 신속하게 끝나기도 했지만 반전운동은 있었다—확실히 소수였지만 단호한 소수였고 성장의 잠재력도 있었다. 베트남에서 군사행동이 고양된 최초의 몇 개월과 비교하면 걸프전에 반대하는 운동은 범상치 않은 속도와 활기로 확대됐다.

대다수 미국인들이 부시의 행동을 분명히 지지했던 전쟁 첫 주에 전국 곳곳의 중소도시와 대도시에서 수만 명이 거리로 몰려나와 전쟁에 항의했다. 오하이오 주 애신즈Athens에서는 반전 시위대와 전쟁에 찬성하는 사람들 간에 충돌이 벌어져 시위대 100여 명이 체포됐다. 메인 주 포틀랜드에서는 500명이 흰 완장을 팔에 두르거나 '왜?'라는 단 한마디를 붉은색으로 쓴 흰 종이십자가를 들고 행진을 벌였다.

조지아 대학에서는 전쟁에 반대하는 학생 70명이 철야농성을 벌였으며, 조지아 주의회에서는 하원의원 신시아 매키넌Cynthia McKinnon이 이라크 폭격을 비난하는 발언을 해서 많은 하원의원들이 자리를 뜨게 만들었다. 매키넌은 자신의 입장을 고수했으며, 1960년대에 바로 그 하원에서 베트남 전쟁을 비난했다는 이유로 줄리언 본드가 의원직을 박탈당한 뒤로 적어도 사고상의 모종의 변화가 이루어진 듯했다. 매사추세트 주 뉴턴Newton의 한 중학교에서는 350명의 학생이 시청까지 행진해 가서 페르시아 만에서 벌어지는 전쟁에 대한 반대를 담은 청원서를 시장에게 제출했다. 확실히 많은 학생들은 중동에 파병된 병사들에 대한 공감과 전쟁에 관한 자신들의 생각을 화해시키려고 애쓰고 있었다. 학생 지도자인 칼리 베이커Carly Baker는 이렇게 말했다. "우리는 유혈이 올바른 방식이라고 생각하지 않습니다. 우리는 군대를 지지하고 그들을 자랑스럽게 여기지만 전쟁을 원하지는 않습니다."

오클라호마 주 에이다Ada의 이스트센트럴오클라호마 주립대학에서는 학교 당국이 주 방위군 2개 부대를 '명예학생'으로 받아들이는 동안 여학생 2명은 "전쟁이 아니라 …… 평화를 가르쳐라"라고 쓰인 피켓을 들고 콘크리트로 된 정문 꼭대기에 앉아 침묵시위를 벌였다. 그 중 한 명인 패트리샤 빅스Patricia Biggs는 이렇게 말했다. "나는 우리가 머나먼 이국땅에 가야 한다고 생각하지 않습니다. 이 전쟁은 정의나 자유를 둘러싼 전쟁이 아니라 경제를 둘러싼 전쟁입니다. 거대 석유회사들은 그곳에서 벌어지고 있는 사태와 깊은 관련이 있습니다……. 지금 우리는 돈을 위해서 사람의 생명을 위험에 빠뜨리고 있는 겁니다."

미국이 공중공격을 시작한 4일 뒤, 7만 5,000명(국회의사당 경찰의 추산)의 사람들이 워싱턴까지 행진을 벌이고 백악관 근처에서 전쟁을 비난하는 집회를 가졌다. 캘리포니아 남부에서는 론 코빅이 "지금 당장 평화를!"이라고 연호하는 6,000명의 청중을 상대로 연설했다. 아칸소 주 페이어트빌Fayetteville에서는 성조기를 덮은 관과 "병사들을 살려서 돌려보내라"라고 쓰인 깃발을 들고 행진하던 '전쟁에 반대하는 서북부 아칸소 시민모임Northwest Arkansas Citizens Against War'의 성원들이 군사정책을 지지하는 일단의 사람들과 대치했다.

베트남 상이군인으로 펜실베이니아의 요크 대학에서 역사학과 정치학을 가르치는 교수인 필립 에이빌로Philip Avillo는 지방신문에 이렇게 썼다. "그렇다. 우리는 무기를 든 우리의 남녀 병사들을 지지해야 한다. 하지만 이 야만적이고 폭력적인 정책을 묵인하는 방식이 아니라, 그들을 집으로 데리고 오는 방식으로 지지하자." 솔트레이크시티에서는 어린이들이 주축이 된 수백 명의 시위대가 시 중심부를 가로질러 행진하면서 반전 구호를 연호했다.

얼마 전에 치러진 선거에서 사회주의자 버니 샌더스Bernie Sanders를 연방하원의원으로 뽑은 버몬트에서는 2,000명이 넘는 시위대가 주지사의 주의회 연설을 가로막았으며, 버몬트 주 최대의 도시 벌링턴Burlington에서는 전쟁에 항의하는 300명의 시민이 도심을 가로지르면서 상점 주인들에게 연대의 표시로 가게문을 닫으라고 호소했다.

개전 9일째인 1월 26일에는 15만이 넘는 인파가 워싱턴D.C.의 도심을 가로질러 행진을 벌이고 인기 영화배우 수전 새런든Susan Sarandon과 팀 로빈스Tim Robbins를 비롯한 반전 연사들의 연설에 귀를 기울였다. 캘리포니아 주 오클랜드에서 온 한 여성은 남편이 베트남에서 사망했을 때 받은 차곡차곡 접힌 성조기[33]를 치켜들고는 외쳤다. "접힌 성조기에는 어떤 영광도 없다는 것을 저는 고통스럽게 깨달았습니다."

노동조합들은 대체로 베트남 전쟁을 지지한 바 있었지만, 페르시아 만에서 폭격이 개시된 뒤에는 일부 강력한 노동조합 — 철강, 자동차, 통신, 화학 등 — 을 비롯한 미국노련산별회의 산하노조 11곳이 전쟁에 반대해 목소리를 높였다.

흑인 사회는 미국 공군이 이라크에서 벌이는 행동에 관해 미국 내 어떤 집단보다도 훨씬 덜 열광했다. 1991년 2월 초에 ABC 뉴스와『워싱턴포스트』에서 공동으로 실시한 여론조사에 따르면, 백인들의 84퍼센트가 전쟁을 지지한 데 반해 아프리카계 미국인은 48퍼센트만이 전쟁을 지지했다.

전쟁이 한 달째 계속되면서 이라크 국토가 쉴 새 없는 폭격으로 황폐화됨에 따라 사담 후세인은 미국이 공격을 중단할 경우 쿠웨이트로부터 철수하겠다는 타전을 보내 왔다. 부시가 이를 거부하자, 뉴욕의 흑인 지도자들은 모임을 갖고 그를 격렬하게 비난하면서 전쟁을 가리켜 "부도덕하고 물질만능주의적인 전환책이자 …… 국내 정책상의 책임을 뻔뻔스럽게 회피하는 짓"이라고 지적했다.

---

33) 할리우드 영화에서 많이 등장하는 장면을 보면, 국군묘지나 국립묘지에서 장례식을 치른 뒤 관을 덮었던 성조기를 접어서 국가적인 위로의 표시로 유족에게 전달한다.

26년 전 민권운동 행진자들에게 경찰이 유혈적인 폭력을 가했던 현장인 앨라배마 주 셀마에서는 이 '피의 일요일' 26주년 기념식 집회에 참석한 사람들이 "우리의 병사들을 살려서 돌려보내 국내에서 정의를 위해 싸우게 하라"고 요구했다.

페르시아 만에 파병된 21세의 해병대원을 아들로 둔 앨릭스 몰나Alex Molnar는 『뉴욕타임스』 지면을 통해 부시 대통령에게 분노로 가득 찬 공개서한을 보냈다.

> 대통령 귀하, 이라크가 자국민들을 독가스로 살육할 때 당신은 어디 있었습니까? 당신은 왜 최근 위기 전까지도 지금 당신이 히틀러라고 부르는 사담 후세인과 통상적인 관계를 유지했습니까? 내 아들이 목숨을 걸고 지키고 있다고 당신이 말하는 미국인의 '생활방식'이란 게 미국인들이 전 세계 석유의 25퍼센트에서 30퍼센트를 소비할 '권리'를 계속 유지하는 것입니까? …… 나는 페르시아 만에서 미국이 벌이고 있는 침략적인 군사행동에 온 힘을 다해 반대함으로써 내 아들과 동료 병사들을 지지할 생각입니다.

여러 위협에도 굴하지 않고 용감하게 목소리를 높인 시민들의 개인적인 행동들이 있었다.

베트남에서 아군의 오발사격으로 아들을 잃은 텍사스 주 브라운스빌의 페그 뮬런Peg Mullen은 워싱턴으로 가서 항의하기 위해 병사 어머니들의 버스 여행을 조직했으며, 계속할 경우 집을 불태우겠다는 협박에도 굴하지 않았다.

영화배우 마곳 키더Margot Kidder(영화 <슈퍼맨>의 '로이스 레인Lois Lane')는 배우로서의 경력이 위험에 처하는 것도 아랑곳하지 않고 유창한 어조로 전쟁에 반대했다.

뉴저지 시튼홀 대학의 한 농구선수는 유니폼에 성조기 달기를 거부했으며, 이 일로 인해 웃음거리가 되자 팀과 대학을 떠나 본국인 이탈리아로 돌아갔다.

더욱 비극적인 일은 로스앤젤레스의 한 베트남전 참전군인이 전쟁에 항의하며 분신자살한 사건이었다.

매사추세츠 주 애머스트에서는 평화의 상징이 그려진 피켓을 든 한 젊은이가 시 공원에 무릎을 꿇고 앉아 두 통의 기름을 온몸에 끼얹고 두 번이나 성냥을 긋고서 불에 타 죽었다. 두 시간 뒤 인근 대학의 학생들이 공원에 모여 밤새도록 촛불 시위를 벌였고 사망현장을 평화의 상징으로 장식했다. 한 피켓에는 이렇게 쓰여 있었다. "이 미친 전쟁짓거리를 중단하라."

베트남 전쟁 때와는 달리 군대 내부에서 대규모 반전운동이 전개되기에는 시간이 전혀 없었다. 그러나 자신의 상관에게 도전하고 전쟁에 가담하기를 거부한 남성과 여성들이 있었다.

미국의 첫 번째 파견대가 사우디아라비아를 향해 막 출발하려던 1990년 8월, 하와이에 주둔해 있던 22세의 해병대원 제프 패터슨Jeff Patterson 상병은 비행장의 활주로에 자리를 잡고 앉은 채 사우디아라비아행 비행기 탑승을 거부했다. 패터슨은 해병대에서 전역시켜 달라고 요구했다.

> 나는 정당한 전쟁이란 있을 수 없다고 믿기에 이르렀다……. 역사에 관한 책들을 읽기 시작하던 무렵 나는 해병대에서 내가 하고 있는 바로 그 일에 관해 의문을 갖기 시작했다. 나는 과테말라와 샤 치하의 이란, 엘살바도르 등의 잔학한 정권을 미국이 지지하고 지원한 역사에 관해 다시 읽기 시작했다……. 나는 어느 때, 어느 나라, 어느 국민에 대해서도 군사적인 무력을 행사하는 데 반대한다.

노스캐롤라이나 러준 기지Camp Lejeune의 해병대 예비역 14명도 탈영죄로 군사법정에 설 가능성이 충분함에도 양심에 따른 병역거부자 지위를 신청했다. 해병대 병장 에릭 라슨Erik Larsen은 성명서를 발표했다.

> 나는 양심에 따른 병역거부자임을 선언한다. 여기 내 개인 장비로 가득한 세일러백이 있다. 여기 내 방독면이 있다. 내게는 이것들이 이제 필요하지 않다. 나는 이제 해병대원이 아니다……. 우리나라의 수도에서조차 인간의 기본적인 요구, 즉 잠잘 곳, 하루에 따끈한 식사 한 끼, 약간의 의료보호 등을 충족시키지 못하는 생활방식을 위해 싸운다는 것은 내게는 너무도 당혹스러운 일이다.

세 아이의 어머니이자 '사회적 책임을 생각하는 의사모임'의 성원이었던 육군예비의무대의 대위 욜랜다 휴이트-본Yolanda Huet-Vaughn은 개전 한 달 전인 1990년 12월에 현역 종군을 소집받았다. 휴이트-본은 이렇게 대답했다. "나는 내가 부도덕하고 비인도적이며 헌법에 위배되는 것으로 간주하는 행위, 즉 중동에 대한 침략적인 군사동원에 공범이 되라는 명령을 거부합니다." 휴이트-본은 군사재판에 회부되어 탈영죄로 2년 6개월 형을 선고받았다.

일리노이 주 머피즈버로Murphysboro의 스테파니 앳킨슨Stephanie Atkinson도 현역 복귀에 응하기를 거부하면서 미국이 페르시아 만에 군대를 파견하는 것은 오로지 경제적인 목적을 위한 것이라고 말했다. 가택연금에 처해진 앳킨슨은 곧 '불명예' 제대를 당했다.

매사추세츠의 데븐스 기지에 주둔해 있던 할로 밸러드Harlow Ballard라는 육군 의무관 역시 사우디아라비아로 가라는 명령을 거부했다. "이 전쟁을 지지하느니 차라리 감옥을 택할 것입니다"라고 밸러드는 말했다. "나는 정의로운 전쟁 같은 것은 없다고 생각합니다."

1,000여 명의 예비군이 양심에 따른 병역거부자임을 선언했다. 23세의 해병대 예비역 롭 캘러브로Rob Calabro도 그 중 한 명이었다. “아버지는 내가 부끄럽다고, 나 때문에 머리 아파 죽겠다고 소리치곤 합니다. 하지만 나는 사람을 죽이는 일이 도덕적으로 잘못된 것임을 믿습니다. 나는 거짓된 삶을 사는 것보다는 내 양심에 진실되게 행동하는 것이 내 조국에 이바지하는 일이라고, 그리고 나는 지금 그렇게 살고 있다고 생각합니다.”

걸프전 동안 주류 언론에서 다루지 않는 사실들을 말하기 위한 정보 네트워크가 생겨났다. 많은 도시에 대안적인 신문들이 있었다. 100여 곳의 지역 대안 라디오방송국들은 주류 방송망에 채널을 고정시킨 사람들 가운데 소수에게만 접근할 수 있었지만 걸프전 동안 전쟁을 비판적으로 분석하는 유일한 통로였다. 콜로라도 주 볼더의 독창적인 라디오 방송인 데이비드 바서미언David Barsamian은 노엄 촘스키가 하버드에서 한 연설 — 전쟁을 통렬하게 비판하는 연설 — 을 녹음했다. 그러고는 공식적인 시각과는 다른 시각을 갈구하는 자신의 라디오 방송망을 통해 카세트 내용을 방송했다. 뉴저지의 젊은이 두 명이 이 방송을 받아써서 복사하기 쉬운 소책자 형태로 만들었고 곧 전국 각지의 서점에 소책자가 진열됐다.

‘승전’ 뒤에는 거의 언제나 정신을 차리게 만드는 결과가 있기 마련이며, 전쟁의 열기가 수그러들면서 시민들은 전쟁으로 인한 희생을 재어보고 얻은 게 무엇인지 궁금해 한다. 전쟁의 열기는 1991년 2월에 정점에 달했다. 그 당시 여론조사에서 국민들에게 전쟁이 낳은 막대한 희생에 관한 질문을 했을 때, 그런 희생을 치를 만한 가치가 없는 전쟁이라고 응답한 사람은 17퍼센트에 불과했다. 4개월 뒤인 6월에는 그 수치가 30퍼센트가 됐다. 그 뒤 몇 달 동안 경제상황이 악화되면서 부시에 대한 국민 지지도는 급격하게 추락했다. (그리고 전쟁의 활기가 사라진 1992년에 부시는 선거에서 패배했다.)

1989년에 소비에트 블록이 해체된 뒤 미국에서는 국방예산에서 수십억 달러를 절감해 인간의 기본적 필요를 위한 사회복지에 사용하자는 '평화 배당금'에 관한 논의가 있었다. 페르시아 만 전쟁은 정부가 그런 논의를 저지하는 손쉬운 구실이 됐다. 부시 행정부의 한 각료는 이렇게 말했다. "우리는 사담에게 빚을 진 셈이다. 그는 우리를 평화 배당금으로부터 구해 줬다."(『뉴욕타임스』 1991년 3월 2일자).

그러나 미국인들이 곤궁에 처해 있는 한 평화 배당금이라는 사고를 계속 억누를 수는 없었다. 전쟁이 끝난 직후 역사학자 마릴린 영은 이렇게 경고했다.

> 미국은 이라크의 고속도로를 파괴할 수는 있지만 국내에 고속도로를 짓지는 못한다. 이라크에 전염병을 퍼뜨릴 수는 있지만 수백만 미국인들에게 의료서비스를 제공하지는 못한다. 소수민족인 쿠르드족에 대한 이라크의 탄압을 통렬히 비난할 수는 있지만 국내의 인종문제를 처리하지는 못한다. 다른 나라에서 홈리스들을 양산할 수는 있지만 국내의 홈리스 문제를 해결하지는 못한다. 전쟁의 일환으로 50만의 군대에서 마약을 없앨 수는 있지만 국내의 수백만 마약중독자들의 치료를 위한 자금을 마련하지는 못한다. …… 우리는 전쟁에서 승리했지만 결국 패배한 것이다.

1992년 콜럼버스의 서반구 도착 500주년 기념행사가 열리는 동안 군사적 승리의 한계는 명백해졌다. 500년 전에 콜럼버스와 동료 정복자들은 에스파뇰라의 원주민들을 몰살했다. 그 뒤 4세기 동안 미국 정부는 대륙을 가로질러 행진하면서 인디언 부족을 체계적으로 절멸시켰다. 그러나 이제 극적인 반응이 나타나고 있었다.

1960년대와 1970년대 이래 인디언—아메리카 원주민—들은 가시적인 세력이 되어 있었고, 1992년에는 다른 미국인들도 가세해서 500주년 기념행사를 비난했다. 이 나라가 콜럼버스 기념일을 경축하기 시작한 이래 최초로, 선물과 우애로 자신의 도착을 환영한 원주민들을 납치하고 노예로 삼고 사지를 절단하고 학살한 한 남자를 기념하는 데 대해 전국적인 항의시위가 벌어졌다.

논쟁의 양쪽 모두 500주년 기념행사 준비를 시작했다. 연방 및 주 차원의 공식 준비위원회들은 500주년인 1992년 훨씬 전에 구성됐다.

이에 아메리카 원주민들도 행동에 들어갔다. 1990년 여름, 서반구 전역에서 온 350명의 인디언 대표단이 에콰도르의 키토Quito에서 최초의 미주 대륙 원주민 회합을 열고 콜럼버스의 정복을 미화하는 데 반대했다.

이듬해 여름 캘리포니아 주 데이비스Davis에서는 100여 명의 아메리카 원주민들이 키토 회의 후속 모임을 가졌다. 1992년 10월 12일을 국제 원주민 연대의 날International Day of Solidarity with Indigenous People로 선포한 그들은 "만약 100년 전의 침략에 대해 사과하지 않을 경우 원주민국제연합〔Native Nations. 유엔United Nations의 명칭을 빗댄 표현〕은" 콜럼버스가 타고 왔던 니냐 호, 핀타 호, 산타마리아 호를 복원한 선박들이 "서반구 국가에 들어오는 것을 허용하지 않을 것"이라고 스페인 국왕에게 통보했다.

운동은 계속 확대됐다. 미국 최대의 범기독교 통일 조직인 전국교회협의회National Council of Churches는 콜럼버스 도착 500주년을 경축하는 일을 삼가라고 기독교인들에게 호소하면서 이렇게 말했다. "일부에게는 새로운 자유와 희망과 기회를 상징하는 것이 다른 사람들에게는 억압과 타락과 대량학살을 의미할 수 있다."

국립인문기금National Endowment for the Humanities은 콜럼버스의 정복을 낭만적으로 그리는 '최초의 조우First Encounter'라는 이름의 순회 전시회를 지원했다. 플로리다 역사박물관에서 전시회가 개최됐을 때, 플로리다 대학의 신입생인 미셸 다이아몬드Michelle Diamond는 "전시회가 인종차별을 가르친다"라고 쓰인 피켓을 들고 콜럼버스가 타고 온 선박의 복원 모형에 기어 올라갔다. 다이아몬드는 이렇게 말했다. "이건 인간의 문제입니다 — 빨갱이〔인디언(지은이)〕의 문제만이 아닙니다." 다이아몬드는 체포되어 불법침입죄로 기소됐지만 전시회에 반대하는 시위는 16일 동안 계속됐다.

1991년 초에는 콜럼버스 도착 500주년 항의행동들을 연결시키기 위해 『원주민의 사고*Indigenous Thought*』라는 신문이 발간되기 시작했다. 신문은 조약으로 강탈당한 땅을 둘러싸고 현재 벌이고 있는 투쟁들에 관해 아메리카 원주민들이 쓴 기사를 실었다.

텍사스 주 코퍼스크리스티에서는 인디언과 치카노들이 힘을 합쳐 시 당국의 500주년 기념행사에 항의했다. 앤젤리나 멘데스Angelina Mendez라는 여성은 치카노들을 대변하며 이렇게 말했다. "북부의 인디언 형제자매들과 연대하는 우리 치카노들은 미국 정부가 스페인인들, 아니 정확히 말해 크리스토발 콜론[34]이 이 땅의 해변에 도착한 일을 오늘날 재연하려는 미국 정부의 잔학한 계획을 인디언 형제자매들과 함께 비난하는 바이다."

콜럼버스를 둘러싼 논쟁은 보기 드문 교육과 문화 활동의 만개를 가져왔다. 샌디에이고 소재 캘리포니아 대학 교수인 데보라 스몰Deborah Small은 '1492'라는 이름의 나무판 그림 200점을 한데 모아 전시했다. 스몰은 콜럼버스가 서반구에 도착하면서 야기된 참사를 극적으로 표현한 16세기의 판화 조각

34) Cristóbal Colón: 콜럼버스(크리스토퍼 콜럼버스는 영어식 이름이다)의 스페인어 이름. 이탈리아 제노바에서 출생한 콜럼버스는 25세 때부터 크리스토포로 콜롬보Cristoforo Colombo라는 이탈리아어 이름 대신 콜론이라는 이름을 사용했다.

을 확대한 사진과 나란히 콜럼버스의 일지의 내용을 전시했다. 한 평론가는 이 전시회를 평하면서 "이것은 신세계에 서구의 문명이 도래한 것이 결코 유쾌한 이야기가 아님을 가장 생생한 방식으로 상기시키고 있다"고 썼다.

부시 대통령이 이라크의 쿠웨이트 점령을 끝내겠다며 이라크를 공격한 1991년, 오리건에서는 일단의 아메리카 원주민들이 신랄하게 비꼬는 '공개서한'을 배포했다.

> 부시 대통령 귀하.
>
> 우리의 작은 나라를 점령으로부터 해방시키는 데 원조를 보내 주십시오. 이 외국군대는 우리의 풍부한 자원을 빼앗기 위해 우리의 땅을 점령했습니다. 그들은 생물무기와 책략을 동원, 수천 명의 노인과 어린이와 여자를 살육했습니다. 그들은 우리의 땅을 정복하면서 우리의 정부로부터 지도자와 사람들을 물러나게 만들고 그 대신 자신들의 정부체제를 수립, 오늘날까지도 수많은 방식으로 우리의 일상생활을 지배하고 있습니다. 귀하가 직접 말한 것처럼, 한 작은 나라를 점령하고 정복하는 짓은 …… 극악무도한 행위입니다.
>
> 한 아메리카 원주민 드림.

전국 각지의 사회적인 의식을 지닌 교사들을 대변하는 정기간행물인 『다시 생각하는 학교*Rethinking Schools*』는 『다시 생각하는 콜럼버스*Rethinking Columbus*』라는 100쪽짜리 책자를 출간했는데, 이 책에는 아메리카 원주민을 비롯한 여러 필진의 특집기획, 콜럼버스를 설명하는 어린이책에 대한 비판적인 서평, 콜럼버스에 관한 더 많은 정보를 원하는 사람들을 위한 자료 목록, 콜럼버스 도착 500주년 항의행동에 관한 읽을거리 등이 담겨 있었다. 이 책은 몇 달 만에 20만 부가 판매됐다.

『다시 생각하는 학교』의 편집위원인 오리건 주 포틀랜드의 교사 빌 비글로Bill Bigelow는 1992년에 1년 휴가를 얻어 전국을 돌면서 교사들을 상대로 토론회를 개최했다. 전통적인 교과서와 교과과정에는 담겨 있지 않은 콜럼버스의 진실에 관해 교사들이 말하게 하기 위한 것이었다.

비글로의 학생 한 명은 자기 학교 역사 교과서인 『미국의 정신*The American Spirit*』에 대한 비평을 앨린앤드베이컨Allyn and Bacon 출판사에 보냈다.

> 간단하게 한 주제만 들어보도록 하지요. 콜럼버스는 어떨까요. 물론 여러분은 거짓말을 하진 않고 단지 이렇게 서술했습니다. "콜럼버스와 선원들은 카리브해의 원주민들에 지대한 관심을 갖고 있긴 했지만 그들과 평화롭게 살 수는 없었다." 콜럼버스가 잘못한 게 없는 것처럼 보이려고 말이지요. 콜럼버스가 그들과 평화롭게 살 수 없었던 이유는 그와 선원들이 충분한 금을 가져오지 않는다는 이유로 수천 명의 인디언을 노예로 삼고 살육했기 때문입니다.

또 다른 학생은 이렇게 썼다. "제가 보기에는 출판사에서 우리의 애국심을 고양시킨다는 취지 아래 일종의 '영광스러운 이야기'를 펴낸 것 같습니다……. 출판사는 우리가 우리나라를 위대하고 강력하며 영원히 정의로운 나라로 보기를 원합니다……."

레베카라는 학생은 이렇게 썼다. "물론 이 교과서의 지은이들은 해로운 내용이 없다고 생각하겠지요 — 정말로 아메리카 대륙을 발견한 게 누구냐는 중요하지 않다고 말예요……. 하지만 제가 지금껏 이 사실에 관해 속아 왔고 또 다른 역사적 사실에 대해서도 속고 있을지 모른다고 생각하면 정말 화가 납니다."

서부 태평양 연안지역에서는 '크리스토퍼 콜럼버스에 반대하는 이탈리아계 미국인 모임Italian-Americans Against Christopher Columbus'이라는 단체가 결성됐다. "이탈리아계 미국인들은 원주민들에게 공감을 느끼며 …… 우리 모두는 이 세계에서 가능한 변화에 다가가고 있다."

로스앤젤레스에서는 블레이크 린지Blake Lindsey라는 고등학생이 시의회에 참석해서 500주년 기념행사에 반대하는 연설을 했다. 린지는 시의원들에게 아라와크족 대량학살에 관해 발언했지만 어떤 공식적인 반응도 얻지 못했다. 그러나 린지가 텔레비전 토크쇼에 출연해 이야기를 했을 때는 아이티 출신이라고 밝힌 한 여성이 전화를 걸었다. "그 애 말이 맞습니다. 우리나라에는 인디언이라곤 남아 있지 않아요. 아이티에서 최근에 봉기가 있었을 때 사람들은 콜럼버스 동상을 무너뜨렸습니다. 이제 원주민 동상을 세웁시다."

신문이나 텔레비전에서는 언급되지 않았지만 전국 방방곡곡에서 콜럼버스 도착 500주년 항의행사가 있었다. 미네소타에서만도 1992에 초점을 맞춘 수십 가지 토론회와 집회, 영화제, 미술 전시회 등이 있었다. 10월 12일 뉴욕시 링컨센터에서는 레너드 레만Leonard Lehrmann의 <신세계: 콜럼버스가 인디언들에게 한 일에 관한 오페라*New World: An Opera About What Columbus Did to the Indians*>가 공연됐다. 볼티모어에서는 콜럼버스에 관한 멀티미디어 쇼가 막을 올렸다. 보스턴에서는 지하철도극단Underground Railway Theater이 전국 순회공연의 일환으로 극장을 가득 메운 관객을 상대로 <크리스토퍼 콜럼버스의 어리석은 행동*Christopher Columbus Follies*>을 공연했다.

항의시위와 인디언의 역사에 관한 수십 권의 새로운 저서의 등장, 전국 각지에서 벌어지고 있던 토론회 등은 교육계에서 보기 드문 변화를 낳고 있었다. 수세대에 걸쳐 미국의 모든 어린 학생들은 콜럼버스에 관한 똑같은 이야기, 낭만적인 찬양조의 이야기를 들어 왔었다. 그러나 이제 전국 곳곳의 수천 명의 교사들이 다른 이야기를 전하기 시작하고 있었다.

이에 격분한 낡은 역사의 수호자들은 '정치적 올바름political correctness'과 '다문화주의' 운동을 비웃었다. 그들은 서구의 팽창과 제국주의를 비판적으로 다루는 것은 서구 문명 자체에 대한 공격이라며 분노를 표했다. 로널드 레이건 정부의 교육장관 윌리엄 베네트William Bennett는 서구문명을 "우리 공동의 문화 …… 정점에 달한 이념과 열망"이라고 지칭했다.

앨런 블룸Allan Bloom이라는 철학자가 쓴 널리 선전된 『미국 정신의 종말 *The Closing of the American Mind*』은 1960년대의 사회운동으로 미국 대학들의 교육 분위기가 바뀐 현실에 대한 공포감을 나타냈다. 블룸이 보기에 서구문명은 인간 진보의 정점이며 미국은 그것을 가장 잘 나타내는 예였다. "미국은 하나의 이야기를 보여준다. 자유와 평등의 끊임없는 불가항력적인 진전에 관해. 최초의 정착민들이 도착하고 정치제도가 확립된 이래 자유와 평등이 우리 모두를 위한 정의의 정수라는 점에 대해서는 어떤 논쟁도 없었다."

1970년대와 1980년대에 장애인들은 강력한 운동을 조직함으로써 연방의회가 장애인차별금지법Americans with Disablilities Act을 통과시키게 만들었다. 역사상 유례를 찾아볼 수 없는 이 입법은 장애인들로 하여금 차별에 대해 이의를 제기할 수 있게 하면서 과거에는 접근할 수 없었던 지위와 장소에 대한 접근권을 보장하는 것이었다.

민권운동 과정에서 흑인들은 미국이 '자유와 평등'을 상징한다는 주장에 반박했다. 여성운동 역시 이런 주장에 이의를 제기했다. 그리고 바야흐로 1992년에 이르자 아메리카 원주민들 역시 서구문명이 자신들의 조상에게 저지른 범죄를 지적하고 있었다. 그들은 콜럼버스가 조우하고 정복한 인디언들의 공동체주의적 정신을 상기시켰으며, 콜럼버스가 도착하기 이전에 이곳에 살고 있던 수백만 명의 역사를 이야기하려 노력하면서 "아무도 살지 않는 아메리카 황무지로 들어온 유럽 문화"라는 하버드 역사학자(페리 밀러Perry Miller)

의 말이 거짓임을 폭로했다.

1990년대에 접어들어서도 집권당이 민주당이든 공화당이든 관계없이 정치체제는 여전히 거대한 부를 소유한 사람들의 수중에 있었다. 주요 정보매체 역시 대기업들에 의해 지배됐다. 주류 정치지도자들은 전혀 언급하지 않았지만, 이 나라는 극단적인 부유층과 극단적인 빈곤층으로 분리됐고 불안정하고 위태로워진 중간계급이 그 중간에 자리하고 있었다.

그러나 비록 대부분 보도조차 되지 않았지만, 평등하고 인간적인 사회의 가능성을 포기하기를 거부하는, 한 주류 언론인이 우려를 표하면서 이름붙인 "영속적인 반체제 문화"가 존재했다. 미국의 미래에 어떤 희망이 있다면, 그것은 바로 이런 거부의 가능성에 있을 것이다.

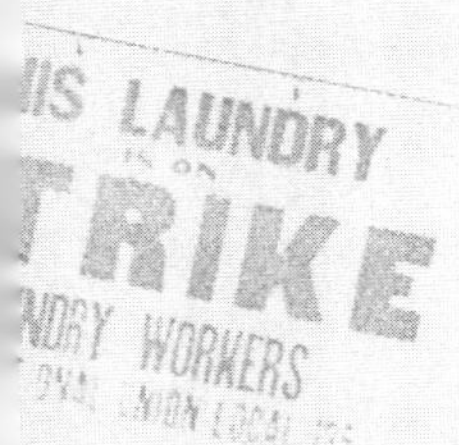

A People's History of the United States

23

다가오는 간수들의 반란

1980 • 레이건, 대통령 당선

1982 • 미 해병대, 레바논 침공

1983 • 그레나다 침공

1986 • 이란-콘트라 게이트 폭로
• 리비아 폭격

1989 • 베를린 장벽 철거
• 파나마 침공

1991 • 소련 해체
• 이라크 침공, 걸프전 발발

이 장의 제목은 예언이라기보다는 하나의 희망으로, 아래에서 그 이유를 설명하도록 하겠다.

이 책의 제목으로 말하자면 아주 정확한 제목은 아니다. '민중의 역사'는 어떤 한 개인이 충족시킬 수 있는 것보다 더 많은 것을 약속해 주며, 또한 되찾기가 가장 어려운 종류의 역사이기 때문이다. 어쨌든 나는 이 책을 민중의 역사라고 부르겠다. 수많은 한계가 있긴 하지만 이 책은 정부의 역사를 무시하고 민중들의 저항운동에 경의를 표하는 것이기 때문이다.

이 때문에 이 책은 일정한 방향으로 치우친 편향된 설명을 할 수밖에 없다. 그러나 나는 이런 편향에 얽매이지 않는데, 왜냐하면 산더미처럼 쌓인 역사책들이 우리 모두를 다른 방향으로 크게 치우치게 만든 나머지 ― 정부나 정치인들을 전율할 정도로 존중하게 만들고 민중들의 운동은 의도적으로 무시하게 만든 나머지 ― 우리로서는 굴종 상태로 속절없이 내몰리지 않기 위해 반대의 경향이 필요하기 때문이다.

건국의 아버지들과 역대 대통령들에 초점을 맞추는 이 나라의 모든 역사책들은 평범한 시민들의 역량을 숨 막힐 듯이 압박하고 있다. 위기의 시대에는 우리를 구원해 줄 어떤 사람에게 의지해야 한다고, 이를테면 독립전쟁이라는 위기의 시대에는 건국의 아버지들에게, 노예제 위기의 시대에는 링컨에게, 대공황 시대에는 루즈벨트에게, 베트남-워터게이트 위기에는 카터에게 의지해야 한다고 이 역사책들은 주장한다. 그리고 이따금 도래하는 위기들 사이에는 만사가 잘 풀린다고, 정상적인 상태로 충분히 다시 돌아갈 수 있다고 주장한다. 이 역사책들은 시민으로서 할 수 있는 최고의 행동은 4년에 한 번씩 투표소에 가서 거슬리지 않는 인품과 정통적인 견해를 가지고 있는 두 명의 부유한 앵글로색슨계 백인 남자 중 하나를 선택함으로써 우리의 구세주를 뽑는 것이라고 우리에게 가르친다.

구세주라는 관념은 정치의 영역을 넘어서 문화 전반에 구축되어 왔다. 우리는 모든 분야의 인기스타와 지도자, 전문가들에게 의지하도록 교육받았으며, 결국 우리 자신의 힘을 포기하고 우리 자신의 능력을 떨어뜨리고 우리 자신을 망각했다. 그러나 미국인들은 때때로 그런 관념을 거부하고 반란을 일으킨다.

이런 반란은 지금까지 계속되어 왔다. 미국식 체제는 세계 역사에서 가장 정교한 지배체제이다. 풍부한 천연자원과 인재, 노동력을 보유한 체제는 말썽 많은 소수에게만 불만을 국한시키기에 충분한 정도의 다수에게 충분한 부를 분배할 수 있다. 미국은 대다수 시민들에게 아주 강력하고 거대하며 만족스러운 나라이기 때문에 만족하지 않는 소수에게 반대의 자유를 허락할 수 있다.

기회와 틈새, 여지, 유연성, 선택받은 사람들에 대한 보상, 1등짜리 복권 등을 이보다 더 많이 갖춘 지배체제는 없다. 선거체계와 노동조건, 교회, 가정, 학교, 언론매체 등을 통해 지배를 복잡하게 분산시키는 데 있어 미국을 능가하는 체제는 어디에도 없다 — 개혁을 통해 반대를 누그러뜨리고, 국민들을 서로 고립시키며, 애국적인 충성심을 조장하는 데 있어서 미국보다 더 성공을 거둔 체제는 없을 것이다.

국민의 1퍼센트가 전체 부의 3분의 1을 소유하고 있다. 나머지 부는 99퍼센트의 국민이 서로를 적대시하게 만드는 방식으로 분배된다. 소자산 소유자들은 무산자들과, 흑인은 백인과, 토박이는 외국 태생과, 지식인과 전문직은 교육을 받지 못한 사람들 및 미숙련자들과 대립하고 있다. 이들 집단은 격렬하고 폭력적으로 서로 반목하고 싸워 온 나머지 이 부유한 나라에서 부유층이 차지하고 남은 찌꺼기를 나누어 갖는 사람들이라는 공통된 위치를 망각하기에 이르렀다.

엘리트의 지배로 인해 부족하게 된 자원을 둘러싸고 벌어진 필사적이고 고통스러운 싸움의 현실에도 불구하고, 무리인 줄 알지만 나는 그들 99퍼센트를 '민중'으로 통합시키고자 한다. 나는 가려지고 왜곡된 그들의 공통된 이해를 대변하려고 노력하는 역사를 서술하고 있다. 99퍼센트의 공통성을 강조하는 것, 나머지 1퍼센트와의 깊은 적대적 이해관계를 선언하는 것은, ―건국의 아버지들로부터 현재에 이르기까지― 미국의 역대 정부와 그와 동맹한 부유한 엘리트들이 최선을 다해 저지하려고 해온 바로 그 일을 하는 것이다. '다수파'를 두려워한 매디슨은 새로운 헌법으로 그들을 통제하기를 기대했다. 매디슨과 그의 동료들은 "우리 합중국 인민은……"이란 구절로 헌법 전문前文을 시작하면서 새로운 정부가 모든 국민을 대표하는 것인 양 가장했고, 사실로 받아들여진 이런 신화가 "국내의 평안"을 보장할 것을 기대했다.

이런 가장은 성조기, 애국심, 민주주의, 국익, 국가방위, 국가안보 등 물질적·언어적인 모든 포괄적인 상징들의 도움을 받으면서 수세대에 걸쳐 지속됐다. 이 구호들은 약간의 특권을 가진 백인 미국인들이 바깥의 적―인디언이나 흑인, 외국인이나 다른 백인 등 너무 천한 나머지 포장마차 대열 안으로 들어올 수 없는 사람들―을 쏴 죽일 수 있는 서부 평원의 포장마차 대열과 같은 미국 문화의 토양에 각인됐다. 포장마차 대열의 감독관들은 멀리서 안전하게 지켜보다가 전투가 끝나고 들판이 양측의 시체로 가득 차면 그 땅을 접수하고, 또 다른 영토를 획득하기 위해 또 다른 원정을 준비하곤 했다.

이런 계획이 결코 완벽하게 마무리되지는 않았다. 흑인을 노예화하고 인디언을 절멸시키거나 쫓아버림으로써 식민지 시기의 계급적 분노를 억제하면서 안정을 이루려고 했던 미국혁명과 헌법제정은, 남북전쟁 이전 시기에 일어났던 소작농반란, 노예폭동, 노예제 폐지운동, 여성해방운동, 인디언들의 게릴라전 등으로 판단해 보건대, 완전히 성공을 거두지는 못했다. 남북전쟁이 끝난 뒤 남부에서는 하층계급 백인과 흑인 사이에 인종적 갈등이 심화되고, 북부에서는 토박이 노동자와 이민 노동자들 간에 충돌이 일어나고, 농민들이 광대한 국토 전역으로 분산되는 한편, 남부와 북부 엘리트들의 연합이 새롭게 형성되면서 산업과 정부 내에서 자본주의 체제가 공고하게 다져졌다. 그러나 산업노동자들은 반란을 일으켰고 농민들 역시 거대한 반대 운동을 벌였다.

세기 전환기에 접어들어 근대적인 산업이 창출된 상황에서 흑인과 인디언을 폭력적으로 평정하고, 백인 반란자들을 흡수하고 그 방향을 다른 곳으로 돌리기 위해 선거와 전쟁을 이용하는 것은 제1차 세계대전 이전에 일어나고 있던 거대한 사회주의의 물결과 대규모 노동자투쟁을 저지하기에 충분하지 않았다. 제1차 세계대전이나 1920년대의 부분적인 번영, 사회주의 운동의 표면적인 소멸 그 어느 것도 경제적 위기라는 상황에서 1930년대에 급진적인 각성과 노동자투쟁이 또 다시 분출하는 것을 저지할 수 없었다.

제2차 세계대전은 새로운 통합을 이루어 냈으며, 뒤이은 냉전의 분위기 속에서 전쟁 당시의 강력한 급진적인 성향을 압도해 버리려는 시도는 성공을 거둔 듯 보였다. 그러나 그 뒤 놀랍게도 1960년대의 격동이 있었다. 오랫동안 억눌리거나 시야에서 사라진 것으로 보였던 사람들—흑인, 여성, 아메리카 원주민, 죄수, 병사—이 새로운 물결을 일으켰으며, 베트남 전쟁과 워터게이트 사건으로 인해 환멸에 빠진 국민들 사이에 위협적으로 널리 확산된 새로운 급진주의가 출현했던 것이다.

닉슨의 추방과 독립 200주년 기념행사, 카터의 집권 등은 모두 체제의 회복을 목표로 한 것이었다. 그러나 구질서의 회복은 레이건-부시 시대에 더욱 강화된 불확실성과 소외를 해결하는 열쇠가 될 수 없었다. 1992년 클린턴의 당선은 모호한 변화를 약속했지만 희망을 품은 사람들의 기대를 충족시키지 못했다.

이런 불쾌한 현실이 계속됨에 따라 기존 체제 — 기업 중역, 장성, 정치꾼들의 불안정한 동아리 — 로서는 정부가 모든 국민을 대변하고 공동의 적은 국내가 아니라 해외에 있으며 경제적 재난이나 전쟁은 불행한 실수이거나 비극적인 사고일뿐더러 재난을 가져온 바로 그 동아리의 회원들이 바로잡을 수 있는 것이라는, 국가적 통일이라는 역사적인 가면을 계속 유지하는 게 더욱 중요해지게 됐다. 막대한 특권을 가진 사람들과 약간의 특권을 가진 사람들 간의 이런 인위적인 통일 — 99퍼센트는 여전히 헤아릴 수조차 없이 분열된 상태에서 서로를 적대시하고 서로에게 분노를 터뜨리는 통일 — 을 확실히 하는 것 역시 중요하다.

가난한 사람들을 구제하기 위해 중간계급에게 세금을 물림으로써 굴욕감에 분노를 더하는 이 체제는 얼마나 교묘한가. 부유층의 학교들은 그대로 둔 채 가난한 흑인 어린이들을 가난한 백인 학군으로 실어 나름으로써 가난한 학교들끼리 폭력사태를 유발하고, 아이들이 무상 우유 배급을 필요로 하는 경우에는 신중하게 나누어 주면서 수십억 달러짜리 항공모함에는 국가의 부를 물 쓰듯 쏟아 붓는 이 체제는 얼마나 기민한가. 흑인과 여성들의 평등에 대한 요구에 그들에게 약간의 특별수당을 제공하거나 불합리하고 낭비적인 체제 때문에 부족하게 된 일자리를 놓고 다른 모든 사람들과 경쟁하게 만듦으로써 대처하는 이 체제는 얼마나 영리한가. 기업 중역들이 법의 테두리 내에서 막대한 국가자원을 강탈해 가는 사실로부터 관심을 돌리기 위해 —경제적 불평등으로 말미암아— 투옥되는 수보다도 더 빠르게 생겨나는 범죄자들에게로 다수의 두려움과 분노를 향하게 만드는 이 체제는 얼마나 현명한가.

그러나 이 나라 역사를 통해 줄곧 작용한 권력과 처벌, 유혹과 양보, 전환과 유인을 통한 지배에도 불구하고 기존 체제는 반란으로부터 자신을 안전하게 지킬 수 없었다. 기존 체제가 성공을 거둔 것처럼 보였을 때마다 유혹당하거나 굴복했다고 생각했던 바로 그 민중들이 움직이고 일어섰던 것이다. 대법원의 판결과 의회의 법령으로 농락당했던 흑인들이 반란을 일으켰다. 때로는 구애를 보내고 때로는 무시했던, 때로는 낭만적인 모습으로 그리고 때로는 학대했던 여성들 역시 반란을 일으켰다. 사멸한 것으로 간주됐던 인디언들도 다시 도전적인 모습으로 나타났다. 젊은이들은 출세와 안락한 생활이라는 미끼를 걷어차고 일어섰다. 개혁을 통해 누그러지고, 법률로 통제되고, 노동조합이라는 경계 안에 갇힌 것으로 간주됐던 노동대중 역시 파업을 일으켰다. 비밀을 지킬 것을 서약했던 정부 내의 지식인들은 비밀을 폭로하기 시작했다. 성직자들은 경건한 신앙심에서 저항으로 방향을 돌렸다.

이런 사실을 생각해 내는 것은 기존 체제가 사람들이 망각하기를 바랐던 것—겉으로 보기에는 무기력하고 만족해하는 사람들이 저항하고 변화를 요구할 수 있는 커다란 능력을 갖고 있다는 사실—을 상기시키기 위함이다. 이런 역사를 들춰내는 것은 자기 자신이 인간임을 주장할 수 있는 강력한 인간적 충동을 발견하기 위함이다. 이것은 더 없이 깊은 비관주의의 시대에조차 놀라운 가능성을 버리지 않기 위한 것이다.

그렇다. 계급의식을 과대평가하거나 반란과 그 성과를 과장한다면 역사와 현실을 오도하는 짓일 뿐이다. 이런 주장은 세계—미국뿐만 아니라 다른 모든 곳 — 가 여전히 소수 엘리트의 수중에 놓여 있다는 사실, 민중운동은, 비록 다시 일어날 수 있는 무한한 가능성을 보여주기는 하지만, 이제까지 패배하거나 흡수되거나 변질됐다는 사실, '사회주의' 혁명가들이 사회주의를 배신했다는 사실, 민족주의 혁명이 새로운 독재로 귀결됐다는 사실 등을 설명해 주지 못한다.

그러나 대부분의 역사책들은 반란을 과소평가하고 정치가의 역할을 과대평가함으로써 시민들의 무력감을 조장한다. 여러 저항운동을, 아니 심지어 고립된 형태의 반란이라도 면밀히 들여다보면 계급의식이나 어떤 다른 형태의 불의에 대한 각성이 다양한 수준으로 나타나는 것을 발견하게 된다. 그런 의식은 여러 가지 표현방식, 자신을 드러내는 여러 가지 방식을 갖고 있다 — 공공연한 것일 수도, 쉽게 포착할 수 없는 미묘한 것일 수도 있으며, 때로는 직접적이고 때로는 왜곡된 형태로 나타나는 것이다. 협박과 통제의 체제 속에서 민중들은 자신들이 괴멸되지 않을 것이라는 실질적인 지각이 생길 때까지는 자신들이 얼마나 많이 알고 있으며 얼마나 깊이 느끼고 있는지를 보여주지 못한다.

민중들의 저항을 생생하게 간직하는 역사는 힘에 대한 새로운 정의를 암시해 준다. 전통적인 정의에 따르면 군사력과 부, 공식적인 이데올로기의 지배권, 문화적 통제 등을 소유한 사람이면 누구나 힘을 가진다. 이런 기준으로 평가해 보면 민중들의 반란은 살아남을 만큼 충분히 강해 보이지 않는다.

그러나 반란자들의 예기치 못한 승리 — 일시적인 승리조차도 — 는 이른바 힘있는 자들이 얼마나 취약한가를 보여준다. 고도로 발달된 사회에서 기존체제는, 체제가 계속 굴러가도록 하기 위해 작은 보상을 받는 수백만 명 — 군인과 경찰, 교사와 성직자, 관료와 사회복지사, 기술자와 생산직 노동자, 의사, 변호사, 간호사, 운송 및 통신 노동자, 환경미화원과 소방수 — 의 복종과 충성 없이는 살아남을 수 없다. 이 사람들 — 일자리가 있고 어느 정도 특권을 받은 사람들 — 은 엘리트와의 동맹으로 편입된다. 이들은 체제의 간수看守, 상층계급과 하층계급의 완충지대가 된다. 만약 그들이 복종하기를 거부한다면 체제는 무너진다.

우리는 약간의 특권을 누리고 있으며 또 약간은 불안정하다. 우리 모두가 마치 애티카의 교도소 폭동 당시 간수들과 같은 존재라는 사실, 즉 기존 체제로부터 어떤 보상을 받든 간에 우리는 기존 체제가 자신의 지배를 유지하는 데 필요하다면 죽일 수도 있는 소모품에 불과하다는 사실을 깨닫기 시작할 때, 비로소 체제가 무너질 것이라고 나는 생각한다.

우리 시대에 어떤 새로운 사실들이 아주 분명하게 나타나 체제에 대한 충성심이 일반적으로 퇴조하는 결과가 야기될 수도 있다. 원자력 시대의 새로운 기술과 경제, 전쟁의 상황으로 인해 체제의 간수들 — 지식인, 주택소유자, 납세자, 숙련 노동자, 전문직, 정부관료 — 이 흑인과 빈민, 범죄자, 해외의 적들에게 가하는 폭력으로부터 무사할 수 있는 가능성이 점점 줄어든다. 경제의 국제화와 난민 및 불법 이민자들의 국제적 이동으로 인해 선진국의 국민들이 전 세계 가난한 나라들의 기아와 질병을 잊어버리기는 더욱 어렵게 됐다.

우리 모두는 최후의 심판을 야기하는 과학기술과 통제불가능한 경제, 전 세계적인 환경오염, 억제할 수 없는 전쟁이라는 새로운 상황의 볼모가 됐다. 핵무기와 보이지 않는 방사능, 경제적 무정부상태는 죄수와 간수를 구별하지 않으며, 책임자들 역시 그들을 꼼꼼하게 구별하지 않을 것이다. 나가사키 근처에 미군 포로들이 있을지도 모른다는 정보에 대해 미국 고위지휘부가 보인 반응은 잊을 수가 없다. "센터보드 작전에서 앞서 지정된 목표물은 변경되지 않았음."

체제의 간수들 사이에 불만이 증가하고 있다는 증거가 있다. 예전에는 가난하고 무시당하는 사람들은 자신들에게 관심을 기울이지도 않고 또 그에 대해 뭔가 할 수도 없는 정치체제로부터 소외된 투표불참자들이었음을 우리는 알고 있다. 이제 빈곤선 이상의 가구들로까지 소외가 확산되고 있다. 이 백인 노동자들은 부자도 빈민도 아니지만 경제적 불안정에 분노하고, 자신의 일에 만족하지 못하고, 이웃사람들을 걱정하고, 정부에 적대적이다 — 인종주의의 요소와 계급의식의 요소, 하층계급에 대한 경멸과 엘리트층에 대한 불신을 모두 갖고 있는 이들은 따라서 오른쪽이든 왼쪽이든 어느 방향의 해결책에 대해서도 개방적이다.

1920년대에도 중간계급에서 이와 비슷한 소외가 있었고 여러 방향으로 갈 수 있었지만 — 당시 KKK단은 수백만 명의 회원을 거느리고 있었다 —, 1930년대에는 좌파의 조직적인 활동으로 이런 정서의 대부분을 노동조합과 농민조합, 사회주의 운동 등으로 묶어세웠다. 앞으로 우리는 중간계급의 불만을 조직하기 위한 경주를 벌이게 될지도 모른다.

이런 불만은 분명한 사실이다. 1970년대 초반 이래의 각종 여론조사는 미국인의 70에서 80퍼센트가 정부와 기업, 군대를 불신하고 있음을 보여준다. 이것은 흑인과 빈민, 급진주의자들 이외에도 많은 사람들이 불만을 느끼고 있음을 의미한다. 숙련 노동자, 화이트칼라 노동자, 전문직 등에서도 불만이 확산됐다. 이 나라 역사상 최초로 하층계급과 중간계급, 죄수와 간수 모두가 체제에 환멸을 느꼈던 것이다.

다른 징후들도 있다. 알콜중독, 이혼(결혼한 3쌍 중 1쌍이 이혼하던 비율이 2쌍 중 1쌍에 육박하고 있다), 마약중독, 신경쇠약 및 정신질환 등의 비율이 높아진 것이다. 수백만의 사람들이 무력감, 고독감, 좌절감, 타인과 세계, 노동, 자기 자신으로부터의 소외감 등에 대한 해결책을 필사적으로 찾고 있다. 그들은 새로운 종교를 받아들이고 온갖 종류의 자조自助집단에 참여하고 있다.

마치 전 국민이 중년의 임계점, 자신감 상실과 자성이라는 생의 위기를 겪고 있는 듯하다.

이 모든 일이 중간계급의 경제적 불안이 점차 확대되는 가운데 벌어지고 있다. 이윤에 눈이 먼 불합리한 체제는 도시가 황폐해지는데도 보험회사를 위해 강철 마천루를 세우고, 아이들이 뛰어놀 운동장에는 전혀 투자하지 않으면서 살상무기에는 수십억 달러를 소비하고, 미술가나 음악가, 작가, 배우들에게는 소득을 제공하지 않으면서 위험한 물건이나 쓸데없는 물건을 만드는 사람들에게는 엄청난 소득을 제공하고 있다. 자본주의는 하층계급들에게는 언제나 실패한 체제였다. 이제 중간계급에게도 실패한 체제가 되어가고 있다.

빈민 가정의 내부에 항상 도사리고 있던 실업의 위협이 화이트칼라 노동자와 전문직에게까지 확산됐다. 대학교육은 이제 더 이상 취업을 보장하지 못하며 학교를 졸업한 젊은이들에게 미래를 제공할 수 없는 체제는 심각한 곤경에 처해 있다. 빈민 가정 자녀들만의 문제라면 쉽게 해결할 수 있다. 감옥이 있기 때문이다. 중간계급 자녀들에게도 그런 일이 벌어진다면 사태는 수습할 수 없게 될지도 모른다. 가난한 사람들은 생활의 압박과 항상 돈이 부족한 처지에 익숙하지만, 최근에는 중간계급들 역시 높은 물가와 세금의 압력을 느끼기 시작하고 있다.

1970년대와 1980년대, 1990년대 초반에 극적이고 놀라울 정도로 범죄율이 늘어났다. 어떤 대도시든 한번 걸어서 돌아다녀 보면 그 이유를 쉽게 이해할 수 있었다. 빈부의 대조, 소유의 문화, 광적인 광고가 있었다. 국가의 합법적인 폭력 및 기업들의 합법적인 약탈과 가난한 사람들의 불법적인 범죄가 나란히 일어나는 격렬한 경제적 경쟁이 있었다. 대부분의 범죄는 절도와 관련된 것이었다. 미국의 감옥에 갇혀 있는 죄수의 압도적인 수가 교육을 받지 못한 빈민과 유색인이었다. 죄수 가운데 절반은 체포되기 전 한 달 동안 실업자였다.

가장 흔하고 잘 알려진 범죄는 젊은이와 빈민들의 폭력범죄—사실상 공포의 도가니가 된 대도시—였다. 절망에 빠지거나 마약에 중독된 사람들은 중간계급이나 심지어 자신들과 같은 처지인 가난한 사람들을 공격하고 약탈했다. 부와 교육에 의해 계층화된 사회가 시기와 계급적 분노를 낳는 것은 당연한 일이다.

우리 시대의 결정적인 문제는, 그런 범죄의 해결이 감옥을 더 많이 짓고 형량을 더 늘리는 것이라고 오랫동안 믿어 왔던 중간계급이 범죄를 전혀 통제할 수 없다는 현실 속에서, 그렇게 해서는 범죄와 처벌의 끝없는 순환만이 있을 뿐이라는 사실을 깨닫기 시작할 것인가에 있다. 이것을 깨닫게 된다면 중간계급들은 도시에서 노동하는 한 개인의 신체적 안전은 도시의 모든 사람들이 노동하게 될 때에만 이루어질 수 있다는 결론을 내릴지도 모른다. 그리고 이를 위해서는 국가의 정책적 우선순위의 전환, 체제의 변혁이 필요할 것이다.

최근 수십 년 동안 범죄자의 공격에 대한 두려움에 훨씬 더 큰 두려움이 덧붙여졌다. 암으로 인한 사망이 급증하기 시작했지만 의학연구자들은 암의 원인을 규명하는 데 무력한 듯 보였다. 암으로 인한 사망의 대부분이 군사실험과 산업의 탐욕으로 인한 환경오염에 기인하는 것이라는 사실이 명백해지기 시작했다. 성장과 이윤만을 광적으로 추구하면서 인간의 안전과 건강은 무시해 왔던 체제는 사람들이 마시는 물과 숨 쉬는 공기, 일하는 건물에서 들이마시는 먼지 입자 등을 오랫동안 조용히 오염시켜 왔다. 에이즈 바이러스라는 새롭고 치명적인 재앙이 나타나 동성애자와 마약중독자 사이에서 급속하게 확산됐다.

1990년대 초반, 거짓 사회주의인 소련 체제가 붕괴됐다. 그리고 미국의 체제는 통제불가능인 듯 보였다—통제불가능한 자본주의, 통제불가능한 과학기술, 통제불가능한 군사주의, 자신이 대표한다고 주장하는 국민들로부터 통제불가능하게 벗어나는 정부. 범죄와 암과 에이즈 역시 통제불가능한 지경에 이르렀다. 물가와 세금과 실업 또한 통제불가능하게 됐다. 도시의 황폐화와 가족의 붕괴 역시 통제불가능하게 됐다. 사람들은 이 모든 현실을 깨닫고 있는 듯 보였다.

최근 몇 년간 보도된 정부에 대한 전반적인 불신감의 대부분은 아마도 『캐치-22』에서 미 육군 항공대 폭격수 요새리언이 적군을 도왔다고 자신을 비난하는 친구에게 한 말의 진실을 점차 깨달았기 때문일 것이다. "적이란 어느 쪽 편이든 간에 자네를 죽이려고 하는 모든 사람들을 뜻해. 그리고 그걸 오래 기억하고 있으면 있을수록 자넨 더 오래 살지 모르니까, 그 사실을 잊지 말아야 해." 소설의 다음 줄은 이렇다. "그러나 클레빈저는 그 사실을 잊었고, 이제 그는 죽어 버렸다."

이 나라 역사상 최초로 전 국민이 근본적인 변화를 위해 단결하는 미래를 상상해 보자. 엘리트들은 이전에도 흔히 그랬듯이 전쟁을 통해 국민들을 기존 체제로 단합시키기 위해 최후의 무기 — 외국에 대한 간섭 — 에 호소할까? 1991년에 엘리트들은 이라크를 상대로 한 전쟁을 통해 그렇게 하려고 애썼다. 그러나 준 조던이 말한 것처럼, 그것은 "크랙을 한 번 들이마신 것에 불과"했으며, "그 효과가 그리 오래 가지도" 않았다.

기존 체제가 국내의 심각한 경제문제를 해결할 수도, 국내의 불만을 무마하기 위해 해외의 안전판을 조작할 수도 없게 됨에 따라, 미국인들은 더 많은 땜질이나 더 많은 개혁입법, 똑같은 카드를 다시 섞는 짓에 불과한 또 다른 뉴딜만이 아니라 근본적인 변화를 요구하게 될지도 모른다. 다시 현실주의자로 돌아설 때 그것이 행동을 좌절시키는, 기존 체제에 유용한 '현실주의'가 아니라 놀라운 사건들이 부재한 어떤 역사에 튼튼히 뿌리를 내린 '현실주의'

가 될 수 있도록 잠시 동안 이상주의자가 되어 보자. 근본적인 변화가 우리 모두에게 요구하는 것이 무엇인지 상상해 보자.

오늘날과 같은 현실을 초래한 자들—거대기업과 군대, 그리고 그들의 협력자인 정치가들—로부터 사회를 좌지우지하는 지렛대를 빼앗아야만 한다. 우리는 —전국 곳곳에 있는 지방 단체들의 노력을 조정해— 효율과 정의 모두를 위해 경제를 재구축함으로써 사람들이 가장 필요로 하는 것을 협력적인 방식으로 생산하도록 만들어야 한다. 우리의 이웃과 도시와 일터에서부터 시작하게 될 것이다. 어떤 종류의 노동에는 지금은 노동력에서 배제된 사람들—어린이, 노인, '장애'인—까지 포함해서 모든 사람이 필요하게 될 것이다. 사회는 지금은 놀고 있는 거대한 에너지와 지금은 쓰지 않는 기술과 재능을 사용할 수 있을 것이다. 모든 사람이 하루에 몇 시간 동안 틀에 박힌 일이지만 없어서는 안 될 일을 분담해서 하고 남는 시간 대부분은 놀이와 창조, 사랑을 위해 자유롭게 쓰면서도 평등하고 풍요로운 분배에 충분한 양을 생산할 수 있을 것이다. 식료품, 주택, 의료, 교육, 교통 등 몇 가지 기본적인 필수품은 화폐체계에서 제외시켜 모든 사람이 —무상으로— 이용할 수 있을 정도로 풍부하게 될 것이다.

중앙집권적인 관료제 없이, 감옥과 처벌이 아니라, 과거에 전시에 국가가 사용했던, 그러나 또한 사람들이 다른 상황에서 어떻게 행동하게 될지를 암시해 주면서 사회운동에서도 사용했던 인간의 자연적인 욕구에서 기인하는 협력이라는 동기를 활용해서 이를 달성하는 방법을 고안해 내는 일이 커다란 문제일 것이다. 작업장이나 지역에 속하는 작은 집단의 사람들이 모든 결정을 내릴 것이다—서로 소통하는 협동조합 네트워크는 자본주의의 계급질서와 '사회주의'라는 이름 아래 수행됐던 가혹한 독재를 피하는 이웃 공동체 사회주의가 될 것이다.

그 때가 되면 정다운 공동체를 형성한 사람들이 새롭고 다양하며 비폭력적인 문화를 만들어 모든 형태의 개인적, 집단적 표현이 가능하게 될 것이다. 남성과 여성, 흑인과 백인, 노인과 젊은이들이 서로의 차이를 지배의 구실이 아니라 긍정적인 속성으로 소중하게 여길 수 있을 것이다. 인간관계와 자녀양육에서 협력과 자유라는 새로운 가치가 나타날 수 있을 것이다.

이 나라의 복잡한 통제 상황 속에서 이 모든 것을 이루기 위해서는 미국 역사에서 출현했던 모든 운동 — 노동자, 흑인, 아메리카 원주민, 여성, 젊은이 — 의 에너지와 분노한 중간계급의 새로운 에너지를 결합시켜야 한다. 그 지역에서 살고 노동하는 사람들이 지역의 통제권을 확보하기 위해서는 부재하는 당국absentee authority에 맞서는 일련의 투쟁을 통해 직접적인 환경 — 작업장, 가족, 학교, 지역사회 — 을 변화시키는 데 착수해야 한다.

이런 투쟁에는 과거 다양한 시기의 민중운동에서 사용됐던 모든 전술, 즉 시위, 행진, 시민불복종, 파업, 보이콧, 총파업, 부를 재분배하고 제도를 재구축하고 관계를 혁신하기 위한 직접행동, (음악, 문학, 연극, 회화, 일상생활에서의 노동과 놀이의 모든 영역에서) 공유와 존중의 새로운 문화 및 자기 자신과 서로를 돕는 협력 속에서 느끼는 새로운 즐거움을 창출하는 것 등이 포함되어야 한다.

수많은 패배가 있을 것이다. 그러나 그런 운동이 전국 각지의 수십만 곳에서 뿌리를 내린다면 도저히 억누를 수 없을 것이다. 체제가 그런 운동을 분쇄하기 위해 의존하는 체제의 간수들 자신이 반란자가 될 것이기 때문이다. 이것이야말로 새로운 유형의 혁명이라고, 미국과 같은 나라에서 일어날 수 있는 유일한 혁명이라고 나는 믿는다. 이를 위해서는 엄청난 에너지와 희생, 헌신, 인내가 필요하다. 그러나 그것은 지체 없이 시작될 끊임없는 하나의 과정이므로, 공동의 목표를 위해 함께 노력하는 여러 집단들의 애정 어린

유대 속에서 사람들은 언제나 직접적인 만족을 얻게 될 것이다.

이 모든 것은 우리를 미국의 역사와는 멀리 떨어진 상상의 영역으로 데려간다. 그러나 역사에서 완전히 떨어져 나가는 것은 아니다. 과거에도 그런 가능성을 잠시 보여주는 순간들이 있었다. 1960년대와 1970년대에 사상 최초로 기존 체제는 전쟁을 통해 국민적 단합과 애국적 열정을 만들어 내는 데 실패했다. 이 나라가 일찍이 보지 못했던 문화적 변화의 홍수가 —성, 가족, 인간관계 등에서— 일어나 통상적인 권력 중심부가 통제하기 가장 어려운 상황이 조성됐다. 정치, 경제 체제의 수많은 요소들에 대한 전반적인 신뢰의 퇴조는 전에는 전혀 찾아볼 수 없는 현상이었다. 역사의 모든 시기에 —심지어 경쟁과 폭력의 문화가 횡행하던 시기에도— 사람들은 짧은 순간이나마 노동과 투쟁과 교우와 자연 속에서 기쁨을 찾으면서 서로를 도울 수 있는 길을 발견했다.

미래는 혼란과 투쟁의 시기이자 영감의 시기이기도 하다. 그런 운동이 체제 자체가 한번도 해보지 못한 일—폭력을 동반하지 않고도 거대한 변화를 가져오는 것—을 성공적으로 이룰 가능성은 있다. 이것이 가능한 이유는 99퍼센트 가운데 자기 자신을 똑같이 궁핍한 계층으로 인식하기 시작하는 사람들이 많아질수록, 체제의 간수들과 죄수들 가운데 그들의 공통된 이해관계를 깨닫는 사람들이 많아질수록, 기존 체제는 점점 더 고립되고 무력하게 될 것이기 때문이다. 수많은 사람들이 굳게 결심한다면 엘리트들의 무기와 돈과 정보수단의 통제는 아무 쓸모가 없게 될 것이다. 체제의 종복들 역시 그 낡고 치명적인 질서를 유지하기 위해 일하기를 거부할 것이고, 그들의 시간과 공간—체제가 그들을 침묵시키기 위해 제공했던 바로 그것—을 활용해서 체제를 분쇄하고 새로운 체제를 만들어 내기 시작할 것이다.

체제의 죄수들은 과거에 그랬듯이 예측할 수 없는 시기에 예상할 수 없는 방식으로 계속해서 반란을 일으킬 것이다. 우리 시대의 새로운 사실은 그들의 반란에 체제의 간수들이 결합할 가능성이 있다는 점이다. 우리들, 책을 읽는 독자들과 저자들은 대부분 간수들이다. 만약 우리가 이를 이해하고 행동하게 된다면, 삶이 더욱 만족스럽고 더할 나위 없는 것이 될 뿐만 아니라 우리의 손자들 또는 우리의 증손자들이 지금과는 다른 놀라운 세계를 보게 될 것이다.

LAUNDRY
WORKERS

24

클린턴 시대

LAUNDRY
IS ON
STRIKE
LAUNDRY WORKERS
INTERNATIONAL UNION LOCAL 135
THIS LAUNDRY
IS ON
STRIKE
LAUNDRY WORKERS
INTERNATIONAL UNION LOCAL 135

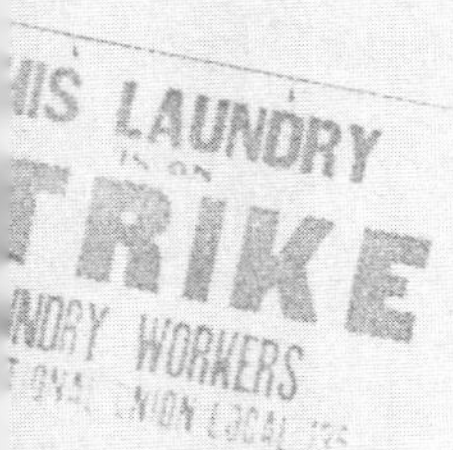

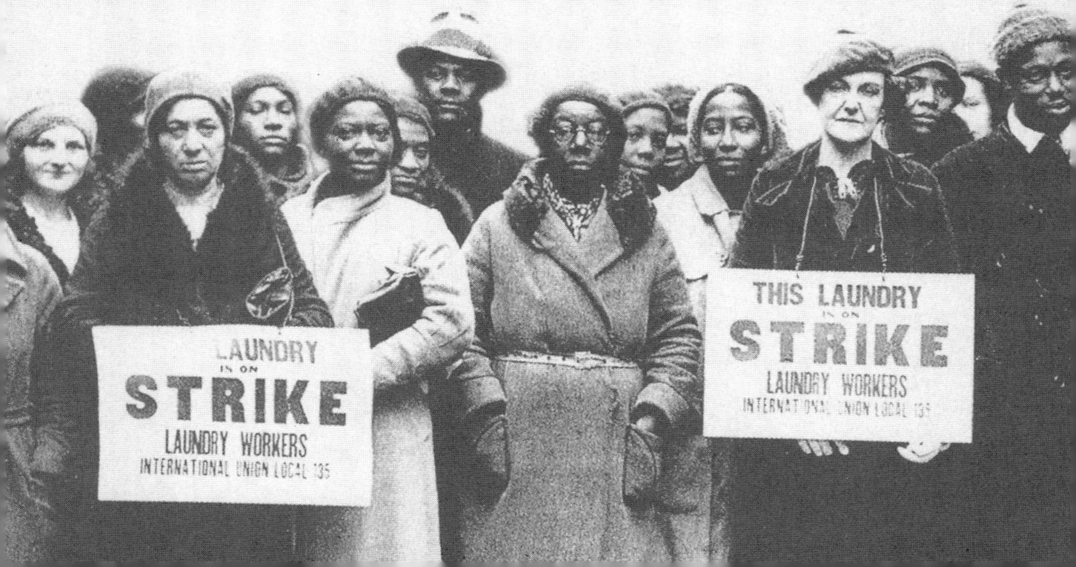

1992 • 로스앤젤레스 인종 폭동
• 클린턴, 대통령 당선

1993 • 소말리아 내전 개입

1995 • 오클라오마시티의 연방정부 청사 폭파 사건
• 워싱턴DC에서 '백만인 행진'

1996 • '테러방지와 효율적 사형집행에 관한 법' 의회 통과

1998 • 클린턴, 섹스 스캔들

1999 • 나토, 코소보 사태 개입

당당한 풍채와 달변을 갖춘 예일 법대 졸업생이자 로즈 장학생으로 아칸소 주지사를 지냈던 빌 클린턴의 8년 재임기는, 한 명석한 젊은이가 이 나라에 약속해 준 '변화'를 가져올 것이라는 희망으로 시작됐다. 그러나 클린턴 집권기는 그의 바람과는 달리 이 나라의 위대한 대통령의 한 명으로 이름을 떨칠 가능성은 전혀 남겨두지 않은 채 끝났다.

클린턴의 임기 마지막 해는 그의 사생활을 둘러싼 센세이셔널한 스캔들로 특징지어졌다. 더욱 중요한 점은 그가 국내정책에서 대담한 혁신을 이루거나 전통적인 민족주의적 대외정책으로부터 이탈하는 유산을 남기지 못했다는 사실이다. 국내에서 클린턴은 거듭해서 신중한 보수주의에 굴복하면서 프랭클린 루즈벨트의 대담한 정책에 관한 기억을 아직 간직하고 있던 민주당보다는 공화당과 대기업을 기쁘게 하는 입법에 서명했다. 해외에서는 군사적인 허세를 과시하는 헛된 시도를 하면서 드와이트 아이젠하워가 한때 경고했던 '군산복합체'에 굴종했다.

클린턴은 두 차례의 선거에서 모두 가까스로 승리했다. 1992년에는 전체 유권자의 45퍼센트가 기권한 가운데 클린턴이 43퍼센트만을 획득한 반면, 아버지 부시는 38퍼센트를 득표했고 투표자의 19퍼센트는 제3당 후보 로스페로Ross Perot에게 표를 던짐으로써 양당에 대한 혐오감을 보여줬다. 1996년에는 유권자의 절반이 기권한 가운데 클린턴은 공화당의 활력 없는 후보 로버트 돌[Robert Dole. 흔히 애칭인 '밥 돌Bob Dole'로 알려져 있다]을 상대로 49퍼센트를 득표했다.

확실히 유권자들은 전혀 열정을 보이지 않았다. 자동차 꽁무니에 나붙은 한 스티커에는 이렇게 쓰여 있었다. "우리가 투표하는 게 하나님의 뜻이라면 후보는 주셨어야 하지 않는가."

두 번째 취임식에서 클린턴은 "새로운 세기, 새로운 천년"의 문턱에 선 나라에 관해 말했다. "우리에게는 새로운 세기를 위한 새로운 정부가 필요합니다." 그러나 대통령으로서 그가 보인 행동은 이런 미사여구에 미치지 못했다.

우연하게도 취임식 날짜가 전국적으로 경축되는 마틴 루서 킹 2세의 탄생기념일과 겹쳤고, 클린턴은 취임사에서 킹의 이름을 여러 차례 언급했다. 그러나 두 사람은 아주 다른 사회철학을 대표하는 인물이었다.

암살당하던 1968년 무렵에 이르러 킹은 우리의 경제체제가 근본적으로 정의롭지 못하며 급진적인 변화가 필요하다고 믿게 됐다. 킹은 "자본주의의 폐단"에 관해 말하면서 "경제 및 정치 권력의 근본적인 재분배"를 호소했다.

다른 한편, 주요 대기업들이 전례 없는 규모로 민주당에 자금을 기부하는 가운데 클린턴은 "시장체제"와 "사기업"에 대한 전면적인 확신을 분명하게 표명했다. 1992년 선거운동 중에 마틴매리에타Martin Marietta Corporation(이 회사는 정부와 막대한 액수의 수익성 높은 군수품 생산 계약을 맺고 있었다)의 최고경영자는 이렇게 지적했다. "내 생각에는 민주당은 점점 기업 쪽으로 이동하고 있고 기업들 역시 점점 민주당 쪽으로 이동하고 있습니다."

군사력 증강에 대해 마틴 루서 킹이 보인 반응은 베트남 전쟁에 대한 반응과 똑같은 것이었다. "이 미친 짓거리를 끝내야 합니다." "…… 인종주의의 폐단과 경제적 착취, 군사주의는 모두 하나로 연결되어 있습니다……”

클린턴은 인종평등이라는 킹의 ‘꿈’은 기꺼이 상기시켰지만 폭력을 거부하는 사회라는 그의 꿈에 대해서는 일언반구도 하지 않았다. 소련이 이제 더 이상 군사적 위협을 제기하지 않았음에도, 클린턴은 미국이 전 세계에 분산 배치된 군대를 계속 유지하고 “두 개의 국지전”을 대비하며, 국방예산을 냉전 수준으로 유지해야 한다고 역설했다.

비록 고상한 미사여구를 늘어놓긴 했지만, 클린턴은 8년 재임기간 동안 그 역시 다른 정치인들과 마찬가지로 사회변화보다는 선거에서의 승리에 더 관심이 많았음을 보여줬다. 더 많은 득표를 얻기 위해 클린턴은 당을 중도에 더 가까운 쪽으로 이동시키기로 결정했다. 이것은 흑인과 여성, 노동자들에 대해서는 그들이 계속 자신을 지지할 정도로만 배려해 주는 한편 강경한 범죄 정책과 엄격한 복지정책, 강력한 군대를 통해 보수적인 백인 유권자들을 끌어들이려 노력한다는 것을 의미했다.

정권을 잡은 클린턴은 아주 철저하게 이런 계획을 수행했다. 그는 친노동 정책과 사회복지 프로그램을 지지하는 몇몇 각료를 임명했으며 전국노동관계위원회 위원장으로는 친노동 성향의 흑인을 임명했다. 그러나 재무부와 상무부의 핵심 임명자들은 부유한 기업 고문변호사들이었으며, 대외정책 참모진—국방장관, 중앙정보국장, 국가안보보좌관—은 초당파적인 냉전집단의 전통적인 인물들이었다.

클린턴은 공화당 전임자들에 비해 정부직에 많은 유색인을 임명했다. 그러나 공직 후보자나 실제 임명자가 너무 대담한 인물임이 밝혀진 경우 클린턴은 신속하게 그들을 내팽개쳤다.

상무장관 로널드 브라운Ronald Brown(비행기 사고로 사망했다)은 흑인이자 기업 고문변호사로 클린턴을 크게 만족시킨 인물이었다. 한편 법무부 민권

국장 후보자로 물망에 올라 있던 흑인 법학자 래니 귀니어Lani Guinier는 보수파들이 인종평등과 유권자 대표권에 관한 그의 강경한 이념을 놓고 이의를 제기하자 결국 클린턴에게 버림받았다. 또 흑인인 보건장관 조이슬린 엘더스Joycelyn Elders가 성교육에 자위도 한 주제로 포함시켜야 한다고 주장하자 클린턴은 사임할 것을 요구했다. (훗날 클린턴이 백악관에서 진기한 섹스 스캔들을 일으킨 것을 감안하면 이것은 특히 역설적인 일이었다.)

클린턴은 연방대법원 판사 임명자 두 명에 대해서도 소심한 태도를 똑같이 보여줬다. 루스 베이더 긴즈버그Ruth Bader Ginsburg와 스티븐 브레이어Stephen Breyer는 민주당뿐만 아니라 공화당도 받아들일 수 있을 만큼 충분히 온건한 인물들임이 확실했다. 클린턴은 얼마 전에 대법원에서 은퇴한 서굿 마셜이나 윌리엄 브레넌의 뜻을 잇는 강력한 자유주의자를 위해 싸우려 하지 않았다. 브레이어와 긴즈버그 모두 사형제도의 합헌성을 옹호했으며 인신보호권의 철저한 제한을 지지했다. 두 사람 모두 대법원의 가장 보수적인 판사들과 함께 보스턴의 성聖 패트릭 기념일 행진 주최 측이 동성애자들을 행진에서 배제한 것은 "헌법상의 권리"에 해당된다는 판결을 내렸다.

하급 연방법원 판사 인선 과정에서 클린턴은 1970년대 공화당의 제럴드 포드만큼이나 자유주의자들을 임명할 의사가 없음을 보여줬다. 1996년 초 『포덤법학평론*Fordham Law Review*』에 발표된 3여 년에 걸친 한 연구논문에 따르면, 클린턴의 인선 가운데 '자유주의자'를 임명한 것은 전체의 절반에도 미치지 못했다. 『뉴욕타임스』는 레이건과 부시가 자신들의 철학을 반영하는 판사들을 임명하기 위해 기꺼이 싸웠던 반면, "이와 대조적으로 클린턴 대통령은 논쟁의 여지가 조금이라도 보이는 판사 후보자들을 신속하게 탈락시켰다"고 지적했다.

클린턴은 자신이 "법과 질서"의 문제에 관해 "강경하다"는 사실을 보여주려고 많은 애를 썼다. 아칸소 주지사로 있던 1992년, 대통령 선거운동을 벌이던 와중에 클린턴은 한 정신장애자의 사형집행을 감독하기 위해 아칸소로 돌아갔다. 또 집권 초기인 1993년 4월에는 법무장관 재닛 리노Janet Reno와 함께 텍사스 주 웨이코Waco의 한 건물에 무장한 채 은신해 있던 한 사교집단에 대한 연방수사국의 공격을 승인했다. 협상을 통해 해결책을 찾기 위해 기다리는 대신 연방수사국은 라이플총과 탱크, 최루가스를 동원해 공격을 감행했고, 결국 건물에 일제사격을 가해 최소한 86명의 남자와 여자, 어린이를 살해했다.

웨이코의 비극에서 살아남은 생존자 가운데 한 명인 데이비드 시보도David Thibodeau는 『웨이코라 불린 곳*A Place Called Waco*』이라는 저서를 통해 정부의 공격이 낳은 참사에 관해 보기 드문 내부자의 설명을 제공하고 있다.

> 탱크는 여자와 아이들 30명이 빽빽하게 몰려 있는 주거용 건물 지하실의 비좁은 콘크리트 방을 깔아뭉개고는 부서진 콘크리트 덩어리들을 밑에 깔린 사람들 위로 밀어 넣었다. 그 즉시 여자와 아이들 여섯 명이 위에서 떨어지는 벽돌더미에 깔렸고, 탱크가 창문도 환기구도 없는 대피소에 최루가스를 난사하면서 나머지 사람들은 먼지와 최루가스에 질식했다.
> 데이비드〔데이비드 코레시David Koresh는 이 종교집단의 지도자였다(지은이)〕의 큰딸인 여섯 살짜리 스타Star는 머리가 발에 닿을 정도로 등뼈가 뒤로 휜 상태로 까맣게 불에 탄 주검으로 발견됐다. 그 아이의 근육은 화재로 인한 열기와 최루가스 질식의 부산물인 청산염의 복합효과로 완전히 수축되어 있었다.

클린턴과 리노는 한 집단의 남녀와 어린이들을 상대로 군사공격을 감행하

웨이코의 비극

클린턴은 자신이 "법과 질서"의 문제에 "강경하다"는 사실을 보여주려고 애썼다. 그러나 웨이코의 비극은 질서를 지키기보다 테러의 씨앗을 뿌리는 일이었다.

기로 한 무모하기 그지없는 결정에 대해 근거가 박약한 구실을 댔다. 리노는 한때 이 집단의 어린이들이 성적인 희롱을 당하고 있다는 전혀 근거가 없는 이야기를 했는데, 설령 이것이 사실이라 하더라도 대량학살이 정당화될 수는 없다.

정부가 살육을 저지르는 경우에는 흔히 그렇듯이 살아남은 희생자들을 재판에 회부했고, 판사들은 엄벌을 부과하지 말라는 배심원단의 요청을 기각하고 최고 40년형의 징역형을 선고했다. 템플 대학에서 형법을 가르치는 제임스 파이프James Fyfe 교수는 이렇게 말했다. "연방수사국을 수사하는 연방수사국은 없다. 법무부를 조사하는 법무부는 없다."

판사로부터 징역형을 선고받은 인물 가운데 한 명인 리노스 에이브럼Renos Avraam은 이렇게 말했다. "이 나라는 개인적인 감정이 아니라 법률에 의해 운영된다고 한다. 법률을 무시하는 행위는 테러의 씨앗을 뿌리는 일이다."

결국 그의 말이 일종의 예언이었음이 드러났다. 웨이코의 비극이 발생한 지 몇 년 뒤 오클라호마시티의 연방정부 청사를 폭파, 168명의 목숨을 앗아간 티모시 맥베이Timothy McVeigh는 웨이코 사건현장을 두 차례 방문했었다. 연방수사국의 진술서에 따르면 뒤에 맥베이는 웨이코에 대한 정부의 공격에 "크게 흥분"했다고 한다.

첫 번째 임기 초기에 클린턴은 '법과 질서'에 역점을 두는 정책에 따라 가난한 수감자들에게 국선 변호사를 선임해 주는 국가지원센터 예산을 삭감하는 법안에 서명했다. 『뉴욕타임스』의 밥 허버트Bob Herbert에 따르면, 그 결과 조지아 주에서는 사형선고를 받을지도 모르는 한 남자가 변호사도 없이 인신보호권 심사〔habeas corpus proceeding. 우리나라의 '구속적부심 심사'에 해당된다〕를 받아야만 했다.

1996년 대통령은 판사들이 열악한 교정 환경의 개선을 확실히 하기 위해 교정 체계를 특별한 감독 아래 두도록 하는, 일을 어렵게 만드는 법안에 서명했다. 클린턴은 또한 변호사들이 연방 법률지원 기금을 집단소송(이런 소송은 시민자유 침해에 이의를 제기하는 중요한 수단이었다)에 사용하는 경우에 기금 지급을 보류하는 법령을 승인했다.

하원에서 공화당과 민주당의 압도적인 지지로 통과되고 클린턴 역시 열렬히 지지한 1996년의 '범죄 법안Crime Bill'은 범죄문제에 대해 예방이 아니라 처벌을 강조하는 것이었다. 이 법안은 사형을 모든 종류의 형사범죄로 확대시켰으며 교도소 신축에 80억 달러를 할당했다.

이 모든 것은 정치인들이 "범죄에 강력하게 대처하고 있다"고 유권자들을 설득하기 위한 것이었다. 그러나 형법학자 토드 클리어Todd Clear가 새로운 범죄 법안에 관해 『뉴욕타임스』(「강력할수록 더 우둔하다」)에 쓴 것처럼, 가혹한 형 선고로 수감인구가 1,000만 명 늘어남으로써 미국이 전 세계에서 가장 높은 수감률을 기록했음에도 폭력범죄는 여전히 증가했다. 클리어는 물었다. "왜 가혹한 형벌이 범죄와 그렇게도 무관한 듯 보이는가?" 가장 중요한 이유는 "경찰과 감옥이 범죄행동을 유발하는 근원에 사실상 아무 효과도 미치지 못하기 때문"이었다. 클리어는 그런 근원을 지적했다. "뉴욕 주 수감자의 70퍼센트 정도가 뉴욕 시의 8개 지역 출신이다. 이들 지역은 심각한 빈곤과 배제, 소외, 절망 등으로 고통을 받고 있다. 이 모든 것이 범죄의 자양분이 된다."

정치권력을 장악한 이들 — 클린턴이든 공화당의 전임 대통령들이든 — 에게는 모종의 공통점이 있었다. 그들은 자기 자신을 방어할 아무 자원도 없는 집단들에게 시민들의 분노를 돌림으로써 권력을 유지하려고 노력했다. 1920년대의 신랄한 사회비평가인 H. L. 멩켄H. L. Mencken이 지적한 것처럼, "현실 정치가 추구하는 목표란, 모두 상상의 산물에 불과한 끝도 없는 일련의 도깨비hobgoblin들을 가지고 국민들을 위협함으로써 국민들이 계속 겁에 질려 있게 만드는 것뿐이다."

범죄자들은 이들 도깨비 가운데 일부였다. 이민자, '복지'에 의존해 살아가는 사람들, 그리고 몇몇 정부 — 이라크, 북한, 쿠바 — 역시 도깨비들이었다. 그들에게 관심을 돌리게 함으로써, 그들의 위협을 날조하거나 과장함으로써 미국 체제의 실패를 감출 수 있었던 것이다.

이민자들은 손쉬운 공격대상이었다. 그들은 투표권이 없으므로 쉽게 무시할 수 있었던 것이다. 정치인들은 미국 역사에서 때때로 분출된 외국인혐오증—19세기 중반의 아일랜드인에 대한 편견, 철도 노동자로 유입된 중국인들에 대한 끊임없는 폭력, 1920년대의 각종 이민규제법을 낳은 동유럽 및 남유럽 이민자들에 대한 적대감—을 손쉽게 악용했다.

1960년대의 개혁 정신은 이민에 대한 규제를 완화하는 결과를 낳았지만, 1990년대에 접어들어 민주당과 공화당 모두 미국 노동자들의 경제적 공포심에 호소했다. 기업들이 비용을 절감하기 위해('감량경영downsizing') 직원들을 해고하거나 더 유리한 입지를 찾아 국외로 공장을 이전함에 따라 일자리가 줄어들고 있었다. 이민자들, 특히 멕시코에서 남부 국경을 넘어 들어오는 많은 수의 멕시코인들이 미국 시민들로부터 일자리를 빼앗고, 정부의 복지혜택을 받고, 미국 시민들에게 높은 세금을 물리게 한다는 비난을 받았다.

양대 정당은 불법적인 이민자뿐만 아니라 합법적인 이민자에 대해서도 복지혜택(식품교환권, 노인 및 장애인 수당)을 박탈하는 법안을 통과시켰고 클린턴 역시 이에 서명했다. 1997년 초, 빈민이나 노인, 장애인인 100만 명에 가까운 합법 이민자들은 시민권을 획득하지 못할 경우 몇 달 안에 식품교환권과 복지수당을 받지 못하게 될 것이라는 경고를 받았다.

이 가운데 약 50만 명은 시민권을 얻는 데 필요한 시험에 통과하는 것이 거의 불가능한 일이었다—그들은 영어를 읽을 수 없었고, 이제 와서 배우기에는 환자이거나 장애인이거나 나이가 너무 많았다. 매사추세츠에 거주하는 한 포르투갈 출신 이민자는 통역을 통해 기자에게 말했다. "우리는 매일 편지가 올까 봐 전전긍긍하고 있습니다. 수당이 끊기면 어떻게 살아야 합니까?

아마 굶어죽겠지요. 하나님 맙소사. 난 살 가치도 없는 인간이 될 겁니다."

1990년대 초반에 접어들어 가난 때문에 멕시코를 탈출하는 불법 이민자들은 더욱 가혹한 대우에 직면하게 됐다. 국경경비대원 수천 명이 추가로 배치됐다. 로이터 통신의 멕시코시티 발 속보(1997년 4월 3일)는 강력해진 정책에 관해 이렇게 말했다. "불법 이민에 대한 일제단속은 어떤 형태로 실시되든 간에 이미 매년 수백만 명이 일자리를 찾아 3,200킬로미터 이르는 미국 국경을 불법적, 합법적으로 넘는 멕시코인들의 분노를 불러일으킨다."

미국이 군사원조를 제공하던 과테말라와 엘살바도르의 암살대로부터 도망쳐 나온 수십만 명의 중앙아메리카인들은 '정치적' 난민으로 간주되지 않기 때문에 추방될 위기에 처하게 됐다. 이들을 정치적 난민으로 인정한다면, 당시 이 억압적 정권들이 인권 현실을 개선하고 있으므로 계속 군사원조를 받을 자격이 있다고 한 미국의 주장이 거짓으로 드러날 수 있었다.

1996년 초, 의회와 대통령이 힘을 합쳐 통과시킨 '테러방지와 효율적 사형 집행에 관한 법Antiterrorism and Effective Death Penalty Act'은 언제 어떤 범죄를 저질렀든 간에 유죄판결을 받은 이민자를 추방할 수 있도록 규정하고 있었다. 미국인과 결혼해서 아이를 가진 합법적인 영주권자도 예외가 아니었다. 그해 7월 『뉴욕타임스』는 "이 법이 통과된 뒤 수백 명의 장기 합법 재류 외국인들이 체포됐다"고 보도했다. 이 새로운 법에는 확실히 뭔가 비합리적인 측면이 있었는데, 그것은 이 법이 토박이 미국인인 티모시 맥베이가 오클라호마시티 연방정부 청사를 폭파한 사건에 대한 대응으로 통과되었다는 것이다.

이민에 대한 새로운 정부정책은 "새로운 세기를 위한 새로운 정부"라는 클린턴의 약속을 실현하기는커녕 1798년의 외국인규제 및 선동금지법Alien and Sedition Laws과 매카시 시대인 1950년대의 매캐런-월터 이민규제법[35]으로 후퇴하는 것이었다. 이것은 자유의 여신상에 새겨진 위대한 외침과 전혀 부합되지 않았다. "고단한 자들이여, 가난한 자들이여, 자유로이 숨 쉬고자 하는 군중들이여, 해변을 가득 메운 비참한 하층민들이여, 내게로 오라. 집 없는 자들이여, 격랑에 시달린 이들이여, 내게로 오라. 황금의 문 옆에서 나는 등불을 높이 들 것이니!"

1996년 여름, (다가오는 선거에서 '중도' 유권자들의 지지를 얻으려는 시도 속에서) 클린턴은 뉴딜 아래 시작된 가난한 편모가정에 대한 연방정부의 재정 지원 보장을 중단하는 법안에 서명했다. 이것은 '복지개혁'이라 불렸고, 법 자체는 '1996년의 개인적 책임과 노동기회 조정법Personal Responsibility and Work Opportunity Reconciliation Act of 1996'이라는 기만적인 명칭을 갖고 있었다.

클린턴은 이런 결정으로 과거의 자유주의적 지지자들 대다수를 소외시켰다. 피터 에델먼Peter Edelman은 보건부 차관보에서 사임하면서 클린턴이 우파와 공화당에 굴복했다고 신랄하게 비판했다. 나중에 에델먼은 이렇게 썼다. "클린턴의 목표는 어떤 대가를 치르더라도 재선되는 것이었다……. 그의 정치적 접근법은 위험을 계산하는 것이 아니라 어떤 위험도 무릅쓰지 않는 것이었다……. 실체보다 그림자를 우위에 두는 그의 성향으로 인해 가난한 어린이들이 피해를 입었다."

'복지개혁'의 목표는 연방정부의 복지수당 지급을 2년 기한으로 축소하고, 평생 5년 이상은 복지수당을 받을 수 없도록 제한하고, 어린이가 없는 가장은 3년에 3개월 동안만 식품교환권을 수령하도록 함으로써 연방정부의 복지수당

---

35) McCarran-Walter Act: 민주당의 매캐런Patrick McCarran과 월터Francis Walter가 1952년에 제출한 반反공산주의 · 반反이민 법. 미국 시민권이 없는 300만 명의 이민자들은 신원증명서를 항상 소지해야 하며, 1,100만 명의 귀화 미국인 가운데 공산주의에 연루된 사실이 발각된 사람들을 강제 출국시킬 수 있다는 내용이 핵심이었다.

을 받는 빈민 가정(그 대부분은 편모가정이었다)에게 일을 하도록 강요하는 것이었다.

『로스앤젤레스 타임스』는 이렇게 보도했다. "합법적인 이민자들이 빈민 의료보조를 받을 자격을 상실하고 빈민 가정들이 복지수당에 새롭게 도입된 5년의 제한규정에 맞서 분투하는 한편 …… 의료전문가들은 결핵과 성병의 부활을 예상하고 있다……." 복지 삭감의 목적은 5년 동안 500억 달러(이는 차세대 전투기 계획의 비용에도 못 미치는 액수이다)를 절감하기 위한 것이었다. 선거에서 클린턴을 지지했던 『뉴욕타임스』조차도 새로운 입법의 조항들은 "노동을 장려하는 것과는 전혀 관계가 없고 빈민층 지원 프로그램을 삭감함으로써 예산균형을 맞추려는 데에만 초점이 맞춰져 있다"고 지적했다.

빈민들에게 일자리를 찾도록 강요하기 위한 복지 삭감에는 단순하지만 커다란 문제가 있었다. 복지수당을 받지 못하게 될 사람들을 위한 일자리가 없었던 것이다. 1990년 뉴욕 시 공중위생국에서 연봉 2만 3,000달러의 직원 2,000명을 공개모집했을 때 10만 명이 모여들었다. 그보다 2년 전에 시카고에서는 레스토랑 체인인 스투퍼스Stouffer's에서 550명을 뽑는 데 7,000명이 원서를 냈다. 일리노이 주 졸리에트Joliet의 커먼웰스에디슨 사Commonwealth Edison에서는 아직 채용계획도 확정되지 않은 일자리에 원서를 내려고 200명이 새벽 4시 30분부터 줄을 섰다. 1997년 초 맨해튼의 루즈벨트 호텔에서는 700명을 뽑는 데 4,000명이 몰려들어 줄을 섰다. 47만 명이 복지수당에 의지해 살아가고 있는 뉴욕의 경우 기존 고용증가율로 계산해 보면, 복지수당 대상에서 제외되는 사람들이 전부 일자리를 얻으려면 25년이 걸릴 것으로 추산됐다.

뉴딜 시대에 수십억 달러를 소비해 건설 노동자에서 토목기사, 화가, 작가에 이르기까지 수백만 명에게 일자리를 준 것과 같은 정부의 고용창출 프로그램을 클린턴 행정부는 단호하게 거부했다. 1996년에 대통령 선거에 나선 클린턴은 국민들이 정부지출이 너무 크다는 공화당의 입장을 지지한다는 가정 아래 "이제 큰 정부의 시대는 끝났다"고 선언했다.

양당 모두 여론을 잘못 읽고 있었고 언론들 역시 종종 이에 공모했다. 1994년 중간선거에서 전체 유권자의 37퍼센트만이 투표에 참여, 절반이 약간 넘는 수가 공화당에 표를 던지자 언론들은 이를 가리켜 '혁명'이라고 보도했다. 「공화당 우위 의회에 대한 지지를 보여준 여론조사」라는 『뉴욕타임스』의 머리기사는 미국인들이 더 작은 정부에 대한 공화당의 의제를 지지하고 있음을 시사했다.

그러나 기사제목 아래의 본문에서는 『뉴욕타임스』와 CBS 뉴스의 공동여론조사를 통해 응답자의 65퍼센트가 "자기 자신을 돌볼 수 없는 사람들을 돌보는 것은 정부의 책임"이라고 말한 사실을 알 수 있었다.

클린턴과 공화당은 '큰 정부'에 반대하는 공동전선을 펴면서 사회복지만을 표적으로 삼았다. 큰 정부의 다른 징후들—군수계약자들과 체결한 막대한 규모의 수주계약, 대기업들에 대한 후한 보조금—은 여전히 엄청난 수준으로 유지됐다.

사실 '큰 정부'는 채권소유자와 노예소유주, 토지 투기업자, 제조업자들의 이익을 보호하기 위해 의도적으로 강력한 중앙정부를 세운 건국의 아버지들로부터 시작된 것이었다. 그 뒤 200년 동안 미국 정부는 계속해서 부자와 권력자들의 이해에 봉사하면서 수백만 에이커의 공유지를 철도회사들에게 무상으로 제공하고, 제조업자들을 보호하기 위해 높은 관세를 설정했으며, 석유회사들에 세제상 특전을 제공하고, 군대를 동원해 파업과 반란을 진압했다.

정치 지도자와 기업 중역들이 '큰 정부'에 대해 불평을 하게 된 것은 곳곳에서 항의시위가 빈발, 체제의 안정에 위협감을 느낀 정부가 빈민들을 위한 사회입법을 통과시킨 20세기, 특히 1930년대와 1960년대에 이르러서였다.

클린턴 대통령은 이자율을 조정하는 연방준비제도이사회Federal Reserve system 의장에 앨런 그린스펀Alan Greenspan을 재임명했다. 그린스펀의 주된 관심은 이윤이 줄어든다는 이유로 채권소유자들이 원치 않는 '인플레이션'을 피하는 것이었다. 그의 금융계 후원자들은 노동자의 고임금이 인플레이션을 유발하는 것으로 보면서 충분한 실업이 없을 경우 임금이 올라갈 수도 있다고 우려했다.

클린턴 행정부는 '균형예산'을 달성하기 위한 연간 예산적자의 축소에 강박적으로 열중했다. 그러나 클린턴은 부유층에 대한 과세를 인상하거나 국방비 감축을 원치 않았으므로 유일한 대안은 빈민과 어린이, 노인들을 희생시키는 것 — 의료지원과 식품교환권, 교육, 편모 지원 등에 대한 지출을 삭감하는 것 — 이었다.

2기 클린턴 행정부 초기인 1997년 봄에 이를 보여주는 두 가지 사례가 나타났다.

> 『뉴욕타임스』 1997년 5월 8일자: "연방예산의 균형을 맞춘다는 지난주의 합의를 통해 조용하게 제거된 항목 가운데에는 클린턴 대통령의 교육정책의 핵심안 — 무너지기 직전인 전국 각급 학교를 보수하는 데 50억 달러를 지출한다는 계획 — 도 포함되어 있었다."

> 『보스턴글로브』 1997년 5월 22일자: "백악관의 개입한 뒤, 어제 상원은 …… 의료보험 미가입 아동 1,050만 명에 대해 보험을 확대한다는 …… 제안을 부결시켰다……. 백악관 고위 관료들이 …… 상원의원들을 소집, 이 수정안이 통과되면 가까스로 이룬 예산안 합의가 위태롭게 될 것이라고 말한 뒤 …… 7명의 의원이 입장을 바꿔 표를 던졌다."

균형예산에 대한 관심은 국방비로까지 확대되지는 않았다. 처음 대통령에 당선된 직후 클린턴은 이렇게 말했다. "저는 미국 대외정책의 본질적인 연속성을 다시 확인하고자 합니다."

클린턴 재임기 동안 정부는 계속해서 연간 2,500억 달러 이상을 국방부문에 지출했다. 1989년에 소련이 붕괴했음에도 클린턴은 미국이 "두 개의 국지전"을 동시에 수행할 수 있는 태세를 갖춰야 한다는 공화당의 주장을 받아들였다. 1989년 당시 부시 행정부의 국방장관 딕 체니Dick Cheney는 이렇게 말했다. "이제 위협은 너무 먼 곳에 있어서 식별하기조차 어렵게 됐습니다." 콜린 파월 역시 비슷한 말을 했다(『국방뉴스*Defense News*』 1991년 4월 8일자). "악마들이 바닥나고 있습니다. 악당들이 바닥나고 있습니다. 이제 카스트로와 김일성을 표적으로 삼아야 합니다."

선거운동 와중에 클린턴은 베트남 전쟁 당시 수많은 젊은이들이 그랬던 것처럼, 전쟁에 반대해서 징병을 기피했다는 비난을 받은 적이 있었다. 일단 백악관에 입성하자 그는 '징병거부자'의 이미지를 지우기로 결심한 듯 보였고, 기회가 있을 때마다 자신을 군사체제의 지지자로 묘사하려고 노력했다.

1993년 가을, 클린턴 행정부의 국방장관 레스 애스핀은 국방예산에 대한 '철저한 검토'를 발표하면서 앞으로 5년간 1조 달러 이상의 국방비가 필요할 것이라고 예상했다. 우드로윌슨국제문제연구소Woodrow Wilson International Center의 한 보수적인 분석가(앤서니 코즈먼Anthony Cordesman)는 이에 대해 이렇게 논평했다. "부시 기지Bush Base Force에서, 아니 미국의 과거 전략에서 급격하게 이탈하는 일은 전혀 없을 것이다."

집권 2년째인 1994년의 중간선거에서 공화당이 압승을 거둔 뒤, 클린턴은 앞선 철저한 검토에서 예상한 것보다 훨씬 더 많은 국방비를 제안했다. 『뉴욕타임스』의 워싱턴 발 속보(1994년 12월 1일자)는 이렇게 보도했다.

> 국방부문에 대한 지출이 적다는 공화당의 비판을 진정시키기 위해 오늘 로즈 가든[Rose Garden. 백악관 정원]에서 개최한 만찬석상에서 클린턴 대통령은 앞으로 6년간 국방예산을 250억 달러 증액할 계획이라고 발표했다.

"두 개의 동시 국지전"의 사례로 국방부가 가장 자주 언급한 곳은 이라크와 북한이었다. 그러나 1991년의 이라크 전쟁은 미국이 1980년대에 계속해서 이라크에 무기를 제공한 뒤에 벌어진 것이었다. 또 남한에 대한 대규모 군사원조와 미군의 영구 주둔으로 인해 아직도 남한보다 훨씬 작은 규모인 북한의 국방예산이 증액됐다는 가정은 충분히 타당한 것이었다.

사실이 이러함에도 클린턴 행정부의 미국은 계속해서 세계 각국에 무기를 공급했다. 클린턴은 대통령에 취임하자마자 사우디아라비아와 타이완에 대해 각각 F-15 및 F-16 전투기 판매를 승인했다. 『볼티모어선*Baltimore Sun*』(1994년 5월 30일자)은 이렇게 보도했다.

> 내년에는 사상 최초로 미국이 자국 국방부보다 해외 공군을 위해 더 많은 전투기를 생산하게 됨으로써 소련을 제치고 세계 최대의 무기 공급자가 된다. 클린턴 행정부에 고무된 방위산업은 지난 1992년, 150억 달러의 두 배가 넘는 320억 달러 규모의 무기를 해외에 판매함으로써 연간 최대의 수출액을 기록했다.

이런 패턴은 클린턴 집권기 내내 지속됐다. 2000년 여름, 『뉴욕타임스』는 전년도에 미국이 110억 달러어치의 무기를 판매, 전 세계 무기 판매량의 3분의 1을 차지했다고 보도했다. 이 가운데 3분의 2는 가난한 나라들에 판매한 것이었다. 1999년 클린턴 행정부는 라틴아메리카에 대한 현대식 무기 판매 금지

조치를 철회했다. 『뉴욕타임스』는 "록히드마틴Lockheed-Martin Corporation과 맥도넬더글러스McDonnell Douglas Corporation와 같은 거대 군수계약업체의 승리"라고 지적했다.

클린턴은 힘을 과시하려고 안달이 나 있는 듯했다. 조지 부시의 쿠웨이트 방문 당시 있었던 암살 음모에 대한 보복이라는 이름 아래 바그다드에 공군을 파견, 폭탄을 투하한 것은 집권 6개월도 채 되지 않은 때였다. 부패로 악명높은 쿠웨이트 경찰에서 흘러나온 증거는 그런 음모를 입증하기에 매우 박약했지만, 클린턴은 쿠웨이트에서 암살 음모 용의자들에 대한 재판이 이루어질 때까지 기다리지 않았다.

그리하여 미군 비행기들은 이라크 수도의 '첩보기관 본부'를 조준했다고 주장하면서 교외의 주거지역을 폭격, 이라크의 저명한 화가와 그녀의 남편을 비롯해 최소한 6명을 살해했다.

『보스턴글로브』는 이렇게 보도했다. "공습이 벌어진 뒤, 클린턴 대통령을 비롯한 관리들은 이라크의 첩보능력을 무력하게 만들고 지도자 사담 후세인에게 제대로 처신하라는 강력한 메시지를 보냈다고 줄곧 호언장담하고 있다." 이라크의 첩보시설 — 그런 게 있다고 가정한다면 — 이 전혀 심각한 타격을 입지 않았음이 드러난 뒤 『뉴욕타임스』는 이렇게 논평했다. "적의 시설물을 완전히 파괴했다는 클린턴 대통령의 발언은, 나중에 거짓임이 드러난 페르시아 만 전쟁 당시의 부시 대통령과 노먼 슈워츠코프Norman Schwartzkopf 장군의 주장을 떠올리게 한다."

민주당은 만장일치로 폭격을 지지했으며, 『보스턴글로브』는 유엔헌장 51조에 의거해 이번 폭격이 국제법상 정당한 행위라고 주장하면서 이 조항이 "외교적으로 볼 때 발동할 수 있는 적절한 원리"라고 언급했다. "클린턴 대통령이 유엔헌장을 거론한 것은 미국이 국제법을 존중한다는 뜻을 담고 있었다."

사실 유엔헌장 51조는 무력공격에 대한 자위의 경우에만, 또 유엔안전보장이사회를 소집할 시간이 없는 경우에만 일방적인 군사행동을 허용하고 있다. 바그다드 폭격은 이 제한규정 가운데 어느 것에도 해당되지 않았다.

칼럼니스트 몰리 아이빈즈Molly Ivins는 "강력한 메시지를 전하기 위한" 바그다드 폭격은 테러리즘의 정의에 딱 들어맞는다고 지적했다. "테러리스트들에 대해 사람들이 가장 분노하는 문제는 그들이 보복행위나 관심을 불러일으키기 위한 행동, 아니 다른 어떤 행동에 있어서도 무차별적이라는 점이다……. 개인에게 적용되는 것은 …… 국가에도 마찬가지로 적용되어야 한다."

바그다드 폭격은 클린턴이 두 차례 임기 동안 맞닥뜨리게 될 몇 번의 대외정책상의 위기에서 벗어나는 전통적인 방식이었다. 즉 으레 인도주의적 동기를 주장하며 군사행동을 벌이는 방식으로 대응함으로써 종종 외국인뿐만 아니라 미국인들에게까지도 재앙에 가까운 결과를 야기할 것임을 보여주는 하나의 징표였다.

1993년 6월, 내전이 벌어져 국민들이 굶어죽을 위기에 처한 동아프리카의 소말리아에 대해 미국은 뒤늦게 서투른 방식으로 개입했다. 언론인 스코트 피터슨Scott Peterson이 『형제와 싸운 나: 소말리아, 수단, 르완다 전쟁에서*Me Against My Brother: At War in Somalia, Sudan and Rwanda*』에서 쓴 것처럼, "미군을 비롯한 소말리아 주둔 외국 군대들은 유엔 깃발 아래 몸을 숨긴 채 믿기 어려울 정도의 극악무도한 행위를 자행했다."

클린턴 행정부는 군벌들 간의 내부분쟁에 개입하는 실수를 저질렀다. 미국 정부는 가장 세력이 큰 군벌인 모하메드 아이디드Mohamed Aidid 장군을 체포하기 위해 1993년 10월에 군사작전을 벌였지만 미군 19명과 소말리아인 약 2,000명이 사망하는 결과만을 낳았다.

흔히 그렇듯이 미국인들의 관심은 미군 사망자들에게만 집중됐다(영화

<블랙 호크 다운*Black Hawk Down*>은 이를 미화하고 있다). 소말리아인들의 생명은 전혀 중요치 않은 것으로 치부됐다. 피터슨이 지적한 것처럼, "미국과 유엔 관리들은 소말리아인 사망자 수에는 관심이 없으며 집계해 보지도 않았음을 분명히 밝혔다."

사실 미국이 소말리아 부족 원로들의 회의가 열리던 한 가옥에 군사공격을 감행하기로 결정하기 몇 달 전에 성난 소말리아 군중들에 의해 미군 레인저 부대Rangers 대원들이 살해되는 일이 있었다. 미군의 공격은 잔혹했다. 우선 코브라Cobra 공격헬기들이 대전차 미사일을 발사했다. 피터슨의 보고에 따르면, "몇 분 뒤 미군 지상군이 출동, 생존자들을 죽이기 시작했다 — 미군 사령관들은 이에 대해 부인했다." 그러나 공격에서 살아남은 한 소말리아인은 피터슨에게 이렇게 말했다. "그들은 자기들에게 소리를 지르는 사람들을 전부 살해했습니다."

미군의 토머스 먼고메리Thomas Montgomery 장군은 그들이 "모두 악당편"이었다면서 이 공격이 "정당"한 것이었다고 주장했다. 유엔 작전을 총괄지휘(미국은 미국인이 사령관을 맡아야 한다고 고집했다)한 조너선 하우Jonathan Howe 제독은 그 가옥이 "극히 중요한 테러리스트들의 모의장소"였다면서 공격을 옹호했으며, 사망자들이 부족 원로들임이 분명하게 드러났음에도 민간인이 사망했다는 주장을 부인했다. 나중에 그 가옥에서 "다수의 전술용 무전기"가 발견됐다는 주장에 대해 피터슨은 이렇게 썼다. "나는 이번 공격이 '직접적인' 군사적 이점의 요건 가운데 단 하나라도 충족시켰다는 증거를 보지도, 듣지도 못했다."

피터슨은 이렇게 논평했다. "우리 모두 눈이 있었고 이 범죄를 목격했지만, 작전 지휘관들은 변명의 여지가 없는 이 사태를 변호했으며 전쟁을 확대하면 어쨌든 평화를 가져올 수 있다는 환상을 고집스럽게 고수했다. 그들은 소말리아인들이 대학살을 잊을 것이라고, 그들의 아버지와 형제들이 흘린 피를 잊을 것이라고 생각했다.”

소말리아인들은 결코 잊지 않았고, 10월의 미군 레인저부대원들의 죽음은 그로 인한 결과 가운데 하나였다.

소말리아에 재앙을 가져온 미국의 정책은 이듬해 르완다에서 벌어진 기근과 부족 간의 잔학한 전투를 무시함으로써 또 다른 재앙을 낳았다. 당시 르완다에는 유엔 병력이 주둔하고 있었으며 수만 명의 생명을 살릴 수도 있었지만, 미국은 최소한의 병력만을 남기고 철수할 것을 고집했다. 그 결과는 대량학살이었다—최소한 100만 명의 르완다인이 목숨을 잃었다. 포드재단Ford Foundation의 아프리카 문제 고문인 리처드 힙스Richard Heaps가 『뉴욕타임스』에 기고한 것처럼, “클린턴 행정부는 국제사회의 행동에 반대하는 데 앞장섰다.”

그 직후 클린턴 행정부가 보스니아에 대해 군사개입을 했을 때, 당시 발칸반도에 있던 스코트 피터슨은 아프리카와 유럽의 대량학살에 대해 미국이 서로 다른 반응을 보이고 있다고 언급했다. 그는 “마치 어딘가에서 아프리카와 아프리카인들은 정의를 누릴 가치가 없다고 결정을 내린 것처럼 보였다”고 꼬집어 말했다.

클린턴의 대외정책은 어떤 정부든 간에 권력을 잡고 있으면 우호적인 관계를 유지하고 그 나라의 인권상황이 어떻든 간에 수익성 좋은 무역협정을 맺는 데 강조점을 두는 전통적인 초당파적인 정책과 매우 흡사했다. 그 결과 동티모르를 침공하고 점령하는 과정에서 대량학살(전체 인구 70만 명 가운데 약 20만 명이 살해됐다)을 저지른 인도네시아에 대해서도 원조가 계속 이루어졌다.

상원의 민주당과 공화당 의원들은 인도네시아의 수하르토〔Suharto. 자바인들은 보통 성 없이 이름만을 사용한다〕 정권에 대한 살상무기 판매를 금지하자는 제안에 반대표를 던지는 데 힘을 합쳤다. 『보스턴글로브』(1994년 7월 11일자)는 이렇게 지적했다.

> 수하르토 정권 — 그리고 군수산업 계약업체, 자카르타와 사업을 진행하고 있는 석유회사 및 광산회사들 — 을 구하려고 애쓰는 상원의원들이 펼친 주장으로 인해 미국인들은 통상이익을 위해 대량학살에 눈감는 국민들이 되어 버렸다. 워런 크리스토퍼Warren Christopher 국무장관은 …… 인도네시아의 인권상황이 개선되고 있다는 너무나도 귀에 익은 주장을 펼쳤다. 이것이 클린턴 행정부가 수하르토 및 그의 장성들과 관계를 그대로 유지하는 근거였다.

1996년 동티모르의 호세 라모스-오르타Jose Ramos-Horta가 노벨평화상을 수상했다. 노벨상의 받기 직전 라모스-오르타는 브루클린의 한 교회에서 이렇게 연설했다.

> 1977년 여름에 여동생 중 한 명인 스물한 살짜리 마리아Maria가 공중폭격으로 죽었다는 소식을 들었을 때 저는 이곳 뉴욕에 있었습니다. 브롱코Bronco라는 이름의 이 항공기는 미국이 제공한 것이었습니다……. 몇 달 뒤에는 열일곱 살짜리 남동생 기Guy가 고향에서 역시 미국이 제공한 벨Bell 헬리콥터의 공격에 의해 다른 많은 사람들과 함께 목숨을 잃었다는 소식을 들었습니다. 같은 해에 다른 남동생 누누Nunu도 체포되어 〔역시 미국제인(지은이)〕 M-16으로 처형당했습니다.

존 티어먼John Tirman(『전리품: 무기거래의 인간적 대가*Spoils of War: The Human Cost of the Arms Trade*』)이 "쿠르드족에 대한 테러작전"으로 규정한 행동에

서 터키는 이와 비슷하게 미제 시코스키Sikorski 헬리콥터를 이용해서 쿠르드족 반군 마을을 파괴했다.

1997년 초 미국은 다른 모든 나라를 합한 것보다 많은 무기를 해외에 판매하고 있었다. 레이건 시절 국방부 관리로 일한 뒤 무기판매 비판자로 돌아선 로렌스 코브Lawrence Korb는 이렇게 썼다. "점점 머니게임이 되어가고 있다. 오로지 세계 전역에 확산되어 있는 무기들에 맞설 수 있는 더욱 복잡한 무기를 발전시키기 위해서 무기를 수출하는 나선형 상승곡선이 그려지고 있는 것이다."

마침내 클린턴 집권 마지막 해에 동티모르에서 대규모 저항이 일어나 독립을 위한 주민투표가 실시되자, 군사원조는 중단되고 수하르토 정권은 붕괴됐다. 드디어 동티모르는 자유를 획득하는 듯 보였다.

그러나 군사력은 계속 정책을 지배했고, 미국은 종종 세계에서 유일하게 무기 감축을 거부하는 나라로 남았다. 매년 수만 명의 목숨을 앗아가는 지뢰를 제거하는 협정에 100여 개 국가가 서명했지만 미국은 이에 합류하기를 거부했다. 국제적십자에서 집속탄(수천 개의 알갱이탄을 토해내 무차별 살상을 야기한다) 사용을 중지하라고 각국 정부에 촉구했지만 베트남과 걸프전에서 집속탄을 사용한 적이 있는 미국은 이에 동의하지 않았다.

1999년 로마에서 열린 유엔 회의에서 미국은 상설 국제전범재판소의 설립에 반대했다. 수많은 인명의 희생을 불러온 정책에 책임이 있는 헨리 키신저 같은 미국 관료와 군지도자들이 그런 법정에 서게 될 수도 있음을 두려워했던 것이다.

미국의 대외정책에서 인권은 확실히 기업이윤 다음에 위치하고 있었다. 국제단체인 인권감시단Human Rights Watch에서 1996년 연례보고서를 발간했을 때, 『뉴욕타임스』(1996년 12월 5일자)는 그 연구결과를 이렇게 요약했다.

이 조직은 수많은 강대국, 그중에서도 특히 미국을 강력하게 비판하면서 이들 강대국이 수익성 좋은 시장에 대한 접근권을 잃게 될까 두려워한 나머지 중국, 인도네시아, 멕시코, 나이지리아, 사우디아라비아 등의 정부에 인권상황 개선을 압박하지 않았다고 비난했다.

클린턴 행정부가 '공산주의'를 자임하는 두 나라, 중국과 쿠바에 대해 보인 이상한 태도는 이런 비판을 확증시켜 줬다. 중국은 1991년에 베이징에서 학생 시위대를 학살하고 반체제인사들을 투옥한 바 있었다. 그러나 미국은 자국 기업들의 이익을 위해 중국에 계속 경제원조를 제공하고 일정한 무역상의 특권('최혜국' 지위)을 부여했다.

쿠바는 정권 비판자들을 투옥하기는 했지만 미국의 원조를 받는 중국이나 다른 공산주의 정부들과는 달리 유혈적인 억압을 가한 기록은 없었다. 그러나 클린턴 행정부는 쿠바에 대한 봉쇄를 계속하고 심지어 확대하기까지 함으로써 쿠바 국민들을 식품과 의약품이 부족한 상황으로 몰아넣었다.

러시아와의 관계에 있어서 클린턴 행정부를 움직인 동기는 도덕성보다는 '안정성'인 듯 보였다. 독립을 원하는 외딴 지역인 체첸에 대해 러시아가 야만적인 침공과 폭격을 개시한 뒤에도 클린턴 행정부는 보리스 옐친 정권에 대한 굳건한 지지를 고집했다.

리처드 닉슨이 사망했을 때, 클린턴과 옐친 모두 베트남에서 전쟁을 계속하고, 취임선서를 거듭해서 어기고, 자기 밑에서 부통령을 지낸 인물의 사면에 의해서만 형사기소를 피할 수 있었던 인물에 대해 존경을 표했다. 옐친은 닉슨이 생애를 통틀어 "전 세계에서 자유와 민주주의를 열렬히 옹호했다"고 평했다.

클린턴의 대외경제정책은 이 나라 역사의 과거 기록에 부합되는 것이었으며 이전에도 그랬듯이 양대 정당은 국내와 국외의 노동대중의 권리보다는 기업의 이익에 더 많은 관심을 쏟으면서 대외원조를 인도적 행위가 아닌 정치·경제적 수단으로 보았다.

1993년 11월, AP통신의 한 속보는 35개국에 대한 경제원조가 단계적으로 철회되고 있다고 보도했다. 국제개발처 처장 J. 브라이언 애트우드J. Brian Atwood는 이렇게 설명했다. "이제는 영향력을 획득하기 위한 국제개발처 원조 프로그램이 필요하지 않습니다."

인도주의 단체인 세계를 위한 빵Bread for the World은 원조 삭감 대상국이 대부분 가장 가난한 나라들이라고 언급하면서 기아와 가난, 환경 파괴 등은 클린턴 행정부의 우선적인 관심사가 아니라고 신랄하게 비난했다.

미국이 지배하는 세계은행과 국제통화기금은 외채에 시달리는 제3세계 국가들에 대해 콧대높은 은행가와 같은 태도를 고수했다. 두 기구는 이들 빈국들이 이미 절망적인 상태에 빠져 있는 국민들에 대한 사회복지를 한층 삭감하고 그 대신 빈약한 자원의 상당부분을 부국들에 대한 외채 상환으로 돌려야 한다고 주장했다.

클린턴 행정부의 대외경제정책은 '시장경제'와 '민영화'에 강조점을 뒀다. 그 결과 구 소비에트권 국민들은 자타가 인정하는 비효율적이고 억압적인 과거 정권 치하에서 받아 왔던 사회복지를 박탈당한 채 이른바 '자유'경제에서 혼자 힘으로 삶을 꾸려 나가야 했다. 소수가 막대한 부를 축적하고 다수 대중은 빈곤에 허덕이는 결과를 목도한 소련 국민들에게 규제되지 않는 시장 자본주의는 재난에 불과한 것임이 입증됐다.

'자유무역'의 구호는 클린턴 행정부의 핵심 목표가 됐고, 의회는 민주당과 공화당이 합세한 가운데 멕시코와의 북미자유무역협정North American Free Trade Agreement(NAFTA, 이하 나프타)을 통과시켰다. 이 협정은 기업 자본과 상품이 멕시코와 미국 국경을 자유롭게 왕래할 수 있도록 모든 장애물을 제거했다.

나프타가 야기한 결과를 둘러싸고 격렬한 논쟁이 이루어졌다. 몇몇 경제학자들은 멕시코의 광대한 시장이 미국 상품에 개방됨으로써 미국 경제에 이익이 될 것이라고 주장했다. 주요 노동조합들을 비롯한 반대론자들은 기업들이 멕시코인들을 저임금으로 고용하기 위해 국경 너머로 이동함에 따라 미국인 노동자들의 일자리가 줄어들 것이라고 지적했다.

정책문제연구소Institute for Policy Studies의 경제학자 두 명은 나프타 체결 1년 뒤인 1995년 초에 이 협정의 결과를 검토하면서 미국의 일자리 1만 개가 사라진 사실을 발견했다. 멕시코로 옮겨간 미국 기업들이 그곳에서 더 많은 노동자들을 고용하고 있었지만, 이 노동자들은 "노동권과 환경기준이 완화된 가운데" 저임금을 받고 일하고 있었다.

'자유무역'을 지지한다는 미국의 주장은 믿기 어려운 것이었는데, 미국 정부는 기업의 이익을 가리키는 완곡한 표현인 '국익'에 부합되지 않는 경우에 종종 무역에 간섭했기 때문이다. 따라서 미국은 멕시코의 토마토 재배업자들이 미국 시장에 진출하는 것을 가로막기까지 했다.

자유무역의 원칙을 훨씬 더 극악무도하게 위반한 사례 가운데 하나로 미국이 이라크나 쿠바에 대한 식품과 의약품의 수송을 허용하지 않은 것을 들 수 있다. 1996년에 TV프로그램 <60분*60 Minutes*>에 출연한 유엔 주재 미국 대사 매들린 올브라이트는 이런 질문을 받았다. "이라크에 대한 제재의 결과로 50만의 어린이가 목숨을 잃었다고 합니다……. 히로시마에서 죽은 아이들보다 더 많은 수지요……. 그런 값비싼 대가를 치를 가치가 있는 건가요?" 올브라이트는 대답했다. "제 생각에 그건 아주 어려운 선택이지만, 그 대가라, 우리는 그런 대가를 치를 가치가 있다고 봅니다."

미국 정부는 징벌 위주의 대외정책과 전 세계 곳곳에 있는 군사기지 때문에 외국에서 분노가 야기되고, 이런 분노가 폭력으로 전환될 수도 있다는 사실을 인식하지 못하는 듯했다. 그런 사실을 인식하는 경우에조차 미국이 생각해낼 수 있는 유일한 반응은 더 많은 폭력으로 대응하는 것이었다.

그리하여 1998년에 케냐와 탄자니아의 미국 대사관이 폭탄 공격을 받았을 때, 클린턴 행정부는 아프가니스탄과 수단을 폭격하는 것으로 대응했다. 아프가니스탄의 폭격 목표물은 테러활동 기지라는 주장이었지만 이를 입증하는 증거는 하나도 없었다. 수단의 경우에도 미국은 화학무기 제조공장을 폭격했다고 주장했지만, 나중에 밝혀진 바로는 이 나라 전체 의약품 생산의 절반을 차지하는 제약공장을 폭격한 것이었다. 이로 인한 의약품 생산 차질이 낳은 결과는 이루 헤아릴 수 없을 정도였다.

같은 해 클린턴은 집권 최대의 위기에 직면했다. 젊은 정부 인턴직원인 모니카 르윈스키Monica Lewinsky가 대통령과 성적 접촉을 갖기 위해 백악관을 비밀리에 방문한 사실이 전 국민에게 알려진 것이었다. 이를 다룬 센세이셔널한 기사들이 몇 달 동안 신문의 전면을 장식했다. 조사를 위해 선임된 특별검사는 모니카 르윈스키(자신과의 대화를 녹음해 둔 한 친구에 의해 모든 사실이 폭로됐다)로부터 클린턴과의 성적 접촉에 관한 생생하고도 자세한 증언을 이끌어냈다.

클린턴은 르윈스키와의 관계에 관해 거짓말을 했고, 하원은 그가 이 젊은 여성과의 '성관계'에 관해 거짓을 말했고, 둘의 관계에 관한 정보를 감추려고 노력함으로써 사법수사를 방해했다는 이유로 탄핵안을 통과시켰다. 이것은 미국 역사상 두 번째로 대통령이 탄핵된 경우였고 남북전쟁 뒤 앤드루 존슨의 경우와 마찬가지로 이번에도 탄핵은 클린턴의 사임으로 귀결되지 않았는데, 상원에서 탄핵안이 통과되지 않았기 때문이었다.

이 사건은 개인행동의 문제가 이보다 훨씬 더 중요한 문제, 즉 삶과 죽음의 문제로부터 대중의 관심을 돌릴 수 있다는 점을 보여줬다. 하원은 성적 행동이라는 문제를 놓고 대통령을 탄핵하려 했지만, 복지개혁으로 어린이들의 생명을 위험에 빠뜨린 데 대해, 국제법을 위반해가며 다른 나라(이란, 아프가니스탄, 수단)를 폭격한 데 대해, 경제제재로 (이라크의) 수십만 명의 어린이를 죽음으로 내몬 데 대해서는 대통령 탄핵을 시도하지 않았다.

클린턴의 임기 마지막 해인 1999년 발칸반도에서 위기가 발발, 다시 한 번 미국 정부가 국제적으로 중요한 문제를 해결하는 데 있어 외교보다는 무력을 선호한다는 사실을 보여줬다. 발칸에서 발생한 문제는 10년 전 유고슬라비아공화국의 해체와 그에 뒤이은 분열된 국가들 간의 갈등으로 인한 것이었다.

구舊 유고슬라비아 지역 가운데 한 곳인 보스니아-헤르체고비나에서는 크로아티아계가 세르비아계를 학살하고 세르비아계가 크로아티아계와 이슬람계를 학살했다. 스레브레니차Srebrenica에 대한 세르비아계의 격렬한 공격이 벌어진 뒤 미국은 세르비아계 진지를 폭격했으며, 1995년에 노르웨이의 오슬로에서 협상이 이루어져 전투가 중단되고 보스니아-헤르체고비나는 크로아티아계와 세르비아계로 분할됐다.36)

그러나 오슬로 협정은 다수의 알바니아계와 소수의 세르비아계로 구성된 구 유고슬라비아의 또 다른 지역으로 세르비아로부터 독립을 요구하고 있던 코소보 주 문제를 해결하는 데 실패했다. 보스니아에서 무자비한 성격을 유감없이 발휘한 바 있는 세르비아 대통령 슬로보단 밀로셰비치Slobodan Milosevic는 코소보 민족주의자들의 무장공격이 벌어지자 코소보를 공격, 약 2,000명을

---

36) 이에 따라 각각 독자적인 입법부와 대통령을 보유한 이슬람-크로아티아계의 보스니아헤르체고비나연방과 세르비아계의 스르프스카공화국이 1국가 2체제를 이루고 있다.

살해하고 수십만 명의 난민을 발생시켰다.

이 문제를 외교적으로 해결한다는 취지 아래 프랑스 랑부예Rambouillet에서 국제회담이 개최됐다. 그러나 랑부예 회담은 유고슬라비아로서는 도저히 받아들일 수 없는 조건 — 나토가 코소보 전역을 통제하고 유고슬라비아의 나머지 지역을 군사점령한다는 — 을 제시했다. 1999년 3월 23일, 세르비아 의회는 역제안으로 대응하면서 나토의 점령을 거부하고 "코소보의 광범위한 자치에 관한 정치적 합의 도출"을 목표로 협상하자고 요구했다.

세르비아의 제안은 무시됐고 미국의 주요 신문들에는 보도조차 되지 않았다. 다음날 나토군(실제로는 대부분 미군)은 유고슬라비아에 대한 폭격을 개시했다. 코소보에서 벌어지는 '인종청소', 즉 살해나 위협으로 알바니아계를 코소보 주에서 몰아내는 사태를 막는다는 명분이었다. 그러나 2주 동안 폭격이 가해진 뒤, 『뉴욕타임스』(1999년 4월 5일자)는 "3월 24일 이래 35만 명 이상이 코소보를 탈출했다"고 보도했다. 여전히 폭격이 계속되고 있던 2개월 뒤에는 그 수가 80여만 명으로 늘어났다.

밀로셰비치를 권좌에서 몰아내기 위한 것임이 분명한, 수도 베오그라드를 비롯한 유고슬라비아에 대한 폭격은 이루 헤아릴 수 없는 민간인 사상자를 낳았다. 니슈 대학의 한 교수는 미국에 전자우편을 보냈다.

> 제 고향에서 30킬로미터 떨어진 작은 마을 알렉시나치Aleksinac가 지난밤에 대대적인 공습을 받았습니다. 병원도 폭격을 맞았고 거리 전체가 완전히 사라져 버렸습니다. 제가 확실히 아는 건 민간인 6명이 죽고 50명 이상이 중상을 입었다는 사실뿐입니다. 군사 목표물이라곤 어떤 것도 없는 곳이었습니다.

『뉴욕타임스』 기자 스티븐 얼랜저Steven Erlanger는 "지난 화요일 37세의 알렉산다르 밀리치가 죽은 즈마이 요비나Zmaj Jovina 거리에 가득 쌓인 파편"의 모습을 자세히 묘사했다. "밀리치 씨의 부인인 35세의 베스나도 죽었다. 그의 어머니와 15세의 밀랴나, 11세인 블라디미르 등 두 자식도 죽었다 — 나토의 오폭탄 한 발이 그들이 몸을 숨기고 있던 새 집과 지하실을 완전히 가루로 만든 정오경에 이들 모두가 죽어 버린 것이다."

1999년 6월 3일에 최종 조인된 평화협정은 유고슬라비아가 거부했던 랑부예 협정과 미국을 비롯한 서방에서 진지하게 고려조차 하지 않았던 세르비아 의회의 결의안 사이의 타협의 산물이었다. 노엄 촘스키는 『새로운 군사적 인도주의*The New Military Humanism*』에서 그해 봄에 있었던 사건들을 자세하게 살펴본 뒤 이런 결론을 내리고 있다. "6월 3일의 결과는 그 이전인 3월 23일에 똑같은 목표를 위해 외교적 주도권을 발휘했다면 끔찍한 인간적 비극을 피할 수 있었다는 점을 보여준다……."

그러나 클린턴 행정부는 수많은 전임자들(한국 전쟁 당시의 트루먼, 베트남 전쟁 당시의 존슨, 걸프전 때의 부시)과 마찬가지로 외교적 해결이 가능한 때에 군사적 해결을 선택했다.

국가의 군사화 — 막대한 규모의 국방예산, 세계 전역의 주둔군 유지, 다른 나라에 대한 반복적인 무력행사 — 는 인간의 욕구를 충족시키는 데 쓸 수 있는 자원이 사라지는 것을 뜻했다. 드와이트 아이젠하워 대통령은 훌륭한 모습을 보여줬던 한때 이렇게 말한 적이 있다. "만들어지는 모든 총포, 진수되는 모든 전함, 발사되는 모든 로켓포는 최종적으로 따져보면 굶주리고 배고픈, 춥고 헐벗은 사람들로부터 훔친 것이다."

처음에는 고용창출 프로그램으로 발표됐던 클린턴의 경제 프로그램은 곧 방향을 바꿔 레이건과 부시의 집권 아래 4조 달러에 달한 국가채무로 인해 예산적자의 감축에 집중했다. 그러나 이런 강조는 보편적인 의료보호와 교육,

육아, 주택, 환경, 예술, 고용창출 등을 위한 대담한 지출 계획이 전혀 없을 것임을 뜻했다.

클린턴의 미약한 제스처는, 어린이의 4분의 1이 빈곤선 이하의 삶을 살아가고, 모든 대도시마다 거리에서 생활하는 홈리스들이 존재하며, 보육시설이 부족해 여성들이 일자리를 찾을 수 없고, 물과 공기가 위험한 수준으로 악화되는 나라에 실질적으로 필요한 정책을 내놓을 수 없었다.

미국은 세계에서 가장 부유한 나라로서 세계 인구의 5퍼센트에 불과한 사람들이 세계 총생산량의 30퍼센트를 소비하고 있었다. 그러나 미국인들 가운데 극히 적은 수만이 이런 혜택을 누렸다. 이 1퍼센트의 최고부유층은 1970년대 후반부터 자신들의 부가 어마어마하게 증대되는 모습을 보았다. 조세구조가 변화한 결과 1995년에 이르면 이 1퍼센트가 1조 달러를 벌어들여 국부의 40퍼센트 이상을 소유하게 됐다.

경제잡지 『포브스』에 따르면, 1982년에는 400대 부자가문이 920억 달러를 소유했는데 13년 뒤에는 그 액수가 4,800억 달러로 비약적으로 늘어났다. 1990년대에는 스탠더드앤드푸어스지수[37]의 500개 기업의 부가 335퍼센트 증가했다. 1980~1995년 사이에 다우존스Dow Jones 평균지수는 400퍼센트 상승한 반면, 구매력으로 환산된 노동자 평균임금은 15퍼센트 하락했다.

따라서 미국 경제는 '건강하다'고 말할 수 있었다 — 최고부유층만을 놓고 볼 때에만. 한편 4,000만 명이 의료보험 없이 살고 있었고(그 수는 1990년대에 33퍼센트 증가했다), 질병과 영양실조로 인한 유아사망률은 다른 어떤 선진국보다도 높았다. 군사부문에는 무제한적인 자금이 투입된 반면, 의료와 교육

37) Standard and Poor's Index. 스탠더드앤드푸어스 사에서 기업규모, 유동성, 산업 대표성을 감안해 선정한 500개 기업의 보통주 주가지수.

등 가장 기본적인 인간복지 분야에서 일하는 사람들은 가까스로 생활을 영위하기 위해 분투해야 했다.

『보스턴글로브』와 인터뷰를 한 킴 리 제이콥슨Kim Lee Jacobson이라는 27세의 여성은 이런 왜곡된 국가 정책의 우선순위를 간명하게 설명해 줬다. '1999년도 최고의 유치원 교사'로 선정된 제이콥슨은 이렇게 말했다. "이 분야에서 일한 지 5년째 접어든 올해 저는 2만 달러를 벌었습니다. 전부 다 합쳐서요. 많은 돈을 벌려고 일한 건 아니니까 큰돈을 기대하지는 않습니다."

인구조사국의 노동통계부에 따르면, 1998년 현재 미국인 노동자 3명당 1명은 연방정부에서 정한 빈곤선 이하의 급여를 받고 일하고 있었다. 저술가 바버라 에린라이크Barbara Ehrenreich(『빈곤의 경제*Nickeled and Dimed*』)는 1년 동안 여러 일자리 — 가정청소부, 웨이트리스, 공장 노동자 — 에서 일해 본 뒤, 이런 분야의 노동자들은 주거비용이나 의료보험을 감당할 수 없다고, 아니 심지어 제대로 세 끼를 찾아먹을 수도 없다고 보고했다.

유색인들에 관한 통계는 더욱 심각했다. 흑인 유아의 사망률은 백인 유아에 비해 두 배나 높았고, 유엔의 보고서에 따르면, 할렘의 흑인 남성의 기대수명은 46세로 캄보디아나 수단보다도 짧았다.

어떤 사람들은 이런 인종적 불균형을 인종적 열등성, 즉 '유전적' 결함으로 설명했다. 그러나 분명한 것은 선천적 능력이 어떻든 간에 끔찍한 환경에서 성장하는 것은 백인이든 흑인이든 수백만 명의 미국인들에게 이겨낼 수 없는 불리한 조건이 된다는 사실이었다.

카네기재단의 한 연구보고서는 (각기 다른 환경에서 자라난 어린이를 대상으로 한 지능테스트의 정확성이 의심스럽다는 사실을 인정하더라도) 지능테스트에서 동일한 점수를 얻은 두 젊은이의 미래가 그들의 부모가 어떤 사람인지에 따라 매우 상이하게 나타남을 보여줬다. 지능테스트에서 청소부의 자녀와 별반 다르지 않은 점수를 얻은 변호사의 자녀는 전자에 비해 대학에 진학할 확률은 4배, 대학을 졸업할 확률은 12배, 소득구조에서 상위 10퍼센트 안에 들어갈 확률은 27배나 높았다.

이런 상황을 변화시키려면, 형식적인 기회의 평등이라도 달성하려면, 철저한 부의 재분배와 고용창출, 의료, 교육, 환경 등에 대한 막대한 지출이 필요했다.

그러나 미국은 오히려 국민들을 '자유시장'의 처분에 내맡기면서 1920년대에 그런 정책이 어떤 재앙을 낳았는지를 애써 눈감았다. '시장'은 환경이나 예술에 관심을 기울이지 않았다. 또한 시장은 수많은 미국인들로부터 적절한 주거를 비롯한 기본적인 생활수단을 박탈했다. 레이건 집권 당시 정부는 보조금을 지급하는 주택건설계획을 40만에서 4만 개로 축소시켰다. 클린턴 행정부에서는 그런 프로그램이 완전히 사라져 버렸다.

1997년 취임식에서 '새로운 정부'를 약속하긴 했지만 클린턴 집권기는 가난한 사람들을 돌보는 대담한 프로그램을 전혀 제공하지 않았다. 가령 1980년대와 1990년대 내내 각종 여론조사 결과는 미국인들이 연방의 지원을 통한 보편적인 무상 의료보험을 지지하고 있음을 보여줬지만, 클린턴은 이를 옹호하려 하지 않았다. 그 대신 클린턴은 부인인 힐러리를 한 위원회의 위원장 자리에 앉혔고, 이 위원회에서 펴낸 최종보고서는 빽빽하고 복잡하기 그지없는 1,000여 쪽에 달하는 분량에서 문제에 대한 해답 ― 폭리를 추구하는 보험회사들의 개입 없이 어떻게 모든 미국인들에게 의료보험을 보장해 줄 것인가 ― 은 전혀 제시하지 않았다.

예산적자를 대폭 확대하지 않고서도 사회의 재건을 위한 대담한 계획에 필요한 자원을 마련할 수 있는 길이 두 가지 있었지만 클린턴은 그 어느 쪽도 타진해 보려 하지 않았다.

그 자원 가운데 하나는 국방예산이었다. 국방비 전문가인 랜덜 포스버그는 1992년 대선 선거운동 기간에 "오랜 시간이 흐른 뒤에는 국방예산이 600억 달러로 축소되어 탈냉전 세계의 필요와 기회에 적합한 탈군사화된 미국의 대외정책을 뒷받침하게 될 것"이라고 시사한 적이 있었다. 그러나 국방력 강화의 근거로 제시된 나라가 몰락한 뒤에도 국방예산은 계속 늘어나 클린턴 임기 말에는 연간 약 3,000억 달러가 됐다.

국방예산을 철저하게 감축하기 위해서는 전쟁을 포기하고, 해외 군사기지를 철수하며, 또한 가장 중요하게는 전 세계가 "전쟁의 참화"를 단념해야 한다는 유엔헌장에 명시된 원칙을 받아들여야만 한다. 그러기 위해서는 다른 사람들과 평화롭게 공존하고자 하는 기본적인 인간 욕구(초超애국적인 구호들의 공세에 의해 너무나도 자주 압도되어 온 욕구)에 호소해야 한다.

그런 극적인 정책상의 변화를 위한 대중적인 호소력은 단순하지만 강력한 도덕적 주장 — 현대전의 본성을 감안할 때 희생자는 대부분 민간인이라는 사실 — 에 토대를 두게 될 것이다. 다시 말해 우리 시대의 전쟁은 항상 어린이들에 대한 전쟁인 것이다. 그리고 다른 나라의 어린이들에게도 우리의 어린이들과 동등한 생명의 권리를 부여하려면, 세계의 여러 문제에 대한 비군사적인 해결책을 찾기 위해 우리의 비범한 인간적 재능을 동원해야 한다.

사회개혁을 위한 또 다른 자원은 최고부유층이 소유한 부이다. 부유층에 유리한 조세개혁의 결과로 이 나라에서 가장 부유한 1퍼센트는 1980년대와 1990년대에 1조 달러가 넘는 액수를 벌어들였다. '부유세' — 아직 국가 정책으로 채택되지는 않았지만 완벽하게 실행가능한 조세제도이다 — 를 도입할 경우 그 수조 달러를 회수할 수 있는데, 가령 10년 동안 매년 1,000억 달러를 거둬들이면서도 그 1퍼센트는 여전히 엄청난 부자로 남겨둘 수 있다.

게다가 진정으로 누진적인 소득세 — 막대한 소득에 대해 70에서 90퍼센트의 세금을 부과한 제2차 세계대전 직후의 수준에 연원을 두는―를 시행할 경우 연간 1,000억 달러를 추가로 거둬들일 수 있다. 클린턴은 최고부유층에 대한 세금을 몇 퍼센트 정도 인상, 최고세율을 31퍼센트에서 37퍼센트로, 법인세를 34퍼센트에서 35퍼센트로 높였다. 그러나 이것은 가난한 사람들의 관점에서 보자면 비참할 정도로 작은 수준에 불과했다.

누진세와 탈군사화를 통해 매년 4,000억에서 5,000억 달러를 거둬들이면, 노인의료보험이나 캐나다의 의료보장제도처럼 보험회사들의 이윤 추구 없이 정부가 재정을 책임지는 보편적인 의료보장제도를 추진할 수 있다. 이 자금으로 완전고용 프로그램을 만들어 낼 수도 있다. 연방정부가 일할 능력과 의지가 있는 모든 사람들에게 "적절한 고용기회"를 제공할 것을 약속한 1946년의 완전고용법안Full Employment Act을 최초로 시행할 수 있는 것이다. (마지 피어시Marge Piercy의 시 가운데 하나는 "주전자는 물을 담아달라고 외친다 / 사람은 진짜 일자리를 달라고 외친다"라는 구절로 끝을 맺는다.)

제트폭격기나 핵잠수함 수주계약을 체결하는 대신 비영리 법인과 계약을 맺어 주택을 건설하고, 대중교통망을 구축하고, 강과 호수를 정화하고, 도시를 살기 좋은 곳으로 만들 수 있다.

그러나 정부는 이런 대담한 프로그램에 착수하기는커녕 전과 마찬가지로 도시를 계속 곪아터지게 내버려두고, 농민들에게 부채와 파산을 강요하고, 젊은이들에게 일자리를 제공하지 않고, 대부분 젊은이와 유색인종인 무기력하고 절망적인 무수한 주변부 집단들을 마약과 범죄로 내몲으로써 나머지 국민들의 신체적 안전을 위험에 빠뜨렸다.

역사적으로 볼 때, 이런 절망과 분노와 소외의 징후들에 대해 정부가 보이는 반응은 예상을 한 치도 벗어나지 않는다. 감옥을 더 많이 짓고, 더 많은 사람들을 가두고, 더 많은 사형을 집행하는 것이다. 그리고 절망을 낳는 바로 그 정책을 계속 추진하는 것이다. 그리하여 클린턴 행정부 말기에 이르러 미국은, 중국은 예외가 될지도 모르겠지만, 인구 비율로 따진 수감자 수—총 200만 명—에서 세계 모든 나라를 앞지르게 됐다.

클린턴은 자신이 국민여론에 맞춰 정책을 완화하고 있다고 주장했다. 그러나 1980년대와 1990년대 초반의 각종 여론조사 결과는 미국인들이 민주당이나 공화당 어느 쪽도 추진할 의사가 없는 대담한 정책들—보편적인 무상 의료보장제도, 고용 보장, 빈민과 홈리스들에 대한 정부 지원, 사회복지 프로그램을 위한 부유층 과세와 국방예산 삭감 등—을 선호하고 있음을 보여줬다.

국민 대중의 정서와 국가 정책 사이의 간극은 또 다른 시나리오가 가능함을, 즉 새로운 천년에 시민들이 독립선언서의 약속—모든 사람의 생명과 자유와 행복의 추구라는 권리를 보호하는 정부—을 요구하기 위해 조직될 수 있는 가능성을 암시했다. 이것은 국가의 부를 합리적이고 인도적으로 재분배하는 경제적 재조정을 의미했다. 또한 젊은이들에게 탐욕의 가면에 불과한 '성공'을 얻기 위해 분투하라고 가르치지 않는 문화를 의미했다.

보수적인 공화당과 온건한 민주당이 정부를 운영한 1990년대 내내, 수많은 미국 시민들이 워싱턴과 언론의 외면 속에서도 여러 가지 방식으로 정부정책에 항의하면서 정의롭고 평화로운 사회를 요구했다.

전국 언론들은 무시할 수 없을 정도로 사태가 커진 경우를 제외하고는, 워싱턴의 권력 중심부 바깥에서 성장하는 시민들의 에너지가 나타내는 징후에 많은 관심을 기울이지 않았다. 온갖 피부색의 남녀노소 50만 명이 이 나라의 수도에 모여 "어린이를 보호하라"고 외쳤을 때도 텔레비전과 신문들은 거의, 또는 전혀 관심을 보이지 않았다.

미니애폴리스에서는 지뢰를 만드는 한 기업에 반대하는 캠페인이 지속적으로 이루어졌다. 미군 사병 출신으로 미국의 지뢰로 불구가 된 한 남성이 캠페인에 결합하기 위해 미니애폴리스로 왔고, 미국을 비롯한 나라들이 전 세계 대륙에 설치한 수백만 개의 지뢰로 어린이들이 죽어가고 있는 현실을 폭로하기 위해 세계를 여행하고 있던 한 젊은 여성도 캠페인에 결합했다. 실제 자매인 '맥도널드 자매들'이라는 네 명의 수녀도 항의시위에 참여했다 체포됐다.

1994년 로스앤젤레스에서는 불법 이민자 자녀들에게서 기본적인 건강권과 교육권을 박탈하는 캘리포니아 주의 새로운 법률에 반대해 25만 명이 거리로 몰려나와 항의시위를 벌였다.

이라크가 이른바 '대량살상무기'에 대한 사찰을 허용하지 않는다는 이유로 미국이 이라크에 대한 공습 의도를 분명히 하던 무렵, 국무장관 매들린 올브라이트를 비롯한 관리들은 폭격에 대한 대중적 지지를 구축하기 위해 오하이오 주 콜럼버스에서 열린 읍민회의에서 연설을 했다. 연설을 하면서 모든 질문을 통제하려고 계획했지만 한 젊은이가 가까스로 발언권을 얻어 매들린 올브라이트에게 미국의 동맹국인 다른 모든 나라들도 '대량살상무기'를 보유하고 있는 점에 관해 질문을 함으로써 계획된 시나리오는 엉망이 됐다.

국무장관은 놀란 게 분명한 모습으로 답변 내내 말을 더듬거렸고, 이 장면은 텔레비전을 통해 전국 곳곳에 방영됐다. 폭격 계획은 신속하게 연기됐지만, 얼마 뒤 정기적인 이라크 폭격이 재개됐고 언론은 아무 관심도 기울이지 않았다.

버클리 소재 캘리포니아 대학에서 매들린 올브라이트가 명예학위를 받던 2000년, 졸업식 청중들은 '매들린 올브라이트는 전범戰犯이다'라는 커다란 플래카드를 앞세우고 항의시위를 벌였다. 대학 당국은 시위대와 플래카드를 강당에서 철수시켰다.

이 대학의 유명한 최우수 졸업생 메달University Medal 수상자로 선정되어 졸업식에서 졸업생 대표 연설을 하게 된 학생은 우연하게도 파디아 라페디 Fadia Rafeedie라는 팔레스타인계 여학생이었다. 라페디의 연설은 올브라이트가 연설을 마치고 떠날 수 있게끔 졸업식 마지막으로 옮겨졌지만, 라페디는 올브라이트가 미국의 이라크 제재를 옹호하는 데 대해 언급하기로 결심했다. 라페디는 이라크에 의약품 반입도 허용되지 않는 현실에 관해, 제재의 결과로 수십만 명의 어린이가 목숨을 잃은 사실에 관해 말했다. 라페디 역시 사담 후세인이 야만적인 독재자임에는 동의했다. 그러나 그녀는 이렇게 말했다.

> 쿠르드족을 독가스로 공격했을 때, 후세인은 뉴욕 주 로체스터에서 제조된 화학무기를 사용했습니다. 이라크가 이란과 장기전을 벌여 100만 명이 목숨을 잃었을 때, 후세인에게 자금을 대준 것은 다름 아닌 미국의 중앙정보국이었습니다. 이 독재자를 만든 것은 바로 미국의 정책이었던 것입니다. 후세인이 필요 없어지자 그들은 이라크 국민들에게 제재를 가하기 시작했습니다. 만약 어떤 나라에 제재를 가해야 한다면, 그 대상은 국민이 아니라 정부가 되어야 합니다.

1998년 전국 각지에서 7,000명의 사람들이 조지아 주 포트베닝으로 모여들어 미국이 훈련시킨 졸업생들이 라틴아메리카 각국에서 잔학행위에 가담한 미주군사학교를 폐교시킬 것을 요구했다. 사람들은 군인들의 습격으로 자신들의 집에서 암살당한 6명의 사제와 요리사, 어린 소녀를 상징하는 8개의 관棺을 높이 추켜올렸다. 역설적이게도 항의시위를 벌인 사람들에게 실형을 선고한 조지아 주의 연방법원 판사 로버트 J. 엘리어트Robert J. Ellion는 베트남의 미라이에서 촌락민들을 학살한 윌리엄 캘리 중위를 사면해 줬던 인물이었다.

1999년 8월 나가사키 원폭 기념일에 8명의 평화주의자들이 메인 주 뱅거Bangor의 핵잠수함 기지로 향하는 4차선도로를 봉쇄하기로 결정했다. 기지에는 1,000여 개의 핵탄두를 탑재한 트라이던트Trident 잠수함 8척이 정박해 있었다. 시위대는 체포됐다. 그러나 핵무기에 반대하는 이유를 배심원들에게 설명할 수 있었던 그들은 무죄방면됐다. 배심원 대표였던 여성은 훗날 이렇게 말했다. "그 사람들과 나란히 앉았던 사실이 자랑스럽습니다."

1960년대의 운동이 문화에 끼친 영향은 결코 지워질 수 없었다. 뚜렷하고도 완강한 새로운 의식 — 영화와 텔레비전, 음악의 세계 속에서 때때로 나타난 — 이 존재했다. 여성이 동등한 권리를 누려야 한다는 의식, 남성과 여성의 성적 기호는 자신들만의 문제라는 의식, 확대되는 빈부격차 때문에 '민주주의'라는 말이 거짓으로 폭로됐다는 의식이 그것이었다.

인종주의는 여전히 미국 사회에 깊이 각인되어 있었다 — 유색인종에 대한 경찰의 계속된 공권력 남용, 여전히 높은 흑인 유아사망률, 흑인 청년층의 높은 실업률, 범죄와 투옥의 상호연관된 증가 등이 그 증거였다. 그러나 이 나라는 점점 더 다양해지고 있었다 — 라틴계와 아시아계가 증가하고 있었고 인종 간 결혼도 늘어났다. 2050년에 이르면 미국에서 유색인과 백인의 수가 같아질 것이라고 예상됐다. 아프리카계 미국인들의 불만을 조직하려는 산발적인 시도들이 있었다. 1980년대 후반에는 모든 피부색의 가난하고 소외된 사람들을 대변하는 '무지개동맹Rainbow Coalition'의 흑인 지도자 제시 잭슨Jesse Jackson이 대통령 예비선거에서 수백만 표를 획득, 잠시나마 보기 드문 전국적인 정치적 흥분을 불러일으킴으로써 다른 미래가 가능함을 보여준 일이 있었다.

1995년에는 전국 각지에서 100만 명이 워싱턴D.C로 모여들어 — '100만인 행진Million Man March' — 국가 지도자들에게 자신들이 변화를 위한 세력이 되어가고 있음을 선포했다. 이 행진은 분명한 의제는 표방하지 않았지만 일종의 연대의 표현이었다. 1998년 여름에는 아프리카계 미국인 2,000명이 시카고에서 집회를 갖고 흑인급진주의자회의Black Radical Congress를 결성했다.

이듬해 서부해안항만노동조합West Coast Longshoremen's Union은 무미아 아부-자말Mumia Abu-Jamal의 투옥과 사형선고에 항의하기 위해 8시간 동안 조업을 중단했다. 자말은 자신의 피부색과 급진적 이념, 그리고 필라델피아 경찰 당국에 대한 끊임없는 비판이 사형선고의 근거가 된 상황 속에서 재판에 회부되어 사형집행을 기다리고 있는 훌륭한 흑인 언론인이었다.[38]

1990년대에 접어들어 노동운동은 새로운 에너지의 징후를 보여주고 있었다. 제조업이 해외로 빠져나감에 따라 조합원 수가 점차 줄어들고 노동조합으로 조직하기가 더 어려운 서비스직과 화이트칼라 노동자들이 생산직 노동자들을 압도하는 상황에서 이런 일이 벌어지고 있었던 것이다.

국가의 부가 대부분 최고부유층으로 흘러들고 빈부격차가 점차 확대되고 있음이 분명해짐에 따라 새로운 전투적 정신의 추동력이 고양됐다. 1990년대

---

38) 전 흑표범당 당원으로 필라델피아의 라디오 방송 언론인이었던 무미아 아부-자말은 1981년 12월 경찰관 대니얼 포크너를 살해한 혐의로 체포되어 1982년 7월에 사형을 선고받았다. 1999년에 펜실베이니아 주지사가 사형집행영장을 발부한 이래 지금까지 사형집행을 기다리고 있다. 사건 당시 자말을 살인범으로 지목한 2명의 증인(다른 범인이 도망가는 모습을 목격했다고 증언한 증인은 4명이었다)은 모두 다른 형사상 범죄 혐의로 기소된 상태였고, 경찰이 자말의 범행 총기로 지목한 것은 38구경 권총이었는데, 포크너의 몸에서 발견된 총알은 44구경이었다. 사형선고 뒤에도 많은 증인들이 증언을 번복했으며, 1999년에는 아널드 비버리라는 사람이 포크너 경관이 갱단의 경찰 상납을 방해했다는 이유로 그를 죽이기 위해 자신이 갱단에 고용됐다고 자백하기도 했다. 이 사건은 흑인 민권운동에 대한 탄압과 미국의 사형제도, 사법제도의 문제점을 드러내는 상징적인 사건으로 부각되어 아직도 전 세계의 관심을 끌고 있으며, 자말 자신과 세계 곳곳의 지원 단체들은 여전히 법적 투쟁과 항의시위를 벌이고 있다.

에 가장 부유한 5퍼센트의 소득이 20퍼센트씩 증가한 반면, 빈민과 중간계급의 소득은 생계비의 상승을 감안하면 하락하거나 그대로 유지됐다. 1990년에는 500대 기업 최고경영자의 평균 연봉이 노동자 평균 임금의 84배였다. 1999년에 이르면 그 수치는 475배가 됐다.

서비스노동조합Service Employees International Union 출신 — 노동력 구조의 변화를 보여주는 징표였다 — 인 미국노련산별회의 신임 위원장 존 스위니John Sweeney는 전임자들의 보수주의로부터 급격하게 이탈하는 듯 보였다. 스위니는 (1964년 미시시피의 자유의 여름〔Freedom Summer 남부를 중심으로 전국적으로 벌어진 유권자 등록 캠페인의 명칭으로 미시시피의 여름Mississippi Summer이라고도 한다〕으로부터 영감을 받은) '노동조합의 여름Union Summer' 계획을 격려하면서 새로운 서비스 노동자, 화이트칼라 노동자, 농장 노동자, 이민 노동자들을 조직하는 데 젊은이들의 힘을 끌어들임으로써 그들의 이상주의에 길을 열어 줬다.

노동조합들은 3개의 거대기업 — 캐터필러Caterpillar, 파이어스톤, 스테일리Staley — 을 상대로 한 일리노이 주 디케이터Decatur의 장기적이고 격렬한 투쟁을 비롯한 몇몇 파업에서 패배했다. 그러나 승리한 경우도 있었다. UPS 노동자들은 15일 동안 파업을 벌여 전국적인 관심을 집중시키면서 의료보험을 비롯한 복지혜택이 없는 시간제 노동자 1만 명을 정규직으로 전환하고 복지혜택을 보장하라는 요구를 관철시켰다. 보잉Boeing Company과 맥도넬더글러스에서 벌어진 기계공 파업도 승리로 끝을 맺었다.

미니애폴리스와 샌프란시스코에서는 호텔 노동자들이 파업을 벌여 승리를 쟁취했다. 비참한 임금을 받는 노동자들이 도시에서 가장 번창하는 기업인들의 사무실을 청소하고 있던 로스앤젤레스에서는 대부분 이민자들인 여성 청소부들이 초고층 빌딩 소유주들을 상대로 한 파업에서 승리를 거뒀다. 2000

년에는 이 나라 역사상 최대의 화이트칼라 노동자 파업이 벌어져 보잉의 엔지니어와 전문직 노동자 1만 9,000명이 다른 보잉 공장 노동자들 수준의 임금인상을 쟁취했다.

1999년 로스앤젤레스 군郡에서는 지난 수십 년 이래 노동조합의 가장 커다란 승리가 있었다. 서비스노동조합이 11년 동안 캠페인을 벌인 결과 7만 4,000명의 가정보건 노동자들을 대표할 수 있는 권리를 얻어낸 것이다. 같은 해, 노스캐롤라이나 주 캐넌Cannon 사의 공장들에서 25년 동안 노동조합 조직화에 힘써 오던 단결노동조합UNITE(재봉섬유노동조합Union of Needletrades, Industrial and Textile Employees)이라는 명칭의 의류 및 섬유 노동자들의 새로운 통합노조가 커내폴리스Kannapolis의 두 공장에서 노동조합 선거를 쟁취했다.

바야흐로 여성들이 미국노련산별회의의 새로운 지도부에서 지도적인 역할을 맡고 있었다. 전국사무직여성노동자협회National Association of Working Women 위원장 캐런 누스봄Karen Nussbaum은 미국노련산별회의의 여성노동국 국장이 됐고, 1998년에 이르면 미국노련산별회의의 21개 국局 가운데 10개 국을 여성이 이끌게 됐다.

순식간에 150개 대학으로 확산된 대학 노동자들의 '생계임금' 보장을 위한 캠페인은 학생운동과 노동운동의 동맹을 만들어 냈다. 한 예로 하버드 대학의 학생들은 200억 달러의 기금을 보유한 대학 당국이 건물관리인을 비롯한 용역직원들에게 가족을 부양할 수 있는 충분한 임금을 지불할 것을 요구하는 운동을 조직했다. 이 노동자들 대부분은 집세와 식비, 의료보험비를 충당하기 위해 2개의 일자리에서 —주당 80시간에 이르는 시간 동안— 일해야 했다.

하버드의 학생들이 개최한 다채로운 집회에서 건물관리인을 비롯한 대학 노동자들은 자신들의 요구를 소리 높여 외쳤다. 케임브리지 시의회 의원들과 존 스위니 등의 미국노련산별회의 고위 간부를 비롯한 노동조합 지도자들 역시 확성기를 들고 지지를 선언했다. 젊은 인기 영화배우 매트 데이먼〔Matt Damon. 매트 데이먼은 이 책 『미국민중사』를 요약한 6시간짜리 카세트테이프를 낭송하기도 했다〕과 벤 애플렉Ben Affleck이 캠페인을 지지하기 위해 하버드에 왔을 때는 엄청난 인파가 몰려들었다. 둘 다 케임브리지에서 살거나 학교를 다닌 전력이 있었다. 매트 데이먼은 할리우드에 진출하기 위해 학교를 중퇴하기 전에 몇 년 동안 하버드를 다녔다. 벤 애플렉은 하버드에서 초라한 임금을 받으면서 천한 일을 했던 자신의 아버지에 관해 감동적으로 발언했다.

하버드 대학 당국이 계속해서 협상을 거부하자 40명의 학생이 대학본부 건물 한 곳을 점거해 몇 주일 동안 밤낮으로 집회를 열었고, 수백 명이 교정 잔디밭 곳곳에 텐트를 세우고 철야농성을 하면서 그들에게 지지를 보냈다. 연좌농성에 대한 지지가 전국 곳곳으로 확산되자 마침내 대학 당국은 협상에 동의했다. 결국 대학 당국이 건물관리인의 임금을 시간당 14달러로 인상하고 의료보험을 제공하고 외주 계약업체들도 이런 조건을 따라야 한다는 데 동의함으로써 대학 노동자들은 승리를 거뒀다.

2000년 봄, 코네티컷에 소재한 웨슬리언 대학의 입학사무소를 점거한 학생들은 대학 총장이 건물관리인을 비롯한 용역 노동자들에게 생계임금과 의료보험, 퇴직금, 고용안정을 보장할 것을 요구했다. 며칠간의 연좌농성이 계속되자 대학 당국은 이런 요구를 받아들이는 데 동의했다.

대학생들은 전국 곳곳에서 노동권협의회[39]를 조직했다. 예일 대학과 애리

39) Workers Rights Consortium: 대학과 관련된 노동자들의 노동권을 보호하기 위한 학생, 대학 당국, 대학과 계약을 체결한 기업들의 3자위원회. 대학 구내 노동자들의 권익뿐만 아니라 대학 로고가 새겨진 의류, 가방 등 각종 물품을 생산하는 기업과 구내식당 대행업체 등의 노동자들의 권익도 보호하기 위한 일련의 합의안을 마련하고 이를 준수하도록 하는 활동을

조나 대학, 시러큐스 대학, 켄터키 대학 등 수많은 대학에서 학생들이 노동자들의 요구를 지지하기 위한 캠페인을 벌였다.

부유층이 점점 더 많은 부를 축적하고 있던 시기에 생계임금 캠페인은 강력한 대중적 지지를 얻었다. 미네소타 주 덜루스에서는 56개 단체가 힘을 합해 시 당국이 노동자들에게 생계임금—이는 공식적인 최저임금을 몇 달러 상회하는 액수이다—을 제공하는 기업체와만 계약을 체결할 것을 요구했다.

1996년의 '복지개혁' 입법에 의해 편모가정에 대한 연방보조금이 최고 5년으로 제한됨으로써 수백만 명의 사람들이 복지수당 수령 기한이 끝나는 즉시 빈곤에 직면하게 되는 사태가 벌어질 것이었다.

2000년에 접어들어 활동가들은 이런 사태를 막기 위한 조직화에 돌입, 전국 각지에서 빈곤을 종식시키기 위한 캠페인에 사람들을 끌어 모았다. 보스턴 복지권 운동의 전문가인 다이안 듀존Diane Dujon은 이렇게 선언했다. "2000년 현재 세계에서 가장 부유한 나라에서 어느 누구도 굶주리거나 집이 없다든지, 아이들을 먹이고 집세를 낼 방도를 찾지 못해 스트레스를 받으며 살아서는 안 된다."

1998년에 조직된 빈민경제인권캠페인Poor People's Economic Human Rights Campaign은 35개 도시를 버스로 순회하면서 가족을 먹여 살리지 못하는 사람들, 전기가 끊긴 사람들, 집세를 내지 못해 퇴거당한 사람들의 이야기를 널리 알리는 데 주력했다. 이듬해에는 빈민경제인권캠페인의 활동가 몇 명이 스위스 제네바로 가서 유엔인권위원회에서 증언했다. 그들은 엘리너 루즈벨트[Eleanor Roosevelt. 프랭클린 루즈벨트의 부인]가 작성에 일조했던 유엔 세계인

벌인다. 물론 대학 당국이나 기업들은 노동권협의회 구성에 잘 응하려 하지 않으며, 이 경우 학생들이 독자적으로 협의회를 구성하고 불매운동과 항의시위를 중심으로 활동을 한다.

권선언이 인간다운 삶을 영위할 수 있는 임금과 음식, 주거, 의료, 교육 등을 만인의 권리로 선포한 사실을 지적했다.

민권운동과 베트남 전쟁 반대 운동에 참여한 이래로 침묵을 지켜 왔던 종교 지도자들도 경제적 불평등에 관해 목소리를 높이기 시작했다. 1996년 여름에 『뉴욕타임스』는 이렇게 보도했다.

> 수십 년 만에 처음으로 종교 지도자들이 노동조합과 공동의 대의를 형성, 자신들의 도덕적 권위를 이용해 노동착취공장sweatshop을 비난하고, 최저임금 인상을 지지하고, 건물관리인과 양계장 노동자들의 조직화를 돕고 있다. 1970년대 농장 노동자들의 카리스마 넘치는 지도자인 세사르 차베스의 전성기 이래, 아니 대공황 이래 처음으로 엄청난 규모의 성직자들이 노동자들 편에 서고 있는 것이다…….

이들 단체와 이들이 대변하는 모든 사람들—홈리스, 악전고투하는 어머니들, 집세와 공과금을 낼 수 없는 형편의 가족들, 의료보험의 혜택을 전혀 받지 못하는 4,000만 명과 불충분한 의료보험 혜택을 받는 훨씬 많은 수의 사람들—은 침묵이라는 국민문화의 거대한 장벽에 부딪혔다. 주요 언론들은 그들의 삶과 곤경을 보도하지 않았고, 워싱턴과 월스트리트의 권력자들이 선언한 번영하는 미국이라는 신화는 여전히 지속됐다.

1996년의 정보통신법Telecommunications Act of 1996으로 공중파를 지배하는 한 줌도 안 되는 거대기업들이 자신들의 권력을 한층 확대할 수 있게 된 이후 정보 통제를 극복하려는 용감한 시도들이 있었다. 기업 간 합병은 정보 통제를 더욱 강화하는 결과를 낳았다. 언론 거대기업인 CBS와 비아콤Viacom은 370억 달러 규모의 합병을 이뤘다. 라틴아메리카의 작가 에두아르도 갈레

아노Eduarno Galeano는 이렇게 평했다. "역사상 이렇게 소수가 이토록 많은 사람들을 의사소통의 부재incommunicado로 몰아넣은 적은 일찍이 없었다."

대안 언론들은 통제를 극복하기 위해 필사적인 노력을 기울였다. 전국 곳곳에서 수백 개의 지역 라디오 방송국들 — 퍼시피카Pacifica는 그 가운데 가장 성공적인 방송국이었다 — 이 청취자들에게 대안적인 정보와 이념을 전파하고 있었다. 데이비드 바서미언이 운영하는 1인 방송인 '대안 라디오 Alternative Radio'는 위성을 통해 전국 곳곳의 라디오 방송국들에 반체제적인 시각 — 인터뷰와 강연 — 을 배급했다.

전국 각지의 도시와 소도시들에서 발간되는 지역 신문은 비록 발행부수는 적었지만 보통 사람들의 이야기를 전달하려고 노력했다. 보스턴에서는 홈리스들이 힘을 합쳐 『한푼 줍쇼*Spare Change*』라는 신문을 발간, 자신들의 이야기를 기사로 작성하고, 시를 게재하고, 돈을 버는 한 방편으로 보스턴과 케임브리지 거리에서 신문을 팔았다. 그들은 자신들의 목표가 "목소리 없는 사람들을 위한 목소리"이자 "홈리스 공동체의 조직화 수단"이 되는 것이라고 선언했다. 세기 전환기인 현재에 이르기까지 이 신문은 8년 동안 계속 발간되고 있다.

이런 사고가 전국 각지로 확산되어 얼마 지나지 않아 40여개 도시에서 거리신문이 생겨나게 됐고 이런 흐름은 북미거리신문연합North Americnan Street Newspaper Association의 결성으로 이어졌다. 수도에서 결성된 전국홈리스연합National Coalition for the Homeless은 월간 회보를 발간했다.

1999년의 마지막 몇 달 동안 워싱턴 주 시애틀에서 벌어진 거대한 항의집회는 아마도 미국인과 전 세계인들에게 기업세력이 보통 사람들의 삶을 지배하고 있다는 사실을 각인시킨 가장 극적인 시도였을 것이다. 세계무역기구 World Trade Organization(WTO)는 시애틀을 회담 장소로 선택했고, 세계에서 가장 부유하고 권력 있는 기관의 대표들이 자신들의 부와 권력을 유지하고 자본주의의 원칙이 국경을 넘어 전 세계에서 작동하도록 만들기 위해 그곳에 모였다.

수만 명의 사람들이 '자유무역'협정을 확대하려는 세계무역기구의 계획에 항의하기 위해 시애틀에 집결했다. 시위자들은 자유무역이란 값싼 노동력과 환경을 오염시키는 산업정책에 대한 규제가 없는 곳을 찾아 기업들이 전 세계를 돌아다닐 수 있는 자유만을 의미한다고 주장했다.

'자유무역'을 둘러싼 쟁점은 복잡했지만, 세계무역기구에 반대하기 위해 시애틀에 모인 사람들은 기업의 이윤을 위해 전 세계 보통 사람들의 건강과 자유를 희생시켜서는 안 된다는 단순한 이념을 중심으로 단결하는 듯 보였다.

90개 국가의 1,000여 조직 — 노동조합, 환경단체, 소비자, 종교단체, 농민, 원주민, 여성단체 등 — 이 세계무역기구의 확대를 중단할 것을 각국 정부에 요구하는 성명서에 서명했다. 시애틀에서는 주목할 만한 연합이 만들어졌다 — 철강 노동자들이 환경운동가들과 집회를 열었고 기계공들이 동물권 활동가들과 힘을 모았다. 농민들은 11월 30일에 열린 4만 노동자들의 대규모 행진에 결합했고, 며칠 뒤에 열린 가족영농인 집회에는 노동조합원들이 참여했다.

언론은 창문을 부수고 소동을 야기한 소수 시위자들에게만 관심을 집중시켰지만, 시애틀에 모인 사람들의 압도적 다수는 비폭력을 옹호했으며 경찰이 최루가스로 공격하고 체포한 사람들도 바로 이들이었다. 수백 명이 구금됐지만 시위는 계속됐다. 시애틀 사태에 관한 뉴스는 미국 전역과 전 세계로 퍼져갔다.

시위 군중들은 확실히 공식적인 세계무역기구 회담을 방해했고, 선진국과 제3세계 국가들 사이에 분열의 조짐이 보였다. 존 니콜스John Nichols가 『프로그레시브*Progressive*』에 보도한 것처럼,

공식적인 세계무역기구 회담은 북반구와 남반구 대표단 사이의 심각한 분열로 특징지어진 반면, 거리에서는 북반구와 남반구의 단합이 전례 없는 규모로 이루어졌다. 전 세계 농민들은 한데 뭉쳤다……. 미국노련산별회의에서 개최한 대규모 집회에 모인 사람들은 10여 개 국가의 연사들에게 환호성을 보냈다. 세계화가 제3세계 여성들에게 야기한 파괴적인 영향을 극적으로 드러내는 행사가 끝난 뒤 아프리카, 라틴아메리카, 인도, 유럽, 미국의 여성들은 인간 사슬을 형성하고 시애틀 도심 곳곳을 행진했다.

이 모든 항의시위는 세계무역기구 정상회담을 뒤흔들었고 결국 회담 자체가 무산됐다. 세계에서 가장 강력한 기업들에게 도전할 수 있는 조직된 시민들의 역량을 보여준 놀라운 사건이었다. 마이크 브래넌Mike Brannan은 전투적인 트럭 운전사노동조합의 기관지에 쓴 글에서 고양된 분위기를 포착했다.

노래하고, 구호를 연호하고, 음악을 연주하고, 경찰과 세계무역기구에 용감하게 맞서는 사람들 속에서 우리 모두가 꿈꾸는 연대가 만들어지고 있었다. 그날 거리는 민중들의 것이었고, 이것은 미국주식회사corporate America에게뿐만 아니라 우리에게도 커다란 교훈을 줬다.

시애틀 시위와 동시에 미국 기업들을 위해 일하는 제3세계 노동착취공장의 남성과 여성, 어린이들이 감내하는 노동조건에 항의하는 운동이 전국 각지의 대학과 지역사회에서 성장하고 있었다.

시애틀 시위 한 달 뒤 『뉴욕타임스』는 이렇게 보도했다.

노동착취공장을 감시하는 단체들에 따르면, 대학생을 비롯한 노동착취공장 반대자들의 압력으로 나이키나 갭Gap 등의 대기업 제품을 생산하는 일부 공장에서 아동노동을 축소하고 위험한 화학물질 사용을 줄이고 주당 80시간 노동을 대폭 삭감했다고 한다.
지난 달 시애틀 시위에서 많은 시위자들이 최소한의 노동기준조차 위반하는 나라들에 제재를 가하는 무역협정을 요구하면서 이런 공장들의 노동조건이 주요한 관심사로 부각됐다. 대다수 기업 중역들은 노동착취공장 반대 운동의 노력이 성과를 거두고 있다고 인정하고 있다.

시애틀은 대기업의 세계경제 지배 확대에 반대하는 노동조합 활동가와 학생, 환경운동가 등이 국제적으로 결집하는 신호탄이 됐다. 시애틀 시위가 있은 이듬해 부유한 기업가들의 정상회담이 벌어지는 곳마다 — 워싱턴D.C., 필라델피아, 스위스의 다보스, 로스앤젤레스, 프라하 — 시위대가 모습을 드러냈다.

세계은행과 국제통화기금 관료들은 저항운동을 무시할 수 없었다. 그들은 자신들 역시 환경과 노동조건에 관심을 갖고 있다고 공표하기 시작했다. 이런 움직임이 실질적인 변화로 귀결될지는 분명치 않지만 확실히 이제는 전 세계 기업 지도자들이 더 이상 비판자들을 무시할 수 없게 됐다.

정치와 노동현장, 문화 곳곳에 도사리고 있는 이런 다양한 항의와 저항의 흐름들이 다음 세기에, 새로운 천년에 하나로 결합되어 생명과 자유와 행복추구의 동등한 권리라는 독립선언서의 약속을 실현시킬 수 있을까? 어느 누구도 예상할 수는 없다. 우리가 할 수 있는 일은 아무것도 하지 않을 경우 어떤 예상도 우울할 수밖에 없다는 사실을 인지하는 가운데 가능성을 현실로 바꾸기 위해 행동하는 것이다.

민주주의가 어떤 의미라도 지닐 수 있으려면, 자본주의와 민족주의의 한계를 넘어 나아갈 수 있으려면, 위로부터 주어지는 것이어서는 안 된다—지난 역사는 이에 관해 하나의 길잡이를 제공한다. 민주주의란 시민들의 운동을 통해, 교육하고, 조직하고, 선동하고, 파업하고, 보이콧하고, 시위를 벌이고, 권력자들이 필요로 하는 안정을 파괴함으로써 그들을 위협하는 시민들의 행동을 통해 도래하게 될 것이다.

A People's History of the United States

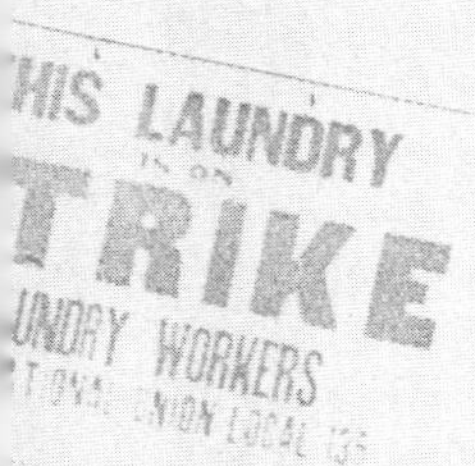

25

2000년 선거와 '테러와의 전쟁'

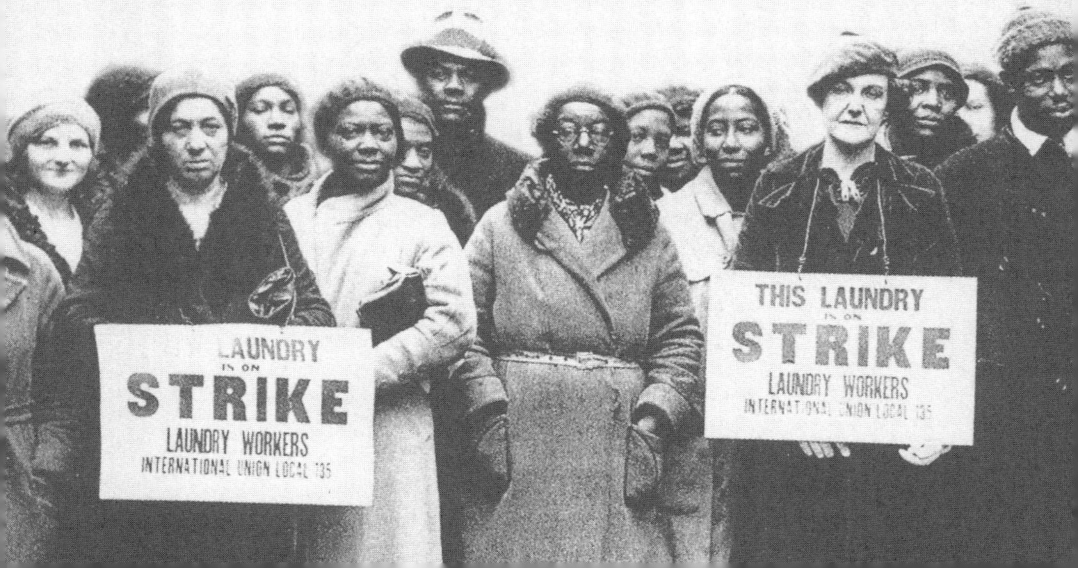

2000 • 조지 W. 부시 2세, 대통령 당선

2001 • 9.11 사태 발발. 테러와의 전쟁 선포
• 아프가니스탄 침공
• '미국 애국자법' 의회 통과

2003 • 이라크 침공

클린턴이 두 차례의 임기(헌법 수정조항 22조는 대통령 재임을 2회로 제한하고 있다)를 마무리할 즈음 부통령으로 그를 충실하게 보좌한 앨버트 고어Albert Gore가 민주당 대통령 후보로 확실시되고 있었다. 공화당은 주지사 재임 당시 행한 기록적인 사형집행과 석유업계와의 관련성으로 유명한 텍사스 주지사 조지 W. 부시 2세를 대통령 후보로 선택했다.

선거운동 기간에 부시로부터 '계급전쟁'에 호소하고 있다는 비난을 받긴 했지만 고어와 그의 런닝메이트 조지프 리버먼Joseph Lieberman 상원의원은 부유층에 대해 어떤 위협도 제기하지 않았다. 『뉴욕타임스』는 「리버먼 상원의원, 친기업 성향에 대한 자부심 표명」이라는 제호 아래 전면기사를 내보내면서 이를 뒷받침하는 자세한 내용을 보도했다. 실리콘밸리의 하이테크 산업은 리버먼을 총애하며, 코네티컷의 군산복합체는 75억 달러짜리 시울프Seawolf 잠수함 수주계약에 대해 리버먼에게 감사를 표한다는 내용이었다.

기업들이 두 대통령 후보에 대해 보인 지지도의 차이는 부시 진영과 고어 진영이 각각 2억 2,000만 달러와 1억 7,000만 달러를 모금한 것으로 가늠해볼 수 있다. 고어와 부시 모두 무상 국가의료보험제도나 광범위한 저가 주택건설, 환경규제상의 극적인 변화 등의 계획을 제시하지 않았다. 두 후보 모두 사형제도와 교도소 증설을 지지했다. 또 둘 모두 거대한 군사편제와 지뢰 사용, 쿠바와 이라크 국민에 대한 제재 등을 지속하는 입장을 옹호했다.

제3당 후보 랠프 네이더Ralph Nader는 기업의 경제적 지배에 대해 수십 년 동안 일관되게 비판한 인물로 전국적인 명성을 누리고 있었다. 두 주요 정당 후보와 날카로운 차이를 보인 네이더의 강령은 의료보험과 교육, 환경에 중점을 두는 것이었다. 그러나 네이더는 선거운동 기간 동안 전국에 방영된 텔레비전 토론회에 참여할 수 없었고, 대기업의 지지를 받지 못하는 가운데 그의 강령을 지지하는 사람들로부터 모금하는 소액의 기부금에 의존해야 했다.

양대 정당이 계급적 쟁점에 대해 동일한 입장을 보이고 제3당 후보 앞에 거대한 장벽이 가로놓인 현실을 감안해 볼 때, 저소득 계층을 중심으로 양대 정당 가운데 어느 쪽에도 열정을 느끼지 않는 유권자의 절반이 투표에 참여하지 않을 것이라는 점은 충분히 예측가능했다.

건설 노동자의 부인인 어느 주유소 출납원은 기자와의 인터뷰에서 이렇게 말했다. "그들이 우리 같은 사람들을 고려할 거라곤 생각하지 않아요……. 그 사람들이 방 두 개짜리 이동주택에서 산다면 물론 달라지겠죠." 시간당 5.15달러인 최저임금을 겨우 받는 맥도널드의 매니저인 아프리카계 여성은 부시와 고어에 관해 이렇게 말했다. "그 두 사람한테는 관심도 없어요. 내 친구들도 다들 그렇게 말해요. 내 삶이 변하지 않을 테니까요."

선거 결과는 이 나라 역사상 가장 기괴한 것이었다. 앨〔앨버트의 애칭〕 고어가 부시보다 수십만 표를 더 많이 획득했지만, 헌법의 규정에 따르면 최후의 승자는 각 주의 선거인단에 의해 결정되게 되어 있었다. 선거인단 투표는 박빙을 달렸고 결국 플로리다 주의 결과에 따라 좌우되게 됐다. 1876년과 1888년에도 이처럼 일반투표와 선거인단 투표 사이에 차이가 나는 일이 있었다.

플로리다에서 다수표를 득표하는 후보자가 주 선거인단 표를 전부 획득, 대통령에 오르게 될 예정이었다. 그러나 부시와 고어 가운데 어느 쪽이 플로리다에서 다수표를 얻는가를 둘러싸고 격렬한 논쟁이 벌어졌다. 개표과정에서 많은 표가 누락된 것처럼 보였는데, 특히 흑인이 다수인 지역에서 그러했다. 기술적인 이유 때문에 많은 표가 무효처리됐는데, 검표기가 투표용지를 제대로 해독하지 못했던 것이다.

부시는 유리한 입지를 차지하고 있었다. 그의 동생 젭 부시Jeb Bush가 플로리다 주지사였고, 누가 다수표를 획득해 당선될지를 확인할 권한이 공화당원인 플로리다 주 주무장관〔연방정부의 국무장관에 해당〕 캐서린 해리스Katherine Harris에게 있었던 것이다. 투표용지가 훼손됐다는 주장이 제기됐음에도 해리스는 부시가 앞서고 있던 상황에서 부분적인 재검표를 서둘러 마무리했다.

고어 측은 민주당이 우세한 플로리다 주 대법원에 항소했고, 대법원은 해리스 주무장관에게 승자를 확인하지 말고 재검표를 계속하라는 법원명령을 내렸다. 해리스는 재검표 시한을 설정했고, 논란의 여지가 있는 표가 여전히 수천 장이 남아 있는 가운데 부시가 537표차로 승리했다고 확인했다. 이것은 대통령 선거 역사상 가장 아슬아슬한 차이였다. 고어 측이 해리스의 확인에 이의를 제기하고 플로리다 주 대법원의 판결에 따라 재검표를 계속할 태세를 보이자 공화당은 이 사건을 연방대법원으로 가지고 갔다.

연방대법원은 이데올로기적 차이에 따라 나뉘어 있었다. 5명의 보수적 판사(렌퀴스트, 스칼리아Antonin Scalia, 토머스, 케네디Anthony Kennedy, 오코너Sandra Day O'Connor)는 주의 권한에 간섭하지 않는다는 통상적인 보수주의의 입장에도 불구하고 플로리다 주 대법원의 판결을 뒤엎고 더 이상의 재검표를 금지했다. 그들은 플로리다 주 각 군郡의 검표 기준이 상이하므로 재검표는 '법의 동등한 보호'라는 헌법 규정을 위반하는 것이라고 언급했다.

4명의 자유주의적 판사(스티븐스John Paul Stevens, 긴즈버그, 브레이어, 수터David Souter)는 연방대법원은 플로리다 주 대법원의 주법 해석에 간섭할 권한이 없다고 주장했다. 브레이어와 수터는 통일된 검표 기준을 마련하지 못한 잘못이 있다고 하더라도 플로리다에서 통일된 기준에 따라 투표를 새로 실시하는 해법도 있다고 주장했다.

연방대법원이 재선거에 대한 고려를 완전히 거부한 사실은 자신들이 선호하는 후보인 부시가 대통령이 되는 모습을 보고 싶다는 결단의 표현이었다. 스티븐스 판사는 소수 의견서에서 비통한 어조로 이를 지적했다. "올해 대통령 선거에서 승자가 누구인지는 확언할 수 없을지 모르지만 패자가 누구인지는 명명백백하다. 패자는 바로 불편부당한 법률의 수호자인 재판관에 대한 국민의 신뢰이다."

부시는 대통령직에 오르자마자 자신이 마치 국민의 압도적인 지지라도 받은 양 친대기업적인 의제를 강력하게 추진해 나갔다. 근본적인 철학에 있어서 부시와 별반 다르지 않은 민주당은 소심한 야당이 되어 부시의 대외정책을 전폭적으로 지지하면서 국내정책에 관해서만 약간의 차별점을 보였다.

부시의 정책은 즉시 분명한 모습을 드러냈다. 부시는 부유층에 대한 조세감면을 추진하고, 기업들에게 비용을 야기할 엄격한 환경규제에 반대했으며, 시민들의 퇴직연금을 주식시장의 처분에 맡김으로써 사회보장제도를 '민영화'했다. 부시는 나아가 국방예산을 증액하면서, 탄도탄요격미사일이 우주공간에서 제대로 작동할 수 없으며 설령 계획이 성공한다 하더라도 전 세계적인 격렬한 무기경쟁만을 촉발시킬 것이라는 과학자들의 일치된 견해를 무릅쓰고 '별들의 전쟁' 프로그램을 추진했다.

부시 집권 9개월째인 2001년 9월 11일, 다른 모든 문제를 묻어 버리는 엄청난 사태가 일어났다. 3대의 비행기에 탑승한 공중납치범들이 연료가 가득한 대형 제트기를 몰고 뉴욕 도심의 세계무역센터World Trade Center 쌍둥이건물과 워싱턴D.C.의 펜타곤으로 돌진했다. 전국 방방곡곡의 미국인들은 쌍둥이건물이 콘크리트와 금속의 불지옥 속에서 무너져 내리는 가운데 수천 명의 노동자와 그들을 구조하러 들어간 소방관과 경찰관 수백 명이 폐허 속에 묻히는 모습을 공포에 질린 채 지켜보았다.

그것은 대부분 사우디아라비아 출신인 중동인 19명이 미국의 거대한 부와 권력의 상징에 가한 전례 없는 규모의 공격이었다. 그들은 자신들이 적으로 생각하는 존재에 대해, 난공불락의 요새를 자부하던 한 초강대국에 대해 치명적인 일격을 가하기 위해 자신들의 목숨을 기꺼이 버렸다.

부시 대통령은 즉시 '테러와의 전쟁'을 선포하면서 이렇게 선언했다. "우리는 테러리스트들과 그들을 숨겨주는 나라들을 똑같이 다룰 것입니다." 의회는 헌법이 요구하는 선전포고 없이 군사행동에 착수할 수 있는 권한을 부시에게 부여하는 결의안을 서둘러 통과시켰다. 이 결의안은 상원에서 만장일치로 통과됐고 하원에서는 단 한 명—아프리카계 미국인인 캘리포니아 출신 바바라 리Barbara Lee—만이 반대표를 던졌다.

부시는 이슬람 전사 오사마 빈라덴Osama bin Laden이 9월 11일의 공격을 지휘했으며 그가 아프가니스탄 어딘가에 있다는 가정 아래 아프가니스탄 폭격을 명령했다.

부시가 공언한 목표는 오사마 빈라덴을 체포('생사를 불문하고')하고 이슬람 전사조직인 알카에다Al Qaeda를 파괴하는 것이었다. 그러나 아프가니스탄 폭격 5개월 뒤 상하 양원을 상대로 연두교서를 발표하면서 부시는 "우리는 테러와의 전쟁에서 승리하고 있습니다"라고 말하면서도 "수만 명의 훈련된

9·11 사태

세계 초강대국 미국은 순식간에 아수라장으로 바뀌었고, 세계 경제의 중심부이자 미국 경제의 상징인 뉴욕은 하루아침에 공포의 도가니로 변하고 말았다. 미국의 자존심이 일거에 무너진 것은 차치하고, 이 세기의 대폭발 테러로 인해 90여 개국 2,800~3,500여 명의 사람이 목숨을 잃었다.

테러리스트들이 여전히 도주 중”이고 “수십 개 국가”가 테러리스트들을 숨겨주고 있다는 사실을 인정해야만 했다.

부시와 그의 보좌관들은 무력으로 테러리즘을 물리칠 수 없다는 사실을 알았어야 했다. 역사적인 증거를 살펴보아도 이것은 쉽게 알 수 있었다. 아일랜드공화군Irish Republican Army(IRA)의 테러행위에 대해 거듭해서 군사행동으로 대응했던 영국은 그 결과 훨씬 더 많은 테러에 직면했을 뿐이다. 수십 년 동안 팔레스타인의 테러행위에 대해 군사공격으로 대응했던 이스라엘 역시 팔레스타인인들로부터 더 많은 폭탄테러를 당하기만 했다. 1998년 빌 클린턴은 탄자니아와 케냐의 미국 대사관이 공격당한 뒤 아프가니스탄과 수단을 폭격했다. 9·11 사태를 보면 이런 공격으로 테러리즘을 저지하지 못했음을 분명히 알 수 있다.

게다가 수개월간 이루어진 폭격은 이미 수십 년 동안 내전과 파괴를 겪어온 한 나라를 완전히 폐허로 만들었다. 미 국방부는 자신들은 “군사목표물”만을 폭격하고 있으며 민간인 사망은 “불행한 …… 사고이며 …… 유감”이라고 주장했다. 그러나 여러 인권단체의 주장과 미국 및 서유럽 언론의 많은 기사를 종합해 보면, 최소한 1,000명, 대략 4,000명의 아프가니스탄 민간인이 미국의 폭탄으로 사망했다.

미국은 테러리스트들이 뉴욕의 무고한 사람들에게 자행한 끔찍한 행위에 대해 아프가니스탄의 다른 무고한 사람들을 죽이는 것으로 대응하는 듯 보였다. 『뉴욕타임스』는 연일 세계무역센터 비극의 희생자들의 비통한 사진을 게재하면서 희생자들이 생전에 한 일과 그들의 관심사, 가족 등에 대해 자세하게 묘사했다.

아프가니스탄의 희생자들에 관해 그와 비슷한 정보를 얻을 수 있는 경로는 없었지만, 언론인들은 현지의 병원과 촌락에서 미국의 폭격이 낳은 결과에 관해 가슴을 울리는 설명을 작성했다. 『보스턴글로브』의 한 기자는 잘랄라바드Jalalabad의 병원에서 이렇게 썼다. "한쪽 침대에는 붕대를 칭칭 감은 열 살의 노르 모하마드Noor Mohammad 군이 누워 있었다. 이 소년은 일요일 저녁에 자기 집을 덮친 폭탄에 두 눈과 두 팔을 잃었다. 병원장 굴로야 심와리Guloja Shimwari 씨는 소년의 상처를 보고 고개를 절레절레 흔들었다. '미국은 자신이 오사마 빈라덴이 아닌지 생각해 봐야 합니다'라고 심와리 씨는 말했다. '오사마가 아니라면, 도대체 왜 이런 일을 저지르는 겁니까?'"

기사를 계속 읽어보자. "지난 주말 이 병원의 영안실에는 17구의 주검이 안치됐고, 이곳 관리들은 몇몇 마을에서 적어도 89명의 민간인이 사망한 것으로 추정했다. 어제 이 병원에서는 단 한 발의 폭탄이 한 가족에게 어떤 피해를 가져다주는지를 생생하게 보여주는 일이 있었다. 폭탄 하나가 한 가족의 가장인 파이잘 카림Faisal Karim 씨를 죽였다. 한쪽 침대에는 그의 부인 무스타파 자마Mustafa Jama 씨가 머리에 중상을 입은 채 누워 있었다……. 자마 씨 둘레에는 여섯 명의 자녀가 붕대를 칭칭 감고 누워 있었다……. 그 가운데 한 명인 여덟 살의 자히둘라Zahidullah는 혼수상태였다."

9월 11일의 재난 이후에도 미국 언론들은 부시의 '테러와의 전쟁' 정책을 압도적으로 지지했다. 민주당은 누가 더 테러에 대해 강경한 언사를 늘어놓을 수 있는지를 놓고 공화당과 앞서거니 뒤서거니 경쟁을 벌이면서 부시를 지지했다. 대통령 선거에서 부시의 반대편에 섰던 『뉴욕타임스』는 2001년 12월의 한 사설에서 이렇게 밝혔다. "부시 대통령은 …… 위기의 시기에 국민들에게 안정감을 줄 수 있는 강력한 전시 지도자임을 보여줬다."

그러나 '애국심'을 보여주기로 결심한 듯한 주요 신문과 방송사들은 아프가니스탄 폭격이 야기한 인간적 재난의 전체적인 규모를 미국인들에게 전달하지 않았다.

CNN 방송 회장 월터 아이작슨Walter Isaacson은 민간인 사상자의 화면을 보여줄 때는 항상 테러리스트들을 숨겨준 데 대한 보복이라는 설명을 덧붙이라는 내용의 메모를 직원들에게 전달했다. "아프가니스탄의 사상자나 곤경에 지나치게 초점을 맞추는 것은 그릇된 태도입니다." TV 뉴스진행자 댄 래더Dan Rather는 이렇게 단언했다. "조지 부시는 대통령입니다……. 그가 원하는 곳이 어디든 나보고 그쪽으로 가서 줄을 서라고 말만 하면 됩니다."

미국 정부는 아프가니스탄으로부터 유입되는 정보를 통제하기 위해 어떤 극악한 행위도 서슴지 않았다. 미국은 중동 최대의 방송망인 알자지라Al-Jazeera의 사무실이 있는 건물을 폭격했으며, 이 폭격으로 폐허가 된 지상의 사진을 찍은 한 민간위성회사를 통째로 사들였다.

대중 잡지들은 복수의 분위기를 조장했다. 『타임』의 한 기자는 「분노와 보복을 위한 주장」이라는 머리기사에서 "집중적인 무자비한 공격" 정책을 호소했다. 인기 있는 텔레비전 시사해설자 빌 오라일리Bill O'Reilly는 미국이 "아프가니스탄의 기반시설 — 공항, 발전소, 수자원 설비, 도로 — 을 폭격해서 파편더미로 만들어야" 한다고 주장했다.

점점 더 많은 사람들이 집과 자동차, 상점 쇼윈도 등에 성조기를 게양하기 시작했고, 전시의 맹목적 애국주의의 분위기 속에서 시민들이 정부 정책을 비판하기는 더욱 어려워졌다. 헬스클럽에서 운동하던 중에 부시 대통령을 비판하는 발언을 한 어느 전직 전화국 노동자는 연방수사국 요원들의 방문을 받고 조사에 응해야 했다. 한 젊은 여성의 집을 방문한 연방수사국 요원 2명은 그녀의 집 벽에 대통령을 비판하는 포스터가 붙어 있다는 신고가 들어왔다고 말했다.

의회에서 통과된 '미국애국자법'[40]은 단순한 혐의만으로도 기소 없이, 그리고 헌법에 규정된 정당한 법 절차에 따른 권리 없이 시민권이 없는 사람들을 구금할 수 있는 권한을 법무부에 부여했다. 이 법에 따르면 국무장관은 어떤 집단이든 '테러리스트'로 지정할 수 있으며, 그런 조직의 성원이거나 자금을 제공한 사람을 체포하고 구금, 추방할 수 있다.

부시 대통령은 아랍계 미국인들에게 폭력을 행사하지 말라고 국민들에게 경고했지만, 사실 정부 자신이 거의 전부가 이슬람교도인 사람들을 심문하기 위해 연행하고 1,000여 명을 기소도 없이 구금하고 있었다. 『뉴욕타임스』의 칼럼니스트 앤서니 루이스는 비밀 증거에 의해 연행된 뒤, 국가안보에 대한 위험인물이라는 결론을 내릴 만한 근거가 없다고 연방판사가 판결한 후에야 풀려난 한 남자에 관해 말해 줬다. 그러나 9월 11일 이후 법무부는 판사의 판결을 무시한 채 그 남자를 다시 투옥했고 하루에 23시간씩 독방에 구금하면서 가족의 면회도 허용하지 않았다.

전쟁을 비판하는 소수의 목소리가 있었다. 전국 각지에서 토론회와 평화집회가 열렸다. 이런 모임에는 으레 '전쟁이 아니라 정의를', '우리의 슬픔은 복수를 위한 외침이 아니다'라는 피켓이 등장했다. 반체제 운동으로 유명한 곳이 아닌 애리조나에서는 600명의 시민이 세계인권선언에 호소하는 신문광고에 서명했다. 시민들은 미국과 국제사회가 "아프가니스탄을 파괴하는 데 동원하는 자원으로 식량을 필요로 하는 사람들에게 충분히 제공하는 것을 가로막는 장애물을 제거해야 한다"고 호소했다.

세계무역센터와 펜타곤에서 목숨을 잃은 희생자 유가족 가운데 일부는 부시 대통령에게 폭력에 폭력으로 대응하지 말라고, 아프가니스탄 국민들에

---

40) USA Patriot Act: '테러리즘 차단 및 예방에 필요한 수단을 제공해 미국을 단결시키고 강화하는 법Uniting and Strengthening America by Providing Appropriate Tools Required to Intercept and Obstruct Terrorism Act'의 줄임말.

게 폭탄을 떨어뜨리지 말라고 촉구하는 편지를 보냈다. 펜타곤 피격으로 육군 조종사였던 남편을 잃은 앰버 애먼슨Amber Amundson은 이렇게 말했다.

> 저는 우리의 국가 지도자들 다수를 비롯해서 일부 미국인들로부터 대대적인 복수와 응징이 해결책이라는 성난 목소리를 들어 왔습니다. 저는 그 지도자들에게 우리 가족과 저 자신은 그들이 외치는 복수의 목소리에 아무런 위안도 느끼지 못한다는 사실을 분명히 밝혀두고 싶습니다. 만일 여러분이 다른 무고한 사람들을 상대로 폭력을 자행함으로써 이 이해할 수 없는 야만행위에 응답하는 쪽을 택한다 하더라도, 제 남편을 위한 정의의 이름으로는 그렇게 할 수 없습니다.

몇몇 희생자 유가족들은 2002년 1월에 아프가니스탄을 방문해서 미국의 폭격으로 사랑하는 가족을 잃은 아프가니스탄 사람들을 만났다. 그들은 미국의 폭탄으로 다섯 살짜리 딸 나질라Nazila를 잃은 압둘 아민과 샤킬라 아민 부부Abdul and Shakila Amin를 만났다. 부시가 영웅으로 치켜세운 남동생(그는 하반신이 마비된 친구를 버리고 대피하는 대신 친구와 함께 무너지는 건물의 꼭대기에 남아 목숨을 잃었다)을 잃은 리타 라사Rita Lasar도 방문단의 일원이었는데, 그녀는 자신의 남은 생을 평화를 위해 바치겠다고 말했다.

폭격을 비판하는 사람들은 테러가 미국에 대한 뿌리 깊은 반감에 근거한 것이며 따라서 테러를 저지하기 위해서는 이런 반감을 해결해야 한다고 주장했다. 이런 반감의 원인을 파악하기는 어렵지 않았다. 이슬람교도들이 가장 신성한 곳으로 여기는 성지가 있는 사우디아라비아의 미국 군대 주둔, 유엔도 인정하듯이 수십만 명의 어린이의 목숨을 앗아간 이라크에 대한 10년간의 제재, 이스라엘의 팔레스타인 점령에 대한 미국의 지지와 수십억 달러의 원조

제공 등이 그 이유였다.

그러나 이런 문제들은 미국 대외정책의 근본적인 변화가 없이는 해결할 수 없었다. 양대 정당을 지배하는 군산복합체는 이런 변화를 받아들일 수 없었다. 왜냐하면 그렇게 될 경우 전 세계에서 군대를 철수하고 다른 나라에 대한 정치, 경제적 지배를 포기해야 하기 때문이다 — 다시 말해 초강대국이라는 미국의 소중한 역할을 포기해야 하는 것이다.

그런 근본적인 변화를 이루기 위해서는 3,000억에서 4,000억 달러의 국방 예산을 미국과 세계 다른 지역 국민들의 생활조건을 향상시키기 위해 사용하는 쪽으로 우선순위를 근본적으로 바꿀 필요가 있다. 한 예로 세계보건기구 WHO는 미국 국방예산 가운데 일부분만이라도 전 세계 결핵환자 치료에 사용할 경우 수백만 명의 생명을 구할 수 있다고 추산한 바 있다.

정책에 있어서 그런 과감한 변화를 이룸으로써 미국은 이제 더 이상 군사적 초강대국이 아니라 자신의 부를 가난한 사람들을 돕는 데 이용하는 인도주의적인 초강대국이 될 것이다.

2001년 9월 11일의 끔찍한 사태가 있기 3년 전, 베트남에서 101회의 전투비행을 기록한 전직 공군 중령으로 그 뒤 가톨릭 주교가 된 로버트 바우먼 Robert Bowman은 케냐와 탄자니아 미국 대사관에 대한 폭탄테러에 관해 언급했다. 『내셔널 가톨릭 리포터 *National Catholic Reporter*』에 기고한 글에서 바우먼은 테러리즘의 뿌리에 관해 이렇게 썼다.

> 그들이 우리를 증오하는 것은 우리가 민주주의를 실천하거나 자유를 소중히 여기거나 인권을 옹호하기 때문이 아니다. 그들이 우리를 증오하는 것은 우리의 정부가 제3세계 국민들로부터 이런 가치들을 박탈하고 우리의 다국적기업들이 그 나라들의 자원을 턱없이 탐내기 때문이다. 우리가 씨를 뿌린 그런

> 증오는 테러리즘이라는 형태로 우리의 주위를 배회하기에 이르렀다……. 아랍의 사막 아래 묻혀 있는 석유를 빼앗기 위해 아랍인들을 죽이라고 우리의 아들딸들을 세계로 내보내는 대신, 우리는 그들의 기반시설을 재건하고 깨끗한 물을 공급하고 굶주리는 아이들을 먹여 살리는 일을 할 젊은이들을 파견해야 한다…….
>
> 다시 말해 우리는 악이 아니라 선을 행해야 한다. 그 누가 우리를 막으려 하겠는가? 그 누가 우리를 증오하겠는가? 그 누가 우리에게 폭탄을 던지겠는가? 미국인들이 들어야 하는 진실은 바로 이것이다.

9월 11일의 공격 이후 미국의 주요 언론들은 이런 목소리를 가로막았다. 그러나 그것은 예언의 목소리였으며, 폭력에 폭력으로 맞서는 일이 무익할 뿐임이 분명해지기만 하면 그 목소리의 강력한 도덕적 메시지가 미국인들 사이에 확산될 가능성은 충분히 있다. 지난 역사의 경험에서 어떤 의미를 찾을 수 있다면 미국의 평화와 정의의 미래는 분명 정부의 선의에 의존하지 않을 것이다.

독립선언서에 명시된 민주주의의 원칙은 정부는 부차적이며 정부를 세우는 국민들이 일차적임을 선포했다. 따라서 민주주의의 미래는 국민들에, 전 세계의 형제자매들과 우호적인 관계를 맺는 방식이 무엇인지 점차 깨달아 나가는 국민들의 의식에 달려 있다.

26

후기

LAUNDRY
IS ON
STRIKE
LAUNDRY WORKERS
INTERNATIONAL UNION LOCAL 135
THIS LAUNDRY
IS ON
STRIKE
LAUNDRY WORKERS
INTERNATIONAL UNION LOCAL 135

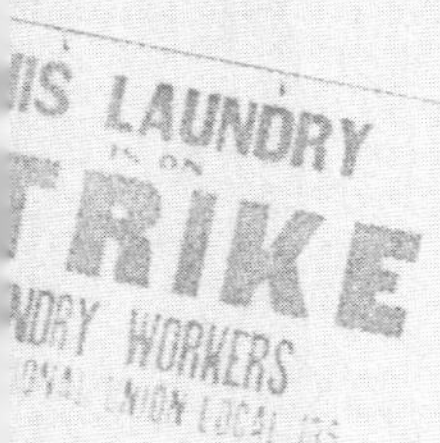

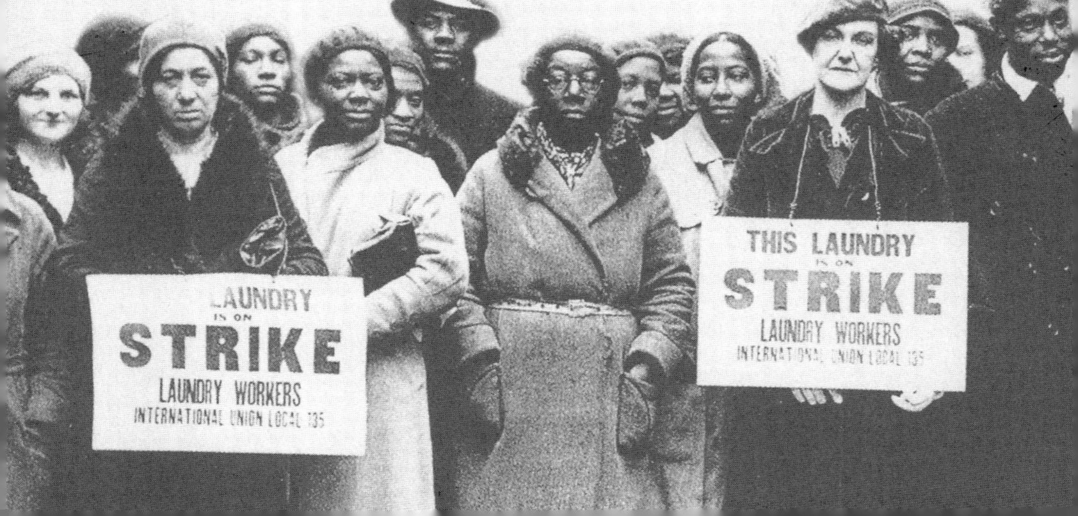

종종 사람들에게 어떻게 이 책을 쓰게 됐느냐는 질문을 받곤 한다. 그때마다 내가 하는 대답 가운데 하나는 아내 로즐린Roslyn Zinn이 내게 이 책을 쓰라고 재촉했고, 내가 이 집필계획의 방대함에 위압되어 포기하고 싶을 때마다 계속 격려해 줬다는 것이다. 또 다른 대답은 나 자신의 삶(이 글을 쓰면서 계산해 보니 이 나라 역사의 4분의 1에 걸쳐 있다—이런 생각을 할 때마다 놀랍기만 하다)을 둘러싼 환경이 나로 하여금 새로운 종류의 역사를 만들어 내도록 노력하라고 요구했다는 것이다. 새로운 종류의 역사라 함은 내가 대학과 대학원에서 배운 역사, 전국 곳곳의 학생들이 보는 역사교과서에 실린 역사와는 다른 역사이다.

이 책을 쓰기 시작할 무렵 나는 이미 20년 동안 역사학과 이른바 '정치학'이라는 으리으리한 학문을 가르치고 있었다. 그 20년의 절반 동안(대부분 조지아 주 애틀랜타의 스펠먼 대학에서 가르치던 때이다) 나는 남부의 민권운동에 참여했다. 그리고 10년 동안 베트남 전쟁에 반대하는 활동에 참여했다. 이런 경험으로 인해 나는 역사를 가르치고 서술하는 데 있어 결코 중립적인 방법을 택할 수 없었다.

그러나 나의 당파성은 의심의 여지없이 훨씬 더 이른 시기부터 갖춰지기 시작했다. 그것은 뉴욕의 노동계급 이민자 가정에서 자란 성장기와 조선소 노동자로 지낸 3년, 제2차 세계대전 당시 유럽 전역(참으로 이상한 단어이다—'theater')[41]에서 육군 항공대 폭격수로 복무한 경험 등으로 형성된 것이었다. 이 모든 것이 제대군인 원호법[42] 아래 대학에 입학해서 역사를 공부하기 전에 겪은 일이었다.

강의와 집필을 시작할 때쯤이면 나는 어떤 관점을 피한다는 의미에서의 '객관성'에 관해 아무런 환상도 갖고 있지 않았다. 나는 역사가(아니면 언론인, 또는 이야기를 전달하는 모든 사람)는 무한한 수의 사실들 가운데 어떤 것을 제시하고 어떤 것을 생략할지 선택할 수밖에 없다는 사실을 알고 있었다. 그리고 그런 선택은, 의식적이든 무의식적이든 간에, 불가피하게 그 역사가의 이해를 반영하게 마련이라는 점도.

오늘날 사람들은 학생들이 사실을 배워야 한다는 요란한 호통소리를 듣곤 한다. 대통령 후보 로버트 돌은 재향군인회 회원들의 모임에서 "우리의 젊은 이들은 사실을 배우고 있지 않습니다"라고 역설했다(후보자들은 으레 사실에 철저하다). 그의 말을 들으면서 나는 찰스 디킨즈의 『어려운 시절*Hard Times*』에서 "사실, 사실, 사실만을 가르치시오"라고 젊은 선생을 훈계한 현학적인 인물 그래드그라인드를 떠올렸다.

그러나 해석과 무관한 순수한 사실 같은 것은 존재하지 않는다. 교사나 작가, 아니 어느 누구든 간에 그가 세계에 제시하는 모든 사실의 이면에는 어떤 판단이 자리잡고 있는 것이다. 이 사실이 중요하며 생략된 다른 사실들은

41) 'theater'라는 영어 단어는 '연극', '극장'이란 뜻 외에 '전역戰域'이란 의미도 갖고 있다.

42) GI Bill of Rights: 제2차 세계대전 종전 직전인 1944년에 통과된 법으로 참전군인들에게 대학 등록금이나 주택구입 자금 등을 지원해 줬다.

중요하지 않다는 판단이.

미국 문화를 지배하는 정통적인 역사들에서 생략된 사실들 가운데 나는 더 없이 심대한 주제들을 찾을 수 있었다. 이런 생략의 결과는 단지 과거에 관한 왜곡된 관점을 제공하기만 하는 것이 아니라 더욱 중요하게는 현재에 관해 우리 모두를 오도한다.

한 예로 계급이라는 문제가 있다. 헌법 전문前文에서 그러하듯이, 이 문서를 작성한 사람들은 계급적 이해관계 때문에 강력한 중앙정부를 필요로 한 55명의 특권층 백인 남성들이 아니라 '우리 합중국 인민'인 것처럼 보인다. 계급적 목적을 위해, 부자와 권력자들의 요구에 봉사하기 위해 그렇게 정부를 이용하는 것은 오늘날에 이르기까지 미국의 역사를 통틀어 계속되고 있다. 우리 모두 — 부자와 빈민, 중간계급 — 가 어떤 공통된 이해를 가지고 있다는 언어로 가장된 채.

그리하여 국가의 상태는 보편적인 용어로 서술된다. 소설가 커트 보네거트Kurt Vonnegut는 복잡한 내부를 들여다보려면 구멍을 내야만 하는 커다란 거품을 묘사하기 위해 '그랜펄룬granfalloon'이라는 단어를 만들어 냈다. "우리의 경제는 건전합니다"라고 행복감에 젖어 선언하는 대통령은, 설령 그 경제가 다수의 중간계급에게는 어느 정도 건전하고 국부의 40퍼센트를 소유하고 있는 1퍼센트의 최고부유층에게는 극도로 건전하다 할지언정, 생존을 위해 분투하는 4,000만에서 5,000만 명에게는 전혀 건전하지 않다는 사실을 인정하려 하지 않는다.

우리 역사의 각 시기에는 한 계급의 안녕만을 반영하고 나머지 다른 계급들은 무시하는 꼬리표가 붙어 있다. 1920년대 하원의원으로 이스트할렘을 대변했던 피오렐로 라과디어에 관한 자료를 훑어보던 중에 나는 남편은 실직하고 아이들은 굶주리고 집세를 낼 돈도 없는 절망적인 형편의 주부들이 보낸 편지를 읽었다 — 이 모든 것이 이른바 '재즈의 시대', '광란의 20년대'라는 시기에 있었던 일이다.

우리가 배우는 과거가 현재에 관한 절대적인 진리를 제공할 수는 없을지 몰라도 언론에서 인용하는 정치지도자들과 '전문가들'의 입에 발린 발언들을 넘어서 더 깊이 현실을 들여다보게 만들 수는 있다.

계급적 이해는 언제나 '국익'이라는 모든 것을 감싸는 베일 뒤에 가려져 왔다. 나는 나 자신의 전쟁 경험과 미국이 벌인 모든 군사개입의 역사를 통해, 고위 공직자들이 자신들의 정책을 정당화하기 위해 '국익'이나 '국가안보'에 호소하는 말을 들을 때마다 언제나 그 진실성을 의심할 수밖에 없었다. 트루먼이 한국에서 '국지적 군사행동'을 개시해 수백만 명을 죽였을 때, 존슨과 닉슨이 인도차이나에서 전쟁을 벌여 300만 명을 죽음으로 몰아갔을 때, 레이건이 그레나다를 침공하고, 부시가 파나마와 이라크를 공격하고, 클린턴이 이라크를 거듭해서 폭격했을 때, 그것은 모두 이런 정당화에 근거한 것이었다.

한 줌도 안 되는 사람들이 전쟁을 결정하고 — 국내외의 — 수많은 다른 사람들은 그런 결정의 결과로 목숨을 잃거나 불구가 된다고 할 때, '국익'이라는 게 과연 존재할까? 시민들은 누구의 이익을 위해 우리가 지금과 같은 행동을 하고 있느냐고 물어서는 안 되는 것일까? 그렇다면 장성들과 외교관들의 눈을 통해서가 아니라 일반 사병들의 관점에서, 검은 테를 두른 전보〔전사통지서〕를 받는 부모들의 관점에서, 아니 심지어 '적국'의 관점에서 전쟁의 이야기를 할 수도 있는 것 아닐까.

역사를 공부하기 시작하면서 내가 가장 놀란 것은 우리나라를 비롯한 세계 모든 나라들의 교육체제에 — 충성서약과 국가國歌, 흩날리는 국기와 자랑스럽게 떠벌려지는 미사여구를 통해 어려서부터 주입된 — 민족주의적 열정이 깊이 스며들어 있다는 사실이었다. 만약 우리가 적어도 마음속에서나마 세계의 국경을 지워 버리고 모든 나라의 어린이들을 우리의 아이라고 생각한다면, 미국의 대외정책이 어떤 모습으로 비춰질지 궁금하다. 그렇게 된다면 우리는 결코 히로시마에 원자탄을 투하하거나 베트남에 네이팜탄을 떨어뜨리거나 세계 어디에서도 전쟁을 벌일 수 없을 것이니, 전쟁이라 함은 특히 우리 시대에 있어 언제나 어린 아이들, 우리의 아이들을 상대로 행해지는 것이기 때문이다.

그리고 또한 우리가 지워 버리고 싶어 하는 것만큼이나 근절할 수 없는 인종 문제가 있다. 처음으로 역사에 깊이 몰두하기 시작했을 무렵, 나는 백인이 아닌 사람들을 심연으로 가라앉힌 역사 강의와 서술이 얼마나 심각하게 왜곡되어 있는지를 미처 깨닫지 못했다. 그렇다. 인디언들은 잠깐 존재하다가 사라져 버렸다. 흑인들은 노예 시절에는 눈에 띄는 존재였지만 자유를 얻게 되자 시야에서 사라졌다. 그것은 백인만의 역사였다.

초등학교 1학년에서 대학원에 이르기까지, 어느 누구도 크리스토퍼 콜럼버스의 신세계 상륙과 동시에 인종말살이 시작되어 에스파뇰라 섬의 원주민이 절멸됐다는 사실에 관해 내게 어렴풋한 암시조차도 해주지 않았다. 지정거주지로 몰아넣는 일 말고는 아무 할 일도 남지 않을 때까지 아메리카 대륙의 곳곳에서 벌어진, 이루 말로 다할 수 없는 잔학행위를 동반한 인디언에 대한 폭력적인 축출에 다름 아니었음에도, 새로운 국가의 온화한 확장(루이지애나 '매입', 플로리다 '매입', 멕시코 '할양')으로 제시된 이 나라 역사의 첫 번째 국면에 관해서도.

1998년에 나는 보스턴의 역사적인 패뉴얼 홀〔한 노예상인의 이름을 따서 명명됐지만 수많은 노예제 폐지 집회의 장소가 된 곳이다〕에서 열린 보스턴 학살에 관한 심포지엄에 초대를 받았다. 나는 보스턴 학살에 관해서만 이야기해야 하는 게 아니라면 기꺼이 참석하겠노라고 말했다. 그리고 나는 1770년에 영국 군대가 식민지 이주자 5명을 살해한 사건만을 이야기하지 않았다. 나는 애국적 목적에 부합된다는 이유로 인해 지난 200여 년 동안 이 사건이 지나치게 부각되어 왔다고 생각했다. 그 대신 나는 우리 역사에서 있었던 수많은 유색인 학살에 관해 발언하고자 했다. 이 사건들은 애국적 자부심을 북돋워 주지는 않지만 여전히 우리의 감정을 자극하고 관심을 기울일 필요가 있는, 우리나라의 오랜 인종주의의 유산을 상기시켜 주는 것이기 때문이었다.

미국의 모든 학생들은 보스턴 학살에 관해 배운다. 그러나 1637년 뉴잉글랜드에서 피쿼트족 남자와 여자, 어린이 600명이 학살된 사건에 관해 누가 배우고 있을까? 미군 병사들이 ―남북전쟁이 한창인 와중에― 콜로라도의 모래 샛강Sand Creek에서 수백 명의 인디언을 학살한 사건에 관해서는? 1870년 몬태나에서 미군 기병대 200명이 피건족Piegans 움막촌을 휩쓸어버린 사건에 관해서는?

조지아 주 애틀랜타의 흑인 여자대학인 스펠먼 대학에 교수로 간 뒤에야 나는 대학원에서 공부할 당시 추천도서 목록에서 결코 볼 수 없었던 아프리카계 미국인 역사학자들(두보이스, 레이퍼드 로건, 로렌스 레딕Lawrence Reddick, 호러스 만 본드, 존 호프 프랭클린)의 저서를 읽기 시작했다. 나는 역사학 교육을 받은 어디에서도 헌법에 의거해 모든 사람의 동등한 권리를 보호한다고 서약한 연방정부가 침묵하는 가운데 거듭해서 벌어진 흑인들에 대한 학살에 관해 배우지 못했다.

예컨대 1917년 이스트세인트루이스에서는 우리가 보는 백인 중심의 역사책들이 '혁신의 시대Progressive Era'라 부르는 시기에 일어난 수많은 '인종 폭동' 가운데 하나가 벌어졌다. 흑인 노동자들의 유입에 분노한 백인 노동자들이 200명을 살해한 이 사건에 자극받은 두보이스는 「이스트세인트루이스의 학살*Massacre of East St. Louis*」이라는 성난 논문을 썼고 가수이자 무용가인 조서

하워드 진 | 애틀랜타의 스펠먼 대학에서 교편을 잡고 있던 하워드 진은 보스턴 대학으로 옮길 때까지 많은 미래의 민권 운동자들에게 커다란 영향을 미쳤다.

핀 베이커Josephine Baker는 “미국이라는 말만 들어도 나는 온몸이 부들부들 떨리고 악몽에 사로잡힌다”라고 말했다.

이 책을 쓰면서 나는 계급갈등과 인종적 불의, 성적 불평등, 국가적 오만에 관한 의식을 한층 불러일으키기를 원했다. 그러나 내가 심각한 생략이라고 본 것들을 메우려고 노력하는 와중에서도 나는 정통적인 역사에서 항상 간과되어 온 미국 사회의 집단들을 소홀히 다뤘다. 사람들이 이 책을 읽은 뒤 책을 칭찬하면서도 점잖게(때로는 별로 점잖지 않게) 부족한 점들을 지적하는 편지를 보내 줌으로써 나는 이런 사실을 알게 됐고 많이 부끄러웠다.

캘리포니아와 서남부에 사는 수많은 라틴계 사람들과 정의를 위한 그들의 투쟁을 무시한 것은 아마도 내가 동부해안 지방에 너무 밀착되어 있었기 때문일 것이다. 이에 관해 더 많이 알고 싶은 독자들은 엘리자베스 마티네스의 『우리는 모두 유색인이다*De Colores Means All of Us*』, 마틴 에스파다Martin Espada의 『사파타의 사도: 에세이*Zapata's Disciple: Essays*』, 조지 마리스칼George Mariscal이 편집한 『아스틀란〔멕시코 북부지방의 옛 이름〕과 베트남: 멕시코계 미국인들의 전쟁 경험*Aztlan and Viet Nam: Chicano and Chicana Experiences of the War*』 등의 훌륭한 책들을 살펴보면 될 것이다.

그리고 남성 및 여성 동성애자들의 권리라는 문제를 극히 작게 다룬 것은 아마도 나 자신의 성적 취향 때문일 것이다. 1995년에 새로운 판을 내면서 이 부분을 메우려고 노력했다. 그러나 ‘퀴어queer’(이 말은 어떤 사람들에게는 경멸적인 용어인 동시에 다른 사람들에게는 명예로운 용어이다)인 남성과 여성들이 일반 사회에 자신들 역시 인간임을 대담하고 용감하게 주장하면서 일어난 국민문화상의 놀라운 변화에 관한 충분한 설명을 보려면 독자들은 다른 책을 더 많이 찾아봐야 할 것이다.

한 세기에서 다음 세기로, 한 천년에서 다음 천년으로 넘어가면서 우리는 역사 자체가 달력처럼 극적으로 변화된다고 생각하기 쉽다. 그러나 언제나 그러하듯이, 역사는 화려하게 통일되어 있는 한쪽과 초라하지만 고무되어 있는 다른 한쪽의 세력이 경쟁하는 가운데 미래를 향해 나아가는 것이다.

여기 끊임없는 끔찍한 일들로 얼룩진 과거가 있다. 폭력, 전쟁, 생김새나 피부색, 이념이 다른 사람들에 대한 편견, 소수에 의한 전 세계 부의 독점, 거짓말쟁이와 살인자들의 수중에 놓인 정치권력, 학교 대신 감옥을 짓는 현실, 언론과 문화 전반의 타락. 이런 과거를 보면서 사람들은 쉽게 낙담하게 마련인데, 특히 신문과 텔레비전이 우리에게 보여주는 과거가 온통 이런 것뿐이기 때문에 더욱 그렇다.

그러나 표면적인 순종의 이면에는 부글부글 끓어오르는 변화 역시 존재한다(이 대부분은 우리를 계속 겁먹은 상태로, 희망을 잃은 상태로 놔두기 위해 우리에게 알려지지 않는다). 끝없는 전쟁에 대한 점증하는 혐오감(미국인들이 베트남 전쟁 당시 그랬던 것처럼, 체첸에 대한 군사개입을 중단할 것을 요구한 1990년대의 러시아 여성들이 떠오른다), 이제 더 이상 학대와 종속을 용인하지 않겠다는 전 세계 여성들의 분노 — 가령 우리는 지금 여성 할례에 반대하는 새로운 국제적 운동을 목도하고 있다 —, 복지에 의존해 살아가는 여성들이 벌이는 가혹한 법안에 반대하는 전투적인 운동. 군사기구에 반대하는 시민불복종과 특히 유색인을 표적으로 삼는 경찰의 공권력 남용에 대한 저항도 존재한다.

오늘날 미국에서 우리는 새로운 교육체계를, 새롭게 출현하는 책자들과 대안 라디오 방송국, 주류 외부의, 아니 심지어 — 점차 다인종 국가가 되어가는 현실을 인정할 수밖에 없는 — 할리우드와 때로는 거대 텔레비전 방송망 내부에서도 등장하는 풍부한 다큐멘터리 영화 등을 목격하고 있다. 그렇다. 부유한 대기업과 군사력, 시대착오적인 양대 정당이 지배하는 이 나라에서 우리는 한 보수주의자가 '영속적인 반체제 문화'라고 우려하는 태도로 명명한 문화를, 현재에 이의를 제기하면서 새로운 미래를 요구하는 문화를 목도하고 있다.

우리 모두는 이 경쟁에서 어느 한편에 가담하는 쪽을 택할 수도 있고 관망하는 쪽을 택할 수도 있다. 그러나 우리 자신의 선택이 미래를 결정하는 데 일조할 것이라는 점을 유념해야만 한다.

20세기가 막을 올리던 무렵에 뉴욕의 여성 의류 노동자들이 서로 읽어줬던 셸리의 시구가 생각난다.

잠에서 깬 사자처럼 일어서라
저들이 도저히 격파할 수 없을 만큼 많은 수를 모아!
잠든 사이 떨어졌던 이슬방울을 털어내듯
너희 몸에 묶인 족쇄를 떨쳐내라—
너희는 다수이고, 저들은 소수이다!

1999년 4월

옮긴이의 글

『미국민중사』라는 제목에서도 짐작할 수 있듯이 이 책의 주인공은 그동안 역사의 주역이었던 정치가나 사업가, 정복자 같은 지배 엘리트가 아니라 이름 없는 민중이다. 하워드 진이 누누이 강조하듯이 역사를 서술하는 행위는 어쩔 수 없이 선택을 수반하며 그러한 선택의 이면에는 역사가가 서 있는 자리와 취하는 입장이 도사리고 있다. 모든 역사가는 무수히 많은 과거의 사건들 가운데 어떤 것을 취사선택하고 강조해야 하는가라는 문제를 해결하지 않고는 단 한 줄의 역사도 쓸 수 없다. 모름지기 모든 역사에는 일정한 관점과 기준이 있으며 이런 점에서 역사는 기억을 둘러싼 투쟁이라고 할 수 있다. 하워드 진은 '객관적 역사'라는 것은 없다고, 역사 서술 자체가 이해관계에 따라 판이하게 달라지고 상충된다고 털어놓는다. 그리고 미국의 역사를 누구의 편에서 바라볼 것인가 하는 점에서 자신은 "아라와크족의 시각에서 본 아메리카 대륙 발견의 역사를, 노예의 관점에서 본 헌법제정의 역사를, 체로키족의 눈에 비친 앤드루 잭슨의 역사를, 뉴욕의 아일랜드인들이 본 남북전쟁의 역사를, 스코트 부대의 탈영병들이 본 멕시코 전쟁의 역사를, 로웰 방직공장에서 일하는 젊은 여성들의 눈에 비친 산업주의 발흥의 역사를, 쿠바인들이 본 스페인-미국 전쟁의 역사를, 루손 섬 흑인 병사들의 눈에 비친 필리핀 정복의 역사를, 남부 농민의 시각에서 본 금박시대Gilded Age의 역사를, 사회주의자들이 본 제1차 세계대전의 역사를, 평화주의자들의 시각으로 본 제2차 세계대전의 역사를, 할렘 흑인들의 눈에 비친 뉴딜의 역사를, 라틴아메리카의 날품팔이 노동자들이 느낀 전후戰後 미 제국의 역사를 서술"한다고 분명하게 밝힌다.

건국의 아버지들이 자유와 독립을 위해 미국을 세우고, 잭슨 시대에 이르러 미국식 민주주의가 확립되고, 링컨이 노예를 해방시켜 자유를 확대하고, 카네기와 록펠러 등이 진취적인 기업정신으로 미국을 풍요와 기회의 땅으로 만들고, 윌슨이 자유와 민주주의를 전 세계에 전파하고, 20세기 중반부터 연방대법원이 진보적인 판결을 잇따라 내림으로써 민권과 표현의 자유가 굳건하게 되고, 카터와 레이건의 지휘 아래 소비에트의 야욕에 맞서 세계의 자유와 평화를 지켜냈다는 식의, 너무나도 익숙한 미국의 역사가 이 책에는 없다. 그 대신 멸시와 폄하 속에 망각의 심연 속으로 가라앉아 버린 사람들의 목소리가, 억눌리고 착취당한 약자들의 목소리가 생생하게 되살아난다. 하워드 진의 다른 책의 제목을 빌려 말하자면 이 책은 인디언, 흑인, 여성, 노동자, 이민자, 반전운동가 등 짓밟히고 빼앗긴 사람들의 수많은 '독립선언들'이자 미국의 이데올로기에 대한 '반대신문'이다.

그러면서도 하워드 진은 정확한 역사를 기록하려고 노력한다. 희생자들을 낭만적으로 미화하려 하지 않으며, 민중 승리의 역사를 쓰려고 약자들이 으레 빠질 수밖에 없는 편견과 서로에게 가한 잔인한 행위에 눈감지 않는다. 어떤 이들에게는 턱없는 낙관으로 보일지도 모르지만, 한 순간이나마 자유와 평등, 정의와 우애라는 인간의 고귀한 가치가 빛을 발했던 과거에서 미래를 위한 희망을 찾을 수 있기 때문이다. 인간의 권리를 자각한 사회적 약자들이 자기 삶의 주인으로서 갖게 된 자신감과 해방의 감격, 다른 소수자들에게 느끼는 공감과 동료애, 때로는 가슴 벅찬 승리에 환호하고 때로는 뼈저린 패배에 눈물 흘리며 피부색과 국적에 따라 서로 반목하다가도 어느 순간 뜨거운 연대를 이루었던 경험들을 하워드 진은 담담하게 서술할 뿐이다.

1980년에 초판이 나온 이래 20년이 훌쩍 넘는 시간이 흘렀음에도 이 책이 '아래로부터의 역사', '민중사' 가운데서도 독보적인 위치를 차지하고 있는 까닭은 무엇보다도 이제까지 감춰졌던 약자와 소수자들의 목소리를 고스란히 살려내고 한 편의 장대한 서사시로 구성했다는 점에 있다. 하워드 진 덕분에 우리는 아라와크족의 눈으로 콜럼버스의 배를 맞이하고, 남부 노예의 입장에서 자유를 갈망하고, 인디언의 편에 서서 밀려오는 백인들을 바라보고, 로웰의 여성 노동자가 되어 고달픈 노동을 딛고 자기의 권리와 힘을 자각할 수 있다. 모쪼록 많은 독자들이 이러한 경험을 공유했으면 좋겠다.

하워드 진의 글이 워낙 유려하고 장중한 까닭에 옮기는 데 어려움이 많았다. 게다가 숱하게 등장하는 이름 없는 민초들의 생생한 목소리를 온전하게 우리말로 담아내려고 애를 썼으나 턱없이 부족한 능력에 낯 뜨겁기만 하다. 난삽한 원고를 깔끔하게 다듬어 준 도서출판 이후에 특별한 감사의 말을 전하고 싶다.

2006년 6월 옮긴이

참고문헌

몇 년 동안 집필한 이 책은 미국사를 가르치고 연구한 20년의 시간과 또 사회운동에 참여한 그만큼의 시간에 토대를 두고 있다. 하지만 여러 세대에 걸친 학자들의 작업, 특히 흑인, 인디언, 여성, 그리고 모든 종류의 노동대중의 역사에 관해 거대한 성과를 낳은 우리 세대 역사가들의 작업이 없었다면 이 책을 쓰지 못했을 것이다. 또 전문 역사가는 아니지만, 자기 자신을 둘러싼 사회적 투쟁에 자극받아 더 나은 세상을 만들기 위해 또는 단지 살아남기 위해 애쓴 보통사람들의 삶과 행동에 관한 자료를 취합한 많은 사람들의 작업이 없었다면 이 책을 쓰지 못했을 것이다.

본문에 있는 모든 정보의 출처를 밝히려 했다면 눈이 어지러울 만치 각주가 널린 책이 되었을 터이지만, 나 역시 놀라운 사실이나 신랄한 인용문이 어디에 근거한 것인지를 궁금해 하는 독자들이 있음을 안다. 그래서 가능한 한 자주 저자와 저서명을 본문에서 언급했으며 아래 참고문헌에 자세한 서지사항을 밝혀둔다. 본문에서 인용 출처를 바로 알 수 없는 경우 해당 장에서 별표(*)를 표시한 책들을 찾아보면 될 것이다. 별표를 표시한 책들은 내가 특히 유용하게 참고했으며 대부분 없어서는 안 될 책들이었다.

나는『계간 윌리엄 앤드 메리*William and Mary Quarterly*』,『흑인역사저널*Journal of Negro History*』,『남부역사저널*Journal of Southern History*』,『노동사*Labor History*』,『미국역사학평론*American Historical Review*』,『사회사저널*Journal of Social History*』,『미국역사저널*Journal of American History*』,『미국정치학평론*American Political Science Review*』,『종족*Phylon*』,『미시시피밸리 역사학평론*Mississippi Valley Historical Review*』『위기*The Crisis*』 같은 권위 있는 학술지들을 세밀하게 검토했다.

또한 다소 덜 정통적이지만 중요하게 참고한 정기간행물들인『사인즈: 여성문화사회저널*Signs: Journal of Women in Culture and Society*』,『진보아시아연구자회보*Bulletin of Concerned Asian Scholars*』,『과학과 사회*Science and Society*』,『급진정치경제학평론*The Review of Radical Political Economics*』,『래디컬 아메리카*Radical America*』,『애퀘새스니 노트*Akwesasne Notes*』,『급진역사학평론*Radical History Review*』,『먼슬리리뷰*Monthly Review*』,『사회주의 혁명*Socialist Revolution*』,『흑인연구자*The Black Scholar*』 등도 참고했다.

14. 전쟁은 국가의 건강한 상태이다

1. Baritz, Loren, ed. *The American Left*. New York: Basic Books, 1971.

*2. Chafee, Zechariah, Jr. *Free Speech in the United States*. New York: Atheneum, 1969.

3. Dos Passos, John. *1919*. New York: Signet, 1969.

4. Du Bois, W. E. B. "The African Roots of War," *Atlantic Monthly*, May 1915.

5. Fleming, D. F. *The Origins and Legacies of World War Ⅰ*. Garden City, N.Y.: Doubleday, 1968.

*6. Fussell, Paul. *The Great War and Modern Memory*. New York: Oxford University Press, 1975.

*7. Ginger, Ray. *The Bending Cross: A Biography of Eugene Victor Debs*. New Brunswick: Rutgers University Press, 1969.

8. Goldman, Eric. *Rendezvous with Destiny*. New York: Random House, 1956.

9. Gruber, Carol S. *Mars and Minerva: World War Ⅰ and the Uses of Higher Learning in America*. Baton

Rouge: Louisiana State University Press, 1975.

10. Joughin, Louis, and Morgan, Edmund. *The Legacy of Sacco and Vanzetti*. New York: Quadrangle, 1964.

11. Knightley, Philip. *The First Casualty: The War Correspondent as Hero, Propagandist, and Myth Maker*. New York: Harcourt Brace Jovanovich, 1975.

12. Kornbluh, Joyce, ed. *Rebel Voices: An I.W.W. Anthology*. Ann Arbor: University of Michigan Press, 1964.

13. Levin, Murray. *Political Hysteria in America*. New York: Basic Books, 1971.

14. Mayer, Arno J. *The Politics and Diplomacy of Peace-Making 1918-1919*. New York: Knopf, 1967.

*15. Peterson, H. C., and Fite, Gilbert C. *Opponents of War, 1917-1918*. Seattle: University of Washington Press, 1968.

16. Simpson, Colin. *Lusitania*. Boston: Little, Brown, 1973.

17. Sinclair, Upton. *Boston*. Cambridge, Mass.: Robert Bentley, 1978.

18. Weinstein, James. *The Corporate Ideal in the United States 1900-1918*. Boston: Beacon Press, 1969.

15. 어려운 시절의 자조

19. Adamic, Louis. *My America, 1928-1938*. New York: Harper & Row, 1938.

*20. Baxandall, Rosalyn, Gordon, Linda, and Reverby, Susan, eds. *America's Working Women*. New York: Random House, 1976.

21. Bellush, Bernard. *The Failure of the N.R.A.* New York: W. W. Norton, 1976.

22. Bernstein, Barton, J., ed. *Towards a New Past: Dissenting Essays in American History*. New York: Pantheon, 1968.

23. Bernstein, Irving. *The Lean Years: A History of the American Worker, 1920-1933*. Boston: Houghton Mifflin, 1960.

24. _______. *The Turbulent Years: A History of the American Worker, 1933-1941*. Boston: Houghton Mifflin, 1969.

25. Borden, Morton, ed. *Voices of the American Past: Readings in American History*. Lexington, Mass.: D. C. Heath, 1972.

26. Boyer, Richard, and Morais, Herbert. *Labor's Untold Story*. United Front, 1955. 〔국역〕 리처드 O. 보이어 · 허버트 M. 모레이스 지음, 이태섭 옮김, 『알려지지 않은 미국 노동운동 이야기』, 책갈피, 1996.
*27. Brecher, Jeremy. *Strike!* Boston, Mass.: South End Press, 1979.
28. Buhle, Paul. "An Interview with Luigi Nardella," *Radical History Review*, Spring 1978.
*29. Cloward, Richard A., and Piven, Frances F. *Poor People's Movements*. New York: Pantheon, 1977.
30. Conkin, Paul. *F.D.R. and the Origins of the Welfare State*. New York: Crowell, 1967.
31. Cook, Blanche Wiesen. *Eleanor Roosevelt*. Vol. 1. New York: Penguin Books, 1992.
32. Cook, Blanche Wiesen. *Eleanor Roosevelt*. Vol. 2. New York: Viking Penguin, 1999.
33. Curti, Merle. *The Growth of American Thought*. New York: Harper & Row, 1943.
*34. Fine, Sidney. *Sit-Down: The General Motors Strike of 1936-1937*. Ann Arbor: University of Michigan Press, 1969.
35. Galbraith, John Kenneth. *The Great Crash: 1929*. Boston: Houghton Mifflin, 1972.
36. General Strike Committee. *The Seattle General Strike*. Charlestown, Mass.: gum press, 1972.
*37. Hallgren, Mauritz. *Seeds of Revolt*. New York: Knopf, 1934.
*38. Lerner, Gerda, ed. *Black Women in White America: A Documentary History*. New York: Random House, 1977.
39. Lewis, Sinclair. *Babbitt*. New York: Harcourt Brace Jovanovich, 1949.
40. Lynd, Alice and Staughton, eds. *Rank and File: Personal Histories by Working-Class Organizers*. Boston: Beacon Press, 1974.
41. Lynd, Robert and Helen. *Middletown*. New York: Harcourt Brace Jovanovich, 1959.
42. Mangione, Jerre. *The Dream and the Deal: The Federal Writers Project, 1935-1943*. Boston: Little, Brown, 1972.
43. Mills, Frederick C. *Economic Tendencies in the United States: Aspects of Pre-War and Post-War Changes*. New York: National Bureau of Economic Research, 1932.
44. Ottley, Roi, and Weatherby, William J. "The Negro in New York: An Informal History," *Justice Denied: The Black Man in White America*, ed. William Chace and Peter Collier. New York: Harcourt Brace Jovanovich, 1970.
45. Painter, Nell, and Hudson, Hosea. "A Negro Communist in the Deep South," *Radical America*.

July-August 1977.
46. Renshaw, Patrick. *The Wobblies*. New York: Anchor, 1968.
*47. Rosengarten, Theodore. *All God's Dangers: The Life of Nate Shaw*. New York: Knopf, 1974.
48. Steinbeck, John. *The Grapes of Wrath*. New York: Viking, 1939. 〔국역〕 존 스타인벡 지음, 김병철 옮김, 『삼성세계문학 26: 분노의 포도』, 삼성출판사, 1993.
49. Swados, Harvey, ed. *The American Writer and the Great Depression*. Indianapolis: Bobbs-Merrill, 1966.
*50. Terkel, Studs. *Hard Times: An Oral History of the Great Depression in America*. New York: Pantheon, 1970.
51. Wright, Richard. *Black Boy*. New York: Harper & Row, 1937. 〔국역〕 리처드 라이트 지음, 이충률 옮김, 『깜둥이 소년』, 푸른미디어, 1998.
52. Zinn, Howard. *La Guardia in Congress*. Ithaca, N.Y.: Cornell University Press, 1959.

16. 인민의 전쟁?

1. Alperovitz, Gar. *Atomic Diplomacy*. New York: Vintage, 1967.
2. Aronson, James. *The Press and the Cold War*. Indianapolis: Bobbs-Merrill, 1970.
3. Barnet, Richard J. *Intervention and Revolution: The U.S. and the Third World*. New York: New American Library, 1969. 〔국역〕 R. J. 바네트 지음, 홍성후 옮김, 『개입과 혁명』 형성사, 1983.
4. Blackett, P. M. S. *Fear, War and the Bomb: Military and Political Consequences of Atomic Energy*. New York: McGraw-Hill, 1948.
5. Bottome, Edgar. *The Balance of Terror: A Guide to the Arms Race*. Boston: Beacon Press, 1972.
6. Butow, Robert. *Japan's Decision to Surrender*. Stanford: Stanford University Press, 1954.
7. Catton, Bruce. *The War Lords of Washington*. New York: Harcourt Brace, 1948.
8. Chomsky, Noam. *American Power and the New Mandarins*. New York: Pantheon, 1969.
9. Cook, Blanche Wiesen. *The Declassified Eisenhower*. New York: Doubleday, 1981.
10. Davidson, Basil. *Let Freedom Come: Africa in Modern History*. Boston: Little, Brown, 1978.
11. Feingold, Henry L. *The Politics of Rescue: The Roosevelt Administration and the Holocaust*. New Brunswick, N.J.: Rutgers University Press, 1970.

12. Freeland, Richard M. *The Truman Doctrine and the Origins of McCarthyism*. New York: Knopf, 1971.
13. Gardner, Lloyd. *Economic Aspects of New Deal Diplomacy*. Madison: University of Wisconsin Press, 1964.
14. Griffith, Robert W. *The Politics of Fear: Joseph R. McCarthy and the Senate*. Rochell Park, N.J.: Hayden, 1971.
15. Hamby, Alonzo L. *Beyond the New Deal: Harry S. Truman and American Liberalism*. New York: Columbia University Press, 1953.
16. Irving, David. *The Destruction of Dresden*. New York: Ballantine, 1965.
17. Kahn, Herman. *On Thermonuclear War*. New York: Free Press, 1969.
*18. Kolko, Gabriel. *The Politics of War: The World and United States Foreign Policy, 1943-45*. New York: Random House, 1968.
19. Lemisch, Jesse. *On Active Service in War and Peace: Politics and Ideology in the American Historical Profession*. Toronto: New Hogtown Press, 1975.
20. Mailer, Norman. *The Naked and the Dead*. New York: Holt, Rinehart and Winston, 1948. 〔국역〕 노먼 메일러 지음, 안동림·이종구 옮김, 『나자와 사자: 요가를 연구한 사나이 1·2』, 계몽사, 1995.
21. Miller, Douglas, and Nowak, Marion. *The Fifties: The Way We Really Were*. New York: Doubleday, 1977.
22. Miller, Marc. "The Irony of Victory: Lowell During World War II." 미간행 박사학위논문. Boston University, 1977.
23. Mills, C. Wright. *The Power Elite*. New York: Oxford University Press. 1970. 〔국역〕 C. W. 밀스 지음, 진덕규 옮김, 『파워 엘리트』, 한길사, 1991.
24. Minear, Richard H. *Victor's Justice: The Tokyo War Crimes Trial*. Princeton, N.J.: Princeton University Press, 1973.
25. Offner, Arnold. *American Appeasement: U.S. Foreign Policy and Germany, 1933-1938*. New York: W. W. Norton, 1976.
26. Rostow, Eugene V. "Our Worst Wartime Mistake," *Harper's*, September 1945.
27. Russett, Bruce. *No Clear and Present Danger*. New York: Harper & Row, 1972.
28. Sampson, Anthony. *The Seven Sisters: The Great Oil Companies and the World They Shaped*. New York: Viking, 1975. 〔국역〕 앤써니 샘슨 지음, 김희정 옮김, 『석유를 지배하는 자들은 누구인가』,

책갈피, 2000.

29. Schneir, Walter and Miriam. *Invitation to an Inquest*. New York: Doubleday, 1965.

*30. Sherwin, Martin. *A World Destroyed: The Atom Bomb and the Grand Alliance*. New York: Knopf, 1975.

31. Stone, I. F. *The Hidden History of the Korean War*. New York: Monthly Review Press, 1969.

32. United States Strategic Bombing Survey. *Japan's Struggle to End the War*. Washington: Government Printing Office, 1946.

33. Weglyn, Michi. *Years of Infamy: The Untold Story of America's Concentration Camps*. New York: William Morrow, 1976.

34. Wittner, Lawrence S. *Rebels Against War: The American Peace Movement, 1941-1960*. New York: Columbia University Press, 1969.

*35. Zinn, Howard. *Postwar America: 1945-1971*. Indianapolis: Bobbs-Merrill, 1973.

17. "아니면 폭발해 버릴까?"

1. Allen, Robert. *Black Awakening in Capitalist America*. Garden City, N.Y.: Doubleday, 1969.

2. Bontemps, Arna. ed. *American Negro Poetry*. New York: Hill & Wang, 1974.

3. Broderick, Francis, and Meier, August. *Black Protest Thought in the Twentieth Century*. Indianapolis: Bobbs-Merrill, 1971.

4. Cloward, Richard A., and Piven, Frances F. *Poor People's Movements*. New York: Pantheon, 1977.

5. Conot, Robert. *Rivers of Blood, Years of Darkness*. New York: Morrow, 1968.

6. Cullen, Countee. *On These I Stand*. New York: Harper & Row, 1947.

7. Herndon, Angelo. "You Cannot Kill the Working Class," *Black Protest*, ed. Joanne Grant. New York: Fawcett, 1975.

8. Huggins, Nathan I. *Harlem Renaissance*. New York: Oxford University Press, 1971.

9. Hughes, Langston. *Selected Poems of Langston Hughes*. New York: Knopf, 1959.

10. Lerner, Gerda, ed. *Black Women in White America: A Documentary History*. New York: Random House, 1977.

11. Malcolm X. *Malcolm X Speaks*. New York: Meret, 1965.

12. Navasky, Victor. *Kennedy Justice*. New York: Atheneum, 1977.

13. Perkus, Cathy, ed. *Cointelpro: The FBI's Secret War on Political Freedom*. New York: Monad Press, 1976.

14. Wright, Richard. *Black Boy*. New York: Harper & Row, 1937. 〔국역〕 리처드 라이트 지음, 이충률 옮김, 『깜둥이 소년』, 푸른미디어, 1998.

15. Zinn, Howard. *Postwar America: 1945-1971*. Indianapolis: Bobbs-Merrill, 1973.

16. _______. *SNCC: The New Abolitionist*. Boston: Beacon Press, 1964.

18. 불가능한 승리: 베트남

*1. Branfman, Fred. *Voices from the Plain of Jars*. New York: Harper & Row, 1972.

2. Green, Philip, and Levinson, Sanford. *Power and Community: Dissenting Essays in Political Science*. New York: Pantheon, 1970.

3. Hersch, Seymour. *My Lai 4: A Report on the Massacre and Its Aftermath*. New York: Random House, 1970.

4. Kovic, Ron. *Born on the Fourth of July*. New York: McGraw-Hill, 1976. 〔국역〕 론 코빅 지음, 이희구 옮김, 『7월 4일 생』, 한마음, 1990.

5. Lipsitz, Lewis. "On Political Belief: The Grievances of the Poor," *Power and Community: Dissenting Essays in Political Science*, ed. Philip Green and Sanford Levinson. New York: Pantheon, 1970.

6. Modigliani, Andrew. "Hawks and Doves, Isolationism and Political Distrust: An Analysis of Public Opinion on Military Policy," *American Political Science Review*, September 1972.

7. *Pentagon Papers*. 4 vols. Boston: Beacon Press, 1971.

8. Pike, Douglas. *Viet Cong*. Cambridge, Mass.: MIT Press, 1966.

9. Schell, Jonathan. *The Village of Ben Suc*. New York: Knopf, 1967.

10. Zinn, Howard. *Vietnam: The Logic of Withdrawal*. Boston: Beacon Press, 1967.

19. 놀라운 사건들

1. Akwesasne Notes. *Voices from Wounded Knee, 1973*. Mohawk Nation, Rooseveltown, N.Y.: Akwesasne Notes, 1974.
2. Baxandall, Rosalyn, Gordon, Linda, and Reverby, Susan, eds. *America's Working Women*. New York: Random House, 1976.
3. Benston, Margaret. "The Political Economy of Women's Liberation," *Monthly Review*, Fall 1969.
4. Boston Women's Health Book Collective. *Our Bodies, Ourselves*. New York: Simon & Schuster, 1976. 〔국역〕 보스턴여성건강서공동체 지음, 또문몸살림터 옮김, 『우리 몸 우리 자신』, 또하나의 문화, 2005
5. Brandon, William. *The Last Americans*. McGraw-Hill, 1974.
*6. Brown, Dee. *Bury My Heart at Wounded Knee*. New York: Holt, Rinehart and Winston, 1971. 〔국역〕 디 브라운 지음, 최준석 옮김, 『나를 운디드니에 묻어주오: 미국 인디언 멸망사』, 나무심는사람, 2002.
7. Brownmiller, Susan. *Against Our Will: Men, Women and Rape*. New York: Simon & Schuster, 1975. 〔국역〕 수잔 브라운밀러 지음, 일월서각 편집부 엮음, 『성폭력의 역사』, 일월서각, 1994.
8. Coles, Robert. *Children of Crisis*. Boston: Little, Brown, 1967.
9. Cottle, Thomas J. *Children in Jail*. Boston: Beacon Press, 1977.
10. The Council on Interracial Books for Children, ed. *Chronicles of American Indian Protest*. New York: Fawcett, 1971.
11. Deloria, Vine, Jr. *Custer Died for Your Sins*. New York: Macmillan, 1969.
12. _______. *We Talk, You Listen*. New York: Macmillan, 1970.
13. Firestone, Shulamith. The Dialectics of Sex. New York: Bantam, 1970. 〔국역〕 슐라미스 화이어스톤 지음, 김예숙 옮김, 『성의 변증법』, 풀빛, 1983.

20. 70년대: 이상무?

1. Blair, John M. *The Control of Oil*. New York: Pantheon, 1977.
2. Dommergues, Pierre. "l'Essor Du conservatisme Americain," *Le Monde Diplomatique*, May 1978.
*3. Evans, Les, and Myers, Allen. *Watergate and the Myth of American Democracy*. New York: Pathfinder

Press, 1974.

4. Frieden, Jess. "The Trilateral Commission," *Monthly Review*, December 1977.
5. Gardner, Richard. *Alternative America: A Directory of 5000 Alternative Lifestyle Groups and Organizations*. Cambridge: Richard Gardner, 1976.
6. Glazer, Nathan, and Kristol, Irving. *The American Commonwealth 1976*. New York: Basic Books, 1976.
7. New York Times. *The Watergate Hearings*. Bantam, 1973.

*8. U.S., Congress, Senate Committee to Study Governmental Operations with Respect to Intelligence Activities. *Hearings*. 94th Congress. 1976.

21. 카터-레이건-부시: 양당 합의

1. Barlett, Donald, and Steele, James. *America: What Went Wrong?* Kansas City: Andrews & McMeel, 1992.
2. Barlett, Donald, and Steele, James. *America: Who Really Pays the Taxes?* New York: Simon & Schuster, 1994.
3. Chomsky, Noam. *World Orders Old and New*. New York: Columbia University Press, 1994.
4. Croteau, David, and Hoynes, William. *By Invitation Only: How the Media Limit the Political Debate* Monroe, Maine: Common Courage Press, 1994.
5. Danaher, Kevin, ed. *50 Years Is Enough: The Case Against the World Bank*. Boston: South End Press, 1994. 〔국역〕 케빈 대나허 · 월든 벨로 지음, 최봉실 옮김, 『50년이면 충분하다』, 아침이슬, 2000.
6. Derber, Charles. *Money, Murder and the American Dream*. Boston: Faber & Faber, 1992.
7. Edsall, Thomas and Mary. *Chain Reaction*. New York: W. W. Norton, 1992.
8. Ehrenreich, Barbara. *The Worst Years of Our Lives*. New York: HarperCollins, 1990.
9. Greider, William. *Who Will Tell the People?* New York: Simon & Schuster, 1992.
10. Grover, William F. *The President as Prisoner*. Albany: State University of New York, 1989.
11. Hellinger, Daniel, and Judd, Dennis. *The Democratic Facade*. Pacific Grove, California: Brooks/Cole Publishing Company, 1991.

12. Hofstadter, Richard. *The American Political Tradition*. New York: Vintage, 1974. [국역] 리처드 호프스태터 지음, 이춘란 옮김, 『미국의 정치적 전통』 상·하, 탐구당(서양사학총서 119-120), 1976.
13. Kozol, Jonathan. *Savage Inequalities: Children in America's Schools*. New York: Crown Publishers, 1991.
14. Piven, Frances Fox, and Cloward, Richard. *Regulating the Poor*. New York: Vintage Books, 1993.
15. Rosenberg, Gerald N. *The Hollow Hope*. Chicago: University of Chicago Press, 1992.
16. Savage, David. *Turning Right: The Making of the Rehnquist Supreme Court*. New York: John Wiley & Sons, 1992.
17. Sexton, Patricia Cayo. *The War on Labor and the Left*. Boulder: Westview Press, 1991.
18. Shalom, Stephen. *Imperial Alibis*. Boston: South End Press, 1993.

22. 보도되지 않은 저항

1. Ewen, Alexander, ed. *Voice of Indigenous Peoples*. Santa Fe, New Mexico: Clear Light Publishers, 1994.
2. Grover, William, and Peschek, Joseph, ed. *Voices of Dissent*, New York: HarperCollins, 1993.
3. Loeb, Paul. *Generations at the Crossroads*. New Brunswick: Rutgers University Press, 1994.
4. Lofland, John. *Polite Protesters: The American Peace Movement of the 1980s*. Syracuse: Syracuse University Press, 1993.
5. Lynd, Staughton and Alice. *Nonviolence in America: A Documentary History*. Maryknoll, New York: Orbis Books, 1995.
6. Martinez, Elizabeth, ed. *500 Years of Chicano History*. Albuquerque: Southwest Organizing Project, 1991.
7. Piven, Frances, and Cloward, Richard. *Why Americans Don't Vote*. New York: Pantheon Books, 1988.
8. Vanneman, Reeve, and Cannon, Lynn. *The American Perception of Class*. Philadelphia: Temple University Press, 1987.

주: 이 장에서 사용한 자료 대부분은 전국 각지의 조직들의 사회적 활동에 관한 나 자신의 파일과 뉴스 클리핑, 그리고 다음과 같은 주류 외부의 간행물에서 따온 것이다. *The Nation*, *In These Times*, *The Nuclear Resister*, *Peacework*, *The Resist Newsletter*, *Rethinking Schools*, *Indigenous Thought*.

23. 다가오는 간수들의 봉기

1. Bryan, C. D. B. *Friendly Fire*. New York: Putnam, 1976.
2. Levin, Murray B. *The Alinenated Voter*. New York: Irvington, 1971.
3. Warren, Donald I. *The Radical Center: Middle America and the Politics of Alienation*. Notre Dame, Ind.: University of Notre Dame Press, 1976.
4. Weizenbaum, Joseph. *Computer Power and Human Reason*. San Francisco: Freeman, 1976.

24. 클린턴 시대

1. Bagdikian, Ben. *The Media Monopoly*. Boston: Beacon Press, 1992.
2. Chomskey, Noam. *World Orders, Old and New*. New York: Columbia University Press, 1994.
3. Dowd, Doug. *Blues for America*. New York: Monthly Review Press, 1997.
4. Garrow, David. *Bearing for America*. New York: Monthly Review Press, 1986.
5. Greider, William. *One World or Not*. New York: Simon & Schuster, 1997.
6. Kuttner, Robert. *Everything for Sale*. New York: Knopf, 1997.
7. Smith, Sam. *Shadows of Hope: A Freethinker's Guide to Politics in the Time of Clinton*. Bloomington: Indiana University Press, 1994.
8. Solomon, Norman. *False Hope: The Politics of Illusion in the Clinton Era*. Monroe, Maine: Common Courage Press, 1994.
9. *The State of America's Children*. Washington, D.C.: Children's Defense Fund, 1994.
10. Tirman, John. *Spoils of War: The Human Cost of the Arms Trade*. New York: Free Press, 1997.

25. 2000년 선거와 '테러와의 전쟁'

1. Ahmad, Eqbal. *Terriorism, Theirs and Ours*. (Interviews with David Barsamian). New York: Seven Stories Press, 2001.

2. Brecher, Jeremy, Costello, Tim, and Smith, Brendan. *Globalization from Below*. Boston: South End Press, 2002. 〔국역〕 브렌던 스미스 · 제레미 브레처 · 팀 코스텔로 지음, 이덕렬 옮김, 『아래로부터의 세계화』, 아이필드, 2003.

3. Chomsky, Noam. *9-11*. New York: Seven Stories Press, 2002. 〔국역〕 노엄 촘스키 지음, 박행웅 · 이종삼 옮김, 『촘스키, 9-11』, 김영사, 2001.

4. Ehrenreich, Barbara. *Nickeled and Dimed*. New York: Henry Holt. 2001. 〔국역〕 바바라 에렌라이히 지음, 홍윤주 옮김, 『빈곤의 경제: 빈민의 유리지갑에 비친 경제 이야기』, 청림출판, 2002.

5. Lapham, Lewis. *Theater of War*. New York: The New Press, 2002.

6. Nader, Ralph. *Crashing the Party*. New York: St. Martin's Press. 2001.

7. Zinn, Howard. *Terrorism and War*. (Interviews with Anthony Arnove). New York: Seven Stories Press, 2002. 〔국역〕 하워드 진 지음, 앤소니 아르노브 인터뷰, 이재원 옮김, 『불복종의 이유』, 이후, 2003.

찾아보기

【ㄱ】

가드너Lloyd Gardner 107, 109
가비Marcus Garvey 51
가정구호국Home Relief Bureau 61
갤브레이스John Galbraith 59
게바라Che Guevara 151
경제·사회정의를 위한 남부조직위원회Southern Organizing Committee for Economic and Social Justice 450
고든블랙Gordon Black Corporation 446
고어Albert Gore 549, 550, 551
곤살레스Henry Gonzalez 403
골드먼Emma Goldman 32, 37, 267
곰퍼스Samuel Gompers 20, 48, 49
공기정화법Clean Air Act 386
공보위원회Committee on Public Information 19, 28
공정고용실행위원회Fair Employment Practices Committee 89, 111
광산보건안전법Coal Mine Health and Safety Act of 1969 384
구호위원회Relief Commission 72
국가보안법Internal Security Act 138
국가안전보장회의National Security Council 210
국가치안정보국Savak 381, 382
국립인문기금National Endowment for the Humanities 470
국제 원주민 연대의 날International Day of Solidarity with Indigenous People 470
국제부흥개발은행International Bank for Reconstruction and Development 109
국제사법재판소International Court of Justice 402
국제통화기금International Monetary Fund(IMF) 109, 151, 520, 544
국토자원보호협의회National Resources Defense Council 386
귀니어Lani Guinier 500
그라이더William Greider 393, 394
그라임즈Tammy Grimes 441
그랜펄룬granfalloon 567
그레이엄Billy Graham 327
그로버William Grover 386

【ㄹ】

【ㅁ】

맥헨리Keith McHenry 456
맨해튼 프로젝트Mahattan Project 122, 124, 139
먼데일Walter Mondale 445
멈퍼드Lewis Mumford 53
멜런Andrew Mellon 55, 56
멩켄H. L. Mencken 504
모건J. P. Morgan 16, 17, 457
모리슨Norman Morrison 236
모리어티Michael Moriarty 441
무솔리니Benito Amilcare Andrea Mussolini 100, 127
무지개동맹Rainbow Coalition 534
뮤스트A. J. Muste 118, 126
미국 대 1776년의 정신U.S. v. Spirit of '76 30
미국국제개발처Agency for International Development(AID) 376
미국노동연맹American Federation 43, 48, 49, 50, 57, 75, 80, 81, 84, 86, 87, 114, 198
미국수호연맹American Protective League 27
미국시민자유연맹American Civil Liberties Union 145
미국애국자법USA Patriot Act 557
미국인디언운동연합American Indian Movement(AIM) 320
미국자경순찰대American Vigilante Patrol 27
미국전략폭격조사단United States Strategic Bombing Survey 123
미국주식회사corporate America 384, 543
미네소타공안위원회Minnesota Commission of Public Safety 28
미라이My Lai 학살 222, 223, 224, 226, 341, 458, 533
미주국가기구Organization of American States 152
미트퍼드Jessica Mitford 327
민권위원회Commission on Civil Rights 168
민족해방전선National Liberation Front 128, 213, 214, 215, 216, 225, 226, 260
밀러Arthur H. Miller 332
밀러Marc Miller 114
밀로셰비치Slobodan Milosevic 523, 524
밀리컨 대 브래들리 판결Milliken v. Bradley 397
밀워키의 14인Milwaukee Fourteen 261
밀즈C. Wright Mills 148

【ㅂ】

바네트Richard Barnett 130
바루크Bernard Baruch 17
바서미언David Barsamian 468, 541
바에즈Joan Baez 326
반제티Bartolomeo Vanzetti 38, 39, 57, 143
발레트Donald Barlett 392
방첩법Espionage Act 21, 22, 23, 24, 25, 26, 30, 119, 141, 240
밴던버그Arthur Vandenburg 110
번디McGeorge Bundy 215
번스타인Barton Bernstein 69
번즈James F. Byrnes 121, 125
범죄 법안Crime Bill 504
베네트William Bennett 475
베이유Simone Weil 119
베이커James Baker 418
베일리Thomas A. Bailey 104
벨루시Bernard Bellush 69, 70
보너스군대Bonus Army 66, 195
보스턴의 5인Boston Five 261
보습의 8인Plowshares Eight 430, 431, 432
본Randolph Bourne 11
볼드윈Hanson Baldwin 121
볼티모어의 4인Baltimore Four 261
부시George Bush 383, 386, 392, 411, 416, 427, 444, 445, 458, 513, 557
부시Jeb Bush 551
북대서양조약기구North Atlantic Treaty Organization(나토NATO) 331
북미자유무역협정North American Free Trade Agreement(NAFTA) 520
브라우넬Herbert Brownell 141
브라운 대 교육위원회 사건Brown v. Board of Education 171, 397
브라운밀러Susan Brownmiller 280
브라운H. Rap Brown 194
브라운Ronald Brown 499
브라이언William Jennings Bryan 16, 17
브래든Anne Braden 450
브랜프먼Fred Branfman 227
브레넌William Brennan 383, 384, 500
브레이어Stephen Breyer 500, 552
브레진스키Zbigniew Brzezinski 362, 370, 371, 424, 425
브레처Jeremy Brecher 81, 87, 114

브리던Bill Breeden 405, 406
블래키트P. M. S. Blackett 124, 125
블룸Allan Bloom 475
비처William Beecher 434
빈라덴Osama bin Laden 553, 556
빈민의료보조Medicaid 390, 447, 508
빈슨Fred Vinson 143
빌Fred Beal 58
빙엄Eula Bingham 385
빵과 인형 극단Bread and Puppet Theatre 241

【ㅅ】

사막의 폭풍Desert Storm 419, 420
사이먼William Simon 358, 359
사코Nicola Sacco 38, 39
사회를 우려하는 장교들의 운동Concerned Officers Movement 252
사회보장법Social Security Act 88
사회적 책임을 생각하는 의사모임Physicians for Social Responsibility 433, 467
산디니스타Sandinista 운동 401, 402, 414
산업결합체industrial combine 69
산업별조직위원회Committee for Industrial Organization 81
산업별조직회의Congress of Industrial Organizations(CIO) 81, 85, 86, 87, 92, 114, 198
살세도Andrea Salsedo 38
살쾡이파업wildcat strike 85, 87
새런든Susan Sarandon 464
새스웨이Benjamin Sasway 437
샌더스Bernie Sanders 463
샌앤토니오 인디펜던트 학군 대 로드리게스 판결San Antonio Independent School District v. Rodriguez 397
샘슨Anthony Sampson 108
샬롬Stephen Shalom 408, 411
석유수출국기구Organization of Petroleum Exporting countries(OPEC) 417
선발징병법Conscription Act 21, 233
세계무역기구World Trade Organization(WTO) 541, 542, 543
세계무역센터World Trade Center 553, 555, 558
세계보건기구WHO 560
세계산업노동자연맹Industrial Workers of the World(IWW) 11, 27, 29, 32, 33, 34, 35, 43, 46, 48, 51

셔윈Martin Sherwin 121, 124, 125
셴크Charles Schenck 21, 22
셸Jonathan Schell 220, 434
소모사Anastasio Somoza Garcia 380, 401
쇼George Bernard Shaw 77, 78
쇼Irwin Shaw 36
수누누John Sununu 417
수하르토Suharto 516, 517, 518
슐레진저James Schlesinger 346, 349, 371, 458
슐츠George Shultz 403
스레브레니차Srebrenica 523
스미스법Smith Act 119, 144, 146
스카츠버로의 소년들Scottsboro Boys 79, 80, 161, 165
스타이너Stan Steiner 318
스타인벡John Steinbeck 62, 63
스타인Herbert Stein 383
스톡웰John Stockwell 457
스티븐스J. P. Stevens 203
스틸James Steele 392
스포크Benjamin Spock 457
스필레인Michey Spillane 146
시각장애인조합New York Guild for the Jewish Blind 84
시거Pete Seeger 326
시바드Ruth Sivard 399
시슬러Lucinda Cisler 279
시애틀중앙노동협의회Seattle Central Labor Council 43
시카고의 8인Chicago Eight 194
시튼Esta Seaton 7, 281
식수안전법Safe Water Drinking Act 386
식품교환권food stamp 390, 447, 505, 507, 510

【ㅇ】

아옌데Salvadore Allende 342, 353, 376
아이젠하워Dwight Eisenhower 67, 143, 150, 151, 214, 215, 217, 361, 398, 434, 497, 525
아일랜드공화군Irish Republican Army(IRA) 555
아지즈Tariq Aziz 418
아치볼드 머클리시Archibald MacLeish 109
아프리카민족회의African National Congress (ANC) 440
앉아있기 운동sit-ins 177, 178, 269
알카에다Al Qaeda 553

애더믹Louis Adamic 81
애버나시Ila Abernathy 7, 323
애스핀Les Aspin 400, 511
애치슨Dean Acheson 149
애티카Attica 폭동 286, 295, 296, 297, 298, 299, 301, 322, 486
앤더슨John Anderson 444
앨퍼로비츠Gar Alperovitz 125
얼론조 햄비Alonzo Hamby 132
에델먼Marian Wright Edelman 379, 443, 444
에델먼Peter Edelman 507
에드가 보톰Edgar Bottome 147
에드워드 브룩Edward Brooke 351
에드워드 케네디Edward Kennedy 351
에리히 마리아 레마르크Erich Maria Remarque 13
에런라이크Barbara Ehrenreich 527
에버레트Frank Everett 46
에이브럼스Ellion Abrams 403, 410
에이빌로Philip Avillo 463
엑스Malcolm X 186, 188, 192, 193
엘더스Joycelyn Elders 500
엘모소테El Mozote 학살 410
엘스버그Daniel Ellsberg 208, 239, 240, 335, 336
연방극장계획Federal Theatre Project 88
연방문필가계획 88
연방미술계획Federal Art Project 88
연방준비제도이사회Federal Reserve system 510
연방통신위원회Federal Communications Commission 369
영Andrew Young 352, 371, 372
오브라이언David O'Brien 234
오틀리Roi Ottley 90
오프너Arnold Offner 100
와그너법안Wagner Act 84
와그너-코너리 법안Wagner-Connery Bill 74
와인버거Caspar Weinberger 400, 402, 436
완전고용법안Full Employment Act 530
외국인규제 및 선동금지법Alien and Sedition Laws 506
우나무노Miguel Unamuno 236
운디드니Wounded Knee 302, 320, 321, 322, 587
워블리Wobblies 33, 47
워커Charles R. Walker 72

워커Margaret Walker 164
워터게이트 240, 333, 334, 335, 336, 337, 338, 339~
원자력위원회Atomic Energy Commission 153
원주민국제연합Native Nations 470
월리스Henry Wallace 130, 168
웨글린Michi Weglyn 112
웨더비William Weatherby 90
웨이코Waco 501, 502, 503
웰즈Sumner Welles 105
위너Jon Wiener 417
위누스키의 44인Winooski Forty-four 449
위트너Lawrence Wittner 116, 127
위트Shirley Hill Witt 318
윌슨Charles E. Wilson 127
윌슨James O. Wilson 404
유엔헌장United Nations Charter 110, 513, 514, 529
유죄 시인 흥정plea bargaining 296, 297
응웬반티우Nguyen Van Thieu 232
이스트먼Max Eastman 30
이커스Harold Ickes 105
인권감시단Human Rights Watch 518
인종평등회의Congress of Racial Equality(CORE) 178, 198

【ㅈ】

자딘William Jardine 55
자유승차단Freedom Rides 178, 179, 180, 198
장애인차별금지법Americans with Disablilities Act 475
잭슨Aunt Molly Jackson 70
잭슨George Jackson 294, 295, 296, 297
저축대부조합savings and loan banks 398
전국가사노동조합National Domestic Workers Union 278
전국교회협의회National Council of Churches 470
전국노동관계위원회National Labor Relations Board 84, 86, 87, 384, 456, 499
전국복지권기구National Welfare Rights Organization 286
전국부흥법National Recovery Act(NRA) 69, 70
전국부흥청National Recovery Administration 69
전국섬유노동조합National Textile Workers Union 58

전국여론조사연구소National Opinion Research Center 435
전국위원회National Committee 49, 50
전국제조업자협회National Association of Manufacturers 69
전국협의회National Council 49
전몰장병 기념일 학살Memorial Day Massacre 85
전미농장노동조합United Farm Workers 452
전시산업위원회War Industries Board 17
전시생산위원회War Production Board 113
전시인력위원회War Manpower Commission 111
전쟁권한 결의안War Powers Resolution 258, 351
전쟁권한법War Powers Act 406
전쟁에 반대하는 베트남 참전군인회Vietnam Veterans Against the War 252, 253, 255
정률소작농조합Sharecroppers Union 77, 78
정책문제연구소Institute for Policy Studies 521
조던June Jordan 426, 490
존슨Lyndon Johnson 103, 137, 189, 197, 198, 216, 231, 232, 305, 342, 429
존슨U. Alexis Johnson 216
줄리앙Claude Julien 338, 339
지구정상회담Earth Summit 398
지하철도극단Underground Railway Theater 474
직업훈련종합계획Comprehensive Employment and Training Act(CETA) 390
짐벌리스트Andrew Zimbalist 379

【ㅊ】

차베스Cesar Chavez 450, 452, 540
참전용사노동자경비대Labor War Veteran's Guard 44
청년노동자동맹Young Workers League 57
체니Dick Cheney 511
체스터 크로커Chester Crocker 440
체이피Zechariah Chafee 22
촘스키Noam Chomsky 373, 413, 468, 525
침대차짐꾼노동조합Sleeping-Car Porters Union 89

【ㅋ】

카다피Muammar Khadafi 411
카란사Nicolas Carranza 409

카스트로Fidel Castro 150, 151, 152, 352, 354, 414, 511
카우프먼Irving Kaufman 142, 143
카터Amy Carter 449
카터Jimmy Carter 375, 381, 382, 385, 397, 398, 409, 424,429, 435, 444, 449~
칸Herman Kahn 152
캐턴Bruce Catton 113, 114
캐텔J. McKeen Cattell 31
캐튼스빌의 9인Catonsville Nine 240, 242, 261
캘디코트Helen Caldicott 431
캘리William Calley 222, 223, 224
캠던의 28인Camden 28, 261
커티Merle Curti 53
케넌George Kennan 398, 412
케네디John F. Kennedy 137, 147, 149, 154, 178~
케네디Ted Kennedy 415
케리John Kerry 415
KKK단 51, 139, 175, 487
켈러Helen Adams Keller 265
코너리William P. Connery 55
코너트Robert Conot 189
코네인Lucien Conein 215
코어 석유·가스회사Core Oil and Gas Company 388
콘킨Paul Conkin 88
콘트라게이트contragate 458
콜리스 러몬트Corliss Lamont 146
콜즈Robert Coles 276
크랜스턴Alan Cranston 339
크리스토퍼 콜럼버스에 반대하는 이탈리아계 미국인 모임Italian-Americans Against Christopher Columbus 475
크리스톨Irving Kristol 144
클라우제비츠Karl von Clausewitz 423
클라워드Richard Cloward 86, 201
클레멘트Charles Clement 438, 439
클리어Todd Clear 504
클리퍼드Clark Clifford 129
키스티아코스키George Kistiakowsky 434
키신저Henry Kissinger 152, 230, 242, 334, 336, 340, 347
킹 2세Martin Luther King, Jr. 174, 185, 186, 192, 194, 233, 450, 498

【ㅌ】

터멀티Joseph Tumulty 36

터클Studs Terkel 65, 66, 71

테네시강유역개발공사Tenessee Valley Authority(TVA) 70

테러방지와 효율적 사형집행에 관한 법 Antiterrorism and Effective Death Penalty Act 506

테일러Maxwell Taylor 217

토머스Clarence Thomas 384

통킹 만 결의안Tonkin Resolution 218

투표권법Voting Rights Law 184, 189, 443

트럭운전사노동조합Teamster Union 456

트럼보Dalton Trumbo 36, 255

트루먼 독트린Truman Doctrine 128, 133, 146, 347

트루먼Harry Truman 503, 506

【ㅍ】

파머A. Mitchell Palmer 37

파머James Farmer 198

파슨즈Estelle Parsons 441

파월Colin Powell 414, 511

파이크Douglas Pike 213, 214

파인골드Henry Feingold 108

파인Sidney Fine 83

파크스Rosa Parks 172, 450

팔Radhabinod Pal 104

패서스John Dos Passos 35, 67

패튼George S. Patton 68

팹Joseph Papp 441

페어뱅크John Fairbank 140

페어차일드Fred Fairchild 30

편모가정 지원제도Aid to Families with Dependent Children(AFDC) 390

평등권 수정조항Equal Rights Amendment(ERA) 280

평화를 위한 참전군인 모임Veterans for Peace 459

평화와 자유를 위한 국제여성동맹Women's International League for Peace and Freedom 118

포드재단Ford Foundation 516

포드Ford Madox Ford 36

포러스털James Forrestal 125

포스버그Randall Forsberg 433, 529

포스터William Z. Foster 49

포인덱스터John Poindexter 407

포츠담 회담Potsdam Conference 106
포퍼David Popper 353
폭탄이 아니라 식량을Food Not Bombs 456
푸셀Paul Fussell 14
푸엔테스Carlos Fuentes 439
프랑코Francisco Franco 100, 101
프로큐니어 대 마티네스 판결Procunier v. Martinez 301
프리던 270, 272
플리트James Van Fleet 129
피노체트Augusto Pinochet 338
피드먼트 평화프로젝트Piedmont Peace Project 450
피번Frances Piven 86, 201
피오렐로 라과디어Fiorello La Guardia 54, 62, 567
피터스James Peters 436
필립스Kevin Phillips 392, 397

【ㅎ】

하드윅Thomas Hardwick 28
하버그Yip Harburg 7, 65, 66
하벨Vaclav Havel 412
하워드Helen Howard 275
하워드Michael Howard 423
하이어트Howard Hiatt 431
학생비폭력조정위원회Student Nonviolent Coordinating Committee(SNCC) 176, 179, 180, 181, 184
해리먼Averell Harriman 109
핵무기동결위원회Council for a Nuclear Weapons Freeze 431
햄턴Fred Hampton 196, 197, 353
허니웰 사Honeywell Corporation 329, 331, 446
허츠가드Mark Hertgaard 410, 415
헉슬리Aldous Huxley 192
헌팅턴Samuel Huntington 359, 360, 361, 362, 371
헐Cordell Hull 100, 108
험프리Hubert Humphrey 135, 136, 182
헤밍웨이Eliza Hemingway 36
헤이그Alexander Haig 430, 436, 438
헨더슨Oran Henderson 222, 224
헬러Joseph Heller 116
헬먼Lillian Hellman 136
호치민Ho Chi Minh 205, 206, 207, 209, 255